AF744441

MANUAL DE FISCALIDAD:
TEORÍA Y PRÁCTICA

MARÍA JOSÉ PORTILLO NAVARRO

MANUAL DE FISCALIDAD: TEORÍA Y PRÁCTICA

DECIMOSEXTA EDICIÓN

tecnos

Diseño de cubierta:
J. M. Domínguez y J. Sánchez Cuenca

1.ª edición, 2008
16.ª edición, 2024

Reservados todos los derechos. El contenido de esta obra está protegido por la Ley, que establece penas de prisión y/o multas, además de las correspondientes indemnizaciones por daños y perjuicios, para quienes reprodujeren, plagiaren, distribuyeren o comunicaren públicamente, en todo o en parte, una obra literaria, artística o científica, o su transformación, interpretación o ejecución artística fijada en cualquier tipo de soporte o comunicada a través de cualquier medio, sin la preceptiva autorización.

© María José Portillo Navarro, 2024
© EDITORIAL TECNOS (GRUPO ANAYA, S. A.), 2024
Valentín Beato, 21 - 28037 Madrid

PAPEL DE FIBRA CERTIFICADA

ISBN: 978-84-309-9061-0
Depósito Legal: M-15400-2024

Printed in Spain

A Alberto y Nacho,
mis hijos.

ÍNDICE

ABREVIATURAS

AJD	Actos Jurídicos Documentados
BI	Base Imponible
BL	Base Liquidable
CCAA	Comunidades Autónomas
CCLL	Corporaciones Locales
CE	Constitución Española
CI	Cuota íntegra
CL	Cuota líquida
CT	Cuota tributaria
HI	Hecho imponible
IAE	Impuesto sobre Actividades Económicas
IBI	Impuesto sobre Bienes Inmuebles
ICIO	Impuesto sobre Construcciones, Instalaciones y Obras
IIVTNU	Impuesto sobre Incremento de Valor de los Terrenos de Naturaleza Urbana
IP	Impuesto sobre el Patrimonio
IPSI	Impuesto sobre la Producción, los Servicios y la Importación
IRNR	Impuesto sobre la Renta de No Residentes
IRPF	Impuesto sobre la Renta de las Personas Físicas
IS	Impuesto sobre Sociedades
ISD	Impuesto sobre Sucesiones y Donaciones
ITPAJD	Impuesto sobre Transmisiones Patrimoniales y Actos Jurídicos Documentados
ITSGF	Impuesto Temporal de Solidaridad de las Grandes Fortunas
IVTM	Impuesto sobre Vehículos de Tracción Mecánica
LGT	Ley General Tributaria
OS	Operaciones societarias
PGC	Plan General de Contabilidad
SP	Sujeto Pasivo
TG	Tipo de gravamen
TPO	Transmisiones Patrimoniales Onerosas

PRÓLOGO A LA PRIMERA EDICIÓN

Es para mí una satisfacción hacer una introducción en concepto de Prólogo al *Manual de Fiscalidad: Teoría y Práctica* de mi compañera María José Portillo. Ha tenido el acierto de escribir unas páginas sencillas de comprender, lo que será muy agradecido por los estudiantes que por primera vez se acercan a una materia como ésta. Incluso, para los que nos dedicamos al estudio, es de mucha utilidad, que cuando deseamos iniciar nuestros conocimientos en un área, dispongamos de un libro que de forma sencilla, que no simple, nos haga una descripción global de la materia. A partir de este primer paso, se podrá seguir profundizando en ella en la medida que se desee. Por otra parte, uno siente cierto desasosiego, cuando queremos iniciar una materia y aprender con rigor una amplia base de la misma, y no podemos disponer de una publicación que nos conduzca adecuadamente por el camino que deseamos emprender. No es lo mismo, disponer de un libro que enseña aspectos muy importantes sobre una materia mediante su lectura y aplicación del sentido común, sin necesidad de ser ya un experto en la materia, que esto no suceda, y en ese caso nos veamos obligados a seguir uno que conlleva recurrir a esfuerzos importantes para lograr su comprensión, que aumentan nuestro esfuerzo y dilatan y empobrecen nuestro trabajo.

Los trabajos y estudios que se han hecho sobre los impuestos que hay que pagar para mantener la hacienda del Soberano y posteriormente del Estado, han estado centrados en sus inicios en los impuestos. La justificación de la carga que los impuestos suponían para las personas y los ciudadanos, su distribución entre ellos y sus repercusiones en la economía y en la sociedad, han precedido en el tiempo y en la extensión, a los que se han hecho sobre los gastos que se pretendían financiar a través de los mismos.

Se aprovecha esta introducción para recordar inicialmente algunas opiniones sobre dos cuestiones impositivas, la distribución de la carga impositiva y la moderación en los impuestos. Además se va a exponer la opinión de algún autor que no tenía como objetivo escribir sobre la hacienda del Soberano o del Estado. Encontramos por ejemplo a T. Hobbes, quien manifiesta «a la justicia igual corresponde, también, la igualdad en la imposición de tributos; esta igualdad de tributación no se basa en la igualdad de riquezas, sino en la igualdad de la deuda que cada hombre está obligado a pagar al Estado por la defensa que le presta. No basta para un hombre trabajar por la conservación de su vida, sino que también debe luchar, si es necesario, por el aseguramiento de su trabajo» y considera que esta igualdad se produce con respecto a la protección que necesite la riqueza. Añade «teniendo en cuenta que el beneficio que cada uno recibe de ellos es el goce de la vida, que resulta igualmente apreciada por pobres y ricos, el débito que un pobre tiene para quien defiende su vida es el mismo que el de un rico por análoga defensa, salvo que el rico que tiene al pobre a su servicio puede ser deudor no sólo de su propia persona, sino por muchas más». Considerando esto «la igualdad en la tributación consiste más bien en la igualdad de lo que se consume que en la riqueza de los consumidores» (*El Leviatán*, Capítulo XXX, «De la misión del Representante Soberano. Igualdad de impuestos», 1561).

Esta cuestión de la igualdad en la imposición y cuál es la razón por la que los impuestos son pagados llega a A. Smith, quien al respecto manifiesta «los ciudadanos de cualquier Estado deben contribuir al sostenimiento del Gobierno, en cuanto sea posible, en proporción a sus respectivas aptitudes, es decir en proporción a los ingresos que disfruten bajo la protección estatal. Los gastos del Gobierno, en lo que concierne a los súbditos de una gran nación, vienen a ser como los gastos de administración de una gran hacienda con respecto a su copropietarios, los cuales, sin excepción, están obligados a contribuir en proporción a sus respectivos intereses» (A. Smith, *La Riqueza de las Naciones*, Libro V, Parte II, «De los impuestos», 1776).

De ambas consideraciones parece que puede deducirse la proporcionalidad en la contribución a las cargas que lleva consigo la imposición.

La proporcionalidad en la imposición es puesta en entredicho por J. S. Mill, quien se manifiesta a favor del sacrificio igual. «¿Por qué razón debe prevalecer la igualdad en los impuestos? Por la razón de que así debe ser en todas las cuestiones de gobierno... La igualdad en la imposición, como una máxima política, significa, por consiguiente, la igualdad en el sacrificio. Quiere decir tanto como hacer que la contribución de cada persona a los gastos del Gobierno sea tal que los inconvenientes que para ella se deriven del pago de su parte no sean mayores ni menores que los que experimenta cualquier otra por el pago de la suya». A esta manifestación puede añadirse la que hace algo más adelante: «Así como en el caso de una subscripción voluntaria para algo que a todos interesa, se cree que todos han puesto su parte cuando cada cual ha contribuido con arreglo a sus medios, esto es, ha hecho un sacrificio igual para obtener el objetivo común, de la misma manera debiera ser éste el principio en el que se basaran las contribuciones obligatorias, y es inútil que busquemos una razón más ingeniosa o más recóndita sobre la que basar el principio» (J. S. Mill, *Principios de Economía Política*, Libro V, «Sobre la Influencia del Gobierno. De los principios generales de los impuestos», 1871).

Son diversos los autores que deducen de la exposición de J. S. Mill sobre los principios generales de los impuestos que declara la progresividad en la carga que debe satisfacerse en el pago de los impuestos. Por lo tanto se manifiesta a favor del establecimiento de impuestos progresivos. La progresividad impositiva que se deriva de J. S. Mill ha sido interpretada de distintas formas por diversos autores. Algunos lo han hecho en términos absolutos, otros en términos proporcionales y otros en términos marginales. La progresividad del impuesto se incrementa al pasar su interpretación de términos absolutos a proporcionales y también al pasar de proporcionales a marginales.

Otra de las cuestiones que se han puesto de manifiesto muy pronto sobre los impuestos ha sido la de la moderación de los mismos. Cuando Montesquieu se refiere a que la cuantía de los tributos depende de la naturaleza del gobierno, manifiesta: «en los gobiernos despóticos, los tributos deben ser livianos. De no ser así ¿quién se tomaría el trabajo de trabajar las tierras? Además, ¿cómo pagar tributos considerables en un gobierno que cobra y no corresponde con beneficio alguno?» (MONTESQUIEU, *El Espíritu de la Leyes. De las relaciones que la imposición de los tributos y la importancia de los rendimientos tienen con la libertad*, 1748). D. Hume al comentar diversas cuestiones sobre los impuestos expone la opinión que si son moderados pueden ocasionar una mayor actividad productiva «así sucede necesariamente cuando los impuestos son moderados, aumentan por grados y no afectan a las cosas necesarias de la vida, y es indudable que a menudo sirven para estimular la industria de un país y hacerlo más rico y trabajador que otros que gocen de mayores ventajas». Esta cuestión de la moderación y el aumento de la actividad recibió bastante atención durante esta época. Asimismo, más adelante, manifiesta: «Los impuestos exorbitantes, en cuanto necesidad extrema, destruyen la industria y engendran el desaliento. Y aún antes de llegar a este extremo, aumentan el precio de la mano de obra, encareciendo el precio de todas las mercancías» (D. HUME, *Ensayos Políticos*, «De los impuestos», 1774). Cuando A. Smith está haciendo referencia a los derechos de aduanas, expresa «los elevados impuestos, disminuyendo unas veces el consumo de los géneros gravados, fomentando en otras el contrabando, ninguna utilidad dejan por lo común al Gobierno, y siempre mucho menos de lo que podría obtener de un tributo moderado» (A. SMITH, *Investigación sobre la naturaleza y causa de la riqueza de las naciones*, Libro V, Parte II, «De los impuestos», 1776). Asimismo, J. B. Say, considera que los impuestos moderados son mejores que los elevados y dice: «cuando al impuesto se le eleva demasiado produce el deplorable efecto de privar al contribuyente de su riqueza, sin enriquecer al gobierno; [...] por una razón contraria, una disminución del impuesto, al multiplicar los goces del público, aumenta los ingresos del fisco y hace ver a los gobiernos las ventajas que obtiene siendo moderados». También existen otras afirmaciones de este autor, en este sentido como: «el mejor de todos los planes financieros es gastar poco y el mejor de todos los impuestos es el más bajo» (J. B. SAY, *Tratado de Economía Política. De los impuestos y sus efectos generales*, 1841). Asimismo, se puede citar a J. S. Mill, quien manifiesta «no obstante, el simple exceso en los impuestos, cuando no se agrava con la incertidumbre, es, aparte su injusticia, un mal económico grave. Puede llevarse tan lejos que desaliente la actividad por la insuficiencia de la recompensa. Mucho antes de llegar a este extremo impide o por lo menos frena la acumulación o hace que el capital acumulado se envíe al extranjero» (J. S. MILL, *Principios de Economía Política*, Capítulo VIII, «De las funciones ordinarias del Gobierno consideradas en sus efectos económicos», 1871).

En la literatura española encontramos alguna manifestación en el sentido expuesto más arriba, en defensa de los impuestos o contribuciones moderadas, como medio de mantener de forma adecuada la hacienda, sin crear injusticias personales y perjuicios económicos. Flores Estrada manifiesta: «las contribuciones exorbitantes arruinan la industria en vez de extenderla; pues el hombre más industrioso no desplegará actividad alguna desde que esta actividad no le proporcione ni bienestar ni goces. Las contribuciones que llegan a absorber la totalidad o la mayor parte de los productos industriales, no dejan al individuo esperanza alguna de mejorar su suerte; sus consecuencias son destruir la industria, impedir la economía, y no producir sino abatimiento y desesperación» (A. FLORES ESTRADA, *Curso de Economía Política*, Capítulo IV, «De los consumos públicos», 1835). Expresa Colmeiro: «decimos contribuciones moderadas, porque importa en extremo que las cargas públicas sean leves por razones de justicia y conveniencia. Nada más justo que la propiedad de los particulares padezca algún menoscabo a cambio de una posesión segura y tranquila; más si crecen demasiado las obligaciones del contribuyente, la propiedad desaparece, o por lo menos se transforma en colectiva» (M. Colmeiro, *Principios de Economía Política*, «De las contribuciones», 1870). Asimismo, M. Salvá manifiesta: «las contribuciones poco onerosas se pagan más fácilmente, y, por tanto, sus rendimientos son mayores; no se cometen en el mismo grado los fraudes y abusos que cuando exigen sacrificios dolorosos, para hurtar el cuerpo al gravamen y peso con que afligen» (M. Salvá, *El salario y el impuesto*, Libro II, Capítulo II, «Naturaleza del impuesto...», 1881).

Hechas estas consideraciones sobre algunas cuestiones relativas a los impuestos o tributos o contribuciones que aparecieron con algunos de los primeros escritores, creo que ahora es conveniente hacer una inmersión en el trabajo de María José Portillo, que conlleva un gran salto en el tiempo y nos introduce con sencillez y extensión en sistema fiscal actual y con ello en la realidad fiscal española de principios del siglo xxi.

Enrique Egea Ibáñez
Catedrático de Economía Política y Hacienda Pública

PRESENTACIÓN

La buena acogida recibida por las ediciones anteriores del *Manual de Fiscalidad: Teoría y Práctica* nos ha animado a la realización de la decimosexta edición del mismo, revisando aquellos aspectos que han sufrido variaciones en este período, pues el sistema fiscal español sufre continuas y excesivas —desde nuestro punto de vista— modificaciones, por lo que se hace necesario proceder a la actualización de los conceptos incorporados en las ediciones anteriores de esta obra.

Este libro se ocupa de todos los aspectos tributarios relevantes, proporcionando las herramientas básicas necesarias para la liquidación de los impuestos que configuran el sistema fiscal español. Para ello, se realiza una exposición teórica en cada uno de los temas y a continuación se proponen casos prácticos resueltos y propuestos. Asimismo, se añaden algunas preguntas para la reflexión acerca de las principales cuestiones que preocupan y ocupan en la actualidad a los investigadores relacionados con esta disciplina. Por último, se completa con una serie de preguntas cortas y tipo test que pueden servir de autoevaluación de los conocimientos adquiridos a lo largo de cada capítulo, incorporando la solución a estas últimas al final del libro.

El espíritu sigue siendo el mismo que en las ediciones anteriores; es decir, contribuir a la mejora del conocimiento de la fiscalidad española, presentando de modo claro, riguroso y actualizado los principales conceptos tributarios, con el deseo de servir a todos aquellos estudiosos de la fiscalidad, bien sea desde el ámbito universitario o bien desde el profesional, así como a los interesados en el conocimiento de la situación actual del sistema tributario.

Esperamos que esta obra pueda resultar de utilidad a todos aquellos que se acerquen a la misma con el deseo de profundizar en los aspectos más importantes del sistema fiscal español, y contribuya a la mejora de la comprensión y el análisis de la fiscalidad española, pues entonces habremos cumplido con el objetivo que nos habíamos fijado al elaborar este *Manual.*

Murcia, junio de 2024

M.ª José Portillo Navarro

TEMA 1

ELEMENTOS ESENCIALES DEL SISTEMA FISCAL ESPAÑOL

1. INTRODUCCIÓN

El estudio de la fiscalidad en España se inicia con la Ley General Tributaria (Ley 58/2003, de 17 de diciembre) que es el eje central del ordenamiento tributario, donde se recogen los principios y las normas jurídicas generales del sistema tributario español. Resulta de aplicación a todas las Administraciones tributarias, sin perjuicio de lo dispuesto en las Leyes que aprueban el Convenio con Navarra y el Concierto económico con el País Vasco. Asimismo, establece los principios y las normas jurídicas generales que regulan las actuaciones de la Administración Tributaria por aplicación en España de la normativa sobre asistencia mutua entre los Estados miembros de la Unión Europea. O en el marco de los convenios para evitar la doble imposición o de otros convenios internacionales, entendiendo por asistencia mutua las acciones relativas a la asistencia, cooperación, colaboración y otras de naturaleza similar que el Estado español pueda prestar, recibir o desarrollar con la Unión Europea o con otras entidades internacionales. Puede comprender la realización de actuaciones ante obligados tributarios.

Para el desarrollo de este tema utilizaremos el siguiente mapa conceptual:

Tributos	Tasas Contribuciones Especiales Impuestos
Principios de la imposición	Capacidad de pago Justicia Generalidad Igualdad Progresividad No confiscatoriedad Legalidad Seguridad jurídica
Fuentes del ordenamiento tributario	Constitución Tratados y convenios internacionales Normas comunitarias LGT y las propias de cada tributo Reglamentos Órdenes Ministeriales

Clasificación de los impuestos	Directos e indirectos Personales y de producto Subjetivos y objetivos Periódicos e instantáneos
Principales conceptos impositivos	Hecho imponible Obligados tributarios Domicilio fiscal Base imponible y liquidable Tipo de gravamen Cuota y Deuda tributaria
Extinción de las obligaciones tributarias	Pago Prescripción Compensación Condonación Insolvencia

2. TRIBUTOS

Los tributos son ingresos públicos que consisten en prestaciones pecuniarias exigidas por la Administración Pública, como consecuencia de la realización del supuesto de hecho al que la ley vincula el deber de contribuir, con el fin primordial de obtener los ingresos necesarios para el sostenimiento de los gastos públicos. Pueden servir como instrumentos de la política económica general, así como para atender a la realización de los principios y fines contenidos en la Constitución.

Los tributos se clasifican en:

a) Tasas.
b) Contribuciones especiales.
c) Impuestos.

2.1. Tasas

La definición del concepto de tasa es la de tributo, cuyo hecho imponible consiste en:

a) La utilización privativa o el aprovechamiento especial del dominio público.

b) La prestación de servicios o la realización de actividades en régimen de derecho público que se refieran, afecten o beneficien de modo particular al obligado tributario, cuando los servicios o actividades no sean de solicitud o recepción voluntaria para los obligados tributarios, o no se presten o realicen por el sector privado.

2.2. Contribuciones especiales

Son los tributos cuyo hecho imponible consiste en la obtención por el obligado tributario de un beneficio o de un aumento de valor de sus bienes, como consecuencia de la realización de obras públicas o del establecimiento o ampliación de servicios públicos, como, por ejemplo, la acometida e instalación de alumbrado público en un polígono, o las obras de alcantarillado en el mismo.

2.3. IMPUESTOS

Los impuestos se definen como tributos exigidos sin contraprestación, cuyo hecho imponible está constituido por negocios, actos o hechos que ponen de manifiesto la capacidad económica del contribuyente.

El conjunto de impuestos existentes en nuestro país conforma el sistema impositivo español. La enumeración de los mismos, la legislación aplicable a cada uno de ellos, así como el objeto de gravamen, aparecen en el siguiente cuadro:

Impuestos	*Objeto de gravamen*
Impuesto sobre la Renta de las Personas Físicas (IRPF) (Ley 35/2006)	Renta de las personas físicas residentes
Impuesto sobre Sociedades (IS) (Ley 27/2014)	Renta de las personas jurídicas residentes
Impuesto sobre la Renta de No Residentes (IRNR) (Real Decreto Legislativo 5/2004)	Rentas de personas no residentes en España
Impuesto sobre el Patrimonio (IP) (Ley 19/1991)	Patrimonio de las personas físicas
Impuesto sobre Sucesiones y Donaciones (ISD) (Ley 29/1987)	Transmisiones lucrativas de personas físicas
Impuesto sobre Transmisiones Patrimoniales y Actos Jurídicos Documentados (ITPAJD) (Real Decreto Legislativo 1/1993)	Tráfico civil, operaciones societarias y documentos
Impuesto sobre el Valor Añadido (IVA) (Ley 37/1992)	Entrega de bienes y prestación de servicios
Impuestos Especiales (II EE) (Ley 38/1992)	Consumos específicos
Renta de Aduanas (RA) (Reglamento CEE 2913/1992)	Tráfico exterior de mercancías

El cuadro impositivo se completa con los impuestos propios de las CCAA (recogidos en el Tema 3 de este *Manual*) y con los impuestos de las Haciendas Locales (Real Decreto Legislativo 2/2004, de 5 de marzo, por el que se aprueba el texto refundido de la Ley Reguladora de las Haciendas Locales) recogidos en el siguiente esquema, así como su objeto de gravamen:

Impuestos	*Objeto de gravamen*
a) Con carácter obligatorio: 1. Impuesto sobre Bienes Inmuebles (IBI). 2. Impuesto sobre Actividades Económicas (IAE). 3. Impuesto sobre Vehículos de Tracción Mecánica (IVTM).	 Titularidad de bienes inmuebles. Realización de actividades económicas. Titularidad de vehículos de tracción mecánica.
b) Con carácter potestativo: 1. Impuesto sobre Construcciones, Instalaciones y Obras (ICIO). 2. Impuesto sobre Incremento de Valor de los Terrenos de Naturaleza Urbana (IIVTNU).	 Realización de construcciones que precisen licencia. Incremento del valor del terreno urbano como consecuencia de una transmisión.

3. PRINCIPIOS DE LA IMPOSICIÓN

El establecimiento de un sistema impositivo se debe realizar atendiendo a una serie de principios. En este sentido, la LGT establece que la ordenación del sistema tributario se debe basar en la capacidad económica de las personas obligadas a satisfacer los tributos y en los principios de justicia, generalidad, igualdad, progresividad, equitativa distribución de la carga tributaria y no confiscatoriedad, recogidos también en la Constitución Española.

3.1. Capacidad de pago

Este principio exige que el pago de los impuestos por parte de los individuos sea el reflejo de su capacidad económica, una vez considerados los elementos personales del ciudadano que puedan suponer una mayor o menor posibilidad de hacer frente al pago de las cargas tributarias. Es decir, cada individuo debe pagar en función de su capacidad individual.

El principio de capacidad económica es esencial para el establecimiento del reparto de la carga tributaria entre los ciudadanos. En otros tiempos, el principio de beneficio y el de capacidad de pago eran los que regían los sistemas impositivos, pero actualmente es el principio de capacidad de pago el esencial, y el resto de principios giran en torno al cumplimiento del mismo.

3.2. Justicia

El principio de justicia viene recogido en la LGT como determinante de la ordenación del sistema tributario. Además, la Constitución lo considera como uno de los valores superiores del ordenamiento jurídico.

3.3. Generalidad

El principio de generalidad exige que todas las personas (físicas y jurídicas) sean sometidas al gravamen tributario y solamente se podrán establecer excepciones cuando sean consecuencia del desarrollo de la política económica o social del país, o bien porque resulte necesario por motivos técnicos del impuesto.

3.4. Igualdad

Este principio supone la necesidad de que todos los impuestos traten igual a todas las personas que estén sometidas a un tributo y tengan la misma situación, lo que implica la consagración de la equidad horizontal en los tributos. Viene recogido tanto en la LGT como en la CE.

3.5. Progresividad

El principio de progresividad tributaria está recogido en la CE y en la LGT, estableciendo como límite la no confiscatoriedad. La progresividad tributaria implica que los individuos con una mayor capacidad de pago deben pagar más, y en mayor proporción, que aquellos otros que tengan una capacidad de pago menor.

3.6. No confiscatoriedad

Un impuesto es confiscatorio cuando, para hacer frente al pago del mismo, el obligado tributario no posee renta suficiente en ese período y debe recurrir a la enajenación de parte de su patrimonio. Tanto la LGT como la CE recogen la necesidad de crear un sistema tributario que no tenga carácter confiscatorio.

3.7. Legalidad

El principio de legalidad se encuentra recogido en la CE, según la cual, solamente se podrán establecer prestaciones personales o patrimoniales de carácter público con arreglo a la ley. En este sentido, la LGT dispone que la potestad originaria para establecer tributos corresponde exclusivamente al Estado, mediante ley.

3.8. Seguridad jurídica

Este principio descarta el abuso o la parcialidad en la regulación y aplicación de los tributos, siendo la CE la que garantiza el cumplimiento del mismo.

4. POTESTADES TRIBUTARIAS

La facultad originaria de establecer tributos es exclusiva del Estado y se ejercerá mediante ley, tal y como establece el principio de legalidad.

Por otra parte, las Comunidades Autónomas (en adelante, CCAA) y las Corporaciones Locales (en adelante, CCLL) podrán establecer y exigir tributos de acuerdo con la CE y las leyes. Por lo tanto, los poderes públicos tributarios de las CCAA y las Corporaciones Locales están sometidos a la Constitución y a los mismos principios que los señalados para el Estado.

Las CCAA tienen reconocida su autonomía financiera y gozan de potestad legislativa. Sin embargo, las CCLL carecen de dicha facultad, por lo que solamente podrán establecer impuestos o modificar los aspectos esenciales de los mismos si existe una ley que los faculte para ello, tal y como ocurre con la Ley Reguladora de las Haciendas Locales.

5. FUENTES DEL ORDENAMIENTO TRIBUTARIO

Las fuentes tributarias, en orden jerárquico, son las siguientes:

a) La Constitución, que es la primera de las fuentes del ordenamiento tributario, y todas las demás se supeditarán a ella.

b) Tratados y convenios internacionales, que contengan cláusulas de naturaleza tributaria y, en particular, los convenios para evitar la doble imposición. Los tratados internacionales válidamente celebrados, una vez publicados oficialmente en España, formarán parte del ordenamiento interno y sus disposiciones sólo podrán ser derogadas, modificadas o suspendidas en la forma prevista en los propios tratados o de acuerdo con las normas generales del Derecho internacional.

c) Normas comunitarias, que dicte la Unión Europea (en adelante, UE) y otros organismos internacionales o supranacionales. Las normas comunitarias son de tres tipos:

— Directivas.
— Reglamentos.
— Decisiones.

Las normas comunitarias pueden ser recurridas ante el Tribunal de Justicia de las Comunidades Europeas, primando el Derecho comunitario sobre el interno de cada uno de los países miembros de la Unión Europea.

d) La LGT, las leyes reguladoras de cada tributo y las demás leyes que contengan disposiciones en materia tributaria.

e) Reglamentos generales, que:

— Desarrollan la Ley General Tributaria (son los de Gestión, Recaudación, Inspección y Procedimiento de reclamaciones económico-administrativas).
— Desarrollan cada tributo.

Específicamente en el ámbito tributario local, las correspondientes ordenanzas fiscales.

f) Órdenes ministeriales, dictadas por el Ministro de Hacienda, que desarrollan disposiciones en materia tributaria. Dichas disposiciones revestirán la forma de Orden ministerial cuando así lo disponga expresamente la ley, y en este caso podrán desarrollar directamente una norma con rango de ley cuando así lo establezca expresamente la propia ley.

g) Con carácter supletorio, se regirán por:

— Disposiciones generales de Derecho administrativo.
— Preceptos de Derecho común.

6. ÁMBITO TEMPORAL DE LAS NORMAS TRIBUTARIAS

Las normas tributarias entrarán en vigor a los veinte días naturales de su completa publicación en el boletín oficial que corresponda, si en ellas no se dispone otra cosa, y se aplicarán por plazo indefinido, salvo que se fije un plazo determinado.

Las normas tributarias no tendrán efecto retroactivo, salvo disposición en contrario, y se aplicarán a los tributos sin período impositivo devengados a partir de su entrada en vigor y a los demás tributos cuyo período impositivo se inicie desde ese momento. No obstante, las normas que regulen el régimen de infracciones y sanciones tributarias y el de los recargos tendrán efectos retroactivos, respecto de los actos que no sean firmes, cuando su aplicación resulte más favorable para el interesado.

7. CLASIFICACIÓN DE LOS IMPUESTOS

Administrativamente, los impuestos se clasifican en directos e indirectos; sin embargo, existe otra serie de clasificaciones de los mismos que desarrollamos a continuación.

7.1. Directos e indirectos

a) Impuestos directos: su objeto de gravamen es el incremento patrimonial del obligado tributario, obtenido de forma periódica o accidental, bien sea por adición de elementos patrimoniales nuevos o por incrementos de valor en los ya poseídos. Por ejemplo, son impuestos directos el IRPF, el Impuesto sobre Sociedades, o el Impuesto sobre el Patrimonio.

b) Impuestos indirectos: gravan la capacidad de pago manifestada en la utilización o consumo del patrimonio o renta. Se recaudan como consecuencia de determinados actos que realizan los particulares, tales como actos de consumo, o transmisiones de bienes. Los principales impuestos indirectos son el IVA, el ITPAJD y los impuestos especiales.

7.2. Personales y de producto

a) Impuestos personales: son aquellos en los que el hecho imponible viene establecido con referencia a una persona determinada. Gravan la renta total o el patrimonio en su conjunto del que sea titular una persona física o jurídica. Por ejemplo: el IRPF, el Impuesto sobre el Patrimonio, o el Impuesto sobre Sociedades.

b) Impuestos de producto o reales: gravan manifestaciones de la riqueza sin ponerla en relación directa con una persona en concreto, como ocurre, por ejemplo, en los impuestos que gravan la propiedad de un edificio o un vehículo. Recaen sobre el producto o sobre determinados elementos patrimoniales, tales como el Impuesto sobre Bienes Inmuebles, o el Impuesto sobre los Vehículos de Tracción Mecánica.

7.3. Subjetivos y objetivos

a) Impuestos subjetivos: para su configuración se tienen en cuenta las circunstancias personales del obligado al pago, y se utilizan para fijar la cuantía del gravamen (por ejemplo, el hecho de tener hijos permite reducir de la base imponible del IRPF determinadas cantidades).

b) Impuestos objetivos: no son tenidas en cuenta las circunstancias personales del sujeto pasivo para fijar la cuantía de la deuda tributaria, y en consecuencia, al señalar la base, el tipo de gravamen, las deducciones o recargos, se prescinde de dichas circunstancias personales. Por ejemplo: el Impuesto sobre Bienes Inmuebles, el IVA, o el ITPAJD.

7.4. Periódicos e instantáneos

a) Impuestos periódicos: el presupuesto de hecho es un estado que se repite en el tiempo de modo permanente o indefinido, lo que exige delimitar períodos de fraccionamiento. Ejemplo: en la percepción de rendimientos periódicos del IRPF, el legislador dispone que el 31 de diciembre de cada año se devenga el IRPF, por lo que la renta que se obtenga a partir del 1 de enero del siguiente año dará lugar a una nueva liquidación del impuesto.

b) Impuestos instantáneos: el hecho imponible es un caso aislado de producción no periódica. Se denominan también impuestos de devengo accidental. Son impuestos instantáneos, por ejemplo, el Impuesto sobre Sucesiones y Donaciones, o el ITPAJD.

8. PRINCIPALES CONCEPTOS IMPOSITIVOS

La definición de los conceptos impositivos necesarios para el conocimiento de los elementos integrantes del impuesto y su liquidación son objeto de estudio en el presente epígrafe.

8.1. Hecho imponible

Es el presupuesto fijado por la ley para configurar cada tributo y cuya realización origina el nacimiento de la obligación tributaria principal.

El hecho imponible (HI) se delimita:

a) Positivamente, a través de los supuestos de *sujeción*, que suponen la relación de las situaciones en las que se concreta el hecho imponible.

b) Negativamente, con la determinación de los supuestos de *no sujeción*. En este sentido, la ley podrá completar la delimitación del hecho imponible mediante la mención de supuestos de no sujeción, estableciendo los supuestos que no se considera que estén incluidos en el hecho imponible.

Las *exenciones* son supuestos en los que, a pesar de realizarse el hecho imponible, la ley exime del cumplimiento de la obligación tributaria principal. Dichas exenciones pueden ser subjetivas (se exime de tributar al sujeto) u objetivas (no se sujeta a gravamen una parte del hecho imponible). Asimismo, las exenciones pueden ser parciales (en cuantía inferior a la ordinaria) o totales.

Puesto que las leyes de los diferentes impuestos asocian el nacimiento de la obligación tributaria a la realización del hecho imponible, es imprescindible que la ley fije el momento en el que se produce el *devengo* del impuesto, es decir, el momento en que puede entenderse realizado el presupuesto de hecho y en el que surge el nacimiento de la obligación tributaria principal.

La fecha del devengo determina las circunstancias relevantes para la configuración de la obligación tributaria, salvo que la ley de cada tributo dictamine otra cosa, ya que la LGT dispone que las leyes propias de cada tributo podrán establecer la exigibilidad de la cuota o cantidad a ingresar, o de parte de la misma, en un momento distinto al del devengo del tributo.

8.2. Obligados tributarios

Son obligados tributarios las personas físicas o jurídicas y las entidades a las que la normativa tributaria impone el cumplimiento de obligaciones tributarias. Entre otros, son obligados tributarios:

a) Los contribuyentes.
b) Los sustitutos del contribuyente.
c) Los obligados a realizar pagos fraccionados.
d) Los retenedores.
e) Los obligados a practicar ingresos a cuenta.
f) Los obligados a repercutir.
g) Los obligados a soportar la repercusión.
h) Los obligados a soportar la retención.
i) Los obligados a soportar los ingresos a cuenta.
j) Los sucesores.
k) Los beneficiarios de supuestos de exención, devolución o bonificaciones tributarias, cuando no tengan la condición de sujetos pasivos.

También se consideran obligados tributarios a aquellos a quienes la normativa tributaria impone el cumplimiento de obligaciones tributarias formales, así como aquellos a los que se pueda imponer obligaciones tributarias conforme a la normativa sobre asistencia mutua.

Las entidades del artículo 35.4 de la LGT, es decir, las herencias yacentes, comunidades de bienes y demás entidades que, carentes de personalidad jurídica, constituyan una unidad económica o un patrimonio separado susceptibles de imposición, tendrán la consideración de obligados tributarios en las leyes en que así se establezca, por lo que será necesario acudir a la normativa específica de cada impuesto para conocer si resultan, o no, obligados tributarios en cada uno de los impuestos del sistema fiscal español.

8.2.1. *Sujeto pasivo*

Es sujeto pasivo (SP) el obligado tributario que, según la ley, debe cumplir la obligación tributaria principal, así como las obligaciones formales inherentes a la misma. El sujeto pasivo puede serlo:

a) A título de contribuyente: es el sujeto pasivo que realiza el hecho imponible.

b) A título de sustituto del contribuyente: el sujeto pasivo que, por imposición de la ley y en lugar del contribuyente, está obligado a cumplir la obligación tributaria principal, así como las obligaciones formales inherentes a la misma. En épocas pasadas esta figura tenía una gran relevancia en el ámbito tributario, pero en la actualidad apenas se contempla, si bien podemos citar como ejemplo el Impuesto sobre Construcciones, Instalaciones y Obras de las Haciendas Locales.

8.2.2. *Obligados a realizar pagos a cuenta*

La LGT distingue entre obligados tributarios que realizan pagos fraccionados, los obligados a practicar ingresos a cuenta y los retenedores. Así, está obligado:

a) A realizar pagos fraccionados, el contribuyente a quien la ley de cada tributo impone la obligación de ingresar cantidades a cuenta de la obligación tributaria principal, antes de que ésta resulte exigible.

b) A practicar ingresos a cuenta, la persona o entidad que satisface rentas en especie o dinerarias y a quien la ley impone la obligación de realizar ingresos a cuenta de cualquier tributo.

c) A actuar como retenedor, la persona o entidad a quien la ley de cada tributo impone la obligación de detraer e ingresar en la Administración Tributaria, con ocasión de los pagos que deba realizar a otros obligados tributarios, una parte de su importe, a cuenta del tributo que corresponda a éstos.

8.2.3. *Obligados en las obligaciones entre particulares resultantes del tributo*

Está obligado a repercutir la persona o entidad que, conforme a la ley, deba repercutir la cuota tributaria a otras personas o entidades que realicen las operaciones gravadas y que deberán soportar tal repercusión, salvo que la ley disponga otra cosa. El repercutido no está obligado al pago frente a la Administración Tributaria, pero debe satisfacer al sujeto pasivo el importe de la cuota repercutida.

Está obligado a soportar la retención la persona o entidad perceptora de las cantidades sobre las que, según la ley, el retenedor deba practicar retenciones tributarias.

La ley podrá imponer a las personas o entidades la obligación de soportar los ingresos a cuenta de cualquier tributo practicados con ocasión de las rentas en especie o dinerarias que perciban y, en su caso, la repercusión de su importe por el pagador de dichas rentas.

8.2.4. *Sucesores de personas físicas*

Las obligaciones tributarias pendientes de los obligados tributarios fallecidos sc transmitirán a los herederos, sin perjuicio de lo que establece la legislación civil en cuanto a la adquisición de la herencia.

En ningún caso se transmitirán las sanciones ni la obligación del responsable, salvo que se hubiera notificado el acuerdo de derivación de responsabilidad antes del fallecimiento.

Mientras la herencia se encuentre yacente, o sin adjudicar a sus herederos o legatarios, el cumplimiento de las obligaciones tributarias del causante corresponderá al representante de la misma, así como las actuaciones administrativas para la cuantificación, determinación y liquidación de las obligaciones tributarias del causante. En cuanto a las obligaciones tributarias que se deriven, podrán satisfacerse con cargo a los bienes de la herencia yacente.

8.2.5. *Sucesores de personas jurídicas y de entidades sin personalidad*

Tanto las obligaciones tributarias pendientes de las sociedades y entidades con personalidad jurídica disueltas y liquidadas en las que la ley limita la responsabilidad patrimonial de los socios, partícipes o cotitulares, como aquellas en las que no limita dicha responsabilidad, se transmitirán a éstos, que quedarán obligados solidariamente.

El hecho de que la deuda tributaria no estuviera liquidada en el momento de producirse la extinción de la personalidad jurídica de la sociedad o entidad, no impedirá la transmisión de las obligaciones tributarias devengadas a los sucesores, pudiéndose entender las actuaciones con cualquiera de ellos.

En los supuestos de extinción o disolución sin liquidación de sociedades y entidades con personalidad jurídica, las obligaciones tributarias pendientes de las mismas se transmitirán a las personas o entidades que sucedan o que sean beneficiarias de la correspondiente operación. Esta norma también será aplicable a cualquier supuesto de cesión global del activo y pasivo de una sociedad, sociedades y entidad con personalidad jurídica.

8.2.6. *Responsables*

La ley podrá configurar como responsables de la deuda tributaria, junto a los deudores principales (incluido el sustituto del contribuyente), a otras personas o entidades.

Cuando haya transcurrido el plazo voluntario de pago que se conceda al responsable sin realizar el ingreso, se iniciará el período ejecutivo y se exigirán los recargos e intereses que procedan. En este caso, la responsabilidad alcanzará a la totalidad de la deuda tributaria exigida en período voluntario, pero no a las sanciones, salvo excepciones previstas en la ley.

Los responsables tienen derecho de reembolso frente al deudor principal, en los términos previstos en la legislación civil.

A efectos de responsabilidad, distinguimos entre:

a) Responsables solidarios.
b) Responsables subsidiarios.

Salvo precepto legal expreso en contrario, la responsabilidad será siempre subsidiaria.

Excepto en determinados casos de responsables solidarios, la responsabilidad alcanza a la totalidad de la deuda tributaria exigida en período voluntario.

8.2.6.1. Responsables solidarios

Serán responsables solidarios de la deuda tributaria las siguientes personas o entidades:

a) Las que sean causantes o colaboren activamente en la realización de una infracción tributaria. En este caso, su responsabilidad también se extenderá a la sanción.

b) Los partícipes o cotitulares de las herencias yacentes, comunidades de bienes y demás entidades que, carentes de personalidad jurídica, constituyan una unidad económica o un patrimonio susceptibles de imposición, en proporción a sus respectivas participaciones respecto a las obligaciones tributarias materiales de dichas entidades.

c) Los sucesores de la titularidad en el ejercicio de explotaciones o actividades económicas, por las obligaciones tributarias contraídas del anterior titular y derivadas de su actividad. Dicha responsabilidad se extenderá a las obligaciones derivadas de la falta de ingreso de las retenciones e ingresos a cuenta practicadas o que se hubieran debido practicar, aunque se puede limitar la responsabilidad, o estar exentos de la misma, como posteriormente veremos.

d) Las personas o entidades que se exponen a continuación, del pago de la deuda tributaria pendiente y, en su caso, del de las sanciones tributarias, incluidos el recargo y el interés de demora del período ejecutivo, cuando procedan, hasta el importe del valor de los bienes o derechos que se hubieran podido embargar o enajenar por la Administración Tributaria:

— Las que sean causantes o colaboren en la ocultación o transmisión de bienes o derechos del obligado al pago, con la finalidad de impedir la actuación de la Administración Tributaria.
— Las que, por culpa o negligencia, incumplan las órdenes de embargo.
— Las que, con conocimiento del embargo, la medida cautelar o la constitución de la garantía, colaboren o consientan en el levantamiento de los bienes o derechos embargados o de aquellos bienes o derechos sobre los que se hubiera constituido la medida cautelar o la garantía.
— Las personas o entidades depositarias de los bienes del deudor que, una vez recibida la notificación del embargo, colaboren o consientan en el levantamiento de aquéllos.

No obstante, las leyes podrán establecer otros supuestos de responsabilidad solidaria distintos de los anteriores. El procedimiento para declarar y exigir la responsabilidad solidaria dependerá de la existencia de notificación o no de dicha responsabilidad, antes del vencimiento en período voluntario del pago de la deuda:

a) Si ha habido notificación antes del vencimiento del período voluntario, bastará con requerirle el pago una vez transcurrido dicho período.
b) En los demás casos, una vez transcurrido el período voluntario de pago de la deuda, el órgano competente dictará acto de declaración de responsabilidad, que se notificará al responsable.

Cuando se pretenda adquirir la titularidad de explotaciones y actividades económicas y se desee limitar la responsabilidad solidaria con respecto a las deudas anteriores a tal adquisición, se podrá —previa la conformidad del titular actual— solicitar de la Administración una certificación detallada de las deudas, sanciones y responsabilidades tributarias derivadas de su ejercicio, y ésta deberá expedir dicha certificación en el plazo de tres meses desde la solicitud. En este caso, la responsabilidad del adquirente quedará limitada a las deudas, sanciones y responsabilidades contenidas en la misma. Si la certificación se expidiera sin mencionar deudas, sanciones o responsabilidades o no se facilitara en el plazo señalado, el solicitante quedará exento de la responsabilidad solidaria.

El responsable solidario puede ser requerido al pago de la deuda tributaria desde el momento en el que el deudor principal no pague, siempre que un precepto legal expreso así lo declare, convirtiéndose así en deudor tributario al que la Hacienda Pública puede reclamar la deuda.

8.2.6.2. Responsables subsidiarios

Serán responsables subsidiarios de la deuda tributaria y de las sanciones, las siguientes personas o entidades:

a) Los administradores de hecho o de derecho de las personas jurídicas que, habiendo éstas cometido infracciones tributarias, no hubiesen realizado los actos necesarios para el cumplimiento de las obligaciones y deberes tributarios, hubiesen consentido el incumplimiento por quienes de ellos dependan o hubiesen adoptado acuerdos que posibilitasen las infracciones. Su responsabilidad también se extenderá a las sanciones.

b) Los administradores de hecho o de derecho de aquellas personas jurídicas que hayan cesado en sus actividades, por las obligaciones tributarias devengadas de éstas que se encuentren pendientes en el momento del cese, siempre que no hubieran hecho lo necesario para su pago o hubieran adoptado acuerdos o tomado medidas causantes del impago.

c) Los integrantes de la administración concursal y los liquidadores de sociedades y entidades que no hubiesen realizado las gestiones necesarias para el íntegro cumplimiento de las obligaciones tributarias devengadas con anterioridad a dichas situaciones e imputables a los respectivos obligados tributarios. De las obligaciones tributarias y sanciones posteriores a dichas situaciones, responderán como administradores cuando tengan atribuidas funciones de administración.

d) Los adquirentes de bienes, afectos por ley, al pago de la deuda tributaria.

e) Los agentes y comisionistas de aduanas, cuando actúen en nombre y por cuenta de sus comitentes, si bien esta responsabilidad subsidiaria no alcanzará a la deuda aduanera.

f) Las personas o entidades que contraten o subcontraten la ejecución de obras o la prestación de servicios correspondientes a su actividad económica principal, por las obligaciones tributarias relativas a tributos que deban repercutirse o cantidades que deban retenerse a trabajadores, profesionales u otros empresarios, en la parte que corresponda a las obras o servicios objeto de la contratación o subcontratación, salvo que el contratista o subcontratista haya aportado al pagador un certificado específico de encontrarse al corriente de sus obligaciones tributarias.

g) La responsabilidad quedará limitada al importe de los pagos que se realicen sin haber aportado el contratista o subcontratista al pagador el certificado de encontrarse al corriente de sus obligaciones tributarias, o habiendo transcurrido el período de doce meses desde el anterior certificado sin haber sido renovado.

h) Las personas o entidades que posean el control efectivo, total o parcial, directo o indirecto, de las personas jurídicas o en las que concurra una voluntad rectora común con éstas, cuando resulte acreditado que las personas jurídicas han sido creadas o utilizadas de forma abusiva o fraudulenta para eludir la responsabilidad patrimonial universal frente a la Hacienda Pública y exista unicidad de personas o esferas económicas, o confusión o desviación patrimonial. La responsabilidad se extenderá a las obligaciones tributarias y a las sanciones de dichas personas jurídicas.

i) Las personas o entidades de las que los obligados tributarios tengan el control efectivo, total o parcial, o en las que concurra una voluntad rectora común con dichos obligados tributarios, por las obligaciones tributarias de éstos, cuando resulte acreditado que tales personas o entidades han sido creadas o utilizadas de forma abusiva o fraudulenta como medio de elusión de la responsabilidad patrimonial universal frente a la Hacienda Pública, siempre que concurran, ya sea una unicidad de personas o esferas económicas, ya una confusión o desviación patrimonial.

No obstante, las leyes podrán establecer otros supuestos de responsabilidad subsidiaria distintos de los anteriores. Una vez declarados fallidos el deudor principal y, en su caso, los responsables solidarios, la Administración Tributaria dictará acto de declaración de responsabilidad, que se notificará al responsable subsidiario. Para que se pueda exigir el pago de la deuda tributaria al responsable subsidiario es imprescindible que se hayan agotado todas las posibilidades de cobro al deudor principal y exista una declaración previa de fallido del deudor principal y de los demás responsables solidarios. Si existen varios responsables subsidiarios, la deuda se puede exigir a cualquiera de ellos.

8.3. Domicilio fiscal

El domicilio fiscal es el lugar de localización del obligado tributario en sus relaciones con la Administración Tributaria. Será:

a) Para las personas físicas, el lugar donde tengan su residencia habitual. No obstante, para las personas físicas que desarrollen principalmente actividades económicas, la Administración Tributaria podrá considerar como domicilio fiscal el lugar donde esté efectivamente centralizada la gestión administrativa y la dirección de las actividades desarrolladas. Si no pudiera establecerse dicho lugar, prevalecerá aquel donde radique el mayor valor del inmovilizado en el que se realicen dichas actividades económicas.

b) Para las personas jurídicas, su domicilio social, siempre que en él esté efectivamente centralizada su gestión administrativa y la dirección de sus negocios. En otro caso, se atenderá al lugar en el que se lleve a cabo dicha gestión o dirección. Si, finalmente, no puede determinarse el lugar del domicilio fiscal de acuerdo con los criterios anteriores, prevalecerá aquel donde radique el mayor valor del inmovilizado.

Para las personas o entidades no residentes en España, el domicilio fiscal se determinará según lo establecido en la normativa reguladora de cada tributo. En defecto de regulación, el domicilio será el del representante. No obstante, cuando la persona o entidad no residente en España opere mediante establecimiento permanente, el domicilio será el que resulte de aplicar los criterios anteriormente mencionados.

Los obligados tributarios deberán comunicar su domicilio fiscal y el cambio del mismo a la Administración Tributaria que corresponda, ya que el cambio de domicilio fiscal no producirá efectos frente a la Administración Tributaria hasta que se cumpla con dicho deber de comunicación.

8.4. Base imponible

Se define base imponible (BI) como la magnitud dineraria o de otra naturaleza que resulta de la medición o valoración del hecho imponible. Puede venir expresada de distintos modos, dando lugar a:

a) *Base imponible propia.* Se expresa en unidades monetarias.

b) *Base imponible impropia.* Se expresa en unidades de peso, volumen. Ejemplo: en el Impuesto especial sobre el alcohol y bebidas derivadas, la base imponible está constituida por el volumen de alcohol puro, a la temperatura de 20 °C, expresado en hectolitros, contenido en los productos objeto del impuesto.

La base imponible podrá determinarse por los siguientes métodos:

a) Estimación directa.
b) Estimación objetiva.
c) Estimación indirecta.

Las bases imponibles se determinarán, con carácter general, a través del método de estimación directa. No obstante, la ley podrá establecer los supuestos en que sea de aplicación el método de estimación objetiva, que tendrá, en todo caso, carácter voluntario para los obligados tributarios. La estimación indirecta tendrá carácter subsidiario respecto de los demás métodos de determinación y se aplicará cuando se produzca alguna de las circunstancias especiales que contempla la ley.

8.4.1. *Estimación directa*

El método de estimación directa podrá utilizarse por el contribuyente y por la Administración Tributaria, según lo dispuesto en la normativa de cada tributo. La Administración Tributaria utilizará las declaraciones o documentos presentados, los datos consignados en libros y registros comprobados administrativamente y los demás documentos, justificantes y datos que tengan relación con los elementos de la obligación tributaria. Puede ser de carácter obligatorio o voluntario.

8.4.2. *Estimación objetiva*

El método de estimación objetiva podrá utilizarse para la determinación de la base imponible, mediante la aplicación de las magnitudes, índices, módulos o datos previstos en la normativa propia de cada tributo. Es de carácter voluntario.

8.4.3. *Estimación indirecta*

El método de estimación indirecta se aplicará cuando la Administración Tributaria no pueda disponer de los datos necesarios para la determinación completa de la base imponible, como consecuencia de alguna de las siguientes circunstancias:

— Falta de presentación de declaraciones o presentación de declaraciones incompletas o inexactas.

— Resistencia, obstrucción, excusa o negativa a la actuación inspectora.
— Incumplimiento sustancial de las obligaciones contables o registrales.
— Desaparición o destrucción, aun por causa de fuerza mayor, de los libros y registros contables o de los justificantes de las operaciones anotadas en los mismos.

Las bases o rendimientos resultantes de la utilización del método de estimación indirecta se determinarán mediante la aplicación de cualquiera de los siguientes medios o de varios de ellos conjuntamente:

a) Aplicación de los datos y antecedentes disponibles que sean relevantes al efecto.
b) Utilización de los elementos que acrediten de manera indirecta la existencia de los bienes y de las rentas, así como de los ingresos, ventas, costes y rendimientos que sean normales en el respectivo sector económico, en función de las unidades productivas o familiares que deban compararse en términos tributarios.
c) Valoración de las magnitudes, índices, módulos o datos que concurran en los respectivos obligados tributarios, según los datos o antecedentes que se posean de supuestos similares o equivalentes.

8.5. Base liquidable

La base liquidable (BL) es el resultado de aplicar, cuando proceda, en la base imponible las reducciones establecidas por la ley propia de cada tributo.

8.6. Tipo de gravamen

El tipo de gravamen (TG) se define como la cifra, coeficiente o porcentaje que se aplica a la base liquidable para obtener como resultado la cuota íntegra. Puede ser:

a) Tipo de gravamen específico. Opera sobre BI impropias y se expresa en unidades monetarias por unidad fija. Ejemplo: en el Impuesto especial sobre el alcohol y bebidas derivadas, el tipo de gravamen es de 754,77 euros por hectolitro de alcohol puro.
b) Tipo de gravamen *ad valorem*. Es el porcentaje o alícuota aplicable a la base para calcular la cuota, pudiendo ser:

— Fijo o único, que se aplica a la base con independencia de su cuantía, dando lugar a una cuota tributaria proporcional.
— Creciente, que varía a medida que lo hace la base, formando una tarifa o escala de tipos progresiva y que pueden dar lugar a:

• *Progresividad por clases.* Se establecen distintos tipos de gravamen, según el importe total de la base.

- *Progresividad por escalones*. Se establecen tipos de gravamen por cada porción o tramo de base. La aplicación de las tarifas por tramos o escalones determina la existencia del:

1.º Tipo medio, que es la relación entre la cuota íntegra y la base liquidable; es decir:

$$T\ Me = CI/BL$$

2.º Tipo efectivo, que es la relación entre la cuota líquida y la base liquidable; es decir:

$$T\ ef = CL/BL$$

3.º Tipo marginal, que es el último tipo aplicable, es decir, al que se aplica el tramo de base liquidable más alto.

8.7. Cuota tributaria

Podemos definir la cuota tributaria (CT) como la cantidad a satisfacer a la Hacienda Pública como resultado de la aplicación del tributo. Distinguimos entre:

a) Cuota íntegra.
b) Cuota líquida.
c) Cuota diferencial.

8.7.1. *Cuota íntegra*

La cuota íntegra (CI) es el resultado de aplicar el tipo de gravamen, t, a la base liquidable (o bien la cantidad fija señalada por la ley en el caso de que no exista tipo de gravamen). Es decir:

$$CI = BL \times t$$

La cuota íntegra deberá reducirse de oficio cuando de la aplicación de los tipos de gravamen resulte que a un incremento de la base corresponde una porción de cuota superior a dicho incremento (es lo que se denomina «error de salto»). En este caso, la reducción deberá comprender al menos dicho exceso. Esta situación puede ocurrir en el Impuesto sobre Sucesiones y Donaciones. Se exceptúan de esta regla, los casos en que la deuda tributaria deba pagarse por medio de efectos timbrados.

El importe de la cuota íntegra podrá modificarse mediante la aplicación de las reducciones o límites que la ley de cada tributo establezca en cada caso.

8.7.2. *Cuota líquida*

La cuota líquida se obtiene como resultado de practicar en la cuota íntegra las deducciones, bonificaciones, adiciones o coeficientes previstos, en su caso, en la ley de cada tributo. Es decir:

CL = CI – Deducciones, bonificaciones

8.7.3. *Cuota diferencial*

La cuota diferencial (CD) será la cantidad resultante de minorar la cuota líquida en el importe de las deducciones, pagos fraccionados, retenciones, ingresos a cuenta y cuotas, conforme a la normativa de cada tributo:

CD = CL – Deducciones – Pagos fraccionados,
Retenciones – Ingresos a cuenta – Cuotas

8.8. Deuda tributaria

La deuda tributaria (DT) está constituida por la cuota o cantidad a ingresar que resulte de la obligación tributaria principal o de las obligaciones de realizar pagos a cuenta. Además, la DT estará integrada, en su caso, por:

a) Los recargos exigibles legalmente sobre las bases o las cuotas, a favor del Tesoro o de otros entes públicos.
b) Interés de demora.
c) Los recargos por declaración extemporánea.
d) Los recargos del período ejecutivo.

Las sanciones tributarias no formarán parte de la deuda tributaria.

8.8.1. *Los recargos exigibles legalmente sobre las bases o las cuotas*

La normativa tributaria puede establecer recargos sobre las bases o las cuotas, cuando así lo estime conveniente. Dichas cantidades se sumarán a la cuota tributaria para la determinación de la deuda tributaria.

8.8.2. *El interés de demora*

Es una prestación que se exigirá a los obligados tributarios y a los sujetos infractores como consecuencia de:

a) La realización de un pago fuera de plazo.
b) La presentación de una autoliquidación o declaración de la que resulte una cantidad a ingresar, una vez finalizado el plazo establecido al efecto en la normativa tributaria.
c) Del cobro de una devolución improcedente.
d) En general, cuando se suspenda la ejecución del acto.

e) Cuando se inicie el período ejecutivo. No obstante, cuando resulte exigible el recargo ejecutivo o el recargo de apremio reducido no se exigirán los intereses de demora devengados desde el inicio del período ejecutivo.

f) Cuando se reciba una petición de cobro de deudas de titularidad de otros Estados o de entidades internacionales o supranacionales si así lo dispone la normativa sobre asistencia mutua.

g) En los demás casos previstos en la normativa tributaria.

El interés de demora será el interés legal del dinero incrementado en un 25 por 100, salvo que la Ley de Presupuestos Generales del Estado establezca otro diferente. En general, se calcula sobre el importe no ingresado en plazo o sobre la cuantía de la devolución cobrada improcedentemente, y resulta exigible durante el tiempo al que se extienda el retraso del obligado. El interés legal del dinero en 2024 es el 3,25 por 100 y el interés de demora, el 4,0625 por 100.

8.8.3. *Los recargos por presentación extemporánea*

Son prestaciones accesorias que deben satisfacer los obligados tributarios, como consecuencia de la presentación de autoliquidaciones o declaraciones fuera de plazo, sin requerimiento previo de la Administración Tributaria.

Si la presentación de la autoliquidación o declaración se efectúa dentro de los 3, 6 o 12 meses siguientes al término del plazo establecido para la presentación e ingreso, el recargo será del 5, 10 o 15 por 100, respectivamente y se calculará sobre el importe a ingresar resultante de las autoliquidaciones (o sobre el importe de la liquidación derivado de las declaraciones extemporáneas, según proceda), excluyendo las sanciones que hubieran podido exigirse y los intereses de demora devengados hasta la presentación de la autoliquidación o declaración. Dichos recargos se reducirán en un 25 por 100 siempre que se realice el ingreso total del importe restante del recargo en un plazo determinado y se cumplan ciertos requisitos.

Si la presentación de la autoliquidación o declaración se efectúa una vez transcurridos 12 meses desde el término del plazo establecido para la presentación, el recargo será del 20 por 100 y excluirá las sanciones que hubieran podido exigirse. En estos casos, se exigirán los intereses de demora por el período transcurrido desde el día siguiente al término de los 12 meses posteriores a la finalización del plazo establecido para la presentación, hasta el momento en que la autoliquidación o declaración se haya presentado.

8.8.4. *Los recargos del período ejecutivo*

El período ejecutivo se inicia:

a) En el caso de deudas liquidadas por la Administración Tributaria, el día siguiente al del vencimiento del plazo establecido para su ingreso.

b) En el caso de deudas a ingresar mediante autoliquidación presentada sin realizar el ingreso, al día siguiente de la finalización del plazo que establezca la normativa de cada tributo para dicho ingreso, o si éste ya hubiere concluido, el día siguiente a la presentación de la autoliquidación.

Los recargos del período ejecutivo se devengan con el inicio de dicho período. Son de tres tipos:

a) recargo ejecutivo, del 5 por 100; se aplica cuando se satisfaga la totalidad de la deuda no ingresada en período voluntario antes de la notificación de la providencia de apremio;

b) recargo de apremio reducido, del 10 por 100, aplicable cuando se satisfaga la totalidad de la deuda no ingresada en período voluntario y el propio recargo antes de la finalización del plazo estipulado para ello, y

c) recargo de apremio ordinario, del 20 por 100 cuando no resulten aplicables los dos recargos previamente expuestos.

Estos recargos son incompatibles entre sí y se calculan sobre la totalidad de la deuda no ingresada en período voluntario.

Por tanto, el esquema general de liquidación de un impuesto sería:

Base Imponible

(–) Reducciones

Base Liquidable

× Tipo de gravamen

Cuota Íntegra

(–) Deducciones y Bonificaciones

Cuota Líquida

(–) Deducciones, Pagos fraccionados, retenciones, ingresos a cuenta, cuotas

Cuota diferencial

+ Recargos
+ Intereses de demora

Deuda Tributaria

9. EXTINCIÓN DE LAS OBLIGACIONES TRIBUTARIAS

La LGT establece que las deudas se extinguen por:

a) El pago.
b) La prescripción.
c) La compensación.
d) La condonación.
e) La insolvencia del sujeto pasivo.

9.1. El pago

El pago de la deuda tributaria se efectuará en efectivo. Podrá efectuarse mediante efectos timbrados, cuando así se disponga reglamentariamente, o admitirse el pago en especie, si así lo dispusiera la normativa tributaria.

Las deudas tributarias se podrán fraccionar o aplazar, previa solicitud del obligado tributario, cuando su situación económico-financiera le impida, de forma transitoria, efectuar el pago en los plazos establecidos, excepto:

a) Las deudas tributarias cuya exacción se realice por medio de efectos timbrados.

b) Aquellas que correspondan a obligaciones tributarias que deban cumplir el retenedor o el obligado a realizar ingresos a cuenta.

9.2. La prescripción

Prescribirán a los cuatro años los siguientes derechos:

a) El derecho de la Administración para determinar la deuda tributaria mediante la oportuna liquidación.

b) El derecho de la Administración para exigir el pago de las deudas tributarias liquidadas y autoliquidadas.

c) El derecho a solicitar las devoluciones derivadas de la normativa de cada tributo, las devoluciones de ingresos indebidos y el reembolso del coste de las garantías.

d) El derecho a obtener las devoluciones derivadas de la normativa de cada tributo, las devoluciones de ingresos indebidos y el reembolso del coste de las garantías.

La prescripción se aplicará de oficio, incluso en los casos en que se haya pagado la deuda tributaria, sin necesidad de que la invoque o excepcione el obligado tributario.

No obstante, el derecho de la Administración para iniciar el procedimiento de comprobación de las bases o cuotas compensadas o pendientes de compensación o de deducciones aplicadas o pendientes de aplicación, prescribirá a los diez años a contar desde el día siguiente a aquel en que finalice el plazo establecido para presentar la declaración o autoliquidación correspondiente al ejercicio o periodo impositivo en que se generó el derecho a compensar dichas bases o cuotas o a aplicar dichas deducciones.

9.3. La compensación

Las deudas tributarias del obligado tributario podrán extinguirse, total o parcialmente, por compensación con créditos reconocidos por acto administrativo a favor del mismo obligado. Dicha compensación se acordará de oficio o a instancia del obligado tributario.

La extinción de la deuda tributaria se producirá en el momento de la presentación de la solicitud, o bien cuando se cumplan los requisitos exigidos para las deudas y los créditos, si este momento fuera posterior a dicha presentación. El acuerdo de compensación declarará dicha extinción.

9.4. La condonación

La condonación de la deuda tributaria supone que el acreedor extinga en todo o en parte las deudas y créditos sin exigir nada a cambio. Las deudas sólo se pueden condonar en virtud de ley y en la cuantía y requisitos que para ello se determine.

9.5. La insolvencia

Las deudas tributarias que no hayan podido hacerse efectivas por insolvencia probada, total o parcial, de los obligados tributarios se darán de baja en la cuantía procedente, mediante la declaración del crédito como incobrable, total o parcial, en tanto no se rehabilite dicha cuantía dentro del plazo de prescripción, lo que ocurrirá cuando se tenga conocimiento de la solvencia de algún obligado al pago. En caso contrario, finalizado el período de prescripción, la deuda tributaria se extinguirá.

10. TEMAS PARA LA REFLEXIÓN

a) La distinción entre el concepto de tasa y el de precio público.
b) La responsabilidad solidaria y subsidiaria y su alcance.
c) Los procedimientos tributarios y su desarrollo actual.

11. PREGUNTAS DE AUTOEVALUACIÓN

11.1. Preguntas cortas

1. El principio de capacidad de pago.
2. La insolvencia del contribuyente.
3. Impuestos directos e indirectos. Delimitación.

11.2. Preguntas tipo test

1. Comentar si son verdaderas o falsas las siguientes afirmaciones:

a) El hecho imponible se delimita negativamente a través de los supuestos de exención.
b) Los supuestos de no sujeción pueden ser de carácter objetivo y de carácter subjetivo.
c) Los tipos de gravamen específicos operan sobre bases imponibles impropias.
d) La progresividad por clases implica que se establezcan distintos tipos de gravamen según el importe total de la base.

2. 1. Los impuestos periódicos suponen la necesidad de delimitar períodos de fraccionamiento.
2. Los impuestos directos se establecen ante la necesidad de gravar la capacidad de pago adicional que supone la realización de determinados actos de consumo.

a) 1V 2V.
b) 1V 2F.
c) 1F 2V.
d) 1F 2F.

3. 1. El principio de capacidad de pago nos dice que debe existir una relación de equivalencia entre el impuesto pagado por el particular y el beneficio que obtiene de las prestaciones que realiza el Estado.
2. Los tipos de gravamen específicos operan sobre bases imponibles propias.

a) 1V 2V.
b) 1V 2F.
c) 1F 2V.
d) 1F 2F.

4. La progresividad tributaria implica que:

a) A medida que aumenta la renta y la riqueza de cada sujeto pasivo, la aportación contributiva aumenta en mayor proporción que dicho aumento.
b) A medida que aumenta la renta y la riqueza de cada sujeto pasivo, la aportación contributiva aumenta en menor proporción que dicho aumento.
c) A medida que aumenta la renta y la riqueza de cada sujeto pasivo, la aportación contributiva aumenta en igual proporción que dicho aumento.
d) A medida que aumenta el número de miembros de la unidad familiar, la aportación contributiva se incrementa, con independencia de la variación o no de la renta de esa unidad familiar.

5. Serán responsables solidarios de la deuda tributaria (señalar la respuesta correcta):

a) Los que, por culpa o negligencia, incumplan las órdenes de embargo.
b) Los adquirentes de bienes afectos por ley al pago de la deuda tributaria.
c) Los agentes y comisionistas de aduanas, cuando actúen en nombre y por cuenta de sus comitentes.
d) La responsabilidad siempre es solidaria.

6. La base imponible impropia:

a) Se expresa en unidades monetarias.
b) Se expresa en unidades físicas (peso, volumen, etc.).
c) Es la denominación que se da a la base imponible irregular.
d) Es la base imponible resultante de aplicar las reducciones y deducciones (si las hubiera) establecidas en la ley propia de cada tributo.

7. Definimos cuota líquida como:

a) Resultado de aplicar a la base imponible el tipo de gravamen correspondiente.
b) La diferencia que resulta de restar a cuota íntegra las deducciones.
c) Resultado de restar a la cuota diferencial las retenciones.
d) La diferencia que resulta de restar, en su caso, a la base imponible las reducciones establecidas en la ley propia de cada tributo.

8. Señalar la opción correcta:

1. El hecho imponible se define como la cuantificación objetiva de los bienes y servicios materiales del sujeto pasivo, bien sean muebles o inmuebles.
2. Los supuestos de exención se contemplan normativamente en todos sus aspectos a través de la formulación en cada uno de los impuestos de la situación jurídico-tributaria del sujeto pasivo.

a) 1V 2V.
b) 1V 2F.
c) 1F 2V.
d) 1F 2F.

9. El sustituto del contribuyente (señalar la respuesta correcta):

a) Está obligado a cumplir la obligación tributaria principal.
b) Es responsable solidario de la deuda.
c) Es responsable subsidiario de la deuda.
d) Es una figura tributaria similar a la del retenedor.

10. El método de estimación objetiva de bases imponibles:

a) Se aplica sirviéndose de las declaraciones o documentos presentados por el contribuyente.
b) Es de carácter obligatorio.
c) Se utiliza cuando la falta de presentación de declaraciones o las presentadas por los sujetos pasivos no permiten a la Administración el conocimiento de los datos necesarios para la estimación completa de las bases imponibles.
d) Se aplica sirviéndose de signos, índices o módulos representativos de la capacidad económica del sujeto pasivo previstos en la ley propia de cada tributo.

TEMA 2

EVOLUCIÓN HISTÓRICA DEL SISTEMA FISCAL ESPAÑOL

1. INTRODUCCIÓN

Las reformas tributarias realizadas en España desde 1845 —fecha del primer sistema impositivo estatal unificado— hasta la actualidad, han dado lugar al sistema impositivo vigente. A lo largo de este tiempo, se han realizado numerosas modificaciones en el sistema fiscal y algunas de ellas supusieron una reforma tributaria importante de la fiscalidad existente, con una reformulación de los principales impuestos del cuadro impositivo.

2. MAPAS CONCEPTUALES DE REFORMAS TRIBUTARIAS

Las reformas tributarias realizadas en España, así como los impuestos creados tras la realización de las mismas, se encuentran recogidos en el siguiente esquema; en el que se muestra el sistema impositivo resultante de la reforma tributaria realizada en cada uno de los años señalados. Cuando un impuesto ha estado en vigor durante un tiempo superior al tiempo transcurrido desde una reforma tributaria a otra aparece como tal. Es el caso, por ejemplo, de la Contribución sobre Utilidades de la Riqueza Mobiliaria, vigente desde 1900 hasta 1957.

En la medida de lo posible, los impuestos se han ordenado según el tributo que, generalizadamente, continuaba recogiendo conceptos similares tras la siguiente reforma fiscal, dejando espacios en blanco, como ocurre con la Contribución sobre Utilidades de la Riqueza Mobiliaria que se escinde, a partir de 1957, en el Impuesto sobre Rendimientos del Trabajo Personal, Impuesto sobre las Rentas del Capital e Impuesto sobre la Renta de Sociedades y entidades jurídicas.

<table>
<tr><th>Reforma 1845</th><th>Reforma 1900</th><th>Reforma 1940</th><th>Reforma 1957</th></tr>
<tr><td colspan="4">IMPUESTOS DIRECTOS</td></tr>
<tr><td colspan="2">Contribución de inmuebles, cultivo y ganadería</td><td colspan="2">Contribución territorial rústica y pecuaria
Contribución territorial urbana</td></tr>
<tr><td colspan="3">Subsidio industrial y de comercio</td><td>Impto. s/activ. y b.º comerciales e industriales</td></tr>
<tr><td rowspan="2">Derecho de hipotecas</td><td colspan="2">Impuesto de derechos reales y transmisiones de bienes</td><td>Impto. de derechos reales (actos mortis causa)</td></tr>
<tr><td colspan="2">Contribución s/las utilidades de la riqueza mobiliaria</td><td>Impuesto sobre los rendimientos del trabajo personal
Impuesto sobre las rentas del capital
Impto. s/la renta de sociedes y entidades jcas.</td></tr>
<tr><td rowspan="2">Contribución sobre inquilinatos</td><td>Impuesto de pagos del Estado provinciales y municipales</td><td colspan="2">Contribución sobre la renta</td></tr>
<tr><td>Impuesto de cédulas personales</td><td>Contribución s/los beneficios extraordinarios de guerra</td><td>Mejora de pensiones, subsidios familiares, grandezas y honores</td></tr>
<tr><td colspan="4">IMPUESTOS INDIRECTOS</td></tr>
<tr><td>Aduanas</td><td colspan="3">Renta de aduanas</td></tr>
<tr><td>Consumos</td><td>Impuesto sobre consumos</td><td>Contribución de usos y consumos</td><td>Impuesto general sobre el gasto</td></tr>
<tr><td rowspan="7">Sello</td><td colspan="3">Timbre del Estado</td></tr>
<tr><td rowspan="2">Impuestos especiales</td><td colspan="2">Impuesto de pagos del Estado</td></tr>
<tr><td>Impto. s/emisión y negociación de valores mobiliarios</td><td>Impuesto de valores mobiliarios</td></tr>
<tr><td>Impto. transitorio s/ petróleo, gas y electricidad</td><td></td><td></td></tr>
<tr><td rowspan="3">Impuesto sobre transporte de viajeros y mercancías</td><td>Impto. de transporte por mar, aéreo y en fronteras</td><td>Arbitrios de los puertos francos</td></tr>
<tr><td></td><td>Impuesto sobre el lujo</td></tr>
<tr><td></td><td>Impuesto de derechos reales (actos inter vivos)
Impuestos de compensación</td></tr>
</table>

<table>
<tr><th>Reforma 1957</th><th>Reforma 1964</th><th>Reforma 1977 y ss.</th><th>Sistema fiscal actual</th></tr>
<tr><td colspan="4">IMPUESTOS DIRECTOS</td></tr>
<tr><td colspan="2">Contribución territorial rústica y pecuaria
Contribución territorial urbana
Impuesto sobre actividades y beneficios comerciales e industriales</td><td colspan="2"></td></tr>
<tr><td>Impto. de derechos reales (actos mortis causa)</td><td>Impto. Gral. sobre Sucesiones</td><td>Impuesto sobre Sucesiones</td><td>Impto. sobre Sucesiones y Donaciones</td></tr>
<tr><td colspan="2">Impuesto sobre los rendimientos del trabajo personal</td><td>Impto. extraord. s/rtos. del trabajo personal</td><td>Impto. sobre la Renta de las Personas Físicas</td></tr>
<tr><td colspan="2">Impuesto sobre las rentas del capital</td><td colspan="2">Impto. sobre la Renta de las Personas Físicas</td></tr>
<tr><td colspan="2">Impuesto sobre la renta de sociedades y entidades jurídicas</td><td colspan="2">Impuesto sobre Sociedades</td></tr>
<tr><td>Contribución sobre la renta</td><td>Impto. Gral. s/la renta de las personas físicas</td><td colspan="2">Impuesto sobre la Renta de las Personas Físicas</td></tr>
<tr><td colspan="2">Mejora de pensiones, subsidios familiares, grandezas y honores</td><td>Impto. extraord. s/ patrimonio de pers. físicas</td><td>Impuesto sobre el Patrimonio</td></tr>
<tr><td></td><td>Impuesto de hidrocarburos</td><td colspan="2"></td></tr>
<tr><td colspan="4">IMPUESTOS INDIRECTOS</td></tr>
<tr><td colspan="4">Renta de aduanas</td></tr>
<tr><td>Impuesto general sobre el gasto</td><td colspan="2">Impuesto general sobre el Tráfico de Empresas</td><td>Impuesto sobre el Valor Añadido</td></tr>
<tr><td>Timbre del Estado</td><td colspan="3" rowspan="3"></td></tr>
<tr><td>Impuesto de pagos del Estado</td></tr>
<tr><td>Impuesto de valores mobiliarios</td></tr>
<tr><td>Impuesto de derechos reales (actos inter vivos)</td><td colspan="2">Impuesto general sobre Transmisiones Patrimoniales y Actos Jurídicos Documentados</td><td>Impuesto sobre Transmisiones Patrimoniales y Actos Jurídicos Documentados</td></tr>
<tr><td>Arbitrios de los puertos francos</td><td colspan="3" rowspan="2"></td></tr>
<tr><td>Impuesto sobre el lujo</td></tr>
<tr><td></td><td>Impuestos de compensación</td><td colspan="2">Impuestos especiales</td></tr>
</table>

3. LA REFORMA DE 1845 (MON-SANTILLÁN)

El sistema fiscal español se inicia con la reforma de 1845, ya que hasta esta fecha no existió un sistema tributario unificado. La reforma de Mon-Santillán estableció el principio de realidad del gravamen y giró alrededor de la propiedad inmobiliaria y las explotaciones agropecuarias. El derecho de hipotecas y la contribución de inquilinatos supusieron el desarrollo de la contribución territorial.

El sistema impositivo quedó establecido del siguiente modo:

a) Impuestos directos:

— Contribución de Inmuebles, Cultivo y Ganadería. Fue el impuesto más importante de la reforma tributaria y estaba basado en repartos de la riqueza rústica, pecuaria e inmobiliaria. Como no se asentaba sobre un catastro con garantías, permitía una gran ocultación, que favoreció a los grandes propietarios.
— Subsidio Industrial y de Comercio. Consistía en una parte fija y un derecho proporcional. La parte fija venía determinada por la actividad y el tamaño de la población, de acuerdo con el número de habitantes de la población en que se ejerciera la industria, comercio o profesión. El derecho proporcional se pagaba en función del alquiler abonado por el local de negocios.
— Derecho de Hipotecas. Recaía sobre el tráfico inmobiliario.
— Contribución sobre Inquilinatos. Recaía sobre el alquiler. Lo pagaban los propietarios, aunque podían trasladarlo a los inquilinos.

b) Impuestos indirectos:

— Sello.
— Consumos. Se agrupaba aquí una serie de impuestos sobre determinados productos fundamentales, fáciles de controlar. Su aportación al Presupuesto fue importante, pero su incidencia sobre productos básicos los hizo muy impopulares (vinos, aceite de oliva, carnes y jabón, entre otros).
— Aduanas.

Como consecuencia de la realización de esta reforma tributaria, se crea un único sistema fiscal basado en la imposición real, aunque se dejaba fuera dos fuentes de rendimientos, que eran las derivadas del capital y el trabajo. Además de las limitaciones cualitativas, también existían limitaciones cuantitativas con respecto al objeto de gravamen, ya que las rentas industriales y comerciales tenían un tratamiento favorable, aunque este grupo de profesionales era muy reducido en aquella época.

4. LAS REFORMAS REALIZADAS DESDE 1900 HASTA 1977

La reforma de 1900, realizada por Fernández Villaverde, crea la Contribución sobre Utilidades de la Riqueza Mobiliaria, siendo este impuesto la novedad más importante dentro de la reforma realizada. Esta contribución se estructura en tres tarifas: la primera de ellas gravaba los rendimientos del trabajo personal; la segunda, el producto del capital mobiliario, y la tercera, los beneficios netos de las sociedades en proporción a los beneficios obtenidos.

Entre 1906 y 1932 se sitúa lo que se ha denominado «reforma tributaria silenciosa», llevada a cabo por Flores de Lemus, que trabajó en favor de la implantación del principio de personalidad en nuestro sistema tributario, consiguiendo, en 1932, la implantación de la Contribución General sobre la Renta.

Este impuesto era independiente de los de producto (que seguían siendo la forma fundamental de imposición sobre la renta) y tenía un carácter complementario, recayendo sobre la suma de las rentas de una persona física cuando superaban la cuantía de 600 euros. Sin embargo, la aplicación de este impuesto no fue eficaz, por lo que no tuvo la trascendencia que hubiera sido deseable.

Al finalizar la guerra civil, era evidente la necesidad de aumentar los ingresos tributarios por parte del Estado, por lo que el ministro de Hacienda, José Larraz, realizó una nueva reforma tributaria en 1940. Se elevaron los tipos de gravamen en numerosos impuestos y se intentó conseguir una mayor sistematización de los impuestos existentes, especialmente en lo referido a la imposición indirecta, por lo que se creó la «Contribución de Usos y Consumos», que se dividía en cinco tarifas que gravaban el consumo de productos alimenticios (Tarifa I); energía, primeras materias y alumbrado (Tarifa II); productos elaborados (Tarifa III); comunicaciones (Tarifa IV), y bienes y servicios de lujo (Tarifa V).

La mencionada elevación general de los tipos de gravamen que impuso la Ley de 1940 y el Impuesto sobre Beneficios Extraordinarios (creado y suprimido por primera vez en 1939, implantado de nuevo en 1941 y suprimido definitivamente en 1943), con sus también elevados tipos, fueron algunas de las causas que supusieron la generalización del fraude fiscal.

En 1957 se lleva a cabo una nueva reforma tributaria por Navarro Rubio, cuyos aspectos fundamentales fueron la introducción de las evaluaciones globales y convenios con los contribuyentes y se reordenan algunos impuestos. El sistema objetivo de determinación de bases imponibles, implantado a través de esta reforma, supuso un gran éxito recaudatorio.

En 1964 se realiza una nueva reforma del sistema impositivo por Navarro Rubio, de la que podemos destacar dos cuestiones: *a*) la redacción y publicación de un texto refundido para cada impuesto que recogía la disciplina fundamental de cada uno de ellos, y *b*) el establecimiento del Impuesto General sobre el Tráfico de las Empresas, que sujetaba a tributación las operaciones típicas del tráfico mercantil con el carácter de operaciones habituales y onerosas, y las operaciones de tráfico aislado, que no constituyen manifestación de una actividad profesional habitual, se gravaron por el Impuesto de Transmisiones. Estos dos tributos no podían gravar simultáneamente una misma operación.

5. LA LEY DE MEDIDAS URGENTES DE REFORMA FISCAL DE 1977

La ley de medidas urgentes de reforma fiscal de 1977 constituyó el primer paso en el proceso de reforma general o total del Sistema Tributario. Los objetivos de estas medidas urgentes fueron:

a) Aumento de la recaudación.
b) Reparto más equitativo de los impuestos.
c) Disminución de la evasión y del fraude tributarios.

Las principales medidas adoptadas fueron:

a) Implantación del Impuesto Extraordinario sobre el Patrimonio de las Personas Físicas.

b) Se crea un impuesto extraordinario sobre rendimientos del trabajo personal, limitando su vigencia a 1978.

c) Regularización voluntaria de situaciones tributarias, que fue como una amnistía fiscal parcial y condicionada.

d) Instauración del delito fiscal en el Código Penal.

e) Supresión del secreto bancario a efectos tributarios.

f) Ampliación de las obligaciones de colaboración en la gestión tributaria.

Fruto de la reforma iniciada en 1997 es la supresión, a partir de 1979, de algunos impuestos estatales (cuota por beneficios del impuesto industrial, cuota proporcional de la contribución territorial rústica y pecuaria, cuota proporcional del impuesto sobre los rendimientos del trabajo personal, impuesto sobre las rentas del capital y el impuesto general sobre la renta de las personas físicas), y otros se transforman en tributos locales de carácter real, tales como la cuota fija de la contribución territorial rústica y pecuaria, la contribución territorial urbana, la licencia fiscal del impuesto industrial y la licencia fiscal del impuesto sobre los rendimientos del trabajo personal.

El sistema impositivo resultante de esta reforma tributaria es el que ha perdurado hasta nuestros días, excepto el Impuesto sobre el Tráfico de Empresas, que fue suprimido en 1985, introduciéndose el Impuesto sobre el Valor Añadido.

6. DESDE 1977 HASTA LA ACTUALIDAD

Desde esta reforma hasta la actualidad, han sido muy numerosas las modificaciones realizadas en el sistema impositivo estatal. Podemos destacar, como fechas más importantes, la entrada en vigor en 1979 del nuevo IRPF e IS, así como la creación del Impuesto Extraordinario sobre el Patrimonio. Con posterioridad, a partir de 1985, entra en funcionamiento el Impuesto sobre el Valor Añadido y se realiza una reforma parcial del IRPF.

La nueva ley que regula el Impuesto sobre Sucesiones y Donaciones se publica en 1988, así como la Ley de Haciendas Locales, aunque esta última entra en vigor en 1992. En 1991 se aprueban las nuevas leyes del IRPF y del IP, y en 1992 las leyes del IVA y de los impuestos especiales.

En 1993 aparece un texto refundido de la Ley del ITPAJD, y en 1995 se aprueba una nueva normativa para el Impuesto sobre Sociedades que entra en vigor en 1996.

En 1998 se reforma nuevamente el IRPF y la tributación de no residentes (IRNR) se separa en una normativa propia, diferenciada del IRPF y del IS.

En los últimos años tienen lugar modificaciones en algunos impuestos y en la LGT. El IRPF se reforma parcialmente en 2002. En 2004 se han realizado textos refundidos para este impuesto, así como para el IS, el IRNR y la ley reguladora de Haciendas Locales. También en 2004 entra en vigor la nueva Ley General Tributaria. En 2007 se reformó el Impuesto sobre la Renta de las Personas Físicas y algunos aspectos del IRNR y del IS (tanto en la normativa reguladora del IRPF como en la relativa a la incidencia fiscal de la reforma contable), y se ha legislado acerca de la prevención del fraude fiscal.

En 2008 se realizaron modificaciones en el Impuesto sobre Sociedades como consecuencia de la aprobación de un nuevo Plan General de Contabilidad y se ha suprimido la tributación relativa al Impuesto sobre el Patrimonio. Para 2010 se han elevado los tipos general y reducido del Impuesto sobre el Valor Añadido y se ha modificado el sistema de financiación autonómica y con ello, la cesión de tributos a las autonomías de régimen común.

En 2011, 2012 y 2013 se han realizado numerosas modificaciones en la práctica totalidad del sistema fiscal español, como consecuencia de la necesidad de adaptación a la actual crisis económica. En 2014 se llevó a cabo una nueva reforma del sistema fiscal español centrada principalmente en el Impuesto sobre la Renta de las Personas Físicas y en el Impuesto sobre Sociedades, si bien otros tributos también han sido modificados.

En 2015 se realizaron modificaciones sobre los tributos existentes y entró en funcionamiento parte de la reforma iniciada en 2014. En 2016, 2017, 2018, 2019 y 2020 se han realizado algunas modificaciones tributarias menores, si bien como consecuencia de la pandemia, en 2020 fueron muy numerosas las modificaciones tributarias, principalmente las relacionadas con aplazamientos y fraccionamientos de pago ante la difícil situación económica.

En 2021 se crearon nuevos impuestos y se realizaron múltiples cambios en la normativa tributaria relacionados con la adaptación a la pandemia, y en 2022 y 2023 también se han creado nuevos impuestos estatales ambientales, se han realizado algunas modificaciones en los impuestos existentes y se había previsto una modificación del sistema fiscal, pero la situación económica ha pospuesto las decisiones en torno a los posibles cambios a realizar.

En 2024 se continúan realizando cambios, si bien no se plantean modificaciones sustanciales del sistema fiscal en su conjunto.

7. TEMAS PARA LA REFLEXIÓN

1. La evolución del sistema fiscal desde un sistema real a otro personal.
2. Las evaluaciones globales establecidas en 1957 y su éxito recaudatorio.
3. Elementos a considerar en el planteamiento de una reforma fiscal.

8. PREGUNTAS DE AUTOEVALUACIÓN

8.1. Preguntas cortas

1. Las principales aportaciones de la reforma de 1977.
2. Los principios inspiradores de la reforma de 1845.
3. La regulación de la Contribución sobre Utilidades de la Riqueza Mobiliaria.

8.2. Preguntas tipo test

1. En la reforma de 1957 (señalar la respuesta que no sea correcta):

a) Desaparece el subsidio industrial y de comercio.

b) Desaparece la Contribución sobre Utilidades.
c) Se crea la Contribución de Usos y Consumos.
d) Se crea el Impuesto sobre las Rentas del Capital.

2. El Impuesto sobre la Renta de Sociedades actual:

a) Tiene su antecedente en la Tarifa I de la Contribución de Utilidades.
b) Tiene su antecedente en la Tarifa II de la Contribución de Utilidades.
c) Tiene su antecedente en la Contribución de Usos y Consumos.
d) Ninguna de las anteriores es cierta.

3. Cuál de las siguientes NO es una medida adoptada por la reforma tributaria iniciada en 1977:

a) Implantación del Impuesto Extraordinario sobre el Patrimonio de las Personas Físicas.
b) Regularización voluntaria de situaciones tributarias.
c) Supresión del secreto bancario a efectos tributarios.
d) Instauración del Impuesto sobre el Valor Añadido.

4. La contribución sobre inquilinatos:

a) Aparece en 1900, con la reforma de Fernández Villaverde.
b) Estaba determinada por la actividad y tamaño de la población.
c) Fue creada en 1940, con la reforma de Larraz.
d) Ninguna de las anteriores es cierta.

5. Cuál de las siguientes NO es una conclusión que podemos obtener de la reforma de Mon-Santillán:

a) Los reformadores de 1845 tuvieron en cuenta el principio de capacidad de pago y las limitaciones de la tributación de consumo como índice de la capacidad de pago.
b) La mejor aportación a esta reforma fue la creación de la Contribución de Utilidades.
c) La reforma dejaba fuera dos fuentes fundamentales de rendimientos: los que se obtenían del capital y del trabajo.
d) Trato de favor concedido a las rentas comerciales e industriales.

6. Dígase cuál de las siguientes afirmaciones es correcta:

a) La Contribución sobre Utilidades de la Riqueza Mobiliaria fue la pieza más importante creada en la reforma Larraz.
b) Las evaluaciones globales se instauran en la reforma realizada en 1964 por Navarro Rubio.
c) La sistematización de los impuestos existentes y la creación de un texto refundido para cada uno de ellos fue el motivo principal que inspiró la reforma de 1940.

d) La reforma de 1845 supuso la creación del primer sistema fiscal estatal unificado en España.

7. La reforma tributaria de 1845:

a) Crea el primer impuesto personal sobre la renta.
b) Se basa en un sistema muy eficiente de gestión de la Administración Tributaria de aquella época.
c) Supone la extensión del principio de beneficio.
d) Todas las anteriores son falsas.

8. En la reforma de 1957 (señalar la respuesta que no sea correcta):

a) Se instauran las evaluaciones globales.
b) Fue un éxito recaudatorio.
c) Se crea la Contribución de Inquilinatos.
d) Se crea el Impuesto sobre las Rentas del Capital.

9. La reforma de 1964:

a) Supone un aumento constante de los tipos de gravamen.
b) Supuso la clarificación y simplificación del sistema, creando un texto refundido para cada impuesto.
c) Se elevó el gravamen de transmisiones lucrativas y caudal relicto.
d) Se amplió la materia tributable por el Impuesto del Lujo.

10. En la reforma de 1977:

a) Se crea un impuesto extraordinario sobre rendimientos del trabajo personal, limitando su vigencia a 1978.
b) Se crea el Impuesto sobre el Tráfico de Empresas.
c) Desaparece el Impuesto sobre Rendimientos de la actividad empresarial.
d) Ninguna de las anteriores es cierta.

TEMA 3

SISTEMAS FISCALES DE LAS HACIENDAS AUTONÓMICAS Y LOCALES

1. INTRODUCCIÓN

El actual sistema de financiación autonómica está recogido en la Ley 22/2009, de 18 de diciembre, por la que se regula el sistema de financiación de las Comunidades Autónomas de régimen común y Ciudades con Estatuto de Autonomía y se modifican determinadas normas tributarias. Las Haciendas Locales se ordenan a través del Real Decreto Legislativo 2/2004, de 5 de marzo, por el que se aprueba el texto refundido de la Ley Reguladora de las Haciendas Locales y donde se hace referencia a los recursos de las provincias.

Para el desarrollo de este tema vamos a utilizar dos mapas conceptuales: el primero de ellos referido a las CCAA y el segundo a las Corporaciones Locales.

El mapa conceptual referido a las CCAA es el siguiente:

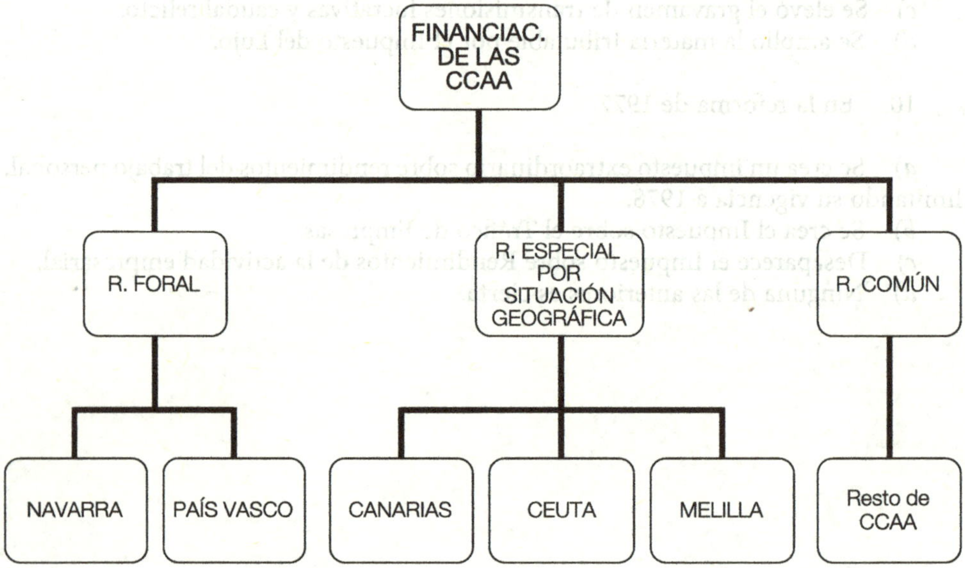

A continuación se muestra el mapa conceptual referido a las HHLL:

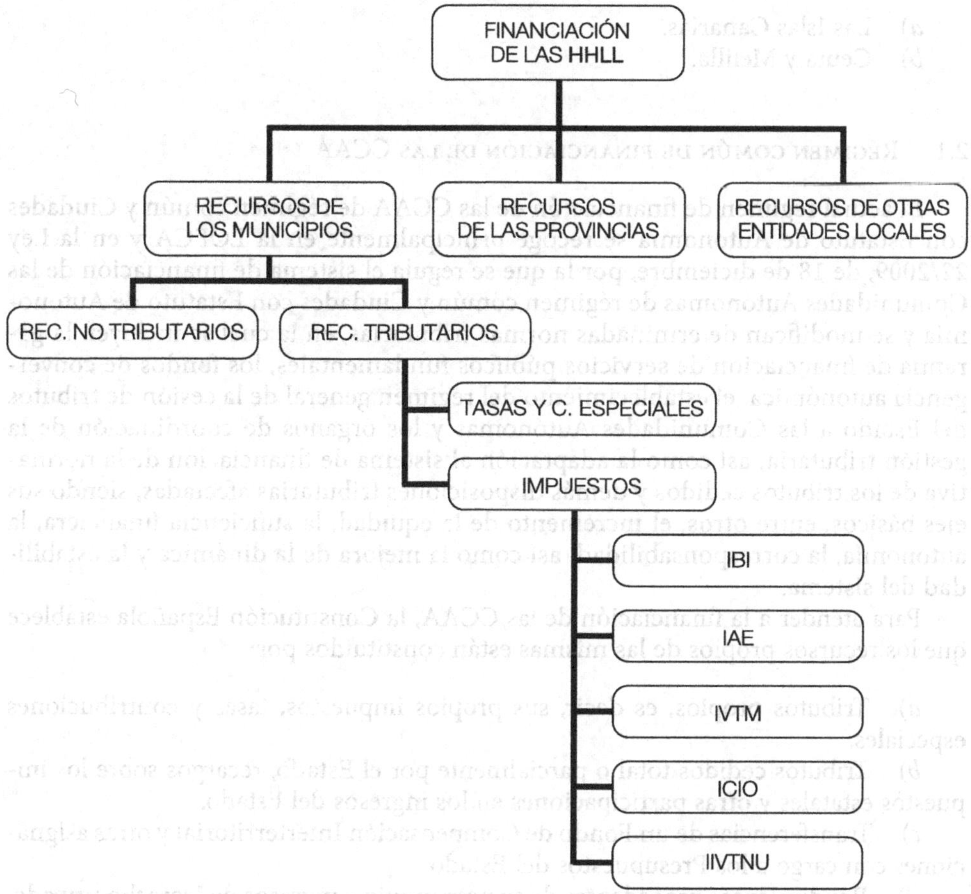

2. FINANCIACIÓN DE LAS CCAA

En la actual configuración de regímenes territoriales a efectos fiscales, se distingue entre:

— Régimen común de financiación de las CCAA.
— Regímenes históricos forales.
— Regímenes especiales por situación geográfica, que están dentro del modelo de régimen común, pero gozan de un régimen económico-fiscal especial.

Los regímenes históricos forales son:

a) Navarra (con Convenio con el Estado), y
b) País Vasco (con Concierto económico con el Estado, integrado por Álava, Guipúzcoa y Vizcaya).

Y los regímenes especiales por situación geográfica corresponden a:

a) Las Islas Canarias.
b) Ceuta y Melilla.

2.1. Régimen común de financiación de las CCAA

El actual régimen de financiación de las CCAA de régimen común y Ciudades con Estatuto de Autonomía se recoge principalmente en la LOFCA y en la Ley 22/2009, de 18 de diciembre, por la que se regula el sistema de financiación de las Comunidades Autónomas de régimen común y Ciudades con Estatuto de Autonomía y se modifican determinadas normas tributarias, en la cual se incluyen la garantía de financiación de servicios públicos fundamentales, los fondos de convergencia autonómica, el establecimiento del régimen general de la cesión de tributos del Estado a las Comunidades Autónomas y los órganos de coordinación de la gestión tributaria, así como la adaptación al sistema de financiación de la normativa de los tributos cedidos y demás disposiciones tributarias afectadas, siendo sus ejes básicos, entre otros, el incremento de la equidad, la suficiencia financiera, la autonomía, la corresponsabilidad, así como la mejora de la dinámica y la estabilidad del sistema.

Para atender a la financiación de las CCAA, la Constitución Española establece que los recursos propios de las mismas están constituidos por:

a) Tributos propios, es decir, sus propios impuestos, tasas y contribuciones especiales.
b) Tributos cedidos total o parcialmente por el Estado, recargos sobre los impuestos estatales y otras participaciones en los ingresos del Estado.
c) Transferencias de un Fondo de Compensación Interterritorial y otras asignaciones con cargo a los Presupuestos del Estado.
d) Rendimientos procedentes de su patrimonio e ingresos de Derecho privado.
e) El producto de las operaciones de crédito. Este recurso solamente podrá realizarse para financiar gastos de inversión.

Los recursos propios de las CCAA podemos clasificarlos en recursos tributarios y no tributarios. Son ingresos tributarios los que proceden de los tributos, y cuyo rendimiento se atribuye a la Comunidad Autónoma. Por lo tanto, serán ingresos tributarios los tributos propios, los tributos cedidos total o parcialmente por el Estado, y los recargos sobre los impuestos estatales.

a) *Tributos propios*. La Comunidad Autónoma podrá establecer sus propios tributos con ciertas limitaciones. La restricción más importante determina que los tributos de una Comunidad Autónoma no podrán recaer sobre hechos imponibles ya gravados por el Estado ni tampoco sobre hechos imponibles gravados por los tributos locales. Las Comunidades Autónomas, en el uso de sus competencias normativas, han establecido los tributos propios que se muestran en el siguiente cuadro:

	IMPUESTOS PROPIOS VIGENTES 2024
Andalucía	1. Impuesto sobre tierras Infrautilizadas 2. Impuesto sobre emisión de gases a la atmósfera 3. Impuesto sobre vertidos a las aguas litorales 4. Impuesto sobre las bolsas de plástico de un solo uso 5. Canon de mejora de infraestructuras hidráulicas de depuración de interés de la Comunidad Autónoma
Aragón	1. Impuesto medioambiental sobre las aguas residuales 2. Impuesto sobre el daño medioambiental causado por la emisión de contaminantes a la atmósfera 3. Impuesto sobre el daño medioambiental causado por las grandes áreas de venta 4. Impuesto medioambiental sobre determinados usos y aprovechamientos del agua embalsada 5. Impuesto medioambiental sobre las instalaciones de transporte de energía eléctrica de alta tensión
Asturias	1. Impuesto sobre las afecciones ambientales del uso del agua (*antes, Canon de saneamiento*) 2. Impuesto sobre fincas o explotaciones agrarias infrautilizadas 3. Impuesto sobre el juego del bingo 4. Impuesto sobre grandes establecimientos comerciales 5. Recargo sobre el IAE 6. Impuesto sobre el desarrollo de determinadas actividades que inciden en el medio ambiente
Baleares	1. Canon de saneamiento de aguas 2. Impuesto sobre los Premios del juego del bingo 3. Impuesto sobre estancias turísticas
Canarias	1. Canon de vertido 2. Impuesto especial sobre combustibles derivados del petróleo 3. Impuesto sobre las Labores del Tabaco
Cantabria	1. Canon del agua residual 2. Recargo sobre el IAE 3. Canon por la implantación en el suelo rústico de la Comunidad Autónoma de Cantabria de parques eólicos y fotovoltaicos para la generación de energía eléctrica y la evacuación de dicha energía generada a la red
Castilla-La Mancha	1. Impuesto sobre determinadas actividades que inciden en el medio ambiente 2. Canon eólico
Castilla y León	1. Impuesto sobre la afección medioambiental causada por determinados aprovechamientos del agua embalsada, por los parques eólicos, por las centrales nucleares y por las instalaciones de transporte de energía eléctrica de alta tensión (*declarado inconstitucional el hecho imponible sobre centrales nucleares*)
Cataluña	1. Canon del agua 2. Gravamen de protección civil 3. Impuesto sobre grandes establecimientos comerciales 4. Impuesto sobre las estancias en establecimientos turísticos 5. Impuesto sobre la emisión de óxidos de nitrógeno a la atmósfera producida por la aviación comercial 6. Impuesto sobre la emisión de gases y partículas a la atmósfera producida por la industria 7. Impuesto sobre las viviendas vacías 8. Impuesto sobre las bebidas azucaradas envasadas 9. Impuesto sobre las emisiones de dióxido de carbono de los vehículos de tracción mecánica 10. Impuesto sobre los activos no productivos de las personas jurídicas 11. Impuesto sobre instalaciones que inciden en el medio ambiente
Extremadura	1. Impuesto sobre aprovechamientos cinegéticos 2. Impuesto sobre instalaciones que inciden en el medio ambiente 3. Canon de saneamiento

	IMPUESTOS PROPIOS VIGENTES 2024
Galicia	1. Canon del agua 2. Impuesto sobre la contaminación atmosférica 3. Impuesto sobre el daño medioambiental causado por determinados usos y aprovechamientos del agua embalsada 4. Canon eólico 5. Impuesto compensatorio ambiental minero 6. Canon de inmuebles en estado de abandono
Región de Murcia	1. Canon de saneamiento 2. Impuesto sobre los premios del juego del bingo 3. Impuesto sobre vertidos a las aguas litorales 4. Impuesto por emisiones de gases contaminantes a la atmósfera 5. Recargo sobre el IAE
La Rioja	1. Canon de saneamiento 2. Recargo sobre el IAE 3. Impuesto sobre el impacto visual producido por los elementos de suministro de energía eléctrica y elementos fijos de redes de comunicaciones telefónicas o telemáticas
C. Valenciana	1. Canon de saneamiento 2. Impuesto sobre actividades que inciden en el medio ambiente 3. Impuesto sobre viviendas vacías 4. Impuesto sobre las emisiones de dióxido de carbono de los vehículos de tracción mecánica (*en vigor a partir de 1 de enero de 2025*) 5. Impuesto sobre la emisión de gases de efecto invernadero a la atmósfera provenientes de instalaciones (*en vigor a partir de 1 de enero de 2025*) 6. Impuesto ambiental sobre grandes establecimientos comerciales (*en vigor a partir de 1 de enero de 2025*)

b) *Tributos cedidos.* La Ley 21/2001 establece una importante reforma en el régimen general de cesión de tributos del Estado a las Comunidades Autónomas, modificada por la Ley 22/2009.

En esta última ley, los tributos susceptibles de cesión han sido nuevamente catalogados, sin perjuicio de los que habían sido cedidos con anterioridad, y se han determinado las normas en la cesión de determinadas competencias normativas.

Los tributos y la cuantía del rendimiento cedido a las CCAA son:

Tributo	*Importe cedido*
Impuesto sobre el Patrimonio Impuesto sobre Sucesiones y Donaciones Impuesto sobre Transmisiones Patrimoniales y Actos Jurídicos Documentados Tributos sobre el Juego Impuesto Especial sobre Determinados Medios de Transporte Impuesto sobre Hidrocarburos Impuesto sobre el depósito de residuos en vertederos, la incineración y coincineración de residuos	Recaudación líquida derivada de las deudas tributarias correspondientes a los distintos hechos imponibles cedidos
	Recaudación líquida derivada de la parte de la deuda tributaria cedida:

Tributo	*Importe cedido*
Impuesto sobre la Renta de las Personas Físicas	50%
Impuesto sobre el Valor Añadido	50%
Impuesto sobre la Cerveza Impuesto sobre el Vino y Bebidas Fermentadas Impuesto sobre Productos Intermedios Impuesto sobre el Alcohol y Bebidas Derivadas Impuesto sobre Hidrocarburos Impuesto sobre las Labores del Tabaco	58%
Impuesto sobre la Electricidad	100%

La titularidad de las competencias normativas, de gestión, liquidación, recaudación e inspección de los tributos cuyo rendimiento se cede a las Comunidades Autónomas, así como la revisión de los actos dictados en vía de gestión de dichos tributos, corresponde al Estado. Por lo tanto, será el Estado el que dicte las competencias normativas que podrán asumir las CCAA, en cada uno de los tributos en los que se ha cedido parte o la totalidad de la recaudación.

c) *Recargos sobre impuestos estatales.* Se establecen sobre la base de un tributo preexistente al que, en cierta forma, se añaden determinando un aumento o recargo de la cantidad a ingresar.

Los impuestos sobre los que se pueden establecer recargos son los impuestos cedidos y los impuestos estatales no cedidos que graven la renta o el patrimonio de las personas físicas con domicilio fiscal en su territorio.

2.2. Regímenes forales

Las CCAA de régimen foral son el País Vasco (Álava, Vizcaya y Guipúzcoa) y Navarra.

En estas CCAA se aplica el régimen de Concierto Económico con el País Vasco, aprobado en la Ley 12/2002 (modificado por la Ley 28/2007), o el Convenio económico con Navarra, regulado en la Ley 48/2007. En virtud de este régimen especial, estas dos Comunidades Autónomas perciben directamente ingresos derivados de sus propios impuestos, por lo que no recaudan impuestos cedidos, ni pueden establecer recargos sobre impuestos no cedidos, sino que establecen sus impuestos propios de acuerdo con su normativa específica.

2.2.1. *País Vasco*

La Constitución española ampara y respeta los derechos históricos de los territorios forales, ordenando la actualización del régimen foral a través del Estatuto de Autonomía para el País Vasco, el cual establece el principio esencial, por el que las instituciones competentes de los territorios históricos del País Vasco pueden mantener, establecer y regular su propio sistema tributario, así como la exacción, gestión, liquidación, inspección, revisión y recaudación de los tributos que integran el sistema tributario de los territorios históricos, que corresponderá a las respectivas Diputaciones Forales. Únicamente se reserva al Estado las competencias de regulación, gestión, inspección, revisión y recaudación de los derechos de importación y de los gravámenes a la importación en los Impuestos Especiales y en el Impuesto sobre el Valor Añadido, así como la alta inspección de la aplicación del Concierto Económico.

Los principios que regirán el sistema tributario de los territorios forales son:

a) Respeto de la solidaridad, en los términos previstos en la Constitución y en el Estatuto de Autonomía.

b) Atención a la estructura general impositiva del Estado.

c) Coordinación, armonización fiscal y colaboración con el Estado y con las instituciones de los territorios forales.

d) Sometimiento a los tratados o convenios internacionales firmados y ratificados por el Estado español o a los que éste se adhiera. En particular, en las normas para evitar la doble imposición y en las normas de armonización fiscal de la Unión Europea.

Los territorios forales tendrán que cumplir una serie de criterios sobre armonización fiscal, adecuándose a la Ley General Tributaria en cuanto a terminología y conceptos. Asimismo, deberán mantener una presión fiscal efectiva global, equivalente a la existente en el resto del Estado, respetando y garantizando la libre circulación de personas y mercancías.

La Comunidad Autónoma del País Vasco deberá contribuir al sostenimiento de las cargas que no asuma en su propio territorio y que son satisfechas por el Estado, por lo que cada año se fija un cupo global de aportación al Estado, integrado por las contribuciones correspondientes de cada uno de los territorios históricos.

Existe una Junta Arbitral para resolver los posibles conflictos que se planteen entre la Administración del Estado y las Diputaciones Forales, o entre éstas y la Administración de cualquier otra Comunidad Autónoma.

2.2.2. *Navarra*

En virtud de su régimen foral, Navarra tiene potestad para mantener, establecer y regular su propio régimen tributario, así como para establecer tributos, respetando en cualquier caso:

a) Los criterios de armonización, así como las competencias que, conforme a lo dispuesto en el convenio económico, correspondan al Estado.

b) Los tratados o convenios internacionales suscritos por el Estado, en especial los firmados para evitar la doble imposición, así como las normas de armonización fiscal de la Unión Europea.

c) El principio de solidaridad.

d) Las instituciones, facultades y competencias del Estado inherentes a la unidad constitucional.

Los criterios de armonización fiscal de Navarra con el Estado son similares a los del País Vasco, y al igual que en esta Comunidad Autónoma, en Navarra se constituirá una Junta Arbitral que deberá conocer y resolver los conflictos entre la Administración del Estado y la de la Comunidad Foral, o entre ésta y la Administración de otra Comunidad Autónoma.

2.3. Regímenes especiales por situación geográfica

Los territorios con régimen especial por situación geográfica son la Comunidad Autónoma de Canarias y las ciudades autónomas de Ceuta y Melilla.

2.3.1. *Canarias*

El régimen fiscal especial de Canarias, propio de su acervo histórico y constitucionalmente reconocido, está basado en la libertad comercial de importación y exportación, en la no aplicación de monopolios y en las franquicias aduaneras y fiscales sobre el consumo. Dicho régimen incorpora a su contenido los principios y normas aplicables como consecuencia del reconocimiento de Canarias como región ultraperiférica de la Unión Europea y supone la búsqueda de un modelo económico propio y adecuado al desarrollo económico de las islas. El desarrollo normativo actual se encuentra recogido en la Ley 19/1994, de 6 de julio, de Modificación del Régimen Económico y Fiscal de Canarias, con las variaciones establecidas en el Real Decreto-ley 12/2006 y la Ley 4/2006, así como la Ley 8/2018. Los incentivos fiscales que se establecen son:

a) Exención de los impuestos cuando se constituyan, amplíen, modernicen o trasladen empresas que estén domiciliadas en Canarias.

b) Exención del pago del impuesto por las adquisiciones patrimoniales de bienes o derechos.

c) Exención del pago del IGIC (Impuesto General Indirecto Canario) en las entregas y las importaciones de bienes calificados de inversión para el adquirente, a favor de las empresas y establecimientos permanentes que cumplan determinados requisitos, tanto de empresas con domicilio en España como sociedades no residentes.

El Impuesto General Indirecto Canario es aplicable desde 1993. Es un impuesto indirecto, estatal, cedido a las CCAA de Canarias, que recae sobre el consumo y grava las entregas de bienes y prestaciones de servicios efectuados por empresarios y profesionales, así como las importaciones de bienes, siguiendo el modelo del IVA.

El Arbitrio sobre la Producción y la Importación en Canarias (APIC), aplicable desde 1991, es un impuesto estatal, indirecto, que grava la producción o elaboración, así como la importación, de bienes muebles corporales en las islas Canarias.

En Canarias no son exigibles los impuestos especiales de fabricación, salvo los Impuestos sobre la Cerveza, sobre Productos Intermedios y sobre el Alcohol y Bebidas Derivadas, que serán exigibles en las islas Canarias con ciertas particularidades, así como el Impuesto sobre la Electricidad. El impuesto especial sobre determinados medios de transporte se exige a tipos más reducidos que en el resto del territorio común.

2.3.2. *Ceuta y Melilla*

La ley vigente es la Ley de Bases de 22 de diciembre de 1955, que señala que la ordenación económica resulta inoperante en estos territorios si no se basa en una previa creación de riqueza. En esta ley, se establecen importantes reducciones y exenciones en los principales impuestos. En la imposición directa se aplican bonificaciones del 50 o del 75 por 100 de la cuota. La fiscalidad indirecta presenta sus peculiaridades:

1) no se aplica el IVA. En Ceuta y Melilla se ha establecido el Impuesto sobre la Producción, los Servicios y la Importación (IPSI). Es un impuesto indirecto, de carácter municipal, que grava la producción, elaboración e importación de toda clase de bienes muebles corporales, las prestaciones de servicios y las entregas de bienes inmuebles situados en cualquiera de las dos ciudades, y

2) con respecto a los impuestos especiales, en Ceuta y Melilla no se exigirán los impuestos especiales de fabricación, salvo el Impuesto sobre la Electricidad. El Impuesto sobre las Labores del Tabaco presenta ciertas particularidades en estas dos ciudades autonómicas y el impuesto especial sobre determinados medios de transporte se exige al 0 por 100. Sin embargo, existe un gravamen complementario del IPSI sobre las labores del tabaco y sobre el carburante y los combustibles.

La Ley Orgánica 1/1995, de 13 de marzo, del Estatuto de Autonomía de Ceuta, determina el régimen económico y financiero, estableciendo que la ciudad de Ceuta goza de autonomía financiera, con sujeción al principio de coordinación con la Hacienda estatal. En cuanto a la suficiencia financiera, deberá ser garantizada por el Estado.

Los recursos de los que puede disponer la ciudad autónoma de Ceuta son:

a) Los rendimientos de sus propios tributos, que serán los previstos en la legislación del Estado para los municipios y provincias.

b) Las asignaciones complementarias que se establezcan en los Presupuestos Generales del Estado, en garantía del nivel mínimo de los servicios fundamentales de su competencia.

c) Las participaciones en tributos estatales, según los criterios establecidos para los municipios y provincias.

d) Las transferencias derivadas del Fondo de Compensación Interterritorial y de otros fondos destinados a favorecer el desarrollo.

e) Los rendimientos derivados del patrimonio de la ciudad y los ingresos de Derecho privado, herencias, legados y donaciones.

f) Los ingresos derivados de la imposición de multas y sanciones en el ámbito de su competencia.

g) El producto de las operaciones de crédito.

h) Las transferencias que reciba la ciudad de Ceuta en aplicación de la participación en los ingresos estatales, por competencias traspasadas del Estado.

i) Los rendimientos de los tributos del Estado que le sean cedidos por éste.

j) Cuantos otros recursos se atribuyan a las Comunidades Autónomas y a las entidades locales por la legislación estatal o, a través de los Presupuestos Generales del Estado, como consecuencia de la vinculación de España a la Unión Europea.

La gestión, liquidación, recaudación, inspección y revisión de sus propios tributos corresponderán a la ciudad de Ceuta en la forma en que se establezca en la legislación sobre régimen financiero de las entidades locales. Sin embargo, la gestión, liquidación, inspección y revisión de los impuestos del Estado recaudados en el territorio de la ciudad de Ceuta corresponderán a la Administración Tributaria del Estado, sin perjuicio de la colaboración que pueda establecerse, especialmente cuando así lo exija la naturaleza del tributo.

En la ciudad de Melilla, la Ley Orgánica 2/1995, de 13 de marzo, del Estatuto de Autonomía de Melilla, regula el régimen económico y financiero de la ciudad en términos similares al Estatuto de Autonomía de Ceuta.

3. FINANCIACIÓN DE LAS HACIENDAS LOCALES

La legislación básica está recogida en el Real Decreto Legislativo 2/2004, de 5 de marzo, por el que se aprueba el texto refundido de la Ley Reguladora de las Haciendas Locales.

Los recursos de las Haciendas Locales son:

a) Los ingresos procedentes de su patrimonio y demás de Derecho privado.
b) Los tributos propios y los recargos exigibles sobre los impuestos de las CCAA o de otras entidades locales.
c) Las participaciones en los tributos del Estado y de las CCAA.
d) Las subvenciones.
e) Los percibidos en concepto de precios públicos.
f) El producto de las operaciones de crédito.
g) El producto de las multas y sanciones en el ámbito de su competencia.
h) Las demás prestaciones de Derecho público.

Las entidades locales podrán establecer recargos sobre los impuestos propios de la respectiva Comunidad Autónoma y de otras entidades locales, en los casos expresamente previstos en las leyes de la Comunidad Autónoma. No obstante, respetarán los principios de no someter a gravamen bienes o rendimientos fuera de la entidad local correspondiente y tampoco establecerán obstáculos para la libre circulación de personas, mercancías o servicios y capitales, de modo que no afecten de manera efectiva a la fijación de la residencia de las personas o la ubicación de empresas y capitales dentro del territorio español.

Con el término Haciendas Locales hacemos referencia a:

a) Municipios.
b) Provincias.
c) Otras entidades locales, que pueden ser inframunicipales o supramunicipales, tales como las áreas metropolitanas, entidades municipales asociativas o comarcas.

Veamos los recursos de estas entidades.

3.1. Recursos de los municipios

La Hacienda de los municipios está constituida por los recursos de las entidades locales enumerados anteriormente, y en cuanto a la participación en los tributos del Estado, en aquellos municipios que sean capitales de provincia o de Comunidad Autónoma, o que tengan población de derecho igual o superior a 75.000 habitantes, se cederán los siguientes porcentajes de los rendimientos que no hayan sido objeto de cesión a las CCAA:

a) El 2,1336 por 100 de la cuota líquida del IRPF.

b) El 2,3266 por 100 de la recaudación líquida por el IVA que se pueda imputar a cada municipio.

c) El 2,9220 por 100 de la recaudación líquida por los impuestos especiales sobre la Cerveza, sobre el Vino y Bebidas Fermentadas, sobre Productos Intermedios, sobre Alcohol y Bebidas Derivadas, sobre Hidrocarburos y sobre Labores de Tabaco que pueda resultar imputable a cada municipio.

En los municipios de menos de 75.000 habitantes o que no sean capitales de provincia o de Comunidad Autónoma, la cesión de la participación en los tributos del Estado se realiza a través del modelo de variables tales como la población, el esfuerzo fiscal medio y el inverso de la capacidad tributaria. A los municipios turísticos —aquellos que tengan una población de derecho superior a 20.000 habitantes y cuyo número de viviendas de segunda residencia supere al número de viviendas principales— se les cede, además, una participación en los impuestos sobre Hidrocarburos y sobre las Labores del Tabaco.

Los principales ingresos de los municipios proceden de los tributos, en especial de los impuestos locales. En la actualidad, la imposición municipal está constituida por:

a) Con carácter obligatorio:

— Impuesto sobre Bienes Inmuebles.
— Impuesto sobre Actividades Económicas.
— Impuesto sobre Vehículos de Tracción Mecánica.

b) Con carácter potestativo para cada Ayuntamiento:

— Impuesto sobre Construcciones, Instalaciones y Obras.
— Impuesto sobre el Incremento del Valor de los Terrenos de Naturaleza Urbana.

Asimismo, es necesario atender, como impuesto voluntario, al Impuesto sobre Gastos suntuarios.

3.1.1. *Impuesto sobre Bienes Inmuebles*

El Impuesto sobre Bienes Inmuebles (IBI) es un impuesto directo, real, objetivo y periódico, que grava el valor de los bienes inmuebles con independencia de su producto o de la renta que de ellos se deriva.

Hecho imponible: está constituido por la titularidad de los siguientes derechos sobre los bienes inmuebles rústicos y urbanos y sobre los inmuebles de características especiales:

a) De una concesión administrativa sobre los propios inmuebles o sobre los servicios públicos a que se hallen afectos.
b) De un derecho real de superficie.
c) De un derecho real de usufructo.
d) Del derecho de propiedad.

No sujeción: las carreteras, los caminos, las demás vías terrestres y los bienes del dominio público marítimo-terrestre e hidráulico, siempre que sean de aprovechamiento público y gratuito, así como los bienes inmuebles de dominio público afectos al uso o servicio público.

Exenciones: estarán exentos, entre otros, los inmuebles que sean propiedad de:

a) Estado, Comunidades Autónomas o entidades locales afectos a la seguridad ciudadana y a los servicios educativos y penitenciarios, así como los del Estado afectos a la defensa nacional;
b) Iglesia católica, y
c) Cruz Roja Española.

Sujeto pasivo: son sujetos pasivos, a título de contribuyentes, las personas naturales y jurídicas y las entidades a que se refiere el artículo 35.4 de la LGT, que ostenten la titularidad del derecho que, en cada caso, sea constitutivo del hecho imponible de este impuesto. No obstante, es posible la repercusión de la carga tributaria y, así, las Administraciones Públicas y los entes u organismos públicos repercutirán la parte de la cuota líquida del impuesto que corresponda en quienes, no reuniendo la condición de sujetos pasivos, hagan uso mediante contraprestación de sus bienes demaniales o patrimoniales, los cuales estarán obligados a soportar la repercusión, excepto en el supuesto de alquiler de inmueble de uso residencial con renta limitada por una norma jurídica.

Base imponible: está constituida por el valor catastral de los bienes inmuebles, rústicos o urbanos.

Base liquidable: a la base imponible se le practicará una reducción cuando se trate de bienes inmuebles cuyo valor catastral aumente como consecuencia de procedimientos de valoración colectiva de carácter general o bienes inmuebles de características especiales, entre otros.

Cuota íntegra: se determina aplicando a la base liquidable un tipo de gravamen, que será:

— El 0,4 por 100, cuando se trate de bienes de naturaleza urbana.
— El 0,3 por 100, cuando se trate de bienes de naturaleza rústica.

No obstante, estos tipos de gravamen establecidos, con carácter general, son considerados como mínimos, de tal modo que podrán ser incrementados por los propios Ayuntamientos, pero sin que sobrepasen ciertos límites (1,10 para bienes urbanos y 0,9 para bienes rústicos).

El tipo de gravamen aplicable a los bienes inmuebles de características especiales, que tendrá carácter supletorio, será del 0,6 por 100, no pudiendo ser este tipo inferior al 0,4 por 100 ni superior al 1,3 por 100.

No obstante, los Ayuntamientos pueden modificar los tipos atendiendo a diversas circunstancias tales como el hecho de ser capital de provincia o que se preste el servicio de transporte público colectivo de superficie, o el uso de las construcciones, por ejemplo.

Cuota líquida: será el resultado de aplicar, si procede, a la cuota íntegra las bonificaciones establecidas en la normativa:

a) La bonificación de entre el 50 y el 90 por 100 en la cuota íntegra del impuesto para los inmuebles que constituyan el objeto de la actividad de las empresas de urbanización, construcción y promoción inmobiliaria, tanto de obra nueva como de rehabilitación equiparable a ésta, y no figuren entre los bienes de su inmovilizado.

b) Bonificación del 50 por 100 en la cuota íntegra del impuesto, durante los tres primeros períodos impositivos, de las viviendas de protección oficial, y

c) Bonificación del 95 por 100 de la cuota íntegra para los bienes rústicos de las cooperativas agrarias y de explotación comunitaria de la tierra. Además, las ordenanzas fiscales podrán regular una serie de bonificaciones potestativas reguladas en la normativa del tributo.

d) Bonificación de hasta el 95 por 100 en la cuota íntegra del impuesto para los bienes inmuebles de uso residencial destinados a alquiler de vivienda con renta limitada por una norma jurídica.

e) Bonificación de hasta el 50 por 100 de la cuota íntegra del impuesto a favor de los bienes inmuebles en los que se hayan instalado puntos de recarga para vehículos eléctricos. La aplicación de esta bonificación estará condicionada a que las instalaciones dispongan de la correspondiente homologación por la Administración competente.

Devengo: se produce el primer día del período impositivo, y como éste coincide con el año natural, el impuesto se devengará el día 1 de enero de cada año.

Gestión: se realiza a través de un padrón que se forma anualmente y que está constituido por censos que comprenden los bienes inmuebles gravados en cada municipio, sujetos pasivos y valores catastrales. Hasta el 31 de diciembre de 2008, la determinación de la base liquidable de este impuesto, atribuida a los Ayuntamientos, se realizará por la Dirección General del Catastro, salvo que el Ayuntamiento comunique a dicho Centro directivo que la indicada competencia será ejercida por él antes de que finalice el mes de febrero del año en el que asuma el ejercicio de la mencionada competencia.

3.1.2. *Impuesto sobre Actividades Económicas*

El Impuesto sobre Actividades Económicas (IAE) es un impuesto directo, real, objetivo y periódico, que recae sobre las actividades empresariales, profesionales y artísticas, gravando el ejercicio de las mismas en territorio nacional.

El *objeto* del impuesto son las actividades comerciales e industriales no exceptuadas expresamente.

Hecho imponible: el IAE grava el ejercicio de actividades empresariales, profesionales y artísticas en territorio nacional.

No sujeción: no estarán sujetos al pago del impuesto:

a) La enajenación de bienes del activo fijo empresarial con una antigüedad en la posesión de más de dos años;

b) La venta de bienes de uso particular y privado del vendedor que se hayan usado durante más de dos años;

c) La venta de los productos que se reciben en pago de trabajos personales o servicios profesionales;

d) La exposición de artículos con un fin decorativo o de adorno, aunque sí estará sujeta la exposición de artículos para regalo a los clientes, y

e) En el caso de venta al por menor, la realización de un solo acto u operación aislada.

Exenciones: están exentos del pago del impuesto: Estado, CCAA, entidades locales, el Banco de España, las entidades gestoras de la Seguridad Social y las mutualidades de previsión social, los organismos públicos de investigación, los establecimientos de enseñanza, las asociaciones y fundaciones de disminuidos físicos, psíquicos y sensoriales sin ánimo de lucro y la Cruz Roja Española.

Asimismo, estarán exentas las personas físicas, así como los sujetos pasivos del Impuesto sobre Sociedades, las entidades del artículo 35.4 de la LGT (las sociedades civiles, herencias yacentes y comunidades de bienes) y contribuyentes sujetos al Impuesto sobre la Renta de No Residentes (que operen en España mediante establecimiento permanente), que tengan un importe neto de la cifra de negocios inferior a 1.000.000 de euros.

También gozarán de exención aquellos sujetos que inicien una actividad, durante los dos primeros períodos impositivos en los que realicen dicha actividad.

Sujeto pasivo: serán sujetos pasivos quienes realicen en territorio nacional cualquier actividad empresarial, profesional o artística sujeta a tributación. Pueden ser tanto personas físicas como jurídicas, así como las entidades del artículo 35.4 de la LGT, siempre que realicen en territorio nacional cualquiera de las actividades que originan el hecho imponible.

Cuota tributaria: será la resultante de la aplicación de unas tarifas que se aprueban al efecto, y en su caso, los coeficientes y el índice que acuerde cada Ayuntamiento en la correspondiente ordenanza fiscal. Las tarifas fijan cuotas mínimas y se pueden modificar anualmente a través de la Ley de Presupuestos Generales del Estado. Las tarifas se dividen en tres secciones, siguiendo la clasificación nacional de Actividades Económicas:

a) Sección 1.ª: Actividades empresariales, ganaderas, mineras, industriales, comerciales y de servicios. Se escinde en las divisiones 0 (Ganadería independiente) a 9 (Otros servicios).

b) Sección 2.ª: Actividades profesionales. Se escinde en las divisiones 0 (Agricultura y Ganadería) a 9 (Libre).

c) Sección 3.ª: Actividades artísticas. Se escinde en las agrupaciones 01 (Cine, Teatro, Circo, a 05 (Espectáculos taurinos).

Para determinar las cuotas de las tarifas se utilizan módulos indiciarios de la actividad denominados elementos tributarios, tales como potencia instalada, número de obreros, etc. Otro elemento indiciario a tener en cuenta, para el cálculo de la cuota tributaria, es la determinación de la superficie.

Las cuotas mínimas se pueden incrementar por parte de los Ayuntamientos, mediante la aplicación de un coeficiente único aplicable a todas las actividades que se realicen en ese término municipal (coeficiente corrector). Además de estos coeficientes, los Ayuntamientos pueden establecer una escala de índices que pondere la situación física del establecimiento dentro de cada término municipal, según la categoría de la calle en que radique (índice de situación).

Por lo tanto, para el cálculo de la cuota del IAE habrá que seguir los siguientes pasos:

1.º Con las tarifas divididas en secciones, calculamos la cuota previa a superficie.
2.º Calculamos el valor corregido del elemento superficie.
3.º La cuota tributaria previa será la suma de 1 y 2.
4.º A la cuota obtenida en 3 se le aplica el coeficiente corrector.
5.º A la cuota obtenida en 4 se le aplica el índice de situación.
6.º A la cuota obtenida en 5 se le restan las bonificaciones si las hubiere.
7.º A la cuota obtenida en 4 se le aplica el recargo provincial, si lo hubiere en el municipio.
8.º La cuota tributaria será la suma de 6 y 7.

Para algunas actividades, las tarifas establecen cuotas mínimas municipales, provinciales o nacionales. Lo visto anteriormente opera en el caso de que el sujeto pasivo opte por la cuota municipal. Si decidiese optar por la cuota provincial o nacional, no procede la aplicación del coeficiente corrector ni del índice de situación.

Bonificaciones: se pueden establecer las siguientes:

a) Cooperativas y sociedades agrarias de transformación: 95 por 100.

b) Si las ordenanzas fiscales lo establecen, se podrán realizar las siguientes bonificaciones para aquellos sujetos que tributen por la cuota municipal:

— Bonificación de hasta el 50 por 100 de la cuota para aquellos que inicien el ejercicio de cualquier actividad empresarial, durante los cinco años de actividad siguientes a la conclusión del segundo período impositivo de desarrollo de aquélla.

— Bonificación por creación de empleo, de hasta el 50 por 100 de la cuota correspondiente, para los sujetos pasivos que hayan incrementado el promedio de su plantilla de trabajadores con contrato indefinido durante el período impositivo inmediato anterior al de la aplicación de la bonificación, en relación con el período anterior a aquél.

— Bonificación de hasta el 50 por 100 de la cuota correspondiente para los sujetos pasivos que utilicen o produzcan energía a partir de instalaciones para el aprovechamiento de energías renovables o sistemas de cogeneración.

— Bonificación de hasta el 50 por 100 de la cuota correspondiente para los sujetos pasivos que tengan una renta o rendimiento neto de la actividad económica negativos o inferiores a la cantidad que determine la ordenanza fiscal.

— Bonificación de hasta el 95 por 100 de la cuota correspondiente para los sujetos pasivos que tributen por cuota municipal y que desarrollen actividades económicas que sean declaradas de especial interés o utilidad municipal por concurrir circunstancias sociales, culturales, histórico artísticas o de fomento del empleo que justifiquen tal declaración.

— Bonificación de hasta el 50 por 100 de la cuota correspondiente para los sujetos pasivos que tributen por cuota municipal y que hayan instalado puntos de recarga para vehículos eléctricos en los locales afectos a la actividad económica, siempre que las instalaciones dispongan de la correspondiente homologación por la Administración competente.

Devengo: se produce el primer día del período impositivo que, como norma general, coincide con el año natural.

Gestión: a partir de una matrícula que se forma anualmente y está constituida por censos que comprenden las actividades económicas gravadas en cada municipio, así como sujetos pasivos, cuotas mínimas y, en su caso, el recargo provincial.

El sujeto pasivo estará obligado a presentar la declaración censal de alta en la que deberá exponer los elementos relativos a su actividad. Con estos datos, la Administración practicará la liquidación correspondiente, que notificará al sujeto pasivo para que efectúe el ingreso. Además, los sujetos pasivos deberán comunicar las variaciones que tengan trascendencia a efectos de este impuesto.

3.1.3. *Impuesto sobre Vehículos de Tracción Mecánica*

Es un impuesto directo, real, objetivo y periódico, que grava la titularidad de los vehículos.

Hecho imponible: la titularidad de los vehículos de tracción mecánica, aptos para circular por las vías públicas, cualquiera que sea su clase y categoría. Se considera vehículo apto para la circulación el que hubiera sido matriculado en los registros públicos correspondientes y mientras no haya causado baja en éstos, así como los vehículos provistos de permisos temporales y matrícula turística.

No sujeción: no estarán sujetos al impuesto:

a) Los vehículos que se hayan dado de baja en los Registros por la antigüedad del modelo y se autorice su circulación excepcional por exhibiciones, certámenes o carreras limitadas a los de esta naturaleza.

b) Los remolques y semirremolques que sean arrastrados por vehículos de tracción mecánica, cuya carga útil no sea superior a 750 kilogramos.

Estarán exentos del impuesto:

a) Los vehículos oficiales del Estado, Comunidades Autónomas y entidades locales dedicados a la defensa nacional o a la seguridad ciudadana.

b) Los vehículos de representaciones diplomáticas, oficinas consulares, agentes diplomáticos y funcionarios consulares de carrera acreditados en España, que sean súbditos de los respectivos países, externamente identificados y a condición de reciprocidad en su extensión y grado. Esta exención se extiende a los vehículos de los organismos internacionales con sede u oficina en España y de sus funcionarios o miembros con estatuto diplomático.

c) Las ambulancias.

d) Los vehículos para personas de movilidad reducida, así como los vehículos matriculados a nombre de minusválidos para su uso exclusivo.

e) Los autobuses urbanos, y

f) Los tractores y remolques.

Sujeto pasivo: aquel a cuyo nombre conste el vehículo en el permiso de circulación, con independencia de quién sea el conductor del vehículo. Pueden ser, por tanto, personas físicas y jurídicas, así como las entidades del artículo 35.4 de la LGT.

Cuota tributaria: será la resultante de aplicar las tarifas que existan para ello y, en su caso, los coeficientes correctores que cada Ayuntamiento acuerde en la oportuna ordenanza fiscal y que no podrán ser superiores a 2. Las tarifas fijan cuotas mínimas en función de cada tipo de vehículo y podrán ser modificadas por las Leyes de Presupuestos Generales del Estado.

Bonificaciones: las ordenanzas fiscales podrán regular, o no, las siguientes bonificaciones:

a) Bonificación de hasta el 75 por 100 según la clase de carburante que consuma el vehículo, dependiendo de la incidencia de la combustión de dicho carburante en el medio ambiente;

b) Bonificación de hasta el 75 por 100 en función de las características de los motores y su incidencia en el medio ambiente, y

c) Bonificación de hasta el 100 por 100 para los vehículos históricos o aquellos que tengan una antigüedad mínima de veinticinco años.

Devengo: el primer día del período impositivo que, como norma general, coincidirá con el año natural, excepto en el caso de primera adquisición de los vehículos, en que el período impositivo comenzará el día en que se produzca dicha adquisición. La cuota del impuesto se prorrateará por trimestres naturales en los casos de primera adquisición o baja definitiva del vehículo, así como en los supuestos de baja temporal por sustracción o robo de vehículo, desde el momento en que se produzca dicha baja temporal en el Registro público correspondiente.

Gestión: este impuesto se puede exigir en régimen de autoliquidación por parte de los Ayuntamientos. La gestión, liquidación, inspección y recaudación, así como la revisión de los actos dictados en vía de gestión tributaria corresponde al Ayuntamiento del domicilio que conste en el permiso de circulación del vehículo. Las personas que soliciten ante la Jefatura Provincial de Tráfico la matriculación o la certificación de aptitud para circular de un vehículo, deberán acreditar previamente el pago del impuesto correspondiente al período impositivo del año anterior a aquel en que se realiza el trámite. A efectos de tal acreditación, los Ayuntamientos, o las entidades que ejerzan las funciones de recaudación por delegación, al finalizar el período voluntario, comunicarán informáticamente al Registro de Vehículos de la Dirección General de Tráfico el impago de la deuda correspondiente al período impositivo del año en curso. La inexistencia de anotaciones por impago en el Registro de Vehículos implicará, a los únicos efectos de realización del trámite, la acreditación anteriormente señalada.

3.1.4. *Impuesto sobre Construcciones, Instalaciones y Obras*

Es un impuesto potestativo y por tanto de exigencia facultativa por los Ayuntamientos. Es real, objetivo y no periódico, y, a diferencia del resto de impuestos locales, es indirecto.

Hecho imponible: la realización, dentro del término municipal, de cualquier construcción, instalación u obra para la que se exija la obtención de la licencia de obras o urbanística —se haya obtenido o no dicha licencia—, o para la que se exija presentación de declaración responsable o comunicación previa, cuando su expedición corresponda al Ayuntamiento que exige la tributación.

Exenciones: la realización de construcciones, instalaciones u obras de las que sea dueño el Estado, o las CCAA o las entidades locales, que vayan a ser destinadas a carreteras, ferrocarriles, puertos, aeropuertos, obras hidráulicas, saneamiento de poblaciones y de sus aguas residuales.

Sujeto pasivo: puede serlo a título de contribuyente o de sustituto del contribuyente. Son sujetos pasivos a título de contribuyente, los propietarios de los bienes inmuebles sobre los que se realicen las construcciones, instalaciones u obras. Cuando los propietarios de los inmuebles no sean dueños de las obras, el sujeto pasivo será el que se encargue de realizar la obra (dueño de la obra, que será aquel que soporte el coste que supone su realización).

Son sustitutos del contribuyente, quienes soliciten las correspondientes licencias, o presenten las correspondientes declaraciones responsables o comunicaciones previas o realicen las construcciones, instalaciones u obras. Cuando el sustituto satisfaga la cuota del impuesto, estará facultado para repercutir la misma al dueño de la obra, que estará obligado a soportar esta repercusión. El sujeto pasivo puede ser persona física o jurídica, o entidades del artículo 35.4 de la LGT.

Base imponible: está constituida por el coste real y efectivo de la construcción, instalación u obra. No forman parte de la misma el IVA, los impuestos análogos propios de regímenes especiales, las tasas, precios públicos relacionados con la construcción, instalación u obra, los honorarios de profesionales, el beneficio empresarial del contratista, ni cualquier otro concepto que no integre el coste de ejecución material.

Cuota tributaria: se determina aplicando a la base imponible un tipo de gravamen establecido por cada Ayuntamiento, sin que pueda exceder del 4 por 100.

Devengo: se produce en el momento de iniciarse la construcción, instalación u obra, con independencia de que se haya obtenido la correspondiente licencia. Como el coste efectivo no se conocerá hasta el final de la obra, se practica una liquidación provisional, cuya base imponible estará en función del presupuesto presentado por los interesados, siempre que esté visado por el Colegio Oficial cuando constituya un requisito preceptivo o bien, en el caso en el que la ordenanza fiscal así lo prevea, la base imponible se fijará en función de los índices o módulos que establezca el municipio. Posteriormente, se realizará la liquidación definitiva, según las construcciones, instalaciones u obras efectivamente realizadas, mediante la oportuna comprobación administrativa:

a) Si resulta una cantidad o cuota igual, el impuesto se entiende totalmente satisfecho.

b) Si resulta una cuota superior, se considerará un ingreso a cuenta.

c) Si resulta una cantidad inferior, la entidad local deberá devolver el exceso.

Bonificaciones: las ordenanzas fiscales podrán establecer las siguientes:

a) Bonificación de hasta el 95 por 100 a las construcciones, instalaciones u obras que sean declaradas de especial interés o utilidad municipal.

b) Bonificación de hasta el 95 por 100 a favor de las construcciones, instalaciones u obras en las que se incorporen sistemas para el aprovechamiento térmico o eléctrico de la energía solar.

c) Bonificación de hasta el 50 por 100 a favor de las construcciones, instalaciones u obras vinculadas a los planes de fomento de las inversiones privadas en infraestructuras.

d) Bonificación de hasta el 50 por 100 a favor de las construcciones, instalaciones u obras referentes a las viviendas de protección oficial.

e) Bonificación de hasta el 90 por 100 a favor de las construcciones, instalaciones u obras que favorezcan las condiciones de acceso y habitabilidad de los discapacitados.

f) Bonificación de hasta el 90 por 100 a favor de las construcciones, instalaciones u obras necesarias para la instalación de puntos de recarga para vehículos eléctricos, siempre que las instalaciones dispongan de la correspondiente homologación por la Administración competente.

Deducción de la cuota: el importe de la tasa por el otorgamiento de la licencia urbanística podrá servir de deducción de la cuota íntegra, si así lo determinan las ordenanzas fiscales.

Gestión: los Ayuntamientos tienen potestad para el establecimiento en sus ordenanzas fiscales de sistemas de gestión conjunta y coordinada de este impuesto y de la tasa correspondiente al otorgamiento de la licencia.

3.1.5. *Impuesto sobre Incremento de Valor de los Terrenos de Naturaleza Urbana*

Es un impuesto directo, real, objetivo e instantáneo, que grava el incremento de valor de los terrenos de naturaleza urbana.

Hecho imponible: el incremento de valor de los terrenos de naturaleza urbana que se ponga de manifiesto como consecuencia de:

a) La transmisión de la propiedad, por cualquier título.
b) La constitución de cualquier derecho real de goce, limitativo de dominio.
c) La transmisión de cualquier derecho real de goce, limitativo de dominio.

No sujeción: no estarán sujetos al impuesto:

a) El incremento de valor que experimenten los terrenos rústicos.

b) Las aportaciones de bienes y derechos realizadas por los cónyuges a la sociedad conyugal, ni las transmisiones que se hagan a los cónyuges en pago de sus haberes comunes.

c) La transmisión de bienes inmuebles entre cónyuges o a favor de los hijos, en los casos de nulidad, separación o divorcio matrimonial, formulados en virtud de sentencia judicial, con independencia del régimen económico matrimonial.

d) Las aportaciones o transmisiones de bienes inmuebles efectuadas a la Sociedad de Gestión de Activos Procedentes de la Reestructuración Bancaria, SA, que se le hayan transferido, ni tampoco las transmisiones realizadas por esta sociedad a otras entidades participadas en al menos el 50 por 100 del capital en el momento inmediatamente anterior a la transmisión, o como consecuencia de la misma ni las aportaciones o transmisiones realizadas a los fondos bancarios.

e) Las transmisiones de terrenos respecto de los cuales se constate la inexistencia de incremento de valor por diferencia entre los valores de dichos terrenos en las fechas de transmisión y adquisición.

Exenciones: el Estado, las CCAA, entidades locales a las que pertenezca el municipio, los organismos autónomos del Estado, el municipio de la imposición y demás entidades locales integradas, las instituciones benéficas o benéfico-docentes, las entidades gestoras de la Seguridad Social y las mutualidades de previsión social, los titulares de concesiones administrativas revertibles respecto a los terrenos afectos a éstas, la Cruz Roja Española y las personas o entidades a cuyo favor se haya reconocido la exención en tratados o convenios internacionales.

Sujeto pasivo: puede serlo a título de contribuyente o de sustituto del contribuyente, bien sea persona física, jurídica o entidad del artículo 35.4 de la LGT:

a) *A título de contribuyente*. La designación del sujeto pasivo a título de contribuyente dependerá de si la operación por la que se origina el incremento de valor gravado se realiza a título lucrativo o a título oneroso, de modo que:

— Cuando la transmisión de terrenos o la constitución o transmisión de derechos reales se efectué a título lucrativo, será sujeto pasivo el adquirente del terreno o la persona a cuyo favor se constituya o transmita el derecho real.

— Cuando la transmisión de terrenos o la constitución o transmisión de derechos reales de goce limitativos del dominio se efectúe a título oneroso, será sujeto pasivo el transmitente del terreno o la persona que constituya o transmita el derecho real.

b) *A título de sustituto del contribuyente*. Cuando la transmisión objeto de gravamen se realice a título oneroso, será sujeto pasivo, a título de sustituto del contribuyente, la persona que adquiera el terreno o a cuyo favor se constituya o transmita el derecho real de que se trate, en el caso de que el contribuyente sea una persona física no residente en España.

Base imponible: está constituida por el incremento real del valor de los terrenos de naturaleza urbana puesto de manifiesto en el momento de devengo del impuesto y experimentado en un período de tiempo máximo de veinte años. Este incremento varía según un cuadro de porcentajes anuales, aplicables sobre el valor del terreno en el momento del devengo, que está en función del período transcurrido desde la última transmisión del inmueble.

El valor de los terrenos en el momento del devengo será el que tengan determinado en dicho momento a efectos del Impuesto sobre Bienes Inmuebles si bien los ayuntamientos podrán establecer una reducción cuando se modifiquen los valores catastrales como consecuencia de un procedimiento de valoración colectiva de carácter general. En ese caso, se tomará como valor del terreno, o de la parte de éste que corresponda, el importe que resulte de aplicar a los nuevos valores catastrales dicha reducción durante el período de tiempo y porcentajes máximos siguientes:

a) La reducción, en su caso, se aplicará, como máximo, respecto de cada uno de los cinco primeros años de efectividad de los nuevos valores catastrales.

b) La reducción tendrá como porcentaje máximo el 60 por 100. Los ayuntamientos podrán fijar un tipo de reducción distinto para cada año de aplicación de la reducción.

Esta reducción no será de aplicación a los supuestos en los que los valores catastrales resultantes del procedimiento de valoración colectiva sean inferiores a los hasta entonces vigentes, pues el valor catastral reducido no podrá ser inferior al valor catastral del terreno antes del procedimiento de valoración colectiva.

Cuando, a instancia del sujeto pasivo, se constate que el importe del incremento de valor es inferior al importe de la base imponible que se haya determinado, se tomará como base imponible el importe de dicho incremento de valor.

Cuota íntegra: es el resultado de aplicar a la base imponible el tipo de gravamen que será el fijado por cada Ayuntamiento, sin que pueda exceder del 30 por 100.

Cuota líquida: será el resultado de aplicar sobre la cuota íntegra, en su caso, la bonificación de hasta el 95 por 100 de la cuota íntegra en los supuestos de transmisiones de terrenos, y en la transmisión o constitución de derechos reales de goce limitativos del dominio en los siguientes casos:

— cuando se hayan realizado a título lucrativo por causa de muerte a favor de los descendientes y adoptados, los cónyuges y los ascendientes y adoptantes, y

— cuando se trate de terrenos sobre los que se desarrollen actividades económicas que sean declaradas de especial interés o utilidad municipal por concurrir circunstancias sociales, culturales, histórico-artísticas o de fomento del empleo que justifiquen tal declaración.

Devengo: se produce en la fecha en que se transmite la propiedad del terreno o se constituye o transmite el derecho real.

Gestión: el sujeto pasivo está obligado a presentar en el Ayuntamiento una declaración que contenga los elementos de la relación tributaria necesarios para practicarla, en los siguientes plazos desde la fecha del devengo del impuesto:

a) Cuando se trate de actos *inter vivos*: treinta días hábiles.

b) Cuando se trate de actos *mortis causa*: seis meses, prorrogables hasta un año, si lo solicita el sujeto pasivo.

La cuota satisfecha por este impuesto tiene la consideración de gasto deducible para la determinación de la ganancia o pérdida patrimonial correspondiente en el IRPF.

Recientemente, se ha declarado la inconstitucionalidad del gravamen por este tributo cuando se ha producido una pérdida patrimonial y varios apartados de artículos de la Ley que regulan este tributo, se han declarado inconstitucionales.

3.1.6. *Impuesto sobre Gastos Suntuarios*

Este impuesto, en principio, fue suprimido por la Ley 39/1988, reguladora de las Haciendas Locales. Sin embargo, la Disposición Transitoria sexta del Real Decreto Legislativo 2/2004 establece que los Ayuntamientos pueden exigir este impuesto en lo referido a la modalidad de aprovechamiento de cotos de caza y pesca quedando el resto de modalidades de este impuesto suprimidas.

En efecto, la Ley 6/1991, de 11 de marzo, por la que se modifica parcialmente el Impuesto sobre Actividades Económicas, excluye del hecho imponible del mismo el ejercicio de actividades agrícolas, ganaderas dependientes, forestales y pesqueras y mantiene la tributación de las actividades ganaderas independientes. Como medida complementaria, declara la vigencia indefinida del Impuesto Municipal sobre Gastos Suntuarios, en la modalidad de éste que grava el aprovechamiento de los cotos privados de caza y pesca.

Hecho imponible.—Está constituido por el aprovechamiento de los cotos privados de caza y pesca, cualquiera que sea la forma de explotación o disfrute de dicho aprovechamiento.

Sujeto pasivo.—Puede serlo a título de contribuyente o de sustituto del contribuyente. Es sujeto pasivo a título de contribuyente el titular del coto o la persona o personas a las que corresponda el aprovechamiento del coto de caza o pesca en el momento del devengo del impuesto.

Tiene la condición de sujeto pasivo a título de sustituto del contribuyente el propietario de los bienes acotados, que tiene el derecho de exigir al titular del aprovechamiento el importe del impuesto, para hacerlo efectivo al Municipio en cuyo término radique el coto de caza, de pesca o su mayor parte.

Base imponible.—El valor del aprovechamiento cinegético o piscícola que determine el Ayuntamiento en función de módulos apropiados, tales como licencias, piezas cobradas o número de cacerías.

Cuota tributaria.—Resulta de aplicar a la base imponible el tipo de gravamen que puede ser de hasta el 20 por 100.

Devengo.—El 31 de diciembre de cada año.

Gestión.—Corresponde al Ayuntamiento que ha establecido este impuesto.

3.2. Recursos de las provincias

La Hacienda de las provincias estará constituida por los recursos enumerados para las entidades locales, a excepción de los impuestos locales que solamente serán exigibles por los municipios y con ciertas particularidades, entre las que destaca la posibilidad de establecer un recargo sobre el Impuesto sobre Actividades Económicas, que se exigirá a los mismos sujetos pasivos y en los mismos casos contemplados en la normativa reguladora del impuesto, y consistirá en un porcentaje único que recaerá sobre las cuotas municipales, modificadas por la aplicación del coeficiente de ponderación. Su tipo no podrá ser superior al 40 por 100.

Con respecto a la cesión de recaudación de impuestos del Estado, se cederán a las provincias los siguientes porcentajes de los rendimientos que no hayan sido objeto de cesión a las CCAA:

a) El 1,2561 por 100 del IRPF.

b) El 1,3699 del IVA imputable a cada provincia.

c) El 1,7206 de los Impuestos Especiales sobre la Cerveza, sobre el Vino y Bebidas Fermentadas, sobre Productos Intermedios, sobre el Alcohol y Bebidas Derivadas, sobre Hidrocarburos y sobre las Labores del Tabaco que resulte imputable a cada provincia.

3.3. Recursos de otras entidades locales

Debemos distinguir entre:

a) *Recursos de las entidades supramunicipales*. Están constituidos por aquellos que se hayan previsto en sus respectivas normas de creación y los establecidos en la Ley reguladora de Haciendas Locales, resultándoles de aplicación lo dispuesto respecto de los recursos de los ayuntamientos, con las especialidades que procedan en cada caso. Así, las comarcas, áreas metropolitanas, entidades municipales asociativas y demás entidades supramunicipales podrán establecer y exigir tasas, contribuciones especiales y precios públicos, de conformidad con lo previsto en sus respectivas normas de creación y el régimen financiero de las entidades supramunicipales no alterará el propio de los ayuntamientos que las integren. Los recursos de las distintas entidades supramunicipales son:

— Áreas metropolitanas. Podrán establecer un recargo sobre el IBI que consistirá en un porcentaje único que no podrá ser superior al 0,2 por 100. Además, pueden recibir subvenciones fijadas en los Presupuestos Generales del Estado de carácter finalista para financiar servicios específicos que constituyan el objeto de dichas áreas metropolitanas.

— Entidades municipales asociativas. Podrán disponer de las aportaciones de los municipios que integren o formen parte de aquéllas, determinadas de acuerdo con lo establecido en sus estatutos de creación.

— Comarcas y otras entidades supramunicipales. Las comarcas no podrán exigir ninguno de los impuestos y recargos regulados en la Ley de Haciendas Locales ni tampoco podrán percibir participación en los tributos del Estado. En aquellos casos en los que las leyes de las Comunidades Autónomas creen en su territorio comarcas u otras entidades que agrupen varios municipios, deben fijar los recursos económicos que se les asignen a las entidades creadas.

b) *Recursos de las entidades de ámbito territorial inferior al municipio.* Estas entidades no podrán tener impuestos propios ni participación en los tributos del Estado, pero sí en los del municipio a que pertenezcan y serán las leyes sobre régimen local de las Comunidades Autónomas las que determinarán los recursos integrantes de sus propias haciendas.

4. CASOS PRÁCTICOS RESUELTOS

1. Calcular la deuda tributaria por IAE de la siguiente actividad:

Panadería (Epígrafe 419 de las tarifas):

— Seis obreros dedicados a la producción.

— Potencia instalada que interviene directamente en el proceso productivo: equipo industrial de hornos eléctricos: 100 kW, y montacargas: 8 kW.

— Población de más de 1.000.000 de habitantes.

— Coeficiente corrector: 2.

— Índice de situación: 1.

— Recargo provincial: 25 por 100.

El RD Legislativo 1.175/1990, de 28 de septiembre, por el que se aprueban las tarifas y la instrucción del Impuesto sobre Actividades Económicas, establece para esta actividad los siguientes módulos:

— Por cada obrero: 11,88 euros.

— Por cada kW: 7,72 euros.

Solución:

Una vez conocidos los módulos indiciarios de esta actividad (obreros y potencia eléctrica), podemos determinar la cuota previa:

— Cuota previa: (11,88 × 6) + (108 × 7,72) = 71,28 + 833,76 = 905,04.
— A la cuota previa le aplicamos el coeficiente corrector: 905,04 × 2 = 1.810,08.
— Sobre esta cantidad calculamos el recargo provincial: 1.810,08 × 0,25 = 452,52.
— Aplicamos el índice de situación: 1.810,08 × 1 = 1.810,08.
— La cuota tributaria será la suma:

$$CT = 1.810,08 + 452,52 = 2.262,6$$

2. Don Pedro Pérez es economista y tiene una asesoría fiscal en un despacho de 20 metros cuadrados. Habita en un municipio de 2.500.000 de habitantes. Inició la actividad hace tres años y su actividad se encuentra recogida en la sección segunda del Real Decreto 1175/1990 (grupo 741), el cual establece una cuota fija de 258,77 euros. ¿Cuál será la cuota a satisfacer por IAE por don Pedro?

Solución:

La realización de actividades profesionales se encuentra exenta del pago de la cuota de IAE, ya que se trata de una persona física que realiza una actividad profesional.

3. Don Fidel Fernández posee un bien urbano que transmite por contrato de compraventa el 16 de octubre del presente ejercicio por un valor de 120.000 euros. La adquisición por parte del vendedor tuvo lugar el 13 de marzo de hace diecinueve años. El valor catastral en este año es de 85.000 euros, de los cuales el 20 por 100 corresponde al valor del suelo. El municipio tiene aprobados los siguientes porcentajes y tipos impositivos:

— Porcentaje anual para transmisiones realizadas con un período entre 15 y 20 años: 2,7. Tipo impositivo: 22 por 100.

Determinar:

a) El sujeto pasivo, la base imponible y la cuota tributaria a satisfacer por el Impuesto sobre Incremento de Valor de los Terrenos de Naturaleza Urbana.

b) Si don Fidel hubiera recibido el bien como consecuencia de una donación realizada por su tío y la valoración del bien a efectos del ISD fuera de 120.000 euros, ¿cuál sería el sujeto pasivo, la base imponible y la cuota tributaria?

Solución:

a) El sujeto pasivo es el transmitente, es decir, don Fidel.

El tiempo transcurrido desde la última transmisión es de 19 años y seis meses, pero se redondea por defecto. Por lo tanto, la fecha a tener en cuenta para aplicar el porcentaje anual es de 19 años.

— La base imponible sería: 85.000 × 20% × 2,7% × 19 años = 8.721.
— Cuota tributaria: 8.721 × 0,22 = 1.918,62.

b) En el caso de una adquisición a título lucrativo, el sujeto pasivo será el adquirente del bien, que en este caso es don Fidel. La base imponible y la cuota tributaria se calcularían de igual modo que en el caso anterior.

5. CASOS PRÁCTICOS PROPUESTOS

1. Determinar la cuota de IAE de un hotel de cinco estrellas que tiene cuarenta habitaciones y una superficie de 3.500 metros dedicados a hospedaje, 500 metros cuadrados dedicados a instalaciones deportivas y 750 metros cuadrados de parking. El coeficiente corrector del municipio es de 1,5 y el índice de situación de 2. El recargo provincial es del 35 por 100. Esta actividad se encuentra recogida en el grupo 681 de las tarifas para la que se asigna el módulo de 17,42 euros por habitación. La ciudad en la que radica tiene 1.000.000 de habitantes.

2. Don Armando vendió un inmueble por 45.000 euros, que poseía desde hace 12 años. El valor catastral de dicho inmueble ascendía a 36.980 euros, de los que el 20 por 100 corresponde al valor del suelo. El municipio tiene establecido un tipo de gravamen del 25 por 100 en el caso en el que hayan transcurrido más de 10 años desde la anterior transmisión. Determinar la cuota a satisfacer por don Armando en el Impuesto sobre Incremento de Valor de los Terrenos de Naturaleza Urbana.

3. Determinar la cuota a satisfacer por IBI de don Ismael, que posee una vivienda que utiliza como habitual de él, su mujer y sus hijos, sabiendo que el valor de la misma a efectos del Impuesto sobre Sucesiones y Donaciones asciende a 75.560 euros, siendo el valor catastral de la misma de 62.300 euros. El municipio tiene establecido para los bienes urbanos un tipo del 0,6 por 100.

6. TEMAS PARA LA REFLEXIÓN

1. Diferencias entre los regímenes de financiación de las CCAA. Debilidades y fortalezas del actual sistema de financiación autonómico en las CCAA de régimen común.
2. El desarrollo de la potestad normativa por parte de las CCAA.
3. La insuficiencia de los recursos de las Haciendas Locales y alternativas.

7. PREGUNTAS DE AUTOEVALUACIÓN

7.1. Preguntas cortas

1. El sujeto pasivo en el IAE.
2. Principales características de los regímenes forales.
3. El hecho imponible en el IVTM.

7.2. Preguntas tipo test

1. Comentar si son verdaderas o falsas las siguientes afirmaciones:

a) Uno de los elementos que pueden configurar el hecho imponible en el Impuesto sobre Bienes Inmuebles es la titularidad de un derecho real de usufructo o de superficie.

b) El sujeto pasivo del Impuesto de Bienes Inmuebles puede ser persona física o jurídica.

c) En el Impuesto sobre Actividades Económicas el sujeto pasivo del mismo son únicamente las personas jurídicas.

d) Para la determinación de las cuotas de las tarifas en el Impuesto sobre Actividades Económicas se utilizan módulos indiciarios de la actividad, denominados elementos tributarios.

2. El régimen de concierto o convenio de los territorios forales supone:

a) El establecimiento de un «cupo» con el que dichos territorios deberán contribuir a las cargas del Estado.

b) El establecimiento de un «cupo» con el que el Estado deberá contribuir a las cargas de los territorios forales.

c) La posibilidad por parte de las Diputaciones Forales de establecer y regular los impuestos cedidos.

d) La posibilidad por parte de las Diputaciones Forales de establecer y regular los impuestos propios y los impuestos cedidos.

3. La base imponible en el Impuesto sobre Bienes Inmuebles vendrá determinada por:

a) Valor catastral.
b) Valor de mercado.
c) Valor a efectos de otros impuestos.
d) El mayor de los tres valores anteriores.

4. En el Impuesto sobre Incremento del Valor de los Terrenos de Naturaleza Urbana, el sujeto pasivo:

a) Será siempre persona física.

b) Será siempre persona jurídica.
c) Puede ser persona física o jurídica.
d) Será, en cualquier caso, el adquirente del bien, con independencia de que sea persona física o jurídica.

5. El Impuesto sobre Incremento de Valor de los Terrenos de Naturaleza Urbana:

a) Es un impuesto directo, personal y objetivo.
b) Es un impuesto local, con carácter obligatorio.
c) La base imponible es el valor catastral fijado por la Administración.
d) Es un impuesto directo, real y objetivo.

6. El Impuesto General Indirecto Canario:

a) Es un impuesto estatal, propio de la Comunidad Autónoma de Canarias.
b) Es un impuesto autonómico propio de Canarias, por lo que los rendimientos, la gestión, inspección y recaudación corresponden a esta CCAA.
c) Es un impuesto indirecto que sigue las pautas del Impuesto sobre el Tráfico de Empresas.
d) Es un impuesto indirecto que sigue el modelo del IVA.

7. El Impuesto sobre Vehículos de Tracción Mecánica:

a) Viene regulado en la Ley de Haciendas Locales como un impuesto municipal, con carácter obligatorio.
b) Viene regulado en la Ley de Haciendas Locales como un impuesto municipal, con carácter potestativo.
c) Viene regulado en la Ley de Financiación de las CCAA.
d) Viene regulado en la Ley de Haciendas Locales como un impuesto municipal con carácter obligatorio, pero potestativamente los Ayuntamientos pueden o no establecerlo.

8. En el Impuesto sobre Construcciones, Instalaciones y Obras:

a) Se realiza una liquidación provisional y posteriormente la liquidación definitiva, que puede coincidir o no con la liquidación provisional.
b) Se realiza en todo caso una liquidación definitiva.
c) La liquidación provisional y definitiva coinciden en todo caso.
d) El devengo se produce cuando se conoce el coste real y efectivo de la obra.

9. En el Impuesto sobre Construcciones, Instalaciones y Obras:

a) El sujeto pasivo será siempre el contribuyente.
b) El sujeto pasivo puede serlo a título de contribuyente o de sustituto del contribuyente.
c) El sujeto pasivo será en todo caso persona jurídica.

d) Si el propietario del inmueble no es el dueño de la obra, el sujeto pasivo será el propietario del inmueble.

10. El Impuesto sobre Actividades Económicas:

a) Grava el ejercicio de actividades empresariales, profesionales o artísticas.
b) Grava el beneficio que se obtiene de la realización de actividades empresariales, profesionales o artísticas.
c) Solamente grava actividades empresariales y profesionales, pero no artísticas.
d) Grava el beneficio obtenido por las actividades empresariales.

TEMA 4

EL IMPUESTO SOBRE EL PATRIMONIO

1. LEGISLACIÓN BÁSICA, NATURALEZA Y ÁMBITO DE APLICACIÓN

El Impuesto sobre el Patrimonio (en adelante, IP), está regulado en la Ley 19/1991, de 6 de junio, del Impuesto sobre el Patrimonio. Es un tributo de carácter directo y naturaleza personal que grava el patrimonio neto de las personas físicas, entendido como el conjunto de bienes y derechos de contenido económico de que sea titular, con deducción de las cargas y gravámenes que disminuyan su valor, así como de las deudas y obligaciones personales de las que deba responder el sujeto pasivo.

Para la exposición del tema seguiremos el siguiente mapa conceptual:

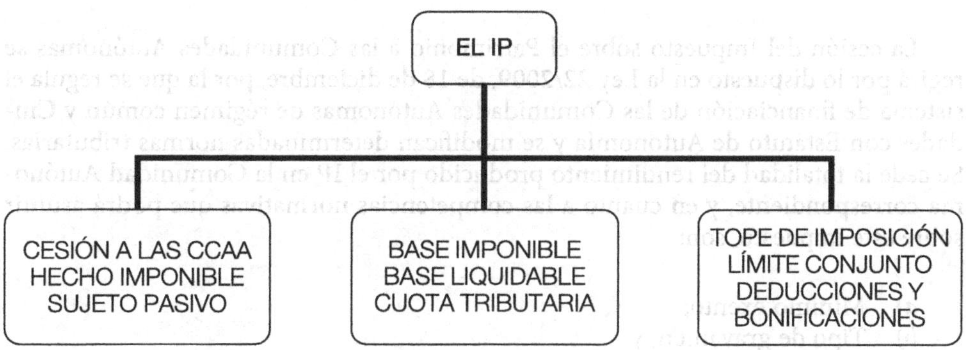

Las características del impuesto son las siguientes:

a) Es *directo*, porque grava la propiedad de un patrimonio como manifestación directa de la capacidad de pago y no es posible trasladar la carga tributaria a otra persona.

b) Una segunda característica del IP es su *generalidad*, ya que recae sobre la totalidad de bienes y derechos del sujeto pasivo.

c) El Impuesto sobre el Patrimonio es de carácter *personal*, al establecerse en relación a una persona determinada, considerando las circunstancias personales del sujeto pasivo.

d) La *progresividad* del impuesto se establece a través de la escala de tipos impositivos, que se incrementan al aumentar la base imponible sobre la que se aplican.

e) Otra singularidad del IP es el hecho de que *grava el patrimonio neto*, es decir, una vez deducidas las cargas existentes sobre el propio patrimonio.

f) Es un impuesto *periódico*, exigible anualmente, en coordinación con el Impuesto sobre la Renta de las Personas Físicas.

El ámbito de aplicación del impuesto es el territorio español, sin perjuicio de los regímenes tributarios forales de Concierto y Convenio Económico vigentes en los Territorios Históricos del País Vasco y de la Comunidad Foral de Navarra, respectivamente, y de lo dispuesto en los Tratados o Convenios internacionales que hayan pasado a formar parte del Ordenamiento interno.

La exposición de este tema se realiza siguiendo la normativa estatal, sin perjuicio de las modificaciones legislativas específicas que pudiera realizar cada Comunidad Autónoma, en el uso de sus potestades, para modificar ciertos elementos del tributo, y que se exponen al final del tema.

1.1. El alcance de la cesión del impuesto a las CCAA

La cesión del Impuesto sobre el Patrimonio a las Comunidades Autónomas se regirá por lo dispuesto en la Ley 22/2009, de 18 de diciembre, por la que se regula el sistema de financiación de las Comunidades Autónomas de régimen común y Ciudades con Estatuto de Autonomía y se modifican determinadas normas tributarias. Se cede la totalidad del rendimiento producido por el IP en la Comunidad Autónoma correspondiente, y en cuanto a las competencias normativas que podrá asumir sobre este impuesto, son:

a) Mínimo exento;
b) Tipo de gravamen, y
c) Deducciones y bonificaciones de la cuota.

Las deducciones y bonificaciones aprobadas por las Comunidades Autónomas resultarán, en todo caso, compatibles con las deducciones y bonificaciones establecidas en la normativa estatal reguladora del impuesto, y no podrán suponer una modificación de las mismas. Estas deducciones y bonificaciones autonómicas se aplicarán con posterioridad a las reguladas por la normativa del Estado.

2. ESQUEMA DE LIQUIDACIÓN DEL IMPUESTO

El esquema básico en la liquidación del impuesto es el siguiente:

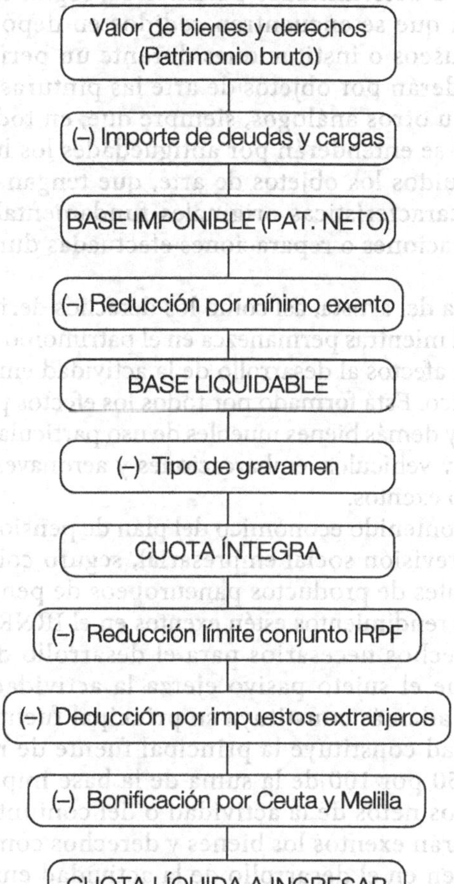

3. HECHO IMPONIBLE. EXENCIONES

El hecho imponible del impuesto lo constituye la propiedad de toda clase de bienes y la titularidad de derechos de contenido económico atribuibles al sujeto pasivo en el momento del devengo, es decir, el 31 de diciembre de cada año.

Las exenciones contempladas en el Impuesto sobre el Patrimonio son las siguientes:

a) Vivienda habitual. Estará exenta la vivienda habitual del contribuyente hasta un máximo individual de 300.000 euros. El exceso sobre dicha cuantía, se deberá declarar.

b) Bienes del Patrimonio Histórico Español o de las CCAA, siempre que estén inscritos en el Registro general de bienes de interés cultural o en el Inventario general de bienes muebles.

c) Objetos de arte y antigüedades integrantes del patrimonio histórico y con un valor inferior a determinados parámetros, según el bien del que se trate, así como aquellos que se encuentren cedidos en depósito permanente por sus propietarios a museos o instituciones durante un período igual o superior a tres años. Se entenderán por objetos de arte las pinturas, esculturas, dibujos, grabados, litografías u otros análogos, siempre que, en todos los casos, se trate de obras originales, y se entenderán por antigüedades los bienes muebles, útiles u ornamentales, excluidos los objetos de arte, que tengan más de cien años de antigüedad y cuyas características originales fundamentales no hubieran sido alteradas por modificaciones o reparaciones efectuadas durante los cien últimos años.

d) La obra propia del artista, así como los derechos derivados de la propiedad intelectual o industrial mientras permanezca en el patrimonio del autor, siempre que estos últimos no estén afectos al desarrollo de la actividad empresarial.

e) Ajuar doméstico. Está formado por todos los efectos personales y del hogar: utensilios domésticos y demás bienes muebles de uso particular, excepto joyas, pieles de carácter suntuario y vehículos, embarcaciones y aeronaves, así como objetos de arte y antigüedades no exentos.

f) Derechos de contenido económico del plan de pensiones, plan de previsión asegurado, plan de previsión social empresarial, seguro colectivo, seguro de dependencia y procedentes de productos paneuropeos de pensiones individuales.

g) Valores cuyos rendimientos estén exentos en el IRNR.

h) Bienes y derechos necesarios para el desarrollo de una actividad empresarial, siempre que el sujeto pasivo ejerza la actividad de forma habitual, personal y directa, y además constituya su principal fuente de renta. Se entenderá que una actividad constituye la principal fuente de renta de una persona cuando al menos el 50 por 100 de la suma de la base imponible del IRPF provenga de rendimientos netos de la actividad o del conjunto de actividades que realiza. También estarán exentos los bienes y derechos comunes a los cónyuges, siempre que se utilicen en el desarrollo de la actividad empresarial o profesional de cualquiera de ellos, y se cumplan los requisitos mencionados con anterioridad.

i) La plena propiedad, la nuda propiedad y el derecho de usufructo vitalicio sobre las participaciones en entidades, con o sin cotización en mercados organizados, siempre que concurran las condiciones siguientes:

— Que la entidad no tenga por actividad principal la gestión de un patrimonio mobiliario o inmobiliario.

— Que la participación del sujeto pasivo en el capital de la sociedad sea al menos del 5 por 100 computado de forma individual, o del 20 por 100 conjuntamente con su cónyuge, ascendientes, descendientes o colaterales de segundo grado.

— Que el sujeto pasivo ejerza efectivamente funciones de dirección de la entidad, percibiendo por ello una remuneración que represente más del 50 por

100 de la totalidad de sus rendimientos empresariales, profesionales y del trabajo personal.

4. SUJETO PASIVO

Son sujetos pasivos del impuesto las personas físicas que sean titulares de bienes y derechos en el momento del devengo del impuesto.

Las modalidades de tributación pueden ser:

a) Por obligación personal.
b) Por obligación real.

Por obligación personal: tributarán por obligación personal, las personas físicas que tengan su residencia habitual en territorio español. Deberán tributar por la totalidad de su patrimonio neto, cualquiera que sea el lugar donde radiquen los bienes o puedan ejercitarse los derechos. Cuando un residente en territorio español pase a tener su residencia en otro país puede optar por seguir tributando por obligación personal en España. La opción deberá ejercitarla mediante la presentación de la declaración por obligación personal en el primer ejercicio en el que hubiera dejado de ser residente en el territorio español.

Por obligación real: son sujetos pasivos por obligación real, las personas físicas por los bienes y derechos de que sea titular cuando los mismos estuvieran situados, pudieran ejercitarse o hubieran de cumplirse en territorio español.

5. ATRIBUCIÓN E IMPUTACIÓN DE PATRIMONIOS. DEVENGO

Los bienes y derechos se atribuirán a los sujetos pasivos según las normas sobre titularidad jurídica aplicables en cada caso. Para los matrimonios, serán de aplicación las normas sobre titularidad jurídica de los bienes y derechos contenidas en las disposiciones reguladoras del régimen económico del matrimonio. Si la titularidad de los bienes y derechos resulta común a ambos cónyuges, se atribuirá por mitad a cada uno de ellos, salvo que se justifique otra cuota de participación. El mismo tratamiento se le dará a las cargas, gravámenes, deudas y obligaciones.

Cuando se trate de la adquisición de bienes o derechos con contraprestación aplazada, en todo o en parte, el valor del elemento patrimonial que resulte de las normas del impuesto, se imputará íntegramente al adquirente del mismo, quien incluirá entre sus deudas la parte de la contraprestación aplazada. Por su parte, el vendedor incluirá entre los derechos de su patrimonio el crédito correspondiente a la parte de la contraprestación aplazada.

En caso de venta de bienes con reserva de dominio, mientras la propiedad no se transmita al adquirente, el derecho de éste se computará por la totalidad de las cantidades que hubiera entregado hasta la fecha del devengo del impuesto, constituyendo dichas cantidades deudas del vendedor, que será a quien se impute el valor del elemento patrimonial que resulte de las normas del impuesto.

El impuesto se *devengará* el 31 de diciembre de cada año y afectará al patrimonio del cual sea titular el sujeto pasivo en dicha fecha.

6. BASE IMPONIBLE O PATRIMONIO NETO

La base imponible del impuesto está constituida por el valor del patrimonio neto del sujeto pasivo.

El patrimonio neto se determinará por diferencia entre:

a) El valor de los bienes y derechos que sean atribuibles al sujeto pasivo.

b) Las cargas y gravámenes de naturaleza real, cuando disminuyan el valor de los respectivos bienes y derechos, así como las deudas y obligaciones de carácter personal, salvo las correspondientes a bienes exentos que no resultarán deducibles.

En los supuestos de obligación real de contribuir, sólo serán deducibles las cargas y gravámenes que afecten a los bienes y derechos que radiquen en territorio español o puedan ejercitarse o hubieran de cumplirse en el mismo, así como las deudas por capitales invertidos en los indicados bienes.

Para la determinación de la base imponible, es necesaria la valoración de los distintos bienes y derechos. Las reglas de valoración son las siguientes:

1.ª *Bienes inmuebles de naturaleza rústica o urbana*. Se valorarán por el mayor de los tres valores siguientes:

a) Valor catastral.

b) Valor determinado o comprobado por la Administración a efectos de otros tributos.

c) Precio, contraprestación o valor de adquisición.

Para los bienes inmuebles que estén en fase de construcción, la valoración será el valor del solar más el importe invertido en dicha construcción, hasta la fecha del devengo del impuesto.

En el caso de bienes inmuebles adquiridos en virtud de contratos de multipropiedad, o propiedad a tiempo parcial, que supongan la titularidad parcial del inmueble, se valorarán según la norma general de valoración de bienes inmuebles. Si el contrato de multipropiedad no incluye la titularidad parcial del inmueble, los bienes inmuebles se valorarán por el precio de adquisición de la participación en dicha multipropiedad.

2.ª *Bienes y derechos* que se encuentren afectos a una actividad empresarial o profesional. Se valorarán como sigue:

a) Si llevan su Contabilidad ajustada a lo dispuesto en el Código de Comercio: diferencia entre el activo real y pasivo exigible.

b) Si no llevan su Contabilidad ajustada al Código de Comercio: valoración de cada uno de los bienes y derechos afectos a la actividad, según la normativa del impuesto.

3.ª *Cuentas corrientes*. Se computarán por el mayor de los dos valores siguientes:

a) Por el saldo a la fecha del devengo del impuesto.
b) Por el saldo medio del último trimestre del año.

4.ª *Valores mobiliarios*. Se distingue:

a) Valores representativos de cesión a terceros de capitales propios, tales como obligaciones, bonos, cédulas:

— Si cotizan en Bolsa, se valorarán según la cotización media de último trimestre del año.
— Si no cotizan en Bolsa, estos valores se computarán por el valor nominal más la prima de amortización o reembolso, si la hubiera.

b) Valores representativos de la participación en fondos propios de cualquier tipo de entidad, tales como acciones y participaciones:

— Si cotizan en Bolsa, se computan por el valor de negociación media del último trimestre. Si se trata de suscripción de nuevas acciones no admitidas todavía a cotización oficial, emitidas por entidades jurídicas que coticen en mercados organizados, se tomará como valor de estas acciones el de la última negociación de los títulos antiguos, dentro del período de suscripción.
— Si no cotizan en Bolsa, hay distintas posibilidades:

• Si su último balance ha sido auditado, el valor teórico que resulte.
• Si su último balance no ha sido auditado, la valoración se realiza por el mayor de los tres valores siguientes:

- Valor nominal.
- Valor teórico.
- El que resulte de capitalizar, al tipo del 20 por 100, el promedio de beneficios de los tres últimos ejercicios cerrados con anterioridad a la fecha del devengo del impuesto.

En resumen, la valoración a efectos del Impuesto sobre el Patrimonio de los valores representativos de la participación en fondos propios de cualquier tipo de entidad será:

Cotizan en Bolsa	Valor de negociación media del último trimestre	
No cotizan en Bolsa	Último balance auditado	Valor teórico
	Último balance no auditado	El mayor de: — V. nominal — V. teórico — El rdo. de capitalización al 20% promedio de B°

5.ª *Acciones y participaciones* en el capital social o en el fondo patrimonial de las Instituciones de Inversión Colectiva. Se valoran por el valor liquidativo en la fecha del devengo del impuesto.

6.ª *Seguros de vida*. Se valorarán por el valor de rescate comunicado por las compañías aseguradoras a la fecha del devengo del impuesto. No obstante, en los supuestos en los que el tomador no tenga la facultad de ejercer el derecho de rescate total en la fecha de devengo del impuesto, el seguro se computa por el valor de la provisión matemática en el momento del devengo en la base imponible del tomador, excepto en los contratos de seguro temporales que únicamente incluyan prestaciones en caso de fallecimiento o invalidez u otras garantías complementarias de riesgo.

7.ª *Derechos reales de disfrute*. En los supuestos en que existan derechos reales de disfrute, se procede:

a) Se determina el valor del bien, según los criterios del Impuesto sobre el Patrimonio.

b) Para el usufructo, el valor será:

— Usufructo temporal. Un 2 por 100 del valor del bien cada año, sin exceder del 70 por 100.

— Usufructo vitalicio. Se supone el 70 por 100 del valor del bien si el usufructuario tiene menos de 20 años, minorado en un 1 por 100 por cada año con el límite mínimo del 10 por 100 del valor total. Como regla práctica, se calcula un porcentaje a aplicar al valor del bien:

Porcentaje a aplicar = [70 – (Número de años de edad en el momento de constitución del usufructo – 19)]

La nuda propiedad se valorará por la diferencia entre el valor del usufructo y el valor total de los bienes.

8.ª *Rentas temporales o vitalicias*. Se incluyen aquellas rentas vitalicias o temporales que perciba el sujeto pasivo y hayan sido constituidas con motivo de la entrega de una suma de dinero o de bienes muebles o inmuebles. La valoración se realiza por su valor de capitalización a la fecha del devengo del impuesto.

a) Si la renta es vitalicia. Dicho porcentaje deberá ser superior al 10 por 100, utilizando la regla del usufructo vitalicio.

b) Si la renta es temporal, el valor se calculará aplicando al valor de capitalización de la renta un 2 por 100 por cada año, con el límite del 70 por 100. No obstante, cuando se perciban rentas, temporales o vitalicias, procedentes de un seguro de vida, estas se computarán por el valor establecido para los seguros de vida.

9.ª *Joyas, pieles, vehículos, objetos de arte y antigüedades no exentos*. Se valorarán por su valor de mercado a 31 de diciembre de cada año.

10.ª *Demás bienes y derechos*. También computan por su valor de mercado en la fecha del devengo del impuesto.

11.ª *Deudas*. Las deudas u obligaciones de carácter personal, a diferencia de las cargas o gravámenes de naturaleza real, son consideradas como pasivo patrimonial, y se valorarán por su nominal a la fecha del devengo del impuesto. Serán deducibles siempre que estén debidamente justificadas. En ningún caso serán objeto de deducción las deudas contraídas para la adquisición de bienes o derechos exentos, aunque cuando la exención sea parcial, será deducible, en su caso, la parte proporcional de dichas deudas.

7. BASE LIQUIDABLE

Una vez calculada la base imponible, se procederá al cálculo de la base liquidable, que será el resultado de aplicar a la base imponible la reducción que se deriva de la legislación del impuesto. Dicha reducción se aplica únicamente a las personas sujetas al impuesto por la modalidad de obligación personal y dependerá del importe que haya sido aprobado por la Comunidad Autónoma. Si ésta no hubiese regulado el mínimo exento, la base imponible se reducirá en 700.000 euros, tanto para los contribuyentes por obligación personal como por obligación real. En la práctica, este límite determina la obligación de contribuir.

8. CUOTA ÍNTEGRA

La cuota íntegra del impuesto se obtiene por la aplicación a la base liquidable de la tarifa de gravamen.

Si la Comunidad Autónoma no hubiese aprobado la escala del impuesto, la base liquidable será gravada a los tipos de la siguiente escala:

Escala de gravamen			
Base liquidable - *Hasta euros*	*Cuota* - *Euros*	*Resto Base liquidable* - *Hasta euros*	*Tipo aplicable* - *Porcentaje*
0,00	0,00	167.129,45	0,2
167.129,45	334,26	167.123,43	0,3
334.252,88	835,63	334.246,87	0,5
668.499,75	2.506,86	668.499,76	0,9
1.336.999,51	8.523,36	1.336.999,50	1,3
2.673.999,01	25.904,35	2.673.999,02	1,7
5.347.998,03	71.362,33	5.347.998,03	2,1
10.695.996,06	183.670,29	En adelante	3,5

9. LÍMITE DE LA CUOTA ÍNTEGRA

La cuota íntegra del IP, conjuntamente con la correspondiente al IRPF, no podrá exceder del 60 por 100 de la base imponible del IRPF; es decir:

$$\text{CI (IP)} + \text{CI (IRPF)} \leq 60 \text{ por } 100 \text{ BI (IRPF)}$$

No obstante, hay que hacer algunas precisiones:

a) El límite se aplica únicamente a los sujetos pasivos por obligación personal de contribuir.

b) No se tendrá en cuenta la parte de la base imponible del ahorro derivada de ganancias patrimoniales obtenidas por las transmisiones de elementos patrimoniales adquiridos (o de mejoras realizadas en los mismos) con más de un año de antelación a la fecha de transmisión, ni la parte de las cuotas íntegras del IRPF correspondientes a dicha parte de la base imponible del ahorro. Se sumará a la base imponible del ahorro, los dividendos y participaciones en beneficios procedentes de sociedades patrimoniales.

c) No se considera, a efectos de este límite, la parte de la cuota del IP que corresponda a elementos patrimoniales que no sean susceptibles de generar rendimientos gravados por el IRPF (tales como joyas, cuadros, barcos, autos...).

d) Si se supera el tope de gravamen, la reducción se llevará a cabo en la cuota del IP, pero sin que en ningún caso pueda exceder del 80 por 100 de ésta, por lo que se establece una cuota mínima del 20 por 100. Si no existe BI en el IRPF, la cuota por IP será el 20 por 100 de la cuota íntegra inicial.

e) Si los componentes de una unidad familiar han optado por tributación conjunta en el IRPF, el límite se calculará acumulando las cuotas íntegras devengadas por todos ellos en el IP, y la reducción que proceda se prorrateará entre los sujetos pasivos en proporción a sus respectivas cuotas íntegras en el IP.

10. DEDUCCIÓN POR DOBLE IMPOSICIÓN INTERNACIONAL

En el supuesto de obligación personal, cuando el sujeto posea bienes o derechos en el extranjero, podrá deducir la menor de las siguientes cantidades:

a) El importe efectivo de lo satisfecho en el extranjero por razón de un impuesto similar al Impuesto sobre el Patrimonio español, por los bienes y derechos situados en el extranjero.

b) El resultado de aplicar el tipo medio efectivo del impuesto a la parte de base liquidable gravada en el extranjero (entendiendo el tipo efectivo como la relación porcentual entre la cuota íntegra y la base liquidable).

11. BONIFICACIÓN DE LA CUOTA POR ELEMENTOS SITUADOS EN CEUTA Y MELILLA

En aquellos casos en los que entre los bienes o derechos de contenido económico computados para la determinación de la base imponible, por parte del sujeto pasivo, figurase alguno que estuviera situado o que debiera ejercitarse en Ceuta y Melilla y sus dependencias, se bonificará en el 75 por 100 la parte de la cuota que proporcionalmente corresponda a dichos bienes o derechos.

Esta bonificación no será de aplicación a los no residentes en dichas ciudades, salvo por lo que se refiera a valores representativos del capital social de entidades jurídicas domiciliadas y con objeto social en Ceuta o Melilla, o cuando se trate de establecimientos permanentes situados en las mismas.

12. DEVENGO Y GESTIÓN

El impuesto se devenga el 31 de diciembre de cada año.

Están obligados a presentar declaración y practicar autoliquidación los sujetos pasivos cuya cuota tributaria —determinada de acuerdo con las normas del impuesto y una vez aplicadas las deducciones o bonificaciones que procedan— resulte a ingresar o cuando, no dándose esta circunstancia, el valor de los bienes o derechos del contribuyente, determinado de acuerdo con las normas reguladoras del impuesto, resulte superior a 2.000.000 euros. Es posible que se establezca la obligación de presentación de la liquidación del impuesto por medios electrónicos.

13. MODIFICACIONES NORMATIVAS DE LAS COMUNIDADES AUTÓNOMAS

Algunas Comunidades Autónomas de régimen común, en el uso de su potestad normativa, han introducido modificaciones legislativas, a aplicar en las respectivas autonomías. Así, se ha modificado el mínimo exento en algunas de ellas considerando, en algunos casos, un mínimo exento más elevado para contribuyentes con discapacidad. En otras ocasiones, se ha regulado la escala y se han ejercido competencias en materia de deducciones y bonificaciones generales relacionadas con el patrimonio protegido de los contribuyentes con discapacidad, propiedades forestales, creación de nuevas empresas, participación en sociedades de fomento forestal o de explotación comunitaria de la tierra, o bien bonificaciones a los bienes de consumo general, entre otras.

14. IMPUESTO TEMPORAL DE SOLIDARIDAD DE LAS GRANDES FORTUNAS

Este impuesto se crea mediante la Ley 38/2022, de 27 de diciembre, para el establecimiento de gravámenes temporales energético y de entidades de crédito y establecimientos financieros de crédito y por la que se crea el impuesto temporal de solidaridad de las grandes fortunas, y se modifican determinadas normas tributarias. Se configura como un impuesto complementario del Impuesto sobre el Patrimonio, de carácter estatal, no susceptible de cesión a las CCAA, para gravar con una cuota adicional los patrimonios de las personas físicas de cuantía superior a 3.000.000 de euros. Sus finalidades son de carácter recaudatorio y armonizador entre Autonomías. Este impuesto, en su configuración, coincide básicamente con el Impuesto sobre el Patrimonio en: ámbito territorial, exenciones, sujetos pasivos, bases imponible y liquidable, devengo y tipos de gravamen, así como en el límite de la cuota íntegra. La diferencia fundamental reside en el hecho imponible, que grava solo aquellos patrimonios netos que superen los 3.000.000 de euros.

El carácter de complementario del Impuesto sobre el Patrimonio se consigue en el Impuesto Temporal de Solidaridad de las Grandes Fortunas (en adelante, ITSGF), mediante la deducción en la cuota de este impuesto, además de las deducciones y bonificaciones del primero, de la cuota efectivamente satisfecha en dicho impuesto. De este modo se evita la doble imposición, ya que los sujetos pasivos del ITSGF solo tributarán por la parte de su patrimonio que no haya sido gravado por su Comunidad Autónoma.

En cuanto a su ámbito temporal, se prevé una vigencia de dos años, de manera que resulte aplicable en los dos primeros ejercicios en que, a partir de su entrada en vigor, se devengue dicho impuesto, si bien se introduce una cláusula de revisión, para efectuar una evaluación de sus resultados al final de su vigencia y valorar su mantenimiento o supresión.

Las características esenciales de este impuesto son las siguientes:

Naturaleza, objeto y ámbito de aplicación.—Es un impuesto directo, y complementario del Impuesto sobre el Patrimonio que grava el patrimonio neto de las personas físicas de cuantía superior a 3.000.000 de euros. Se aplica en todo el territorio español, sin perjuicio de los regímenes tributarios forales de Concierto y Convenio Económico vigentes en los Territorios Históricos del País Vasco y de la Comunidad Foral de Navarra. Este impuesto no puede ser objeto de cesión a las CCAA.

Hecho imponible.—La titularidad por el sujeto pasivo en el momento del devengo de un patrimonio neto superior a 3.000.000 de euros.

Exenciones, sujeto pasivo, base imponible y base liquidable.—Se definen en los mismos términos que en el Impuesto sobre el Patrimonio, así como la titularidad jurídica de los elementos patrimoniales. En lo referido a la base imponible, el mínimo exento de 700.000 euros se extiende a todos los sujetos pasivos del impuesto, con independencia de que sean o no residentes en España.

Cuota íntegra.—La base liquidable se gravará a los siguientes tipos:

Base liquidable – *Hasta euros*	*Cuota* – *Euros*	*Resto Base liquidable* – *Hasta euros*	*Tipo aplicable* – *Porcentaje*
0,00	0,00	3.000.000,00	0,00
3.000.000,00	0,00	2.347.998,03	1,7
5.347.998,03	39.915,97	5.347.998,03	2,1
10.695.996,06	152.223,93	En adelante	3,5

Límite de la cuota íntegra.—La cuota íntegra de este impuesto, conjuntamente con las cuotas del Impuesto sobre la Renta de las Personas Físicas y del Impuesto sobre el Patrimonio, no podrá exceder, para los sujetos pasivos sometidos al impuesto por obligación personal, del 60 por 100 de la suma de las bases imponibles del primero. A estos efectos, resultan aplicables las reglas sobre el límite de cuota íntegra del Impuesto sobre el Patrimonio, si bien, en el supuesto de que la suma de las cuotas de los tres impuestos supere el límite anterior, se reducirá la cuota del ITSGF hasta alcanzar el límite indicado, sin que la reducción pueda exceder del 80 por 100.

Bonificación de la cuota en Ceuta y Melilla.—Resulta aplicable en los mismos términos que en el Impuesto sobre el Patrimonio.

Cuota a ingresar del Impuesto sobre el Patrimonio.—De la cuota resultante del ITSGF, el sujeto pasivo podrá deducir la cuota del Impuesto sobre el Patrimonio del ejercicio efectivamente satisfecha.

Autoliquidación.—Los sujetos pasivos están obligados a presentar declaración, a practicar autoliquidación y, en su caso, a ingresar la deuda tributaria.

Obligados a declarar.—Sujetos pasivos cuya cuota tributaria, determinada de acuerdo con las normas reguladoras del impuesto y una vez aplicadas las deducciones o bonificaciones que procedieren, resulte a ingresar.

15. CASOS PRÁCTICOS RESUELTOS

1. Doña Carlota Hernández está casada con don Evaristo Martínez desde 2005, en régimen de gananciales, y poseen los siguientes valores:

a) En 2010 adquirieron 1.000 acciones de la sociedad X, de 120 euros de valor nominal cada una de ellas, que cotizan en Bolsa y cuya cotización a 31 de diciembre fue del 340 por 100 y la cotización media del último trimestre del 285 por 100.

b) En el año 2000, doña Carlota adquirió 250 acciones de la sociedad Y, de 900 euros de valor nominal cada una de ellas, de una empresa que no cotiza en Bolsa y cuyo último Balance ha sido auditado, resultando un valor teórico de 1.450 euros por acción. El promedio de beneficios de los últimos tres años ha sido de 17 euros por acción.

c) Una participación en un fondo de Inversión adquirida en 2007 que tiene un valor liquidativo el último día del año de 3.650.000 euros.

d) Un Plan de Pensiones para cada uno de los cónyuges, cuyos derechos consolidados a 31 de diciembre ascienden a 856.000 euros para doña Carlota y 950.000 euros para don Evaristo, respectivamente.

e) Cien Letras del Tesoro adquiridas en el ejercicio por un valor unitario de 5.698 euros y por las que percibirá a su vencimiento 6.000 euros por cada una de ellas.

Se pide: determinar el patrimonio imputable a cada uno de los cónyuges para determinar la BI del IP.

Solución:

	D. Evaristo	*D.ª Carlota*
a) Acciones de X: 1.000 × 120 × 2,85 = 342.000 / 2 = 171.000	171.000	171.000
b) Acciones de Y: 250 × 1.450 = 362.500		362.500
c) Fondo de Inversión: 3.650-000 / 2 = 1.825.000	1.825.000	1.825.000
d) Planes de Pensiones: Exentos		
e) Letras del Tesoro: 6.000 × 100 = 600.000 / 2 = 300.000	300.000	300.000
BI	2.296.000	2.658.500

2. Don Pedro Díaz, que tributa por obligación personal, ha obtenido en el ejercicio una cuota íntegra del IP de 78.250 euros. La base imponible en el IRPF a efectos de determinar este límite ha sido de 145.256 euros y la cuota íntegra de 43.576 euros, sin que existan elementos improductivos.

Se pide: calcular si procede o no la aplicación del tope de imposición.

Solución:

$$CI\ (IP) + CI\ (IRPF) \leq 60\%\ BI\ (IRPF)$$
$$78.250 + 43.576 \leq 0{,}60 \times 145.256$$
$$121.826 \text{ ha de ser} \leq 87.153{,}6$$

Por lo tanto, procede aplicar el tope de imposición por la diferencia:

$$121.826 - 87.153{,}6 = 34.672{,}4$$

siempre que esta cantidad no supere el 80 por 100 de la CI del IP:

$$78.250 \times 0{,}8 = 62.600$$

La nueva CI (IP) será entonces:

$$78.250 - 34.672{,}4 = 43.577{,}6$$

3. Don Pedro y doña Luisa presentan la siguiente información a efectos de la declaración del IP del ejercicio corriente:

a) Contrajeron matrimonio en 2001 en régimen económico de gananciales.

b) El matrimonio ha realizado la declaración del IRPF conjuntamente, siendo su base imponible de 4.800.982 euros y su cuota íntegra de 150.996 euros. En este ejercicio, el matrimonio no ha obtenido ganancias patrimoniales sometidas a gravamen en el IRPF.

c) Adquirieron un piso en 2006 que constituye su vivienda habitual por 1.742.920 euros al contado. Su valor catastral revisado es de 1.630.106 euros.

d) En 1999 doña Luisa heredó de sus padres una finca rústica cuyo valor declarado a efectos del IS y D fue de 1.202.020 euros. Su valor catastral es de 1.114.192 euros.

e) El matrimonio es titular de una cuenta corriente y otra de ahorro, cuyos saldos a la fecha del devengo del impuesto son de 938.230 y 650.236 euros, respectivamente. Los saldos de dichas cuentas en el último trimestre del año fueron de 785.000 y de 790.356 euros.

f) Don Pedro es titular de 20.000 acciones de la S. A. GASTUS, adquiridas cuando era soltero por 600.000 euros. El valor nominal de estas acciones es de 30 euros y su cotización media en el último trimestre fue del 210 por 100.

g) En junio de este ejercicio adquirió por suscripción otras 6.000 acciones de la misma sociedad por 2.704.000 euros de igual valor nominal a las que ya poseía D. Pedro. Al finalizar el año, estos títulos no estaban aún admitidos a cotización oficial en Bolsa. La cotización que tuvieron las antiguas acciones el último día del período de suscripción fue del 250 por 100.

h) Poseen 5.000 participaciones en la sociedad limitada PORTAS, domiciliada y con objeto social en Melilla. Estos títulos no cotizan en Bolsa y su valor a efectos del IP es de 36.900 euros.

i) Tienen un seguro de vida cuyos beneficiarios son ambos cónyuges. Su valor de rescate a 31 de diciembre es de 2.796.450 euros.

j) Poseen un coche valorado en 90.818 euros, un abrigo de visón valorado en 1.800 euros, un brazalete con diamantes valorado en 43.600 euros, un reloj de oro valorado en 34.808 euros y son propietarios de un equipo de vídeo adquirido hace un año por valor de 4.000 euros, cuyo valor de mercado a la fecha del devengo del impuesto es de 3.000 euros.

k) Don Pedro solicitó el año anterior un crédito personal de 1.312.000 euros, siendo el saldo pendiente de amortizar a 31 de diciembre de 866.000 euros.

Se pide: determinar la liquidación de IP para este ejercicio.

Solución:

Liquidación IP	*D. Pedro*	*Dña. Luisa*
PATRIMONIO BRUTO:	4.422.941	4.364.961
1. Piso: 1.742.920 / 2 = 871.460 Exento: 300.000 871.460 - 300.000 = 571.460	571.460	571.460
2. Finca rústica: 1.202.020		1.202.020
3. Cuenta corriente: 938.230 / 2 = 469.115	469.115	469.115
4. Cuenta de ahorro: 790.356 / 2 = 395.178	395.178	395.178
5. Acciones: 20.000 × 30 × 210% = 1.260.000	1.260.000	
6. Nuevas acciones: 6.000 × 30 × 250% = 450.000 / 2 = 225.000	225.000	225.000
7. Participaciones Melilla: 36.900 / 2 = 18.450	18.450	18.450
8. Seguro de vida: 2.796.450 / 2 = 1.398.225	1.398.225	1.398.225
9. Coche: 90.818 / 2 = 45.409	45.409	45.409
10. Abrigo de visón: 1.800 / 2 = 900	900	900
11. Brazalete: 43.600 / 2 = 21.800	21.800	21.800
12. Reloj de oro: 34.808 / 2 = 17.404	17.404	17.404
13. Equipo de vídeo: Exento (ajuar doméstico)		

DEUDAS: 866.000 / 2 = 433.000	433.000	433.000
PATRIMONIO NETO = BI REDUCCIÓN: BASE LIQUIDABLE:	3.989.941 700.000 3.289.941	3.931.961 700.000 3.231.961
CUOTA ÍNTEGRA: Hasta 2.673.999,01 Resto Resto × tipo marginal (= 1,7)	36.375,36 25.904,35 615.942 10.471,01	35.389,7 25.904,35 557.962 9.485,35
TOPE DE IMPOSICIÓN: (1) CI (IP) + CI (IRPF) < o = 60% BI IRPF		
BONIFICACION MELILLA (2)	126,15	124,54
CUOTA TRIBUTARIA	36.249,21	35.265,16

Datos (sin restar patrimonio improductivo):

(1) Para D. Pedro y Dña. Luisa, al haber realizado la declaración conjunta en el IRPF, el tope de imposición se calcula acumulando las cuotas de IP de ambos cónyuges:

CI (IP) D. Pedro + CI (IP) Dña. Luisa + CI (IRPF) < o = 60% BI IRPF
36.375,36 + 35.389,7 + 150.996 < o = 60% × 4.800.982
222.761,06 < 2.880.589,2

Por lo tanto, no resulta aplicable el tope de imposición.

(2) Para el cálculo de la bonificación por elementos situados en Ceuta y Melilla procederemos:

D. Pedro		*Dña. Luisa*	
BI = 3.989.941	CI = 36.375,36	BI = 3.931.961	CI = 35.389,7
18.450	X = 168,20	18.450	X = 166,05
Bonificación: 168,2 * 0,75 = 126,15		Bonificación: 166,05 * 0,75 = 124,54	

16. CASOS PRÁCTICOS PROPUESTOS

1. El señor X presenta los siguientes datos a considerar a efectos del Impuesto sobre el Patrimonio:

a) Una finca rústica, heredada de sus padres, cuyo valor declarado a efectos del ISD fue de 1.359.000 euros. El valor catastral es de 950.650 euros.

b) Una cuenta corriente, cuyo saldo a 31 de diciembre fue de 125.694 euros y el saldo medio del último trimestre de 289.356 euros.

c) 1.000 obligaciones del Estado adquiridas el 10-08-03, cuyo valor nominal es de 60.000 euros y la cotización media del cuarto trimestre del 110 por 100.

d) 200 participaciones de la sociedad anónima C, que cotiza en Bolsa, cuyo valor nominal es de 12.000 euros y la cotización media del último trimestre del 108 por 100.

e) Un seguro de vida, contratado con la compañía C, por 90.000 euros, cuyo beneficiario es su hermano. Los datos facilitados por la compañía son: importe de la póliza, 85.000 euros; prima satisfecha en el ejercicio, 350 euros; valor de rescate a 31 de diciembre, 5.900 euros.

Se pide: calcular la base imponible o patrimonio neto del sujeto pasivo.

2. Don Anselmo, casado con doña Virtudes en 1996, presenta los siguientes datos a 31 de diciembre:

a) Su régimen económico matrimonial es el de gananciales.

b) Poseen una vivienda, en la cual residen, adquirida en 1997 por 1.193.000 euros, cuyo valor catastral asciende a 956.500 euros.

c) El matrimonio pasa el verano en un apartamento adquirido por don Anselmo en 1990 por un valor de 835.000 euros.

d) Poseen la copropiedad de un chalet en la montaña (a través de una cadena de multipropiedad y no comporta la titularidad del inmueble) del cual pueden disponer durante quince días al año, abonando 16.380 euros. El valor catastral del inmueble asciende a 256.890 euros.

e) El matrimonio es titular de una cuenta corriente cuyo saldo a 31 de diciembre ascendía a 96.900 euros y el saldo medio del último trimestre a 85.600 euros.

f) El año pasado compraron un pagaré de empresa con un valor nominal de 83.750 euros, así como 2.000 acciones de 60 euros de valor nominal de una empresa que no cotiza en Bolsa. Su último Balance ha sido auditado y el valor teórico resultante fue de 89,5 euros por acción.

g) El vehículo de don Anselmo tiene un valor de mercado de 36.000 euros y el de doña Virtudes de 20.000 euros.

h) Doña Virtudes heredó de sus padres un cuadro de Velázquez, valorado en 1.120.000 euros.

i) En el IRPF, ambos cónyuges tributaron de manera conjunta, siendo la base imponible general de 483.250 euros y la cuota íntegra de 89.450 euros.

Se pide: liquidación del impuesto para ambos cónyuges.

17. TEMAS PARA LA REFLEXIÓN

1. El papel del Impuesto sobre el Patrimonio en los sistemas fiscales actuales.
2. Consecuencias de la reaparición de la tributación por patrimonio para las autonomías.

18. PREGUNTAS DE AUTOEVALUACIÓN

18.1. Preguntas cortas

1. La valoración de los bienes inmuebles en el IP.
2. Valoración de acciones con y sin cotización oficial en el IP.
3. El tope de imposición.

18.2. Preguntas tipo test

1. Dígase si son verdaderas o falsas las siguientes afirmaciones:

a) El Impuesto sobre el Patrimonio es un impuesto directo, personal, proporcional y periódico.

b) Si la cuota íntegra del Impuesto sobre el Patrimonio (excluida la parte de la cuota que corresponda a bienes improductivos) excede del 60 por 100 de la base imponible del IRPF, se procederá a reducir la cuota del Impuesto sobre el Patrimonio por el exceso, sin que esta reducción pueda superar el 80 por 100 de la cuota del Impuesto sobre el Patrimonio.

c) La deducción por doble imposición internacional en el Impuesto sobre el Patrimonio se aplica sobre la cuota íntegra, después de haber realizado, cuando proceda, los ajustes por límite conjunto con la cuota del IRPF.

d) El patrimonio neto se determina por diferencia entre el valor de los bienes y derechos que sean atribuibles al sujeto pasivo, y las cargas y gravámenes de naturaleza real cuando disminuyan el valor de los respectivos bienes y derechos, y las deudas y obligaciones de carácter personal.

2. Respecto a las normas de valoración en el Impuesto sobre el Patrimonio (señalar la que NO sea correcta):

a) En las acciones que cotizan en Bolsa se tomará el valor de cotización medio del último trimestre del año.

b) Si las acciones no cotizan en mercados organizados, se tomará el valor teórico resultante del último balance aprobado en la empresa, siempre que éste haya sido auditado.

c) Si el balance no ha sido auditado, la valoración se realizará capitalizando al tipo del 12,5 por 100 el beneficio promedio de los tres últimos ejercicios.

d) Los seguros de vida se valorarán por la cantidad que la entidad aseguradora debe restituir al tomador, en el caso de que éste opte por la rescisión del contrato (valor de rescate).

3. Un bien inmueble se valora a efectos del Impuesto sobre el Patrimonio por:

a) El valor catastral.
b) El precio de adquisición.
c) El valor a efectos de otros tributos.
d) El mayor de los tres valores anteriores.

4. Doña Gertrudis posee, a través de una cadena de multipropiedad (lo cual no supone la titularidad parcial del inmueble), un apartamento en la playa, de cuyo uso puede disponer durante un mes al año y ha abonado 15.000 euros. El valor catastral revisado del inmueble asciende a 40.000 euros y el valor a efectos del ITPAJD es de 45.000 euros. La valoración, a efectos del Impuesto sobre el Patrimonio, es de:

a) 15.000/12 euros.
b) 40.000/12 euros.
c) 15.000 euros.
d) 45.000/12 euros.

5. Respecto a las normas de valoración en el IP (señale la que sea verdadera):

a) En las acciones que cotizan en Bolsa se tomará el valor de cotización a 31 de diciembre.
b) Si las acciones no cotizan en mercados organizados, se tomará el valor teórico resultante del último balance aprobado en la sociedad, en cualquier caso.
c) Si el balance no ha sido auditado, siguiendo con la letra *b*) anterior, la valoración se realizará capitalizando al tipo del 20 por 100 el beneficio promedio de los tres últimos ejercicios.
d) Los seguros de vida se valorarán por la cantidad que la entidad aseguradora debería restituir al tomador, en el caso de que éste optara por la rescisión del contrato (valor de rescate).

6. Señale la respuesta correcta a efectos del Impuesto sobre el Patrimonio:

a) Una persona física residente en España y propietaria de un inmueble situado en Ginebra deducirá de la cuota: el importe que resulta de aplicar a la base liquidable gravada en el extranjero el tipo medio efectivo de gravamen si es mayor que el importe del impuesto pagado en Ginebra por gravamen de naturaleza similar al IP.
b) Ídem que la respuesta anterior, pero la cantidad menor.
c) Una persona física residente en el extranjero que alquile un inmueble en España debe tributar en el Impuesto sobre el Patrimonio.
d) Todas son falsas.

7. Son sujetos pasivos por obligación real en el Impuesto sobre el Patrimonio:

_a_) Las personas físicas con residencia habitual en territorio español por los bienes en España.

_b_) Las personas físicas no residentes en territorio español por todos sus bienes (en España y en el extranjero).

_c_) Las personas físicas no residentes en territorio español por los bienes en España.

_d_) En este impuesto solamente se puede tributar por la modalidad de obligación personal, cubriendo los distintos casos de residencia, efectiva o no.

TEMA 5

EL IMPUESTO SOBRE LA RENTA DE LAS PERSONAS FÍSICAS

1. NATURALEZA, CARACTERÍSTICAS Y LEGISLACIÓN BÁSICA

El Impuesto sobre la Renta de las Personas Físicas (en adelante, IRPF) es una de las piezas clave del sistema fiscal español. Grava la renta obtenida por las personas físicas residentes en España atendiendo a los principios de igualdad, generalidad y progresividad.

Las características del impuesto son:

a) *Directo.*—Grava una manifestación directa de la capacidad de pago como es la obtención de rentas por el sujeto pasivo.
b) *Personal.*—El impuesto se exige con relación a una persona determinada.
c) *Subjetivo.*—Para la determinación de la deuda tributaria se tiene en cuenta las circunstancias personales del obligado al pago.
d) *General.*—Grava el conjunto de las rentas obtenidas por el obligado tributario.
e) *Progresivo.*—La tarifa del impuesto es progresiva por escalones.
f) *Periódico.*—El hecho imponible se reproduce a lo largo del tiempo, lo que implica la necesidad de delimitar períodos de fraccionamiento.

Está regulado en la Ley 35/2006, de 28 de noviembre, del Impuesto sobre la Renta de las Personas Físicas y de modificación parcial de las leyes de los Impuestos sobre Sociedades, sobre la Renta de no Residentes y sobre el Patrimonio y en el Real Decreto 439/2007, de 30 de marzo, por el que se aprueba el Reglamento del Impuesto sobre la Renta de las Personas Físicas.

La exposición de este capítulo se realiza siguiendo la normativa estatal, sin perjuicio de las modificaciones legislativas específicas que pudiera realizar cada Comunidad Autónoma en el uso de sus potestades para modificar ciertos aspectos del tributo, como vamos a ver en el apartado siguiente y que se exponen al final del capítulo.

En este tema seguiremos el siguiente mapa conceptual:

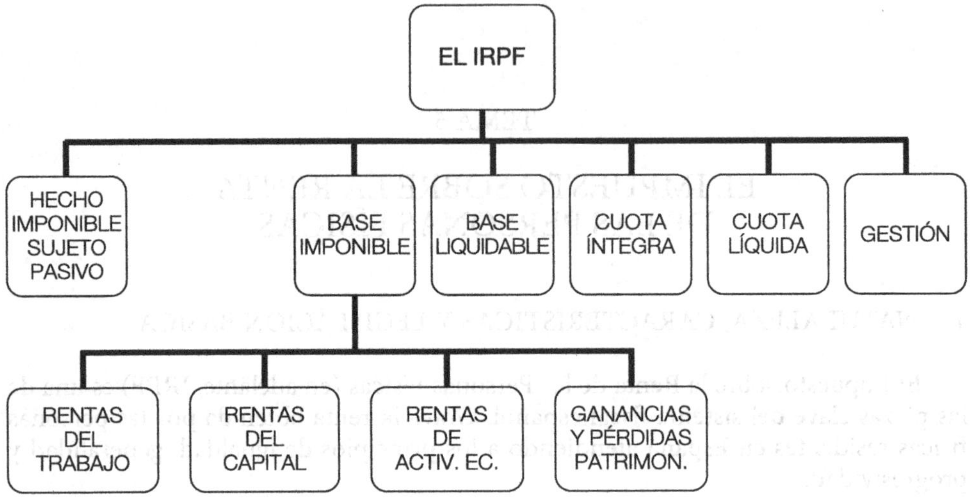

1.1. El alcance de la cesión a las CCAA

El IRPF es un impuesto cedido parcialmente a las Comunidades Autónomas. Dicha cesión se rige por lo establecido en la Ley Orgánica 8/1980, de 22 de septiembre, de financiación de las Comunidades Autónomas, y en la Ley 22/2009, de 18 de diciembre, por la que se regula el sistema de financiación de las Comunidades Autónomas de régimen común y Ciudades con Estatuto de Autonomía y se modifican determinadas normas tributarias, que regula el alcance de la cesión del 50 por 100 del IRPF producido en el territorio de las CCAA, dictaminando que se cede el importe de la recaudación líquida efectivamente ingresada derivada de la parte de deuda tributaria cedida.

En el IRPF, las Comunidades Autónomas podrán asumir competencias normativas sobre:

a) El importe del mínimo personal y familiar aplicable para el cálculo del gravamen autonómico. A estos efectos, las Comunidades Autónomas podrán establecer incrementos o disminuciones en las cuantías correspondientes al mínimo del contribuyente y a los mínimos por descendientes, ascendientes y discapacidad, con el límite del 10 por 100 para cada una de las cuantías.

b) La escala autonómica aplicable a la base liquidable general: La estructura de esta escala deberá ser progresiva.

c) Deducciones en la cuota íntegra autonómica por:

— Circunstancias personales y familiares, por inversiones no empresariales y por aplicación de renta, siempre que no supongan, directa o indirectamente, una minoración del gravamen efectivo de alguna o algunas categorías de renta.

— Subvenciones y ayudas públicas no exentas que se perciban de la Comunidad Autónoma, con excepción de las que afecten al desarrollo de actividades económicas o a las rentas que se integren en la base del ahorro.

En relación a las deducciones comentadas, las competencias normativas de las Comunidades Autónomas abarcarán también la determinación de:

- La justificación exigible para poder practicarlas.
- Los límites de deducción.
- Su sometimiento o no al requisito de comprobación de la situación patrimonial.
- Las reglas especiales que, en su caso, deban tenerse en cuenta en los supuestos de tributación conjunta, período impositivo inferior al año natural y determinación de la situación familiar. Si la Comunidad Autónoma no regulara alguna de estas materias se aplicarán las normas previstas a estos efectos en la normativa estatal.

d) Aumentos o disminuciones en los porcentajes de deducción por inversión en vivienda habitual en lo relativo al tramo autonómico.

No obstante, las CCAA no podrán regular:

1. Los tipos de gravamen autonómicos de la base liquidable del ahorro y los aplicables a determinadas categorías de renta, pues resultan de aplicación los tipos estatales. Las deducciones de la cuota establecidas y reguladas por la normativa del Estado.
2. Los límites previstos que establece la normativa estatal para las deducciones, en actividades económicas, por donativos, por rentas obtenidas en Ceuta y Melilla y por actuaciones para difundir el Patrimonio histórico.
3. Los pagos a cuenta del Impuesto.
4. Los conceptos y las situaciones personales y familiares comprendidos en cada uno de los mínimos personales y familiares, así como las normas para su aplicación.

El cálculo de la cuota líquida autonómica se efectuará de acuerdo con lo establecido en la Ley 35/2006 y, en su caso, en la normativa dictada por la respectiva Comunidad Autónoma. En el caso de que las Comunidades Autónomas no hayan asumido o ejercido las competencias normativas sobre este impuesto, la cuota líquida se exigirá de acuerdo con el mínimo personal y familiar y las deducciones establecidas por el Estado.

2. OBJETO DEL IMPUESTO Y ÁMBITO DE APLICACIÓN

El objeto del impuesto viene determinado por la renta del contribuyente, entendida como la totalidad de sus rendimientos, ganancias y pérdidas patrimoniales y las imputaciones de renta que se establezcan por la ley, con independencia del lugar donde se hubiesen producido y cualquiera que sea la residencia del pagador. En cuanto al ámbito de aplicación, el IRPF se aplicará en todo el territorio español, sin perjuicio de los regímenes tributarios forales. En Canarias, Ceuta y Melilla se tendrán en cuenta, además, las especialidades previstas en su normativa específica.

3. ESQUEMA DE LIQUIDACIÓN DEL IMPUESTO

El esquema de liquidación del impuesto es el siguiente:

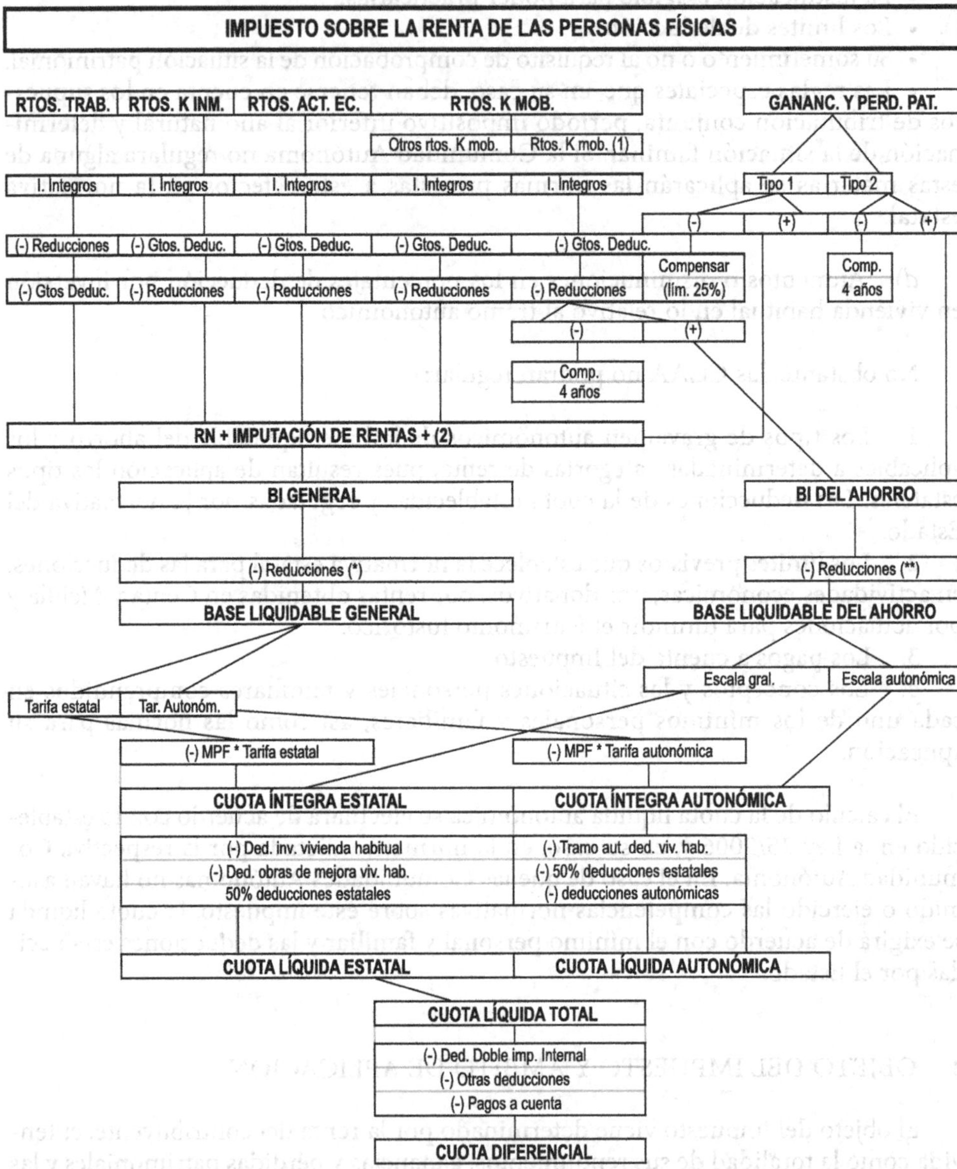

(1) Incluye grupos 1 y 3 de rtos. del capital mobiliario y grupo 2 si los rtos. proceden de entidades no vinculadas.
(2) Si hubiese rendimientos del capital mobiliario del grupo 2 de entidades vinculadas.
(*) Se resta 1.º de la BI general sin que pueda resultar negativa.
(**) Remanente, si lo hubiera, de la BI gral.
GP tipo 1: Van a la BI Gral.
GP tipo 2: Van a la BI del ahorro.

4. HECHO IMPONIBLE

Constituye el hecho imponible la obtención de renta —general y del ahorro— por el contribuyente, compuesta por los siguientes rendimientos:

a) Trabajo.
b) Capital: mobiliario e inmobiliario.
c) Actividades económicas.
d) Ganancias y pérdidas patrimoniales, e
e) Imputaciones de rentas establecidas por la normativa.

La Ley incorpora un supuesto de no sujeción para aquellas rentas que estén sujetas al ISD ni tampoco están sujetas las rentas que no excedan del importe que se corresponda con el mínimo personal y familiar.

Asimismo, se introduce una presunción de rentas al presumir retribuidas, salvo prueba en contrario, las prestaciones de bienes, derechos o servicios susceptibles de generar rendimientos del trabajo o del capital.

4.1. Exenciones

Estarán exentas las siguientes rentas:

1.ª Las prestaciones públicas extraordinarias por actos de terrorismo.

2.ª Las ayudas de cualquier clase percibidas por los afectados por el virus de inmunodeficiencia humana.

3.ª Las pensiones reconocidas en favor de aquellas personas que sufrieron lesiones o mutilaciones con ocasión o como consecuencia de la Guerra Civil.

4.ª Las indemnizaciones como consecuencia de responsabilidad civil por daños personales, en la cuantía legal o judicialmente reconocida. También estarán exentas las indemnizaciones por idéntico tipo de daños derivadas de contratos de seguro de accidentes (salvo aquellos cuyas primas hubieran podido reducir la base imponible o ser consideradas gasto deducible para la determinación del rendimiento neto) hasta la cuantía que resulte de aplicar, para el daño sufrido, el baremo para la valoración de los daños y perjuicios causados a las personas en accidentes de circulación.

5.ª Las indemnizaciones por despido o cese del trabajador, en la cuantía establecida con carácter obligatorio en el Estatuto de los Trabajadores, sin que pueda considerarse como tal la establecida en virtud de convenio, pacto o contrato. El importe de la indemnización exenta tiene como límite la cantidad de 180.000 euros.

6.ª Las prestaciones reconocidas al contribuyente por la Seguridad Social o a los profesionales no integrados en la Seguridad Social por las mutualidades de previsión social que actúen como alternativas a la Seguridad Social, como consecuencia de incapacidad permanente absoluta o gran invalidez. La cuantía exenta tendrá como límite el importe de la prestación máxima que reconozca la Seguridad Social por el concepto que corresponda. El exceso, si lo hubiera, tributará como rendimiento del trabajo.

7.ª Las pensiones por inutilidad o incapacidad permanente del régimen de clases pasivas, siempre que la lesión o enfermedad que hubiera sido causa de aquéllas inhabilitara por completo al perceptor de la pensión para toda profesión u oficio.

8.ª Las prestaciones familiares contributivas y no contributivas reguladas en la Ley General de la Seguridad Social, así como las pensiones y haberes pasivos de orfandad y a favor de nietos y hermanos, menores de veintidós años o incapacitados para todo trabajo, percibidos de los regímenes públicos de la Seguridad Social y clases pasivas o reconocidas a los profesionales no integrados en el régimen especial de la Seguridad Social, por las mutualidades de previsión social que actúen como alternativas al régimen especial de la Seguridad Social hasta el límite del importe de la prestación máxima que reconozca la Seguridad Social y el exceso, si lo hubiere, tributará como rendimiento del trabajo. Igualmente estarán exentas las demás prestaciones públicas por nacimiento, parto o adopción, hijos a cargo y orfandad.

9.ª Las prestaciones económicas percibidas de instituciones públicas con motivo del acogimiento de personas con discapacidad, así como las ayudas económicas otorgadas por instituciones públicas a personas con discapacidad, con un grado de minusvalía igual o superior al 65 por 100, o mayores de 65 años para financiar su estancia en residencias o centros de día, siempre que el resto de sus rentas no excedan del doble del indicador público de renta de efectos múltiples.

10.ª Las becas públicas, así como las concedidas por las entidades sin fines lucrativos —en concreto, aquellas a las que sea de aplicación el régimen especial de las entidades sin fines lucrativos y de los incentivos fiscales al mecenazgo— y las becas concedidas por las fundaciones bancarias en el desarrollo de su actividad de obra social, percibidas para cursar estudios reglados y de investigación, tanto en España como en el extranjero, en todos los niveles y grados del sistema educativo.

Asimismo, estarán exentas las becas públicas y las concedidas por las entidades sin fines lucrativos y fundaciones bancarias mencionadas anteriormente, para investigación, así como las otorgadas con fines de investigación a los funcionarios y demás personal al servicio de las Administraciones Públicas y al personal docente e investigador de las universidades.

11.ª Las anualidades por alimentos percibidas de los padres en virtud de decisión judicial.

12.ª Los premios literarios, artísticos o científicos relevantes. Esta exención deberá ser declarada por la Administración Tributaria, de acuerdo con el procedimiento que apruebe el Ministro de Economía y Hacienda.

13.ª Las ayudas de contenido económico a los deportistas de alto nivel ajustadas a los programas de preparación establecidos por el Consejo Superior de Deportes con las federaciones deportivas españolas o con el Comité Olímpico Español y financiadas, directa o indirectamente, por el Consejo Superior de Deportes, por la Asociación de Deportes Olímpicos, por el Comité Olímpico Español o por el Comité Paralímpico Español, con el límite de 60.100 euros anuales.

14.ª Las prestaciones por desempleo reconocidas por la respectiva entidad gestora, cuando se perciban en la modalidad de pago único —con el límite de 12.020 euros, excepto si las perciben trabajadores discapacitados— siempre que las cantidades percibidas se destinen a la realización de una actividad profesional como trabajadores autónomos o socios trabajadores de una cooperativa de trabajo asociado o sociedad que tenga el carácter de laboral y, en este caso, deberá mantener su acción o participación durante el plazo de cinco años.

15.ª Los rendimientos positivos del capital mobiliario procedentes de los seguros de vida, depósitos y contratos financieros a través de los cuales se instrumenten los Planes de Ahorro a Largo Plazo, siempre que el contribuyente no efectúe disposición alguna del capital resultante del Plan antes de finalizar el plazo de cinco años desde su apertura, pues, en caso contrario, es necesario integrar los rendimientos generados durante la vigencia del Plan en el período impositivo en el que se produzca tal incumplimiento.

16.ª Las gratificaciones extraordinarias satisfechas por el Estado español por la participación en misiones internacionales de paz o humanitarias, así como las indemnizaciones o prestaciones satisfechas por los daños personales que hubieran sufrido durante las mismas.

17.ª Los rendimientos del trabajo, hasta el límite de 60.100 euros anuales, percibidos por trabajos efectivamente realizados en el extranjero para empresas no residentes en España en un país —que no sea paraíso fiscal— en el que se aplique un impuesto similar al IRPF y tenga suscrito con España un convenio para evitar la doble imposición internacional que contenga cláusula de intercambio de información.

18.ª Las indemnizaciones satisfechas por las Administraciones Públicas por daños personales como consecuencia del funcionamiento de los servicios públicos.

19.ª Las prestaciones percibidas por entierro o sepelio, con el límite del importe total de los gastos incurridos.

20.ª Las ayudas sociales, por importe de 18.030,36 euros, a las personas con hemofilia u otras coagulopatías congénitas que hayan desarrollado la hepatitis C como consecuencia de haber recibido tratamiento con concentrados de factores de coagulación en el ámbito del sistema sanitario público.

21.ª Las rentas derivadas de la aplicación de los instrumentos de cobertura cuando cubran exclusivamente el riesgo de incremento del tipo de interés variable de los préstamos hipotecarios destinados a la adquisición de la vivienda habitual.

22.ª Las indemnizaciones previstas en la legislación del Estado y de las Comunidades Autónomas para compensar la privación de libertad en establecimientos penitenciarios como consecuencia de los supuestos de amnistía para determinados actos de intencionalidad política.

23.ª Las rentas que se pongan de manifiesto en el momento de la constitución de rentas vitalicias aseguradas resultantes de los planes individuales de ahorro sistemático.

24.ª Los rendimientos del trabajo derivados de las prestaciones obtenidas en forma de renta por las personas con discapacidad, correspondientes a las aportaciones y contribuciones realizadas a sistemas de previsión social constituidos a favor de estas personas, así como los rendimientos del trabajo derivados de las aportaciones a patrimonios protegidos, hasta un importe máximo anual de tres veces el indicador público de renta de efectos múltiples.

25.ª Las prestaciones económicas públicas vinculadas al servicio, para cuidados en el entorno familiar y de asistencia personalizada que se derivan de la promoción de la autonomía personal y atención a las personas en situación de dependencia.

26.ª La prestación de la Seguridad Social del Ingreso Mínimo Vital, las prestaciones económicas establecidas por las Comunidades Autónomas en concepto de renta mínima de inserción para garantizar recursos económicos de subsistencia a las personas que carezcan de ellos, así como las demás ayudas establecidas por estas o por entidades locales para atender a colectivos en riesgo de exclusión social, situaciones de emergencia social, necesidades habitacionales de personas sin recursos o necesidades de alimentación, escolarización y demás necesidades básicas de menores o personas con discapacidad cuando ellos y las personas a su cargo carezcan de medios económicos suficientes, hasta un importe máximo anual conjunto de 1,5 veces el indicador público de rentas de efectos múltiples.

Asimismo estarán exentas las ayudas concedidas a las víctimas de delitos y las ayudas para la protección Integral contra la Violencia de Género.

27.ª Las prestaciones y ayudas familiares percibidas de cualquiera de las Administraciones Públicas, ya sean vinculadas a nacimiento, adopción, acogimiento o cuidado de hijos menores.

28.ª Las ganancias patrimoniales que se pongan de manifiesto con ocasión de:

— Donaciones a entidades de aquellas cantidades que resulten deducibles para la determinación de la deducción por donativos.

— La transmisión de la vivienda habitual por mayores de 65 años o por personas en situación de dependencia severa o de gran dependencia.

— Con ocasión del pago de la deuda tributaria con bienes integrantes del patrimonio histórico español.

— La dación en pago de la vivienda habitual del deudor o garante del deudor, para la cancelación de deudas garantizadas con hipoteca que recaiga sobre la misma, contraídas con entidades de crédito o cualquier otra entidad que, de manera profesional, realice la actividad de concesión de préstamos o créditos hipotecarios. Asimismo están exentas las ganancias patrimoniales que se pongan de manifiesto con ocasión de la transmisión de la vivienda en que concurran los requisitos anteriores, realizada en ejecuciones hipotecarias judiciales o notariales.

En todo caso, es necesario que el propietario de la vivienda habitual no disponga de otros bienes o derechos en cuantía suficiente para satisfacer la totalidad de la deuda y evitar la enajenación de la vivienda.

5. CONTRIBUYENTES

Son contribuyentes:

a) Las personas físicas que tengan su residencia habitual en territorio español. Esta situación se producirá cuando ocurra *cualquiera* de las siguientes circunstancias:

— Que permanezca más de 183 días, durante el año natural, en territorio español y para ello, se computarán las ausencias esporádicas, salvo que el contribuyente acredite su residencia fiscal en otro país. En el supuesto de países o territorios considerados como paraíso fiscal, la Administración Tributaria podrá exigir que se pruebe la permanencia en éste durante 183 días en el año natural.

— Que radique en España el núcleo principal o la base de sus actividades o intereses económicos, de forma directa o indirecta.

Se presumirá, salvo prueba en contrario, que el contribuyente tiene su residencia habitual en territorio español cuando, de acuerdo con los criterios anteriores, resida habitualmente en España el cónyuge no separado legalmente y los hijos menores de edad que dependan de aquél.

b) Las personas de nacionalidad española, su cónyuge no separado legalmente e hijos menores de edad que tuviesen su residencia habitual en el extranjero por su condición de los puestos que se mencionan, a continuación, salvo que con anterioridad al desempeño de dichos puestos tuvieran su residencia habitual en el extranjero:

— Miembros de misiones diplomáticas españolas y de oficinas consulares españolas (excepto vicecónsules honorarios y el personal dependiente de éstos).

— Titulares de cargo o empleo oficial del Estado español como miembros de las delegaciones y representaciones permanentes acreditadas ante organismos internacionales o que formen parte de delegaciones o misiones de observadores en el extranjero.

— Funcionarios en activo que ejerzan en el extranjero cargo o empleo oficial que no tenga carácter diplomático o consular.

No perderán la condición de contribuyentes por este impuesto las personas físicas de nacionalidad española que acrediten su nueva residencia fiscal en un país o territorio considerado como paraíso fiscal. Esta regla se aplicará en el período impositivo en que se efectúe el cambio de residencia y durante los cuatro períodos impositivos siguientes.

En cuanto a la *residencia en el territorio de una Comunidad Autónoma*, se considera que un contribuyente es residente en una CCAA:

a) Cuando permanezcan en su territorio un mayor número de días del período impositivo y para determinar este período se computarán las ausencias temporales. Salvo prueba en contrario, se considera que una persona física permanece en el territorio de una Comunidad Autónoma cuando en dicho territorio radique su vivienda habitual.

b) Cuando no fuese posible determinar la permanencia con los criterios expuestos, se consideran residentes en el territorio de la Comunidad Autónoma donde tengan su principal centro de intereses, entendido como el territorio donde obtengan la mayor parte de la base imponible del IRPF, determinada por los siguientes componentes de renta:

— Rendimientos del trabajo, que se entenderán obtenidos donde radique el centro de trabajo respectivo, si existe.

— Rendimientos del capital inmobiliario y ganancias patrimoniales derivados de bienes inmuebles, que se entenderán obtenidos en el lugar en que radiquen éstos.

— Rendimientos derivados de actividades económicas, ya sean empresariales o profesionales, que se entenderán obtenidos donde radique el centro de gestión de cada una de ellas.

Si con los criterios expuestos todavía no es posible determinar la residencia, éste se entenderá en el lugar de su última residencia declarada a efectos del IRPF.

La normativa del impuesto establece algunas cautelas y así, no producirán efecto los cambios de residencia que tengan por objeto principal lograr una menor tributación efectiva en este impuesto.

Las personas físicas residentes en territorio español, que permanezcan menos de 183 días al año en dicho territorio, se consideran residentes en el territorio de la Comunidad Autónoma en que radique el núcleo principal o la base de sus actividades o de sus intereses económicos.

Las personas físicas residentes en territorio español se consideran residentes en el territorio de la Comunidad Autónoma en la que residan habitualmente el cónyuge no separado legalmente y los hijos menores de edad que dependan de ellas.

5.1. Atribución de rentas

Las entidades a las que se refiere el artículo 35.4 de la LGT —herencias yacentes, sociedades civiles no sujetas al Impuesto sobre Sociedades y comunidades de bienes— no tendrán la consideración de contribuyentes por este impuesto y las rentas que obtengan se atribuirán a los socios, herederos, comuneros o partícipes en proporción a sus respectivas participaciones en dichas entidades.

5.2. Individualización de rentas

La renta se entenderá obtenida por los contribuyentes en función del origen o fuente de aquélla, cualquiera que sea, en su caso, el régimen económico del matrimonio. Así:

a) Los rendimientos del trabajo se atribuirán exclusivamente a quien haya generado el derecho a su percepción. No obstante, las pensiones derivadas del sistema público o complementario se atribuirán a las personas físicas en cuyo favor estén reconocidas.

b) Los rendimientos del capital se atribuirán a los contribuyentes que sean titulares de los elementos patrimoniales, bienes o derechos, de que provengan dichos rendimientos según las normas sobre titularidad jurídica aplicables en cada caso, lo cual estará en función de las pruebas aportadas por aquéllos o de las descubiertas por la Administración.

En su caso, serán de aplicación las normas sobre titularidad jurídica de los bienes y derechos contenidas en las disposiciones reguladoras del régimen económico del matrimonio, así como en los preceptos de la legislación civil aplicables en cada caso a las relaciones patrimoniales entre los miembros de la familia.

La titularidad de los bienes y derechos que, conforme a las disposiciones o pactos reguladores del correspondiente régimen económico matrimonial, sean comunes a ambos cónyuges, se atribuirá por mitad a cada uno de ellos, salvo que se justifique otra cuota de participación.

No obstante, cuando no resulte debidamente acreditada la titularidad de los bienes o derechos, la Administración Tributaria tendrá derecho a considerar como titular a quien figure como tal en un registro fiscal u otros de carácter público.

c) Los rendimientos de las actividades económicas se considerarán obtenidos por quienes realicen de forma habitual, personal y directa la ordenación por cuenta propia de los medios de producción y los recursos humanos afectos a las actividades y se presumirá, salvo prueba en contrario, que estos requisitos concurren en aquellas personas que figuren como titulares de las actividades económicas.

d) Las ganancias y pérdidas patrimoniales se considerarán obtenidas por los contribuyentes que sean titulares de los bienes, derechos y demás elementos patrimoniales de que provengan según las normas sobre titularidad jurídica establecidas para los rendimientos del capital. Las ganancias patrimoniales no justificadas se atribuirán en función de la titularidad de los bienes o derechos en que se manifiesten. En el caso de las adquisiciones de bienes y derechos que no se deriven de una transmisión previa, como por ejemplo, las ganancias en el juego, se consideran ganancias patrimoniales de la persona a quien corresponda el derecho a su obtención o que las haya ganado directamente.

6. PERÍODO IMPOSITIVO, DEVENGO E IMPUTACIÓN TEMPORAL

El período impositivo será el año natural y el devengo del impuesto se producirá el 31 de diciembre de cada año, salvo que se produzca el fallecimiento del contribuyente en un día distinto al 31 de diciembre y, en ese caso, el período impositivo terminará y el impuesto se devengará en la fecha del fallecimiento del contribuyente.

En cuanto a la imputación temporal, como regla general, los ingresos y gastos que determinan la renta a incluir en la base del impuesto se imputan al período impositivo que corresponda, de acuerdo con los siguientes criterios:

1) Los rendimientos del trabajo: al período impositivo en que sean exigibles por su perceptor.

2) Los rendimientos de actividades económicas: según lo establecido en la normativa reguladora del Impuesto sobre Sociedades. No obstante, las ayudas públicas para la primera instalación de jóvenes agricultores —previstas en el Marco Nacional de Desarrollo Rural de España— podrán imputarse por cuartas partes, en el período impositivo en el que se obtengan y en los tres siguientes.

3) Las ganancias y pérdidas patrimoniales, al período impositivo en que tenga lugar la alteración patrimonial.

No obstante, existen una serie de reglas especiales:

a) Cuando no se hubiera satisfecho la totalidad o parte de una renta, por encontrarse pendiente de resolución judicial la determinación del derecho a su percepción o su cuantía, los importes no satisfechos se imputan al período impositivo en que aquélla adquiera firmeza.

b) Cuando por circunstancias justificadas no imputables al contribuyente, los rendimientos derivados del trabajo se perciban en períodos impositivos distintos a aquellos en que fueron exigibles, se imputan a éstos, practicándose, en su caso, autoliquidación complementaria, sin sanción ni intereses de demora ni recargo alguno.

La autoliquidación se debe presentar en el plazo que media entre la fecha en que se perciban y el final del inmediato siguiente plazo de declaraciones por el impuesto.

c) Las ganancias patrimoniales derivadas de ayudas públicas se imputan al período impositivo en que tenga lugar su cobro, salvo lo dispuesto para algunas de ellas en los puntos siguientes.

d) En el caso de operaciones a plazos o con precio aplazado (que son aquellas cuyo precio se perciba, total o parcialmente, mediante pagos sucesivos, siempre que el período transcurrido entre la entrega o la puesta a disposición y el vencimiento del último plazo sea superior al año) el contribuyente puede optar por imputar proporcionalmente las rentas obtenidas en tales operaciones, a medida que se hagan exigibles los cobros correspondientes, sin que pueda considerarse como tales las operaciones derivadas de contratos de rentas vitalicias o temporales. Cuando se transmitan bienes y derechos a cambio de una renta vitalicia o temporal, la ganancia o pérdida patrimonial para el rentista se imputa al período impositivo en el que se constituya la renta.

e) Las diferencias positivas o negativas que se produzcan en las cuentas representativas de saldos en divisas o en moneda extranjera, como consecuencia de la modificación experimentada en sus cotizaciones, se imputan en el momento del cobro o del pago respectivo.

f) Las rentas estimadas se imputan al período impositivo en que se entiendan producidas.

g) Las ayudas públicas percibidas como compensación por los defectos estructurales de construcción de la vivienda habitual y destinadas a su reparación pueden imputarse por cuartas partes, en el período impositivo en el que se obtengan y en los tres siguientes.

h) En el caso de seguros de vida en los que el tomador asuma el riesgo de la inversión se imputa como rendimiento de capital mobiliario de cada período impositivo, la diferencia entre el valor liquidativo de los activos afectos a la póliza al final y al comienzo del período impositivo. Este importe imputado minorará el rendimiento derivado de la percepción de cantidades en estos contratos, si bien existen ciertas especialidades con respecto a esta regla contempladas en la normativa del impuesto relacionadas con la posibilidad por parte del tomador de modificar o no las inversiones afectas a la póliza o el destino de la inversión de las provisiones matemáticas.

i) Las ayudas incluidas en el ámbito de los planes estatales para el acceso por primera vez a la vivienda en propiedad, percibidas por los contribuyentes mediante pago único en concepto de Ayuda Estatal Directa a la Entrada (AEDE), se imputan por cuartas partes en el período impositivo en el que se obtengan y en los tres siguientes.

j) Las ayudas públicas otorgadas por las Administraciones competentes a los titulares de bienes integrantes del Patrimonio Histórico Español inscritos en el Registro general de bienes de interés cultural y destinadas exclusivamente a su conservación o rehabilitación, se pueden imputar por cuartas partes en el período impositivo en que se obtengan y en los tres siguientes, siempre que se cumplan las exigencias respecto de los deberes de visita y exposición pública de dichos bienes.

k) Las pérdidas patrimoniales derivadas de créditos vencidos y no cobrados se imputan al período impositivo en que adquiera eficacia una quita establecida en un acuerdo de refinanciación judicialmente homologable y también en el caso en el que el deudor se encuentre en situación de concurso y adquiera eficacia el convenio en el que se acuerde una quita en el importe del crédito, en cuyo caso la pérdida se computa por la cuantía de la quita y si el crédito se cobra con posterioridad, se imputa una ganancia patrimonial por el importe cobrado en el período impositivo en que se produzca dicho cobro.

l) Las ayudas públicas para la primera instalación de jóvenes agricultores —reguladas en el Marco Nacional de Desarrollo Rural de España— que se destinen a la adquisición de una participación en el capital de empresas agrícolas societarias podrán imputarse por cuartas partes, en el período impositivo en el que se obtengan y en los tres siguientes.

m) Los rendimientos del trabajo en especie derivados de la entrega de acciones o participaciones de una empresa emergente que no estén exentos se imputarán en el período impositivo en el que concurra alguna de las siguientes circunstancias:

— Que el capital de la sociedad sea objeto de admisión a negociación en bolsa de valores o en cualquier sistema multilateral de negociación, español o extranjero.

— Que se produzca la salida del patrimonio del contribuyente de la acción o participación correspondiente.

No obstante, transcurrido el plazo de diez años a contar desde la entrega de las acciones o participaciones sin que se haya producido alguna de las circunstancias señaladas anteriormente, el contribuyente deberá imputar los rendimientos del trabajo correspondientes a tales acciones o participaciones, en el período impositivo en el que se haya cumplido el referido plazo de diez años.

En cualquier caso, si el contribuyente pierde su condición por cambio de residencia, todas las rentas pendientes de imputación se deben integrar en la base imponible correspondiente al último período impositivo que deba declararse por este impuesto, practicándose, en su caso, autoliquidación complementaria, sin sanción ni intereses de demora ni recargo alguno.

En el caso de fallecimiento del contribuyente, todas las rentas pendientes de imputación se deben integrar en la base imponible del último período impositivo que deba declararse.

7. BASE IMPONIBLE Y LIQUIDABLE. DETERMINACIÓN

La base imponible del IRPF está constituida por el importe de la renta del contribuyente y, para la determinación las rentas, se cuantificarán con arreglo a su origen. Así, los rendimientos netos se obtendrán por diferencia entre los ingresos computables y los gastos deducibles y las ganancias y pérdidas patrimoniales se determinarán, con carácter general, por diferencia entre los valores de transmisión y de adquisición.

Con posterioridad, se aplicarán las reducciones sobre el rendimiento íntegro o neto que puedan corresponder para cada una de las fuentes de renta y se procederá a la integración y compensación de las diferentes rentas según su origen y su clasificación como renta general o del ahorro. El resultado de estas operaciones dará lugar a la base imponible general y del ahorro.

El método de determinación de la base imponible será, con carácter general, el de estimación directa.

Para los rendimientos de actividades económicas, se podrán utilizar los siguientes métodos:

a) Estimación directa, que se aplicará como método general, y que admitirá dos modalidades, la normal y la simplificada.

b) Estimación objetiva de rendimientos para determinadas actividades económicas.

El método de estimación indirecta se aplicará cuando la Administración Tributaria no pueda disponer de los datos necesarios para la determinación completa de la base imponible.

La base liquidable será el resultado de practicar en las bases imponibles las reducciones que procedan por atención a situaciones de dependencia y envejecimiento y pensiones compensatorias. Ello dará lugar a las bases liquidables general y del ahorro.

No obstante, no se someterán a tributación las rentas que no excedan del importe del mínimo personal y familiar que resulte de aplicación al contribuyente.

8. RENDIMIENTOS DEL TRABAJO

Se consideran *rendimientos íntegros* del trabajo todas las contraprestaciones o utilidades, cualquiera que sea su denominación o naturaleza, dinerarias o en especie, que deriven, directa o indirectamente, del trabajo personal o de la relación laboral o estatutaria y no tengan el carácter de rendimientos de actividades económicas. Se incluyen en particular:

a) Los sueldos y salarios.

b) Las prestaciones por desempleo.

c) Las remuneraciones en concepto de gastos de representación.

d) Las dietas y asignaciones para gastos de viaje, excepto los de locomoción y los normales de manutención y estancia en establecimientos de hostelería, con ciertos límites que veremos posteriormente.

e) Las contribuciones o aportaciones satisfechas por los promotores de planes de pensiones.

f) Las contribuciones o aportaciones satisfechas por los empresarios para hacer frente a los compromisos por pensiones, cuando se imputen a las personas a quienes se vinculen las prestaciones.

g) Las pensiones y haberes pasivos percibidos de los regímenes públicos de la Seguridad Social y clases pasivas y demás prestaciones públicas por situaciones de incapacidad, jubilación, accidente, enfermedad, viudedad, o similares, así como las prestaciones percibidas por los beneficiarios de mutualidades generales obligatorias de funcionarios, colegios de huérfanos y otras entidades similares.

h) Las prestaciones percibidas por los beneficiarios de:

— Planes de pensiones, incluyendo las percibidas de los planes de pensiones regulados en la Directiva (UE) 2016/2341 del Parlamento Europeo y del Consejo, de

14 de diciembre de 2016, relativa a las actividades y la supervisión de fondos de pensiones de empleo. Asimismo, se incluyen las cantidades percibidas en los supuestos de desempleo de larga duración o enfermedad grave, así como en los casos de disposición anticipada de los derechos consolidados correspondientes a aportaciones realizadas con al menos diez años de antigüedad.

— Contratos de seguros concertados con mutualidades de previsión social, cuyas aportaciones hayan podido ser, al menos en parte, gasto deducible para la determinación del rendimiento neto de actividades económicas, u objeto de reducción en la base imponible del Impuesto y, en este caso, se integra en la base imponible, la diferencia entre la prestación recibida y las aportaciones que no hayan podido ser objeto de reducción o minoración en la base imponible del Impuesto.

— Planes de previsión social empresarial.

— Seguros colectivos que instrumenten compromisos por pensiones asumidos por las empresas, por la diferencia entre la prestación recibida y la suma de las contribuciones imputadas fiscalmente y de las aportaciones directamente realizadas por el trabajador.

— Seguros de dependencia, y planes de previsión asegurados.

i) Las cantidades que se abonen, por razón de su cargo, a los diputados españoles, a los miembros de las asambleas legislativas autonómicas, concejales de ayuntamiento y miembros de las diputaciones provinciales, cabildos insulares u otras entidades locales, con exclusión, en todo caso, de la parte de aquellas que dichas instituciones asignen para gastos de viaje y desplazamiento.

j) Los rendimientos derivados de impartir cursos, conferencias, coloquios, seminarios y similares.

k) Los rendimientos derivados de la elaboración de obras literarias, artísticas o científicas, siempre que se ceda el derecho a su explotación.

l) Las retribuciones de los administradores y miembros de los Consejos de Administración.

m) Las pensiones compensatorias recibidas del cónyuge y las anualidades por alimentos.

n) Los derechos especiales de contenido económico que se reserven los fundadores o promotores de una sociedad como remuneración de servicios personales.

ñ) Las becas, excepto las exentas.

o) Las retribuciones percibidas por quienes colaboren en actividades humanitarias o de asistencia social promovidas por entidades sin ánimo de lucro.

p) Las retribuciones derivadas de relaciones laborales de carácter especial (minusválidos que trabajen en centros especiales, personal de alta dirección, deportistas profesionales, servicio del hogar familiar, penados en instituciones penitenciarias, representantes de comercio sin asumir riesgo y artistas de espectáculos públicos).

q) Las aportaciones realizadas al patrimonio protegido de las personas con discapacidad.

Como regla general, los rendimientos íntegros se computarán en su totalidad, salvo que les resulte de aplicación alguna de las siguientes *reducciones* (excepto si la prestación se percibe en forma de renta):

a) El 30 por 100 de reducción, en el caso de rendimientos íntegros distintos de determinados rendimientos del trabajo (tales como pensiones, prestaciones de planes de pensiones u otros sistemas de previsión social, entre otros) que tengan un período de generación superior a dos años, así como aquellos que se califiquen reglamentariamente como obtenidos de forma notoriamente irregular en el tiempo (se consideran como tales, entre otras, las indemnizaciones de la Seguridad Social o clases pasivas, las cantidades satisfechas por la empresa a los trabajadores por la resolución por mutuo acuerdo de la relación laboral o los premios no exentos), cuando, en ambos casos, se imputen en un único período impositivo. No obstante, tratándose de rendimientos derivados de la extinción de una relación laboral, común o especial, se considera como período de generación el número de años de servicio del trabajador. En caso de que estos rendimientos se cobren de forma fraccionada, el cómputo del período de generación debe tener en cuenta el número de años de fraccionamiento.

No obstante, esta reducción no resulta de aplicación a los rendimientos que tengan un período de generación superior a dos años cuando, en el plazo de los cinco períodos impositivos anteriores a aquel en el que resulten exigibles, el contribuyente hubiera obtenido otros rendimientos con período de generación superior a dos años, a los que hubiera aplicado esta reducción.

La cuantía del rendimiento íntegro no puede superar el importe de 300.000 euros anuales.

b) En el caso de rendimientos del trabajo cuya cuantía esté comprendida entre 700.000,01 euros y 1.000.000 euros y deriven de la extinción de la relación laboral, común o especial, o de las retribuciones de los administradores y miembros de los Consejos de Administración, de las Juntas que hagan sus veces (y demás miembros de otros órganos representativos) derivadas de una relación mercantil, o de ambas (laboral y/o mercantil), la cuantía del rendimiento sobre la que se aplicará la reducción del 30 por 100 no podrá superar el importe que resulte de minorar 300.000 euros en la diferencia entre la cuantía del rendimiento y 700.000 euros. Es decir:

Reducción = 300.000 – (Rendimientos – 700.000) × 30%

En el caso de que la cuantía de los rendimientos sea igual o inferior a 700.000 euros, la reducción se aplicará sobre 300.000 euros; es decir:

Reducción = Rendimientos (< 700.00 euros) × 0,3

En el caso en el que la cuantía de tales rendimientos fuera igual o superior a 1.000.000 de euros, la cuantía de los rendimientos sobre la que se aplicará la reducción del 30 por 100 será cero.

A efectos de la determinación de la cuantía total del rendimiento del trabajo a computar vendrá determinada por la suma aritmética de los rendimientos del trabajo anteriormente indicados procedentes de la propia empresa o de otras empresas del grupo de sociedades vinculadas, con independencia del período impositivo al que se impute cada rendimiento.

c) El 30 por 100 en el caso de pensiones y haberes pasivos percibidos de los regímenes públicos de la Seguridad Social y clases pasivas y demás prestaciones públicas por situaciones de incapacidad, jubilación, accidente, enfermedad, viudedad, o similares, así como aquellas prestaciones percibidas por los beneficiarios de mutualidades generales obligatorias de funcionarios, colegios de huérfanos y otras entidades similares que se perciban en forma de capital, siempre que hayan transcurrido más de dos años desde la primera aportación, aunque el plazo de dos años no resultará exigible en el caso de prestaciones por invalidez.

El *rendimiento neto* del trabajo será el resultado de disminuir el rendimiento íntegro en el importe de los *gastos deducibles* que son exclusivamente los siguientes:

a) Las cotizaciones a la Seguridad Social o a mutualidades generales obligatorias de funcionarios.

b) Las detracciones por derechos pasivos.

c) Las cotizaciones a los colegios de huérfanos o entidades similares.

d) Las cuotas satisfechas a sindicatos.

e) Las cuotas satisfechas a Colegios profesionales, cuando la colegiación tenga carácter obligatorio, con el límite de 500 euros anuales.

f) Los gastos de defensa jurídica derivados directamente de litigios suscitados en la relación del contribuyente con la persona de la que percibe los rendimientos, con el límite de 300 euros anuales.

g) En concepto de otros gastos distintos de los anteriores, 2.000 euros anuales. En el caso de contribuyentes desempleados inscritos en la oficina de empleo que acepten un puesto de trabajo que exija el traslado de su residencia habitual a un nuevo municipio, se incrementa dicha cuantía, en el período impositivo en el que se produzca el cambio de residencia y en el siguiente, en 2.000 euros anuales adicionales. Asimismo, en el caso de personas con discapacidad que obtengan rendimientos del trabajo como trabajadores activos, se incrementa dicha cuantía en 3.500 euros anuales. Dicho incremento será de 7.750 euros anuales para las personas con discapacidad que, siendo trabajadores activos acrediten necesitar ayuda de terceras personas o movilidad reducida, o un grado de discapacidad igual o superior al 65 por 100, en cualquier caso, estos gastos tienen como límite el rendimiento íntegro del trabajo una vez minorado por el resto de gastos deducibles comentados.

Cuando se conozca el rendimiento neto del trabajo, pero no el rendimiento íntegro, para determinar este último, se procede a su cálculo a través de la siguiente fórmula:

$$\text{Rto. íntegro o bruto} = \text{Rto. neto o líquido} / (1 - t)$$

Siendo t el tipo de retención aplicable a las rentas del trabajo del contribuyente.

Al rendimiento neto del trabajo se le practica una reducción según la cuantía del mismo. Así, los contribuyentes con rendimientos netos del trabajo inferiores a 19.747,5 euros siempre que no tengan rentas, excluidas las exentas, distintas de las del trabajo superiores a 6.500 euros, pueden minorar el rendimiento neto del trabajo en las siguientes cuantías:

a) Contribuyentes con rendimientos netos del trabajo iguales o inferiores a 14.852 euros: 7.302 euros anuales.

b) Contribuyentes con rendimientos netos del trabajo comprendidos entre 14.852 y 17.673,52 euros: 7.302 euros menos el resultado de multiplicar por 1,75 la diferencia entre el rendimiento del trabajo y 14.852 euros anuales. Es decir:

$$\text{Reducción} = 7.302 - 1{,}75 \times (\text{Rto. del trabajo} - 14.852)$$

c) Contribuyentes con rendimientos netos del trabajo comprendidos entre 17.673,52 y 19.747,5 euros: 2.364,34 euros menos el resultado de multiplicar por 1,14 la diferencia entre el rendimiento del trabajo y 17.673,52 euros anuales. Es decir:

$$\text{Reducción} = 2.364{,}34 - 1{,}14 \times (\text{Rto. del trabajo} - 17.673{,}52)$$

A estos efectos, el rendimiento neto del trabajo será el resultante de minorar el rendimiento íntegro en los gastos deducibles necesarios para la determinación del rendimiento neto, excepto los gastos de defensa jurídica y sin considerar el concepto de otros gastos distintos de los anteriores, por importe de 2.000 euros referido con anterioridad. Como consecuencia de la aplicación de esta reducción, el saldo resultante no puede ser negativo.

8.1. Dietas y asignaciones para gastos de viaje

Están exceptuadas de gravamen las asignaciones que cumplan ciertos requisitos y límites para:

a) gastos de locomoción, y
b) gastos normales de manutención y estancia en establecimientos de hostelería.

a) *Gastos de locomoción*. Se exceptúan de gravamen las cantidades destinadas por la empresa a compensar los gastos de locomoción del empleado o trabajador que se desplace fuera del centro de trabajo, a otro lugar distinto, en las siguientes condiciones e importes:

— Cuando el empleado o trabajador utilice medios de transporte público, el importe del gasto que se justifique mediante factura o documento equivalente.

— En otro caso, la cantidad que resulte de computar 0,26 euros por kilómetro recorrido, siempre que se justifique la realidad del desplazamiento, más los gastos de peaje y aparcamiento que se justifiquen.

b) *Gastos de manutención y estancia*. Se exceptúan de gravamen las cantidades destinadas por la empresa a compensar los gastos normales de manutención y estancia en restaurantes, hoteles y demás establecimientos de hostelería, devengadas por gastos en municipio distinto del lugar del trabajo habitual del perceptor y del que constituya su residencia. Se consideran como asignaciones para gastos normales de manutención y estancia en hoteles, restaurantes y demás establecimientos de hostelería, exclusivamente las siguientes:

— Cuando se haya pernoctado en municipio distinto del lugar de trabajo habitual y del que constituya la residencia del perceptor, las siguientes:

- Gastos de estancia, los importes que se justifiquen, y
- Gastos de manutención, 53,34 euros diarios, si corresponden a desplazamiento dentro del territorio español, o 91,35 euros diarios, si corresponden a desplazamientos a territorio extranjero.

— Cuando no se haya pernoctado en municipio distinto del lugar de trabajo habitual y del que constituya la residencia del perceptor, se exceptúan de gravamen las asignaciones para gastos de manutención que no excedan de 26,67 o 48,08 euros diarios, según se trate de desplazamiento dentro del territorio español o al extranjero, respectivamente.

Las asignaciones para gastos de locomoción, manutención y estancia que excedan de los límites señalados, estarán sujetas a gravamen. El siguiente esquema muestra las cuantías exceptuadas de gravamen:

	Gastos de locomoción, estancia y manutención		
Gastos de locomoción	Con factura	Importe que se justifique	
	Con transporte propio	Hasta 0,25 €/Km + peaje + parking	
Con pernocta fuera del municipio	Gastos de estancia	Los que se justifiquen	
	Gastos de manutención	España	53,34 € /día
		Extranjero	91,35 € /día
Sin pernocta fuera del municipio	Gastos de manutención	España	26,67 € /día
		Extranjero	48,08 € /día

8.2. Retribuciones en especie

Se consideran rentas en especie la utilización, consumo u obtención, para fines particulares, de bienes, derechos o servicios de forma gratuita o por precio inferior al normal de mercado, aun cuando no supongan un gasto real para quien las conceda.

Si el pagador de las rentas entrega al contribuyente importes en metálico para que éste adquiera los bienes, derechos o servicios, la renta tendrá la consideración de dineraria.

No se consideran rendimientos del trabajo en especie:

a) La entrega a los trabajadores en activo, de forma gratuita o por precio inferior al normal de mercado, de acciones o participaciones de la propia empresa o de otras empresas del grupo de sociedades, en la parte que no exceda, para el conjunto de las entregadas a cada trabajador, de 12.000 euros anuales, siempre que la oferta se realice en las mismas condiciones para todos los trabajadores de la empresa. Esta exención alcanza hasta los 50.000 euros anuales en el caso de entrega de acciones o participaciones concedidas a los trabajadores de una empresa emergente, bajo ciertos requisitos.

b) Las cantidades destinadas a la actualización, capacitación o reciclaje del personal empleado, cuando vengan exigidos por el desarrollo de sus actividades o las características de los puestos de trabajo.

c) Las entregas a empleados de productos a precios rebajados que se realicen en cantinas o comedores de empresa o economatos de carácter social. Tendrán la consideración de entrega de productos a precios rebajados que se realicen en comedores de empresa las fórmulas indirectas de prestación del servicio cuya cuantía no supere los 11 euros.

d) La utilización de los bienes destinados a los servicios sociales y culturales del personal empleado.

e) Las primas o cuotas satisfechas por la empresa en virtud de contrato de seguro de accidente laboral o de responsabilidad civil del trabajador.

f) Las primas o cuotas satisfechas a entidades aseguradoras para la cobertura de enfermedad para el trabajador, cónyuge y descendientes hasta el límite de 500 euros anuales por cada una de uno de los miembros de la familia mencionados o de 1.500 euros para cada uno de los miembros con discapacidad. El exceso se considera renta en especie.

g) La prestación del servicio de educación preescolar, infantil, primaria, secundaria obligatoria, bachillerato y formación profesional por centros educativos autorizados, a los hijos de sus empleados, con carácter gratuito o por precio inferior al normal de mercado.

h) Las cantidades satisfechas a las entidades encargadas de prestar el servicio público de transporte colectivo de viajeros con la finalidad de favorecer el desplazamiento de los empleados entre su lugar de residencia y el centro de trabajo, con el límite de 1.500 euros anuales para cada trabajador. También tendrán la consideración de cantidades satisfechas a las entidades encargadas de prestar el citado servicio público, las fórmulas indirectas de pago.

En cuanto a la valoración, con carácter general, las rentas en especie se valorarán por su valor normal en el mercado, si bien existen normas de valoración especiales para determinados supuestos:

a) Utilización de vivienda: en el caso en el que la vivienda sea propiedad del pagador, el 10 por 100 del valor catastral o el 5 por 100 si dicho valor ha sido revisado en el plazo de los diez períodos impositivos anteriores. En cualquier caso, la valoración resultante no podrá exceder del 10 por 100 de las restantes contraprestaciones del trabajo.

b) Utilización o entrega de vehículos automóviles: Debemos distinguir:

— Si se trata de entrega del vehículo, la valoración de la retribución en especie será el coste de adquisición para el pagador, incluidos los tributos que graven la operación.

— En el supuesto de uso, la valoración de la retribución en especie será del 20 por 100 anual del coste de adquisición, tributos incluidos, para el pagador. Si el vehículo no es propiedad del pagador, el 20 por 100 del valor de mercado que correspondería si el vehículo fuese nuevo. No obstante, esta valoración se podrá reducir hasta en un 30 por 100 cuando se trate de vehículos considerados eficientes energéticamente.

— En el supuesto de uso y posterior entrega, la valoración de esta última se efectuará teniendo en cuenta la valoración resultante del uso anterior.

c) Préstamos con tipos de interés inferiores al legal del dinero, la diferencia entre el interés pagado y el interés legal del dinero vigente en el período.

d) En el caso de entrega de acciones o participaciones concedidas a los trabajadores de una empresa emergente, por el valor de las acciones o participaciones sociales suscritas por un tercero independiente en la última ampliación de capital realizada en el año anterior a aquel en que se entreguen las acciones o participaciones sociales. De no haberse producido la referida ampliación, se valorarán por el valor de mercado que tuvieran las acciones o participaciones sociales en el momento de la entrega al trabajador.

e) Se valoran por el coste para el pagador, incluidos los tributos que graven la operación, entre otras, las siguientes retribuciones en especie:

— Las prestaciones en concepto de manutención, hospedaje, viajes y similares.

— Las primas o cuotas satisfechas en virtud de contrato de seguro u otro similar, sin perjuicio de lo previsto anteriormente.

— Las contribuciones satisfechas por los promotores de planes de pensiones, así como las cantidades satisfechas por empresarios para hacer frente a los compromisos por pensiones y las cantidades satisfechas por empresarios a los seguros de dependencia.

— Las cantidades destinadas a satisfacer gastos de estudios y manutención del contribuyente o de otras personas ligadas al mismo por vínculo de parentesco, incluidos los afines, hasta el cuarto grado inclusive, excepto aquellos que no deban ser calificados como rentas en especie.

Cuando se entreguen retribuciones en especie por parte del empleador, a dicho valor se le adiciona el ingreso a cuenta (excepto que la normativa del impuesto contemple que no se debe realizar, como en el caso de las aportaciones a planes de pensiones por el promotor), salvo que su importe hubiera sido repercutido al perceptor de la renta, en cuyo caso no constituye una retribución adicional para el perceptor, puesto que soporta la repercusión del tal ingreso a cuenta. Por tanto, en el caso de que el ingreso a cuenta no le haya sido repercutido al contribuyente el ingreso íntegro a incluir en la declaración de IRPF será:

Ingreso íntegro = Valoración de la retribución en especie + Ingreso a cuenta

Para determinar el ingreso a cuenta:

Ingreso a cuenta = Valoración de la retribución en especie × t

Siendo t el tipo de retención de las retribuciones dinerarias del trabajo del contribuyente.

Por consiguiente, el ingreso íntegro sería:

Ingreso íntegro = Valoración de la retribución en especie × (1 + t)

9. RENDIMIENTOS DEL CAPITAL

Se consideran rendimientos íntegros del capital todas las utilidades o contraprestaciones, cualquiera que sea su denominación o naturaleza, dinerarias o en especie, que provengan, directa o indirectamente, de elementos patrimoniales, bienes o derechos, cuya titularidad corresponda al contribuyente y no se hallen afectos a actividades económicas realizadas por éste.

No obstante, las rentas derivadas de la transmisión de la titularidad de los elementos patrimoniales tributarán como ganancias o pérdidas patrimoniales, salvo que se califiquen como rendimientos del capital por la normativa del impuesto.

En cualquier caso, se consideran rendimientos del capital:

a) Inmobiliario: Los provenientes de los bienes inmuebles, tanto rústicos como urbanos.

b) Mobiliario: Los que provengan del capital mobiliario y, en general, de los restantes bienes o derechos de que sea titular el contribuyente.

9.1. Rendimientos del capital inmobiliario

Tienen la consideración de *rendimientos íntegros* del capital inmobiliario los procedentes de la titularidad de bienes inmuebles rústicos y urbanos o de derechos reales que recaigan sobre ellos, así como los que se deriven del arrendamiento o de la constitución o cesión de derechos o facultades de uso o disfrute sobre dichos bienes inmuebles.

Los *gastos deducibles* para la determinación del rendimiento neto son todos aquellos necesarios para la obtención de rendimientos, considerándose como tales:

a) Los intereses de los capitales ajenos invertidos en la adquisición o mejora del bien, así como los gastos de reparación y conservación del inmueble, con el límite de los rendimientos íntegros obtenidos. Si hubiera un resultado negativo, el exceso se puede deducir en los cuatro años siguientes.

b) Los tributos y recargos no estatales, así como las tasas y recargos estatales, que incidan sobre los rendimientos computados o sobre el bien o derecho y no tengan carácter sancionador.

c) Los saldos de dudoso cobro.

d) Las cantidades devengadas por terceros como consecuencia de servicios personales.

e) Las cantidades destinadas a la amortización del inmueble y de los demás bienes cedidos con éste, siempre que respondan a su depreciación efectiva y, en el caso de inmuebles, se entiende que la amortización cumple el requisito de efectividad si no excede del resultado de aplicar el 3 por 100 sobre el mayor de los siguientes valores:

— el coste de adquisición satisfecho, o
— el valor catastral, sin incluir el valor del suelo.

El *rendimiento neto* del capital inmobiliario obtenido se reducirá:

1) En los supuestos de arrendamiento de bienes inmuebles destinados a vivienda:

a) En un 90 por 100, cuando se hubiera formalizado por el mismo arrendador un nuevo contrato de arrendamiento sobre una vivienda situada en una zona de mercado residencial tensionado, en el que la renta inicial se hubiera rebajado en más de un 5 por 100 en relación con la última renta del anterior contrato de arrendamiento de la misma vivienda, una vez aplicada, en su caso, la cláusula de actualización anual del contrato anterior.

b) En un 70 por 100 cuando no se cumplan los requisitos señalados en la letra *a)* anterior, pero se produzca alguna de las circunstancias siguientes:

1.º Que el contribuyente hubiera alquilado por primera vez la vivienda, siempre que ésta se encuentre situada en una zona de mercado residencial tensionado y el arrendatario tenga una edad comprendida entre dieciocho y treinta y cinco años. En el caso en el que existan varios arrendatarios de una misma vivienda, esta reducción se aplica sobre la parte del rendimiento neto que proporcionalmente corresponda a los arrendatarios que cumplan los requisitos.

2.º Cuando el arrendatario sea una Administración Pública o entidad sin fines lucrativos a las que sea de aplicación la Ley 49/2002, de Fundaciones, que destine la vivienda:

— al alquiler social con una renta mensual inferior a la establecida en el programa de ayudas al alquiler del plan estatal de vivienda, o
— al alojamiento de personas en situación de vulnerabilidad económica, o
— cuando la vivienda esté acogida a algún programa público de vivienda o calificación en virtud del cual la Administración competente establezca una limitación en la renta del alquiler.

c) En un 60 por 100 cuando no se cumplan los requisitos anteriores, pero la vivienda hubiera sido objeto de una actuación de rehabilitación y hubiera finalizado en los dos años anteriores a la fecha de la celebración del contrato de arrendamiento.

d) En un 50 por 100, en cualquier otro caso. Los requisitos señalados se deben cumplir en el momento de celebrar el contrato de arrendamiento, siendo la reducción aplicable mientras se sigan cumpliendo los mismos.

Estas reducciones sólo resultan aplicables sobre los rendimientos netos positivos que hayan sido calculados por el contribuyente en una autoliquidación presentada antes de que se haya iniciado un procedimiento de verificación de datos, de comprobación limitada o de inspección que incluya en su objeto la comprobación de tales rendimientos. Por lo tanto, no resulta aplicable si en el transcurso de estos procedimientos señalados se regularizan rendimientos positivos derivados de ingresos no incluidos o gastos indebidamente deducidos.

Las zonas de mercado residencial tensionado a las que puede resultar de aplicación lo anteriormente expuesto serán las que se encuentren recogidas en la resolución que, en su caso, apruebe el Ministerio de Transportes, Movilidad y Agenda Urbana.

2) Los rendimientos netos con un período de generación superior a dos años, así como los que se califiquen reglamentariamente como obtenidos de forma notoriamente irregular en el tiempo (tales como las indemnizaciones percibidas del arrendatario, subarrendatario o cesionario por daños o desperfectos en el inmueble), se reducirán en un 30 por 100 cuando, en ambos casos, se imputen en un único período impositivo. No obstante, la cuantía del rendimiento neto sobre la que se aplica la reducción no puede superar el importe de 300.000 euros anuales.

Rendimiento neto en caso de parentesco: Cuando el adquirente, cesionario, arrendatario o subarrendatario del bien inmueble o del derecho real que recaiga sobre el mismo sea el cónyuge o un pariente, incluidos los afines, hasta el tercer grado inclusive, del contribuyente, el rendimiento neto total no podrá ser inferior al 2 por 100 al valor catastral o al 1,1 por 100 si dicho valor ha sido revisado.

9.1.1. *Régimen especial: imputación de rentas inmobiliarias*

Los contribuyentes que posean bienes inmuebles rústicos o urbanos no afectos al desarrollo de la actividad económica ni generadores de rendimientos del capital, excluida la vivienda habitual y el suelo no edificado, deberán declarar como renta imputada la cantidad que resulte de aplicar el 2 por 100 al valor catastral, determinándose proporcionalmente al número de días que corresponda en cada período impositivo. El porcentaje será del 1,1 por 100 cuando el valor catastral haya sido revisado y haya entrado en vigor en el período impositivo o en el plazo de los diez períodos impositivos anteriores.

Si a la fecha de devengo del impuesto los inmuebles carecieran de valor catastral o éste no hubiera sido notificado al titular, el porcentaje será del 1,1 por 100 y se aplicará sobre el 50 por 100 del mayor de los siguientes valores: el comprobado por la Administración a efectos de otros tributos o el precio, contraprestación o valor de la adquisición.

En aquellos casos en los que se trate de inmuebles en construcción y en los supuestos en que, por razones urbanísticas, el inmueble no sea susceptible de uso, no se estimará renta alguna.

Cuando existan derechos reales de disfrute, la renta computable a estos efectos en el titular del derecho será la que correspondería al propietario. Si se trata de derechos de aprovechamiento por turno de bienes inmuebles, la imputación se efectuará al titular del derecho real, prorrateando el valor catastral en función de la duración anual del período de aprovechamiento.

En resumen, según la situación de la vivienda, el contribuyente deberá declarar:

Situación de la vivienda	*Fiscalidad*
Vivienda habitual	No genera rendimientos
Vivienda arrendada	Rendimientos del capital inmobiliario
Vivienda a disposición del titular	Imputación de rentas inmobiliarias

9.2. Rendimientos del capital mobiliario

Se consideran *rendimientos íntegros* del capital mobiliario los siguientes:

a) *Rendimientos obtenidos por la participación en los fondos propios de cualquier tipo de entidad*, tales como dividendos, primas de asistencia a juntas y participaciones en los beneficios de cualquier tipo de entidad, así como los rendimientos procedentes de cualquier clase de activos (salvo acciones liberadas), cualquier utilidad que proceda de una entidad por la condición de socio o accionista y la distribución de la prima de emisión de acciones o participaciones (el importe obtenido minorará, hasta su anulación, el valor de adquisición de las acciones o participaciones afectadas y el exceso que pudiera resultar tributará como rendimiento del capital mobiliario).

b) *Rendimientos —explícitos e implícitos— obtenidos por la cesión a terceros de capitales propios.* Tienen esta consideración las contraprestaciones, dinerarias o en especie, los intereses y cualquier otra forma de retribución pactada como remuneración por tal cesión y se consideran rendimientos explícitos.

También se consideran dentro de este grupo —y generan rendimientos implícitos— los rendimientos derivados de la transmisión, reembolso, amortización, canje o conversión de cualquier clase de activos representativos de la captación y utilización de capitales ajenos (por ejemplo, Letras del Tesoro), en cuyo caso se computará como rendimiento la diferencia entre el valor de transmisión, reembolso, amortización, canje o conversión de los mismos y su valor de adquisición o suscripción y los gastos accesorios de adquisición y enajenación serán computados para la cuantificación del rendimiento. Cuando se obtengan rendimientos negativos que se deriven de transmisiones de activos financieros y el contribuyente hubiera adquirido activos financieros homogéneos, dentro de los dos meses anteriores o posteriores a dichas transmisiones, se integrarán a medida que se transmitan dichos activos financieros.

c) *Rendimientos dinerarios o en especie procedentes de operaciones de capitalización y de contratos de seguro de vida o invalidez*, excepto cuando deban tributar como rendimientos del trabajo. Debemos distinguir si la prestación se recibe en forma de capital o en forma de renta. Así:

1) Cuando la prestación se perciba en forma de capital diferido, el rendimiento del capital mobiliario vendrá determinado por la diferencia entre el capital percibido y el importe de las primas satisfechas.

2) Cuando la prestación se perciba en forma de rentas que no hayan sido adquiridas por herencia, legado o cualquier otro título sucesorio, debemos distinguir entre:

• Rentas vitalicias inmediatas, se considerará rendimiento de capital mobiliario el resultado de aplicar a cada anualidad los porcentajes correspondientes a la edad del rentista en el momento de la constitución de la renta (y permanecerán constantes durante toda su vigencia):

— 40 por 100, cuando el perceptor tenga menos de 40 años.
— 35 por 100, cuando el perceptor tenga entre 40 y 49 años.
— 28 por 100, cuando el perceptor tenga entre 50 y 59 años.
— 24 por 100, cuando el perceptor tenga entre 60 y 65 años.
— 20 por 100, cuando el perceptor tenga entre 66 y 69 años.
— 8 por 100, cuando el perceptor tenga más de 70 años.

• Rentas temporales inmediatas. Se considera rendimiento del capital mobiliario el resultado de aplicar a cada anualidad los porcentajes siguientes según la duración de la renta:

— 12 por 100, cuando la renta tenga una duración inferior o igual a 5 años.
— 16 por 100, cuando la renta tenga una duración superior a 5 e inferior o igual a 10 años.
— 20 por 100, cuando la renta tenga una duración superior a 10 e inferior o igual a 15 años.
— 25 por 100, cuando la renta tenga una duración superior a 15 años.

• Rentas diferidas, vitalicias o temporales. Se considera rendimiento del capital mobiliario el resultado de aplicar a cada anualidad el porcentaje que corresponda, según sea vitalicia o temporal, incrementado en la rentabilidad obtenida hasta la constitución de la renta. Dicha rentabilidad vendrá determinada por la diferencia entre el valor actual financiero-actuarial de la renta que se constituye y el importe de las primas satisfechas, es decir:

Rentabilidad = valor actual financiero-actuarial de la renta constituida – importe de las primas satisfechas

Esta rentabilidad se repartirá linealmente durante los diez primeros años de cobro de la renta vitalicia. Si se trata de una renta temporal, se repartirá linealmente entre los años de duración de la misma, con el máximo de diez años.

No obstante, si las rentas se adquieren por donación o cualquier otro negocio jurídico a título gratuito e *inter vivos*, el rendimiento del capital mobiliario será, exclusivamente, el resultado de aplicar a cada anualidad el porcentaje que corresponda, sin incrementarlo en la rentabilidad obtenida.

Sin embargo, las prestaciones, en forma de renta, obtenidas por los beneficiarios de contratos que cubran la jubilación o invalidez, que no generen rendimientos del trabajo, en los que no haya existido movilización de las provisiones durante la vigencia del contrato, el rendimiento del capital mobiliario se integrará en la base imponible del impuesto, a partir del momento en que la cuantía de las prestaciones exceda de las primas que hayan sido satisfechas en virtud del contrato de seguro. Es decir:

Rto. K mobiliario = Prestaciones – Primas

En el caso en el que la renta haya sido adquirida por donación, o cualquier otro negocio jurídico a título gratuito e *inter vivos*, cuando las prestaciones excedan del valor actual actuarial de las rentas en el momento de la constitución de éstas. En estos dos casos, no resultarán de aplicación los incrementos derivados del cálculo de la rentabilidad obtenida. Sin embargo, para la aplicación de este régimen será necesario que el contrato de seguro se haya concertado, al menos, con dos años de anterioridad a la fecha de jubilación.

3) Se considera rendimiento del capital mobiliario en el caso de las rentas vitalicias u otras temporales que tengan por causa la imposición de capitales (excepto cuando hayan sido adquiridas por herencia, legado o cualquier otro título sucesorio), el resultado de aplicar a cada anualidad los porcentajes comentados anteriormente para las rentas vitalicias o temporales inmediatas que se deriven de contratos de seguro de vida.

d) *Otros rendimientos del capital mobiliario*. Se incluyen en este apartado los siguientes rendimientos, dinerarios o en especie, procedentes de:

1.º La propiedad intelectual, cuando el contribuyente no sea el autor, así como los procedentes de la propiedad industrial que no se encuentre afecta a actividades económicas realizadas por el contribuyente.

2.º La prestación de asistencia técnica, salvo que dicha prestación tenga lugar en el ámbito de una actividad económica.

3.º Los procedentes del arrendamiento de bienes muebles, negocios o minas, así como los procedentes del subarrendamiento percibidos por el subarrendador, que no constituyan actividades económicas.

4.º Los procedentes de la cesión del derecho a la explotación de la imagen o del consentimiento o autorización para su utilización, salvo que dicha cesión tenga lugar en el ámbito de una actividad económica.

Los *gastos deducibles* para la determinación del rendimiento neto son:

a) Los gastos de administración y depósito de valores negociables que repercutan las empresas de servicios de inversión, entidades de crédito u otras entidades financieras que no supongan la contraprestación de una gestión discrecional e individualizada de carteras de inversión, en donde se produzca una disposición de las inversiones efectuadas por cuenta de los titulares con arreglo a los mandatos conferidos por éstos.

b) Cuando se trate de rendimientos derivados de la prestación de asistencia técnica, del arrendamiento de bienes muebles, negocios o minas o de subarrendamientos, se deducirán de los rendimientos íntegros los gastos necesarios para su obtención y, en su caso, el importe del deterioro sufrido por los bienes o derechos de que los ingresos procedan.

Tendrán una *reducción* del 30 por 100 los rendimientos netos con un período de generación superior a dos años o que se califiquen reglamentariamente como obtenidos de forma notoriamente irregular en el tiempo (tales como los importes obtenidos por el traspaso o la cesión del contrato de arrendamiento), sin que la cuantía de este rendimiento sobre el que aplicar la reducción pueda superar el importe del 300.000 euros.

9.2.1. *Retribuciones en especie*

En el caso en el que los rendimientos del capital mobiliario se satisfagan en especie (p. ej., electrodomésticos o entrega de cualquier otro elemento a cambio de una imposición a plazo), la valoración se realiza por el valor de mercado del elemento entregado, al que se le adiciona el ingreso a cuenta, salvo que su importe hubiera sido repercutido al perceptor de la renta. En el caso en el que se desconozca el valor de mercado del elemento entregado, la valoración se realizará por el coste de adquisición para la entidad financiera más el 20 por 100. Por tanto, el ingreso íntegro del rendimiento del capital mobiliario será:

Rendimiento íntegro del capital mobiliario = valor de mercado del elemento recibido + ingreso a cuenta

En el caso en el que el ingreso a cuenta se hubiera repercutido al perceptor de la retribución en especie, se considera rendimiento íntegro del capital mobiliario exclusivamente el valor de mercado del elemento percibido.

10. RENDIMIENTOS DE ACTIVIDADES ECONÓMICAS

Son rendimientos íntegros de actividades económicas aquellos que, procediendo del trabajo personal y del capital conjuntamente, o de uno solo de estos factores, supongan por parte del contribuyente la ordenación por cuenta propia de medios de producción y de recursos humanos, o de uno de ambos, con la finalidad de intervenir en la producción o distribución de bienes o servicios. En particular, tienen esta consideración los rendimientos de las actividades extractivas, de fabricación, comercio o prestación de servicios, incluidas las de artesanía, agrícolas, forestales, ganaderas, pesqueras, de construcción, mineras, y el ejercicio de profesiones liberales, artísticas y deportivas.

Asimismo, se consideran rendimientos de actividades económicas los obtenidos por el contribuyente, procedentes de una entidad en cuyo capital participe, que deriven de la realización de actividades incluidas en la Sección Segunda de las Tarifas del Impuesto sobre Actividades Económicas (que incluye las actividades profesionales). Además, el contribuyente deberá estar incluido, a tal efecto, en el régimen especial de la Seguridad Social de los trabajadores por cuenta propia o autónomos, o en una mutualidad de previsión social que actúe como alternativa al citado régimen especial.

En el caso de arrendamiento de bienes inmuebles, se considera que constituye una actividad económica únicamente cuando para la ordenación de esta actividad se utilice, al menos, una persona empleada con contrato laboral y a jornada completa.

El obligado tributario que realice actividades económicas puede tener bienes que integran su patrimonio personal y bienes que formen parte de su patrimonio empresarial. Estos últimos se consideran *bienes afectos a la actividad económica* y tendrán tal consideración:

a) Los bienes inmuebles en los que se desarrolla la actividad del contribuyente.

b) Los bienes destinados a los servicios económicos y socioculturales del personal al servicio de la actividad, salvo los de esparcimiento y recreo o que sean de uso particular del titular de la actividad económica.

c) Cualesquiera otros elementos patrimoniales que sean necesarios para la obtención de los rendimientos y no se consideran los activos representativos de la participación en fondos propios de una entidad y de la cesión de capitales a terceros.

En cualquier caso, no se entenderán afectados:

a) Aquellos que se utilicen simultáneamente para actividades económicas y para necesidades privadas, salvo que la utilización para estas últimas sea accesoria y notoriamente irrelevante (es decir, cuando se destinen al uso personal del contribuyente en días u horas inhábiles durante los cuales se interrumpa el ejercicio de dicha actividad).

b) Aquellos que, siendo titularidad del contribuyente, no figuren en la contabilidad o registros oficiales de la actividad económica que esté obligado a llevar el contribuyente, salvo prueba en contrario.

En el caso de elementos patrimoniales que sirvan sólo parcialmente al objeto de la actividad económica, la afectación se entenderá limitada a aquella parte de los mismos que realmente se utilice en la actividad de que se trate, aunque no serán susceptibles de afectación parcial los elementos patrimoniales indivisibles.

La valoración de los elementos se realizará del siguiente modo:

a) Las afectaciones a actividades económicas de bienes o derechos del patrimonio personal se realizarán por el valor de adquisición (con carácter general, importe real de la adquisición más coste de las inversiones y mejoras efectuadas).

b) En las desafectaciones de bienes o derechos afectos a actividades económicas al patrimonio personal, se tendrá en cuenta su valor contable en dicho momento, calculado de acuerdo con las amortizaciones que hubieran sido fiscalmente deducibles, computándose en todo caso la amortización mínima.

En cualquier caso, la afectación de elementos patrimoniales al patrimonio empresarial o la desafectación de activos fijos por el contribuyente no constituye alteración patrimonial, siempre que los bienes o derechos continúen formando parte de su patrimonio y se entiende que no ha existido afectación de bienes al patrimonio empresarial si se llevase a cabo la enajenación de los bienes o derechos antes de transcurridos tres años desde ésta.

Cuando se determine el importe neto de la cifra de negocios —a efectos de determinar si a esa actividad económica le resultan de aplicación los incentivos fiscales para empresas de reducida dimensión, regulados en el régimen especial del IS—, se tendrá en cuenta el conjunto de actividades económicas ejercidas por el contribuyente.

Las ganancias patrimoniales obtenidas de elementos afectos a la actividad no se incluirán dentro del rendimiento neto de la actividad económica y se utilizarán las normas correspondientes al resto de ganancias y pérdidas patrimoniales.

En cualquier caso, para la valoración de los bienes o servicios objeto de la actividad que el contribuyente ceda o preste a terceros de forma gratuita o destine al uso o consumo propio, se atiende al valor de mercado.

Para la determinación de los rendimientos de la actividad económica, existen dos métodos:

a) Estimación directa, que a su vez presenta dos modalidades: la normal y la simplificada, y

b) Estimación objetiva por signos, índices o módulos, representativos de la capacidad económica del sujeto pasivo.

La determinación de los rendimientos de actividades económicas se efectuará, con carácter general, por el método de estimación directa normal o simplificada.

10.1. Estimación directa normal

En estimación directa, el rendimiento neto se calcula según la renta obtenida por el contribuyente aplicando las normas del Impuesto sobre Sociedades, considerando algunas especialidades:

1.ª No tienen la consideración de gasto deducible las aportaciones a mutualidades de previsión social del propio empresario o profesional. No obstante, tienen la consideración de gasto deducible las cantidades abonadas en virtud de contratos de seguro, concertados con mutualidades de previsión social por profesionales no integrados en el régimen especial de la Seguridad Social de los trabajadores por cuenta propia o autónomos, cuando actúen como alternativas al régimen especial de la Seguridad Social mencionado, en la parte que tenga por objeto la cobertura de contingencias atendidas por dicho régimen especial, con el límite de la cuota máxima por contingencias comunes que esté establecida, en cada ejercicio económico, en el citado régimen especial. Estas aportaciones a mutualidades de previsión social no deducibles pueden reducir la base imponible.

2.ª Cuando resulte debidamente acreditado, con el oportuno contrato laboral y la afiliación al régimen correspondiente de la Seguridad Social, que el cónyuge o los hijos menores del contribuyente que convivan con él, trabajan habitualmente y con continuidad en las actividades económicas desarrolladas por el mismo, se deducen, para la determinación de los rendimientos, las retribuciones estipuladas con cada uno de ellos, siempre que no sean superiores a las de mercado correspondientes a su cualificación profesional y trabajo desempeñado. Dichas cantidades se consideran obtenidas por el cónyuge o los hijos menores en concepto de rendimientos de trabajo a todos los efectos tributarios.

3.ª Cuando el cónyuge o los hijos menores del contribuyente que convivan con él realicen cesiones de bienes o derechos que sirvan al objeto de la actividad económica de que se trate, se deduce, para la determinación de los rendimientos del titular de la actividad, la contraprestación estipulada, siempre que no exceda del valor de mercado y, a falta de aquélla, se puede deducir la correspondiente a este último. La contraprestación o el valor de mercado se considera rendimientos del capital del cónyuge o los hijos menores a todos los efectos tributarios. Esta regla no es de aplicación en el caso en el que se trate de bienes y derechos que sean comunes a ambos cónyuges.

4.ª Tienen la consideración de gasto deducible para la determinación del rendimiento neto en estimación directa, las primas de seguro de enfermedad satisfechas por el contribuyente en la parte correspondiente a su propia cobertura y a la de su cónyuge e hijos menores de veinticinco años que convivan con él. El límite máximo de deducción será de 500 euros por cada una de las personas señaladas anteriormente o de 1.500 euros por cada una de ellas con discapacidad. Asimismo, tienen la consideración de gasto deducible:

a) En los casos en que el contribuyente afecte parcialmente su vivienda habitual al desarrollo de la actividad económica, los gastos de suministros de dicha vivienda, tales como agua, gas, electricidad, telefonía e Internet, en el porcentaje resultante de aplicar el 30 por 100 a la proporción existente entre los metros cuadrados de la vivienda destinados a la actividad respecto a su superficie total, salvo que se pruebe un porcentaje superior o inferior.

b) Los gastos de manutención del propio contribuyente incurridos en el desarrollo de la actividad económica, siempre que se produzcan en establecimientos de restauración y hostelería y se abonen utilizando cualquier medio electrónico de pago, con los límites cuantitativos establecidos para las dietas y asignaciones para gastos normales de manutención de los trabajadores.

10.2. Estimación directa simplificada

Los contribuyentes que ejerzan actividades económicas pueden determinar el rendimiento neto de todas sus actividades por la modalidad simplificada del método de estimación directa, siempre que:

a) No determinen el rendimiento neto de estas actividades por el método de estimación objetiva.

b) El importe neto de la cifra de negocios del conjunto de estas actividades, no supere los 600.000 euros anuales en el año inmediato anterior a aquel en el que deba aplicarse esta modalidad. Si a lo largo del año inmediato anterior se hubiese iniciado una actividad, el importe neto de la cifra de negocios se elevará al año.

c) No renuncien a esta modalidad.

No obstante, los contribuyentes que determinen el rendimiento neto de alguna de sus actividades económicas por la modalidad normal del método de estimación directa, determinarán el rendimiento neto de todas sus actividades por la modalidad normal.

La renuncia a la modalidad simplificada del método de estimación directa deberá efectuarse durante el mes de diciembre anterior al inicio del año natural en que deba surtir efecto y tendrá efectos para un período mínimo de tres años, en los que el sujeto pasivo deberá determinar el rendimiento neto de todas sus actividades económicas por la modalidad normal. Una vez transcurrido este plazo, se entenderá prorrogada tácitamente para cada uno de los años siguientes en que pudiera resultar aplicable la modalidad, salvo que se revoque.

La determinación del rendimiento neto en el régimen de estimación directa simplificada se realizará considerando los siguientes requisitos:

a) Las amortizaciones del inmovilizado material se practicarán de forma lineal, en función de la tabla de amortizaciones simplificada que se muestra a continuación. Sobre las cuantías de amortización que resulten de estas tablas, serán de aplicación las normas del régimen especial de empresas de reducida dimensión:

Grupo	*Descripción*	*Coeficiente máximo*	*Periodo máximo*
1	Edificios y otras construcciones	3	68
2	Instalaciones, mobiliario, enseres y resto del inmovilizado material	10	20
3	Maquinaria	12	18
4	Elementos de transporte	16	14
5	Equipos para tratamiento de la información y sistemas y programas informáticos	26	10
6	Útiles y herramientas	30	8
7	Ganado vacuno, porcino, ovino y caprino	16	14
8	Ganado equino y frutales no cítricos	8	25
9	Frutales cítricos y viñedos	4	50
10	Olivar	2	100

b) El conjunto de las provisiones deducibles y los gastos de difícil justificación se cuantificará aplicando el porcentaje del 5 por 100 sobre el rendimiento neto, excluido este concepto, sin que pueda superar los 2.000 euros anuales. No obstante, no resultará de aplicación dicho porcentaje de deducción cuando el contribuyente opte por la aplicación de la reducción al rendimiento neto de la actividad económica.

10.3. Estimación objetiva por signos, índices o módulos

El método de estimación objetiva se aplicará a cada una de las actividades económicas, aisladamente consideradas, que determine el Ministro de Economía y Hacienda.

No obstante, este régimen es *aplicable salvo renuncia* del interesado; es decir, los contribuyentes que reúnan las circunstancias previstas en las normas reguladoras de este método determinarán sus rendimientos conforme al mismo, salvo que renuncien a su aplicación. En caso de renuncia o exclusión de la estimación objetiva, el contribuyente deberá realizarla durante el mes de diciembre anterior al inicio del año natural en que deba surtir efecto y, en este caso, determinará el rendimiento neto de todas sus actividades económicas por el método de estimación directa durante los tres años siguientes y, transcurrido este plazo, se entenderá prorrogada tácitamente para cada uno de los años siguientes en que pudiera resultar aplicable el método de estimación objetiva.

La renuncia al régimen especial simplificado o al régimen especial de la agricultura, ganadería y pesca del Impuesto sobre el Valor Añadido supondrá la renuncia al método de estimación objetiva por todas las actividades económicas ejercidas por el contribuyente.

Este método no podrá aplicarse por los contribuyentes cuando concurra cualquiera de las siguientes circunstancias:

a) Que determinen el rendimiento neto de alguna actividad económica por el método de estimación directa.

b) Que las actividades económicas sean desarrolladas, total o parcialmente, fuera del ámbito de aplicación del Impuesto.

c) Que el volumen de rendimientos íntegros en el año inmediato anterior supere cualquiera de los siguientes importes:

— Para el conjunto de sus actividades económicas, excepto las agrícolas, ganaderas y forestales, 250.000 euros anuales.

— Para el conjunto de sus actividades agrícolas y ganaderas, 250.000 euros anuales. No obstante, no podrá aplicarse cuando el volumen de los rendimientos íntegros del año inmediato anterior, que corresponda a operaciones por las que estén obligados a expedir factura cuando el destinatario sea un empresario o profesional que actúe como tal, supere 125.000 euros anuales.

d) Que el volumen de las compras en bienes y servicios, excluidas las adquisiciones de inmovilizado, en el ejercicio anterior supere la cantidad de 250.000 euros anuales. En el supuesto de obras o servicios subcontratados, el importe de los mismos se tendrá en cuenta para el cálculo de este límite.

El método de estimación objetiva se aplicará conjuntamente con los regímenes especiales establecidos en el Impuesto sobre el Valor Añadido o en el Impuesto General Indirecto Canario, en los casos que determine la normativa del impuesto.

En el cálculo del rendimiento neto de las actividades económicas en estimación objetiva, se utilizarán los signos, índices o módulos generales o referidos a determinados sectores de actividad que determine el Ministro de Economía y Hacienda, teniendo en cuenta las inversiones realizadas que sean necesarias para el desarrollo de la actividad y su ámbito de aplicación se fijará, entre otros extremos, bien por la naturaleza de las actividades y cultivos, bien por módulos objetivos como el volumen de operaciones, el número de trabajadores, el importe de las compras, la superficie de las explotaciones o los activos fijos utilizados, con determinados límites para el conjunto de actividades desarrolladas por el contribuyente y, en su caso, por el cónyuge, descendientes y ascendientes, así como por entidades en régimen de atribución de rentas en las que participen cualquiera de los anteriores.

En la Orden HFP/1359/2023, de 19 de diciembre, por la que se desarrollan para el año 2024 el método de estimación objetiva del Impuesto sobre la Renta de las Personas Físicas y el régimen especial simplificado del Impuesto Sobre el Valor Añadido, se recogen las actividades incluidas, así como las magnitudes excluyentes, en el método de estimación objetiva.

Para la determinación del rendimiento neto de la estimación objetiva es necesario distinguir entre:

a) Actividades agrícolas, ganaderas y forestales.
b) Resto de actividades.

10.3.1. *Rendimientos de actividades agrícolas, ganaderas y forestales*

Para determinar el rendimiento neto correspondiente a la actividad, será necesario determinar las siguientes fases:

a) Fase 1. Rendimiento neto previo.
b) Fase 2. Rendimiento neto minorado.
c) Fase 3. Rendimiento neto de módulos.
d) Fase 4. Rendimiento neto de la EO.
e) Fase 5. Rendimiento neto de la actividad.

El esquema del cálculo se muestra a continuación:

RENDIMIENTO NETO PREVIO = Ingresos × Índice de rendimiento neto (–) Amortizaciones
RENDIMIENTO NETO MINORADO (×) Índices correctores
RENDIMIENTO NETO DE MÓDULOS (–) Gastos extraordinarios
RENDIMIENTO NETO DE LA ESTIMACIÓN OBJETIVA (–) Reducciones
RENDIMIENTO NETO DE LA ACTIVIDAD

Veamos más detenidamente cada una de las fases del cálculo del rendimiento neto:

a) *Fase 1. Rendimiento neto previo.* El rendimiento neto previo en el supuesto de actividades en que se realice la entrega de los productos naturales o los trabajos, servicios y actividades accesorios, se obtendrá multiplicando el volumen total de ingresos, incluidas las subvenciones corrientes o de capital y las indemnizaciones, de cada uno de los cultivos o explotaciones por el *índice de rendimiento neto* que corresponda a cada uno de ellos, el cual depende del tipo de actividad del que se trate. Es decir:

RN Previo = Volumen total de ingresos (inc. Subv.) × índice de rendimiento neto

En el caso en el que el contribuyente perciba la ayuda directa de pago único de la Política Agraria Común se acumula a los ingresos procedentes de los cultivos o explotaciones del perceptor en proporción a sus respectivos importes. No obstante, cuando el perceptor de la ayuda directa hubiera obtenido ingresos por actividades agrícolas y ganaderas, distintos de la ayuda directa, por cuantía inferior al 25 por 100 del importe del total de los ingresos de tales actividades, el índice de rendimiento neto a aplicar sobre las ayudas directas será el 0,56.

b) *Fase 2. Rendimiento neto minorado.* Se obtiene deduciendo del rendimiento neto previo las amortizaciones correspondientes del inmovilizado, material e intangible, que correspondan a la depreciación efectiva que sufran los distintos elementos por funcionamiento, uso, disfrute u obsolescencia. Para determinados elementos, la normativa del impuesto establece el siguiente cuadro:

Grupo	*Descripción*	*Coeficiente lineal máximo*	*Período máximo*
7	Vacuno, porcino, ovino y caprino	22 %	8 años
8	Equino y frutales no cítricos	10 %	17 años
9	Frutales cítricos y viñedos	5 %	45 años
10	Olivar	3 %	80 años

En el caso de actividades forestales, para el cálculo del rendimiento neto minorado, no se deducirán las amortizaciones.

Por lo tanto, para determinar el rendimiento neto minorado:

RN Minorado = RN Previo – Amortizaciones

c) *Fase 3. Rendimiento neto de módulos.* Será el resultado de multiplicar el rendimiento neto minorado, cuando corresponda, por los siguientes índices correctores, que resultarán aplicables en aquellas actividades que los tengan asignados expresamente. Son los siguientes:

— Utilización de medios de producción ajenos en actividades agrícolas. Resultará aplicable cuando en el desarrollo de actividades agrícolas se utilicen exclusivamente medios de producción ajenos, sin tener en cuenta el suelo, y salvo en los casos de aparcería y figuras similares. El valor del índice será de 0,75.

— Utilización de personal asalariado. Cuando el coste del personal asalariado supere el porcentaje del volumen total de ingresos que se expresa, será aplicable el índice siguiente:

Porcentaje	*Índice*
Más del 10%	0,90
Más del 20%	0,85
Más del 30%	0,80
Más del 40%	0,75

Si resulta aplicable el índice corrector de utilización de medios de producción ajenos en actividades agrícolas, no podrá aplicarse el índice de utilización de personal asalariado.

— Cultivos realizados en tierras arrendadas. Cuando los cultivos se realicen, en todo o en parte, en tierras arrendadas, el valor del índice será de 0,90 sobre los rendimientos procedentes de cultivos en tierras arrendadas.

— Piensos adquiridos a terceros. En el caso en el que en las actividades ganaderas se alimente el ganado con piensos y otros productos para la alimentación, adquiridos a terceros, que representen más del 50 por 100 del importe de los consumidos, el índice a aplicar es de 0,5.

— Agricultura ecológica. Cuando se cumplan los requisitos que establezcan las correspondientes Comunidades Autónomas en lo relativo a la agricultura ecológica, el índice a aplicar será de 0,95.

— Cultivos en tierras de regadío que utilicen, a tal efecto, energía eléctrica. Cuando los cultivos se realicen, en todo o en parte, en tierras de regadío, siempre que el contribuyente, o la comunidad de regantes en la que participe, estén inscritos en el registro territorial correspondiente a la oficina gestora de impuestos especiales, el índice será de 0,75 sobre el rendimiento procedente de los cultivos realizados en tierras de regadío por energía eléctrica.

— Empresas cuyo rendimiento neto minorado no supere 9.447,91 euros. El índice a aplicar será de 0,90, siempre que no se tenga derecho a la reducción contemplada para jóvenes agricultores o asalariados.

— Actividades forestales. Cuando se exploten fincas forestales gestionadas de acuerdo con planes técnicos de gestión forestal, ordenación de montes, planes dasocráticos o planes de repoblación forestal aprobados por la Administración forestal competente, siempre que el período de producción medio, según la especie de que se trate, determinado en cada caso por la Administración forestal competente, sea igual o superior a veinte años, se aplicará el índice de 0,80.

Por tanto:

RN Módulos = RN minorado × Índices correctores

d) *Fase 4. Rendimiento neto de la EO.* Es el rendimiento neto de módulos minorado en los gastos extraordinarios, si los hubiere y la Administración Tributaria lo hubiera aprobado, derivados de circunstancias excepcionales, tales como incendios, inundaciones o hundimientos, incapacidad del contribuyente sin personal asalariado...

RN de la EO = RN Módulos – Gastos extraordinarios

e) *Fase 5. Rendimiento neto de la actividad.* El rendimiento neto de la estimación objetiva se puede reducir en el caso de agricultores jóvenes o asalariados agrarios en un 25 por 100 durante los períodos impositivos cerrados durante los cinco años siguientes a su primera instalación como titulares de una explotación prioritaria.

10.3.2. *Rendimientos del resto de actividades*

El rendimiento neto correspondiente a cada actividad se obtendrá determinando las siguientes fases:

a) Rendimiento neto previo.
b) Rendimiento neto minorado.
c) Rendimiento neto de módulos.
d) Rendimiento neto de la estimación objetiva.
e) Rendimiento neto de la actividad.

El esquema del cálculo se muestra a continuación:

RENDIMIENTO NETO PREVIO = N.º unidades de módulos × cuantía de los módulos (–) Minoración por incentivos al empleo (–) Minoración por incentivos a la inversión
RENDIMIENTO NETO MINORADO (×) Índices correctores
RENDIMIENTO NETO DE MÓDULOS (–) Gastos extraordinarios
RENDIMIENTO NETO DE LA ESTIMACIÓN OBJETIVA (+) Otras percepciones empresariales
RENDIMIENTO NETO DE LA ACTIVIDAD

Veamos más detenidamente cada una de las fases del cálculo del rendimiento neto:

a) *Rendimiento neto previo*. Será la suma de las cuantías correspondientes a los signos o módulos previstos para la actividad. La cuantía de los signos o módulos, a su vez, se calculará multiplicando la cantidad asignada a cada unidad de ellos por el número de unidades del mismo empleadas, utilizadas o instaladas en la actividad y cuando este número no sea un número entero, se expresará con dos decimales. Para la cuantificación del número de unidades de los distintos signos o módulos, es necesario realizar una definición de los mismos. Así, se considera:

— Personal empleado. Comprenderá tanto el asalariado como el no asalariado.

Se computará como una persona asalariada la que trabaje el número de horas anuales por trabajador fijado en el convenio colectivo correspondiente o, en su defecto, 1.800 horas/año. Cuando el número de horas de trabajo al año sea inferior o superior al mencionado límite, se estimará como cuantía de la persona asalariada la proporción existente entre el número de horas efectivamente trabajadas y las fijadas en el convenio colectivo o, en su defecto, 1.800. Es decir:

N.º unidades del módulo personal asalariado = n.º horas trabajadas / 1.800 horas

En particular, tendrán la consideración de personal asalariado el cónyuge y los hijos menores del sujeto pasivo que convivan con él, siempre que, existiendo el oportuno contrato laboral y la afiliación al régimen general de la Seguridad Social, trabajen habitualmente y con continuidad en la actividad empresarial desarrollada por el contribuyente. No se computarán como personas asalariadas los alumnos de formación profesional específica que realicen el módulo obligatorio de formación en centros de trabajo.

Se computará en un 60 por 100 al personal asalariado siguiente:

- Al menor de diecinueve años, y
- Al que preste sus servicios bajo un contrato de aprendizaje o para la formación.
- Los discapacitados con grado de minusvalía igual o superior al 33 por 100 se computarán en un 40 por 100.

Se computará como una persona no asalariada al empresario que trabaje 1.800 horas al año. En aquellos supuestos que pueda acreditarse una dedicación inferior a 1.800 horas/año por causas objetivas, tales como jubilación, incapacidad, pluralidad de actividades o cierre temporal de la explotación, se computará el tiempo efectivo dedicado a la actividad. En estos supuestos, para la cuantificación de las tareas de dirección, organización y planificación de la actividad y, en general, las inherentes a la titularidad de la misma, se computará al empresario en 0,25 personas/año, salvo cuando se acredite una dedicación efectiva superior o inferior.

También tendrán la consideración de personal no asalariado el cónyuge y los hijos menores que convivan con él, cuando trabajen efectivamente en la actividad y no constituyan personal asalariado y cuando trabajen en la actividad al menos 1.800 horas/año. Cuando el número de horas de trabajo al año sea inferior a 1.800, se estimará como cuantía de la persona no asalariada la proporción existente entre número de horas efectivamente trabajadas en el año y 1.800.

El personal no asalariado, con un grado de minusvalía igual o superior al 33 por 100, se computará al 75 por 100.

Cuando el cónyuge o los hijos menores tengan la condición de no asalariados se computarán al 50 por 100, siempre que el titular de la actividad se compute por entero, antes de aplicar, en su caso, la reducción por minusvalía, y no haya más de una persona asalariada. Esta reducción del 50 por 100 se practicará después de haber aplicado, en su caso, la correspondiente por grado de minusvalía igual o superior al 33 por 100.

— Superficie del local. Se entenderá referida a los metros cuadrados del local.

Local independiente y local no independiente. Por local independiente se entenderá el que disponga de sala de ventas para atención al público. Por local no independiente se entenderá el que no disponga de la sala de ventas propia para atención al público por estar ubicado en el interior de otro local, galería o mercado.

— Consumo de energía eléctrica. Por consumo de energía eléctrica se entenderá la facturada por la empresa suministradora. Cuando en la factura se distinga entre energía activa y reactiva, sólo se computará la primera.

— Potencia eléctrica. Por potencia eléctrica se entenderá la contratada con la empresa suministradora de la energía.

— Superficie del horno. Por superficie del horno se entenderá la que corresponda a las características técnicas del mismo.

— Mesas. La unidad mesa se entenderá referida a la susceptible de ser ocupada por cuatro personas. Las mesas de capacidad superior o inferior aumentarán o reducirán la cuantía del módulo aplicable en la proporción correspondiente.

— Número de habitantes. El número de habitantes será el de la población de derecho del municipio, constituida por el total de los residentes inscritos en el Padrón Municipal de Habitantes, presentes y ausentes. La condición de residentes se adquiere en el momento de realizar tal inscripción.

— Carga del vehículo. La capacidad de carga de un vehículo o conjunto de vehículos será igual a la diferencia entre la masa total máxima autorizada determinada teniendo en cuenta las posibles limitaciones administrativas, que en su caso, se reseñen en las Tarjetas de Inspección Técnica y la suma de las taras correspondientes a los vehículos portantes (peso en vacío del camión, remolque, semirremolque y cabeza tractora), expresada, según proceda, en kilogramos o toneladas, estas últimas con dos cifras decimales. En el caso de cabezas tractoras que utilicen distintos semirremolques, su tara se evaluará en ocho toneladas como máximo.

— Plazas. Por plazas se entenderá el número de unidades de capacidad de alojamiento del establecimiento.

— Asientos. Por asientos se entenderá el número de unidades que figura en la Tarjeta de Inspección Técnica del vehículo, excluido el del conductor y el del guía.

— Máquinas recreativas. Se distingue entre máquinas recreativas tipo «A» (de entretenimiento o recreo) o «B» (las susceptibles de entregar premios en metálico) y no se computarán, sin embargo, las que sean propiedad del titular de la actividad.

— Potencia fiscal del vehículo. El módulo CVF (caballos fiscales) vendrá definido por la potencia fiscal que figura en la Tarjeta de Inspección Técnica.

— Longitud de la barra. A efectos del módulo longitud de la barra, se entenderá por barra el mostrador donde se sirven y apoyan las bebidas y alimentos solicitados por los clientes y su longitud se expresará en metros.

Por lo tanto, el rendimiento neto previo (RNP) vendrá definido por:

RNP = n.º unidades de módulos × cuantía de los módulos

b) *Rendimiento neto minorado*. Es el rendimiento neto previo minorado en el importe de los incentivos al empleo y la inversión. Veamos cómo se calcula cada uno de ellos:

— Minoración por incentivos al empleo. Para su determinación, es necesario conocer el número de personas asalariadas del ejercicio actual y del ejercicio anterior y, por lo tanto, el número de unidades del módulo personal asalariado de ambos años. Se procede del siguiente modo:

• En el caso que se hubiera producido en el ejercicio un incremento del número de personas asalariadas, por comparación al año inmediato anterior, se calculará, en primer lugar, la diferencia entre el número de unidades del módulo «personal asalariado» correspondientes al año y el número de unidades de ese mismo módulo correspondientes al año inmediato anterior y si la diferencia resultase positiva, a ésta se aplicará el coeficiente 0,40. El resultado es el coeficiente por incremento del número de personas asalariadas. Es decir:

Coeficiente por incremento de personas asalariadas = (Personal asalariado año n – personal asalariado año n-1) × 0,40

• Además, a cada uno de los tramos del número de unidades del módulo personal asalariado, se le aplicarán los coeficientes que se expresan en la siguiente tabla:

Tramo	*Coeficiente*
Hasta 1,00	0,10
Entre 1,01 a 3,00	0,15
Entre 3,01 a 5,00	0,20
Entre 5,01 a 8,00	0,25
Más de 8,00	0,30

Por lo tanto, para calcular el coeficiente de minoración, es necesario sumar el coeficiente obtenido en el apartado 1) denominado coeficiente por incremento del número de personas asalariadas y el coeficiente 2) derivado de la aplicación de la tabla al módulo personal asalariado, el cual calculamos sin tomar en consideración el incremento que se hubiera podido producir en el ejercicio, lo que supone la aplicación de la tabla al módulo personal asalariado del ejercicio anterior. Es decir:

Coeficiente de minoración = coeficiente por incremento de personas asalariadas + coeficiente según la tabla

La minoración por incentivos al empleo será el resultado de multiplicar el coeficiente de minoración por la cuantía del módulo «personal asalariado».

— Minoración por incentivos a la inversión. Son deducibles las cantidades que, en concepto de amortización del inmovilizado, material o intangible, correspondan a la depreciación efectiva que sufran los distintos elementos por funcionamiento, uso, disfrute u obsolescencia. Se considera que la depreciación es efectiva cuando sea el resultado de aplicar al precio de adquisición o coste de producción del elemento patrimonial del inmovilizado alguno de los siguientes coeficientes:

• El coeficiente de amortización lineal máximo.

- El coeficiente de amortización lineal mínimo que se deriva del período máximo de amortización.
- Cualquier otro coeficiente de amortización lineal comprendido entre los dos anteriormente mencionados.

La tabla de amortización es la siguiente:

Grupo	*Descripción*	*Coeficiente lineal máximo*	*Período máximo*
1	Edificios y otras construcciones	5 %	40 años
2	Útiles, herramientas, equipos para el tratamiento de la información y sistemas y programas informáticos	40 %	5 años
3	Batea	10 %	12 años
4	Barco	10 %	25 años
5	Elementos de transporte y resto de inmovilizado material	25 %	8 años
6	Inmovilizado inmaterial	15 %	10 años

Será amortizable el precio de adquisición o coste de producción excluido, en su caso, el valor residual.

En las edificaciones, no será amortizable la parte del precio de adquisición correspondiente al valor del suelo el cual, cuando no se conozca, se calculará prorrateando el precio de adquisición entre los valores catastrales del suelo y de la construcción en el año de adquisición.

La amortización se practicará elemento por elemento, si bien cuando se trate de elementos patrimoniales integrados en el mismo grupo de la tabla de amortización, la amortización podrá practicarse sobre el conjunto de ellos, siempre que en todo momento pueda conocerse la parte de la amortización correspondiente a cada elemento patrimonial.

Los elementos patrimoniales de inmovilizado material empezarán a amortizarse desde su puesta en condiciones de funcionamiento y los de inmovilizado intangible desde el momento en que estén en condiciones de producir ingresos.

La vida útil no podrá exceder del período máximo de amortización establecido en la tabla de amortización.

Los elementos de inmovilizado material nuevos, puestos a disposición del contribuyente en el ejercicio, cuyo valor unitario no exceda de 601,01 euros, podrán amortizarse libremente, hasta el límite de 3.005,06 euros anuales.

Por lo tanto, el rendimiento neto minorado será:

RNM = RN Previo – Minoración por incentivos al empleo – Minoración por incentivos a la inversión

c) *Rendimiento neto de módulos.* Se determina aplicando al rendimiento neto minorado, los índices correctores siguientes, cuando procedan:

— Índices correctores especiales. Solamente se aplicarán en las siguientes actividades:

• *Actividad de comercio al por menor de prensa, revistas y libros en quioscos situados en la vía pública.* El índice dependerá del municipio en el que se encuentre el kiosco.

• *Actividad de transporte por autotaxis.* La cuantía del mismo dependerá de la población del municipio en el que se ejerza la actividad.

• *Actividad de transporte urbano colectivo y de viajeros por carretera.* Se aplicará el índice 0,80 cuando el titular disponga de un único vehículo.

• *Actividades de transporte de mercancías por carretera y servicios de mudanzas.* La cuantía del índice dependerá del vehículo utilizado.

• *Actividad de producción de mejillón en batea.* La cuantía del índice depende del número de bateas y de las toneladas del barco auxiliar.

— Índices correctores generales. Se aplican exclusivamente en aquellos casos en los que concurran las circunstancias que se señalan para cada uno de los índices.

• *Índice corrector para empresas de pequeña dimensión.* Se aplica el índice que corresponda, en función de la población en que se desarrolle la actividad, cuando concurran todas y cada uno de los requisitos siguientes:

— Titular persona física.
— Ejercer la actividad en un solo local.
— No disponer de más de un vehículo afecto a la actividad y que éste no supere los 1.000 kilogramos de capacidad de carga.
— Sin personal asalariado.

Según la población del municipio se aplicará uno u otro índice.
Así:

Población del municipio	*Índice*
Hasta 2.000 habitantes	0,70
De 2.001 a 5.000 habitantes	0,75
Más de 5.000 habitantes	0,80

En el caso en el que se ejerza la actividad con personal asalariado, hasta 2 trabajadores, y se cumplan los requisitos mencionados, se aplicará el índice 0,90, cualquiera que sea la población del municipio en el que se desarrolla la actividad.

• *Índice corrector de temporada.* Cuando la actividad tenga la consideración de actividad de temporada, se aplicará el índice que corresponda en función de la duración de la temporada. Se consideran actividades de temporada las que habitualmente sólo se desarrollen durante ciertos días del año, continuos o alternos, siempre que el total no exceda de 180 días por año. El índice aplicable dependerá de la duración de la temporada:

Población del municipio	*Índice*
Hasta 60 días	1,50
De 61 a 120 días	1,35
De 121 a 180 días	1,25

- *Índice corrector de exceso*. Cuando el rendimiento neto minorado, o en su caso, rectificado por aplicación de los índices anteriores, resulte superior a determinadas cuantías que se señalan en cada caso, al exceso sobre dichas cuantías se le aplicará el índice 1,30.
- *Índice corrector por inicio de nuevas actividades*. Resultará de aplicación cuando el contribuyente inicie nuevas actividades y concurran las siguientes circunstancias:

— Que se trate de nuevas actividades cuyo ejercicio se inicie a partir del 1 de enero de 2012.
— Que no se trate de actividades de temporada.
— Que no se hayan ejercido anteriormente bajo otra titularidad o calificación.
— Que se realicen en local o establecimiento dedicados exclusivamente a dicha actividad, con total separación del resto de actividades empresariales o profesionales que, en su caso, pudiera realizar el contribuyente.

Tendrá derecho a aplicar los siguientes índices correctores:

Ejercicio	*Índice*
Primero	0,80
Segundo	0,90

Estos índices serán de 0,6 y 0,7 respectivamente cuando el contribuyente sea una persona con discapacidad con un grado igual o superior al 33 por 100.

Es necesario tener en cuenta las siguientes incompatibilidades entre los índices correctores:

Incompatibilidades entre índices correctores	
Índice corrector empresas de reducida dimensión	Índices correctores especiales
	Índice corrector de exceso
Índice corrector de temporada	Índice corrector por inicio de nuevas actividades

Por lo tanto, el rendimiento neto de módulos será:

RN Módulos = RN Minorado × Índices correctores

d) *Rendimiento neto de la estimación objetiva*. Es el resultado de minorar el rendimiento neto de módulos en el importe de los gastos extraordinarios, si los hubiera y la Administración Tributaria lo hubiera aprobado, ajenos al desarrollo normal de la actividad, tales como incendios, inundaciones, incapacidad del contribuyente sin personal asalariado...

RN de la EO = RN de módulos – Gastos extraordinarios

e) *Rendimiento neto de la actividad*. Es el que se obtiene de sumar al rendimiento neto de la estimación objetiva, otras percepciones empresariales, tales como subvenciones corrientes y de capital. Es decir:

RN de la actividad = RN de la EO + Otras percepciones empresariales

10.4. Reducciones a los rendimientos de actividades económicas

La normativa del impuesto establece las siguientes reducciones sobre el rendimiento:

1) Reducción del 30 por 100 para todos los rendimientos netos de actividades económicas con un período de generación superior a dos años, así como aquellos que se califiquen como obtenidos de forma notoriamente irregular en el tiempo, tales como las subvenciones de capital para la adquisición de elementos del inmovilizado no amortizables o las indemnizaciones y ayudas por cese de actividades económicas cuando se imputen en un único período impositivo, con una serie de requisitos. Esta reducción se practicará cualquiera que sea el método de determinación del rendimiento de la actividad económica y la cuantía del rendimiento neto sobre la que se aplicaría esta reducción no puede superar el importe de 300.000 euros anuales.

2) Tanto en el caso en el que el contribuyente determine el rendimiento neto por la modalidad de estimación directa normal como si lo realiza a través de la estimación directa simplificada, podrá realizar la siguiente reducción al rendimiento neto de la actividad económica, siempre que los rendimientos netos de actividades económicas sean inferiores a 19.747,5 euros y no tengan rentas, excluidas las exentas, distintas de las de actividades económicas superiores a 6.500 euros:

a) Contribuyentes con rendimientos netos de actividades económicas iguales o inferiores a 14.047,5 euros: 6.498 euros anuales.

b) Contribuyentes con rendimientos netos de actividades económicas comprendidos entre 14.047,5 y 19.747,5 euros: 6.498 euros menos el resultado de multiplicar por 1,14 la diferencia entre el rendimiento neto de actividades económicas y 14.047,5 euros anuales. Es decir:

Reducción = 6.498 – 1,14 × (Rto. del trabajo – 14.047,5)

Cuando se trate de personas con discapacidad que obtengan rendimientos netos derivados del ejercicio efectivo de estas actividades económicas, 3.500 euros anuales. Dicha reducción se eleva a 7.750 euros anuales, para las personas con discapacidad que ejerzan de forma efectiva estas actividades económicas y acrediten necesitar ayuda de terceras personas o movilidad reducida, o un grado de discapacidad igual o superior al 65 por 100.

Los contribuyentes que determinen el rendimiento neto por el método de estimación directa simplificada podrán acogerse a esta reducción, pero será incompatible con la aplicación del porcentaje deducible en concepto de provisiones y gastos de difícil justificación.

Tanto los contribuyentes que obtengan el rendimiento neto de la actividad a través de la estimación directa, como aquellos que lo determinen a través de la estimación directa simplificada, que quieran beneficiarse de la anterior reducción, deberán cumplir una serie de requisitos:

a') La totalidad de sus entregas de bienes o prestaciones de servicios deben efectuarse a única persona, física o jurídica, no vinculada o bien que el contribuyente tenga la consideración de trabajador autónomo económicamente dependiente —según el Estatuto del Trabajo Autónomo económicamente dependiente— y el cliente del que dependa económicamente no sea una entidad vinculada.

b') El conjunto de gastos deducibles correspondientes a todas sus actividades económicas no puede exceder del 30 por 100 de sus rendimientos íntegros declarados.

c') Deberán cumplirse, durante el período impositivo, todas las obligaciones formales y de información, control y verificación.

d') Que no perciban rendimientos del trabajo en el período impositivo. No obstante, no se entenderá que se incumple este requisito cuando se perciban durante el período impositivo prestaciones por desempleo, pensiones o prestaciones de sistemas de previsión social, siempre que su importe no sea superior a 4.000 euros anuales.

e') Que al menos el 70 por 100 de los ingresos del período impositivo estén sujetos a retención o ingreso a cuenta.

f') Que no realice actividad económica alguna a través de entidades en régimen de atribución de rentas.

En el caso en el que no se cumplan los requisitos anteriormente mencionados, los contribuyentes con rentas no exentas inferiores a 12.000 euros, incluidas las de la propia actividad económica, pueden reducir el rendimiento neto de las actividades económicas en las siguientes cuantías:

a) Cuando la suma de las citadas rentas sea igual o inferior a 8.000 euros anuales: 1.620 euros anuales.

b) Cuando la suma de las citadas rentas esté comprendida entre 8.000,01 y 12.000 euros anuales: 1.620 euros menos el resultado de multiplicar por 0,405 la diferencia entre las citadas rentas y 8.000 euros anuales. Es decir:

Reducción = 1.620 – 0,405 × (Rendimiento – 8.000)

Esta reducción junto con la reducción por obtención de rendimientos del trabajo, no puede exceder de 3.700 euros.

Como consecuencia de la aplicación de estas dos reducciones mencionadas, el saldo resultante del rendimiento neto no puede ser negativo.

3) Reducción por inicio de actividad económica. Los contribuyentes que inicien el ejercicio de una actividad económica y determinen el rendimiento neto de la misma con arreglo al método de estimación directa, podrán reducir en un 20 por 100 el rendimiento neto positivo declarado con arreglo a dicho método, minorado en su caso por las reducciones que pudieran corresponder anteriormente expuestas, en el primer período impositivo en que el mismo sea positivo y en el período impositivo siguiente.

A estos efectos, se entenderá que se inicia una actividad económica cuando no se hubiera ejercido actividad económica alguna en el año anterior a la fecha de inicio de la misma, sin tener en consideración aquellas actividades en cuyo ejercicio se hubiera cesado sin haber llegado a obtener rendimientos netos positivos desde su inicio.

Cuando con posterioridad al inicio de esta actividad, se inicie una nueva actividad sin haber cesado en el ejercicio de la primera, la reducción se aplicará sobre los rendimientos netos obtenidos en el primer período impositivo en que los mismos sean positivos y en el período impositivo siguiente, a contar desde el inicio de la primera actividad.

No obstante, la cuantía de los rendimientos netos sobre la que se aplicará esta reducción no podrá superar el importe de 100.000 euros anuales.

No resultará de aplicación esta reducción en el período impositivo en el que más del 50 por 100 de los ingresos del mismo procedan de una persona o entidad de la que el contribuyente hubiera obtenido rendimientos del trabajo en el año anterior a la fecha de inicio de la actividad.

4) Los contribuyentes que determinen el rendimiento neto de sus actividades económicas por el método de estimación objetiva, podrán reducir el rendimiento neto de módulos obtenido en 2024 en un 5 por 100. En el caso de actividades agrícolas y ganaderas podrán reducir el rendimiento neto previo en el 35 por 100 del precio de adquisición del gasóleo agrícola y del 15 por 100 del precio de adquisición de los fertilizantes.

11. GANANCIAS Y PÉRDIDAS PATRIMONIALES

Son ganancias y pérdidas patrimoniales las variaciones en el valor del patrimonio del contribuyente que se pongan de manifiesto con ocasión de cualquier alteración en la composición del mismo, salvo que se califiquen como rendimientos, según la normativa del impuesto.

No obstante, se considera que no existe alteración en la composición del patrimonio y por lo tanto no habrá ganancia patrimonial, en los siguientes casos:

a) En los supuestos de división de la cosa común.

b) En la disolución de la sociedad de gananciales o en la extinción del régimen económico matrimonial de participación.

c) En la disolución de comunidades de bienes o en los casos de separación de comuneros.

Asimismo, se considera que no existe ganancia o pérdida patrimonial en los siguientes supuestos:

a) Reducciones del capital.

b) Con ocasión de transmisiones lucrativas por causa de muerte del contribuyente, o por transmisiones o *inter vivos*, como consecuencia de determinadas transmisiones de empresas o participaciones sobre las mismas.

c) En la extinción del régimen económico matrimonial de separación de bienes.

d) Cuando se realicen aportaciones a los patrimonios protegidos constituidos a favor de personas con discapacidad.

En cualquier caso, están exentas del Impuesto las ganancias patrimoniales que se pongan de manifiesto:

a) Con ocasión de las donaciones que se efectúen a las entidades que puedan dar derecho a la deducción por donativos.

b) Con ocasión de la transmisión de su vivienda habitual por mayores de 65 años o por personas en situación de dependencia severa o de gran dependencia de conformidad con la Ley de promoción de la autonomía personal y atención a las personas en situación de dependencia.

c) Con ocasión del pago de la deuda tributaria mediante bienes integrantes del patrimonio histórico español.

d) Cuando la ganancia patrimonial se origine como consecuencia de la transmisión de la vivienda habitual del contribuyente, estará exenta por reinversión, siempre que el importe total obtenido por la transmisión se reinvierta en la adquisición de una nueva vivienda habitual. Cuando el importe reinvertido sea inferior al total de lo percibido en la transmisión, solamente se excluirá de tributación la parte proporcional de la ganancia patrimonial obtenida que corresponda a la cantidad reinvertida. Asimismo, se pueden excluir de gravamen las ganancias patrimoniales que se pongan de manifiesto con ocasión de la transmisión de elementos patrimoniales por contribuyentes mayores de 65 años, siempre que el importe total obtenido por la transmisión se destine en el plazo de seis meses a constituir una renta vitalicia asegurada a su favor, en las condiciones que reglamentariamente se determinen. La cantidad máxima total que a tal efecto podrá destinarse a constituir rentas vitalicias será de 240.000 euros.

e) Con ocasión de la dación en pago de la vivienda habitual del deudor o garante del deudor, para la cancelación de deudas garantizadas con hipoteca que recaiga sobre la misma, contraídas con entidades de crédito o de cualquier otra entidad que, de manera profesional, realice la actividad de concesión de préstamos o créditos hipotecarios. Asimismo estarán exentas las ganancias patrimoniales que se pongan de manifiesto con ocasión de la transmisión de la vivienda realizada en ejecuciones hipotecarias judiciales o notariales. Sin embargo, en todo caso será necesario que el propietario de la vivienda habitual no disponga de otros bienes o derechos en cuantía suficiente para satisfacer la totalidad de la deuda y evitar la enajenación de la vivienda.

No se computan como pérdidas patrimoniales:

a) Las no justificadas.

b) Las debidas al consumo.

c) Las debidas a transmisiones lucrativas por actos *inter vivos* o a liberalidades.

d) Las debidas a pérdidas en el juego obtenidas en el período impositivo que excedan de las ganancias obtenidas en el juego en el mismo período, aunque en ningún caso se computarán las pérdidas derivadas de la participación en los juegos de determinadas loterías y apuestas.

e) Las derivadas de las transmisiones de elementos patrimoniales, cuando el transmitente vuelva a adquirirlos dentro del año siguiente a la fecha de dicha transmisión. Esta pérdida patrimonial se integrará cuando se produzca la posterior transmisión del elemento patrimonial.

f) Las derivadas de las transmisiones de valores o participaciones admitidos a cotización oficial, cuando el contribuyente hubiera adquirido valores homogéneos dentro de los dos meses anteriores o posteriores a dichas transmisiones. Si se trata de valores no admitidos a cotización, el plazo no será de dos meses sino de un año. En estos casos, las pérdidas patrimoniales se integrarán a medida que se transmitan los valores o participaciones que permanezcan en el patrimonio del contribuyente.

Como norma general, el importe de las ganancias o pérdidas patrimoniales, en el supuesto de transmisión onerosa o lucrativa, será la diferencia entre los valores de adquisición y transmisión de los elementos patrimoniales:

GP = Valor de transmisión – Valor de adquisición

Siendo:

Valor de transmisión:
Importe real por el que la enajenación se hubiese efectuado, (–) Gastos y tributos inherentes a la transmisión que hubieran sido satisfechos por el transmitente

Si se hubiesen efectuado mejoras en los elementos patrimoniales transmitidos, se distinguirá la parte del valor de enajenación que corresponda a cada componente del mismo.

Y:

Valor de adquisición:
El importe real por el que dicha adquisición se haya realizado, (+) El coste de las inversiones y mejoras efectuadas en los bienes adquiridos y los gastos y tributos inherentes a la adquisición, excluidos los intereses, que hubieran sido satisfechos por el adquirente, (–) Amortizaciones, en la medida en que hubieran sido deducibles

Se entiende por importe real del valor de enajenación al efectivamente satisfecho, siempre que no resulte inferior al normal de mercado, en cuyo caso prevalece éste.

Cuando la adquisición o transmisión se hubiera realizado a título lucrativo, se toma por importe real el que resulte aplicable según las normas del Impuesto sobre Sucesiones y Donaciones, sin que puedan exceder del valor de mercado.

No obstante, en las adquisiciones lucrativas por causa de muerte derivadas de contratos o pactos sucesorios con efectos de presente, el beneficiario de los mismos que transmitiera, antes del transcurso de cinco años desde la celebración del pacto sucesorio o del fallecimiento del causante, si fuera anterior, los bienes adquiridos, se debe subrogar en la posición de este, respecto al valor y fecha de adquisición de aquellos, cuando este valor fuera inferior al previsto en el párrafo anterior.

En las adquisiciones lucrativas, con ocasión de transmisiones lucrativas de empresas o participaciones, el donatario se subrogará en la posición del donante respecto de los valores y fechas de adquisición de dichos bienes.

En los supuestos que no se trate de una transmisión onerosa o lucrativa, la ganancia patrimonial vendrá determinada por el valor de mercado de los elementos patrimoniales o partes proporcionales, en su caso. Tal es el caso, por ejemplo, de los premios sometidos a tributación.

En todo caso, la normativa del impuesto incorpora unas reglas especiales de valoración para determinados casos, como transmisiones a título oneroso de determinados valores, admitidos o no a negociación.

Se consideran ganancias de patrimonio no justificadas, los bienes o derechos cuya tenencia, declaración o adquisición no se corresponda con la renta o patrimonio declarados por el contribuyente, así como la inclusión de deudas inexistentes en cualquier declaración por este impuesto o por el Impuesto sobre el Patrimonio, o su registro en los libros o registros oficiales. Estas ganancias patrimoniales no justificadas se integran en la base liquidable general del período impositivo respecto del que se descubran, salvo que el contribuyente pruebe suficientemente que ha sido titular de los bienes o derechos correspondientes desde una fecha anterior a la del período de prescripción.

11.1. GRAVAMEN ESPECIAL SOBRE LOS PREMIOS DE DETERMINADAS LOTERÍAS Y APUESTAS

En las ganancias derivadas del juego debemos distinguir:

a) Las ganancias derivadas de loterías y apuestas del Estado, las CCAA; la Cruz Roja, la ONCE y análogas europeas, y

b) el resto de ganancias derivadas del juego. Para éstas, tal y como hemos expuesto en líneas anteriores, la ganancia patrimonial vendrá determinada por la diferencia entre las ganancias y las pérdidas obtenidas, sin que tal cantidad pueda resultar negativa.

Para las ganancias patrimoniales contempladas en el apartado *a*), se crea el Gravamen sobre los premios de determinadas loterías y apuestas, con las siguientes características:

— El gravamen especial se exigirá de forma independiente respecto de cada décimo, fracción o cupón de lotería o apuesta premiados.

— Estarán exentos los premios cuyo importe íntegro sea igual o inferior a 40.000 euros (o parte proporcional si la apuesta es inferior a 0,50 euros).

— Los premios cuyo importe íntegro sea superior a a la cuantía exenta, se someterán a tributación respecto de la parte del mismo que exceda de dicho importe. En el supuesto de que el premio fuera de titularidad compartida, la cuantía exenta se prorrateará entre los cotitulares en función de la cuota que les corresponda.

— La base imponible estará formada por el importe del premio que exceda de la cuantía exenta. Si el premio fuera en especie, la base imponible será aquella cuantía que, una vez minorada en el importe del ingreso a cuenta, arroje la parte del valor de mercado del premio que exceda del importe exento. En el supuesto de que el premio fuera de titularidad compartida, la base imponible se prorrateará entre los cotitulares en función de la cuota que les corresponda.

— La cuota íntegra será la resultante de aplicar a la base imponible el tipo del 20 por 100. Dicha cuota se minorará en el importe de las retenciones o ingresos a cuenta.

— El gravamen especial se devengará en el momento en que se satisfaga o abone el premio obtenido.

— Los premios estarán sujetos a retención o ingreso a cuenta. El porcentaje de retención o ingreso a cuenta será el 20 por 100. La base de retención o ingreso a cuenta vendrá determinada por el importe de la base imponible del gravamen especial.

— Los contribuyentes que hubieran obtenido los premios estarán obligados a presentar una autoliquidación por este gravamen especial, determinando el importe de la deuda tributaria correspondiente, e ingresar su importe en el lugar, forma y plazos que establezca el Ministro de Hacienda y Administraciones Públicas. No obstante, no existirá obligación de presentar la autoliquidación cuando el premio obtenido hubiera sido de cuantía inferior a 2.500 euros o se hubiera practicado retención o el ingreso a cuenta.

— No se integrarán en la base imponible del IRPF estos premios. Las retenciones o ingresos a cuenta practicados conforme a lo previsto en la misma no minorarán la cuota líquida total del impuesto ni se tendrán en cuenta a efectos de devoluciones.

Por lo tanto, al contribuyente le practicarán la retención o el ingreso a cuenta correspondiente y éste será su pago, puesto que no tiene que ingresar cantidad alguna ni se le devolverá lo retenido. Si no se hubiera practicado retención o ingreso a cuenta —por ejemplo, porque se trate de una lotería de otro país europeo— la autoliquidación la debe presentar el contribuyente de forma independiente a la declaración del IRPF. Por lo tanto, aunque el gravamen se integra normativamente en el IRPF, no afectará al resto del impuesto.

12. REGLAS ESPECIALES DE VALORACIÓN

La normativa del impuesto incorpora algunas operaciones que se valoran por el valor normal de mercado:

a) Cuando se produzca una estimación de rentas.
b) Operaciones entre personas o entidades vinculadas, según la normativa del IS.
c) Rentas en especie.

13. RENTA GENERAL Y DEL AHORRO

Las rentas del contribuyente se clasifican en:

a) Renta general, y
b) Renta del ahorro.

Constituyen la renta del ahorro:

a) Los rendimientos del capital mobiliario siguientes:

— Rendimientos obtenidos por la participación en los fondos propios de cualquier tipo de entidad.
— Rendimientos obtenidos por la cesión a terceros de capitales propios.
— Rendimientos dinerarios o en especie procedentes de operaciones de capitalización y de contratos de seguro de vida o invalidez.

b) Las ganancias y pérdidas patrimoniales que se pongan de manifiesto con ocasión de la transmisión de elementos patrimoniales adquiridos o de mejoras realizadas en los mismos.

No obstante, formarán parte de la renta general los rendimientos obtenidos por la cesión a terceros de capitales propios correspondientes al exceso del importe de los capitales propios cedidos a una entidad vinculada respecto del resultado de multiplicar por tres los fondos propios, en la parte que corresponda a la participación del contribuyente, de esta última. Es decir:

Si renta obtenida > 3 × fondos propios → El exceso es renta general

A efectos de computar dicho exceso, se tendrá en consideración el importe de los fondos propios de la entidad vinculada, reflejados en el balance correspondiente al último ejercicio cerrado con anterioridad a la fecha de devengo del Impuesto y el porcentaje de participación del contribuyente existente en esta fecha. En los supuestos en los que la vinculación no se defina en función de la relación socios o partícipes-entidad, el porcentaje de participación a considerar será el 5 por 100.

La renta general estará formada por:

a) Rendimientos del trabajo.
b) Rendimientos del capital inmobiliario.
c) Determinados rendimientos procedentes del capital mobiliario. En concreto, el grupo cuarto (otros rendimientos del capital mobiliario) más los procedentes de operaciones vinculadas señalados anteriormente.
d) Rendimientos de actividades económicas.
e) Imputaciones de renta que establece la normativa del impuesto.
f) Ganancias y pérdidas patrimoniales que no tengan la consideración de rentas del ahorro, es decir, aquellas que no se pongan de manifiesto como consecuencia de una transmisión onerosa o lucrativa, tales como premios o rifas, así como aquellas que se hayan puesto de manifiesto como consecuencia de una transmisión.

14. INTEGRACIÓN Y COMPENSACIÓN DE RENTAS

Atendiendo a la clasificación de la renta, la base imponible se dividirá en dos partes:

a) La base imponible general, y
b) La base imponible del ahorro.

La *base imponible general* será el resultado de sumar los siguientes saldos:

1) El saldo resultante de integrar y compensar entre sí, sin limitación alguna, en cada período impositivo, los rendimientos y las imputaciones de renta que forman parte de la renta general, y

2) El saldo positivo resultante de integrar y compensar, exclusivamente entre sí, en cada período impositivo, las ganancias y pérdidas patrimoniales, excluidas las que forman parte de la renta del ahorro. Si resulta un saldo negativo, su importe se compensará con el saldo positivo de las rentas previstas en el apartado 1) obtenido en el mismo período impositivo, con el límite del 25 por 100 de dicho saldo positivo. Si tras dicha compensación todavía quedase saldo negativo, su importe se compensará en los

cuatro años siguientes en el mismo orden establecido en los párrafos anteriores. La compensación deberá efectuarse en la cuantía máxima que permita cada uno de los ejercicios siguientes y sin que pueda practicarse fuera del plazo de cuatro años mediante la acumulación a pérdidas patrimoniales de ejercicios posteriores.

Esquemáticamente sería:

BASE IMPONIBLE GENERAL	1) Σ Rendimientos e imputaciones de rentas	(+) integración sin límites
		(–) integración sin límites
	2) Sdo. de G y P	(+) integración sin límites
		(–) integración hasta 25% de 1) (*)
(*) Si todavía queda saldo negativo, se compensa en los próximos cuatro años, en iguales circunstancias y límites.		

La *base imponible del ahorro* estará constituida por el saldo positivo de sumar los siguientes saldos:

a) El saldo positivo resultante de integrar y compensar, exclusivamente entre sí, en cada período impositivo, los rendimientos que forman parte de la renta del ahorro. Si el saldo fuera negativo, su importe se compensa con el saldo positivo, si lo hubiera, de las ganancias y pérdidas patrimoniales obtenido en el mismo período impositivo, con el límite del 25 por 100 de dicho saldo positivo y, si tras dicha compensación quedase saldo negativo, su importe se compensa en los cuatro años siguientes en el mismo orden que hemos expuesto.

b) El saldo positivo resultante de integrar y compensar, exclusivamente entre sí, en cada período impositivo, las ganancias y pérdidas patrimoniales que forman parte de la renta del ahorro. Si el resultado de la integración y compensación arrojase saldo negativo, su importe se compensará con el saldo positivo, si lo hubiera, de los rendimientos que forman la renta del ahorro, obtenidos en el mismo período impositivo, con el límite del 25 por 100 de dicho saldo positivo y, si tras dicha compensación quedase saldo negativo, su importe se compensará en los cuatro años siguientes en el mismo orden que hemos expuesto.

Esquemáticamente sería:

BASE IMPONIBLE DEL AHORRO	1) Σ Rendimientos del capital mobiliario	(+) integración sin límites
		(–) Integración hasta 25% de 2) (*)
	2) Sdo. de G y P	(+) integración sin límites
		(–) integración hasta 25% de 1) (*)
(*) Si todavía queda saldo negativo, se compensa en los próximos cuatro años, en iguales circunstancias y límites.		

Estas compensaciones se deben efectuar en la cuantía máxima que permita cada uno de los ejercicios siguientes y sin que puedan practicarse fuera del plazo de los cuatro años mediante la acumulación a rentas negativas de ejercicios posteriores.

15. BASE LIQUIDABLE GENERAL Y DEL AHORRO

La base liquidable general estará constituida por el resultado de practicar en la base imponible general, exclusivamente, y por este orden, las siguientes reducciones (sin que pueda resultar negativa como consecuencia de estas disminuciones) por:

1.º Aportaciones para la atención a situaciones de dependencia y envejecimiento.
2.º Pensiones compensatorias y anualidades por alimentos a favor del cónyuge.
3.º Mutualidades de previsión social de deportistas profesionales.

Si la base liquidable general resultase negativa, su importe podrá ser compensado con los de las bases liquidables generales positivas que se obtengan en los cuatro años siguientes y la compensación se efectuará en la cuantía máxima que permita cada uno de los ejercicios siguientes.

La base liquidable del ahorro será el resultado de disminuir la base imponible del ahorro en el remanente, si lo hubiera, de la reducción por pensiones compensatorias a favor del cónyuge, sin que pueda resultar negativa como consecuencia de tal disminución.

16. REDUCCIONES

Tal y como acabamos de ver, la normativa del impuesto establece una serie de reducciones a aplicar sobre la base imponible, que pasamos a desarrollar.

16.1. REDUCCIONES POR ATENCIÓN A SITUACIONES DE DEPENDENCIA Y ENVEJECIMIENTO

Debemos distinguir entre:

a) Aportaciones a sistemas de previsión social.
b) Aportaciones a sistemas de previsión social realizadas a favor de personas con discapacidad.
c) Aportaciones a patrimonios protegidos de las personas con discapacidad.

a) *Aportaciones a sistemas de previsión social.* La base liquidable general se puede reducir en el importe de las aportaciones y contribuciones a los siguientes sistemas de previsión social:

1) Aportaciones y contribuciones a *planes de pensiones* por parte del trabajador y por parte del promotor que le hubiesen sido imputadas en concepto de rendimiento del trabajo.

2) Cantidades abonadas en virtud de contratos de seguro concertados con *mutualidades de previsión social* por profesionales, empresarios individuales no integrados en alguno de los regímenes de la Seguridad Social, por sus cónyuges y familiares consanguíneos en primer grado, así como por los trabajadores de las citadas mutualidades (por cuenta ajena o socios trabajadores), incluidas las contribuciones del promotor imputadas como rendimiento del trabajo, que no hayan tenido la consideración de gasto deducible para los rendimientos netos de actividades económicas.

3) Las primas satisfechas a los *planes de previsión asegurados*, definidos como contratos de seguro contratado por el trabajador, que cumplen ciertos requisitos contemplados en la normativa del impuesto.

4) Las aportaciones realizadas por los trabajadores a los *planes de previsión social empresarial* (contrato de seguro contratado por el empresario), incluyendo las contribuciones del tomador que se deben imputar a los asegurados. Estos seguros deberán cumplir ciertos requisitos contemplados en la normativa del impuesto.

5) Las primas satisfechas a los *seguros privados* que cubran exclusivamente el riesgo *de dependencia severa o de gran dependencia*. Las personas que tengan con el contribuyente una relación de parentesco en línea directa o colateral hasta el tercer grado inclusive, o por su cónyuge, o por aquellas personas que tuviesen al contribuyente a su cargo en régimen de tutela o acogimiento, podrán reducir en su base imponible las primas satisfechas a estos seguros privados, pero el conjunto de las reducciones practicadas por todas las personas que satisfagan primas a favor de un mismo contribuyente, incluidas las del propio contribuyente, no podrán exceder de 1.500 euros anuales. Estas primas no están sujetas al Impuesto sobre Sucesiones y Donaciones.

6) En el caso de seguros colectivos de dependencia en los que figure como tomador del seguro la empresa y la condición de asegurado y beneficiario corresponda al trabajador, las primas satisfechas por la empresa en virtud de estos contratos de seguro e imputadas al trabajador tendrán un límite de reducción propio e independiente de 5.000 euros anuales.

El límite máximo de reducción para el conjunto de las aportaciones anuales máximas a los sistemas de previsión social que acabamos de exponer (exceptuados los seguros colectivos, con límite propio), incluyendo, en su caso, las contribuciones imputadas por el promotor será la menor de las dos cantidades siguientes:

— El 30 por 100 de la suma de los rendimientos netos del trabajo y de actividades económicas percibidos individualmente en el ejercicio.
— 1.500 euros anuales.

Este límite se incrementa en 8.500 euros, siempre que el incremento provenga de contribuciones empresariales, o de aportaciones del trabajador al mismo instrumento de previsión social por importe igual o inferior a las cantidades que resulten del siguiente cuadro en función del importe anual de la contribución empresarial:

Importe anual de la contribución	*Aportación máxima del trabajador*
Igual o inferior a 500 euros.	El resultado de multiplicar la contribución empresarial por 2,5.
Entre 500,01 y 1.500 euros.	1.250 euros, más el resultado de multiplicar por 0,25 la diferencia entre la contribución empresarial y 500 euros.
Más de 1.500 euros.	El resultado de multiplicar la contribución empresarial por 1.

No obstante, en todo caso se aplica el multiplicador 1 cuando el trabajador obtenga en el ejercicio rendimientos íntegros del trabajo superiores a 60.000 euros procedentes de la empresa que realiza la contribución, a cuyo efecto la empresa deberá comunicar a la entidad gestora o aseguradora del instrumento de previsión social que no concurre esta circunstancia.

A estos efectos, las cantidades aportadas por la empresa que se deriven de una decisión del trabajador tienen la consideración de aportaciones del trabajador.

Las aportaciones propias que el empresario individual realice a planes de pensiones de empleo de los que, a su vez, sea promotor y partícipe o mutualista, así como las que realice a planes de previsión social empresarial o seguros colectivos de dependencia de los que, a su vez, sea tomador y asegurado, se considerarán como contribuciones empresariales, a efectos del cómputo de este límite.

Además, 5.000 euros anuales para las primas a seguros colectivos de dependencia satisfechas por la empresa.

Este límite se aplica individualmente a cada partícipe integrado en la unidad familiar.

Cuando el sujeto pasivo no pueda deducir la totalidad de las aportaciones realizadas a los sistemas de previsión social comentados anteriormente por insuficiencia de la base imponible o por aplicación del límite, podrá reducir dichas cantidades en los cinco ejercicios siguientes, siempre que dichas cantidades no hubieran excedido del límite financiero máximo previsto.

Además, los contribuyentes cuyo cónyuge no obtenga rendimientos netos del trabajo ni de actividades económicas, o los obtenga en cuantía inferior a 8.000 euros anuales, podrán reducir en la base imponible las aportaciones realizadas a los sistemas de previsión social de los que sea partícipe, mutualista o titular dicho cónyuge, con el límite máximo de 1.000 euros anuales. Estas aportaciones no están sujetas al Impuesto sobre Sucesiones y Donaciones.

b) *Aportaciones a sistemas de previsión social realizadas a favor de personas con discapacidad.* Las aportaciones realizadas a planes de pensiones a favor de personas con discapacidad, con un grado de minusvalía física o sensorial igual o superior al 65 por 100, psíquica igual o superior al 33 por 100, así como de personas que tengan una incapacidad declarada judicialmente con independencia de su grado, dan derecho a la reducción de la base imponible, con los siguientes límites máximos:

— Si existe relación de parentesco o tutoría, el límite es de 10.000 euros anuales.
— Si se trata de personas con discapacidad partícipes, el límite se eleva a 24.250 euros anuales.

No obstante, el conjunto de las reducciones practicadas por todas las personas que realicen aportaciones a favor de una misma persona con discapacidad, incluidas las de la propia persona con discapacidad, no podrá exceder de 24.250 euros anuales. Las aportaciones que no hubieran podido ser objeto de reducción en la base imponible por insuficiencia de la misma podrán reducirse en los cinco ejercicios siguientes.

Lo expuesto para planes de pensiones a favor de personas con discapacidad también resulta aplicable para las aportaciones a mutualidades de previsión social, a las primas satisfechas a los planes de previsión asegurados, a los planes de previsión social empresarial y a los seguros de dependencia que cumplan los requisitos contemplados en la normativa.

c) *Aportaciones a patrimonios protegidos de las personas con discapacidad.* Las aportaciones al patrimonio protegido de la persona con discapacidad efectuadas por las personas que tengan con el mismo una relación de parentesco, en línea directa o colateral, hasta el tercer grado inclusive, así como por el cónyuge o por aquellos que lo tuviesen a su cargo en régimen de tutela o acogimiento, darán derecho a reducir la base imponible del aportante, con el límite máximo de 10.000 euros anuales, siempre que el conjunto de las reducciones practicadas por todas las personas que efectúen aportaciones a favor de un mismo patrimonio protegido no exceda de 24.250 euros anuales y las aportaciones que excedan de estos límites darán derecho a reducir la base imponible de los cuatro períodos impositivos siguientes, hasta agotar, en su caso, en cada uno de ellos los importes máximos de reducción. Si en un mismo ejercicio coinciden reducciones de la base imponible por aportaciones efectuadas en el ejercicio con reducciones de ejercicios anteriores pendientes de aplicar se practican, en primer lugar, las reducciones procedentes de los ejercicios anteriores, hasta agotar los importes máximos de reducción.

No dan derecho a reducción las aportaciones efectuadas por la propia persona con discapacidad que sea titular del patrimonio protegido.

16.2. Reducción por pensiones compensatorias

Las pensiones compensatorias a favor del cónyuge y las anualidades por alimentos, con excepción de las fijadas en favor de los hijos del contribuyente, satisfechas ambas por decisión judicial, podrán ser objeto de reducción en la base imponible.

16.3. Reducción por aportaciones a mutualidades de previsión social de deportistas profesionales

Los deportistas profesionales y de alto nivel pueden realizar una reducción en la base imponible por las aportaciones a una mutualidad de previsión social a prima fija de deportistas profesionales. Las aportaciones no pueden superar la cantidad máxima establecida para los sistemas de previsión social constituidos a favor de personas con discapacidad, incluyendo las que hubiesen sido imputadas por los promotores en concepto de rendimientos del trabajo.

El límite para practicar la reducción es la suma de los rendimientos netos del trabajo y de actividades económicas percibidos individualmente en el ejercicio, hasta un importe máximo de 24.250 euros y las cantidades que no se puedan deducir por insuficiencia de la base, o por aplicación del límite establecido, se pueden reducir en los cinco ejercicios siguientes.

17. ADECUACIÓN DEL IMPUESTO A LAS CIRCUNSTANCIAS PERSONALES Y FAMILIARES DEL CONTRIBUYENTE

El mínimo personal y familiar (MPF) está constituido por la parte de la base liquidable que no se somete a tributación porque se destina a satisfacer las necesidades básicas personales y familiares del contribuyente.

Cuando la base liquidable general sea superior al importe del mínimo personal y familiar, éste formará parte de la base liquidable general. No obstante, en aquellos casos en los que la base liquidable general sea inferior al importe del mínimo personal y familiar, éste formará parte de la base liquidable general por el importe de esta última y de la base liquidable del ahorro por el resto y en los casos en los que no exista base liquidable general, el mínimo personal y familiar formará parte de la base liquidable del ahorro. Es decir:

Supuestos	*MPF forma parte de*
BL Gral > MPF	BL Gral
BL Gral < MPF	Hasta BL Gral = MPF → BL Gral Exceso → BL del Ahorro
Si BL Gral = 0	BL Ahorro

El MPF está formado por la suma de las cuantías de los mínimos que se exponen a continuación, que podrán ser incrementadas o disminuidas por las CCAA que así lo regulen:

a) Mínimo del contribuyente.
b) Mínimo por descendientes.
c) Mínimo por ascendientes.
d) Mínimo por discapacidad.

Estos mínimos, cuyas cuantías se establecen en la normativa estatal, pueden ser incrementados o disminuidos a efectos del cálculo del gravamen autonómico en los importes que cada autonomía haya aprobado.

a) *Mínimo del contribuyente.* Será, con carácter general, de 5.550 euros anuales y cuando tenga una edad superior a 65 años, el mínimo se aumentará en 1.150 euros anuales. Si la edad es superior a 75 años, el mínimo se aumentará adicionalmente en 1.400 euros anuales.

b) *Mínimo por descendientes.* Se aplica por cada descendiente menor de veinticinco años o con discapacidad, cualquiera que sea su edad, siempre que conviva con el contribuyente y no tenga rentas anuales, excluidas las exentas, superiores a 8.000 euros.

Se asimilan a los descendientes aquellas personas vinculadas al contribuyente por razón de tutela y acogimiento.

El importe es de:

— 2.400 euros anuales por el primero.
— 2.700 euros anuales por el segundo.
— 4.000 euros anuales por el tercero.
— 4.500 euros anuales por el cuarto y siguientes.

Cuando el descendiente sea menor de tres años, el mínimo por descendientes se aumenta en 2.800 euros anuales y en los supuestos de adopción o acogimiento, tanto preadoptivo como permanente, este aumento se producirá, con independencia de la edad del menor, en el período impositivo en que se inscriba en el Registro Civil o se produzca la resolución judicial o administrativa y en los dos siguientes.

Se asimilan a los descendientes las personas vinculadas al contribuyente por razón de tutela y acogimiento. Asimismo, se considera que conviven con el contribuyente los descendientes que dependan de él y estén internados en centros especializados.

c) *Mínimo por ascendientes.* Es de 1.150 euros anuales, por cada ascendiente mayor de 65 años o con discapacidad, cualquiera que sea su edad, que conviva con el contribuyente y no tenga rentas anuales, excluidas las exentas, superiores a 8.000 euros. Se considera que conviven con el contribuyente los ascendientes discapacitados que, dependiendo del mismo, sean internados en centros especializados. Dicho límite se incrementará en 1.400 euros anuales cuando el ascendiente sea mayor de setenta y cinco años.

d) *Mínimo por discapacidad.* Se considera persona con discapacidad aquel que acredite un grado de minusvalía igual o superior al 33 por 100 en el caso de los pensionistas de la Seguridad Social que tengan reconocida una pensión de incapacidad permanente total, absoluta o gran invalidez y en el caso de los pensionistas de clases pasivas que tengan reconocida una pensión de jubilación o retiro por incapacidad permanente para el servicio o inutilidad. Igualmente, se considerará acreditado un grado de minusvalía igual o superior al 65 por 100, cuando se trate de personas cuya incapacidad sea declarada judicialmente, aunque no alcance dicho grado. El mínimo por discapacidad será:

Mínimo por discapacidad del contribuyente + Mínimo por discapacidad de ascendientes o descendientes

El mínimo por discapacidad del contribuyente es de 3.000 euros y si el grado de minusvalía es igual o superior al 65 por 100 dicho límite se eleva a 9.000 euros anuales. Este mínimo se aumenta en 3.000 euros anuales en concepto de gastos de asistencia, cuando se acredite la necesidad de ayuda de terceras personas o movilidad reducida, o un grado de minusvalía igual o superior al 65 por 100.

El mínimo por discapacidad de ascendientes o descendientes será de 3.000 euros anuales por cada uno de los descendientes o ascendientes con discapacidad que generen derecho a la aplicación del mínimo, cualquiera que sea su edad y de 9.000 euros anuales, por cada uno de ellos que acrediten un grado de minusvalía igual o superior al 65 por 100. Este mínimo se aumentará, en concepto de gastos de asistencia, en 3.000 euros anuales por cada ascendiente o descendiente que acredite necesitar ayuda de terceras personas o movilidad reducida, o un grado de minusvalía igual o superior al 65 por 100.

En cuanto a la aplicación de los límites expuestos, es necesario realizar algunas precisiones:

— Cuando dos o más contribuyentes tengan derecho a la aplicación del mínimo por descendientes, ascendientes o discapacidad, respecto de los mismos ascendientes o descendientes, su importe se prorrateará entre ellos por partes iguales. No obstante, cuando los contribuyentes tengan distinto grado de parentesco con el ascendiente o descendiente, la aplicación del mínimo corresponde a los de grado más cercano, salvo que éstos no tengan rentas anuales, excluidas las exentas, superiores a 8.000 euros, en cuyo caso corresponde a los del siguiente grado.

— No procede la aplicación del mínimo por descendientes, ascendientes o discapacidad, cuando los ascendientes o descendientes que generen el derecho a los mismos presenten declaración por este Impuesto con rentas superiores a 1.800 euros.

— La determinación de las circunstancias personales y familiares que deban tenerse en cuenta se realizará atendiendo a la situación existente en la fecha de devengo del Impuesto, es decir a 31 de diciembre, salvo en el caso de fallecimiento del descendiente o ascendiente que genere el derecho al mínimo por descendientes o ascendientes, en cuyo caso el contribuyente podrá realizar reducción de 2.400 euros anuales o 1.150 euros anuales por ese descendiente o ascendiente, respectivamente.

— Para la aplicación del mínimo por ascendientes, será necesario que éstos convivan con el contribuyente, al menos, la mitad del período impositivo.

18. CUOTA ÍNTEGRA ESTATAL Y AUTONÓMICA

La cuota íntegra del contribuyente está formada por la suma de la cuota íntegra estatal más la cuota íntegra autonómica.

Puesto que las Comunidades Autónomas tienen potestad normativa para establecer la cuota autonómica, ésta vendrá regulada en las leyes autonómicas, mientras que la escala estatal o general se regula en la norma estatal. Por lo tanto:

Cuota íntegra = Cuota íntegra estatal + Cuota íntegra autonómica

La *cuota íntegra estatal* será la suma de las cantidades resultantes de aplicar la escala general del impuesto a la base liquidable general y la escala general del ahorro a la base liquidable del ahorro, minorada en el importe derivado de aplicar a la parte de la base liquidable general correspondiente al mínimo personal y familiar la escala general. Es decir:

Cuota íntegra estatal	
(+) BL GRAL × escala general	(+) BL ahorro × escala general del ahorro

La escala general para 2024 es la siguiente:

Base liquidable – *Hasta euros*	*Cuota íntegra* – *Euros*	*Resto base liquidable* – *Hasta euros*	*Tipo aplicable* – *Porcentaje*
0,00	0,00	12.450,00	9,50
12.450,00	1.182,75	7.750,00	12,00
20.200,00	2.112,75	15.000,00	15,00
35.200,00	4.362,75	24.800,00	18,50
60.000,00	8.950,75	240.000,00	22,50
300.000,00	62.950,75	En adelante	24,50

El tipo medio de gravamen estatal es el resultado de multiplicar por 100 el cociente obtenido de dividir la cuota resultante de aplicar la escala general a la base liquidable general por la base liquidable general. Dicho tipo medio se expresará con dos decimales. Es decir:

t medio general estatal = (BL general × escala general / B Liquidable general) × 100

Cuando el contribuyente satisfaga anualidades por alimentos (AA) a sus hijos por decisión judicial —sin derecho a la aplicación por estos últimos del mínimo por descendientes— y el importe de las mismas sea inferior a la base liquidable general, se aplica por separado la escala general al importe de las anualidades por alimentos y al resto de la base liquidable general. La cuantía total resultante se minorará en el importe derivado de aplicar la escala general al MPF incrementado en 1.980 euros anuales, sin que la base liquidable general pueda resultar negativa como consecuencia de tal minoración. Es decir:

CI estatal = AA × escala general + Resto BL Gral × escala general –
– (MPF + 1.600) × escala general

Los contribuyentes que tuviesen su residencia habitual en el extranjero pueden tener ciertas especialidades.

La escala general del ahorro o tarifa estatal del ahorro se aplica a la base liquidable del ahorro en la parte que no se corresponda, en su caso, con el mínimo personal y familiar, y es la siguiente para 2024:

Base liquidable del ahorro – *Hasta euros*	*Cuota íntegra* – *Euros*	*Resto base liquidable del ahorro* – *Hasta euros*	*Tipo aplicable* – *Porcentaje*
0	0	6.000	9,5
6.000,00	570	44.000	10,5
50.000,00	5.190	150.000	11,5
200.000,00	22.440	100.000	13,5
300.000,00	35.940	En adelante	14

No obstante, los contribuyentes con residencia en el extranjero considerados como contribuyentes que tienen su residencia habitual en territorio español, según las normas de residencia del impuesto, deben aplicar una escala general del ahorro diferente.

La *cuota íntegra autonómica* será la suma de las cantidades resultantes de aplicar la escala autonómica del impuesto a la base liquidable general y la escala autonómica del ahorro a la base liquidable del ahorro. La escala autonómica del ahorro coincide con la escala estatal del ahorro.

Es decir, la cuota íntegra autonómica estará formada por:

Cuota íntegra autonómica	
(+) BL General x escala autonómica (–) MPF x escala autonómica	(+) BL ahorro x escala autonómica del ahorro

Las CCAA tienen potestad normativa para establecer la escala o tarifa autonómica, bajo ciertos límites aplicable a la base imponible general. Las tarifas aprobadas para 2024 por las distintas autonomías se recogen en un Anexo al final de este tema.

El tipo medio de gravamen autonómico se define como el derivado de multiplicar por 100 el cociente resultante de dividir la cuota obtenida de aplicar la escala autonómica a la base liquidable general por la base liquidable general. Es decir:

t medio autonómico = (BL general × escala general / B Liquidable general) × 100

19. CUOTA LÍQUIDA ESTATAL Y AUTONÓMICA

La *cuota líquida estatal* del IRPF es el resultado positivo de disminuir la cuota íntegra estatal (sin que pueda resultar negativa) en:

a) El tramo estatal de la deducción por inversión en vivienda habitual para aquellos contribuyentes que adquirieron su vivienda antes del 1 de enero de 2013.
b) La deducción por inversión en empresas de nueva o reciente creación
c) El 50 por 100 del importe total de las deducciones siguientes:

— Deducciones en actividades económicas.
— Deducciones por donativos y otras aportaciones.
— Deducción por rentas obtenidas en Ceuta y Melilla.
— Deducción por actuaciones para la protección y difusión del Patrimonio Histórico Español y de las ciudades, conjuntos y bienes declarados Patrimonio Mundial.
— Deducciones por obras de mejora de la eficiencia energética de viviendas.

La *cuota líquida autonómica* será el resultado de disminuir la cuota íntegra autonómica (sin que pueda resultar negativa) en la suma de:

a) El tramo autonómico de la deducción por inversión en vivienda habitual, para aquellos contribuyentes que adquirieron su vivienda antes del 1 de enero de 2013.
b) El 50 por 100 del importe total de las deducciones en actividades económicas, por donativos y otras aportaciones, por rentas obtenidas en Ceuta y Melilla, y por actuaciones para la protección y difusión del Patrimonio Histórico Español y de las ciudades, conjuntos y bienes declarados Patrimonio Mundial, y
c) El importe de las deducciones establecidas por cada Comunidad Autónoma. En este sentido, las Comunidades Autónomas han aprobado numerosas deducciones de temática muy variada.

20. DEDUCCIONES DE LA CUOTA

Las deducciones a practicar sobre la cuota íntegra que establece la normativa del impuesto para determinar la cuota líquida son:

a) Deducción por inversión en vivienda habitual.
b) Deducciones en actividades económicas.
c) Deducciones por donativos y otras aportaciones.
d) Deducción por rentas obtenidas en Ceuta y Melilla.
e) Deducción por actuaciones para la protección y difusión del Patrimonio Histórico Español y de las ciudades, conjuntos y bienes declarados Patrimonio Mundial.
f) Deducción por inversión en empresas de nueva o reciente creación.
g) Deducciones por obras de mejora de la eficiencia energética de viviendas.
h) Deducción aplicable a las unidades familiares formadas por residentes fiscales en Estados miembros de la Unión Europea o del Espacio Económico Europeo.

20.1. Deducción por inversión en vivienda habitual

Esta deducción se ha suprimido para la adquisición de viviendas realizadas a partir del 1 de enero de 2013. No obstante, los contribuyentes que realizaron la adquisición de las mismas con anterioridad, siguen teniendo derecho a practicar la deducción.

Los contribuyentes se pueden deducir el 7,5 por 100 de las cantidades satisfechas en el período, para la adquisición o rehabilitación de la vivienda que constituya o vaya a constituir la residencia habitual del contribuyente.

Se define como *vivienda habitual* aquella en la que el contribuyente resida durante un plazo continuado de tres años. No obstante, se entenderá que la vivienda tuvo aquel carácter cuando, a pesar de no haber transcurrido dicho plazo, se produzca el fallecimiento del contribuyente o concurran circunstancias que necesariamente exijan el cambio de vivienda, tales como separación matrimonial, traslado laboral, obtención de primer empleo o de empleo más ventajoso u otras análogas.

La base máxima de esta deducción es de 9.040 euros anuales y estará constituida por las cantidades satisfechas para la adquisición o rehabilitación de la vivienda, incluidos los gastos originados que hayan corrido a cargo del adquirente y, en el caso de financiación ajena, la amortización, los intereses, el coste de los instrumentos de cobertura del riesgo de tipo de interés variable de los préstamos hipotecarios, y demás gastos derivados de la misma. Cuando se utilicen los citados instrumentos de cobertura, los intereses satisfechos por el contribuyente se minorarán en las cantidades obtenidas por la aplicación del citado instrumento. Esta deducción también resulta aplicable para las cantidades aportadas a cuentas ahorro-vivienda, siempre que se destinen a la primera adquisición o rehabilitación de la vivienda habitual.

En los supuestos de nulidad matrimonial, divorcio o separación judicial, el contribuyente podrá seguir practicando esta deducción por las cantidades satisfechas en el período impositivo, para la adquisición de la que fue durante la vigencia del matrimonio su vivienda habitual, siempre que continúe teniendo esta condición para los hijos comunes y el progenitor en cuya compañía queden.

Cuando se adquiera una vivienda habitual habiendo disfrutado de la deducción por adquisición de otras viviendas habituales anteriores, no se puede practicar la deducción por la adquisición o rehabilitación de la nueva hasta que las cantidades invertidas en la misma no superen las invertidas en las anteriores, en la medida en que hubiesen sido objeto de deducción.

Cuando la enajenación de una vivienda habitual hubiera generado una ganancia patrimonial exenta por reinversión, la base de deducción por la adquisición o rehabilitación de la nueva se minorará en el importe de la ganancia patrimonial a la que se aplique la exención por reinversión y, en este caso, no se podrá practicar deducción por la adquisición de la nueva vivienda mientras las cantidades invertidas en la misma no superen:

— el precio de la anterior, en la medida en que haya sido objeto de deducción, más

— la ganancia patrimonial exenta por reinversión.

También pueden aplicar la deducción por inversión en vivienda habitual, bajo ciertos requisitos, el contribuyente con discapacidad (propia o de su cónyuge o un pariente, en línea directa o colateral, consanguínea o por afinidad, hasta el tercer grado inclusive, que conviva con él) que efectúe obras e instalaciones de adecuación en la misma, incluidos los elementos comunes del edificio y los que sirvan de paso necesario entre la finca y la vía pública y, en este caso, la base máxima de esta deducción es independiente de la fijada anteriormente y será de 12.080 euros anuales, siendo el porcentaje de deducción del 10 por 100.

El porcentaje de deducción autonómico de la deducción por adquisición de vivienda puede ser regulado por cada Comunidad Autónoma. Cuando no lo hayan regulado, el porcentaje es del 7,5 por 100 y cuando se trate de obras de adecuación de la vivienda habitual por personas con discapacidad, el porcentaje será el 10 por 100.

$$17.707,20 < BI < 24.107,20 \rightarrow Base = 9.040 - 1,4125 \times (BI - 17.707,20)$$

20.2. Deducciones en actividades económicas

Los contribuyentes por IRPF que realicen actividades económicas pueden aplicar los incentivos y estímulos a la inversión empresarial, regulados en la normativa del Impuesto sobre Sociedades, con igualdad de porcentajes y límites de deducción.

En cuanto a la deducción por inversión de beneficios para empresas de reducida dimensión se aplicará por parte del sujeto pasivo con ciertas especialidades:

— Darán derecho a la deducción los rendimientos netos de actividades económicas del período impositivo que se inviertan en elementos nuevos del inmovilizado material o inversiones inmobiliarias afectos a actividades económicas desarrolladas por el contribuyente.

— Con carácter general, el porcentaje será del 5 por 100 y del 2,5 por 100 en aquellos contribuyentes que hubiesen aplicado la reducción por inicio del ejercicio de una actividad económica, o se trate de rentas obtenidas en Ceuta y Melilla respecto de las que se hubiere aplicado la deducción por rentas obtenidas en estas ciudades.

— El importe de la deducción no podrá exceder de la suma de la cuota íntegra estatal y autonómica del período impositivo en el que se obtuvieron los rendimientos netos de actividades económicas.

Esta deducción es incompatible con la aplicación de la libertad de amortización.

En el caso de contribuyentes que ejerzan actividades económicas y determinen su rendimiento neto por el método de estimación objetiva, solamente podrán aplicar las deducciones en actividades económicas bajo ciertos requisitos.

20.3. Deducciones por donativos y otras aportaciones

Los contribuyentes pueden deducir:

— En el caso de donativos, donaciones y aportaciones contempladas en la Ley 49/2002, de 23 de diciembre, de régimen fiscal de las entidades sin fines lucrativos y de los incentivos fiscales al mecenazgo, el contribuyente puede deducir el 75 por 100 si la base de deducción es igual o inferior a 150 euros. Para cuantías, superiores, el porcentaje de deducción es del 30 por 100. No obstante, si en los dos períodos impositivos inmediatos anteriores se hubieran realizado donativos, donaciones o aportaciones con derecho a deducción en favor de una misma entidad por importe igual o superior, en cada uno de ellos, al del ejercicio anterior, el porcentaje de deducción aplicable a la base de la deducción en favor de esa misma entidad que exceda de 150 euros, es del 35 por 100.

— El 10 por 100 de las cantidades donadas a las fundaciones legalmente reconocidas que rindan cuentas al órgano del protectorado correspondiente, así como a las asociaciones declaradas de utilidad pública.

— El 20 por 100 de las cuotas de afiliación y las aportaciones a Partidos Políticos, Federaciones, Coaliciones o Agrupaciones de Electores. La base máxima de esta deducción será de 600 euros anuales.

20.4. Deducción por rentas obtenidas en Ceuta o Melilla

Los contribuyentes, que tengan su residencia habitual en Ceuta o Melilla, pueden deducir el 60 por 100 de la parte de la suma de las cuotas íntegras estatal y autonómica que proporcionalmente corresponda a las rentas computadas para la determinación de las bases liquidables que se hayan obtenido en Ceuta o Melilla.

Esta deducción también se aplica a aquellos contribuyentes para los que al menos una tercera parte de su patrimonio neto (calculado conforme a la normativa reguladora del Impuesto sobre el Patrimonio) esté situado en dichas ciudades, siempre que hayan mantenido su residencia habitual y efectiva en Ceuta o Melilla durante un plazo superior a tres años y obtengan rentas fuera de dichas ciudades en períodos impositivos iniciados con posterioridad al final de ese plazo. La cuantía máxima de las rentas obtenidas fuera de dichas ciudades que puede acogerse a esta deducción, será el importe neto de los rendimientos y ganancias y pérdidas patrimoniales obtenidos en dichas ciudades.

Los contribuyentes que no tengan su residencia habitual en Ceuta o Melilla, se pueden deducir el 60 por 100 de la parte de la suma de las cuotas íntegras estatal y autonómica que proporcionalmente corresponda a algunas rentas computadas para la determinación de las bases liquidables positivas, que hubieran sido obtenidas en Ceuta o Melilla.

Esta deducción no se aplica a las rentas procedentes de Instituciones de Inversión Colectiva, salvo cuando la totalidad de sus activos esté invertida en Ceuta o Melilla.

20.5. Deducción para la protección y difusión del patrimonio histórico

Los contribuyentes pueden deducir en la cuota el 15 por 100 del importe de las inversiones o gastos que realicen para:

— La adquisición de bienes del Patrimonio Histórico Español, realizada fuera del territorio español para su introducción dentro de dicho territorio, siempre que los bienes sean declarados de interés cultural o incluidos en el Inventario general de bienes muebles en el plazo de un año desde su introducción y permanezcan en territorio español y dentro del patrimonio del titular durante al menos cuatro años. La base de esta deducción es la valoración efectuada por la Junta de calificación, valoración y exportación de bienes del Patrimonio Histórico Español.

— La conservación, reparación, restauración, difusión y exposición de los bienes de su propiedad que estén declarados de interés cultural conforme a la normativa del patrimonio histórico del Estado y de las Comunidades Autónomas.

— La rehabilitación de edificios, el mantenimiento y reparación de sus tejados y fachadas, así como la mejora de infraestructuras de su propiedad situados en el entorno que sea objeto de protección de las ciudades españolas o de los conjuntos arquitectónicos, arqueológicos, naturales o paisajísticos y de los bienes declarados Patrimonio Mundial por la Unesco situados en España.

20.6. Deducción por inversión en empresas de nueva o reciente creación

Los contribuyentes que suscriban acciones o participaciones en empresas de nueva o reciente creación podrán deducirse el 50 por 100 de las cantidades satisfechas en el período de que se trate, bajo ciertos requisitos, pudiendo aportar el contribuyente además de la aportación temporal al capital, sus conocimientos empresariales o profesionales adecuados para el desarrollo de la entidad en la que invierten en los términos que establezca el acuerdo de inversión entre el contribuyente y la entidad.

La entidad cuyas acciones o participaciones se adquieran deberá cumplir los siguientes requisitos:

a) Revestir la forma de Sociedad Anónima, Sociedad de Responsabilidad Limitada, Sociedad Anónima Laboral o Sociedad de Responsabilidad Limitada Laboral y no estar admitida a negociación en ningún mercado organizado. Este requisito deberá cumplirse durante todos los años de tenencia de la acción o participación.

b) Ejercer una actividad económica que cuente con los medios personales y materiales para el desarrollo de la misma. En particular, no podrá tener por actividad la gestión de un patrimonio mobiliario o inmobiliario en ninguno de los períodos impositivos de la entidad concluidos con anterioridad a la transmisión de la participación.

c) El importe de la cifra de los fondos propios de la entidad no podrá ser superior a 400.000 euros en el inicio del período impositivo de la misma en que el contribuyente adquiera las acciones o participaciones.

Además, deberán cumplirse las siguientes condiciones:

1.º Las acciones o participaciones en la entidad deberán adquirirse por el contribuyente bien en el momento de la constitución de aquélla o mediante ampliación de capital efectuada en los cinco años siguientes a dicha constitución, o en los siete años siguientes a dicha constitución en el caso de empresas emergentes y permanecer en su patrimonio por un plazo superior a tres años e inferior a doce años.

2.º La participación directa o indirecta del contribuyente, junto con la que posean en la misma entidad su cónyuge o cualquier persona unida al contribuyente por parentesco, en línea recta o colateral, por consanguinidad o afinidad, hasta el segundo grado incluido, no puede ser, durante ningún día de los años naturales de tenencia de la participación, superior al 40 por 100 del capital social de la entidad o de sus derechos de voto. Esto no resulta aplicable a los socios fundadores de una empresa emergente.

3.º Que no se trate de acciones o participaciones en una entidad a través de la cual se ejerza la misma actividad que se venía ejerciendo anteriormente mediante otra titularidad.

La base máxima de deducción será de 100.000 euros anuales y estará formada por el valor de adquisición de las acciones o participaciones suscritas, sin que puedan formar parte de la base de deducción las cantidades satisfechas por la suscripción de acciones o participaciones cuando respecto de tales cantidades el contribuyente practique una deducción que hubiera podido establecer su Comunidad Autónoma de residencia.

Cuando el contribuyente transmita acciones o participaciones y opte por la aplicación de la exención por reinversión, únicamente formará parte de la base de la deducción correspondiente a las nuevas acciones o participaciones suscritas la parte de la reinversión que exceda del importe total obtenido en la transmisión de aquellas. En ningún caso se podrá practicar deducción por las nuevas acciones o participaciones mientras las cantidades invertidas no superen la citada cuantía.

Para la práctica de la deducción será necesario obtener una certificación expedida por la entidad cuyas acciones o participaciones se hayan adquirido indicando el cumplimiento de los requisitos señalados con anterioridad en el período impositivo en el que se produjo la adquisición de las mismas.

20.7. Deducciones por obras de mejora de la eficiencia energética de viviendas

La normativa del impuesto establece varias deducciones temporales relacio-nadas con la eficiencia energética que puede practicar el contribuyente:

a) Por las *obras realizadas para la reducción de la demanda de calefacción y refrigeración* de su vivienda habitual o de cualquier otra de su titularidad que tuviera arrendada para su uso como vivienda en ese momento o en expectativa de alquiler, siempre que, en este último caso, la vivienda se alquile antes del 31 de diciembre de 2025. Estas obras se deben realizar desde el 6 de octubre de 2021 hasta el 31 de diciembre de 2024.

Se entiende que se ha reducido la demanda de calefacción y refrigeración de la vivienda cuando se reduzca en al menos un 7 por 100 la suma de los indicadores de demanda de calefacción y refrigeración del certificado de eficiencia energética de la vivienda expedido por el técnico competente después de la realización de las obras, respecto del expedido antes del inicio de las mismas. La deducción se practicará en el período impositivo en el que se expida el certificado de eficiencia energética emitido después de la realización de las obras, el cual deberá ser expedido antes del 1 de enero de 2025.

La base máxima de la deducción es de 5.000 euros anuales y el porcentaje de deducción del 20 por 100.

b) Por las *obras realizadas para la mejora en el consumo de energía primaria no renovable* de su vivienda habitual o de cualquier otra de su titularidad que tuviera arrendada para su uso como vivienda en ese momento o en expectativa de alquiler, siempre que, en este último caso, la vivienda se alquile antes del 31 de diciembre de 2025. Estas obras se deben realizar desde el 6 de octubre de 2021 hasta el 31 de diciembre de 2024.

Se entiende que se ha mejorado el consumo de energía primaria no renovable, cuando se reduzca en al menos un 30 por 100 el indicador de consumo de energía primaria no renovable o bien, se consiga una mejora de la calificación energética de la vivienda para obtener una clase energética «A» o «B», en la misma escala de calificación, acreditado mediante certificado de eficiencia energética expedido por el técnico competente después de la realización de aquéllas, respecto del expedido antes del inicio de las mismas. La deducción se practica en el período impositivo en el que se expida el certificado de eficiencia energética emitido después de la realización de las obras.

La base máxima de la deducción es de 7.500 euros anuales y el porcentaje de deducción del 40 por 100.

Tanto esta deducción como la anterior se practicará en el período impositivo en el que se expida el certificado de eficiencia energética emitido después de la realización de las obras y, en cualquier caso, dicho certificado deberá ser expedido antes del 1 de enero de 2025.

c) Por *obras de rehabilitación energética*. Las obras se deben desarrollar en viviendas ubicadas en edificios de uso predominante residencial desde el 6 de octubre de 2021 hasta el 31 de diciembre de 2025.

Tienen la consideración de obras de rehabilitación energética del edificio aquéllas en las que se obtenga una mejora de la eficiencia energética, debiendo acreditarse con el certificado de eficiencia energética del edificio expedido por el técnico competente después de la realización de aquéllas una reducción del consumo de energía primaria no renovable, referida a la certificación energética, de un 30 por 100 como mínimo, o bien, la mejora de la calificación energética del edificio para obtener una clase energética «A» o «B», en la misma escala de calificación, respecto del expedido antes del inicio de las mismas.

Se asimilan a viviendas las plazas de garaje y trasteros adquiridos con la vivienda.

La base máxima de la deducción es de 5.000 euros anuales, si bien las cantidades no deducidas por exceder de la base máxima anual de deducción podrán deducirse, con el mismo límite, en los cuatro ejercicios siguientes, sin que en ningún caso la base acumulada de la deducción pueda exceder de 15.000 euros. El porcentaje de deducción es del 60 por 100.

Estas deducciones no se pueden practicar por obras realizadas en la parte de la vivienda que se encuentre afecta a una actividad económica. La base de estas deducciones está constituida por las cantidades satisfechas, mediante tarjeta de crédito o débito, transferencia bancaria, cheque nominativo o ingreso en cuentas en entidades de crédito, a las personas o entidades que realicen tales obras, así como a las personas o entidades que expidan los citados certificados, debiendo descontar aquellas cuantías que, en su caso, hubieran sido subvencionadas a través de un programa de ayudas públicas o fueran a serlo en virtud de resolución definitiva de la concesión de tales ayudas. En ningún caso, darán derecho a practicar deducción las cantidades satisfechas mediante entregas de dinero de curso legal.

20.8. Deducciones por la adquisición de vehículos eléctricos «enchufables» y de pila de combustible y puntos de recarga

La Ley establece dos deducciones relacionadas con los vehículos eléctricos:

1) Deducción por adquisición de vehículo eléctrico nuevo, y
2) Deducción por instalación de puntos de recarga.

1) *Deducción por adquisición de vehículo eléctrico nuevo*. Los contribuyentes que adquieran un vehículo eléctrico nuevo podrán deducir el 15 por 100 del valor de adquisición, en cualquiera de las siguientes circunstancias:

a) Cuando el vehículo se adquiera hasta el 31 de diciembre de 2024 y, en este caso, la deducción se practica en el período impositivo en el que el vehículo sea matriculado.

b) Cuando se abone al vendedor hasta el 31 de diciembre de 2024 una cantidad a cuenta para la futura adquisición del vehículo que suponga, al menos el 25 por 100 del valor de adquisición del mismo y, en este caso, la deducción se practica en el período impositivo en el que se satisfaga esta cantidad, debiendo abonarse el resto y adquirirse el vehículo antes de que finalice el segundo período impositivo inmediato posterior a aquel en el que se produjo el pago de dicha cantidad.

En ambos casos, la base máxima de deducción es de 20.000 euros y está constituida por el valor de adquisición del vehículo, incluidos los gastos y tributos inherentes a la adquisición, debiendo descontar aquellas cuantías que, en su caso, hubieran sido subvencionadas o fueran a serlo a través de un programa de ayudas públicas.

El contribuyente puede aplicar la deducción por una única compra, debiendo optar, o bien por la aplicación de la deducción por la adquisición, o bien de la deducción por la entrega a cuenta.

Para la aplicación de la deducción, los turismos deben encontrarse dentro de ciertas categorías y estar incluidos en la base de datos de vehículos del Instituto para la Diversificación y el Ahorro de Energía (IDAE), cumpliendo algunos requisitos, no estar afectos a actividades económicas, haber sido matriculados antes del 31 de diciembre de 2024 y el precio de venta máximo no puede superar determinados límites fijados para la ejecución de programas de incentivos ligados a la movilidad eléctrica (MOVES III).

2) *Deducción por instalación de puntos de recarga.* Los contribuyentes pueden deducir el 15 por 100 de las cantidades satisfechas, hasta el 31 de diciembre de 2024, para la instalación en un inmueble de su propiedad de sistemas de recarga de baterías para vehículos eléctricos no afectas a la actividad económica. La base máxima de la deducción es de 4.000 euros anuales y estas cantidades ser deben satisfacer mediante tarjeta de crédito o débito, transferencia bancaria, cheque nominativo o ingreso en cuentas en entidades de crédito, a las personas o entidades que realicen la instalación, debiendo descontar aquellas cuantías que, en su caso, hubieran sido subvencionadas a través de un programa de ayudas públicas. En ningún caso, darán derecho a practicar deducción las cantidades satisfechas mediante entregas de dinero de curso legal.

A estos efectos, se considerarán como cantidades satisfechas para la instalación de los sistemas de recarga las necesarias para llevarlas a cabo, tales como, la inversión en equipos y materiales, gastos de instalación de los mismos y las obras necesarias para su desarrollo.

Esta deducción se deberá practicar en el período impositivo en el que finalice la instalación, que no puede ser posterior a 2024.

Estas deducciones se restarán de la cuota íntegra estatal una vez descontadas, si proceden, la deducción por inversión en empresas de nueva o reciente creación, las deducciones en actividades económicas, las deducciones por donativos y otras aportaciones, la deducción por rentas obtenidas en Ceuta o Melilla y la deducción por actuaciones para la protección y difusión del Patrimonio Histórico.

20.9. Deducción aplicable a las unidades familiares formadas por residentes fiscales en Estados miembros de la Unión Europea o del Espacio Económico Europeo

Cuando la unidad familiar esté formada por contribuyentes del IRPF y por residentes en otro Estado miembro de la Unión Europea o del Espacio Económico Europeo con el que exista un efectivo intercambio de información tributaria, los contribuyentes por IRPF podrán deducir de la cuota íntegra que corresponde a su declaración individual, en su caso, el resultado de las siguientes operaciones:

1) Se suman las cuotas íntegras estatal y autonómica —minoradas, si procede, en las deducciones— de los miembros de la unidad familiar contribuyentes por IRPF, junto con las cuotas del IRNR correspondientes a las rentas obtenidas en territorio español en ese mismo período impositivo por el resto de miembros de la unidad familiar.

2) Se determinará la cuota líquida total que hubiera resultado de haber podido optar por tributar conjuntamente con el resto de miembros de la unidad familiar, entendiéndose, a estos exclusivos efectos, que todos los miembros de la unidad familiar son contribuyentes por IRPF. Para dicho cálculo, solamente se tendrán en cuenta, para cada fuente de renta, la parte de las rentas positivas de los miembros no residentes integrados en la unidad familiar que excedan de las rentas negativas obtenidas por estos últimos.

3) Se calcula la diferencia entre 1) y 2) y si es negativa, la cantidad a computar será cero.

4) Se deduce de la cuota íntegra estatal y autonómica —una vez efectuadas las deducciones, si procede—, la cuantía obtenida en 3). A estos efectos, se minorará la cuota íntegra estatal del IRPF en la proporción que representen las cuotas del IRNR respecto de la cuantía total prevista en 1), y el resto minorará la cuota íntegra estatal y autonómica por partes iguales.

Cuando sean varios los contribuyentes por IRPF integrados en la unidad familiar, esta minoración se efectuará de forma proporcional a las respectivas cuotas íntegras, una vez efectuadas las deducciones si procede.

No obstante, no procede la aplicación de esta deducción cuando alguno de los miembros integrados en la unidad familiar hubiera optado por tributar por el régimen fiscal especial aplicable a los trabajadores desplazados a territorio español, no dispongan de número de identificación fiscal o hubieran aplicado la opción para contribuyentes residentes en otros Estados miembros de la Unión Europea, según la normativa del IRNR.

20.10. Límites de determinadas deducciones y comprobación de la situación patrimonial

La base de las deducciones por donativos y por actuaciones para la protección y difusión del Patrimonio Histórico Español y de las ciudades, conjuntos y bienes declarados Patrimonio Mundial no podrá exceder para cada una de ellas del 10 por 100 de la base liquidable del contribuyente.

Los límites de las deducciones en actividades económicas serán los que establezca la normativa del Impuesto sobre Sociedades, para los incentivos y estímulos a la inversión empresarial, y se aplicarán sobre la cuota que resulte de minorar la suma de las cuotas íntegras, estatal y autonómica, en el importe total de las deducciones por inversión en empresas de nueva o reciente creación y por actuaciones para la protección y difusión del Patrimonio Histórico Español y de las ciudades, conjuntos y bienes declarados Patrimonio Mundial.

21. CUOTA DIFERENCIAL

La cuota diferencial será el resultado de minorar la cuota líquida total del impuesto, que será la suma de las cuotas líquidas, estatal y autonómica, en los siguientes importes:

a) La deducción por doble imposición internacional.
b) La deducción por maternidad.
c) La deducción por familia numerosa o personas con discapacidad a cargo.
d) Las deducciones establecidas en el régimen especial de transparencia fiscal internacional y de cesión de derechos de imagen, que veremos en los correspondientes regímenes.
e) Las retenciones, los ingresos a cuenta y los pagos fraccionados.
f) Cuando el contribuyente adquiera su condición por cambio de residencia, las retenciones e ingresos a cuenta, así como las cuotas satisfechas del IRNR y devengadas, durante el período impositivo en que se produzca el cambio de residencia.
g) Las retenciones a cuenta efectivamente practicadas por el agente pagador, en materia de fiscalidad de los rendimientos del ahorro en forma de pago de intereses.

Posteriormente, para determinar el resultado final de la declaración, es necesario practicar, cuando proceda, la deducción por maternidad y las deducciones por familia numerosa o personas con discapacidad a cargo.

22. DEDUCCIONES DE LA CUOTA DIFERENCIAL

Son las siguientes:

22.1. Deducción por doble imposición internacional

Cuando entre las rentas del contribuyente figuren rendimientos o ganancias patrimoniales obtenidos y gravados en el extranjero, sea o no a través de un establecimiento permanente, se deducirá la menor de las dos cantidades siguientes:

a) El importe efectivo de lo satisfecho en el extranjero por razón de un impuesto de naturaleza idéntica o análoga a este impuesto, o al IRNR, sobre dichos rendimientos o ganancias patrimoniales.
b) El resultado de aplicar el tipo medio efectivo de gravamen a la parte de base liquidable gravada en el extranjero. El tipo medio efectivo se define como el resultado de dividir la cuota líquida total por la base liquidable y multiplicarlo por 100, es decir:

$$\text{Tmef} = (\text{CL} / \text{BL}) \times 100$$

Asimismo, esta deducción también resulta aplicable cuando se obtengan rentas en el extranjero a través de un establecimiento permanente y en ningún caso resulta de aplicación el procedimiento de eliminación de la doble imposición previsto en la normativa del Impuesto sobre Sociedades. Este procedimiento está referido a la exención de determinadas rentas obtenidas en el extranjero a través de un establecimiento permanente, cuando las mencionadas rentas procedan de la realización de actividades empresariales en el extranjero y además, el establecimiento permanente haya sido gravado por un impuesto de naturaleza idéntica o análoga al Impuesto sobre Sociedades. Pues bien, la exención prevista en el Impuesto sobre Sociedades no será de aplicación cuando resulte que el sujeto pasivo se pueda acoger a la deducción por doble imposición internacional que estamos analizando.

22.2. Deducción por maternidad

Las mujeres con hijos menores de tres años con derecho a la aplicación del mínimo por descendientes, que en el momento del nacimiento del menor perciban prestaciones contributivas o asistenciales del sistema de protección de desempleo, o que en dicho momento o en cualquier momento posterior estén dadas de alta en el régimen correspondiente de la Seguridad Social o mutualidad con un período mínimo, en este último caso, de 30 días cotizados, podrán minorar la cuota diferencial de este Impuesto hasta en 1.200 euros anuales por cada hijo menor de tres años hasta que el menor alcance los tres años de edad.

En los supuestos de adopción o acogimiento, tanto preadoptivo como permanente, la deducción se podrá practicar, con independencia de la edad del menor, durante los tres años siguientes a la fecha de la inscripción en el Registro Civil y si dicha inscripción no fuera necesaria, la deducción se practicará durante los tres años posteriores a la fecha de la resolución judicial o administrativa que la declare.

En caso de fallecimiento de la madre, o cuando la guarda y custodia se atribuya de forma exclusiva al padre o, en su caso, a un tutor, siempre que cumpla los requisitos para poder aplicar esta deducción tendrá derecho a la práctica de la deducción pendiente.

El importe de la deducción se puede incrementar hasta en 1.000 euros adicionales cuando el contribuyente que tenga derecho a la misma hubiera satisfecho en el período impositivo gastos de custodia del hijo menor de tres años en guarderías o centros de educación infantil autorizados. En el período impositivo en que el hijo menor cumpla tres años, este incremento podrá resultar de aplicación respecto de los gastos incurridos con posterioridad al cumplimiento de dicha edad hasta el mes anterior a aquél en el que pueda comenzar el segundo ciclo de educación infantil.

En este sentido, se entenderán por gastos de custodia las cantidades satisfechas a guarderías y centros de educación infantil por la preinscripción y matrícula de dichos menores, la asistencia, en horario general y ampliado, y la alimentación, siempre que se hayan producido por meses completos y no tuvieran la consideración de rendimientos del trabajo en especie exentos por tratarse de bienes destinados a los servicios sociales y culturales del personal empleado o la prestación del servicio de educación previo al nivel universitario, en centros educativos autorizados, a los hijos de los empleados con carácter gratuito o por precio inferior al normal de mercado.

La deducción se calculará de forma proporcional al número de meses del período impositivo posteriores al momento en el que la mujer tenga derecho al mínimo por descendientes por ese menor de tres años, siempre que durante dichos meses no se perciba por ninguno de los progenitores en relación con dicho descendiente el complemento de ayuda para la infancia.

Cuando tenga derecho a la deducción en relación con ese descendiente por haberse dado de alta en la Seguridad Social o mutualidad con posterioridad al nacimiento del menor, la deducción correspondiente al mes en el que se cumpla el período de cotización de 30 días, se incrementará en 150 euros.

Se podrá optar por la realización de esta deducción o bien por la solicitud a la Administración Tributaria del abono de la deducción anticipadamente y, en este caso, no se minora la cuota diferencial del impuesto.

22.3. Deducción por familia numerosa o personas con discapacidad a cargo

Los contribuyentes que realicen una actividad por cuenta propia o ajena por la cual estén dados de alta en el régimen correspondiente de la Seguridad Social o mutualidad pueden minorar la cuota diferencial del impuesto en las siguientes deducciones:

a) Por cada descendiente con discapacidad con derecho a la aplicación del mínimo por descendientes, hasta 1.200 euros anuales.

b) Por cada ascendiente con discapacidad con derecho a la aplicación del mínimo por ascendientes, hasta 1.200 euros anuales.

c) Por ser un ascendiente, o un hermano huérfano de padre y madre, que forme parte de una familia numerosa o por ser un ascendiente separado legalmente, o sin vínculo matrimonial, con dos hijos sin derecho a percibir anualidades por alimentos y por los que tenga derecho a la totalidad del mínimo por descendientes, hasta 1.200 euros anuales.

En caso de familias numerosas de categoría especial, esta deducción se incrementará en un 100 por 100 y, además, puede aumentar hasta en 600 euros anuales por cada uno de los hijos que formen parte de la familia numerosa que exceda del número mínimo de hijos exigido para que dicha familia haya adquirido la condición de familia numerosa de categoría general o especial, según corresponda.

d) Por el cónyuge no separado legalmente con discapacidad, siempre que no tenga rentas anuales, excluidas las exentas, superiores a 8.000 euros ni genere el derecho a las deducciones por descendientes y ascendientes, hasta 1.200 euros anuales.

Asimismo, podrán minorar la cuota diferencial del impuesto en las deducciones previstas anteriormente los contribuyentes que perciban prestaciones contributivas y asistenciales del sistema de protección del desempleo, pensiones abonadas por el Régimen General y los Regímenes especiales de la Seguridad Social o por el Régimen de Clases Pasivas del Estado, así como los contribuyentes que perciban prestaciones análogas a las anteriores reconocidas a los profesionales no integrados en el régimen especial de la Seguridad Social de los trabajadores por cuenta propia o autónomos por las mutualidades de previsión social que actúen como alternativas al régimen especial de la Seguridad Social mencionado, siempre que se trate de prestaciones por situaciones idénticas a las previstas para la correspondiente pensión de la Seguridad Social.

Cuando dos o más contribuyentes tengan derecho a la aplicación de alguna de las anteriores deducciones respecto de un mismo descendiente, ascendiente o familia numerosa, su importe se prorrateará entre ellos por partes iguales. Asimismo, se podrían determinar supuestos de cesión del derecho a la deducción a otro contribuyente que tenga derecho a su aplicación respecto de un mismo descendiente, ascendiente o familia numerosa.

Estas deducciones se calculan de forma proporcional al número de meses en que se cumplan de forma simultánea los requisitos enumerados con anterioridad y tienen como límite para cada una de las deducciones las cotizaciones y cuotas totales a la Seguridad Social y Mutualidades devengadas en cada período impositivo. No obstante, si tuviera derecho a la deducción prevista en las letras *a*) o *b*) respecto de varios ascendientes o descendientes con discapacidad, el citado límite se aplicará de forma independiente respecto de cada uno de ellos.

A efectos del cálculo de este límite se computarán las cotizaciones y cuotas por sus importes íntegros, sin tomar en consideración las bonificaciones que pudieran corresponder.

Es posible la solicitud a la Agencia Estatal de Administración Tributaria del abono de las deducciones de forma anticipada y, en ese caso, no se minorará la cuota diferencial del impuesto.

23. PAGOS A CUENTA

En el IRPF los pagos a cuenta que tienen la consideración de deuda tributaria, pueden ser:

a) Retenciones.
b) Ingresos a cuenta.
c) Pagos fraccionados.

a) *Retenciones*. Las entidades y las personas jurídicas, incluidas las entidades en atribución de rentas, así como los contribuyentes que ejerzan actividades económicas que satisfagan o abonen rentas sujetas al IRPF están obligadas a practicar retención e ingreso a cuenta, en concepto de pago a cuenta del IRPF del perceptor y a ingresar su importe en el Tesoro. Los sujetos obligados a retener o a ingresar a cuenta deben asumir la obligación de efectuar el ingreso en el Tesoro, y cuando la retención no se hubiera practicado o lo hubiera sido por un importe inferior al debido, por causa imputable al retenedor u obligado a ingresar a cuenta, el perceptor deducirá de la cuota la cantidad que debió ser retenida.

Están sujetas a retención o ingreso a cuenta las siguientes rentas:

— Los rendimientos del trabajo.
— Los rendimientos del capital mobiliario.
— Los rendimientos de actividades profesionales, agrícolas y ganaderas, forestales y actividades empresariales que determinen su rendimiento neto por el método de estimación objetiva.
— Las ganancias patrimoniales obtenidas como consecuencia de las transmisiones o reembolsos de acciones y participaciones representativas del capital o patrimonio de las instituciones de inversión colectiva, así como las derivadas de los aprovechamientos forestales de los vecinos en montes públicos.
— Los rendimientos procedentes del arrendamiento o subarrendamiento de inmuebles urbanos.
— Los rendimientos procedentes de la propiedad intelectual, industrial, de la prestación de asistencia técnica, del arrendamiento de bienes muebles, negocios o minas, del subarrendamiento sobre los bienes anteriores y los procedentes de la cesión del derecho a la explotación del derecho de imagen.
— Los premios que se entreguen como consecuencia de la participación en juegos, concursos, rifas o combinaciones aleatorias, estén o no vinculados a la oferta, promoción o venta de determinados bienes, productos o servicios.

No se someten a retención, entre otros:

— Las rentas exentas, salvo los dividendos,
— Los rendimientos derivados de las letras del Tesoro, y
— Los rendimientos derivados de la distribución de la prima de emisión de acciones o participaciones, o de la reducción de capital.

El importe de la retención será el resultado de aplicar a la base de retención o cuantía total que se abone o satisfaga, el tipo de retención que corresponda. Con carácter general, la base de retención será la cuantía total que se satisfaga o abone.

La cuantía del porcentaje de retención será:

— Rendimientos del trabajo. Las retenciones e ingresos a cuenta sobre los rendimientos del trabajo se fijan tomando como referencia el importe que resultaría de aplicar las tarifas a la base de la retención o ingreso a cuenta y, para determinar el porcentaje de retención o ingreso a cuenta, se pueden tener en consideración las circunstancias personales y familiares y, en su caso, las rentas del cónyuge y las reducciones y deducciones, así como las retribuciones variables previsibles, entendidas como las obtenidas en el año anterior, salvo que concurran circunstancias que permitan acreditar de manera objetiva un importe inferior. La escala a aplicar es la siguiente:

Base para calcular el tipo de retención – *Hasta euros*	*Cuota de retención* – *Euros*	*Resto base para calcular el tipo de retención* – *Hasta euros*	*Tipo aplicable* – *Porcentaje*
0,00	0,00	12.450,00	19,00
12.450,00	2.365,50	7.750,00	24,00
20.200,00	4.225,50	15.000,00	30,00
35.200,00	8.725,50	24.800,00	37,00
60.000,00	17.901,50	240.000,00	45,00
300.000,00	125.901,50	En adelante	47,00

En cuanto al tipo aplicable al resto de retribuciones dinerarias del contribuyente:

— Rendimientos del capital mobiliario. Se aplica a la base de retención el tipo del 19 por 100, excepto en el caso de rendimientos del capital mobiliario procedentes de la propiedad intelectual cuando el contribuyente no sea el autor, que el tipo será del 15 por 100. También se aplica este porcentaje de retención del 19 por 100 a:

1) las ganancias patrimoniales derivadas de las transmisiones o reembolsos de acciones y participaciones de instituciones de inversión colectiva,

2) las ganancias patrimoniales derivadas de la transmisión de derechos de suscripción,

3) los premios que se entreguen como consecuencia de la participación en juegos, concursos, rifas o combinaciones aleatorias, estén o no vinculadas a la oferta, promoción o venta de determinados bienes, productos o servicios,

4) rendimientos procedentes del arrendamiento o subarrendamiento de bienes inmuebles urbanos, y

5) los rendimientos procedentes de la propiedad intelectual, industrial, de la prestación de asistencia técnica, del arrendamiento de bienes muebles, negocios o minas, si bien puede ser más reducido en algunos casos.

Otros porcentajes de retención también son fijos. Así, el porcentaje de retención de:

— Rendimientos del trabajo percibidos por la condición de administradores y miembros de los consejos de administración, de las juntas que hagan sus veces, y demás miembros de otros órganos representativos, es del 35 por 100. No obstante, cuando procedan de entidades con un importe neto de la cifra de negocios inferior a 100.000 euros, el tipo de retención será del 19 por 100.

— Rendimientos procedentes de la cesión del derecho a la explotación del derecho de imagen, cualquiera que sea su calificación, es el 24 por 100.

— Rendimientos del trabajo derivados de impartir cursos, conferencias, coloquios, seminarios y similares, o derivados de la elaboración de obras literarias, artísticas o científicas, siempre que se ceda el derecho a su explotación, será del 15 por 100. No obstante, el porcentaje de retención sobre los rendimientos del trabajo derivados de la elaboración de obras literarias, artísticas o científicas será del 7 por 100 cuando el volumen de tales rendimientos íntegros correspondiente al ejercicio inmediato anterior sea inferior a 15.000 euros y represente más del 75 por 100 de la suma de los rendimientos íntegros de actividades económicas y del trabajo obtenido por el contribuyente en dicho ejercicio. Para la aplicación de este tipo de retención, los contribuyentes deberán comunicar al pagador de los rendimientos la concurrencia de dichas circunstancias, quedando obligado el pagador a conservar la comunicación debidamente firmada. Estos porcentajes se reducen en un 60 por 100 cuando se trate de rendimientos del trabajo obtenidos en Ceuta y Melilla que tengan derecho a la deducción en la cuota.

— Actividades profesionales: 15 por 100 o el 7 por 100 para los que inicien su actividad durante los tres primeros años. No obstante, el porcentaje será del 15 por 100 cuando el volumen de rendimientos íntegros de tales actividades correspondiente al ejercicio inmediato anterior sea inferior a 15.000 euros y represente más del 75 por 100 de la suma de los rendimientos íntegros de actividades económicas y del trabajo obtenidos por el contribuyente en dicho ejercicio y, además, este porcentaje se reducirá en un 60 por 100 cuando los rendimientos tengan derecho a la deducción por rentas obtenidas en Ceuta y Melilla.

— Actividades agrícolas o ganaderas y forestales, el 2 por 100.

— Actividades ganaderas de engorde de porcino y avicultura, así como determinadas actividades empresariales que determinen su rendimiento neto por el método de estimación objetiva, el 1 por 100.

b) *Ingresos a cuenta*. En el caso de las retribuciones en especie en que exista obligación de ingresar a cuenta, se presumirá que dicho ingreso ha sido efectuado y el contribuyente debe incluir en la base imponible la valoración de la retribución en especie y el ingreso a cuenta, salvo que le hubiera sido repercutido.

No existirá obligación de efectuar ingresos a cuenta respecto a las contribuciones satisfechas por los promotores de planes de pensiones, de planes de previsión social empresarial y de mutualidades de previsión social que reduzcan la base imponible.

El ingreso a cuenta se realiza en el caso de retribuciones en especie y es un porcentaje de la valoración de la retribución en especie y este porcentaje depende del tipo de retribución que se trate. Así, para las retribuciones en especie procedentes del trabajo, el ingreso a cuenta se fija como un porcentaje de la valoración de la retribución en especie que será el mismo porcentaje que el utilizado para las rentas del trabajo dinerarias del contribuyente. En el caso de retribuciones en especie calificadas como rendimientos del capital mobiliario, el ingreso a cuenta será el 19 por 100 de la valoración de la retribución en especie.

c) *Pagos fraccionados*. Los contribuyentes que realizan actividades económicas están obligados a efectuar pagos fraccionados a cuenta del IRPF, autoliquidando e ingresando su importe.

Los porcentajes de los pagos fraccionados que deben practicar los contribuyentes que ejercen actividades económicas son los siguientes:

— El 20 por 100, cuando se trate de actividades que determinen el rendimiento neto por el método de estimación directa, en cualquiera de sus modalidades.

— El 4 por 100, cuando se trate de actividades que determinen el rendimiento neto por el método de estimación objetiva. El porcentaje será el 3 por 100 cuando se trate de actividades que tengan sólo una persona asalariada, y el 2 por 100 cuando no se disponga de personal asalariado.

— El 2 por 100, cuando se trate de actividades agrícolas, ganaderas, forestales o pesqueras, cualquiera que fuese el método de determinación del rendimiento neto.

El contribuyente está obligado a presentar liquidación provisional del impuesto. Cuando la suma de las retenciones, ingresos a cuenta y pagos fraccionados sea superior al importe de la cuota resultante de la autoliquidación, la Administración Tributaria puede devolver de oficio el exceso y practicar la liquidación provisional que proceda.

24. TRIBUTACIÓN FAMILIAR

Existen dos modalidades de unidad familiar, que son:

a) La integrada por los cónyuges no separados legalmente y, si los hubiera:

— Los hijos menores, con excepción de los que, con el consentimiento de los padres, vivan independientes de éstos.

— Los hijos mayores de edad, incapacitados judicialmente, sujetos a la patria potestad prorrogada o rehabilitada.

b) En los casos de separación legal, o cuando no existiera vínculo matrimonial, la formada por el padre o la madre y todos los hijos que convivan con uno u otro y que reúnan los requisitos a que se refiere la primera modalidad.

Nadie puede formar parte de dos unidades familiares al mismo tiempo. Para determinar los miembros de la unidad familiar, se atiende a la situación existente a 31 de diciembre de cada año.

Las personas físicas integradas en una unidad familiar pueden optar, en cualquier período impositivo, por tributar conjuntamente en el IRPF, siempre que todos los miembros sean contribuyentes por este impuesto y todas las rentas se gravarán acumuladamente. Dicha opción no vincula para períodos sucesivos, pero la opción ejercitada para un período impositivo no podrá ser modificada con posterioridad respecto de dicho período, una vez finalizado el plazo reglamentario de declaración.

La opción por la tributación conjunta deberá abarcar a la totalidad de los miembros de la unidad familiar. Si uno de ellos presenta declaración individual, los restantes deberán utilizar el mismo régimen.

En la tributación conjunta se aplican las reglas generales del impuesto sobre determinación de la renta de los contribuyentes, determinación de las bases imponible y liquidable y determinación de la deuda tributaria, con las especialidades siguientes:

— Como regla general, los importes y límites cuantitativos establecidos a efectos de la tributación individual se aplican en idéntica cuantía en la tributación conjunta, sin que proceda su elevación o multiplicación en función del número de miembros de la unidad familiar. No obstante:

- Los límites máximos de reducción en la base imponible por aportaciones y contribuciones a sistemas de previsión social y a mutualidades de previsión social de deportistas profesionales, se aplican individualmente por cada partícipe o mutualista integrado en la unidad familiar.
- En cualquiera de las modalidades de unidad familiar, el mínimo del contribuyente es de 5.151 euros anuales, con independencia del número de miembros integrados en la misma, incrementado o disminuido por lo dispuesto en la respectiva autonomía.
- En la primera de las modalidades de unidad familiar descritas con anterioridad, la base imponible, con carácter previo a las reducciones por atención a situaciones de dependencia y envejecimiento, se reducirá en 3.400 euros anuales. Y para la segunda modalidad de unidad familiar, la reducción será de 2.150 euros. Estas reducciones se aplicarán, en primer lugar, a la base imponible general sin que pueda resultar negativa como consecuencia de tal minoración y, el remanente, si lo hubiera, minorará la base imponible del ahorro, que tampoco podrá resultar negativa.
- En la tributación conjunta se pueden compensar, con arreglo a las normas generales del impuesto, las pérdidas patrimoniales y las bases liquidables generales negativas, realizadas y no compensadas por los contribuyentes componentes de la unidad familiar en períodos impositivos anteriores en que hayan tributado individualmente. Estos mismos conceptos, determinados en tributación conjunta, se pueden compensar exclusivamente, en caso de tributación individual posterior, por aquellos contribuyentes a quienes correspondan de acuerdo con las reglas sobre individualización de rentas contenidas en esta Ley.
- Todos los miembros de la unidad familiar quedarán conjunta y solidariamente sometidos al impuesto, sin perjuicio del derecho a prorratear entre sí la deuda tributaria, según la parte de renta sujeta que corresponda a cada uno de ellos.

25. REGÍMENES ESPECIALES

La normativa del impuesto regula los siguientes regímenes especiales:

a) Imputación de rentas inmobiliarias.
b) Atribución de rentas.
c) Transparencia fiscal internacional.
d) Derechos de imagen.
e) Trabajadores desplazados.
f) Instituciones de inversión colectiva.

25.1. Imputación de rentas inmobiliarias

Este régimen especial se ha expuesto en el apartado 9.1.1.

25.2. Atribución de rentas

Las entidades en régimen de atribución de rentas que obtengan rentas, se las deben atribuir a los socios, herederos, comuneros o partícipes.

Se consideran entidades en régimen de atribución de rentas las herencias yacentes, sociedades civiles, comunidades de bienes y demás entidades que, carentes de personalidad jurídica, constituyan una unidad económica o un patrimonio separado susceptibles de imposición, así como las entidades constituidas en el extranjero cuya naturaleza jurídica sea idéntica o análoga a la de las entidades en atribución de rentas constituidas de acuerdo con las leyes españolas. Este régimen no se aplica a las sociedades agrarias de transformación, ya que estas entidades tributan en el IS.

Las rentas que obtengan las entidades en régimen de atribución de rentas atribuidas a los socios, herederos, comuneros o partícipes tienen la naturaleza derivada de la actividad o fuente de donde procedan. Las rentas se atribuyen a los socios, herederos, comuneros o partícipes según las normas o pactos aplicables en cada caso y, si éstos no constaran a la Administración Tributaria en forma fehaciente, se atribuirán por partes iguales.

La entidad en régimen de atribución de rentas, que obtenga rentas de fuente extranjera que procedan de un país con el que España no tenga suscrito un convenio para evitar la doble imposición con cláusula de intercambio de información, no puede computar las rentas negativas que excedan de las positivas obtenidas en el mismo país y que procedan de la misma fuente en el período impositivo y el exceso se computará en los cuatro años siguientes.

Las rentas que se satisfagan o abonen a las entidades en régimen de atribución de rentas están sujetas a retención o ingreso a cuenta.

El representante de la entidad en régimen de atribución de rentas debe presentar una declaración informativa, relativa a las rentas a atribuir a sus socios, herederos, comuneros o partícipes, residentes o no en territorio español, salvo aquellas entidades que no ejerzan actividades económicas o que sus rentas no excedan de 3.000 euros anuales.

25.3. Transparencia fiscal internacional

Los contribuyentes deben imputar las rentas positivas obtenidas por una entidad no residente en territorio español cuando se cumplan las circunstancias siguientes:

a) Que por sí solos o conjuntamente con entidades vinculadas o con otros contribuyentes unidos por vínculos de parentesco, incluido el cónyuge, en línea directa o colateral, consanguínea o por afinidad hasta el segundo grado inclusive, tengan una participación igual o superior al 50 por 100 en el capital, los fondos propios, los resultados o los derechos de voto de la entidad no residente en territorio español, en la fecha del cierre del ejercicio social de esta última. En el caso en el que la participación sea indirecta, el importe de la renta positiva a imputar será el correspondiente a dicha participación indirecta.

b) Que el importe satisfecho por la entidad no residente en territorio español, por razón de gravamen de naturaleza idéntica o análoga al Impuesto sobre Sociedades, sea inferior al 75 por 100 del que hubiera correspondido de acuerdo con las normas de aquel.

En cuanto a las cuantías y tipos de renta a imputar se establece lo siguiente:

a) Se imputará la renta total obtenida por la entidad no residente en territorio español, cuando esta no disponga de la correspondiente organización de medios materiales y personales para su obtención, incluso si las operaciones tienen carácter recurrente, entendiendo como renta total el importe de la base imponible a efectos del Impuesto sobre Sociedades.

b) Cuando no se aplique lo establecido en el apartado anterior, se imputará únicamente la renta positiva que provenga de algunas fuentes de renta con ciertos requisitos, tales como, entre otras: bienes inmuebles rústicos y urbanos, participación en fondos propios de cualquier tipo de entidad y cesión a terceros de capitales propios, operaciones de capitalización y seguro, que tengan como beneficiaria a la propia entidad, propiedad industrial e intelectual, asistencia técnica, bienes muebles, derechos de imagen y arrendamiento o subarrendamiento de negocios o minas o instrumentos financieros derivados. No obstante, con carácter general, no se imputan estas rentas cuando la suma de sus importes sea inferior al 15 por 100 de la renta total obtenida por la entidad no residente.

Esta imputación de rentas se realiza en el período impositivo que comprenda el día en que la entidad no residente en territorio español haya concluido su ejercicio social sin que pueda tener una duración superior a 12 meses.

No se integra en la base imponible los dividendos o participaciones en beneficios en la parte que corresponda a la renta positiva que haya sido imputada y este mismo tratamiento se aplica a los dividendos a cuenta.

Resulta deducible de la cuota líquida el impuesto o gravamen efectivamente satisfecho en el extranjero por razón de la distribución de los dividendos o participaciones en beneficios, sea conforme a un convenio para evitar la doble imposición o de acuerdo con la legislación interna del país o territorio de que se trate, en la parte que corresponda a la renta positiva imputada con anterioridad en la base imponible.

Esta deducción se practica aun cuando los impuestos correspondan a períodos impositivos distintos a aquel en el que se realizó la imputación. En ningún caso se deducirán los impuestos satisfechos en países o territorios calificados como jurisdicciones no cooperativas.

No obstante, esta deducción no puede exceder de la cuota íntegra que en España corresponda pagar por la renta positiva incluida en la base imponible.

Asimismo, este régimen no es aplicable cuando la entidad no residente en territorio español sea residente en otro Estado miembro de la Unión Europea o que forme parte del Acuerdo del Espacio Económico Europeo, siempre que el contribuyente acredite que realiza actividades económicas o se trate de una institución de inversión colectiva que no ha sido constituida en un país o territorio considerado como paraíso fiscal.

25.4. Derechos de imagen

Los contribuyentes que se encuentren en alguna de las situaciones siguientes, deberán realizar una imputación de rentas en la base imponible del IRPF:

a) Que hubieran cedido el derecho a la explotación de su imagen o hubiesen consentido o autorizado su utilización a otra persona o entidad, residente o no residente.

b) Que presten sus servicios a una persona o entidad en el ámbito de una relación laboral.

c) Que la persona o entidad con la que el contribuyente mantenga la relación laboral, o cualquier otra persona o entidad vinculada con ellas haya obtenido la cesión del derecho a la explotación o el consentimiento o autorización para la utilización de la imagen de la persona física.

Por tanto, se trata de contribuyentes que perciben rentas derivadas de la cesión de derechos de imagen, pero no las perciben directamente si no a través de otras personas o entidades. Si percibieran directamente las rentas, se trataría de rendimientos del capital mobiliario.

La cantidad a imputar en la base imponible del titular del derecho de imagen será el valor de la contraprestación satisfecha con anterioridad a la contratación de los servicios laborales de la persona física o que deba satisfacer la persona o entidad cesionaria, más el ingreso a cuenta, menos el valor de la contraprestación obtenida por la persona física como consecuencia de la cesión siempre que se hubiera obtenido en un período impositivo en el que la persona física titular de la imagen sea contribuyente por el IRPF.

Esta imputación no se realizará cuando los rendimientos del trabajo obtenidos en el período impositivo por la persona física en virtud de la relación laboral, no sean inferiores al 85 por 100 de la suma de los citados rendimientos más la total contraprestación a cargo de la persona o entidad.

Cuando proceda la imputación de rentas para el contribuyente, será necesaria la corrección de la doble imposición que se plantee, derivada de la percepción de rentas por parte de la persona o entidad cesionaria. No obstante, estas deducciones no podrán exceder, en su conjunto, de la cuota íntegra que corresponda satisfacer en España por la renta imputada en la base imponible.

25.5. Trabajadores desplazados

Las personas físicas que adquieran su residencia fiscal en España, como consecuencia de su desplazamiento a territorio español, podrán optar por tributar por el

Impuesto sobre la Renta de No Residentes, manteniendo la condición de contribuyentes por el Impuesto sobre la Renta de las Personas Físicas, durante el período impositivo en que se efectúe el cambio de residencia y durante los cinco períodos impositivos siguientes, cuando se cumplan las siguientes condiciones:

a) Que no hayan sido residentes en España durante los 10 años anteriores a su nuevo desplazamiento a territorio español.

b) Que el desplazamiento a territorio español se produzca como consecuencia de un contrato de trabajo, es decir, se inicie una relación laboral, ordinaria o especial, o estatutaria con un empleador en España, o cuando el desplazamiento sea ordenado por el empleador y exista una carta de desplazamiento de éste, y el contribuyente no obtenga rentas que se calificarían como obtenidas mediante un establecimiento permanente situado en territorio español.

c) Que no obtenga rentas que se calificarían como obtenidas mediante un establecimiento permanente situado en territorio español.

El contribuyente que opte por la tributación por el Impuesto sobre la Renta de No Residentes quedará sujeto por obligación real en el Impuesto sobre el Patrimonio.

La aplicación de este régimen especial implicará la determinación de la deuda tributaria del IRPF exclusivamente por las rentas obtenidas en territorio español, con arreglo a las normas establecidas en el IRNR, si bien es necesario realizar algunas salvedades, tales como:

a) No resultan de aplicación determinadas normas del IRNR referidas a la residencia, individualización de rentas, responsables, representantes, domicilio fiscal o rentas exentas.

b) La totalidad de los rendimientos del trabajo obtenidos por el contribuyente durante la aplicación del régimen especial se consideran obtenidos en territorio español.

c) A efectos de la liquidación del impuesto, se gravan acumuladamente las rentas obtenidas por el contribuyente en territorio español durante el año natural, sin que sea posible compensación alguna entre aquéllas.

d) La base liquidable estará formada por la totalidad de las rentas, distinguiéndose entre las rentas derivadas de dividendos, intereses y ganancias patrimoniales y el resto de rentas, pues a cada uno de estos dos tipos de rentas se les aplica una escala diferente.

El porcentaje de retención o ingreso a cuenta sobre rendimientos del trabajo será el 24 por 100. No obstante, cuando las retribuciones satisfechas por un mismo pagador de rendimientos del trabajo durante el año natural excedan de 600.000 euros, el porcentaje de retención aplicable al exceso será el 47 por 100.

25.6. Instituciones de inversión colectiva

Este régimen resulta de aplicación a los socios o partícipes de instituciones de inversión colectiva, reguladas en la Ley 35/2003, de 4 de noviembre, de Instituciones de Inversión Colectiva, por la Directiva 2009/65/CE del Parlamento Europeo y del Consejo, de 13 de julio de 2009, por la que se coordinan las disposiciones legales, reglamentarias y administrativas sobre determinados organismos de inversión colectiva en valores mobiliarios, distintas de las instituciones de inversión colectiva constituidas en países o territorios considerados como paraísos fiscales, que estén constituidas y domiciliadas en algún Estado miembro de la Unión Europea e inscritas en el registro especial de la Comisión Nacional del Mercado de Valores, a efectos de su comercialización por entidades residentes en España.

Los contribuyentes que sean socios o partícipes de las instituciones de inversión colectiva, se imputarán las siguientes rentas:

a) Las ganancias o pérdidas patrimoniales obtenidas como consecuencia de la transmisión de las acciones o participaciones o del reembolso de estas últimas. En el caso en el que existan valores homogéneos, se considerará que los transmitidos o reembolsados por el contribuyente son aquellos que adquirió en primer lugar.

No obstante, cuando el importe obtenido como consecuencia del reembolso o transmisión de participaciones o acciones en instituciones de inversión colectiva se destine a la adquisición o suscripción de otras acciones o participaciones en instituciones de inversión colectiva, no procederá computar la ganancia o pérdida patrimonial, bajo ciertos requisitos, y las nuevas acciones o participaciones suscritas conservarán el valor y la fecha de adquisición de las acciones o participaciones transmitidas o reembolsadas. Sin embargo, este régimen de diferimiento no es aplicable cuando, por cualquier medio, se ponga a disposición del contribuyente el importe derivado del reembolso o transmisión de las acciones o participaciones de instituciones de inversión colectiva. Tampoco lo será cuando la transmisión o reembolso o, en su caso, la suscripción o adquisición tenga por objeto participaciones representativas del patrimonio de instituciones de inversión colectiva que tengan la consideración de fondos de inversión cotizados o acciones de las sociedades del mismo tipo.

b) Los resultados distribuidos por las instituciones de inversión colectiva.

c) En los supuestos de reducción de capital de sociedades de inversión de capital variable que tenga por finalidad la devolución de aportaciones, el importe de ésta o el valor normal de mercado de los bienes o derechos percibidos, que se calificará como rendimiento del capital mobiliario, con ciertas especialidades. Cuando la reducción de capital proceda de beneficios no distribuidos, el importe de dichos beneficios.

d) En los supuestos de distribución de la prima de emisión de acciones de sociedades de inversión de capital variable, la totalidad del importe obtenido.

Los contribuyentes que participen en instituciones de inversión colectiva constituidas en países o territorios considerados como paraísos fiscales, imputarán en la base imponible la diferencia positiva entre el valor liquidativo de la participación al día de cierre del período impositivo y su valor de adquisición. La cantidad imputada se considerará mayor valor de adquisición.

26. GESTIÓN DEL IMPUESTO. OBLIGACIÓN DE DECLARAR

El IRPF es un impuesto autoliquidable y, por ello, los contribuyentes están obligados a presentar y suscribir la declaración del impuesto y a determinar la deuda tributaria correspondiente e ingresarla en el lugar, forma y plazos determinados por el Ministro de Economía y Hacienda.

No obstante, determinados contribuyentes no tienen obligación de declarar. En concreto, no tiene que declarar aquellos contribuyentes que obtengan rentas procedentes exclusivamente de las siguientes fuentes, en tributación individual o conjunta:

a) Rendimientos íntegros del trabajo, con el límite de 22.000 euros anuales.

No obstante, este límite es de 15.876 euros cuando:

1) procedan de más de un pagador, salvo que:

— la suma de las cantidades percibidas del segundo y restantes pagadores, por orden de cuantía, no supera en su conjunto la cantidad de 1.500 euros anuales,

— se trate de contribuyentes cuyos únicos rendimientos del trabajo consistan en las prestaciones de pensiones públicas o provenientes del sistema de previsión social complementaria, se perciban pensiones compensatorias del cónyuge o anualidades por alimentos,

2) se perciban pensiones compensatorias del cónyuge o anualidades por alimentos no exentas

3) el pagador de los rendimientos del trabajo no esté obligado a retener, o

4) se perciban rendimientos íntegros del trabajo sujetos a tipo fijo de retención.

b) Rendimientos íntegros del capital mobiliario y ganancias patrimoniales sometidos a retención o ingreso a cuenta, con el límite conjunto de 1.600 euros anuales.

c) Rentas inmobiliarias imputadas, rendimientos íntegros del capital mobiliario no sujetos a retención derivados de letras del Tesoro y subvenciones para la adquisición de viviendas de protección oficial o de precio tasado, y demás ganancias patrimoniales derivadas de ayudas públicas, con el límite conjunto de 1.000 euros anuales.

En ningún caso tendrán que declarar los contribuyentes que obtengan exclusivamente rendimientos íntegros del trabajo, de capital o de actividades económicas, así como ganancias patrimoniales, con el límite conjunto de 1.000 euros anuales y pérdidas patrimoniales de cuantía inferior a 500 euros.

Los contribuyentes que tengan derecho a la deducción por doble imposición internacional o que realicen aportaciones a patrimonios protegidos de las personas con discapacidad, planes de pensiones, planes de previsión asegurados o mutualidades de previsión social, planes de previsión social empresarial y seguros de dependencia que reduzcan la base imponible, están obligados a declarar.

Los contribuyentes están obligados a cumplimentar la totalidad de los datos que les afecten contenidos en las declaraciones, acompañar los documentos y justificantes que se establezcan y presentarlas en los lugares que determine el Ministro de Economía y Hacienda. Las mismas obligaciones se derivan para los sucesores del causante que estarán obligados a cumplir las obligaciones tributarias pendientes por este impuesto, con exclusión de las sanciones.

El *pago de la deuda tributaria se podrá fraccionar*. Se podrá realizar en metálico o mediante entrega de bienes integrantes del Patrimonio Histórico Español que estén inscritos en el Inventario General de Bienes Muebles o en el Registro General de Bienes de Interés Cultural.

Cuando el contribuyente esté casado y no separado legalmente, deba presentar declaración por este Impuesto y la autoliquidación resulte a ingresar podrá, al tiempo de presentar su declaración, con carácter general, solicitar la suspensión del ingreso de la deuda tributaria, sin intereses de demora, en una cuantía igual o inferior a la devolución a la que tenga derecho su cónyuge por este impuesto, siempre que el cónyuge cuya autoliquidación resulte a devolver renuncie al cobro de la devolución, en el importe de la deuda en suspenso y ambas autoliquidaciones se presenten de manera simultánea.

Los contribuyentes pueden solicitar a la Administración Tributaria un borrador de declaración, siempre que obtengan rentas procedentes exclusivamente de las siguientes fuentes:

a) Rendimientos del trabajo.

b) Rendimientos del capital mobiliario sujetos a retención o ingreso a cuenta, así como los derivados de letras del Tesoro.

c) Imputación de rentas inmobiliarias siempre que procedan, como máximo, de dos inmuebles.

d) Ganancias patrimoniales sometidas a retención o ingreso a cuenta, así como las subvenciones para la adquisición de vivienda habitual.

No pueden suscribir ni confirmar el borrador aquellos contribuyentes que:

a) Hubieran obtenido rentas exentas con progresividad en virtud de convenios para evitar la doble imposición suscritos por España.

b) Compensen partidas negativas de ejercicios anteriores.

c) Pretendan regularizar situaciones tributarias procedentes de declaraciones anteriormente presentadas.

d) Tengan derecho a la deducción por doble imposición internacional y ejerciten tal derecho.

Cuando el contribuyente considere que el borrador de declaración refleja su situación tributaria, podrá suscribirlo o confirmarlo y, en ese caso, tendrá la consideración de declaración del impuesto. Si considera que no refleja su situación tributaria, deberá presentar la correspondiente declaración.

27. OBLIGACIONES FORMALES

Los contribuyentes del IRPF están obligados a conservar los justificantes y documentos acreditativos de las operaciones, rentas, gastos, ingresos, reducciones y deducciones de cualquier tipo que deban constar en sus declaraciones durante el plazo de prescripción.

Los contribuyentes que desarrollen actividades empresariales, cuyo rendimiento se determine por el método de estimación directa, están obligados, con carácter general, a llevar contabilidad ajustada a lo dispuesto en el Código de Comercio, así como libros o registros oportunos.

El obligado a practicar retenciones e ingresos a cuenta deberá presentar declaración de las cantidades retenidas o pagos a cuenta realizados, o declaración negativa cuando no hubiera procedido la práctica de los mismos, así como una declaración anual de retenciones e ingresos a cuenta conservando la documentación correspondiente.

28. MODIFICACIONES NORMATIVAS REALIZADAS POR LAS COMUNIDADES AUTÓNOMAS

Las Comunidades Autónomas, en el uso de sus potestades normativas, han realizado diversas modificaciones en la normativa aplicable en su respectivo territorio. Así, todas ellas han regulado la tarifa autonómica, el importe del mínimo personal y familiar, pero la mayoría han establecido un amplísimo abanico de deducciones autonómicas —en la actualidad hay vigentes más de un centenar— con una casuística muy variada tales como las relacionadas con las situaciones personales y familiares, vivienda habitual, donativos, empleo o adquisición de acciones.

29. CASOS PRÁCTICOS RESUELTOS

1. D. José Pérez es Diputado europeo y pasa la mayor parte del año en Bruselas. Su esposa y sus hijos residen en Madrid. En ese caso D. José ¿es residente en España?

Solución:

D. José se considera residente en España a efectos del IRPF aunque no pase más de 183 días al año en España pero el núcleo principal o la base de sus actividades o intereses económicos se entiende en España que es donde residen su esposa y sus hijos.

2. D. Pedro, Dña. Soledad y D. Juan Martínez Pérez son hermanos y poseen unas plazas de garaje que explotan en régimen de comunidad de bienes ¿deberán declarar por esas rentas?, ¿o deberá declarar la comunidad de bienes por las rentas?

Solución:

Las comunidades de bienes no se consideran contribuyentes a efectos del IRPF por lo que son los comuneros los que deberán integrar las rentas percibidas, de acuerdo a la proporción que le corresponda a cada uno de ellos, en su correspondiente declaración.

3. D. Abelardo Sánchez compró un cupón de la ONCE y una papeleta de una rifa de la parroquia del barrio que sorteaba un coche y ha resultado agraciado con el premio de la ONCE (6.598 euros) y con el coche (valorado en 16.890 euros). ¿Deberá tributar por estas rentas? En caso afirmativo, ¿por qué concepto?

Solución:
Veamos cada uno de ellos por separado:

a) El premio de la ONCE está exento de tributación hasta 40.000 euros y el exceso tributa al 20 por 100 (está sujeto a retención del 20 por 100) y la rentabilidad obtenida por la totalidad del premio estará sujeta.
b) El coche que le ha tocado en el sorteo de la parroquia es renta para D. Abelardo y deberá tributar como ganancia patrimonial a la que habrá que añadir el ingreso a cuenta (siempre que no le haya sido repercutido). Esta renta irá a la base imponible general.

4. D. Hilario Marín trabaja en una empresa de automoción. En este ejercicio ha percibido las siguientes rentas:

a) Sueldo fijo (íntegro): 36.987 euros.
b) Comisiones por ventas (líquido): 21.320 euros.
c) Premio por antigüedad en la empresa (8 años) (líquido): 3.698 euros.
d) Aportaciones al Plan de Pensiones por parte de la empresa: 4.521 euros.
e) Además, la empresa ha abonado 10.360 euros en concepto del alquiler de la vivienda donde reside con su esposa desde abril, a la inmobiliaria MALVIS, S.A.

El tipo de retención de D. Hilario es del 22,5 por 100 y la cotización a la Seguridad Social ha sido de 1.250 euros. Está afiliado a UGT y paga por ello 369 euros al año.

Se pide: Determinar el rendimiento neto reducido del trabajo de D. Hilario.

Solución:
Ingresos íntegros: 36.987 + 21.320 / (1-0,225) + 3.698/(1-0,225) + 4.521 + 10.360 (1+0,225) = 36.987 + 27.509,7 + 4.771,7 + 4.521 + 12.691 = 86.480,4.
Reducción por renta irregular: 30% × 4.771,7 = 1.431,51.
Gastos deducibles: 1.250 + 369 + 2.000 = 3.619.
RN = 86.480,4 -1.431,51 - 3.619 = 81.429,49.

5. D. Pedro Hidalgo reside en una vivienda cuyo valor catastral es de 96.874 euros y su precio de adquisición en 1996 ascendió a 265.369 euros. Para la adquisición de la vivienda solicitó un préstamo hipotecario del que ha satisfecho en el ejercicio 2.360 euros de amortización y 1.958 euros de carga financiera.

Además, posee una casa en la montaña donde pasa los meses de julio y agosto y el resto del tiempo la tiene alquilada a D. José Planes, de 52 años, como vivienda de él y de su familia. El inquilino le ha abonado una renta mensual de 450 euros. Los gastos de luz y agua abonados por el inquilino ascendieron a 520 euros. El IBI de la vivienda asciende a 251 euros y el valor catastral revisado de la vivienda asciende a 56.546 euros siendo el precio de adquisición satisfecho en 1995 de 98.321 euros.

El mes de septiembre le gusta pasarlo en su casa de la playa, así como los fines de semana. El valor catastral revisado de la vivienda asciende a 78.321 euros y el precio de adquisición satisfecho en 2002 fue de 210.365 euros.

Se pide: Determinar el rendimiento neto del capital inmobiliario y la imputación de rentas que proceda.

Solución:

Vamos a ver separadamente cada una de las propiedades:

a) Vivienda habitual: No procede computar ningún ingreso ni tampoco gasto. Lo que ha satisfecho en el ejercicio para pagar el préstamo hipotecario podrá servir de base para la determinación de la deducción por adquisición de la vivienda habitual.

b) Vivienda en la playa. Como la tiene a su disposición y no es su vivienda habitual, será necesario realizar una imputación de rentas inmobiliarias del 1,1 por 100 del valor catastral, ya que éste ha sido revisado. Por tanto,

Imputación de rentas inmobiliarias: 78.321 × 1,1% = 861,53.

c) Vivienda en la montaña: Por el tiempo que tiene la vivienda arrendada obtendrá un rendimiento del capital inmobiliario. Por el resto del tiempo que está a disposición de D. Hilario será necesaria realizar una imputación de rentas inmobiliarias:

a') Por la imputación de rentas: 56.546 × 1,1% × 2 / 12 = 103,7

b') Por el rendimiento del capital inmobiliario:

Ingresos íntegros: 450 × 10 = 4.500.

Gastos deducibles: (251 + 98.321 × 0,8 × 0,03) × 10 / 12 = 2.175,6.

Rendimiento Neto del capital inmobiliario: 4.500 – 2.175,6 = 2.324,4.

Reducción por arrendamiento destinado a vivienda: 2.324,4 × 0,6 = 1.394,64.

RN reducido del capital inmobiliario: 2.324,4 – 1.394,6 = 929,8.

Total imputación de rentas inmobiliarias: 861,53 + 103,7 = 965,23.

6. D. Ignacio posee los siguientes bienes:

a) 1.500 acciones de GASTUS, S.A. sociedad domiciliada en España, de las cuales ha percibido unos dividendos íntegros de 3 euros por acción.

b) Una Letra del Tesoro que vence en diciembre, adquirida por 5.850 euros y por la cual recibirá al vencimiento 6.000 euros y los gastos de adquisición han sido de 65 euros.

c) Un equipo de música como consecuencia de una imposición a plazo cuyo coste para la entidad fue de 1.690 euros.

d) Tiene arrendado un negocio del cual percibe 2.569 euros netos.

e) Posee una cuenta corriente de la que ha percibido unos intereses líquidos de 156 euros.

f) Los gastos de administración y custodia de las acciones han ascendido a 120 euros y los gastos de mantenimiento de la cuenta corriente a 12 euros.

Se pide: Determinar el rendimiento neto del capital mobiliario.

Solución:

Ingresos íntegros: 4.500 + 85 + 2.413,3 + 3.171,6 + 192,6 = 10.362,5.

a) Acciones: 1.500 × 3 = 4.500.

b) Letra del Tesoro: 6.000 – (5.850 + 65) = 85.

c) Equipo de música: 1.690 × 1,20 × (1 + 0,19) = 2.413,3 (suponemos que el ingreso a cuenta no le ha sido repercutido a D. Ignacio).

d) Negocio: 2.569 / (1 – 0,19) = 3.171,6

Cuenta corriente: 156 / (1 – 0,19) = 192,6.

Gastos deducibles: 120.

Rendimiento neto del capital mobiliario: 10.362,5 – 120 = 10.242,5.

7. D. Pedro posee una cafetería (epígrafe 672.1 de IAE) que tiene arrendada en la que trabaja junto con 2 camareros mayores de 19 años desde hace tres años. Todos ellos trabajan a tiempo completo. En la cafetería hay dos mesas para 8 personas y 7 mesas para 4 personas. Además hay un futbolín y una máquina de la que se pueden conseguir premios en metálico. La potencia contratada es de 35 kW. Los módulos establecidos en la correspondiente Orden Ministerial son los siguientes:

Rto. anual por unidad de módulo

— Personal asalariado:	1.448,68
— Personal no asalariado:	13.743,56
— Potencia eléctrica:	478,69
— Mesas:	377,92
— Máquinas tipo «A»:	957,39
— Máquinas tipo «B»:	3.747,67

La cuantía a efectos del índice corrector de exceso: 35.698.

Se pide: Determinar el rendimiento neto de la actividad.

Solución:

Para determinar el rendimiento neto previo, debemos conocer, en primer lugar, el número de unidades de cada módulo y multiplicarlo por el rendimiento neto anual por unidad. Así:

RN Previo: 2 (P. asalariado) × 1.448,68 + 1 (P. no asalariado) × 13.743,56 + 35 (potencia contratada) × 478,69 + 11 (mesas susceptibles de ser ocupadas por cuatro personas) × 377,92 + 1 (futbolín) × 957,39 + 1 (máquina que reparte premio) × 3.747,67 = = 2.897,36 + 13.743,56 + 16.754,15 + 4.157,12 + 957,39 + 3.747,67 = 42.257,25.

Minoración por incentivos al empleo e incentivos a la inversión: no hay:

RN Minorado = RN Previo = 42.257,25.

Índice corrector de empresas de reducida dimensión: 0,9.

Índice corrector de exceso: es incompatible con el índice corrector de empresas de reducida dimensión, por lo tanto no se aplica.

Como no hay gastos extraordinarios ni otras percepciones empresariales:

RN de la EO = 38.031,52.

8. Dña. Carmen Teruel ha vendido la vivienda en la que residía por 456.000 euros y ha tenido que abonar el IIVTNU por 5.650 euros y por gastos de registro y notaría 540 euros. Dicha vivienda la adquirió en 1997 por 323.650 euros y abonó por ITPAJD 7.516 euros y por los gastos de notario y registro 654 euros. Para la compra, solicitó un préstamo hipotecario por 200.000 euros. En el año 2000 invirtió en el cerramiento de la terraza 6.590 euros. Con el dinero recibido por la venta ha procedido a la cancelación del préstamo hipotecario pendiente, puesto que ya había satisfecho 120.000 euros del mismo. Actualmente se ha comprado una nueva vivienda habitual por 640.000 euros.

Se pide: Determinar la ganancia patrimonial obtenida. ¿Puede acogerse a la exención por reinversión? ¿Puede deducirse por adquisición de vivienda habitual aunque sea la segunda que posee?

Solución:

La ganancia patrimonial sería:

Valor de transmisión: 456.000 - 5.650 - 540 = 449.810.

Valor de adquisición: 323.650 + 7.516 + 654 + 6.590 = 338.410

Ganancia patrimonial = 449.810 – 338.410 = 111.400.

La ganancia patrimonial puede acogerse a la exención por reinversión siempre que los 456.000 euros obtenidos en la venta se reinviertan en la nueva vivienda habitual. Si lo reinvierte parcialmente, la exención podrá ser proporcional.

Para viviendas adquiridas a partir del 1 de enero de 2013 no es posible realizar la deducción por adquisición de vivienda habitual.

9. Dña. Piedad ha obtenido las siguientes rentas en el ejercicio:

a) Rendimientos del trabajo: 35.698 euros.

b) Rendimientos del capital mobiliario derivados de dividendos: 12.654 euros.

c) Rendimientos del capital inmobiliario: 1.569 euros.

d) Rendimientos de actividades económicas: –3.658 euros.

e) Ganancias patrimoniales derivadas de la venta de una vivienda generadas en un período de tiempo superior a 1 año: 6.598 euros.

f) Ganancias patrimoniales derivadas de la tómbola: 698 euros.

g) Pérdidas patrimoniales por la venta de acciones generadas en un período de tiempo superior a 1 año: 9.869 euros.

h) Pérdidas patrimoniales por la venta de acciones generadas en un período de tiempo inferior a 1 año: 6.547 euros.

Se pide: Determinar la base imponible general y la base imponible del ahorro.

Solución:
Base imponible general:
Suma de rendimientos: 35.698 + 1.569 – 3.658 = 33.609.
Ganancias y pérdidas patrimoniales: 698.
La Base imponible general será: 33.609 + 698 = 34.307.
Base imponible del ahorro:
Suma rendimientos: 12.654.
25% rtos. = 12.654 × 0,25 = 3.163,5
Ganancias y pérdidas patrimoniales: 6.598 – 9.869 – 6.547 = – 23.014
Base imponible del ahorro: 12.654 – 3.163,5 = 9.490,5

En este ejercicio se compensan las pérdidas patrimoniales hasta el 25 por 100 de los rendimientos y el resto, en los próximos 4 años con iguales límites.

10. Supuesto práctico general:

D. Andrés Martínez, de 58 años está casado con Dña. Isabel Pérez, de 55 años, en régimen de gananciales, residen en Murcia (y por lo tanto, le resulta aplicable la escala autonómica de la Región de Murcia) y tienen 4 hijos: Ismael, de 23 años, estudiante sin rentas, Elena, de 24 años, que está estudiando, sin rentas, Jorge, de 20 años, que ha obtenido rentas de 10.000 euros durante un trabajo temporal y también tienen una hija de 2 años, llamada Shaila. La madre de Dña. Isabel, de 77 años, sin rentas, convive con ellos.

D. Andrés trabaja en una fábrica de helados y ha percibido como salario bruto la cantidad de 56.987 euros. La empresa ha aportado al Plan de Pensiones a favor de D. Andrés 5.632 euros. Asimismo, la empresa ha pagado los gastos del curso de natación de Shaila por importe de 2.320 euros. El tipo de retención es del 22,5 por 100. La cotización a la Seguridad Social de D. Andrés ha sido de 1.265 euros.

Dña. Isabel tiene una tienda de ropa y ha vendido 76.236 euros en el ejercicio y determina el rendimiento neto por estimación directa simplificada. Ha realizado pagos fraccionados por importe de 10.560 euros. Los gastos han sido los siguientes:

- Compra de ropa: 10.362.
- Luz y teléfono: 758.
- Alquiler del local: 7.800.
- Sueldos y salarios (de la dependienta): 9.150.
- Suministros: 320.
- Gastos financieros: 897.

Son propietarios de la vivienda en la que residen adquirida en 2007 por 365.000 euros. Para ello, tuvieron que pedir un préstamo hipotecario del cual han satisfecho en el ejercicio 9.650 euros de principal y 4.589 euros de intereses. Asimismo poseen una casa en la playa donde pasan el verano y algunos fines de semana, cuyo valor catastral revisado asciende a 78.956 euros y su valor de adquisición en 1998 fue de 185.965 euros. Para la adquisición de la vivienda de la playa solicitaron un préstamo hipotecario del cual han satisfecho 3.620 euros de principal y 2.586 euros de intereses.

Han realizado una imposición a plazo fijo y les han regalado un ordenador cuyo valor de mercado es de 4.494 euros y el ingreso a cuenta no le ha sido repercutido.

Poseen unas acciones de Telefónica cuyos dividendos íntegros en el ejercicio han ascendido a 2.563 euros.

Dña. Isabel fue a un concurso de televisión y le tocó un premio de 5.642 euros en metálico y el ingreso a cuenta no le ha sido repercutido.

Han vendido unas acciones de la empresa española SELES, S. A., por 45.690 euros. Dichas acciones las adquirieron en el año 2000 por 36.987 euros. Los gastos inherentes a la operación abonados por el matrimonio fueron de 659 euros.

Dña. Isabel ha solicitado a la Administración Pública el cobro por anticipado de las cantidades que le corresponden por maternidad.

Se pide: Realizar la declaración para ambos cónyuges, tanto si tributan de manera separada como conjunta.

	D. Andrés	*Dña. Isabel*	*Conjunta*
RN del trabajo	**62.196**		**62.196**
Ingresos íntegros: 65.461 Salario: 56.987 Aport. PP empresa: 5.632 Curso de natación: 2.842 Importe bruto: 2.320 Ret. Especie: 0,225 × 2.320 = 522 Gastos deducibles: Seg. Social: 1.265 Otros gastos	65.461 56.987 5.632 2.842 3.265 1.265 2.000		65.461 5.632 2.842 3.265 1.265 2.000
(Retenciones: 56.987 × 0,225 = 12.822,1) (Ingresos a cta.: 522)			
Imputación de rentas inmobiliarias:	**434,3**	**434,3**	**868,5**
Imputación: 78.956 × 1,1% = 868,5			
RN capital mobiliario	**3.955,4**	**3.955,4**	**7.910,9**

	D. Andrés	*Dña. Isabel*	*Conjunta*
Ingresos íntegros:			
1. Dividendos: 2.563	1.281,5	1.281,5	2.563
2. Ordenador: 4.494+853,9 = 5.347,9	2.673,9	2.673,9	5.347,9
Valor de mercado: 4.494			
Ingreso a cuenta: 4.494 × 0,19= 853,9			
Gastos deducibles: 0			
(Retenciones: 2.563 × 0,19 = 487)			
(Ingresos a cta: 853,9)			
Rn actividad económica		**44.949,00**	**44.949,00**
Ingresos íntegros:		76.236	76.236
Ventas: 76.236		76.236	76.236
Gastos deducibles: 29.287		29.287	29.287
Compras: 10.362			
Luz y teléfono: 758			
Alquiler del local: 7.800			
Sueldos y salarios: 9.150			
Suministros: 320			
Gastos financieros: 897			
5% (II - GD) = 2.347,45 Tope: 2.000		2.000	2.000
Ganancias y pérdidas	**4.022**	**10.735,9**	**14.757,9**
Concurso de TV: 5.642 + 1.071,9 = 6.713,9		6.713,9	6.713,9
Premio: 5.642			
Ingreso a cuenta: 5.642 × 0,19 = 1.071,9			
Acciones: 45.690 - (36.987+659) = 8.044	4.022	4.022	8.044
Base imponible general	**62.630,3**	**52.097,2**	**114.727,5**

	D. Andrés	*Dña. Isabel*	*Conjunta*
Base imponible del ahorro	**7.977.4**	**7.977.4**	**15.954,8**
Base liquidable general	**56.998,3**	**52.097,2**	**105.695,5**
Reducciones:			
Por tributación conjunta			3.400
Por aportación PP	5.632		5.632
Mínimo personal y familiar (MPF):	11.500	14.050	25.550
Mínimo personal	5.550	5.550	11.100
Mínimo familiar:			
— Por descendientes: 11.900	5.950	5.950	11.900
Ismael: 2.400			
Elena: 2.700			
Shaila: 4.000 + 2.800			
— Por ascendientes: 1.150+1.400		2.550	2.550
Base liquidable del ahorro	**7.977,4**	**7.977,4**	**15.954,8**
Cuota íntegra estatal	**8.080,5**	**6.931,6**	**18.420,2**
(+) BL Gral × escala general:	8.395,4	7.488,7	19.232,2
(–) MPF × t:	1.092,5	1.334,7	2.427,2
(+) BL Ahorro (ind): (6.000 × 9,5%) + (1.977,4 × 10,5%) = 777,6	777,6	777,6	
BL Ahorro (conj): (6.000 × 9,5%) + (10.000 × 10,5%) = 1.620			1.615,25
Cuota íntegra autonómica	**7.843,3**	**6.675,9**	**17.886,3**
(+) BL Gral × escala autonómica	8.002,8	7.125,5	18.821,6
(–) MPF × t	1.092,5	1.334,7	2.427,2
(+) BL Ahorro (ind): (6.000 × 9,5%) + (1.977,4 × 10,5%) = 777,6	777,6	777,6	
BL Ahorro (conj): (6.000 × 9,5%) + (10.000 × 10,5%) = 1.620			1.615,25

	D. Andrés	*Dña. Isabel*	*Conjunta*
Cuota líquida (CI estatal + CI autonómica - Deducciones)	**14.855,9**	**12.539,6**	**34.954,3**
Deducciones:			
Adquisición de vivienda habitual:			
Base: 14.239/2 = 7.119,5			
Cuota dec. individual: 7.119 × 0,15 = 1.067,9 Cuota dec. conjunta: 9.015 × 0,15 = 1.352,25	1.067,9	1.067,9	1.352,25
Cuota diferencial	**841,4**	**237,3**	**8.637,4**
Total Retenciones, IC y PF	14.014,5	12.302,3	26.316,9
— Del trabajo	12.822,1		12.822,1
— Del capital mobiliario	243,5	243,5	487
Ingresos a cuenta:	948,9	1.498,8	2.447,8
— Del trabajo	522		522
— Del capital mobiliario	426,9	426,9	853,9
— De GP (premio)		1.071,9	1.071,9
Pagos fraccionados		10.560,0	10.560,0

30. CASOS PRÁCTICOS PROPUESTOS

1. Dña. Petra Palencia reside en Madrid, pero ha obtenido unas rentas en Melilla. ¿Deberá tributar por estas rentas? ¿Existe alguna especialidad en el IRPF por tratarse de rentas obtenidas en Melilla?

2. D. Mariano Peláez posee un negocio que ha arrendado a D. Cosme en el ejercicio por 56.980 euros. ¿Es renta a efectos del IRPF? En caso afirmativo, ¿de qué tipo de rendimientos se trata? ¿Irían a la base imponible general o a la del ahorro?

3. D. Abel Hontoria ha obtenido unos rendimientos del trabajo de 15.236 euros. Está casado con Dña. Adela Imbernón en régimen de gananciales y poseen unas acciones que les han supuesto unos dividendos de 6.980 euros. Además, poseen una vivienda que han adquirido por 365.980 euros y Dña. Adela es propieta-

ria de un solar que ha heredado de sus tíos cuyo valor asciende a 125.460 euros. A efectos de realizar la declaración de la renta de manera separada, ¿es necesario realizar algún tipo de individualización de rentas? ¿o se dividirían las rentas obtenidas por la mitad puesto que están casados en régimen de gananciales? Razone la respuesta.

4. D. José Martínez ha percibido de la empresa para la que trabaja las siguientes retribuciones:

a) Sueldo neto: 25.369 euros.

b) Premio por pertenecer desde hace 15 años a la empresa: 12.640 euros (importe bruto).

c) Aportación al Plan de Pensiones por parte de la empresa: 1.360 euros.

La cotización a la Seguridad Social ha sido de 1.230 euros y el tipo de retención del 20 por 100.

D. José ha tenido que viajar durante 3 días a París pernoctando 2 noches para realizar una actividad comercial de la empresa y ésta le ha abonado 2.610 euros. El billete de avión supuso 651 euros (ida y vuelta). Los gastos del hotel ascendieron a 290 euros y D. José presentó la factura.

D. José tiene una hija de 2 años y la empresa ha pagado por la guardería 2.650 euros este ejercicio.

Se pide: Determinar el rendimiento neto del trabajo de D. José.

5. D. Ignacio posee la siguiente cartera de valores:

a) Una Letra del Tesoro adquirida por 5.840 euros que vence en el ejercicio por 6.000 euros.

b) Unas acciones que han generado unos dividendos brutos o íntegros de 2.300 euros.

c) Una cuenta de ahorro por la que le han abonado unos intereses netos de 180 euros.

d) Ha percibido como prima de asistencia a Juntas 650 euros.

e) En el banco ha realizado una imposición a plazo y le han entregado un ordenador portátil cuyo coste de adquisición para la entidad financiera fue de 850 euros.

Se pide: Determinar el rendimiento neto del capital mobiliario.

6. Dña. Amalia Martínez posee una casa en la playa en la cual pasa los dos meses de verano y el resto del año la tiene alquilada a unos conocidos por 600 euros al mes. El valor catastral revisado de la vivienda asciende a 68.321 euros (de los que el 80 por 100 corresponde al valor de la construcción y el 20 por 100 restante al suelo) y el precio de adquisición fue de 116.362 euros. En este ejercicio ha abonado de préstamo hipotecario 12.540 euros (6.550 de principal y el resto de intereses). Los gastos de portería han sido de 90 euros al mes y los gastos de reparación de fachada de 560 euros. El IBI ascendió a 620 euros, la luz a 150 euros al mes y el agua a 100 euros al mes. Tanto la luz como el agua corren por cuenta del inquilino.

Se pide: Determinar el rendimiento neto del capital inmobiliario y la imputación de rentas que proceda.

7. D. Alberto Muñoz ha vendido su vivienda habitual por 232.000 euros. Dicha vivienda fue adquirida en el año 2000 por 185.000 euros y los gastos de registro y notaría abonados por D. Alberto ascendieron en ese momento a 850 euros. En el presente ejercicio ha abonado la cuota correspondiente al Impuesto sobre Incremento de Valor de los Terrenos de Naturaleza Urbana que ha ascendido a 980 euros.

Se pide: Determinar la ganancia patrimonial resultante. ¿Podría estar exenta por reinversión? En caso afirmativo: ¿Cuáles serían los requisitos necesarios para que lo estuviera?

8. D. Francisco Valiente se dedica a la actividad de impresión de textos (Epígrafe 474.1 de IAE) y tiene dos personas asalariadas que trabajan 1.800 horas, una de ellas de 18 años. Además, trabajan él y su mujer a tiempo completo. Tienen un vehículo con 7 caballos fiscales y la potencia eléctrica contratada es de 5 kW.

Se pide: Determinar el rendimiento neto de la actividad económica por signos, índices o módulos.

9. Dña. Esther García ha vendido unas acciones que poseía desde 2001 por 25.335 euros. Dichas acciones las adquirió por 26.354 euros y tuvo que abonar por gastos inherentes a la adquisición 2.310 euros. Determinar la ganancia o pérdida patrimonial así como la integración y compensación de dicha renta.

10. D. Arturo Pérez está casado con Dña. Rosalía Flores y han decidido realizar la declaración conjunta en este ejercicio. Residen en La Coruña, por lo que les resulta aplicable la tarifa autonómica establecida en Galicia.

D. Arturo trabaja en una empresa de la construcción que le abona un salario de 51.360 euros brutos. La cotización a la Seguridad Social asciende a 3.256 euros y su tipo de retención es del 23 por 100. La empresa le ha pagado un viaje de vacaciones con su esposa a Bali y el importe del viaje ha sido de 4.350 euros. Además, la empresa aporta al Plan de Pensiones de D. Arturo 2.100 euros mientras que él aporta 890 euros.

Dña. Rosalía ha jugado a la Bolsa en este ejercicio y ha obtenido unos beneficios procedentes de la venta de acciones de 5.410 euros. Además, fue a un concurso de televisión en el que obtuvo un premio de 6.000 euros.

Viven en una vivienda de su propiedad cuyo valor catastral revisado asciende a 98.321 euros. La compraron mediante un préstamo hipotecario del cual han abonado en este ejercicio 4.569 euros de principal y 8.710 euros de intereses. Poseen una vivienda en la montaña que adquirieron a través de un préstamo hipotecario del cual han satisfecho este año 5.690 euros (4.000 de principal y el resto de intereses) cuyo precio de adquisición fue de 96.321 euros y su valor catastral revisado de 69.357 euros.

Se pide: Realizar las declaraciones de IRPF de los cónyuges, tanto las individuales como la conjunta.

31. TEMAS PARA LA REFLEXIÓN

1. Experiencias europeas acerca del establecimiento de un impuesto dual sobre la renta.
2. La tributación de los dividendos y los sistemas de integración de los mismos.
3. Los sistemas de previsión social y su tratamiento fiscal.

32. PREGUNTAS DE AUTOEVALUACIÓN

32.1. Preguntas cortas

1. Gastos deducibles para la determinación del rendimiento neto del trabajo.
2. Imputación de rentas inmobiliarias.
3. Estimación directa simplificada. Esquema de las principales diferencias con la estimación directa normal.
4. Rentas que componen la base imponible del ahorro.
5. Integración y compensación de rentas.

32.2. Preguntas tipo test

1. Se consideran rendimientos del trabajo (señalar la respuesta incorrecta):

a) Los derivados de impartir cursos o conferencias.
b) Las prestaciones por desempleo percibidas en forma de renta.
c) Las aportaciones del promotor al Plan de Pensiones del contribuyente.
d) Las anualidades por alimentos percibidas de los padres en virtud de decisión judicial.

2. Las comunidades de bienes:

a) Son sujetos pasivos del IRPF.
b) Los comuneros, personas físicas, tributan en el IRPF por las rentas obtenidas de la comunidad de bienes.
c) Los comuneros, personas físicas o jurídicas, tributan en el IRPF por las rentas obtenidas de la comunidad de bienes.
d) Son sujetos pasivos del IS.

3. D. Pedro posee junto con sus hermanos 20 plazas de garaje que arriendan realizando la explotación de las mismas en el régimen de atribución de rentas. Los beneficios obtenidos por la realización de la actividad tributan:

a) En la liquidación del IRPF que realice la entidad en régimen de atribución de rentas.

b) En la liquidación del Impuesto sobre Sociedades que realice la entidad en régimen de atribución de rentas.

c) En la liquidación del IRPF que realice D. Pedro en la que constarán, los beneficios que le han correspondido de la entidad en régimen de atribución de rentas junto con el resto de rentas obtenidas por D. Pedro.

d) En la liquidación del Impuesto de Sociedades que deberá realizar D. Pedro, pero solamente por las rentas que le han correspondido derivadas de la explotación de las plazas de garaje.

4. La empresa para la que trabaja D. Andrés ha aportado a un Plan de Pensiones a favor del trabajador la cantidad de 3.500 euros y D. Andrés ha aportado 2.350 euros. En este sentido:

a) Las cantidades aportadas por la empresa son rendimientos del trabajo en especie, por lo que será necesario realizar el correspondiente ingreso a cuenta.

b) Las cantidades aportadas por la empresa son retribución en especie y las aportadas por D. Andrés son retribución dineraria.

c) Tanto las cantidades aportadas por la empresa como las aportadas por D. Andrés reducen la base imponible general, con ciertos límites.

d) Solamente las cantidades aportadas por la empresa al Plan de Pensiones reducen la base imponible general.

5. A D. Ismael le ha correspondido un equipo de música por la realización de una imposición a plazo fijo en el Banco. El valor de mercado del equipo de música es de 2.360 euros. En este caso:

a) D. Ismael deberá declarar en concepto de ingreso íntegro de rendimiento del capital mobiliario 2.360 + 20% × 2.360, siempre que el ingreso a cuenta no le haya sido repercutido.

b) El equipo de música recibido es una retribución dineraria y el ingreso íntegro será el valor de mercado del elemento, que se considera rendimiento del capital mobiliario.

c) El equipo de música recibido es una retribución en especie y el ingreso íntegro será el valor de mercado del elemento, que se considera rendimiento del capital mobiliario.

d) D. Ismael deberá declarar en concepto de ingreso íntegro de rendimiento del capital mobiliario 2.360 + 20% × 2.360, siempre que el ingreso a cuenta le haya sido repercutido.

6. En el IRPF se consideran rendimientos de capital mobiliario:

a) Al arrendamiento de un local comercial afecto a la actividad.

b) Al arrendamiento de un negocio.

c) A la segunda vivienda donde el contribuyente pasa los fines de semana.

d) A los premios obtenidos en juegos autorizados que no están exentos.

7. D. Pedro posee una panadería y, para realizar el reparto de pan a domicilio, realiza un contrato laboral a D. José y le entrega un vehículo que utiliza para el reparto. En ese caso, el vehículo:

a) Es un bien afecto a la actividad de D. Pedro.
b) Es un bien afecto a la actividad de D. José.
c) Es un bien afecto parcialmente a la actividad de D. Pedro.
d) Es un bien afecto parcialmente a la actividad de D. José.

8. En el método de estimación directa simplificada, para la determinación del rendimiento neto:

a) Se aplica obligatoriamente la reducción por rendimientos de la actividad económica.
b) Se aplica una reducción sobre el rendimiento íntegro del 10 por 100.
c) Se aplica una reducción del 5 por 100 sobre la diferencia entre los ingresos y los gastos fiscalmente deducibles, siempre que no se aplique la reducción por rendimientos de la actividad económica, con el límite de 2.000 euros anuales.
d) Se aplica una reducción sobre el rendimiento neto del 10 por 100, con el límite de 2.000 euros anuales.

9. D. Andrés posee una cafetería en la que trabaja 2.160 horas anuales, junto con su esposa (que trabaja 1.800 horas anuales) y dos camareros, José de 18 años y Salvador de 25 años y ambos trabajan 1.800 horas al año. El cómputo de los módulos será:

a) Personal no asalariado: D. Andrés (2.160/1.800 = 1,2) + su esposa: 1. Por tanto, 1,2+1 = 2,2 y Personal asalariado: José: 1 × 0,60 = 0,60 y Salvador: 1. Por tanto, 1,6.
b) Personal no asalariado: D. Andrés: 1,2 + su esposa: 1. Por tanto, 1,2+1= = 2,2 y Personal asalariado: José: 1 y Salvador: 1. Por tanto, 2.
c) Personal no asalariado: D. Andrés (2.160/1.800 = 1,2) y personal asalariado: Cónyuge: 1, José: 1 × 0,60 = 0,60 y Salvador: 1. Por tanto, 2,6.
d) Personal no asalariado: D. Andrés: 1 y Personal asalariado: cónyuge: 1, José: 1 y Salvador: 1. Por tanto, 3.

10. D. Antonio posee una vivienda que heredó de sus padres hace cuatro años que se valoró en 34.900 euros a efectos del Impuesto sobre Sucesiones y Donaciones, y tuvo que abonar por la liquidación del mismo, 3.640 euros. En este ejercicio vende la vivienda por 59.325 euros. Ha tenido que abonar los gastos de registro y notaría que ascienden a 950 euros, así como otros gastos y tributos inherentes a la transmisión, por 450 euros. La ganancia patrimonial obtenida por D. Antonio:

a) Será (59.325 – 950 – 450) – (34.900 + 3.640) = 57.925 – 38.540 = 19.385.
b) Será (59.325 – 450) – (34.900 + 3.640) = 58.875 – 38.540 = 20.335.
c) Será (59.325 – 950 – 450) – 34.900 = 57.925 – 34.900 = 23.025.
d) Se incluirá en la base imponible general.

11. En el IRPF, indicar cuál de las siguientes afirmaciones es verdadera:

a) La opción en un ejercicio por la tributación conjunta es vinculante para el resto de ejercicios.
b) Los hijos mayores de edad, incapacitados judicialmente o no, no forman parte de la unidad familiar.
c) En el caso del padre o la madre separados legalmente y sus hijos no pueden formar una unidad familiar, por lo que deberán tributar de manera separada.
d) En la declaración conjunta será necesario incorporar todas las rentas de los miembros de la unidad familiar.

12. Se consideran transmisiones a título lucrativo:

a) Las que se manifiestan cuando se vende el activo.
b) Las que suponen un lucro en la venta del activo.
c) Las que se realizan con motivo de una donación o del fallecimiento del sujeto contribuyente.
d) Ninguna de las anteriores es cierta.

13. Dígase cuál de las siguientes afirmaciones es cierta:

a) La base imponible general siempre coincide con la base liquidable general.
b) La base imponible del ahorro siempre coincide con la base liquidable del ahorro.
c) La cuota íntegra siempre coincide con la cuota líquida.
d) Ninguna afirmación de las anteriores es cierta.

14. La empresa para la que trabaja D. Horacio, de 45 años, ha aportado a su Plan de Pensiones 4.000 euros y D. Horacio ha decidido aportar 3.500 euros. D. Horacio ha obtenido rendimientos del trabajo por 69.365 euros y no ha obtenido rendimientos de actividades económicas. En ese caso:

a) D. Horacio podrá reducir la base imponible general en 4.000 + 3.500 = = 7.500 euros.
b) D. Horacio podrá reducir la base imponible general en 30% × 69.365 = = 10.909,5 euros.
c) D. Horacio podrá reducir la base imponible general en 8.000 euros.
d) D. Horacio podrá reducir la base imponible general en la cantidad que él ha aportado, es decir, 3.500 euros.

15. Diga cuál de las siguientes afirmaciones es correcta con respecto a la deducción por maternidad:

a) Es incompatible con el mínimo por descendiente.
b) Es incompatible con el mínimo a aplicar en tributación conjunta.
c) Se puede solicitar el abono de la deducción de forma anticipada.
d) Se la pueden aplicar todas las mujeres con hijos menores de tres años.

16. La cuota íntegra estatal se calcula como:

a) BL gral × escala general - MPF × escala general + BL ahorro × tramo estatal.
b) BL gral × escala general + BL ahorro × tramo estatal.
c) (BL Gral - MPF) × escala general + BL ahorro × tramo estatal.
d) (BL Gral - MPF) × escala general + (BL ahorro - MPF) × tramo estatal.

17. D. Isaías y Dña. Inés son propietarios de su vivienda habitual adquirida en 2011 y han satisfecho por el préstamo hipotecario que solicitaron para la compra del inmueble 6.450 euros de intereses y 4.670 euros de principal. En ese caso:

a) Si realizan la declaración conjunta, no puede acogerse a la deducción por inversión en vivienda habitual.
b) La base de deducción por inversión en vivienda habitual es la correspondiente a los intereses.
c) La base de deducción por inversión en vivienda habitual es la correspondiente al principal.
d) Si realizan la declaración individual pueden acogerse a la deducción por inversión en vivienda habitual.

18. La renta del ahorro está formada por:

a) Rendimientos del capital mobiliario y ganancias patrimoniales.
b) Determinados rendimientos del capital mobiliario y determinadas ganancias patrimoniales.
c) Rendimientos del capital mobiliario y rendimientos del capital inmobiliario.
d) Determinados rendimientos del capital inmobiliario y determinadas ganancias patrimoniales.

19. En la BI general:

a) El saldo, positivo o negativo, de las ganancias patrimoniales se integra con el saldo, positivo o negativo, del resto de rendimientos e imputaciones de renta.
b) El saldo negativo de las ganancias patrimoniales se integra hasta el 25 por 100 del saldo positivo del resto de rendimientos e imputaciones de renta.
c) Los rendimientos de actividades económicas negativos no se pueden compensar con los rendimientos del trabajo positivos.
d) Los rendimientos del capital mobiliario negativos no se pueden compensar con los rendimientos del capital inmobiliario positivos.

20. A D. Ismael le han retenido 3.750 euros por las rentas del trabajo percibidas. Las retenciones por rendimientos del capital mobiliario han sido 350 euros. Al realizar la declaración, la cuota líquida es de 2.580 euros. En ese caso:

a) Debe abonar 2.580 euros.

b) Le devolverán 3.750 euros, puesto que la cantidad a pagar es inferior a la retención.

c) Le devolverán 3.750 - 2.580 = 1.170 euros.

d) Le devolverán 3.750 + 350 - 2.580 = 1.520 euros.

ANEXO

Tarifas autonómicas vigentes en 2024

Andalucía (Ley 5/2021)

Base liquidable — *Hasta euros*	*Cuota íntegra* — *Euros*	*Resto base liquidable* — *Hasta euros*	*Tipo aplicable* — *Porcentaje*
0,00	0,00	13.000,00	9,50
13.000,00	1.235,00	8.100,00	12,00
21.100,00	2.207,00	14.100,00	15,00
35.200,00	4.322,00	24.800,00	18,50
60.000,00	8.910,00	En adelante	22,50

Aragón (Ley 17/2023)

Base liquidable — *Hasta euros*	*Cuota íntegra* — *Euros*	*Resto base liquidable* — *Hasta euros*	*Tipo aplicable* — *Porcentaje*
0,00	0,00	13.072,50	9,50
13.072,50	1.241,89	8.137,50	12,00
21.210,00	2.218,39	15.750,00	15,00
36.960,00	4.580,89	15.540,00	18,50
52.500,00	7.455,79	7.500,00	20,50
60.000,00	8.993,29	20.000,00	23,00
80.000,00	13.593,29	10.000,00	24,00
90.000,00	15.993,29	40.000,00	25,00
130.000,00	25.993,29	En adelante	25,50

Asturias (D. Leg 2/2014)

Base liquidable — *Hasta euros*	*Cuota íntegra* — *Euros*	*Resto base liquidable* — *Hasta euros*	*Tipo aplicable* — *Porcentaje*
—	0,00	12.450,00	10,00
12.450,00	1.245,00	5.257,20	12,00
17.707,20	1.875,86	15.300,00	14,00
33.007,20	4.017,86	20.400,00	18,50
53.407,20	7.791,86	16.592,80	21,50
70.000,00	11.359,32	20.000,00	22,50
90.000,00	15.859,32	85.000,00	25,00
175.000,00	37.109,32	En adelante	25,50

Islas Baleares (Ley 12/2023)

Base liquidable — *Hasta euros*	*Cuota íntegra* — *Euros*	*Resto base liquidable* — *Hasta euros*	*Tipo aplicable* — *Porcentaje*
0,00	0,00	10.000	9,00
10.000	900	8.000	11,25
18.000	1.800	12.000	14,25
30.000	3.510	18.000	17,50
48.000	6.660	22.000	19,00
70.000	10.840	20.000	21,75
90.000	15.190	30.000	22,75
120.000	22.015	55.000	23,75
175.000	35.077,50	En adelante	24,75

Canarias (Ley 19/2019)

Base liquidable — *Hasta euros*	*Cuota íntegra* — *Euros*	*Resto base liquidable* — *Hasta euros*	*Tipo aplicable* — *Porcentaje*
0,00	0,00	12.450,00	9,00
12.450,01	1.120,50	5.257,20	11,50
17.707,21	1.725,08	15.300,00	14,00
33.007,21	3.867,08	20.400,00	18,50
53.407,21	7.641,08	36.592,80	23,50
90.000,01	16.240,39	30.000,00	25,00
120.000,01	23.740,39	En adelante	26,00

Cantabria (Ley 3/2023)

Base liquidable — *Hasta euros*	*Cuota íntegra* — *Euros*	*Resto base liquidable* — *Hasta euros*	*Tipo aplicable* — *Porcentaje*
0,00	0,00	13.000,00	8,50
13.000,00	1.105,00	8.000,00	11,00
21.000,00	1.985,00	14.200,00	14,50
35.200,00	4.044,00	24.800,00	18,00
60.000,00	8.508,00	30.000,00	22,50
90.000,00	15.258,00	En adelante	24,50

Castilla-La Mancha (Ley 9/2014)

Base liquidable — *Hasta euros*	*Cuota íntegra* — *Euros*	*Resto base liquidable* — *Hasta euros*	*Tipo aplicable* — *Porcentaje*
0,00	0,00	12.450,00	9,50
12.450,00	1.182,75	7.750,00	12,00
20.200,00	2.112,75	15.000,00	15,00
35.200,00	4.362,75	24.800,00	18,50
60.000,00	8.950,75	En adelante	22,50

Castilla y León (D. Leg. 1/2013)

Base liquidable — *Hasta euros*	*Cuota íntegra* — *Euros*	*Resto base liquidable* — *Hasta euros*	*Tipo aplicable* — *Porcentaje*
0,00	0,00	12.450,00	9,0
12.450,00	1.120,50	7.750,00	12,0
20.200,00	2.050,50	15.000,00	14,0
35.200,00	4.150,50	18.207,20	18,5
53.407,20	7.518,83	En adelante	21,5

Cataluña (Ley 2/2021)

Base liquidable — *Hasta euros*	*Cuota íntegra* — *Euros*	*Resto base liquidable* — *Hasta euros*	*Tipo aplicable* — *Porcentaje*
0,00	0,00	12.450,00	10,50
12.450,00	1.307,25	5.257,20	12,00
17.707,20	1.938,11	3.292,80	14,00
21.000,00	2.399,10	12.007,20	15,00
33.007,20	4.200,18	20.400,00	18,80
53.407,20	8.035,38	36.592,80	21,50
90.000,00	15.902,83	30.000,00	23,50
120.000,00	22.952,83	55.000,00	24,50
175.000,00	36.427,83	En adelante	25,50

Extremadura (D-Ley 4/2023)

Base liquidable — *Hasta euros*	*Cuota íntegra* — *Euros*	*Resto base liquidable* — *Hasta euros*	*Tipo aplicable* — *Porcentaje*
0,00	0,00	12.450,00	8,00
12.450,00	996,00	7.750,00	10,00
20.200,00	1.771,00	4.000,00	16,00
24.200,00	2.411,00	11.000,00	17,50
35.200,00	4.336,00	24.800,00	21,00
60.000,00	9.544,00	20.200,00	23,50
80.200,00	14.291,00	19.000,00	24,00
99.200,00	18.851,00	21.000,00	24,50
120.200,00	23.996,00	En adelante	25,00

Galicia (Ley 7/2022)

Base liquidable — *Hasta euros*	*Cuota íntegra* — *Euros*	*Resto base liquidable* — *Hasta euros*	*Tipo aplicable* — *Porcentaje*
0,00	0,00	12.985,35	9,00
12.985,35	1.168,68	8.083,25	11,65
21.068,60	2.110,38	14.131,40	14,90
35.200,00	4.215,96	24.800,00	18,40
60.000,00	8.779,16	En adelante	22,50

La Rioja (Ley 13/2023)

Base liquidable — *Hasta euros*	*Cuota íntegra* — *Euros*	*Resto base liquidable* — *Hasta euros*	*Tipo aplicable* — *Porcentaje*
0,00	0,00	12.450,00	8,00
12.450,00	996,00	7.750,00	10,60
20.200,00	1.817,50	15.000,00	13,60
35.200,00	3.857,50	4.800,00	17,80
40.000,00	4.711,90	10.000,00	18,30
50.000,00	6.541,90	10.000,00	19,00
60.000,00	8.441,90	60.000,00	24,50
120.000,00	23.141,90	En adelante	27,00

Madrid (Ley 13/2023)

Base liquidable — *Hasta euros*	*Cuota íntegra* — *Euros*	*Resto base liquidable* — *Hasta euros*	*Tipo aplicable* — *Porcentaje*
0,00	0,00	13.362,22	8,50
13.362,22	1.135,79	5.642,41	10,70
19.004,63	1.739,53	16.421,05	12,80
35.425,68	3.841,42	21.894,72	17,40
57.320,40	7.651,10	En adelante	20,50

Región de Murcia (Ley 14/2018)

Base liquidable — *Hasta euros*	*Cuota íntegra* — *Euros*	*Resto base liquidable* — *Hasta euros*	*Tipo aplicable* — *Porcentaje*
0,00	0,00	12.450,00	9,50
12.450,00	1.182,75	7.750,00	11,20
20.200,00	2.050,75	13.800,00	13,30
34.000,00	3.886,15	26.000,00	17,90
60.000,00	8.540,15	En adelante	22,50

Comunidad Valenciana (Ley 9/2022)

Base liquidable — *Hasta euros*	*Cuota íntegra* — *Euros*	*Resto base liquidable* — *Hasta euros*	*Tipo aplicable* — *Porcentaje*
0,00	0,00	12.000	9,00
12.000	1.080,00	10.000	12,00
22.000	2.280,00	10.000	15,00
32.000	3.780,00	10.000	17,50
42.000	5.530,00	10.000	20,00
52.000	7.530,00	10.000	22,50
62.000	9.780,00	10.000	25,00
72.000	12.280,00	28.000	26,50
100.000	19.700,00	50.000	27,50
150.000	33.450,00	50.000	28,50
200.000	47.700,00	En adelante	29,50

TEMA 6

EL IMPUESTO SOBRE LA RENTA DE SOCIEDADES

1. LEGISLACIÓN BÁSICA, NATURALEZA Y ÁMBITO DE APLICACIÓN

El Impuesto sobre Sociedades (en adelante, IS) tiene su antecedente en la Tarifa III de la Contribución sobre Utilidades de la Riqueza Mobiliaria, creada en 1900 y modificada posteriormente a través de las diversas reformas tributarias hasta su configuración actual, cuya regulación se recoge en la Ley 27/2014, de 27 de noviembre, del Impuesto sobre Sociedades (en adelante, IS), y en el Real Decreto 634/2015, de 10 de julio, por el que se aprueba el Reglamento del Impuesto sobre Sociedades.

El IS es un tributo que grava la renta obtenida por las sociedades y demás entidades jurídicas, cuyas características son las siguientes:

a) *Directo*. Grava una manifestación directa e inmediata de la capacidad contributiva, la obtención de rentas.

b) *Personal*. Con carácter general, grava la totalidad de la renta obtenida por una persona jurídica concreta.

c) *Periódico*. Es exigible al finalizar unos períodos de tiempo determinados.

d) *Proporcional*. El tipo impositivo es único e independiente de la cuantía de la renta obtenida por el obligado tributario.

e) *Sintético*. El tratamiento fiscal de las diferentes clases de renta es similar y se permite la compensación y la integración de las diferentes clases de rentas, a diferencia del IRPF.

En lo referido al ámbito de aplicación, el IS se aplica en todo el territorio español (incluyendo aquellas zonas adyacentes a las aguas territoriales sobre las que España pueda ejercer los derechos que le correspondan, referentes al suelo y subsuelo marino, aguas suprayacentes, y a sus recursos naturales, de acuerdo con la legislación española y el derecho internacional), sin perjuicio de los regímenes especiales por razón de territorio (los derivados del Concierto económico con el País Vasco y del Convenio con Navarra) y de los tratados y convenios internacionales que hayan pasado a formar parte del ordenamiento interno. En Canarias, Ceuta y Melilla se tendrán en cuenta las especialidades previstas.

Para el desarrollo de este tema utilizaremos el siguiente mapa conceptual:

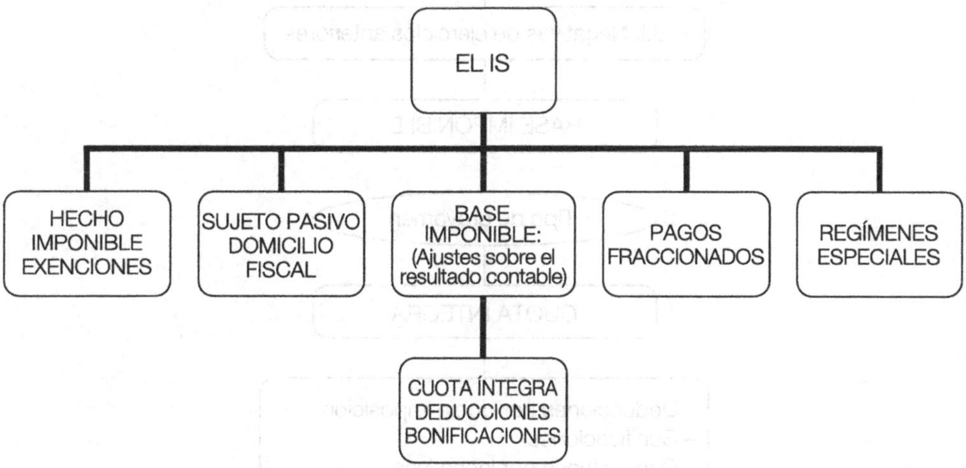

2. ESQUEMA DE LIQUIDACIÓN DEL IMPUESTO

El esquema básico de liquidación de este impuesto es el siguiente:

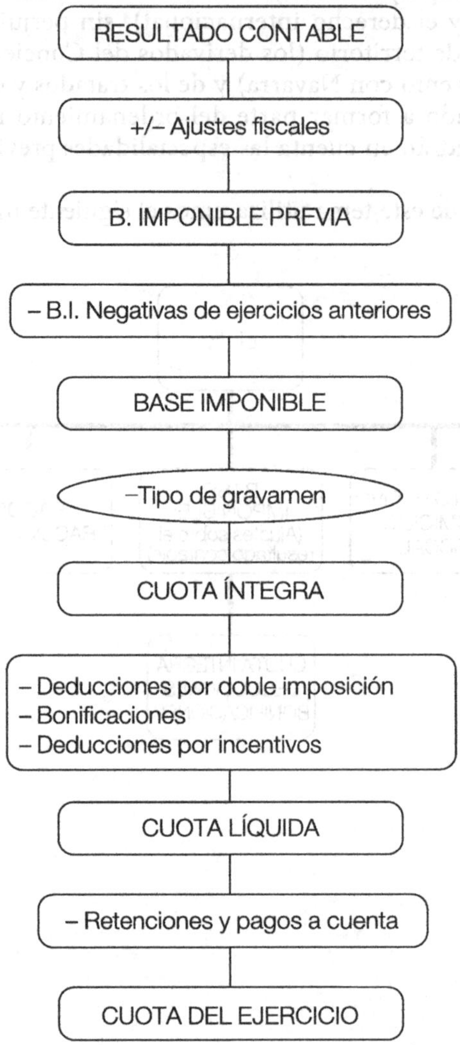

3. HECHO IMPONIBLE. CONCEPTO DE ACTIVIDAD ECONÓMICA Y ENTIDAD PATRIMONIAL

Constituye el hecho imponible la obtención de renta por el sujeto pasivo en el período impositivo, con independencia de dónde se hubiese producido y cualquiera que fuese la fuente u origen de los distintos componentes de la misma.

Se define actividad económica como la ordenación por cuenta propia de los medios de producción y de recursos humanos o de uno de ambos con la finalidad de intervenir en la producción o distribución de bienes o servicios. En el caso de arrendamiento de inmuebles, se entenderá que existe actividad económica, únicamente cuando para su ordenación se utilice, al menos, una persona empleada con contrato laboral y jornada completa.

Se considera entidad patrimonial y que, por tanto, no realiza una actividad económica, aquella en la que más de la mitad de su activo esté constituido por valores o no esté afecto a una actividad económica. A estos efectos, los valores de estas magnitudes serán los que se deduzcan de la media de balances trimestrales del ejercicio de la entidad, sin que se computen el dinero ni los derechos de crédito que procedan de la transmisión de elementos patrimoniales afectos a actividades económicas o determinados valores que se haya realizado en el período impositivo o en los dos períodos impositivos anteriores.

3.1. Atribución de rentas

La normativa del impuesto establece que las rentas correspondientes a las sociedades civiles que no tengan la consideración de contribuyentes en el IS, herencias yacentes, comunidades de bienes y demás entidades a que se refiere el artículo 35.4 de la Ley general Tributaria, así como las retenciones e ingresos a cuenta que hayan soportado, se atribuirán a los socios, herederos, comuneros o partícipes, respectivamente. Por lo tanto, las entidades en régimen de atribución de rentas no tributarán por el Impuesto sobre Sociedades. Sin embargo, las sociedades civiles con objeto mercantil son sujetos pasivos del impuesto.

No obstante, las comunidades de bienes en las que participen una o varias entidades vinculadas tributarán por determinadas rentas relacionadas con las asimetrías híbridas.

4. CONTRIBUYENTES

Son sujetos pasivos del impuesto cuando tengan la residencia en territorio español:

a) Las personas jurídicas, excluidas las sociedades civiles que no tengan objeto mercantil.
b) Las sociedades agrarias de transformación.
c) Los fondos de inversión.
d) Las uniones temporales de empresas.
e) Los fondos de capital-riesgo, y los fondos de inversión colectiva.
f) Los fondos de pensiones.
g) Los fondos de regulación del mercado hipotecario.
h) Los fondos de titulización.
i) Los fondos de garantía de inversiones.
j) Las comunidades titulares de montes vecinales en mano común.

k) Los Fondos de Activos Bancarios.
l) El grupo de sociedades.

Estos contribuyentes serán gravados por la totalidad de la renta que obtengan, con independencia del lugar donde se hubiere producido y cualquiera que sea la residencia del pagador.

5. RESIDENCIA Y DOMICILIO FISCAL

Una sociedad o entidad tiene su residencia en España cuando concurra *alguno* de los tres requisitos siguientes:

a) Haberse constituido conforme a las leyes españolas;
b) Tener su domicilio social en territorio español, o
c) Tener la «sede de dirección efectiva» en territorio español. Esto es, que radique en dicho territorio la dirección y control del conjunto de sus actividades.

La Administración Tributaria puede presumir que una entidad radicada en algún país o territorio de nula tributación o un paraíso fiscal tiene su residencia en territorio español cuando:

a) Sus activos principales, directa o indirectamente, consistan en bienes situados o derechos que se cumplan o ejerciten en territorio español, o
b) Su actividad principal se desarrolle en España, salvo que dicha entidad acredite que su dirección y efectiva gestión tienen lugar en aquel país o territorio, así como que la constitución y operativa de la entidad responde a motivos económicos válidos y razones empresariales diferentes a la simple gestión de valores o activos.

El *domicilio fiscal* de los contribuyentes en territorio español será:

a) El de su domicilio social, siempre que en él esté efectivamente centralizada su gestión administrativa y la dirección de sus negocios.
b) En caso contrario, se atenderá al lugar en el que se realice dicha gestión o dirección.
c) Si no es posible establecer el lugar del domicilio social con los criterios anteriores, prevalecerá aquel donde radique el mayor valor del inmovilizado.

6. EXENCIONES

La normativa del impuesto establece dos tipos de exenciones:

a) Exenciones subjetivas. Afectan a determinados sujetos pasivos.
b) Exenciones objetivas. Afectan a determinadas rentas.

6.1. Exenciones subjetivas

Se contemplan las siguientes situaciones:

a) Las entidades *totalmente exentas*, las cuales no están obligadas a presentar declaración, ni tampoco se practicará retención en las rentas obtenidas por dichas entidades. Son las siguientes:

— Estado, CCAA y Entidades Locales.
— Los organismos autónomos del Estado y entidades de derecho público de análogo carácter de las Comunidades Autónomas y de las entidades locales.
— El Banco de España, los Fondos de garantía de depósitos y los Fondos de garantía de inversiones.
— Las entidades públicas encargadas de la gestión de la Seguridad Social.
— El Instituto de España y las Reales Academias oficiales integradas en aquél y las instituciones de las Comunidades Autónomas con lengua oficial propia que tengan fines análogos a los de la Real Academia Española.
— Agencias Estatales.
— El Consejo Internacional de Supervisión Pública en estándares de auditoría, ética profesional y materias relacionadas.

b) Las entidades *parcialmente exentas*, en los términos previstos en la Ley 49/2002, de 23 de diciembre, de régimen fiscal de las entidades sin fines lucrativos y de los incentivos fiscales al mecenazgo, la cual considera entidades sin fines lucrativos a las fundaciones, asociaciones declaradas de utilidad pública, federaciones deportivas españolas, el Comité Olímpico Español y el Comité Paralímpico Español, entre otras, siempre que cumplan unos requisitos, tales como la persecución de fines de interés general, o que destinen a la realización de dichos fines al menos el 70 por 100 de las rentas obtenidas.

c) Las entidades *parcialmente exentas*, que se puedan acoger al régimen especial regulado en la normativa del impuesto, que son:

— Las entidades e instituciones sin ánimo de lucro que no se pueden acoger a la Ley 49/2002.
— Las uniones, federaciones y confederaciones de cooperativas.
— Los colegios profesionales, las asociaciones empresariales, las cámaras oficiales y los sindicatos de trabajadores.
— Los fondos de promoción de empleo.
— Las mutuas colaboradoras de la Seguridad Social.
— La entidad de derecho público Puertos del Estado y las respectivas de las Comunidades Autónomas.

Las entidades parcialmente exentas reguladas en la LIS pueden obtener, por un lado, ingresos derivados del ejercicio de su objeto social (exentos) que no tengan la consideración de actividades económicas, y por otro, rendimientos de explotaciones económicas, de cesión de elementos patrimoniales o incrementos de patrimonio (no exentos), y solamente deberán tributar por las rentas no exentas.

d) Por último, estarán parcialmente exentos los partidos políticos, que gozarán de exención por las rentas obtenidas para la financiación de las actividades que constituyen su objeto o finalidad específica, tales como cuotas y aportaciones de los afiliados, subvenciones y donaciones privadas e incrementos de patrimonio a título lucrativo, así como los rendimientos obtenidos en el ejercicio de su actividad económica y los procedentes de bienes y derechos que integren su patrimonio.

6.2. Exenciones objetivas

La normativa reguladora del impuesto establece las exenciones objetivas siguientes:

a) Exención para evitar la doble imposición sobre dividendos y rentas derivadas de la transmisión de valores representativos de los fondos propios de entidades residentes y no residentes en territorio español, y

b) Exención de las rentas obtenidas en el extranjero, a través de un establecimiento permanente.

Veamos estas exenciones:

6.2.1. *Exención para evitar la doble imposición sobre dividendos y rentas derivadas de la transmisión de valores representativos de los fondos propios de entidades residentes y no residentes en territorio español*

Estarán exentos:

a) Los dividendos o participaciones en beneficios de entidades, cuando se cumplan los siguientes requisitos:

— Que el porcentaje de participación, directa o indirecta, en el capital o en los fondos propios de la entidad no residente sea, al menos, del 5 por 100.

— La participación correspondiente se deberá poseer de manera ininterrumpida durante el año anterior al día en que sea exigible el beneficio que se distribuya o, en su defecto, se deberá mantener posteriormente durante el tiempo necesario para completar dicho plazo. Para el cómputo del plazo se tendrá también en cuenta el período en que la participación haya sido poseída ininterrumpidamente por otras entidades vinculadas.

— En el supuesto de que la entidad participada obtenga dividendos, participaciones en beneficios o rentas derivadas de la transmisión de valores representativos del capital o de los fondos propios de entidades en más del 70 por 100 de sus ingresos, la aplicación de esta exención respecto de dichas rentas requerirá, como norma general, que el contribuyente tenga la participación indirecta comentada en esas entidades.

— En el caso de participaciones en el capital o en los fondos propios de entidades no residentes en territorio español, se requiere que la entidad participada haya estado sujeta y no exenta por un impuesto extranjero de naturaleza idéntica o análoga al Impuesto sobre Sociedades a un tipo nominal de, al menos, el 10 por 100 en el ejercicio en que se hayan obtenido los beneficios que se reparten o en los que se participa, con independencia de la aplicación, que pudiera resultar, de algún tipo de exención, bonificación, reducción o deducción.

A estos efectos, se tendrán en cuenta aquellos tributos extranjeros que hayan tenido por finalidad la imposición de la renta obtenida por la entidad participada, con independencia de que el objeto del tributo lo constituya la renta, los ingresos o cualquier otro elemento indiciario de aquella.

Se considerará cumplido este requisito, cuando la entidad participada sea residente en un país con el que España tenga suscrito un convenio para evitar la doble imposición internacional, que le sea de aplicación y que contenga cláusula de intercambio de información.

En ningún caso se entenderá cumplido este requisito cuando la entidad participada sea residente en un país o territorio calificado como paraíso fiscal, excepto que resida en un Estado miembro de la Unión Europea y el contribuyente acredite que su constitución y operativa responde a motivos económicos válidos y que realiza actividades económicas.

— No se aplicará esta exención, respecto del importe de aquellos dividendos o participaciones en beneficios cuya distribución genere un gasto fiscalmente deducible en la entidad pagadora.

La normativa del impuesto establece que tendrán la consideración de dividendos o participaciones en beneficios, los derivados de los valores representativos del capital o de los fondos propios de entidades, con independencia de su consideración contable. Por otra parte, tendrán la consideración de dividendos o participaciones en beneficios exentos las retribuciones correspondientes a préstamos participativos otorgados por entidades que formen parte del mismo grupo de sociedades, con independencia de la residencia y de la obligación de formular cuentas anuales consolidadas, salvo que generen un gasto fiscalmente deducible en la entidad pagadora.

b) La renta positiva obtenida en la transmisión de la participación en una entidad, cuando se cumplan los requisitos establecidos en el apartado anterior. El mismo régimen se aplicará a la renta obtenida en los supuestos de liquidación de la entidad, separación del socio, fusión, escisión total o parcial, reducción de capital, aportación no dineraria o cesión global de activo y pasivo.

La parte de la renta que no tenga derecho a la exención se integrará en la base imponible, teniendo derecho a la deducción para evitar la doble imposición internacional por el impuesto soportado por el sujeto pasivo. No se aplicará la exención cuando el adquirente resida en un país o territorio calificado reglamentariamente como paraíso fiscal.

Esta exención presenta ciertas especialidades relacionadas con la valoración o no de la participación de la entidad conforme a las normas del régimen especial de las operaciones de reestructuración empresarial.

Esta exención no resulta aplicable para las rentas:

— Derivadas de la transmisión de la participación, directa o indirecta, en una entidad que tenga la consideración de entidad patrimonial.

— Derivadas de la transmisión de la participación en una agrupación de interés económico española o europea que no se corresponda con un incremento de beneficios no distribuidos generados por la entidad participada durante el tiempo de tenencia de la participación.

— Procedentes de la transmisión de la participación, directa o indirecta, en una entidad que se pueda acoger al régimen especial de transparencia fiscal internacional, siempre que, al menos, el 15 por 100 de sus rentas queden sometidas a dicho régimen especial.

No obstante, bajo ciertas circunstancias, no se integrarán en la base imponible las rentas negativas derivadas de la transmisión de la participación de la entidad y serán deducibles las rentas negativas generadas en caso de extinción de la entidad participada, salvo que la misma sea consecuencia de una operación de reestructuración.

Esta exención no se aplicará a: las rentas distribuidas por el fondo de regulación de carácter público del mercado hipotecario, las rentas obtenidas por agrupaciones de interés económico españolas y europeas, y por uniones temporales de empresas, cuando, al menos uno de sus socios, tenga la condición de persona física y a las rentas de fuente extranjera que la entidad integre en su base imponible y en relación con las cuales opte por aplicar, si procede, la deducción por doble imposición.

El importe de los dividendos o participaciones en beneficios de entidades y el importe de la renta positiva obtenida en la transmisión de la participación en una entidad y en el resto de supuestos a los que resulte de aplicación esta exención, se reducirá, bajo ciertos requisitos, en un 5 por 100 en concepto de gastos de gestión referidos a dichas participaciones.

6.2.2. *Exención de las rentas obtenidas en el extranjero a través de un establecimiento permanente*

Las rentas positivas obtenidas en el extranjero a través de un establecimiento permanente situado fuera del territorio español están exentas cuando el mismo haya sido gravado por un impuesto de naturaleza idéntica o análoga al IS, con un tipo nominal de, al menos, un 10 por 100. También estarán exentas, en los mismos términos, las rentas positivas derivadas de la transmisión de un establecimiento permanente o cese de su actividad.

No se integrarán en la base imponible las rentas negativas obtenidas en el extranjero a través de un establecimiento permanente ni tampoco las derivadas de la transmisión del mismo, excepto en el caso de cese de su actividad.

Se considera que una entidad opera mediante un establecimiento permanente en el extranjero cuando, por cualquier título, disponga fuera del territorio español, de forma continuada o habitual, de instalaciones o lugares de trabajo en los que realice toda o parte de su actividad o actúe en él por medio de un agente autorizado para contratar, en nombre y por cuenta del contribuyente, que ejerza con habitualidad dichos poderes. En particular, se entenderá que constituyen establecimientos permanentes las sedes de dirección, las sucursales, las oficinas, las fábricas, los talleres, los almacenes, tiendas u otros establecimientos, las minas, los pozos de petróleo o de gas, las canteras, las explotaciones agrícolas, forestales o pecuarias o cualquier otro lugar de exploración o de extracción de recursos naturales, y las obras de construcción, instalación o montaje cuya duración exceda de seis meses. En el caso en el que el establecimiento permanente se encuentre situado en un país con el que España tenga suscrito un convenio para evitar la doble imposición internacional, que le sea de aplicación, se estará a lo que de él resulte.

En este sentido, se considera que un contribuyente opera mediante establecimientos permanentes distintos en un determinado país, cuando concurran las siguientes circunstancias:

a) Que realicen actividades claramente diferenciables.
b) Que la gestión de éstas se lleve de modo separado.

Se considerarán rentas de un establecimiento permanente aquellas que el mismo hubiera podido obtener si fuera una entidad distinta e independiente, teniendo en cuenta las funciones desarrolladas, los activos utilizados y los riesgos asumidos por la entidad a través del establecimiento permanente. A estos efectos, se tendrán en cuenta las rentas estimadas por operaciones internas con la propia entidad en aquellos supuestos en que así esté establecido en un convenio para evitar la doble imposición internacional que resulte de aplicación.

Esta exención no resulta aplicable en los mismos casos contemplados para la exención anteriormente comentada. Tampoco resulta aplicable cuando el establecimiento permanente esté situado en un país o territorio calificado como paraíso fiscal, excepto que se trate de un Estado miembro de la Unión Europea y el contribuyente acredite que su constitución y operativa responde a motivos económicos válidos y que realiza actividades económicas.

7. PERÍODO IMPOSITIVO Y DEVENGO

El *período impositivo* coincide con el ejercicio económico de la entidad, sin que pueda exceder de 12 meses. En todo caso, dicho período concluye cuando:

a) La entidad se extinga.
b) Tenga lugar un cambio de residencia de la entidad residente en territorio español al extranjero.

c) Se produzca la transformación de la forma jurídica de la entidad y ello determine la no sujeción a este impuesto de la entidad resultante, la modificación de su tipo de gravamen o la aplicación de un régimen tributario especial.

En el caso de transformación o modificación de la sociedad, la renta derivada de la transmisión posterior de los elementos patrimoniales existentes, se entenderá generada de forma lineal, salvo prueba en contrario, durante todo el tiempo de tenencia del elemento transmitido. La parte de dicha renta generada hasta el momento de la transformación o modificación se gravará aplicando el tipo de gravamen y el régimen tributario que hubiera correspondido a la entidad de haber conservado su forma, estatuto o régimen originario.

El *devengo* del impuesto es el correspondiente al último día del período impositivo.

8. BASE IMPONIBLE. CONCEPTO Y DETERMINACIÓN

La base imponible está constituida por el importe de la renta obtenida por el sujeto pasivo en el período de imposición, minorada por la compensación de bases imponibles negativas de ejercicios anteriores.

La base imponible se determinará habitualmente por el método de estimación directa. El método de estimación objetiva únicamente se contempla en el régimen especial de las entidades navieras en función del tonelaje. Subsidiariamente, se utilizará el método de estimación indirecta, según lo dispuesto en la Ley General Tributaria.

El procedimiento de estimación directa consiste en el cálculo de la base imponible, corrigiendo, mediante la aplicación de las reglas fiscales contenidas en la normativa del impuesto, el beneficio contable calculado conforme a las normas del Código de Comercio y la legislación complementaria.

Con la actual regulación del Impuesto sobre Sociedades, la determinación de la base imponible está estrechamente ligada al resultado contable, y las diferencias entre éste y aquélla darán lugar a la realización de ajustes fiscales sobre el resultado contable para la determinación de la base imponible o ajustes extracontables. Es decir, para la determinación de la base imponible del IS debemos proceder del modo siguiente:

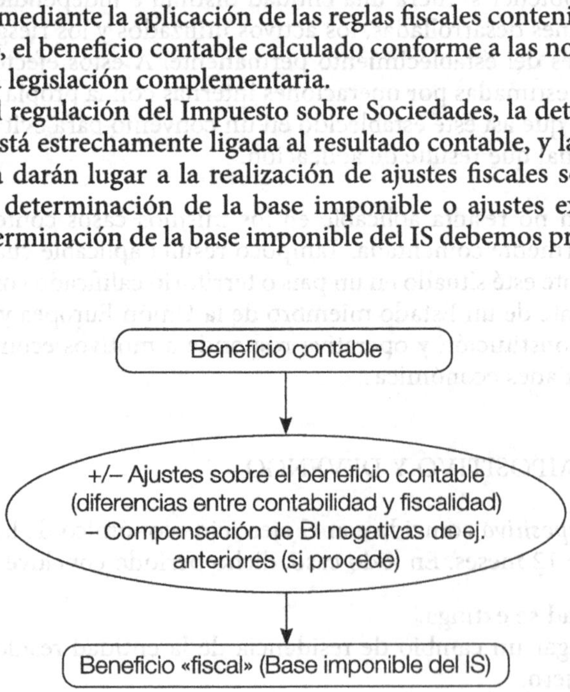

Los ajustes sobre el beneficio contable, para determinar el beneficio fiscal, surgen de las diferencias en la cuantificación de los ingresos y los gastos en Contabilidad y en la normativa reguladora del IS, como consecuencia, principalmente, de los principios que rigen a una y a otra y, por ello, resulta necesaria la realización de los mismos. Estos ajustes se denominan correcciones fiscales sobre el resultado contable, y pueden producirse como consecuencia de diferencias, tales como:

a) Las originadas por las diferencias entre amortizaciones. Mientras contablemente los elementos se amortizan en función de la vida útil del bien, fiscalmente la dotación a la amortización, para que sea deducible como gasto, deberá cumplir con el criterio de efectividad de la depreciación, que se verifica cuando se utilice alguno de los métodos contemplados en la normativa del impuesto. En otras ocasiones, las diferencias se producen como consecuencia de la aplicación de beneficios fiscales, para determinados activos o entidades, que suponen la realización de una dotación a la amortización fiscal superior a la contable, con la necesidad de realizar el consiguiente ajuste extracontable.

b) Las derivadas de la contabilización de las provisiones, y de las pérdidas por deterioro, y lo establecido en la norma fiscal.

c) En determinados supuestos, se establecen exclusiones en cuanto a la deducibilidad de determinados gastos, tales como las multas o las liberalidades.

d) Las derivadas de la sustitución del valor contable por el normal de mercado, con la finalidad de obtener un resultado fiscal más aceptable.

Las diferencias entre el gasto y/o ingreso contable y fiscal darán lugar a ajustes positivos o negativos sobre el resultado contable para la determinación de la base imponible. Así, cuando:

— El gasto contable sea mayor que el gasto fiscal: se realizará un ajuste extracontable positivo para determinar la base imponible (p. ej. exceso contable de amortización sobre la legalmente permitida).

— El gasto contable sea menor que el gasto fiscal: se realizará un ajuste extracontable negativo para determinar la base imponible (p. ej. libertad de amortización).

— El ingreso contable sea mayor que el ingreso fiscal: se realizará un ajuste extracontable negativo para determinar la base imponible (p. ej. rentas derivadas de la transmisión de bienes inmuebles).

— El ingreso contable sea menor que el ingreso fiscal: se realizará un ajuste extracontable positivo para determinar la base imponible (p. ej. venta de un elemento que disfrutó de libertad de amortización).

Es necesario considerar que determinadas rentas positivas no se integran en la base imponible del impuesto:

a) La percepción de las siguientes ayudas de la política agraria comunitaria:

— Abandono definitivo del cultivo del viñedo, peras, melocotones, nectarinas, remolacha azucarera y de la caña de azúcar.

— Prima al arranque de plantaciones de manzanos, plataneras, peras, melocotones y nectarinas.

— Abandono definitivo de la producción lechera.

— Ayudas a los regímenes en favor del clima y del medio ambiente (ecorregímenes).

b) La percepción de las siguientes ayudas de la política pesquera comunitaria: por la paralización definitiva de la actividad pesquera de un buque y por su transmisión para la constitución de sociedades mixtas en terceros países, así como por el abandono definitivo de la actividad pesquera.

c) La percepción de ayudas públicas que tengan por objeto reparar la destrucción por incendio, inundación, hundimiento, erupción volcánica u otras causas naturales de elementos patrimoniales afectos al ejercicio de actividades económicas.

d) La percepción de las ayudas al abandono de la actividad de transporte por carretera satisfechas por el Ministerio de Fomento a transportistas que cumplan los requisitos establecidos en la normativa reguladora de la concesión de dichas ayudas.

e) La percepción de indemnizaciones públicas, a causa del sacrificio obligatorio de la cabaña ganadera, en el marco de actuaciones destinadas a la erradicación de epidemias o enfermedades. Esta disposición sólo afectará a los animales destinados a la reproducción.

Para calcular la renta que no se integra en la base imponible, se tendrá en cuenta tanto el importe de las ayudas percibidas como las pérdidas patrimoniales que, en su caso, se produzcan en los elementos afectos a las actividades. Cuando el importe de estas ayudas sea inferior al de las pérdidas producidas en los citados elementos, podrá integrarse en la base imponible la diferencia negativa. Cuando no existan pérdidas, sólo se excluirá de gravamen el importe de las ayudas.

9. AMORTIZACIÓN DEL INMOVILIZADO

Según la normativa fiscal, son deducibles las dotaciones a la amortización del inmovilizado material, intangible y de las inversiones inmobiliarias que se correspondan con la depreciación efectiva que sufran los distintos elementos por funcionamiento, uso, disfrute u obsolescencia. Si coinciden la dotación a la amortización contable y la fiscal, no procederá efectuar ningún ajuste. No obstante, si se deduce contablemente más que fiscalmente, será necesario practicar la corrección.

La dotación a la amortización se realiza sobre el precio de adquisición o coste de producción, excluido, en su caso, el valor residual y cuando se trate de edificaciones, no será amortizable la parte del precio de adquisición correspondiente al valor del suelo.

La amortización se practicará elemento por elemento, pero cuando se trate de elementos patrimoniales de naturaleza análoga o que sean sometidos a un similar grado de utilización, la amortización podrá practicarse sobre el conjunto de ellos, siempre que en todo momento pueda conocerse la parte de la amortización acumulada correspondiente a cada elemento patrimonial.

La dotación a la amortización de los elementos de inmovilizado material e inversiones inmobiliarias se inicia desde su puesta en condiciones de funcionamiento y se realiza durante el período de vida útil del bien, entendido como el período en el cual debe quedar totalmente cubierto el valor del bien, excluido el valor residual, según el método de amortización utilizado.

La dotación a la amortización de los elementos de inmovilizado intangible se realiza, al igual que para los elementos de inmovilizado material, durante el período de vida útil del bien, entendido como el período durante el cual se espera, razonablemente, que produzcan ingresos.

Para un mismo elemento patrimonial no se pueden aplicar distintos métodos de amortización ni sucesiva ni simultáneamente, salvo casos excepcionales justificados en la memoria de cuentas anuales, en cuyo caso se puede aplicar un método de amortización distinto del que se venía aplicando, pero dentro de los previstos en la normativa del impuesto.

Cuando los elementos patrimoniales del inmovilizado material e inversiones inmobiliarias sean objeto de renovación, ampliación o mejora, así como de revalorizaciones realizadas en virtud de normas legales o reglamentarias (que obliguen a incluir su importe en el resultado contable), el importe de las mismas se amortizará durante los períodos impositivos que resten para completar la vida útil de dichos elementos y se imputará, a cada período impositivo, el resultado de aplicar al importe de las renovaciones, ampliaciones o mejoras el coeficiente resultante de dividir la amortización contabilizada del elemento patrimonial practicada en cada período impositivo, en la medida en que se corresponda con la depreciación efectiva, entre el valor contable que dicho elemento patrimonial tenía al inicio del período impositivo en el que se realizaron las operaciones de renovación, ampliación o mejora. Es decir:

Dotación a la amortización adicional correspondiente a la mejora o renovación o ampliación = Importe de la mejora × (Dotación anual a la amortización/valor contable del elemento) antes de la mejora

Estos elementos se continúan amortizando según el método que se venía aplicando con anterioridad. Si, como consecuencia de alguna de las operaciones mencionadas, se produce un alargamiento de la vida útil estimada del activo, dicho alargamiento deberá tenerse en cuenta a los efectos de la amortización del elemento patrimonial y del importe de la renovación, ampliación o mejora.

Es necesario distinguir entre:

a) Amortización del inmovilizado material e inversiones inmobiliarias, y
b) Amortización del inmovilizado intangible.

9.1. Amortización del inmovilizado material, intangible e inversiones inmobiliarias

El inmovilizado material y las inversiones inmobiliarias se pueden amortizar por diferentes métodos de amortización establecidos en la normativa del impuesto, ya que con cualquiera de ellos se cumple el requisito de efectividad de la depreciación, que es el necesario para que una dotación a la amortización resulte fiscalmente deducible.

Los métodos recogidos en el texto legal son:

a) Método de amortización lineal, según tablas.

b) Método de amortización degresiva a través de:

— Porcentaje constante.
— Suma de dígitos.

c) Mediante la formulación de un plan especial de amortización.

d) Mediante la demostración de que ejercicio a ejercicio la depreciación es distinta a los restantes métodos.

e) Libertad de amortización, para determinados casos.

En cuanto a la *amortización del inmovilizado intangible*, contablemente sólo es deducible la dotación a la amortización del inmovilizado intangible con vida útil definida y también lo será fiscalmente, puesto que se establece que el inmovilizado intangible con vida útil definida se amortizará atendiendo a la duración de la misma.

No obstante, el inmovilizado intangible se amortiza atendiendo a su vida útil. Cuando la misma no pueda estimarse de manera fiable, la amortización será deducible con el límite anual máximo de la veinteava parte de su importe. En cuanto a la amortización del fondo de comercio, será deducible con el límite anual máximo de la veinteava parte de su importe.

9.1.1. *Amortización lineal*

El método de amortización lineal según tablas consiste en la obtención de una dotación a la amortización que sea el resultado de aplicar al precio de adquisición o coste de producción del elemento patrimonial, excluido el valor residual, alguno de los siguientes coeficientes:

a) El coeficiente de amortización lineal máximo establecido en las tablas de amortización oficialmente aprobadas. Dicho coeficiente nos proporciona el período mínimo.

b) El coeficiente de amortización lineal que se deriva del período máximo de amortización establecido en las tablas de amortización oficialmente aprobadas.

c) Cualquier otro coeficiente de amortización lineal comprendido entre los dos anteriormente mencionados.

La vida útil del bien no puede exceder del período máximo según tablas.

Los coeficientes de amortización lineal se establecen en la siguiente tabla:

Tipo de elemento	*Coeficiente lineal máximo*	*Período de años máximo*
Obra civil		
Obra civil general	2%	100
Pavimentos	6%	34
Infraestructuras y obras mineras	7%	30
Centrales		
Centrales hidráulicas	2%	100
Centrales nucleares	3%	60
Centrales de carbón	4%	50
Centrales renovables	7%	30
Otras centrales	5%	40
Edificios		
Edificios industriales	3%	68
Terrenos dedicados exclusivamente a escombreras	4%	50
Almacenes y depósitos (gaseosos, líquidos y sólidos)	7%	30
Edificios comerciales, administrativos, de servicios y viviendas	2%	100
Instalaciones		
Subestaciones. Redes de transporte y distribución de energía	5%	40
Cables	7%	30
Resto instalaciones	10%	20
Maquinaria	12%	18
Equipos médicos y asimilados	15%	14
Elementos de transporte		
Locomotoras, vagones y equipos de tracción	8%	25
Buques, aeronaves	10%	20
Elementos de transporte interno	10%	20
Elementos de transporte externo	16%	14
Autocamiones	20%	10
Mobiliario y enseres		
Mobiliario	10%	20
Lencería	25%	8
Cristalería	50%	4
Útiles y herramientas	25%	8
Moldes, matrices y modelos	33%	6
Otros enseres	15%	14
Equipos electrónicos e informáticos. Sistemas y programas		
Equipos electrónicos	20%	10
Equipos para procesos de información	25%	8

Tipo de elemento	*Coeficiente lineal máximo*	*Período de años máximo*
Sistemas y programas informáticos.	33%	6
Producciones cinematográficas, fonográficas, videos y series audiovisuales	33%	6
Otros elementos	10%	20

Cuando un elemento patrimonial se utilice diariamente en más de un turno normal de trabajo, se puede amortizar en función del coeficiente formado por la suma de:

a) el coeficiente de amortización lineal que se deriva del período máximo de amortización (coeficiente mínimo), y
b) el resultado de multiplicar la diferencia entre el coeficiente de amortización lineal máximo y el coeficiente de amortización lineal que se deriva del período máximo de amortización, por el cociente entre las horas diarias habitualmente trabajadas y ocho horas.

Es decir:

[coef. mínimo + (coef. máximo coef. mínimo)] × n.º de horas trabajadas /8 horas

Este criterio no se aplica a aquellos elementos que por su naturaleza técnica deban ser utilizados de forma continuada.

Cuando se adquieran elementos patrimoniales del inmovilizado material usados, es decir, que no sean puestos en condiciones de funcionamiento por primera vez, la dotación a la amortización se calcula:

a) Sobre el precio de adquisición, hasta el límite resultante de multiplicar por 2 la cantidad derivada de aplicar el coeficiente de amortización lineal máximo.
b) Si se conoce el precio de adquisición o coste de producción originario, o se determina pericialmente, se tomará como base para la aplicación del coeficiente de amortización lineal máximo.

Las inversiones en vehículos nuevos afectos a la actividad económica que entren en funcionamiento en 2023, 2024 y 2025 podrán amortizarse por el coeficiente que resulte de multiplicar por 2 el coeficiente lineal máximo. Los vehículos deberán ser de los siguientes tipos: *a*) Vehículo eléctrico de células de combustible (normal o híbrido); *b*) Vehículo eléctrico de baterías; *c*) Vehículo eléctrico de autonomía extendida; o *d*) Vehículo eléctrico híbrido enchufable.

9.1.2. *Amortización degresiva*

Este método es aplicable a:

— Maquinaria e instalaciones de carácter industrial y agrícola.

— Equipos de transporte, excluidos los susceptibles de ser autorizados para uso personal.
— Equipos de informática y procesamiento de datos.
— Instalaciones hoteleras.
— Producciones cinematográficas y fonográficas cuya titularidad corresponda a la entidad.

No es aplicable a:

a) Edificios.
b) Mobiliario y enseres.

Existen dos métodos de amortización degresiva:

a) *Método de amortización degresiva según porcentaje constante.* Las tablas de amortización nos darán para cada bien amortizable un coeficiente máximo y un período máximo de amortización.

Se puede optar por un coeficiente de amortización, que oscilará entre el máximo y el mínimo derivado de las tablas, ambos incluidos que se multiplica por un número que viene determinado en función del período de amortización correspondiente al mencionado coeficiente.

Dicho número será:

— 1,5, cuando el período de amortización correspondiente al coeficiente escogido es inferior a cinco años.
— 2, cuando el período de amortización correspondiente al coeficiente escogido oscila entre cinco y ocho años.
— 2,5, cuando el período de amortización correspondiente al coeficiente escogido sea igual o superior a ocho años.

La diferencia con el sistema de tablas consiste en que el porcentaje se aplica cada período sobre el valor pendiente de amortizar, y no sobre el valor de adquisición. En el último ejercicio, la dotación a la amortización coincidirá con el valor pendiente de amortizar.

El porcentaje constante no podrá ser inferior al 11 por 100.

b) *Método de amortización degresiva según suma de dígitos.* Consiste en optar por un período de amortización que esté situado entre el coeficiente máximo y mínimo, ambos inclusive, derivado de las tablas de amortización. Una vez escogido el período, se asigna a cada anualidad, un dígito, es decir, se asigna el valor numérico mayor de la serie de años en que haya de amortizarse el elemento patrimonial, al año en que deba comenzar la amortización, y para los años siguientes, valores numéricos sucesivamente decrecientes en una unidad, hasta llegar al último considerado para la amortización, que tendrá un valor numérico igual a la unidad. Aunque la asignación de valores numéricos también podrá efectuarse de manera inversa a la expuesta.

Una vez asignado el número dígito correspondiente a cada anualidad, se suman los dígitos y posteriormente se calcula la cuota resultante a cada dígito, mediante la división del valor amortizable por la suma de dígitos. En cada uno de los períodos, la dotación a la amortización será la resultante de multiplicar la cuota por dígito por el número dígito asignado a ese año, es decir la dotación a la amortización correspondiente al año i será:

Dot. a la amortización (i) = cuota por dígito × n.º dígito (i), siendo:

$$\text{Cuota por dígito} = \frac{\text{Valor amortizable}}{\text{dígitos}}$$

9.1.3. *Formulación de un plan especial de amortización*

En aquellos casos en los que algún elemento del inmovilizado material o intangible amortizable, sufra una depreciación distinta y superior a la derivada de la aplicación de las tablas de amortización, se puede solicitar un plan especial de amortización, en cuyo caso la Administración podrá autorizar la deducción fiscal de unas cuotas distintas. La solicitud debe contener los siguientes datos:

a) Descripción de los elementos patrimoniales objeto del plan especial de amortización, indicando la actividad a la que se hallen adscritos y su ubicación.

b) Método de amortización que se propone, indicando la distribución temporal de las amortizaciones que se derivan del mismo.

c) Justificación del método de amortización propuesto.

d) Precio de adquisición o coste de producción de los elementos patrimoniales.

e) Fecha en que deba comenzar la amortización de los elementos patrimoniales.

La Administración Tributaria puede aprobar el plan de amortización formulado por el sujeto pasivo o uno alternativo o, desestimar el plan de amortización formulado por el sujeto pasivo.

9.1.4. *Demostración de una depreciación distinta*

El sujeto pasivo puede realizar la dotación a la amortización según la depreciación real de los elementos patrimoniales, sin sujeción a los métodos mencionados, siempre que pueda justificar su importe.

9.1.5. *Libertad de amortización*

Es un beneficio fiscal que consiste en poder deducir fiscalmente una cuota elegida libremente por el sujeto pasivo. Se pueden amortizar libremente:

a) Los elementos de inmovilizado material, intangible e inversiones inmobiliarias de las sociedades anónimas laborales afectos a la realización de sus actividades y de las sociedades limitadas laborales, adquiridos durante los cinco primeros años a partir de su calificación como tales.

b) Los elementos de inmovilizado material e intangible, nuevos o usados, excluidos los edificios, afectos a las actividades de investigación y desarrollo. Cuando se trate de edificios afectos a estas actividades se podrán amortizar en partes iguales en un período de diez años, en la parte que se hallen afectos a las actividades de investigación y desarrollo.

c) Los gastos de investigación y desarrollo activados como inmovilizado intangible, excluidas las amortizaciones de los elementos que disfruten de libertad de amortización.

d) Los elementos del inmovilizado material o intangible de las entidades que tengan la calificación de explotaciones asociativas prioritarias adquiridos durante los cinco primeros años a partir de la fecha de su reconocimiento como explotación prioritaria.

e) Los elementos del inmovilizado material nuevos, cuyo valor unitario no exceda de 300 euros, hasta el límite de 25.000 euros referido al período impositivo. Si el período impositivo tuviera una duración inferior a un año, este límite será el resultado de multiplicar 25.000 euros por la proporción existente entre la duración del período impositivo respecto del año.

f) Las inversiones en vehículos nuevos FCV, FCHV, BEV, REEV o PHEV afectos a actividades económicas y que entren en funcionamiento, así como las inversiones en nuevas infraestructuras de recarga de vehículos eléctricos, de potencia normal y alta potencia realizadas en los períodos impositivos que se inicien en los años 2024 y 2025.

Las cantidades aplicadas a la libertad de amortización incrementan la base imponible con ocasión de la amortización o transmisión de los elementos que disfrutaron de la misma, pues minoran, a efectos fiscales, el valor de los elementos amortizados.

9.1.6. *Amortización del inmovilizado intangible*

El inmovilizado intangible se amortizará atendiendo a su vida útil. Cuando la misma no pueda estimarse de manera fiable, la amortización será deducible con el límite anual máximo de la veinteava parte de su importe.

La amortización del fondo de comercio será deducible con el límite anual máximo de la veinteava parte de su importe.

10. ARRENDAMIENTO FINANCIERO

La normativa del impuesto considera arrendamiento financiero la operación en la cual el importe a pagar por el ejercicio de la opción de compra o renovación, en el caso de cesión de uso de activos con dicha opción, sea inferior al importe resultante de minorar el valor del activo en la suma de las cuotas de amortización máximas que corresponderían a éste dentro del tiempo de duración de la cesión, es decir:

Importe de la opción de compra < Valor neto contable

Cuando el activo haya sido objeto de previa transmisión por parte del cesionario al cedente, la operación se considerará como un método de financiación y el cesionario continuará la amortización de aquél en idénticas condiciones y sobre el mismo valor anterior a la transmisión.

Se establecen dos regímenes fiscales para los contratos de arrendamiento financiero:

a) General.
b) Especial.

10.1. Régimen general del *leasing*

Este régimen es aplicable a los contratos de arrendamiento financiero que no cumplan todos los requisitos de la Disposición Adicional 7.ª de la Ley 26/1988, de 29 de julio, sobre disciplina e intervención de las entidades de crédito.

Dado que la norma fiscal no hace referencia al tratamiento de la cuota de *leasing* satisfecha por la entidad arrendataria, deberemos adoptar la normativa contable que establece que, en lo referido a la contabilidad del arrendatario, éste repartirá la carga financiera total a lo largo del plazo del arrendamiento y se imputará a la cuenta de Pérdidas y Ganancias del ejercicio en el que se devengue, aplicando el método del tipo de interés efectivo. Las cuotas de carácter contingente, es decir, aquellos pagos por arrendamiento cuyo importe no es fijo sino que depende de la evolución futura de una variable, serán gastos del ejercicio en que se incurra en ellas.

En cuanto a las cuotas de amortización, serán deducibles las cuantías que correspondan según los métodos de amortización fiscalmente admitidos.

10.2. Régimen especial del *leasing*

El régimen especial se aplica a los contratos de arrendamiento financiero tipificados en el apartado 1 de la Disposición Adicional 7.ª de la Ley 26/1988, de 29 de julio, sobre disciplina e intervención de las entidades de crédito, la cual considera operaciones de arrendamiento financiero aquellos contratos que tengan por objeto exclusivo la cesión del uso de bienes, muebles o inmuebles, adquiridos para dicha finalidad a cambio de una contraprestación consistente en el abono periódico de las cuotas. Los bienes objeto de cesión deberán estar afectos únicamente a explotaciones agrícolas, pesqueras, industriales, comerciales, artesanales, de servicios o profesionales. El contrato de arrendamiento financiero incluirá necesariamente una opción de compra a su término, en favor del usuario. Estos contratos tendrán una duración mínima de dos años en bienes muebles y de diez en inmuebles. Las entidades arrendadoras serán entidades financieras o establecimientos financieros de crédito.

Las cuotas de arrendamiento financiero deberán aparecer expresadas en los siguientes componentes:

a) El IVA que grava la operación.
b) La parte correspondiente a la carga financiera exigida por el arrendador.
c) La parte que corresponda a la recuperación del coste del bien por la entidad arrendadora, excluido el valor de la opción de compra. Si el bien tiene una parte no amortizable, la parte correspondiente a la recuperación del coste del bien debe descomponerse en otras dos partes:

— La parte de recuperación del coste del bien correspondiente al activo o elementos no amortizables.
— La parte de recuperación del coste del bien correspondiente al activo o elementos susceptibles de amortización.

El régimen fiscal para el arrendatario será:

a) Respecto al IVA, su deducibilidad se rige por la normativa del mismo.
b) La carga financiera satisfecha a la entidad arrendadora tiene la consideración de gasto fiscalmente deducible.
c) La parte de recuperación del coste del bien correspondiente al activo o elementos no amortizables no es gasto deducible. La parte de recuperación del coste del bien correspondiente al activo o elementos susceptibles de amortización es gasto deducible, y no podrá ser superior al resultado de aplicar al coste del bien:

— El doble del coeficiente de amortización lineal, según tablas de amortización oficiales que corresponda al citado bien. El exceso será deducible en períodos impositivos sucesivos, respetando el límite.
— El triple (2 × 1,5 = 3) del coeficiente de amortización lineal, cuando el sujeto pasivo cumpla la condición de «empresa de reducida dimensión» (es decir, haber obtenido en el período impositivo inmediato anterior un importe neto de la cifra de negocios < a 10 millones de euros).

La deducción fiscal del gasto por la parte de recuperación del coste del bien amortizable hasta dichos límites máximos no está condicionada a su imputación contable en la cuenta de Pérdidas y Ganancias, de modo que si la amortización contabilizada es inferior al gasto fiscalmente deducible, se efectuará un ajuste negativo en la base imponible.

La entidad arrendadora amortiza el bien, deducido el importe de la opción de compra, en el plazo de vigencia del contrato.

11. PÉRDIDA POR DETERIORO DEL VALOR DE LOS ELEMENTOS PATRIMONIALES

La normativa del impuesto establece una regulación específica para determinadas pérdidas de valor de elementos patrimoniales, de modo que la deducibilidad de la cuantía contabilizada depende de lo que establezca la normativa fiscal y, si existen diferencias entre ambas cantidades, será necesario realizar el ajuste extracontable correspondiente.

La normativa hace referencia a:

1) pérdidas por deterioro de los créditos derivadas de las posibles insolvencias de los deudores,

2) no deducibilidad de determinadas pérdidas por deterioro.

Veamos cada una de ellas.

1) Pérdidas por deterioro de los créditos derivadas de las posibles insolvencias de los deudores. La normativa del impuesto establece que serán deducibles las *pérdidas por deterioro de los créditos derivadas de las posibles insolvencias de los deudores* cuando, en el momento del devengo del IS, concurra alguna de las siguientes circunstancias:

a) Que hayan transcurrido seis meses desde el vencimiento de la obligación.

b) Que el deudor esté declarado en situación de concurso.

c) Que el deudor esté procesado por el delito de alzamiento de bienes (basta con el simple procesamiento).

d) Que las obligaciones hayan sido reclamadas judicialmente o sean objeto de un litigio judicial o procedimiento arbitral de cuya resolución dependa su cobro.

No serán deducibles las pérdidas por deterioro respecto de los créditos siguientes:

a) Los adeudados o afianzados por entidades de derecho público, excepto que sean objeto de un procedimiento arbitral o judicial que verse sobre su existencia o cuantía.

b) Las correspondientes a créditos adeudados por personas o entidades vinculadas, salvo que estén en situación de concurso y se haya producido la apertura de la fase de liquidación por el juez.

c) Las pérdidas basadas en estimaciones globales del riesgo de insolvencia de clientes y deudores.

2) No deducibilidad de determinadas pérdidas por deterioro. No resultarán deducibles:

a) Las pérdidas por deterioro del inmovilizado material, inversiones inmobiliarias e inmovilizado intangible, incluido el fondo de comercio.

b) Las pérdidas por deterioro de los valores representativos de la participación en el capital o en los fondos propios de entidades.

c) Las pérdidas por deterioro de los valores representativos de deuda.

12. PROVISIONES Y OTROS GASTOS

No serán deducibles los siguientes gastos asociados a provisiones:

a) Los derivados de obligaciones implícitas o tácitas. Es decir, la deducibilidad del gasto fiscal debe estar referida a obligaciones legales o contractuales, mientras que la norma contable acepta, además, el nacimiento de una provisión por obligaciones implícitas o tácitas.

b) Los concernientes a los costes de cumplimiento de contratos que excedan a los beneficios económicos que se esperan recibir de los mismos. Por lo tanto, la provisión por contratos onerosos, no resultará deducible.

c) Los derivados de reestructuraciones, excepto si se refieren a obligaciones legales o contractuales y no meramente tácitas.

d) Los relativos al riesgo de devoluciones de ventas.

e) Los de personal que se correspondan con pagos basados en instrumentos de patrimonio, utilizados como fórmula de retribución a los empleados, y se satisfagan en efectivo.

Los gastos que, por aplicación de lo expuesto, no hubieran resultado fiscalmente deducibles, se integrarán en la base imponible del período impositivo en el que se aplique la provisión o se destine el gasto a su finalidad.

Resultarán deducibles:

a) Los gastos correspondientes a actuaciones medioambientales serán deducibles cuando se correspondan a un plan formulado por el sujeto pasivo y aceptado por la Administración Tributaria. Así, será deducible la provisión contabilizada para actuaciones medioambientales para prevenir o reparar daños sobre el medio ambiente.

b) Los gastos relativos a las provisiones técnicas realizadas por las entidades aseguradoras, serán deducibles hasta el importe de las cuantías mínimas establecidas por las normas aplicables. Las correcciones por deterioro de primas o cuotas pendientes de cobro serán incompatibles, para los mismos saldos, con la dotación para la cobertura de posibles insolvencias de deudores.

c) Los gastos relativos a las provisiones técnicas efectuados por las sociedades de garantía recíproca, con cargo a su cuenta de pérdidas y ganancias, hasta que el mencionado fondo alcance la cuantía mínima obligatoria. Las dotaciones que excedan las cuantías obligatorias serán deducibles en un 75 por 100. No se integrarán en la base imponible las subvenciones otorgadas por las Administraciones Públicas a las sociedades de garantía recíproca ni las rentas que se deriven de dichas subvenciones, siempre que unas y otras se destinen al fondo de provisiones técnicas.

d) Los gastos inherentes a los riesgos derivados de garantías de reparación y revisión, así como los gastos accesorios por devoluciones de ventas. Para aquellas empresas que venden productos con garantía (tales como electrodomésticos o turismos), son deducibles dichos gastos hasta el importe que resulte de aplicar a las ventas con garantías vivas a la conclusión del período impositivo, el porcentaje determinado por la proporción en que se hubieran hallado los gastos realizados para hacer frente a las garantías habidas en el período impositivo y en los dos anteriores, en relación a las ventas con garantías realizadas en dichos períodos impositivos. Es decir:

Saldo de la provisión = Ventas con garantías vivas × [(Gastos realizados / Ventas con garantías vivas) en los últimos tres años] %

12.1. Contribuciones a planes de pensiones

La normativa del impuesto establece que no serán deducibles:

1) Los gastos por provisiones y fondos internos para la cobertura de contingencias idénticas o análogas a las que son objeto de los Planes y Fondos de Pensiones. Estos gastos serán fiscalmente deducibles en el período impositivo en que se abonen las prestaciones.

2) Los gastos relativos a retribuciones a largo plazo al personal mediante sistemas de aportación definida o prestación definida.

No obstante, serán deducibles las contribuciones de los promotores de planes de pensiones, así como las realizadas a planes de previsión social empresarial. Dichas contribuciones se imputarán a cada partícipe o asegurado, en la parte correspondiente, salvo las realizadas a planes de pensiones de manera extraordinaria a un plan de pensiones de empleo realizadas por la empresa para garantizar las prestaciones en curso o los derechos de los partícipes de planes que incluyan regímenes de prestación definida para la jubilación y se haya puesto de manifiesto, a través de las revisiones actuariales, la existencia de un déficit en el plan de pensiones.

Serán igualmente deducibles las contribuciones para la cobertura de contingencias análogas a las de los planes de pensiones, siempre que se cumplan los siguientes requisitos:

1.º Que sean imputadas fiscalmente a las personas a quienes se vinculen las prestaciones.

2.º Que se transmita de forma irrevocable el derecho a la percepción de las prestaciones futuras.

3.º Que se transmita la titularidad y la gestión de los recursos en que consistan dichas contribuciones.

Asimismo, serán deducibles las contribuciones efectuadas por las empresas promotoras previstas en la Directiva 2003/41/CE del Parlamento Europeo y del Consejo, de 3 de junio de 2003, relativa a las actividades y la supervisión de fondos de pensiones de empleo, siempre que se cumplan los requisitos anteriores, y las contingencias cubiertas en el Texto Refundido de la Ley de Regulación de los Planes y Fondos de Pensiones.

13. GASTOS NO DEDUCIBLES. ASIMETRÍAS HÍBRIDAS

En general, el gasto para que sea deducible fiscalmente debe ser necesario para la obtención de ingresos, tendrá que estar justificado mediante el correspondiente documento o factura y se imputará contablemente en la cuenta de Pérdidas y Ganancias.

La normativa fiscal establece aquellas partidas que no tendrán la consideración de gasto fiscalmente deducible:

a) Las que representen una retribución de los fondos propios, tales como dividendos y primas de asistencia a juntas, así como la retribución de fondos propios correspondiente a los préstamos participativos otorgados por entidades que formen parte del mismo grupo de sociedades.

b) Los derivados de la contabilización del Impuesto sobre Sociedades. No tendrán la consideración de ingresos los procedentes de dicha contabilización.

c) Las multas y sanciones penales y administrativas, los recargos del período ejecutivo y el recargo por presentación fuera de plazo de la declaración. Estas cantidades son gasto contable, pero no son gasto fiscalmente deducible.

d) Las pérdidas del juego.

e) Los donativos y liberalidades.

No tienen esta consideración:

— los gastos por atenciones a clientes o proveedores,

— los que con arreglo a los usos y costumbres se efectúen con respecto al personal de la empresa,

— los realizados para promocionar, directa o indirectamente, la venta de bienes y prestación de servicios,

— los que se hallen correlacionados con los ingresos.

No obstante, los gastos por atenciones a clientes o proveedores serán deducibles con el límite del 1 por 100 del importe neto de la cifra de negocios del período impositivo.

Tampoco tendrán la consideración de donativo o liberalidad las retribuciones a los administradores por el desempeño de funciones de alta dirección, u otras funciones derivadas de un contrato de carácter laboral con la entidad.

f) Los gastos de actuaciones contrarias al ordenamiento jurídico.

g) Los gastos de servicios correspondientes a operaciones realizadas, directa o indirectamente, con personas o entidades residentes en países o territorios calificados como paraísos fiscales, o que se paguen a través de personas o entidades residentes en éstos, excepto que el sujeto pasivo pruebe que el gasto devengado responde a una operación o transacción efectivamente realizada.

h) Los gastos financieros devengados en el período impositivo, derivados de deudas con entidades del grupo (operaciones vinculadas) con independencia de la residencia y de la obligación de formular cuentas anuales consolidadas, destinadas a la adquisición, a otras entidades del grupo, de participaciones en el capital o fondos propios de cualquier tipo de entidades, o a la realización de aportaciones en el capital o fondos propios de otras entidades del grupo, salvo que el contribuyente acredite que existen motivos económicos válidos para la realización de dichas operaciones.

i) Los gastos derivados de la extinción de la relación laboral, común o especial, o de la relación mercantil que excedan, para cada perceptor, del mayor de los siguientes importes:

— 1.000.000 de euros, o

— El importe establecido con carácter obligatorio en el Estatuto de los Trabajadores, en su normativa de desarrollo o, en su caso, en la normativa reguladora de la ejecución de sentencias, sin que pueda considerarse como tal, la establecida en virtud de convenio, pacto o contrato.

j) Las pérdidas por deterioro de los valores representativos de la participación en el capital o en los fondos propios de entidades cuando en el período impositivo en que se registre el deterioro se cumplan los requisitos para la exención de los dividendos o bien que, en caso de participación en el capital o en los fondos propios de entidades no residentes en territorio español, la entidad participada no haya estado sujeta y no exenta por un impuesto de naturaleza análoga al Impuesto sobre Sociedades.

k) Las disminuciones de valor originadas por aplicación del criterio del valor razonable correspondientes a valores representativos de las participaciones en el capital o en los fondos propios de entidades a que se refiere el párrafo anterior, que se imputen en la cuenta de pérdidas y ganancias, salvo que, con carácter previo, se haya integrado en la base imponible, en su caso, un incremento de valor correspondiente a valores homogéneos del mismo importe.

l) La deuda tributaria del Impuesto sobre Transmisiones Patrimoniales y Actos Jurídicos Documentados, modalidad Actos Jurídicos Documentados, documentos notariales, cuando se trate de escrituras de préstamo con garantía hipotecaria.

m) Los que sean objeto de la deducción por inversiones realizadas por las autoridades portuarias, incluidos los correspondientes a la amortización de los activos cuya inversión haya generado el derecho a la mencionada deducción.

Asimismo, es necesario atender al concepto de asimetría híbrida, mediante el cual no es deducible un gasto que corresponda a operaciones realizadas con personas o entidades vinculadas que, como consecuencia de una calificación fiscal diferente en estas, no generen un ingreso o que esté exento, siempre que tengan lugar en el marco de un *mecanismo estructurado*, entendido como todo acuerdo, negocio jurídico, esquema u operación en el que la ventaja fiscal derivada de las asimetrías híbridas, esté cuantificada o considerada en sus condiciones o contraprestaciones o bien que haya sido diseñado para producir los resultados de tales asimetrías, excepto que el contribuyente o una persona o entidad vinculada con él no hubiera podido conocerlos razonablemente y no compartiera la ventaja fiscal indicada.

Para solventar esta situación, se establecen distintas clases de asimetrías y así no son fiscalmente deducibles:

1) Los gastos correspondientes a operaciones realizadas con personas o entidades vinculadas residentes en otro país o territorio que, como consecuencia de una calificación fiscal diferente en estas del gasto o de la operación:

— no generen un ingreso;
— generen un ingreso exento, o
— generen un ingreso sujeto a una reducción del tipo impositivo o a cualquier deducción o devolución de impuestos distinta de una deducción para evitar la doble imposición jurídica.

En caso de que el ingreso se genere en un período impositivo que se inicie dentro de los doce meses siguientes a la conclusión del período impositivo en el que se haya devengado el gasto para el contribuyente, dicho gasto será fiscalmente deducible en el período impositivo en el que el mencionado ingreso se integre en la base imponible del beneficiario.

2) Los gastos correspondientes a operaciones realizadas con personas o entidades vinculadas residentes en otro país o territorio que, como consecuencia de una calificación fiscal diferente del contribuyente en dicho país o territorio, no generen un ingreso, en la parte que no se compense con ingresos que generen renta de doble inclusión. El importe de los gastos no deducidos se puede deducir en los períodos impositivos que concluyan dentro de los tres años siguientes a la finalización del período impositivo en el que se devengaron tales gastos, en la medida en que se compense con ingresos del contribuyente que generen *renta de doble inclusión*, lo cual se considera cuando se trate de renta que esté sometida a tributación en el Impuesto sobre Sociedades y a la legislación del otro país o territorio.

Se debe integrar en la base imponible el importe correspondiente a las operaciones realizadas con personas o entidades vinculadas residentes en otro país o territorio que, como consecuencia de una diferente calificación fiscal de estas, haya tenido la consideración de gasto fiscalmente deducible en ese otro país o territorio, en la parte que no se compense con ingresos que generen renta de doble inclusión. El importe integrado en la base imponible podrá minorarse en los períodos impositivos que concluyan dentro de los tres años siguientes a la conclusión del período impositivo en el que se integró el ingreso, en la medida en que tal gasto se compense en el otro país o territorio con ingresos de la persona o entidad vinculada que generen renta de doble inclusión.

3) Los gastos correspondientes a operaciones realizadas con personas o entidades vinculadas residentes en otro país o territorio que, como consecuencia de una calificación fiscal diferente de estas en dicho país o territorio y en el de su partícipe o inversor, no generen un ingreso.

4) Los gastos correspondientes a operaciones realizadas con o por personas o entidades vinculadas residentes en otro país o territorio que, como consecuencia de la diferente calificación fiscal de estas, sean, asimismo, gastos fiscalmente deducibles en dichas personas o entidades vinculadas, en la parte que no se compense con ingresos que generen renta de doble inclusión. Los importes no deducidos se podrán deducir en los períodos impositivos que concluyan en los tres años siguientes a la finalización del período impositivo en el que se devengaron tales gastos, en la medida en que se compensen con ingresos de la persona o entidad vinculada que generen renta de doble inclusión.

En cualquier caso, no serán fiscalmente deducibles los gastos correspondientes a operaciones realizadas por el contribuyente cuando tengan, asimismo, la consideración de fiscalmente deducibles en el país o territorio de una persona o entidad vinculada como consecuencia de una diferente calificación fiscal del contribuyente, en la parte que no se compense con ingresos que generen renta de doble inclusión.

Tampoco serán fiscalmente deducibles:

— Los gastos correspondientes a operaciones realizadas con un establecimiento permanente del contribuyente o de una entidad vinculada, o con una entidad vinculada que tenga establecimientos permanentes, cuando como consecuencia de una diferencia fiscal en su atribución entre el establecimiento permanente y su casa central, o entre dos o más establecimientos permanentes, no generen un ingreso.
— Los gastos correspondientes a operaciones realizadas con un establecimiento permanente del contribuyente o de una persona o entidad vinculada que, como consecuencia de que dicho establecimiento no es reconocido fiscalmente por el país o territorio de situación, no generen un ingreso.
— Los gastos estimados en operaciones internas realizadas con un establecimiento permanente del contribuyente, en aquellos supuestos en que así estén reconocidos en un convenio para evitar la doble imposición internacional que resulte de aplicación, cuando, debido a la legislación del país o territorio del establecimiento permanente, no generen un ingreso, en la parte que no se compense con ingresos del establecimiento permanente que generen renta de doble inclusión. El importe de los gastos no deducidos podrá deducirse en los períodos impositivos que concluyan dentro de los tres años siguientes, en la medida en que se integren en la base imponible del contribuyente con ingresos del establecimiento permanente que generen renta de doble inclusión.
— Los gastos correspondientes a operaciones realizadas con o por un establecimiento permanente del contribuyente que sean, asimismo, fiscalmente deducibles en dicho establecimiento permanente o en una entidad vinculada con él, en la parte que no se compense con ingresos de dicho establecimiento permanente o entidad vinculada que generen renta de doble inclusión. Los importes no deducidos lo podrán ser en los períodos impositivos que concluyan en los tres años siguientes a la finalización del período impositivo en el que se devengaron tales gastos, en la medida en que se compensen con ingresos del establecimiento permanente o entidad vinculada que generen renta doble inclusión.

Asimismo, cuando se trate de rentas obtenidas a través de un establecimiento permanente que no es reconocido fiscalmente por el país o territorio de situación no resulta aplicable la exención regulada en la Ley del impuesto con respecto a las rentas obtenidas en el extranjero a través de un establecimiento permanente.

Sin embargo, será deducible en la cuota íntegra el importe de la retención practicada a cuenta del mismo en la proporción que se corresponda con la renta integrada en la base imponible obtenida en una trasferencia híbrida realizada con una persona o entidad vinculada no residente en territorio español.

A estos efectos, se considera como *transferencia híbrida* cualquier operación relativa a la transferencia de un instrumento financiero cuando el rendimiento subyacente del instrumento financiero transferido se considere, a efectos fiscales, como obtenido simultáneamente por más de una de las partes que intervienen en la operación.

En este marco, es necesario considerar que no son fiscalmente deducibles los gastos o pérdidas que resulten fiscalmente deducibles en otro país o territorio en el que el contribuyente sea, asimismo, residente fiscal, en la parte que se compense con ingresos que no generen renta de doble inclusión y, en el caso en el que dicho gasto se compense en el otro país o territorio en un período impositivo posterior al de la deducción del gasto o pérdida en el contribuyente, éste deberá integrar en su base imponible el importe correspondiente a la referida compensación en el período impositivo en que esta se produzca. No obstante, no será de aplicación cuando el otro país sea un Estado miembro de la Unión Europea con el que España tenga suscrito un convenio para evitar la doble imposición internacional en virtud del cual el contribuyente sea considerado residente fiscal en territorio español.

No obstante, no resulta de aplicación lo relativo a asimetrías híbridas cuando se deba a que el beneficiario esté exento del Impuesto, se produzca en el marco de una operación o transacción que se base en un instrumento o contrato financiero sujeto a un régimen tributario especial, ni cuando la diferencia en el valor imputado se deba a diferencias de valoración, incluidas las derivadas de la aplicación de la normativa de operaciones vinculadas.

Por último, la normativa del impuesto establece que una entidad en régimen de atribución de rentas en la que una o varias entidades, vinculadas entre sí, participen directa o indirectamente en cualquier día del año, en el capital, en los fondos propios, en los resultados o en los derechos de voto en un porcentaje igual o superior al 50 por 100 y sean residentes en países o territorios que califiquen a la entidad en régimen de atribución como contribuyente por un impuesto personal sobre la renta, tributará, en calidad de contribuyente, por las siguientes rentas positivas que corresponda atribuir a todos los partícipes residentes en países o territorios que consideren a la entidad en atribución de rentas como contribuyente por imposición personal sobre la renta:

— Rentas obtenidas en territorio español que estén sujetas y exentas de tributación en el Impuesto sobre la Renta de no Residentes.

— Rentas de fuente extranjera que no estén sujetas o estén exentas de tributación por un impuesto exigido por el país o territorio de la entidad o entidades pagadoras de tales rentas.

El período impositivo coincidirá con el año natural en el que se obtengan tales rentas.

El resto de rentas obtenidas por la entidad en atribución de rentas, se atribuirán a los socios, herederos, comuneros o partícipes y tributarán de acuerdo con lo dispuesto en el Impuesto sobre la Renta de las Personas Físicas.

14. REGLAS ESPECIALES DE VALORACIÓN

Como norma general, los elementos patrimoniales se valorarán de acuerdo con los criterios establecidos en el Código de Comercio.

No obstante, como norma, las variaciones de valor originadas por aplicación del criterio del valor razonable no tendrán efectos fiscales mientras no deban imputarse a la cuenta de pérdidas y ganancias o a una cuenta de reservas si así lo establece una norma legal o reglamentaria.

El importe de las revalorizaciones contables no se integra en la base imponible, excepto cuando se lleven a cabo en virtud de normas legales o reglamentarias que obliguen a incluir su importe en la cuenta de pérdidas y ganancias. El importe de la revalorización no integrada en la base imponible no determinará un mayor valor, a efectos fiscales, de los elementos revalorizados.

La normativa del impuesto establece una serie de reglas especiales. Así:

1) Las operaciones de aumento de capital o fondos propios por compensación de créditos se valorarán fiscalmente por el importe de dicho aumento desde el punto de vista mercantil, con independencia de cuál sea la valoración contable.

2) Los elementos patrimoniales transmitidos en virtud de fusión y escisión total o parcial se valorarán en sede de las entidades y de sus socios. Asimismo, los elementos patrimoniales aportados a entidades y los valores recibidos en contraprestación, así como los valores adquiridos por canje, se valorarán, si se cumplen los requisitos para su aplicación, de acuerdo con las normas del régimen especial de fusiones, escisiones, aportaciones de activos, canje de valores y cambio de domicilio social de una sociedad europea o una sociedad cooperativa europea de un Estado miembro a otro de la Unión Europea. Si este régimen no resulta de aplicación para los elementos mencionados, se valoran por su valor de mercado.

En efecto, existen una serie de elementos patrimoniales que deberán ser valorados por su valor normal de mercado, entendido como aquel que hubiera sido acordado entre partes independientes. Son los siguientes:

a) Los adquiridos o transmitidos a título lucrativo. No tendrán esta consideración las subvenciones.

b) Los aportados a entidades y los valores recibidos en contraprestación.

c) Los transmitidos a los socios por causa de disolución, separación de los mismos, reducción del capital con devolución de aportaciones, reparto de la prima de emisión y distribución de beneficios.

d) Los transmitidos en virtud de fusión, absorción y escisión total o parcial.

Para estos cuatro casos, la entidad transmitente integrará en su base imponible la diferencia entre el valor normal de mercado de los elementos transmitidos y su valor fiscal. No obstante, en el supuesto de aumento de capital o fondos propios por compensación de créditos, la entidad transmitente integrará en su base imponible la diferencia entre el importe del aumento de capital o fondos propios, en la proporción que le corresponda, y el valor fiscal del crédito capitalizado.

e) Los adquiridos por permuta.

f) Los adquiridos por canje o conversión.

Para estos dos últimos casos, la entidad integrará en su base imponible en el período en el que se realicen las operaciones, la diferencia entre el valor normal del mercado de los elementos adquiridos y el valor fiscal de los entregados.

Por lo tanto:

1) En la adquisición a título lucrativo, la entidad adquirente integrará en su base imponible el valor de mercado del elemento patrimonial adquirido.

2) En la reducción de capital con devolución de aportaciones se integrará en la base imponible de los socios el exceso del valor de mercado de los elementos recibidos sobre el valor fiscal de la participación. La misma regla se aplicará en el caso de distribución de la prima de emisión de acciones o participaciones.

No obstante, tratándose de operaciones realizadas por sociedades de inversión de capital variable, el importe total percibido en la reducción de capital con el límite del aumento del valor liquidativo de las acciones desde su adquisición o suscripción hasta el momento de la reducción de capital social, se integrará en la base imponible del socio sin derecho a ninguna deducción en la cuota íntegra. Además, cualquiera que sea la cuantía que se perciba en concepto de distribución de la prima de emisión realizada por dichas sociedades de inversión de capital variable, se integrará en la base imponible del socio sin derecho a deducción alguna en la cuota íntegra.

3) En la distribución de beneficios se integrará en la base imponible de los socios el valor de mercado de los elementos recibidos.

4) En la disolución de entidades y separación de socios se integrará en la base imponible de éstos la diferencia entre el valor de mercado de los elementos recibidos y el valor fiscal de la participación anulada.

5) En la fusión, absorción o escisión total o parcial se integrará en la base imponible de los socios la diferencia entre el valor de mercado de la participación recibida y el valor fiscal de la participación anulada, salvo que resulte de aplicación el régimen fiscal especial para estas operaciones contemplado en la normativa del impuesto.

6) La reducción de capital cuya finalidad sea diferente a la devolución de aportaciones no determinará para los socios rentas, positivas o negativas, integrables en la base imponible.

15. OPERACIONES VINCULADAS

Las operaciones efectuadas entre personas o entidades vinculadas se valorarán por su valor normal de mercado entendido como aquel que se habría acordado por personas o entidades independientes en condiciones de libre competencia. Se consideran personas o entidades vinculadas:

a) Una entidad y sus socios o partícipes.

b) Una entidad y sus consejeros o administradores, salvo en lo correspondiente a la retribución por el ejercicio de sus funciones.

c) Una entidad y los cónyuges o personas unidas por relaciones de parentesco, en línea directa o colateral, por consanguinidad o afinidad hasta el tercer grado de los socios o partícipes, consejeros o administradores.

d) Dos entidades que pertenezcan a un grupo.

e) Una entidad y los consejeros o administradores de otra entidad, cuando ambas entidades pertenezcan a un grupo.

f) Una entidad y los cónyuges o personas unidas por relaciones de parentesco, en línea directa o colateral, por consanguinidad o afinidad hasta el tercer grado de los socios o partícipes de otra entidad, cuando ambas sociedades pertenezcan a un grupo.

g) Una entidad y otra entidad participada por la primera indirectamente en, al menos, el 25 por 100 del capital social o de los fondos propios.

h) Dos entidades en las cuales los mismos socios partícipes o sus cónyuges, o personas unidas por relaciones de parentesco, en línea directa o colateral, por consanguinidad o afinidad hasta el tercer grado, participen, directa o indirectamente, en, al menos, el 25 por 100 del capital social o de los fondos propios.

i) Una entidad residente en territorio español y sus establecimientos permanentes en el extranjero.

En aquellos casos en los cuales la vinculación se defina en función de la relación de los socios o partícipes con la entidad, la participación deberá ser igual o superior al 25 por 100. La mención a los administradores incluirá a los de derecho y a los de hecho.

Existe un grupo cuando una sociedad ostente o pueda ostentar, directa o indirectamente, el control de otra u otras, en los términos establecidos en el Código de Comercio, con independencia de su residencia y de la obligación de formular cuentas anuales consolidadas y, en particular, se presumirá que existe control cuando una sociedad dominante se encuentre en relación con otra sociedad dependiente, con carácter general, en alguna de las siguientes situaciones:

a) Posea la mayoría de los derechos de voto.

b) Tenga la facultad de nombrar o destituir a la mayoría de los miembros del órgano de administración cuando se formulen las cuentas consolidadas y en los dos ejercicios anteriores.

c) Pueda disponer, en virtud de acuerdos celebrados con terceros, de la mayoría de los derechos de voto.

d) Haya designado con sus votos a la mayoría de los miembros del órgano de administración, que desempeñen su cargo en el momento en que deban formularse las cuentas consolidadas y durante los dos ejercicios inmediatamente anteriores.

Las personas o entidades vinculadas, con objeto de justificar que las operaciones efectuadas se han valorado por su valor de mercado, deberán mantener a disposición de la Administración Tributaria, de acuerdo con principios de proporcionalidad y suficiencia, la documentación específica necesaria, salvo entidades que se integren, o realicen operaciones, en el mismo grupo de consolidación fiscal, ni en el caso de operaciones realizadas en el ámbito de ofertas públicas de venta o de ofertas públicas de adquisición de valores ni tampoco en el caso de las operaciones realizadas con la misma persona o entidad vinculada, siempre que el importe de la contraprestación del conjunto de operaciones no supere los 250.000 euros, de acuerdo con el valor de mercado. Dicha documentación tendrá un contenido simplificado, en general, en relación con las personas o entidades vinculadas cuyo importe neto de la cifra de negocios, sea inferior a 45 millones de euros.

Para determinar el valor de mercado se puede aplicar cualquiera de los siguientes métodos:

a) Método del precio libre comparable. Se compara el precio del bien o servicio en una operación entre personas o entidades vinculadas con el precio de un bien o servicio idéntico o de características similares en una operación entre personas o entidades independientes en circunstancias equiparables, efectuando, si fuera preciso, las correcciones necesarias para obtener la equivalencia y considerar las particularidades de la operación.

b) Método del coste incrementado. Se añade al valor de adquisición o coste de producción del bien o servicio el margen habitual en operaciones idénticas o similares con personas o entidades independientes o, en su defecto, el margen que personas o entidades independientes aplican a operaciones equiparables, efectuando, si fuera preciso, las correcciones necesarias para obtener la equivalencia y considerar las particularidades de la operación.

c) Método del precio de reventa. Se sustrae del precio de venta de un bien o servicio el margen que aplica el propio revendedor en operaciones idénticas o similares con personas o entidades independientes o, en su defecto, el margen que personas o entidades independientes aplican a operaciones equiparables, efectuando, si fuera preciso, las correcciones necesarias para obtener la equivalencia y considerar las particularidades de la operación.

d) Método de la distribución del resultado. Se asigna a cada persona o entidad vinculada que realice de forma conjunta una o varias operaciones la parte del resultado común derivado de dicha operación u operaciones, en función de un criterio que refleje adecuadamente las condiciones que habrían suscrito personas o entidades independientes en circunstancias similares.

e) Método del margen neto operacional. Se atribuye a las operaciones realizadas con una persona o entidad vinculada el resultado neto, calculado sobre costes, ventas o la magnitud que resulte más adecuada en función de las características de las operaciones idénticas o similares realizadas entre partes independientes, efectuando, cuando sea preciso, las correcciones necesarias para obtener la equivalencia y considerar las particularidades de las operaciones.

La elección del método de valoración tendrá en cuenta, entre otras circunstancias, la naturaleza de la operación vinculada, la disponibilidad de información fiable y el grado de comparabilidad entre las operaciones vinculadas y no vinculadas.

Cuando no resulte posible aplicar los métodos anteriores, se podrán utilizar otros métodos y técnicas de valoración generalmente aceptados que respeten el principio de libre competencia.

Para la determinación del valor de mercado, el contribuyente podrá considerar que el valor convenido coincide con el valor de mercado en el caso de una prestación de servicios por un socio profesional, persona física, a una entidad vinculada y se cumplan los siguientes requisitos:

a) Que más del 75 por 100 de los ingresos de la entidad procedan del ejercicio de actividades profesionales y cuente con los medios materiales y humanos adecuados para el desarrollo de la actividad.

b) Que la cuantía de las retribuciones correspondientes a la totalidad de los socios-profesionales por la prestación de servicios a la entidad no sea inferior al 75 por 100 del resultado previo a la deducción de las retribuciones correspondientes a la totalidad de los socios-profesionales por la prestación de sus servicios.

c) Que la cuantía de las retribuciones correspondientes a cada uno de los socios-profesionales cumplan los siguientes requisitos:

1.º Se determine en función de la contribución efectuada por éstos a la buena marcha de la entidad, siendo necesario que consten por escrito los criterios cualitativos y/o cuantitativos aplicables.

2.º No sea inferior a 1,5 veces el salario medio de los asalariados de la entidad que cumplan funciones análogas a las de los socios profesionales de la entidad. En ausencia de estos últimos, la cuantía de las citadas retribuciones no podrá ser inferior a cinco veces el Indicador Público de Renta de Efectos Múltiples.

No obstante, los contribuyentes podrán solicitar a la Administración Tributaria que determine la valoración de las operaciones efectuadas entre personas o entidades vinculadas con carácter previo a la realización de éstas. Dicha solicitud se acompañará de una propuesta que se fundamentará en el principio de libre competencia y la Administración Tributaria podrá formalizar acuerdos con otras Administraciones a los efectos de determinar conjuntamente el valor de mercado de las operaciones. Este acuerdo de valoración surtirá efectos respecto de las operaciones realizadas con posterioridad a la fecha en que se apruebe, y tendrá validez durante los períodos impositivos que se concreten en el propio acuerdo, sin que pueda exceder de los 4 períodos impositivos siguientes al de la fecha en que se apruebe.

La Administración Tributaria podrá comprobar las operaciones realizadas entre personas o entidades vinculadas y efectuará, en su caso, las correcciones que procedan en los términos que se hubieran acordado entre partes independientes de acuerdo con el principio de libre competencia, respecto de las operaciones sujetas al Impuesto sobre Sociedades, al Impuesto sobre la Renta de las Personas Físicas o al Impuesto sobre la Renta de No Residentes, con la documentación aportada por el contribuyente y los datos e información de que disponga. La Administración Tributaria quedará vinculada por dicha corrección en relación con el resto de personas o entidades vinculadas. Esta corrección practicada no determinará la tributación por el Impuesto sobre Sociedades ni, en su caso, por el Impuesto sobre la Renta de las Personas Físicas o por el Impuesto sobre la Renta de No Residentes de una renta superior a la efectivamente derivada de la operación para el conjunto de las personas o entidades que la hubieran realizado.

En aquellas operaciones en las que se determine que el valor convenido es distinto del valor de mercado, la diferencia entre ambos valores tendrá, para las personas o entidades vinculadas, el tratamiento fiscal que corresponda a la naturaleza de las rentas puestas de manifiesto como consecuencia de la existencia de dicha diferencia.

16. CAMBIOS DE RESIDENCIA, OPERACIONES REALIZADAS CON O POR PERSONAS O ENTIDADES RESIDENTES EN PARAÍSOS FISCALES Y CANTIDADES SUJETAS A RETENCIÓN. REGLAS ESPECIALES

La normativa del impuesto regula diferentes aspectos y situaciones relacionados con reglas especiales de valoración. Son las referidas a:

1) Elementos patrimoniales que sean propiedad de una entidad residente en territorio español que traslada su residencia fuera de éste.
2) Operaciones realizadas con personas o entidades residentes en países o territorios calificados como paraísos fiscales.
3) Cantidades sometidas a retención.
4) Rentas procedentes del rescate de contratos de seguro colectivos que instrumenten compromisos por pensiones.
5) Cantidades que no se integran en la base imponible.

1) En el caso de elementos patrimoniales que sean propiedad de una entidad residente en territorio español que traslada su residencia fuera de éste, se integrará en la base imponible la diferencia entre el valor de mercado y el valor fiscal de los elementos patrimoniales, excepto que dichos elementos patrimoniales queden afectados a un establecimiento permanente situado en territorio español de la mencionada entidad.

2) Asimismo, las operaciones que se efectúen con personas o entidades residentes en países o territorios calificados como paraísos fiscales, se valorarán por su valor de mercado.

3) En aquellos casos en los cuales el perceptor reciba cantidades sobre las que deba retenerse a cuenta de este Impuesto, se computarán por la contraprestación íntegra devengada y cuando la retención no se hubiera practicado o lo hubiera sido por importe inferior al debido, por causa imputable exclusivamente al retenedor, el perceptor deducirá de la cuota la cantidad que debió ser retenida. No obstante, en el caso de retribuciones legalmente establecidas que hubieran sido satisfechas por el sector público, el perceptor sólo podrá deducir las cantidades efectivamente retenidas. Cuando no pudiera probarse la contraprestación íntegra devengada, la Administración Tributaria podrá computar como importe íntegro una cantidad que, una vez restada de ella la retención procedente, arroje la efectivamente percibida. En este caso se deducirá de la cuota, como retención a cuenta, la diferencia entre lo realmente percibido y el importe íntegro.

4) La renta que se ponga de manifiesto como consecuencia del ejercicio del derecho de rescate de los contratos de seguro colectivo que instrumenten compromisos por pensiones, bajo ciertos requisitos, no estará sujeta al Impuesto sobre Sociedades del titular de los recursos económicos que en cada caso corresponda, en algunos supuestos. Tampoco estará sujeta la renta que se ponga de manifiesto como consecuencia de la participación en beneficios de los contratos de seguro que instrumenten compromisos por pensiones, cuando dicha participación en beneficios se destine al aumento de las prestaciones aseguradas en dichos contratos.

5) No se integrarán en la base imponible:

— las rentas positivas o negativas que se pongan de manifiesto con ocasión del pago de las deudas tributarias, y

— las subvenciones concedidas a los contribuyentes que exploten determinadas fincas forestales.

17. EFECTOS DE LA VALORACIÓN CONTABLE DIFERENTE A LA FISCAL

Cuando un elemento patrimonial o un servicio tengan diferente valoración contable y fiscal, la entidad adquirente del elemento o el servicio integrará en su base imponible la diferencia entre ambas, de la siguiente manera:

a) Tratándose de elementos patrimoniales integrantes del activo circulante, en el período impositivo en que éstos motiven el devengo de un ingreso o un gasto.

b) Tratándose de elementos patrimoniales no amortizables integrantes del inmovilizado, en el período impositivo en que éstos se transmitan o se den de baja.

c) Tratándose de elementos patrimoniales amortizables integrantes del inmovilizado, en los períodos impositivos que resten de vida útil, aplicando a la citada diferencia el método de amortización utilizado respecto de los referidos elementos, salvo que sean objeto de transmisión o baja con anterioridad, en cuyo caso, se integrará con ocasión de la misma.

d) Tratándose de servicios, en el período impositivo en que se reciban, excepto que su importe deba incorporarse a un elemento patrimonial en cuyo caso se estará a lo previsto en los apartados anteriores.

18. IMPUTACIÓN TEMPORAL

La normativa del impuesto establece como criterio general de imputación el del devengo, de modo que los ingresos y los gastos se imputan en el período impositivo en que se devenguen, atendiendo a la corriente real de bienes y servicios que los mismos representan, con independencia del momento en que se produzca la corriente monetaria o financiera, respetando la debida correlación entre unos y otros. Para utilizar otro criterio distinto al devengo, es necesaria la aprobación por parte de la Administración Tributaria y solamente podría ser en casos excepcionales para conseguir la imagen fiel del patrimonio, de la situación financiera y de los resultados.

Como ya hemos visto y como norma general, los gastos que no se hayan imputado contablemente en la cuenta de pérdidas y ganancias o en una cuenta de reservas, si así lo establece una norma legal o reglamentaria, no son fiscalmente deducibles, excepto en el caso de los elementos patrimoniales que puedan amortizarse libremente y otros que expresamente establezca la ley.

Los ingresos y los gastos se deben imputar en el período que proceda. No obstante, tratándose de gastos imputados contablemente en dichas cuentas en un período impositivo posterior a aquel en el que proceda su imputación temporal o de ingresos imputados en la cuenta de pérdidas y ganancias en un período impositivo anterior, la imputación temporal de unos y otros se efectuará en el período impositivo en el que se haya realizado la imputación contable, siempre que de ello no se derive una tributación inferior a la que hubiere correspondido por aplicación de la norma de imputación temporal general.

Veamos, a continuación, algunas especialidades:

1) Los cargos o abonos a partidas de reservas, registrados como consecuencia de cambios de criterios contables, se integrarán en la base imponible del período impositivo en que los mismos se realicen. No obstante, no se integrarán en la base imponible los referidos cargos y abonos a reservas que estén relacionados con ingresos o gastos, respectivamente, devengados y contabilizados de acuerdo con los criterios contables existentes en los períodos impositivos anteriores, siempre que se hubiesen integrado en la base imponible de dichos períodos. Tampoco se integrarán en la base imponible esos gastos e ingresos contabilizados de nuevo con ocasión de su devengo, de acuerdo con el cambio de criterio contable.

2) En el caso de operaciones a plazos o con precio aplazado, las rentas se entenderán obtenidas proporcionalmente a medida que se efectúen los correspondientes cobros, excepto que la entidad decida aplicar el criterio del devengo. Se considerarán operaciones a plazos o con precio aplazado, las ventas y ejecuciones de obra cuyo precio se perciba, total o parcialmente, mediante pagos sucesivos o mediante un solo pago, siempre que el período transcurrido entre la entrega y el vencimiento del último o único plazo sea superior al año. Pero si se produjera el endoso, descuento o cobro anticipado de los importes aplazados, se entenderá obtenida, en dicho momento, la renta pendiente de imputación.

3) No se integrará en la base imponible la reversión de gastos que no hayan sido fiscalmente deducibles. En el caso de reversión de un deterioro o corrección de valor que haya sido fiscalmente deducible, se imputará en la base imponible del período impositivo en el que se haya producido dicha reversión, sea en la entidad que practicó la corrección o en otra vinculada con ella. La misma regla se aplicará en el supuesto de pérdidas derivadas de la transmisión de elementos patrimoniales que hubieren sido nuevamente adquiridos.

4) Cuando se eliminen provisiones, por no haberse aplicado a su finalidad, sin abono a una cuenta de ingresos del ejercicio, su importe se integrará en la base imponible de la entidad que las hubiese dotado, en la medida en que dicha dotación se hubiese considerado gasto deducible.

5) Cuando la entidad sea beneficiaria o tenga reconocido el derecho de rescate de contratos de seguro de vida en los que, además, asuma el riesgo de inversión, integrará en todo caso en la base imponible la diferencia entre el valor liquidativo de los activos afectos a la póliza al final y al comienzo de cada período impositivo, salvo que se trate de seguros que instrumenten compromisos por pensiones y el importe de las rentas imputadas minorará el rendimiento derivado de la percepción de cantidades de los contratos.

6) Las rentas negativas generadas en la transmisión de elementos del inmovilizado material, inversiones inmobiliarias, inmovilizado intangible y valores representativos de deuda, cuando el adquirente sea una entidad del mismo grupo de sociedades, se imputarán en el período impositivo en que dichos elementos

patrimoniales sean dados de baja en el balance de la entidad adquirente, sean transmitidos a terceros ajenos al referido grupo de sociedades, o bien cuando la entidad transmitente o la adquirente dejen de formar parte del mismo. No obstante, en el caso de elementos patrimoniales amortizables, las rentas negativas se integrarán, con carácter previo a dichas circunstancias, en los períodos impositivos que restaran de vida útil a los elementos transmitidos, en función del método de amortización utilizado respecto de los referidos elementos.

7) Las rentas negativas derivadas de la transmisión de valores representativos de la participación en el capital o en los fondos propios de entidades, cuando el adquirente sea una entidad del mismo grupo de sociedades —con independencia de la residencia y de la obligación de formular cuentas anuales consolidadas—, se imputarán en el período impositivo en que dichos elementos patrimoniales sean transmitidos a terceros ajenos al referido grupo de sociedades. O bien, cuando la entidad transmitente o la adquirente dejen de formar parte del mismo, minoradas en el importe de las rentas positivas obtenidas en dicha transmisión a terceros, siempre que, respecto de los valores transmitidos, se den las siguientes circunstancias:

— que, en ningún momento durante el año anterior al día en que se produzca la transmisión, el porcentaje de participación, directa o indirecta, en el capital o en los fondos propios de la entidad sea, al menos, del 5 por 100 o bien que el valor de adquisición de la participación sea superior a 20 millones de euros, y

— que, en caso de participación en el capital o en los fondos propios de entidades no residentes en territorio español, en el período impositivo en que se produzca la transmisión, la entidad participada haya estado sujeta y no exenta por un impuesto extranjero de naturaleza idéntica o análoga al Impuesto sobre Sociedades a un tipo nominal de, al menos, el 10 por 100 en el ejercicio en que se hayan obtenido los beneficios que se reparten o en los que se participa, con independencia de la aplicación de algún tipo de exención, bonificación, reducción o deducción sobre aquellos.

19. LIMITACIÓN DE LA DEDUCIBILIDAD DE LOS GASTOS FINANCIEROS

Los gastos financieros netos serán deducibles con el límite del 30 por 100 del beneficio operativo del ejercicio. A estos efectos, se entenderá por gastos financieros netos el exceso de gastos financieros respecto de los ingresos derivados de la cesión a terceros de capitales propios devengados en el período impositivo, excluidos aquellos gastos realizados con personas o entidades residentes en paraísos fiscales, con entidades vinculadas o cuando se trate de asimetrías híbridas. Es decir:

Gastos financieros netos deducibles = Determinados Gastos financieros – – Ingresos derivados de la cesión

Siendo:

Límite de gastos financieros = 30% del Beneficio operativo del ejercicio

El beneficio operativo se determinará a partir del resultado de explotación de la cuenta de pérdidas y ganancias del ejercicio, eliminando la amortización del inmovilizado, la imputación de subvenciones de inmovilizado no financiero y otras, el deterioro y resultado por enajenaciones de inmovilizado, y adicionando los ingresos financieros de participaciones en instrumentos de patrimonio, siempre que se correspondan con dividendos o participaciones en beneficios de entidades en las que el porcentaje de participación, directo o indirecto, sea al menos el 5 por 100, excepto que dichas participaciones hayan sido adquiridas con deudas cuyos gastos financieros no resulten deducibles por tratarse de deudas con entidades vinculadas. En ningún caso, formarán parte del beneficio operativo los ingresos, gastos o rentas que no se hubieran integrado en la base imponible de este Impuesto. Es decir:

Bº operativo = Rdo. Explotación – Am. Inmov. – Subvenciones – Deterioro – Enajenaciones de Inmov. + Ing. Financieros de inst. pat.

En todo caso, serán deducibles gastos financieros netos del período impositivo por importe de 1.000.000 de euros.

Los gastos financieros netos que no hayan sido objeto de deducción podrán deducirse en los períodos impositivos siguientes, conjuntamente con los del período impositivo correspondiente con el límite anteriormente señalado.

En el caso de que los gastos financieros netos del período impositivo no alcanzaran el límite del 30 por 100 del beneficio operativo del ejercicio, la diferencia entre el citado límite y los gastos financieros netos del período impositivo se adicionará al límite a aplicar en períodos posteriores; en concreto, en los períodos impositivos que concluyan en los cinco años inmediatos y sucesivos, hasta que se deduzca dicha diferencia.

No obstante, esta limitación relativa a la deducibilidad de los gastos financieros no resultará de aplicación a las entidades de crédito y aseguradoras ni tampoco en el período impositivo en que se produzca la extinción de la entidad, salvo que la misma sea consecuencia de una operación de reestructuración.

20. REDUCCIÓN DE INGRESOS PROCEDENTES DE DETERMINADOS ACTIVOS INTANGIBLES

Las rentas positivas procedentes de la cesión del derecho de uso o de explotación de patentes, modelos de utilidad, certificados complementarios de protección de medicamentos y de productos fitosanitarios, dibujos y modelos legalmente protegidos, que deriven de actividades de investigación y desarrollo e innovación tecnológica, y *software* avanzado registrado que derive de actividades de investigación y desarrollo, tendrán derecho a una reducción de la base imponible, así como las rentas procedentes de la transmisión de activos intangibles entre entidades no vinculadas. La reducción será el resultado de multiplicar por un 60 por 100 el resultado del siguiente coeficiente:

a) En el numerador, los gastos incurridos por la entidad cedente directamente relacionados con la creación del activo, incluidos los derivados de la subcontratación con terceros no vinculados con aquella. Estos gastos se incrementarán en un 30 por 100, sin que, en ningún caso, el numerador pueda superar el importe del denominador.

b) En el denominador, los gastos incurridos por la entidad cedente directamente relacionados con la creación del activo, incluidos los derivados de la subcontratación tanto con terceros no vinculados con aquella como con personas o entidades vinculadas con aquella y de la adquisición del activo. Es decir:

Reducción = 0,6 × [(Gastos relacionados con la creación + Gastos subcontratación) × 1,3] / [(Gastos relacionados con la creación + Gastos de subcontratación + Gastos de adquisición del activo)]

En este coeficiente no se incluyen los gastos financieros, las amortizaciones de inmuebles u otros gastos no relacionados directamente con la creación del activo.

A efectos de aplicar esta reducción, tendrán la consideración de rentas positivas susceptibles de reducción:

— los ingresos procedentes de la cesión del derecho de uso o de explotación de los activos, y

— las rentas positivas procedentes de su transmisión, que superen la suma de: *a*) los gastos incurridos por la entidad directamente relacionados con la creación de los activos que no hubieran sido incorporados al valor de los activos, *b*) las cantidades deducidas por aplicación de las pérdidas por deterioro de los créditos derivadas de las posibles insolvencias de deudores en relación con los activos, y *c*) aquellos gastos directamente relacionados con los activos, que se hubieran integrado en la base imponible.

En caso de que en un período impositivo se obtengan rentas negativas y en períodos impositivos anteriores la entidad hubiera obtenido rentas positivas a las que hubiera aplicado esta reducción, la renta negativa de ese período impositivo se reducirá en el porcentaje que resulte de la aplicación de la mencionada reducción, siempre que las rentas negativas no superen el importe de las rentas positivas integradas en períodos impositivos anteriores aplicando la reducción. El exceso se integrará en su totalidad en la base imponible y, en tal caso, las rentas positivas obtenidas en un periodo impositivo posterior se integrarán en su totalidad hasta dicho importe, pudiendo aplicar al exceso el porcentaje que resulte de la aplicación la reducción.

Requisitos para la aplicación de la reducción:

a) que el cesionario utilice los derechos de uso o de explotación en el desarrollo de una actividad económica y que los resultados de esa utilización no se materialicen en la entrega de bienes o prestación de servicios por el cesionario que generen gastos fiscalmente deducibles en la entidad cedente, siempre que, en este último caso, dicha entidad esté vinculada con el cesionario;

b) que el cesionario no resida en un país o territorio de nula tributación o considerado como paraíso fiscal salvo que esté situado en un Estado Miembro de la Unión Europea y el sujeto pasivo acredite que la operativa responde a motivos económicos válidos y que realice actividades económicas;

c) cuando un mismo contrato de cesión incluya prestaciones accesorias de servicios, deberá diferenciarse en dicho contrato la contraprestación correspondiente a los mismos;

d) que la entidad disponga de los registros contables necesarios para poder determinar los ingresos y gastos, directos e indirectos, correspondientes a los activos objeto de cesión.

Esta reducción deberá tenerse en cuenta a efectos de la determinación del importe de la cuota íntegra. En ningún caso darán derecho a la reducción las rentas procedentes de la cesión del derecho de uso o de explotación, o de la transmisión, de marcas, obras literarias, artísticas o científicas, incluidas las películas cinematográficas, de derechos personales susceptibles de cesión, como los derechos de imagen, de programas informáticos, equipos industriales, comerciales o científicos, planos, fórmulas o procedimientos secretos, de derechos sobre informaciones relativas a experiencias industriales, comerciales o científicas.

Para aplicar esta reducción, con carácter previo a la realización de las operaciones, el contribuyente puede solicitar a la Administración Tributaria un acuerdo previo de valoración de los ingresos procedentes de la cesión de los activos y de los gastos asociados, así como de los activos y las rentas generadas en la transmisión y su calificación, con una propuesta de valoración fundamentada en el valor de mercado.

21. OBRA BENÉFICO-SOCIAL DE LAS CAJAS DE AHORRO

Serán deducibles fiscalmente las cantidades que las cajas de ahorro y las funciones bancarias destinen de sus resultados a la financiación de obras benéfico-sociales, de conformidad con las normas por las que se rigen. Para ello, las cantidades asignadas a la obra benéfico-social de las cajas de ahorro deberán aplicarse, al menos, en un 50 por 100, en el mismo período impositivo al que corresponda la asignación, o en el inmediato siguiente, a la realización de las inversiones afectas, o a sufragar gastos de sostenimiento de las instituciones o establecimientos acogidas a aquélla. No obstante, no se integrarán en la base imponible:

— Los gastos de mantenimiento de la obra benéfico-social, aun cuando excedieran de las asignaciones efectuadas, sin perjuicio de que tengan la consideración de aplicación de futuras asignaciones. No obstante, dichos gastos serán fiscalmente deducibles cuando, de conformidad con la normativa contable que resulte aplicable, se registren con cargo a la cuenta de pérdidas y ganancias.

— Las rentas derivadas de la transmisión de inversiones afectas a la obra benéfico-social.

22. RESERVA DE CAPITALIZACIÓN

Los contribuyentes que tributen al tipo de gravamen general o al 30 por 100, tendrán derecho a una reducción en la base imponible del 15 por 100 del importe del incremento de sus fondos propios, siempre que se cumplan los siguientes requisitos:

a) Que el importe del incremento de los fondos propios de la entidad se mantenga durante un plazo de 3 años desde el cierre del período impositivo al que corresponda esta reducción, salvo por la existencia de pérdidas contables en la entidad.

b) Que se dote una reserva por el importe de la reducción, que deberá figurar en el balance con absoluta separación y título apropiado y será indisponible durante el plazo mencionado anteriormente de 3 años.

A estos efectos, no se entenderá que se ha dispuesto de la referida reserva, en los siguientes casos:

a) Cuando el socio o accionista ejerza su derecho a separarse de la entidad.

b) Cuando la reserva se elimine, total o parcialmente, como consecuencia de operaciones a las que resulte de aplicación el régimen fiscal especial de las fusiones, escisiones, aportaciones de activos, canje de valores y cambio de domicilio social de una Sociedad Europea o una Sociedad Cooperativa Europea de un Estado miembro a otro de la Unión Europea.

c) Cuando la entidad deba aplicar la referida reserva en virtud de una obligación de carácter legal.

En ningún caso, el derecho a la reducción podrá superar el importe del 10 por 100 de la base imponible positiva del período impositivo previa a esta reducción.

No obstante, en caso de insuficiente base imponible para aplicar la reducción, las cantidades pendientes podrán ser objeto de aplicación en los períodos impositivos que finalicen en los 2 años inmediatos y sucesivos al cierre del período impositivo en que se haya generado el derecho a la reducción, conjuntamente con la reducción que pudiera corresponder, en el período impositivo correspondiente.

El incremento de fondos propios vendrá determinado por la diferencia positiva entre los fondos propios existentes al cierre del ejercicio sin incluir los resultados del mismo, y los fondos propios existentes al inicio del mismo, sin incluir los resultados del ejercicio anterior.

No obstante, a los efectos de determinar el referido incremento, no se tendrán en cuenta como fondos propios al inicio y al final del período impositivo:

a) Las aportaciones de los socios.

b) Las ampliaciones de capital o fondos propios por compensación de créditos.

c) Las ampliaciones de fondos propios por operaciones con acciones propias o de reestructuración.

d) Las reservas de carácter legal o estatutario.

e) Las reservas indisponibles que se doten por aplicación de lo dispuesto en el régimen especial de transparencia fiscal internacional.

f) Los fondos propios que correspondan a una emisión de instrumentos financieros compuestos.

g) Los fondos propios que se correspondan con variaciones en activos por impuesto diferido derivadas de una disminución o aumento del tipo de gravamen de este Impuesto.

Estas partidas tampoco se tendrán en cuenta para determinar el mantenimiento del incremento de fondos propios en cada período impositivo en que resulte exigible.

Esta reducción será incompatible en el mismo período impositivo con la reducción en base imponible en concepto de factor de agotamiento regulada en el régimen especial de la minería.

23. COMPENSACIÓN DE BASES IMPONIBLES NEGATIVAS

Tal y como expusimos en líneas anteriores, la base imponible del ejercicio vendrá determinada por la realización de los ajustes que correspondan sobre el resultado contable (derivados, entre otros, de amortizaciones, pérdidas de valor, provisiones, gastos no deducibles, imputación temporal o reglas especiales de valoración), considerando las exenciones para evitar la doble imposición internacional y para determinadas rentas obtenidas en el extranjero, si proceden, así como la reducción en el caso de obtención de ingresos procedentes de determinados activos intangibles y las bases imponibles negativas de ejercicios anteriores pendientes de compensar. Es decir:

BI = Rdo. contable +/– Ajustes – Exenciones por doble imposición y por determinadas rentas – Reducción por ingresos de activos intangibles – – BI negativas pendientes de compensar

Así, las bases imponibles negativas que hayan sido objeto de liquidación o autoliquidación pueden ser compensadas con las rentas positivas de los períodos impositivos siguientes con el límite del 70 por 100 de la base imponible previa a la aplicación de la reserva de capitalización y a su compensación con el límite general de 1.000.000 de euros. No obstante, este límite no resultará de aplicación en el caso de entidades de nueva creación que realicen actividades económicas en los tres primeros períodos impositivos en que se genere una base imponible positiva previa a su compensación.

No podrán ser objeto de compensación las bases imponibles negativas cuando concurran las siguientes circunstancias:

a) La mayoría del capital social o de los derechos a participar en los resultados de la entidad hubiere sido adquirida por una persona o entidad o por un conjunto de personas o entidades vinculadas, con posterioridad a la conclusión del período impositivo al que corresponde la base imponible negativa y hubieran tenido una participación inferior al 25 por 100 en el momento de la conclusión del período impositivo al que corresponde la base imponible negativa.

b) La entidad adquirida se encuentre en alguna de las siguientes circunstancias:

1.º No viniera realizando actividad económica alguna dentro de los 3 meses anteriores a la adquisición.

2.º Realizara una actividad económica en los 2 años posteriores a la adquisición diferente o adicional a la realizada con anterioridad, que determinara, en sí misma, un importe neto de la cifra de negocios en esos años posteriores superior al 50 por 100 del importe medio de la cifra de negocios de la entidad correspondiente a los 2 años anteriores. Se entenderá por actividad diferente o adicional aquella que tenga asignado diferente grupo a la realizada con anterioridad, en la Clasificación Nacional de Actividades Económicas.

3.º Se trate de una entidad patrimonial.

4.º La entidad haya sido dada de baja en el índice de entidades.

El derecho de la Administración para iniciar el procedimiento de comprobación de las bases imponibles negativas compensadas o pendientes de compensación prescribirá a los 10 años a contar desde el día siguiente a aquel en que finalice el plazo establecido para presentar la declaración o autoliquidación correspondiente al período impositivo en que se generó el derecho a su compensación.

24. TIPO DE GRAVAMEN. CUOTA ÍNTEGRA

La cuota íntegra es la cantidad resultante de aplicar a la base imponible el tipo de gravamen que corresponda, dependiendo del tipo de sociedad de que se trate.

En el caso de entidades que apliquen la reserva de nivelación de bases imponibles, la cuota íntegra vendrá determinada por el resultado de aplicar el tipo de gravamen a la base imponible minorada o incrementada, según proceda, por dicha reserva de nivelación.

Con carácter general, el tipo de gravamen es del 25 por 100. No obstante existen diversos tipos de gravamen según la entidad. Así, determinadas entidades tributan a tipos especiales, siempre que se cumplan los requisitos particulares establecidos en la normativa del impuesto para la aplicación, en general, de dichos tipos:

Tipo de entidad	*Tipo de gravamen*
General	25%
Entidades cuyo importe neto de la cifra de negocios del período impositivo inmediato anterior sea inferior a 1 millón de euros (excepto entidades patrimoniales)	23%
Resultados extracooperativos de cooperativas de crédito y cajas rurales Entidades de crédito Entidades dedicadas a la exploración de hidrocarburos	30%
Mutuas de seguros generales Mutualidades de previsión social Mutuas colaboradoras de la Seguridad Social Sociedades de garantía recíproca Sociedades de reafianzamiento Sociedades cooperativas de crédito y cajas rurales Colegios profesionales Asociaciones empresariales Cámaras oficiales Sindicatos de trabajadores Entidades sin fines lucrativos a las que no sea de aplicación el régimen de la Ley 49/2002 Fondos de promoción de empleo Uniones, federaciones y confederaciones de cooperativas Entidad de Derecho público Puertos del Estado y las Autoridades Portuarias Comunidades titulares de montes vecinales en mano común	25%
Cooperativas fiscalmente protegidas (excepto resultados cooperativos, que van a tipo general)	20%
Entidades a las que sea de aplicación el Régimen de Fundaciones (Ley 49/1992)	10%
Sociedades de inversión de capital variable Fondos de inversión financieros Sociedades de inversión inmobiliaria Fondos de inversión inmobiliaria Fondo de regulación del mercado hipotecario Zona Especial Canaria	1%
Fondos de Pensiones	0%

Asimismo, debemos considerar las siguientes circunstancias y modificaciones de tipos:

1. Las entidades de nueva creación que realicen actividades económicas tributarán, en el primer período impositivo en que la base imponible resulte positiva y en el siguiente, al tipo del 15 por 100, excepto si deben tributar a un tipo inferior.

A estos efectos, no se entenderá iniciada una actividad económica:

a) Cuando la actividad económica hubiera sido realizada con carácter previo por otras personas o entidades vinculadas y transmitida, por cualquier título jurídico, a la entidad de nueva creación.

b) Cuando la actividad económica hubiera sido ejercida, durante el año anterior a la constitución de la entidad, por una persona física que ostente una participación, directa o indirecta, en el capital o en los fondos propios de la entidad de nueva creación superior al 50 por 100.

No tendrán la consideración de entidades de nueva creación aquellas que formen parte de un grupo, con independencia de la residencia y de la obligación de formular cuentas anuales consolidadas.

El tipo de gravamen del 15 por 100 no resultará de aplicación a aquellas entidades que tengan la consideración de entidad patrimonial.

La normativa del impuesto ha introducido la tributación mínima para contribuyentes cuyo importe neto de la cifra de negocios sea al menos de 20 millones de euros durante los 12 meses anteriores a la fecha en que se inicie el período impositivo o bien para aquellos que tributen en el régimen de consolidación fiscal, en cuyo caso, la cuota líquida no podrá ser inferior al resultado de aplicar el 15 por 100 a la base imponible, minorada o incrementada, en su caso y según corresponda, por la reserva de nivelación y minorada, si procede, por la reserva de inversiones en Canarias. Dicha cuota tendrá el carácter de cuota líquida mínima. Es decir, con carácter general:

Cifra de negocios ≥ 20.000.000 de euros → C. Líquida ≥ 15% BI –
– Reserva de nivelación – Reserva de inversión en Canarias

Este tipo del 15 por 100 se puede modificar y así, será:

— Del 10 por 100 para entidades de nueva creación que tributen al 15 por 100.
— Del 18 por 100 para entidades que se dediquen a la exploración, investigación y explotación de yacimientos y almacenamientos subterráneos de hidrocarburos.

También se consideran algunas especialidades:

— En el caso de las cooperativas, en las cuales la cuota líquida mínima no podrá ser inferior al resultado de aplicar el 60 por 100 a la cuota íntegra,
— Para las entidades de la Zona Especial Canaria, la base imponible positiva sobre la que se aplique el porcentaje no incluirá la parte de la misma correspondiente a las operaciones realizadas material y efectivamente en el ámbito geográfico de dicha Zona que tribute al tipo de gravamen especial regulado para ellas.

No obstante, esta tributación mínima del 15 por 100 no será de aplicación a las siguientes entidades:

— A las que les resulte de aplicación el régimen fiscal de las entidades sin fines lucrativos y de los incentivos fiscales al mecenazgo.
— Aquellas que tributen al 1 por 100.
— Las que tributen al 0 por 100.

— Sociedades anónimas cotizadas de inversión en el mercado inmobiliario.

Para ello, es necesario considerar las siguientes reglas:

a) La cuota íntegra se minora en el importe de las bonificaciones que resulten aplicables, incluyendo las aplicables por el régimen económico y fiscal de Canarias si proceden y la deducción por inversiones realizadas por las autoridades portuarias.

b) Se aplicarán las deducciones por doble imposición jurídica y económica, la imputación de rentas positivas obtenidas por entidades no residentes y establecimientos permanentes

En caso de que, como resultado de estas reglas, resulte una cuantía inferior a la cuota líquida mínima, esa cuantía tendrá la consideración de cuota líquida mínima. Si resulta una cuantía superior, se aplicarán las restantes deducciones que resulten procedentes, con los límites aplicables en cada caso, hasta el importe de dicha cuota líquida mínima.

En el supuesto de entidades de reducida dimensión que apliquen la reserva de nivelación, la cuota íntegra será el resultado de aplicar el tipo de gravamen a la base imponible minorada o incrementada, según proceda, por la reserva de nivelación.

25. DEDUCCIONES PARA EVITAR LA DOBLE IMPOSICIÓN INTERNACIONAL

Las deducciones para evitar la doble imposición internacional establecidas en la normativa del impuesto son:

a) Deducción para evitar la doble imposición jurídica: impuesto soportado por el contribuyente, y

b) Deducción para evitar la doble imposición económica internacional: dividendos y participaciones en beneficios.

25.1. Deducción para evitar la doble imposición jurídica: impuesto soportado por el contribuyente

Esta deducción será aplicable cuando, en la base imponible del contribuyente, se integren rentas obtenidas y gravadas en el extranjero y trata de corregir la doble imposición jurídica, es decir, el hecho de que una misma renta sea gravada en dos Estados diferentes. Se deducirá de la cuota íntegra la menor de las dos cantidades siguientes:

— El importe efectivo de lo satisfecho en el extranjero, por razón de gravamen de naturaleza idéntica o análoga al IS. No se deducirán los impuestos no pagados en virtud de exención, bonificación o cualquier otro beneficio fiscal y, en el caso en el que resulte de aplicación un convenio para evitar la doble imposición, la deducción no podrá exceder del impuesto que corresponda según aquél.

— El importe de la cuota íntegra que en España correspondería pagar por tales rentas si se hubiesen obtenido en territorio español. Para ello, el importe del impuesto satisfecho en el extranjero se incluirá en la renta e, igualmente, formará parte de la base imponible, aun cuando no fuese plenamente deducible.

No obstante, tendrá la consideración de gasto deducible aquella parte del importe del impuesto satisfecho en el extranjero que no sea objeto de deducción en la cuota íntegra, siempre que se corresponda con la realización de actividades económicas en el extranjero.

Las cantidades no deducidas por insuficiencia de cuota íntegra podrán deducirse en los períodos impositivos siguientes.

25.2. Deducción para evitar la doble imposición económica internacional: dividendos y participaciones en beneficios

Esta deducción trata de corregir la doble imposición económica, pues una misma renta es gravada por dos sujetos en dos Estados. Por ello, cuando en la BI se computen dividendos o participaciones en los beneficios pagados por una entidad no residente en territorio español, se deducirá el impuesto efectivamente pagado por esta última respecto de los beneficios con cargo a los cuales se abonan los dividendos, en la cuantía correspondiente de tales dividendos, siempre que dicha cuantía se incluya en la BI del contribuyente.

Los requisitos que deben cumplirse para que el sujeto pasivo perceptor de los dividendos tenga derecho a deducir el impuesto efectivamente pagado en el extranjero por la entidad no residente, son los siguientes:

— La participación directa o indirecta en el capital o en los fondos propios de la sociedad no residente debe ser, al menos, del 5 por 100 y además, la participación debe haberse poseído de manera ininterrumpida durante el año anterior al día en que sea exigible el beneficio que se distribuya, o en su defecto, que se mantenga durante el tiempo que sea necesario para completar el año.

Esta deducción, junto con la anterior, no podrá exceder de la cuota íntegra que en España correspondería pagar por estas rentas si se hubieran obtenido en territorio español para lo cual dicha cuota íntegra se reducirá en el 5 por 100 —en concepto de gastos de gestión— del importe de los dividendos o participaciones en beneficios. El exceso sobre dicho límite no tendrá la consideración de gasto fiscalmente deducible.

Las cantidades no deducidas por insuficiencia de cuota íntegra podrán deducirse en los períodos impositivos siguientes.

El derecho de la Administración para iniciar el procedimiento de comprobación de las deducciones por doble imposición aplicadas o pendientes de aplicar prescribirá a los 10 años a contar desde el día siguiente a aquel en que finalice el plazo establecido para presentar la declaración o autoliquidación correspondiente al período impositivo en que se generó el derecho a su aplicación.

26. BONIFICACIONES

Las bonificaciones se aplicarán después de las deducciones por doble imposición internacional. Son las siguientes:

a) Bonificación por rentas obtenidas en Ceuta y Melilla.
b) Bonificación por prestación de servicios públicos locales.

Para determinar el importe de la bonificación se aplica el porcentaje que proceda a la parte de cuota correspondiente a las rentas bonificadas y que denominamos cuota con bonificación. De modo que:

Cuota con bonificación = Renta con bonificación (RB) × Tipo de gravamen (TG)

RB = Parte de la base imponible obtenida por rendimientos objeto de bonificación.
TG = Tipo de gravamen correspondiente al contribuyente.

Bonificación = Cuota con bonificación × Porcentaje de bonificación aplicable

26.1. Bonificación por rentas obtenidas en Ceuta y Melilla

Tendrá una bonificación del 50 por 100 la parte de cuota íntegra que corresponda a las rentas obtenidas por entidades que operen efectiva y materialmente en Ceuta, Melilla, es decir aquellas que cierren en estos territorios un ciclo mercantil que determine resultados económicos y se refiere a:

a) Entidades españolas domiciliadas fiscalmente en dichos territorios.
b) Entidades españolas domiciliadas fiscalmente fuera de dichos territorios y que operen en ellos mediante establecimiento o sucursal.
c) Entidades extranjeras no residentes en España y que operen en dichos territorios mediante establecimiento permanente.

26.2. Bonificación por prestación de servicios públicos locales

Los servicios públicos que se presten en régimen de gestión directa por Ayuntamientos o CCAA están exentos. La bonificación es aplicable en el caso en el que se presten servicios públicos en régimen de gestión directa, mediante empresa privada de capital íntegramente público o cuando los referidos servicios públicos se presten por entidades dependientes íntegramente del Estado o de las Comunidades Autónomas, pero no resulta aplicable cuando la prestación de los servicios públicos se realice por el sistema de empresa mixta o de capital íntegramente privado.

Tendrá una bonificación del 99 por 100 la parte de cuota íntegra que corresponda a las rentas derivadas de la prestación de servicios públicos de competencia de las entidades locales, territoriales, municipales o provinciales, tales como seguridad, ordenación del tráfico, protección civil, extinción de incendios, promoción de viviendas, y servicios sociales, entre otros.

27. DEDUCCIONES PARA INCENTIVAR LA REALIZACIÓN DE DETERMINADAS ACTIVIDADES

Las deducciones por incentivos contempladas son las siguientes:

a) Deducción por actividades de investigación y desarrollo e innovación tecnológica.
b) Deducción por inversiones en producciones cinematográficas, series audiovisuales y espectáculos en vivo de artes escénicas y musicales.
c) Deducciones por creación de empleo.
d) Deducción por creación de empleo para trabajadores con discapacidad.
e) Deducción por inversiones realizadas por las autoridades portuarias.

27.1. Deducción por la realización de actividades de investigación y desarrollo e innovación tecnológica

Debemos distinguir entre:

a) Deducción por actividades de investigación y desarrollo.
b) Deducción por actividades de innovación tecnológica.

a) *Deducción por actividades de investigación y desarrollo.* Se considera investigación a la indagación original planificada que persiga descubrir nuevos conocimientos y una superior comprensión en el ámbito científico y tecnológico, y desarrollo a la aplicación de los resultados de la investigación o de cualquier otro tipo de conocimiento científico. También se considera actividad de investigación y desarrollo la materialización de los nuevos productos o procesos en un plano, esquema o diseño, así como la creación de un primer prototipo no comercializable y los proyectos de demostración inicial o proyectos piloto, así como el diseño y elaboración del muestrario para el lanzamiento de nuevos productos o la concepción de *software* avanzado.

La base de la deducción estará constituida por el importe de los gastos de investigación y desarrollo y, en su caso, por las inversiones en elementos de inmovilizado material e intangible, excluidos los inmuebles y terrenos, y se minora en el importe de las subvenciones recibidas para el fomento de estas actividades que se imputen como ingreso en el período impositivo.

Los gastos de investigación y desarrollo que integran la base de la deducción deben corresponder a actividades efectuadas en España o en cualquier Estado miembro de la Unión Europea o del Espacio Económico Europeo, incluyendo las cantidades pagadas para la realización de dichas actividades por encargo del contribuyente, individualmente o en colaboración con otras entidades. Las inversiones se entenderán realizadas cuando los elementos patrimoniales sean puestos en condiciones de funcionamiento.

Los porcentajes aplicables a la base de deducción son:

— 25 por 100 de los gastos en investigación y desarrollo efectuados en el período impositivo, y

— cuando los gastos efectuados en el período impositivo sean mayores que la media de los efectuados en los dos años anteriores, la cuantía de la deducción será el 25 por 100 sobre el importe de esa media y el 42 por 100 sobre el exceso respecto a dicha media.

Además, se practicará una deducción adicional del 17 por 100 del importe de los gastos de personal de la entidad correspondientes a investigadores cualificados adscritos en exclusiva a actividades de investigación y desarrollo.

Para las inversiones en elementos de inmovilizado material e intangible, excluidos los inmuebles y terrenos, siempre que estén afectos exclusivamente a las actividades de investigación y desarrollo, el porcentaje de deducción será del 8 por 100.

Los elementos en que se materialice la inversión deberán permanecer en el patrimonio del sujeto pasivo, salvo pérdidas justificadas, hasta que cumplan su finalidad específica en las actividades de investigación y desarrollo, excepto que su vida fuese inferior.

b) *Deducción por actividades de innovación tecnológica.* Se considera innovación tecnológica la actividad cuyo resultado sea un avance tecnológico en la obtención de nuevos productos o procesos de producción o mejoras sustanciales de los ya existentes, incluyendo la materialización de los nuevos productos o procesos en un plano, esquema o diseño, la creación de un primer prototipo no comercializable, los proyectos de demostración inicial o proyectos piloto y los muestrarios textiles, de la industria del calzado, del curtido, de la marroquinería, del juguete, del mueble y de la madera, siempre que no puedan convertirse o utilizarse para aplicaciones industriales o para su explotación comercial.

La base de la deducción estará constituida por el importe de los gastos del período en actividades de innovación tecnológica realizados por el contribuyente que correspondan a los siguientes conceptos:

1.º Actividades de diagnóstico tecnológico tendentes a la identificación, la definición y la orientación de soluciones tecnológicas avanzadas, con independencia de los resultados en que culminen.

2.º Diseño industrial e ingeniería de procesos de producción, que incluirán la concepción y la elaboración de los planos, dibujos y soportes destinados a definir los elementos descriptivos, especificaciones técnicas y características de funcionamiento necesarios para la fabricación, prueba, instalación y utilización de un producto, así como la elaboración de muestrarios textiles, de la industria del calzado, del curtido, de la marroquinería, del juguete, del mueble y de la madera.

3.º Adquisición de tecnología avanzada en forma de patentes, licencias, *know-how* y diseños. No darán derecho a la deducción las cantidades satisfechas a personas o entidades vinculadas al contribuyente. La base correspondiente a este concepto no podrá superar la cuantía de 1 millón de euros.

4.º Obtención del certificado de cumplimiento de las normas de aseguramiento de la calidad de la serie ISO 9000, GMP o similares, sin incluir aquellos gastos correspondientes a la implantación de dichas normas.

Se consideran gastos de innovación tecnológica los realizados por el contribuyente en cuanto estén directamente relacionados con dichas actividades, se apliquen efectivamente a la realización de éstas y consten específicamente individualizados por proyectos. Dichos gastos de innovación tecnológica cuando integren la base de la deducción deben corresponder a actividades efectuadas en España o en cualquier Estado miembro de la Unión Europea o del Espacio Económico Europeo, incluyendo las cantidades pagadas para la realización de dichas actividades por encargo del sujeto pasivo, individualmente o en colaboración con otras entidades.

Para determinar la base de la deducción, el importe de los gastos de innovación tecnológica se minorará en el importe de las subvenciones recibidas para el fomento de dichas actividades e imputables como ingreso en el período impositivo.

El porcentaje de deducción es del 12 por 100 de los gastos efectuados en el período impositivo por este concepto.

27.2. Deducción por inversiones en producciones cinematográficas, series audiovisuales y espectáculos en vivo de artes escénicas y musicales

Debemos distinguir:

1) Deducción por inversiones en producciones españolas de largometrajes cinematográficos y de series audiovisuales de ficción, animación o documental.

2) Deducción para productores que se encarguen de la ejecución de una producción extranjera de largometrajes cinematográficos.

3) Deducción por gastos realizados en la producción y exhibición de espectáculos en vivo de artes escénicas y musicales.

1) Las inversiones en producciones españolas de largometrajes cinematográficos y de series audiovisuales de ficción, animación o documental, que permitan la confección de un soporte físico previo a su producción industrial seriada darán derecho al productor a una deducción:

a) Del 30 por 100 respecto del primer millón de base de la deducción.
b) Del 25 por 100 sobre el exceso de dicho importe.

La base de la deducción estará constituida por el coste total de la producción, así como por los gastos para la obtención de copias y los gastos de publicidad y promoción a cargo del productor hasta el límite para ambos del 40 por 100 del coste de producción.

Al menos el 50 por 100 de la base de la deducción deberá corresponderse con gastos realizados en territorio español.

El importe de esta deducción no podrá ser superior a 20 millones de euros, excepto en el caso de series audiovisuales, que dicho importe se determinará por episodio y el límite será de 10 millones de euros por episodio.

En el supuesto de una coproducción, los importes anteriormente señalados, se determinarán, para cada coproductor, en función de su respectivo porcentaje de participación en aquélla.

Para la aplicación de la deducción establecida en este apartado, será necesario el cumplimiento de algunos requisitos, tales como la necesidad de obtención del certificado de nacionalidad y el que acredite el carácter cultural en relación con su contenido o que se deposite una copia nueva y en perfecto estado de la producción en la Filmoteca Española o la respectiva filmoteca autonómica.

La base de la deducción se minorará en el importe de las subvenciones recibidas para financiar las inversiones que generan derecho a deducción.

El importe de esta deducción, conjuntamente con el resto de ayudas percibidas por el contribuyente, no podrá superar el 50 por 100 del coste de producción, si bien este límite se eleva hasta:

a) El 85 por 100 en el caso de cortometrajes,
b) El 80 por 100 para:

— Producciones dirigidas por una persona que no haya dirigido o codirigido más de dos largometrajes calificados para su explotación comercial en salas de exhibición cinematográfica, cuyo presupuesto de producción no supere 1.500.000 de euros.

— Producciones rodadas íntegramente en alguna de las lenguas cooficiales distintas al castellano que se proyecten en España en dicho idioma cooficial o subtitulado.

— Producciones dirigidas exclusivamente por personas con un grado de discapacidad igual o superior al 33 por 100.

c) El 75 por 100 en el caso de:

— Producciones realizadas exclusivamente por directoras.

— Producciones con un especial valor cultural y artístico que necesiten un apoyo excepcional de financiación según los criterios que se establezcan mediante Orden Ministerial o en las correspondientes convocatorias de ayudas.

— Documentales.

— Obras de animación cuyo presupuesto de producción no supere 2.500.000 de euros.

d) El 60 por 100 en el caso de producciones transfronterizas financiadas por más de un Estado miembro de la Unión Europea y en las que participen productores de más de un Estado miembro, así como en el caso de coproducciones internacionales con países iberoamericanos.

2) Asimismo, los productores registrados en el Registro de Empresas Cinematográficas del Instituto de la Cinematografía y de las Artes Audiovisuales que se encarguen de la ejecución de una producción extranjera de largometrajes cinematográficos o de obras audiovisuales que permitan la confección de un soporte físico previo a su producción industrial seriada tendrán derecho a una deducción:

a) Del 30 por 100 respecto del primer millón de base de deducción y del 25 por 100 sobre el exceso de dicho importe.

La deducción se aplicará siempre que tales gastos sean, al menos, de 1 millón de euros. No obstante, en el supuesto de producciones de animación, el límite se establece en 200.000 euros.

La base de la deducción estará constituida por los siguientes gastos realizados en territorio español directamente relacionados con la producción: *a*) los gastos de personal creativo, siempre que tenga residencia fiscal en España o en algún Estado miembro del Espacio Económico Europeo, y *b*) los gastos derivados de la utilización de industrias técnicas y otros proveedores.

El importe de esta deducción no podrá ser superior a 20 millones de euros, por cada producción realizada, excepto para series audiovisuales, que la deducción se determina por episodio y el límite es de 10 millones de euros por episodio.

El importe de esta deducción, conjuntamente con el resto de ayudas percibidas por el contribuyente, no podrá superar el 50 por 100 del coste de producción.

b) Del 30 por 100 de la base de la deducción, cuando el productor se encargue de la ejecución de servicios de efectos visuales y los gastos realizados en territorio español sean inferiores a 1 millón de euros, sin que pueda superar los límites europeos relativos a las ayudas *de minimis*.

Esta deducción queda excluida del límite de las deducciones por incentivos, por lo que, a efectos del cálculo de dicho límite, no se computará la misma. Para la aplicación de esta deducción es necesario cumplir una serie de requisitos relativos a la obtención del certificado de carácter cultural, la incorporación en los créditos finales de la referencia a haberse acogido al beneficio fiscal o la autorización de la utilización de los materiales creados para la promoción de España.

3) Los gastos realizados en la producción y exhibición de espectáculos en vivo de artes escénicas y musicales tendrán una deducción del 20 por 100.

La base de la deducción estará constituida por los costes directos de carácter artístico, técnico y promocional incurridos en las referidas actividades.

La deducción generada en cada período impositivo no podrá superar el importe de 500.000 euros por contribuyente.

Para la aplicación de esta deducción, será necesario que el contribuyente haya obtenido un certificado por el Instituto Nacional de las Artes Escénicas y de la Música y que, de los beneficios obtenidos en el desarrollo de estas actividades en el ejercicio en el que se genere el derecho a la deducción, el contribuyente destine al menos el 50 por 100 a la realización de actividades que dan derecho a la aplicación de esta deducción. El plazo para el cumplimiento de esta obligación será el comprendido entre el inicio del ejercicio en que se hayan obtenido los referidos beneficios y los 4 años siguientes al cierre de dicho ejercicio.

La base de esta deducción se minorará en el importe de las subvenciones recibidas para financiar los gastos que generen el derecho a la misma. El importe de la deducción, junto con las subvenciones percibidas por el contribuyente, no podrá superar el 80 por 100 de dichos gastos.

Por lo tanto:

Deducción	*Porcentaje*
Inversiones en producciones españolas de largometrajes cinematográficos…	30% s/ 1.000.000 25% s/exceso
Determinados productores…	30% s/ 1.000.000 25% s/exceso
Gastos en la producción y exhibición de espectáculos…	20%

27.3. Deducciones por creación de empleo

La normativa del impuesto establece las siguientes deducciones por creación de empleo:

1) Las entidades que contraten a su primer trabajador, que sea menor de treinta años, a través de un contrato de trabajo por tiempo indefinido de apoyo a los emprendedores, podrán deducir de la cuota íntegra la cantidad de 3.000 euros.

2) Además de lo anterior, las entidades que tengan una plantilla inferior a 50 trabajadores en el momento en que concierten contratos de trabajo por tiempo indefinido de apoyo a los emprendedores con desempleados beneficiarios de una prestación contributiva por desempleo, podrán deducir de la cuota íntegra el 50 por 100 del menor de los siguientes importes:

a) el importe de la prestación por desempleo que el trabajador tuviera pendiente de percibir en el momento de la contratación, o

b) el importe correspondiente a doce mensualidades de la prestación por desempleo que tuviera reconocida.

Esta deducción resultará de aplicación respecto de aquellos contratos realizados en el período impositivo hasta alcanzar una plantilla de 50 trabajadores, y siempre que, en los doce meses siguientes al inicio de la relación laboral, se produzca, respecto de cada trabajador, un incremento de la plantilla media total de la entidad en, al menos, una unidad respecto a la existente en los doce meses anteriores.

La aplicación de esta deducción estará condicionada a que el trabajador contratado hubiera percibido la prestación por desempleo durante, al menos, tres meses antes del inicio de la relación laboral. A estos efectos, el trabajador proporcionará a la entidad un certificado del Servicio Público de Empleo Estatal sobre el importe de la prestación pendiente de percibir en la fecha prevista de inicio de la relación laboral.

Estas dos deducciones se aplicarán en la cuota íntegra del período impositivo correspondiente a la finalización del período de prueba de un año exigido en el correspondiente tipo de contrato y estarán condicionadas al mantenimiento de esta relación laboral durante al menos tres años desde la fecha de su inicio. El incumplimiento de cualquiera de los requisitos señalados en este artículo determinará la pérdida de la deducción. No obstante, no se entenderá incumplida la obligación de mantenimiento del empleo cuando el contrato de trabajo se extinga, una vez transcurrido el período de prueba, por causas objetivas o despido disciplinario cuando uno u otro sea declarado o reconocido como procedente, dimisión, muerte, jubilación o incapacidad permanente total, absoluta o gran invalidez del trabajador.

El trabajador contratado que diera derecho a una de las dos deducciones expuestas no se computará a efectos del incremento de plantilla para poder disfrutar del beneficio fiscal de libertad de amortización para inversiones generadoras de empleo recogido en el régimen especial de las empresas de reducida dimensión.

En el supuesto de contratos a tiempo parcial, estas deducciones se aplicarán de manera proporcional a la jornada de trabajo pactada en el contrato.

27.4. Deducción por creación de empleo para trabajadores con discapacidad

El sujeto pasivo tendrá derecho a deducir 9.000 euros por cada persona/año de incremento promedio de la plantilla de trabajadores con discapacidad en un grado igual o superior al 33 por 100 e inferior al 65 por 100 contratados por el contribuyente durante el período impositivo, respecto a la plantilla media de trabajadores de la misma naturaleza del período inmediato anterior. Si el grado de minusvalía es igual o superior al 65 por 100, la cuantía de la deducción se eleva hasta 12.000 euros.

Los trabajadores minusválidos contratados que den derecho a esta deducción no se computan a efectos de la libertad de amortización con creación de empleo para empresas de reducida dimensión.

27.5. Deducción por inversiones realizadas por las autoridades portuarias

Las autoridades portuarias podrán deducir de la cuota íntegra:

a) Las inversiones y gastos relacionados, entre otros, con la infraestructura y los servicios de control del tráfico marítimo, los destinados a mejorar la seguridad de la navegación y los movimientos de los buques en el mar litoral español, incluidos los elementos de señalización marítima, balizamiento y ayudas a la navegación, cuyos beneficiarios no sean principalmente los usuarios del puerto que los construye y mantiene. También se incluyen los servicios e infraestructuras de salvamento marítimo o accesos terrestres.

b) Las inversiones y gastos realizados para la construcción, sustitución o mejora de las infraestructuras de los puertos marítimos, para la construcción, sustitución o mejora de las infraestructuras de acceso a los mismos o para las actividades de dragado.

Las inversiones o gastos objeto de esta deducción se minorarán en el importe de las subvenciones recibidas y las autoridades portuarias deberán llevar los oportunos registros contables y documentales específicos que permitan identificar los gastos e inversiones realizados.

Las cantidades no deducidas por insuficiencia de cuota íntegra podrán aplicarse en las liquidaciones de los 15 años siguientes.

Esta deducción queda excluida del límite que se expone en el siguiente apartado.

27.6. Deducción por contribuciones empresariales a sistemas de previsión social empresarial

El sujeto pasivo podrá practicar una deducción en la cuota íntegra del 10 por 100 de las contribuciones empresariales imputadas a favor de los trabajadores con retribuciones brutas anuales inferiores a 27.000 euros, siempre que tales contribuciones se realicen a:

— planes de pensiones de empleo,
— planes de previsión social empresarial,
— planes de pensiones regulados en la Directiva (UE) 2016/2341, relativa a las actividades y la supervisión de los fondos de pensiones de empleo, y
— mutualidades de previsión social que actúen como instrumento de previsión social de los que sea promotor el sujeto pasivo.

Cuando se trate de trabajadores con retribuciones brutas anuales iguales o superiores a 27.000 euros, la deducción se aplicará hasta dicho límite.

27.7. Normas comunes a las deducciones

Las deducciones para incentivar la realización de determinadas actividades o deducciones por incentivos se aplican después de practicar las deducciones para evitar la doble imposición y las bonificaciones que pudieran corresponderle al sujeto pasivo.

Las cantidades correspondientes al período impositivo no deducidas, podrán aplicarse en las liquidaciones de los períodos impositivos que concluyan en los quince años inmediatos y sucesivos. Este límite es de dieciocho años para en el caso de la deducción por actividades de investigación y desarrollo e innovación tecnológica. Es decir:

Cantidades no deducidas por insuficiencia de cuota en el ejercicio	Compensación en los próximos 15 años
	Compensación en 18 años si se trata de: — Deducción por I+D+i

Para aquellas entidades de nueva creación y las que saneen pérdidas de ejercicios anteriores, mediante la aportación efectiva de nuevos recursos, el cómputo de los plazos para la aplicación de las deducciones puede diferirse hasta el primer ejercicio en el que se produzcan resultados positivos, dentro del período de prescripción.

La suma de las deducciones para incentivar la realización de determinadas actividades aplicadas en el período impositivo, no puede exceder del 25 por 100 de la cuota íntegra minorada en las deducciones para evitar la doble imposición interna e internacional y las bonificaciones.

No obstante, el límite se eleva al 50 por 100 cuando el importe de la deducción por actividades de investigación y desarrollo e innovación tecnológica que correspondan a gastos e inversiones efectuados en el propio período impositivo, exceda del 10 por 100 de la cuota íntegra, minorada en las deducciones para evitar la doble imposición interna e internacional y las bonificaciones.

Es decir:

Deducciones por incentivos	25% de la CI – Ded. D. Imp. – Bonif., con carácter general
	50% de la CI – Ded. D. Imp. – Bonif., si: (Ded. por I+D+i) > 10% (CI – Ded. doble imp. – Bonificaciones)

No obstante, en el caso de entidades a las que resulte de aplicación el tipo general de gravamen, el tipo del 30 por 100, las deducciones por actividades de investigación y desarrollo e innovación tecnológica podrán, opcionalmente, quedar excluidas del límite expuesto con anterioridad (del 25 o el 50 por 100) y aplicarse en su totalidad, pero con un descuento del 20 por 100 de su importe. En el caso en el que se elija esta opción, es posible absorber la totalidad de la cuota y, en el caso de insuficiencia de cuota, se podrá solicitar su abono a la Administración Tributaria cuando se realice la declaración del impuesto una vez que haya transcurrido, al menos, un año desde la finalización del período impositivo en que se generó la deducción, sin que la misma haya sido objeto de aplicación.

La normativa del impuesto establece una limitación cuantitativa y así, el importe de la deducción aplicada o abonada, en el caso de las actividades de innovación tecnológica no podrá superar conjuntamente el importe de 1 millón de euros anuales y por las actividades de investigación y desarrollo e innovación tecnológica no podrá superar conjuntamente los 3 millones de euros anuales. Ambos límites se aplicarán a todo el grupo de sociedades.

Para la aplicación de esta segunda opción, será necesario el cumplimiento de los siguientes requisitos y si se incumplen será necesaria la regularización de las cantidades indebidamente aplicadas o abonadas:

a) Que transcurra, al menos, un año desde la finalización del período impositivo en que se generó la deducción, sin que la misma haya sido objeto de aplicación.

b) Que la plantilla media o, alternativamente, la plantilla media adscrita a actividades de investigación y desarrollo e innovación tecnológica no se vea reducida desde el final del período impositivo en que se generó la deducción hasta la finalización de los veinticuatro meses siguientes.

c) Que se destine un importe equivalente a la deducción aplicada o abonada, a gastos de investigación y desarrollo e innovación tecnológica o a inversiones en elementos del inmovilizado material o activo intangible exclusivamente afectos a dichas actividades, excluidos los inmuebles, en los 24 meses siguientes a la finalización del período impositivo en cuya declaración se realice la correspondiente aplicación o abono.

d) Que la entidad haya obtenido un informe motivado sobre la calificación de la actividad como investigación y desarrollo o innovación tecnológica o un acuerdo previo de valoración de los gastos e inversiones correspondientes a dichas actividades.

Una misma inversión no podrá dar lugar a la aplicación de la deducción en más de una entidad.

Los elementos patrimoniales afectos a las deducciones para incentivar la realización de determinadas actividades deben permanecer en funcionamiento durante cinco años, o tres años, si se trata de bienes muebles, o durante su vida útil si fuera inferior. En caso contrario, conjuntamente con la cuota correspondiente al período impositivo en el que se manifieste el incumplimiento de este requisito, se debe ingresar la cantidad deducida, además de los intereses de demora.

28. RETENCIONES, INGRESOS A CUENTA Y PAGOS FRACCIONADOS

Para la obtención de la cuota a ingresar o devolver en el IS será necesario deducir de la cuota líquida:

a) Las retenciones.
b) Los ingresos a cuenta.
c) Los pagos fraccionados.

Cuando dichos conceptos superen el importe de la cuota líquida del Im-puesto o, en su caso, de la cuota líquida mínima, la Administración Tributaria procederá a devolver, de oficio, el exceso.

a) *Retenciones*. Están sometidas a retención en concepto de pago a cuenta del IS correspondiente al perceptor, entre otras, las siguientes rentas:

— Las rentas derivadas de la participación en fondos propios de cualquier tipo de entidad, de la cesión a terceros de capitales propios y las restantes rentas susceptibles de generar rendimientos del capital mobiliario.

— Los premios derivados de la participación en juegos, concursos, rifas o combinaciones aleatorias, estén o no vinculados a la oferta, promoción o venta de determinados bienes, productos o servicios.

— Las rentas obtenidas como consecuencia de las transmisiones o reembolsos de acciones o participaciones representativas del capital o patrimonio de instituciones de inversión colectiva.

No obstante, se establecen algunas excepciones respecto de la obligación de retener. Así, no existe obligación de retener e ingresar a cuenta respecto de los rendimientos de los valores emitidos por el Banco de España que constituyan instrumento regulador de intervención en el mercado monetario y los rendimientos de las Letras del Tesoro, así como los intereses que constituyan derecho a favor del Tesoro como contraprestación de los préstamos del Estado al crédito oficial o las primas de conversión de obligaciones en acciones.

En lo referido a la obligación de retener o ingresar a cuenta, están obligados a retener o ingresar a cuenta las personas jurídicas y demás entidades, incluidas las comunidades de bienes y de propietarios y las entidades en régimen de atribución de rentas, los contribuyentes por el IRPF que ejerzan actividades económicas, cuando satisfagan rentas en el ejercicio de sus actividades, así como las personas físicas, jurídicas y demás entidades no residentes en territorio español, que operen en él mediante establecimiento permanente cuando satisfagan o abonen rentas sometidas a retención.

El sujeto obligado a retener deberá presentar la declaración de las cantidades retenidas o declaración negativa cuando no se hubiera producido la práctica de éstas. Asimismo presentará un resumen anual de retenciones. El retenedor está obligado a expedir certificación acreditativa de la retención practicada o de otros pagos a cuenta efectuados.

Los porcentajes son:

a) Con carácter general, el 19 por 100. Cuando se trate de rentas procedentes del arrendamiento o subarrendamiento de inmuebles urbanos situados en Ceuta, Melilla o sus dependencias, obtenidas por entidades domiciliadas en dichos territorios o que operen en ellos mediante establecimiento o sucursal, dicho porcentaje se dividirá por dos, y

b) En el caso de rentas procedentes de la cesión del derecho a la explotación de la imagen o del consentimiento o autorización para su utilización, el 24 por 100.

c) En el caso de premios de loterías y apuestas que, por su cuantía, estuvieran sujetos y no exentos del gravamen especial de determinadas loterías y apuestas, el 20 por 100. En este caso, la retención se practicará sobre el importe del premio sujeto y no exento.

No se practicará retención, entre otros, en los siguientes casos:

a) Las rentas obtenidas por las entidades totalmente exentas.

b) Los dividendos o participaciones en beneficios repartidos por agrupaciones de interés económico, españolas y europeas, y por uniones temporales de empresas que correspondan a socios que deban soportar la imputación de la base imponible y procedan de períodos impositivos durante los cuales la entidad haya tributado según lo dispuesto en el régimen especial.

c) Los dividendos o participaciones en beneficios e intereses satisfechos entre sociedades que formen parte de un grupo que tribute en el régimen de consolidación fiscal.

d) Los dividendos o participaciones en beneficios que puedan acogerse a la exención para evitar la doble imposición.

e) Las rentas obtenidas por el cambio de activos en los que estén invertidas las provisiones de los seguros de vida en los que el tomador asume el riesgo de la inversión.

f) Los premios de loterías y apuestas que, por su cuantía, estén exentos del gravamen especial.

b) *Ingresos a cuenta.* Deberá practicarse un ingreso a cuenta del IS, correspondiente al perceptor, respecto de las rentas dinerarias que se someten a retención, cuando sean satisfechas o abonadas en especie.

c) *Pagos fraccionados.* La entidad está obligada a realizar pagos fraccionados entre los días 1 a 20 de los meses de abril, octubre y diciembre de cada año, a cuenta de la liquidación correspondiente al período impositivo que esté en curso el día 1 de cada uno de los meses indicados. No obstante, no deberán efectuar pagos fraccionados, ni estarán obligadas a presentar la correspondiente declaración, las entidades cuyo tipo impositivo en el IS es del 1 por 100 o del 0 por 100.

La normativa del impuesto regula dos modalidades de pago fraccionado:

a) *Primera modalidad, o sistema de cuota.* La base para calcular el pago fraccionado será la cuota íntegra del último período impositivo cuyo plazo reglamentario de declaración (25 días naturales siguientes a los seis meses posteriores a la conclusión del período impositivo) estuviese vencido el primer día de los 20 naturales de los mencionados meses, minorado en:

— Las deducciones para evitar la doble imposición.
— Las bonificaciones.
— Las deducciones para incentivar la realización de determinadas actividades.
— Las retenciones e ingreso a cuenta correspondientes.
— No se minoran los pagos fraccionados.

Si el resultado es cero o negativo, no existe obligación de presentar declaración por ese pago fraccionado.

La cantidad a ingresar será el resultado de aplicar el porcentaje del 18 por 100 a la cantidad calculada como base del pago fraccionado en cada uno de los períodos de abril, octubre o diciembre.

b) *Segunda modalidad o sistema de base.* El pago fraccionado se determina aplicando un porcentaje sobre la parte de base imponible del período de los tres, nueve y once primeros meses de cada año natural determinada según las normas previstas en la normativa del impuesto; deduciendo:

(Base Imponible × 5/7 * t) – Bonificaciones – Retenciones e ingresos a cuenta – Pagos fraccionados del ejercicio

El porcentaje es el resultado de multiplicar por 5/7 el tipo de gravamen, redondeado por defecto. Por lo tanto, para el tipo de gravamen general del 25 por 100, será:

5/7 * 25% = 17%

Para que esta opción sea válida, el sujeto pasivo deberá ejercitarla en la correspondiente declaración censal, durante el mes de febrero del año natural a partir del cual deba surtir efecto, determinando dicha opción la vinculación del sujeto pasivo respecto de los pagos correspondientes al período impositivo y los siguientes, en tanto no se renuncie a su aplicación a través de la correspondiente declaración censal.

No obstante, estarán obligados a aplicar esta modalidad, en cualquier caso, los sujetos pasivos cuyo importe neto de la cifra de negocios haya superado la cantidad de 6 millones de euros durante los 12 meses anteriores a la fecha en que se inicie el período impositivo al que corresponda el pago fraccionado.

Para aquellos contribuyentes que opten por esta modalidad de pago fraccionado cuyo importe neto de la cifra de negocios en los 12 meses anteriores a la fecha en que se inicie el período impositivo sea al menos 10 millones de euros, deben tener en cuenta que la cantidad a ingresar no podrá ser inferior, en ningún caso, al 23 por 100 (25 por 100 en el caso de entidades de crédito o aquellas que se dediquen a la exploración, investigación y explotación de yacimientos y almacenamientos subterráneos de hidrocarburos) del resultado positivo de la cuenta de pérdidas y ganancias del ejercicio de los 3, 9 u 11 primeros meses de cada año minorado exclusivamente en los pagos fraccionados realizados con anterioridad, correspondientes al mismo período impositivo. El cálculo del porcentaje necesario para determinar el importe del pago fraccionado es el resultado de multiplicar por 19/20 el tipo de gravamen de la entidad, resultando un porcentaje de:

19/20 * 25% = 24%

Queda excluido del resultado positivo referido el importe del mismo que se corresponda con rentas derivadas de operaciones de quita o espera consecuencia de un acuerdo de acreedores del contribuyente, incluyéndose en dicho resultado aquella parte de su importe que se integre en la base imponible del período impositivo. También quedará excluido, a estos efectos, el importe del resultado positivo consecuencia de operaciones de aumento de capital o fondos propios por compensación de créditos que no se integre en la base imponible. No obstante, no resulta de aplicación para las entidades que tributan al 10, 0 o 1 por 100 en el Impuesto sobre Sociedades ni tampoco a las sociedades anónimas cotizadas, entidades de capital-riesgo y sociedades gestoras de entidades de inversión colectiva de tipo cerrado.

29. CUOTA TRIBUTARIA

Será la cuantía a satisfacer por el sujeto pasivo, una vez descontadas de la cuota íntegra las deducciones y bonificaciones contempladas anteriormente, así como las retenciones, ingresos a cuenta y pagos fraccionados realizados. Cuando estos tres últimos conceptos superen la cantidad resultante de practicar en la cuota íntegra las deducciones y bonificaciones, la Administración Tributaria procederá a devolver, de oficio, el exceso.

30. REGÍMENES ESPECIALES

La normativa del impuesto contempla los siguientes regímenes especiales, según la naturaleza de los contribuyentes afectados o los hechos, actos u operaciones de que se trate, que se aplican con carácter preferente. Son los siguientes:

a) Agrupaciones de interés económico, españolas y europeas y uniones temporales de empresas.
b) Entidades dedicadas al arrendamiento de viviendas.
c) Sociedades y fondos de capital-riesgo y sociedades de desarrollo industrial regional.
d) Instituciones de inversión colectiva.
e) Consolidación fiscal.
f) Fusiones, escisiones, aportaciones de activos, canje de valores y cambio de domicilio social de una sociedad europea.
g) Minería.
h) Investigación y explotación de hidrocarburos.
i) Transparencia fiscal internacional.
j) Incentivos fiscales para las entidades de reducida dimensión.
k) Determinados contratos de arrendamiento financiero.
l) Entidades de tenencia de valores extranjeros.
m) Entidades parcialmente exentas.
n) Comunidades titulares de montes vecinales en mano común.
o) Entidades navieras en función del tonelaje.

Algunos de ellos ya han sido expuestos como el relativo a determinados contratos de arrendamiento financiero y procederemos al desarrollo del resto de regímenes especiales contemplados en la normativa del impuesto.

30.1. Agrupaciones de interés económico, españolas y europeas, y de uniones temporales de empresas

Las agrupaciones de interés económico son entidades con personalidad jurídica y carácter mercantil cuya finalidad es facilitar el desarrollo o mejorar los resultados de la actividad de sus socios. No tienen ánimo de lucro para sí mismas y el objeto de la agrupación de interés económico podrá ser exclusivamente una actividad económica auxiliar de la que desarrollen sus socios. Solamente se podrán constituir por:

1) Personas físicas o jurídicas que desempeñen actividades empresariales, agrícolas o artesanales.
2) Entidades no lucrativas dedicadas a la investigación, y
3) Quienes ejerzan profesiones liberales.

Para estas entidades, el hecho imponible es la obtención de renta por parte del sujeto pasivo, entendiéndose como tal, la imputación al sujeto pasivo de las bases imponibles, o de los beneficios o pérdidas, de las entidades sometidas a dicho régimen.

A estas entidades se les aplicarán las normas generales del impuesto con algunas especialidades:

a) Estarán sujetas a las obligaciones tributarias derivadas de la aplicación de esta Ley, a excepción del pago de la deuda tributaria por la parte de base imponible imputable a los socios residentes en territorio español.

b) Se imputarán a sus socios residentes en territorio español o no residentes con establecimiento permanente en el mismo:

1.º Los gastos financieros netos que no hayan sido objeto de deducción en estas entidades en el período impositivo. Los gastos financieros netos que se imputen a sus socios no serán deducibles por la entidad.

2.º La reserva de capitalización que no haya sido aplicada por estas entidades en el período impositivo. La reserva de capitalización que se impute a sus socios no podrá ser aplicada por la entidad, salvo que el socio sea contribuyente del Impuesto sobre la Renta de las Personas Físicas.

3.º Las bases imponibles positivas, minoradas o incrementadas, en su caso, en la reserva de nivelación, o negativas, obtenidas por estas entidades. Las bases imponibles negativas que imputen a sus socios no serán compensables por la entidad que las obtuvo.

4.º Las bases de las deducciones y de las bonificaciones en la cuota a las que tenga derecho la entidad. Las bases de las deducciones y bonificaciones se integrarán en la liquidación de los socios, minorando la cuota según corresponda por aplicación de las normas de este Impuesto o del Impuesto sobre la Renta de las Personas Físicas.

5.º Las retenciones e ingresos a cuenta correspondientes a la entidad.

La reserva de nivelación de bases imponibles se adicionará, en su caso, a la base imponible de la agrupación de interés económico.

En el caso de dividendos y participaciones en beneficios que correspondan a socios no residentes en territorio español tributarán en tal concepto, mientras que los dividendos y participaciones en beneficios que correspondan a socios que deban soportar la imputación de la base imponible y procedan de períodos impositivos durante los cuales la entidad se hallase en este régimen especial, no tributarán por este Impuesto ni por el Impuesto sobre la Renta de las Personas Físicas.

El importe de estos dividendos o participaciones en beneficios no se integrará en el valor de adquisición de las participaciones de los socios a quienes hubiesen sido imputadas. Tratándose de los socios que adquieran las participaciones con posterioridad a la imputación, se disminuirá su valor de adquisición en dicho importe.

En la transmisión de participaciones en el capital, fondos propios o resultados de entidades acogidas al presente régimen, el valor de adquisición se incrementará en el importe de los beneficios sociales que, sin efectiva distribución, hubiesen sido imputados a los socios como rentas de sus participaciones en el período de tiempo comprendido entre su adquisición y transmisión.

Igualmente, el valor de adquisición se minorará en el importe de las pérdidas sociales que hayan sido imputadas a los socios. No obstante, cuando así lo establezcan los criterios contables, el valor de adquisición se minorará en el importe de los gastos financieros, las bases imponibles negativas, la reserva de capitalización, y las deducciones y bonificaciones que hayan sido imputadas a los socios en el período de tiempo comprendido entre su adquisición y transmisión, hasta que se anule el referido valor, integrándose en la base imponible igualmente el correspondiente ingreso financiero.

Este régimen fiscal no será aplicable en aquellos períodos impositivos en que se realicen actividades distintas de las adecuadas a su objeto o se posean, directa o indirectamente, participaciones en sociedades que sean socios suyos, o dirijan o controlen, directa o indirectamente, las actividades de sus socios o de terceros.

En lo referido a las agrupaciones europeas de interés económico y las uniones temporales de empresas, se aplicará lo mismo que para las agrupaciones de interés económico, con ciertas especialidades.

30.2. Entidades dedicadas al arrendamiento de vivienda

Podrán acogerse a este régimen las sociedades que tengan como actividad económica principal el arrendamiento de viviendas situadas en territorio español que hayan construido, promovido o adquirido. Dicha actividad será compatible con la realización de otras actividades complementarias, y con la transmisión de los inmuebles arrendados una vez transcurrido el período mínimo de mantenimiento de 3 años.

Se entiende por arrendamiento de vivienda aquel que recae sobre una edificación habitable cuyo destino primordial sea satisfacer la necesidad permanente de vivienda del arrendatario. Se asimilarán a viviendas el mobiliario, los trasteros, las plazas de garaje con el máximo de dos, y cualesquiera otras dependencias, espacios arrendados o servicios cedidos como accesorios de la finca por el mismo arrendador, excluidos los locales de negocio, siempre que unos y otros se arrienden conjuntamente con la vivienda.

La aplicación de este régimen fiscal especial requerirá el cumplimiento de los siguientes requisitos:

a) Que el número de viviendas arrendadas u ofrecidas en arrendamiento por la entidad en cada período impositivo sea en todo momento igual o superior a 8.

b) Que las viviendas permanezcan arrendadas u ofrecidas en arrendamiento durante al menos tres años. El incumplimiento de este requisito implicará para cada vivienda, la pérdida de la bonificación que hubiera correspondido.

c) Que las actividades de promoción inmobiliaria y de arrendamiento sean objeto de contabilización separada para cada inmueble adquirido o promovido, con el desglose que resulte necesario para conocer la renta correspondiente a cada vivienda, local o finca registral independiente en que éstos se dividan.

d) En el caso de entidades que desarrollen actividades complementarias a la actividad económica principal de arrendamiento de viviendas, que al menos el 55 por 100 de las rentas del período impositivo (excluidas las derivadas de la transmisión de los inmuebles arrendados una vez transcurrido el período mínimo de mantenimiento de tres años), o, alternativamente que al menos el 55 por 100 del valor del activo de la entidad sea susceptible de generar rentas que tengan derecho a la aplicación de la bonificación del 85 por 100 que se contempla en este régimen especial.

La opción por este régimen deberá comunicarse a la Administración Tributaria y el régimen fiscal especial se aplicará en el período impositivo que finalice con posterioridad a dicha comunicación y en los sucesivos.

La aplicación de este régimen especial supondrá la posibilidad de aplicar una bonificación del 40 por 100 a la parte de cuota íntegra que corresponda a las rentas derivadas del arrendamiento de viviendas. Esta bonificación resultará incompatible, en relación con las rentas bonificadas, con la reserva de capitalización.

La renta que se bonifica derivada del arrendamiento estará integrada para cada vivienda por el ingreso íntegro obtenido, minorado en los gastos directamente relacionados con la obtención de dicho ingreso y en la parte de los gastos generales que correspondan proporcionalmente a dicho ingreso.

30.3. Sociedades y Fondos de capital-riesgo y sociedades de desarrollo industrial regional

Las entidades de capital-riesgo son entidades financieras cuyo objeto principal consiste en la toma de participaciones de manera temporal en el capital de empresas no financieras y de naturaleza no inmobiliaria que no coticen en Bolsa en el momento de la toma de participación.

Las rentas que obtengan este tipo de entidades en la transmisión de valores representativos de la participación en el capital o en fondos propios de las empresas o entidades de capital-riesgo disfrutarán de una exención del 99 por 100. La transmisión de la participación se deberá producir entre los años dos y quince (excepcionalmente en algunos casos podrán ser veinte).

En el caso de que la entidad participada acceda a la cotización en un mercado de valores regulado, la aplicación de la exención estará condicionada a que la entidad de capital-riesgo proceda a transmitir su participación en el capital de la empresa participada en un plazo no superior a tres años, contados desde la fecha en que se hubiera producido la admisión a cotización de esta última.

Las entidades de capital-riesgo podrán aplicar la exención para evitar la doble imposición sobre dividendos y rentas derivadas de la transmisión de valores representativos de los fondos propios de entidades residentes y no residentes en territorio español a los dividendos y, en general, a las participaciones en beneficios procedentes de las sociedades o entidades que promuevan o fomenten, cualquiera que sea el porcentaje de participación y el tiempo de tenencia de las acciones o participaciones.

Los dividendos o participaciones en beneficios percibidos por los socios de las entidades de capital-riesgo darán derecho a la exención para evitar la doble imposición sobre dividendos y rentas derivadas de la transmisión de valores representativos de los fondos propios de entidades residentes y no residentes en territorio español con independencia del porcentaje de participación y del tiempo de tenencia de las acciones, cuando el perceptor sea un sujeto pasivo del IS o un contribuyente del IRNR con establecimiento permanente en España y la renta no se obtenga a través de un paraíso fiscal.

30.4. Instituciones de inversión colectiva

Las Instituciones de Inversión Colectiva son aquellas que tienen por objeto la captación de fondos, bienes o derechos del público para gestionarlos e invertirlos en bienes, derechos, valores u otros instrumentos, financieros o no, siempre que el rendimiento del inversor se establezca en función de los resultados colectivos. Podrán ser de carácter financiero o no financiero y revestirán la forma de sociedad de inversión o fondo de inversión. Este tipo de entidades, con excepción de las sometidas al tipo general de gravamen, no tendrán derecho a la exención para evitar la doble imposición sobre dividendos y rentas derivadas de la transmisión de valores representativos de los fondos propios de entidades residentes y no residentes en territorio español ni a las deducciones para evitar la doble imposición internacional.

Cuando el importe de los pagos fraccionados, retenciones e ingresos a cuenta practicados sobre los ingresos supere la cuantía de la cuota íntegra, la Administración Tributaria procederá a devolver, de oficio, el exceso.

Para aquellos socios o partícipes sujetos al IS o al IRNR, que obtengan sus rentas mediante establecimiento permanente en territorio español, integrarán en la base imponible los dividendos o participaciones en beneficios distribuidos por esas Instituciones, así como las rentas derivadas de la transmisión de acciones o participaciones o del reembolso de estas, sin que puedan aplicar la exención para evitar la doble imposición sobre dividendos y rentas derivadas de la transmisión de valores representativos de los fondos propios de entidades residentes y no residentes en territorio español ni las deducciones para evitar la doble imposición internacional.

Los contribuyentes del IS y del IRNR que obtengan sus rentas mediante establecimiento permanente en territorio español, que participen en Instituciones de Inversión Colectiva constituidas en países o territorios calificados como paraísos fiscales, integrarán en la base imponible la diferencia positiva entre el valor liquidativo de la participación al día del cierre del período impositivo y su valor de adquisición y se presumirá, salvo prueba en contrario, que dicha diferencia es el 15 por 100 del valor de adquisición de la acción o participación. La cantidad integrada en la base imponible se considerará mayor valor de adquisición.

Los beneficios distribuidos por la Institución de Inversión Colectiva no se integrarán en la base imponible y minorarán el valor de adquisición de la participación.

30.5. Régimen de consolidación fiscal

Este régimen es aplicable a los grupos fiscales que opten por la tributación del grupo de sociedades, en cuyo caso las entidades que se integran en ellos no tributarán por el régimen individual, entendido como aquel que correspondería a cada entidad en caso de no ser de aplicación el régimen de consolidación fiscal.

Se entenderá por grupo fiscal el conjunto de sociedades anónimas, limitadas, comanditarias por acciones y fundaciones bancarias residentes en territorio español formado por una sociedad dominante y todas las sociedades dependientes.

Cuando una entidad no residente en territorio español ni residente en un país o territorio calificado como paraíso fiscal, con personalidad jurídica y sujeta y no exenta a un Impuesto idéntico o análogo al Impuesto sobre Sociedades español tenga la consideración de entidad dominante respecto de dos o más entidades dependientes, el grupo fiscal estará constituido por todas las entidades dependientes consideradas como tales según este régimen especial. A los solos efectos de aplicar el régimen de consolidación fiscal, los establecimientos permanentes de entidades no residentes se considerarán entidades residentes participadas al 100 por 100 del capital y derechos de voto por aquellas entidades no residentes.

La sociedad dominante deberá:

— Tener personalidad jurídica y estar sujeta y no exenta al Impuesto sobre Sociedades o a un Impuesto idéntico o análogo al Impuesto sobre Sociedades español, siempre que no sea residente en un país o territorio calificado como paraíso fiscal.

— Tener una participación, directa o indirecta, al menos, del 75 por 100 del capital social de otra u otras sociedades o de, al menos, el 70 por 100 del capital social, si se trata de sociedades cuyas acciones estén admitidas a negociación en un mercado regulado, cuando se tengan participaciones indirectas en otras sociedades, siempre que se alcance dicho porcentaje a través de sociedades dependientes cuyas acciones estén admitidas a negociación en un mercado regulado.

— Mantener la participación durante todo el período impositivo, salvo disolución de la entidad participada.

— No ser dependiente de otra que se pueda considerar dominante.

— No estar sometida al régimen especial para agrupaciones de interés económico.

— Que, tratándose de establecimientos permanentes de entidades no residentes en territorio español, dichas entidades no sean dependientes, directa o indirectamente, de ninguna otra que reúna los requisitos para ser considerada como dominante y no residan en un país o territorio calificado como paraíso fiscal.

Se entenderá por entidad dependiente aquella que sea residente en territorio español sobre la que la entidad dominante posea la participación anteriormente comentada para la sociedad dominante.

El régimen de consolidación fiscal se aplicará cuando así lo acuerden todas y cada una de las entidades que deban integrar el grupo fiscal.

El grupo fiscal tendrá la consideración de contribuyente y la entidad representante del grupo fiscal estará sujeta al cumplimiento de las obligaciones tributarias materiales y formales que se deriven del régimen de consolidación fiscal. Tendrá la consideración de entidad representante del grupo fiscal la entidad dominante cuando sea residente en territorio español, o aquella entidad del grupo fiscal que éste designe cuando no exista ninguna entidad residente en territorio español que cumpla los requisitos para tener la condición de dominante.

Las entidades que integren el grupo fiscal estarán igualmente sujetas a las obligaciones tributarias que se derivan del régimen de tributación individual, excepción hecha del pago de la deuda tributaria.

Las actuaciones administrativas de comprobación o investigación realizadas frente a cualquier entidad del grupo fiscal, con el conocimiento formal de la entidad representante del mismo, interrumpirán el plazo de prescripción del Impuesto sobre Sociedades que afecta al citado grupo fiscal.

Las entidades del grupo fiscal responderán solidariamente del pago de la deuda tributaria, excluidas las sanciones.

La base imponible del grupo fiscal se determinará sumando:

a) Las bases imponibles individuales correspondientes a todas y cada una de las entidades integrantes del grupo fiscal, con ciertas especialidades.

b) Las eliminaciones.

c) Las incorporaciones de las eliminaciones practicadas en períodos impositivos anteriores, cuando corresponda.

d) Las cantidades correspondientes a la reserva de capitalización que se referirá al grupo fiscal. No obstante, la dotación de la reserva se realizará por cualquiera de las entidades del grupo.

e) Las dotaciones por deterioro de los créditos u otros activos derivadas de las posibles insolvencias de los deudores, referidas al grupo fiscal, con el límite del 70 por 100 del importe positivo de la agregación de los conceptos previamente expuestos.

f) La compensación de las bases imponibles negativas del grupo fiscal,

Las cantidades correspondientes a la reserva de nivelación minorarán o incrementarán, según proceda, la base imponible del grupo fiscal. La dotación de la citada reserva la podrá realizar cualquier entidad del grupo fiscal.

El importe de las rentas negativas derivadas de la transmisión de la participación de una entidad del grupo fiscal que deje de formar parte del mismo se minorará por la parte de aquel que se corresponda con bases imponibles negativas generadas dentro del grupo fiscal por la entidad transmitida y que hayan sido compensadas en el mismo.

El período impositivo del grupo fiscal coincidirá con el de la entidad representante del mismo y cuando alguna de las entidades dependientes concluyere un período impositivo de acuerdo con las normas reguladoras de la tributación en régimen individual, dicha conclusión no determinará la del grupo fiscal.

El tipo de gravamen del grupo fiscal será el correspondiente a la entidad representante del mismo. No obstante, en el caso de un grupo de consolidación fiscal en el que se integre, al menos, una entidad de crédito, el tipo de gravamen será del 30 por 100. Se entenderá por cuota íntegra del grupo fiscal la cuantía resultante de aplicar el tipo de gravamen que corresponda, a la base imponible del grupo fiscal.

La cuota íntegra del grupo fiscal se minorará en el importe de las deducciones y bonificaciones previstas en el régimen general del Impuesto, así como cualquier otra deducción que pudiera resultar de aplicación y los requisitos establecidos para su aplicación se referirán al grupo fiscal.

Las deducciones de cualquier entidad pendientes de aplicación en el momento de su inclusión en el grupo fiscal podrán deducirse en la cuota íntegra del grupo fiscal con el límite que hubiere correspondido a dicha entidad en el régimen individual de tributación, teniendo en cuenta las eliminaciones e incorporaciones que pudieran corresponder.

30.6. Fusiones, escisiones, aportaciones de activos, canje de valores y cambio de domicilio social de una sociedad europea

En primer lugar, es necesario definir las operaciones siguientes:

a) *Fusión.* Operación por la cual una o varias entidades transmiten en bloque a otra entidad ya existente (o a una entidad nueva), sus respectivos patrimonios sociales a través de una disolución, sin liquidación, mediante la atribución a sus socios de valores representativos del capital social de la otra entidad (o de la nueva entidad) y, en su caso, de una compensación en dinero que no exceda del 10 por 100 del valor nominal o, a falta de valor nominal, de un valor equivalente al nominal de dichos valores deducido de su contabilidad.

También se incluye, dentro del concepto de fusión, la operación por la cual una entidad transmite, como consecuencia y en el momento de su disolución sin liquidación, el conjunto de su patrimonio social a la entidad que es titular de la totalidad de los valores representativos de su capital social.

b) *Escisión*. Una operación por la cual:

— Una entidad divide en dos o más partes la totalidad de su patrimonio social y los transmite en bloque a dos o más entidades ya existentes o nuevas, como consecuencia de su disolución sin liquidación, mediante la atribución a sus socios, con arreglo a una norma proporcional, de valores representativos del capital social de las entidades adquirentes de la aportación y, en su caso, de una compensación en dinero que no exceda del 10 por 100 del valor nominal o, a falta de valor nominal, de un valor equivalente al nominal de dichos valores deducido de su contabilidad.

— Una entidad segrega una o varias partes de su patrimonio social que formen ramas de actividad —o bien segrega una parte de su patrimonio social, constituida por participaciones en el capital de otras entidades que confieran la mayoría del capital social en éstas— y las transmite en bloque a una o varias entidades de nueva creación o ya existentes, manteniendo en su patrimonio al menos una rama de actividad en la entidad transmitente, o bien participaciones en el capital de otras entidades que le confieran la mayoría del capital social de éstas, recibiendo a cambio valores representativos del capital social de la entidad adquirente, que deberán atribuirse a sus socios en proporción a sus respectivas participaciones, reduciendo el capital social y reservas en la cuantía necesaria, y, en su caso, una compensación en dinero que no supere los límites expuestos en el apartado anterior.

c) *Aportación no dineraria de ramas de actividad*. Operación por la cual una entidad aporta, sin ser disuelta, a otra entidad de nueva creación, o ya existente, la totalidad o una o más ramas de actividad, recibiendo a cambio valores representativos del capital social de la entidad adquirente.

Se entenderá por rama de actividad el conjunto de elementos patrimoniales que sean susceptibles de constituir una unidad económica autónoma determinante de una explotación económica, es decir, un conjunto capaz de funcionar por sus propios medios. Podrán ser atribuidas a la entidad adquirente las deudas contraídas para la organización o el funcionamiento de los elementos que se traspasan.

d) *Canje de valores*. Operación por la cual una entidad adquiere una participación en el capital social de otra que le permite obtener la mayoría de los derechos de voto en ella o, si ya dispone de dicha mayoría, adquirir una mayor participación, mediante la atribución a los socios, a cambio de sus valores, de otros valores representativos del capital social de la primera entidad y, en su caso, de una compensación en dinero que no exceda del 10 por 100 del valor nominal o, a falta de valor nominal, de un valor equivalente al nominal de dichos valores deducido de su contabilidad.

Este régimen especial también se aplica a las operaciones de cambio de domicilio social de una Sociedad Europea o una Sociedad Cooperativa Europea de un Estado miembro a otro de la Unión Europea, respecto de los bienes y derechos situados en territorio español que queden afectados con posterioridad a un establecimiento permanente situado en dicho territorio.

No se integran, con carácter general, en la base imponible las siguientes rentas derivadas de las operaciones que acabamos de definir y se pongan de manifiesto como consecuencia de las transmisiones realizadas por entidades:

— Residentes en territorio español, de bienes y derechos en él situados.

— Residentes en territorio español, de establecimientos permanentes situados en el territorio de Estados miembros de la Unión Europea, a favor de entidades que residan en ellos.

— Residentes en territorio español, de establecimientos permanentes situados en el territorio de Estados no pertenecientes a la Unión Europea en favor de entidades residentes en territorio español.

— No residentes en territorio español, de establecimientos permanentes en él situados.

— No residentes en territorio español, de participaciones en entidades residentes en territorio español, en favor de entidades residentes en su mismo país o territorio, o en favor de entidades residentes en la Unión Europea.

Con carácter general, los bienes y derechos adquiridos mediante las transmisiones derivadas de las operaciones comentadas, se valoran, a efectos fiscales, por los mismos valores que tenían en la entidad transmitente antes de realizarse la operación, manteniéndose igualmente la fecha de adquisición de la entidad transmitente.

Las acciones o participaciones recibidas como consecuencia de una aportación de ramas de actividad o de elementos patrimoniales se valorarán, a efectos fiscales, por el mismo valor fiscal que tenían la rama de actividad o los elementos patrimoniales aportados.

Bajo ciertos requisitos, no se integran en la base imponible del IRPF o del IS las rentas que se pongan de manifiesto con ocasión del canje de valores. Los valores recibidos por la entidad que realiza el canje de valores se valoran por el valor que tenían en el patrimonio de los socios que efectúan la aportación, según las normas de este impuesto del IRPF o del IRNR, manteniéndose, igualmente, la fecha de adquisición de los socios aportantes.

En cuanto a la tributación de los socios en las operaciones de fusión, absorción y escisión total o parcial, no se integra en la base imponible las rentas que se pongan de manifiesto con ocasión de la atribución de valores de la entidad adquirente a los socios de la entidad transmitente, siempre que sean residentes en territorio español o en el de algún otro Estado miembro de la Unión Europea o en el de cualquier otro Estado siempre que, en este último caso, los valores sean representativos del capital social de una entidad residente en territorio español.

Este régimen especial no resulta aplicable cuando la operación realizada tenga como principal objetivo el fraude o la evasión fiscal. En particular, el régimen no se aplicará cuando la operación no se efectúe por motivos económicos válidos, tales como la reestructuración o la racionalización de las actividades de las entidades que participan en la operación, sino con la mera finalidad de conseguir una ventaja fiscal.

30.7. Minería

Las entidades que desarrollen actividades de exploración, investigación y explotación o beneficio de yacimientos minerales y demás recursos geológicos, y cumplan ciertos requisitos, podrán gozar, en relación con sus inversiones en activos mineros y con las cantidades abonadas en concepto de canon de superficie, de libertad de amortización durante 10 años, contados a partir del comienzo del primer período impositivo en cuya base imponible se integre el resultado de la explotación. Quedan excluidas las actividades que consistan en la prestación de servicios.

Las entidades que realicen determinadas actividades mineras pueden deducir de la base imponible, con carácter general, el importe de las cantidades que destinen, en concepto de factor de agotamiento, sin que pueda exceder del 30 por 100 de la parte de base imponible correspondiente a los aprovechamientos de determinados recursos regulados en la Ley 54/1980, de 5 de noviembre, que modifica la Ley de Minas.

Las cantidades que reduzcan la base imponible en concepto de factor de agotamiento sólo pueden ser invertidas en los gastos, trabajos e inmovilizados directamente relacionados con determinadas actividades mineras, tales como la exploración e investigación de nuevos yacimientos minerales o laboratorios y equipos de investigación aplicables a las actividades mineras de la empresa, entre otras.

El importe que reduzca la base imponible, en concepto de factor de agotamiento en cada período impositivo, se debe invertir en el plazo de 10 años, contados a partir de su conclusión.

30.8. Investigación y explotación de hidrocarburos

Aquellas sociedades cuyo objeto social sea exclusivamente la exploración, investigación y explotación de yacimientos y de almacenamientos subterráneos de hidrocarburos naturales, líquidos o gaseosos, existentes en el territorio español y en el subsuelo del mar territorial y de los fondos marinos que estén bajo la soberanía de España, y con carácter complementario de éstas, las de transporte, almacenamiento, depuración y venta de los productos extraídos, tendrán derecho a una reducción en su base imponible, en concepto de factor de agotamiento, que podrá ser, a elección de la entidad, cualquiera de las dos siguientes:

a) El 25 por 100 del importe de la contraprestación por la venta de hidrocarburos y de la prestación de servicios de almacenamiento, con el límite del 50 por 100 de la base imponible previa a esta reducción.

b) El 40 por 100 de la cuantía de la base imponible previa a esta reducción.

Las cantidades que sirvieron para la reducción de la base imponible en concepto de factor de agotamiento deberán invertirse por el concesionario en las actividades de exploración, investigación y explotación de yacimientos o de almacenamientos subterráneos de hidrocarburos que desarrolle en el territorio español y en el subsuelo del mar territorial y de los fondos marinos que estén bajo la soberanía española, así como en el abandono de campos y en el desmantelamiento de plataformas marinas, en el plazo de 10 años contados desde la conclusión del período impositivo en el que se reduzca la base imponible en concepto de agotamiento. La misma consideración tendrán las actividades de exploración, investigación y explotación realizadas en los cuatro años anteriores al primer período impositivo en que se reduzca la base imponible en concepto de agotamiento.

En cada período impositivo deberán incrementarse las cuentas de reserva de la entidad, en el importe que redujo la base imponible en concepto de factor de agotamiento, y el contribuyente deberá recoger en la memoria de los 10 ejercicios siguientes a aquel en el que se realizó la correspondiente reducción, el importe de ésta, así como las inversiones realizadas con cargo a la reserva y las amortizaciones realizadas.

Las inversiones financiadas por aplicación del factor de agotamiento no podrán acogerse a las deducciones para incentivar la realización de actividades recogidas en la normativa del impuesto.

Si transcurren diez años y no se ha invertido el importe correspondiente o la inversión se ha realizado de manera inadecuada, se integrará en la base imponible del período impositivo concluido a la expiración del plazo, debiendo liquidarse los correspondientes intereses de demora.

Cuando varias sociedades tengan la titularidad compartida de un permiso de investigación o de una concesión de explotación, se atribuirán a cada una de las entidades copartícipes, los ingresos, gastos, rentas derivadas de la transmisión de elementos patrimoniales e inversiones, que le sean imputables, de acuerdo con su grado de participación.

Los activos intangibles y los gastos de naturaleza investigadora realizados en permisos y concesiones vigentes se considerarán como activo intangible, desde el momento de su realización, y podrán amortizarse con una cuota anual máxima del 50 por 100 y no existirá período máximo de amortización de los activos intangibles y gastos de investigación.

Las entidades acogidas a este régimen especial pueden compensar las bases imponibles negativas mediante la reducción de las bases imponibles de los ejercicios siguientes en un importe máximo anual del 50 por 100 de cada una de aquéllas. Este procedimiento de compensación de bases imponibles negativas sustituye al establecido en el régimen general del impuesto.

30.9. Transparencia fiscal internacional

Los contribuyentes deben incluir en su base imponible la renta total obtenida por una entidad no residente en territorio español o el establecimiento permanente, cuando estos no dispongan de la correspondiente organización de medios materiales y personales para su obtención incluso si las operaciones tienen carácter recurrente. Si no procede lo anteriormente expuesto, debe integrar la renta positiva cuando proceda de:

a) Titularidad de bienes inmuebles rústicos y urbanos o de derechos reales que recaigan sobre éstos, así como la transmisión de los mismos, salvo que estén afectos a una actividad empresarial.

b) Participación en fondos propios de cualquier tipo de entidad y cesión a terceros de capitales propios, así como la transmisión de los mismos, con algunas excepciones.

c) Operaciones de capitalización y seguro, que tengan como beneficiaria a la propia entidad.

d) Propiedad industrial e intelectual, asistencia técnica, bienes muebles, derechos de imagen y arrendamiento o subarrendamiento de negocios o minas.

e) Instrumentos financieros derivados, excepto los designados para cubrir un riesgo específicamente identificado derivado de la realización de actividades económicas.

f) Actividades crediticias, financieras, aseguradoras y de prestación de servicios realizadas, directa o indirectamente, con personas o entidades residentes en territorio español y vinculadas, en cuanto determinen gastos fiscalmente deducibles en dichas entidades residentes. No se incluirá la renta positiva cuando al menos dos tercios de los ingresos derivados de las actividades crediticias, financieras, aseguradoras o de prestación de servicios realizadas por la entidad no residente procedan de operaciones efectuadas con personas o entidades no vinculadas.

No obstante, no se imputarán estas rentas cuando la suma de sus importes sea inferior al 15 por 100 de la renta total obtenida por la entidad no residente o el establecimiento permanente, excepto las referidas a actividades crediticias, financieras y aseguradoras.

Además, se establecen numerosas excepciones a la regla general comentada.

Asimismo, es necesario tener en cuenta que las normas sobre transparencia fiscal internacional no se aplican en relación con las rentas correspondientes a los gastos calificados como fiscalmente no deducibles.

30.10. Incentivos fiscales para las entidades de reducida dimensión

La normativa del impuesto define a las empresas de reducida dimensión como aquellas cuyo importe neto de la cifra de negocios obtenida en el período impositivo inmediato anterior sea inferior a 10 millones de euros. No obstante, dichos incentivos no resultarán de aplicación cuando la entidad tenga la consideración de entidad patrimonial.

Cuando la entidad sea de nueva creación, el importe de la cifra de negocios se refiere al primer período impositivo en que se desarrolle efectivamente la actividad y, si el período impositivo inmediato anterior tuvo una duración inferior al año, el importe neto de la cifra de negocios se elevará al año.

Cuando la entidad forme parte de un grupo de sociedades —es decir, cuando una sociedad ostente o pueda ostentar, directa o indirectamente, el control de otra u otras—, con independencia de la residencia y de la obligación de formular cuentas anuales consolidadas, el importe neto de la cifra de negocios se referirá al conjunto de entidades pertenecientes a dicho grupo. También se aplicará este criterio cuando una persona física por sí sola o conjuntamente con el cónyuge u otras personas físicas unidas por vínculos de parentesco (bien sea en línea directa o colateral, consanguínea o por afinidad, hasta el segundo grado inclusive), se encuentren con relación a otras entidades de las que sean socios en alguna de las situaciones definidas como operaciones vinculadas, con independencia de la residencia de las entidades y de la obligación de formular cuentas anuales consolidadas.

Los incentivos fiscales establecidos en este régimen especial serán de aplicación en los tres períodos impositivos inmediatos y siguientes a aquel período impositivo en que la entidad o conjunto de entidades alcancen la referida cifra de negocios de 10 millones de euros, siempre que hayan cumplido las condiciones para ser consideradas como de reducida dimensión tanto en aquel período como en los dos períodos impositivos anteriores a este último.

Los incentivos fiscales aplicables son los siguientes:

a) *Libertad de amortización*. Los elementos nuevos del inmovilizado material y de las inversiones inmobiliarias, afectos a actividades económicas, puestos a disposición del sujeto pasivo en el período impositivo en el que se cumplan las condiciones para ser considerada empresa de reducida dimensión, podrán ser amortizados libremente siempre que, durante los veinticuatro meses siguientes a la fecha del inicio del período impositivo en que los bienes adquiridos entren en funcionamiento, la plantilla media total de la empresa se incremente respecto de la plantilla media de los doce meses anteriores, y dicho incremento se mantenga durante un período adicional de otros veinticuatro meses. La libertad de amortización será aplicable desde la entrada en funcionamiento de los elementos que puedan acogerse a ella.

La cuantía de la inversión que podrá beneficiarse del régimen de libertad de amortización será la que resulte de multiplicar la cifra de 120.000 euros por el referido incremento calculado con dos decimales, es decir:

Inversión máx. con B.ª fiscal = 120.000 € × Incremento plantilla media total

Siendo el incremento de la plantilla media total:

Plantilla media total año n – Plantilla media total del año n-1

Para el cálculo de la plantilla media total de la empresa y de su incremento se tomarán las personas empleadas, en los términos que disponga la legislación laboral, teniendo en cuenta la jornada contratada en relación a la jornada completa. En el supuesto de que se incumpliese la obligación de incrementar o mantener la plantilla, se deberá proceder a ingresar la cuota íntegra que hubiere correspondido a la cantidad deducida en exceso más los intereses de demora correspondientes y este ingreso se realizará conjuntamente con la autoliquidación correspondiente al período impositivo en el que se haya incumplido una u otra obligación.

Este beneficio fiscal también se puede aplicar a:

— Los elementos encargados en virtud de un contrato de ejecución de obra suscrito en el período impositivo, siempre que su puesta a disposición sea dentro de los 12 meses siguientes a su conclusión.

— Los elementos del inmovilizado material y de las inversiones inmobiliarias construidos por la propia empresa, y

— Los elementos nuevos del inmovilizado material y de las inversiones inmobiliarias objeto de un contrato de arrendamiento financiero, a condición de que se ejercite la opción de compra.

b) *Amortización acelerada de los elementos nuevos* del inmovilizado material, de las inversiones inmobiliarias y del inmovilizado intangible, que no está condicionada a su imputación contable en la cuenta de Pérdidas y Ganancias.

Los elementos nuevos del inmovilizado material y de las inversiones inmobiliarias, así como los elementos del inmovilizado intangible, afectos en ambos casos a actividades económicas, puestos a disposición del contribuyente en el período impositivo (o construidos o producidos por la propia empresa) en el que se cumplan las condiciones para ser considerada como empresa de reducida dimensión, podrán amortizarse en función del coeficiente que resulte de multiplicar por 2 el coeficiente de amortización lineal máximo previsto en las tablas de amortización oficialmente aprobadas.

En el caso de inmovilizado intangible con vida útil definida podrán multiplicar por 150 por 100 su coeficiente de amortización máximo fiscalmente deducible.

Este beneficio fiscal también es aplicable a los elementos encargados en virtud de un contrato de ejecución de obra suscrito en el período impositivo, siempre que su puesta a disposición sea dentro de los 12 meses siguientes a su conclusión y resulta compatible con cualquier otro que pueda proceder por razón de los elementos patrimoniales sujetos a la misma.

c) *Pérdidas por deterioro de los créditos por posibles insolvencias de deudores.* En el período impositivo en el que la empresa pueda ser considerada como de reducida dimensión, será deducible la pérdida por deterioro de los créditos para la cobertura del riesgo derivado de las posibles insolvencias hasta el límite del 1 por 100 sobre determinados deudores existentes a la conclusión del período impositivo y, a efectos de calcular el importe sobre el cual aplicar el porcentaje, no se consideran los deudores:

— Que se hayan considerado a efectos de dotar la pérdida por deterioro de los créditos por insolvencias en el régimen general del impuesto, y

— Cuyas pérdidas por deterioro no tengan el carácter de deducibles.

El saldo de la pérdida por deterioro no puede exceder del límite del 1 por 100 mencionado. En el caso de pérdidas por deterioro de los créditos para la cobertura del riesgo derivado de las posibles insolvencias de los deudores, efectuadas en los períodos impositivos en los que hayan dejado de cumplirse las condiciones para ser considerada empresa de reducida dimensión, no serán deducibles.

d) *Reserva de nivelación de bases imponibles.* Las entidades que cumplan los requisitos para ser consideradas de reducida dimensión podrán minorar su base imponible positiva hasta el 10 por 100 de su importe.

En todo caso, la minoración no podrá superar el importe de 1 millón de euros. Si el período impositivo tuviera una duración inferior a un año, el importe de la minoración no podrá superar el resultado de multiplicar 1 millón de euros por la proporción existente entre la duración del período impositivo respecto del año.

Estas cantidades se adicionarán a la base imponible de los períodos impositivos que concluyan en los 5 años inmediatos y sucesivos a la finalización del período impositivo en que se realice dicha minoración, siempre que el contribuyente tenga una base imponible negativa, y hasta el importe de la misma. El importe restante se adicionará a la base imponible del período impositivo correspondiente a la fecha de conclusión del referido plazo.

El contribuyente deberá dotar una reserva por el importe de esta minoración y será indisponible hasta el período impositivo en que se produzca la adición a la base imponible de la entidad de las cantidades ya mencionadas.

La reserva deberá dotarse con cargo a los resultados positivos del ejercicio en que se realice la minoración en base imponible. En caso de no poderse dotar esta reserva, la minoración estará condicionada a que la misma se dote con cargo a los primeros resultados positivos de ejercicios siguientes respecto de los que resulte posible realizar esa dotación.

A estos efectos, no se entenderá que se ha dispuesto de la referida reserva, en los siguientes casos:

a) Cuando el socio o accionista ejerza su derecho a separarse de la entidad.

b) Cuando la reserva se elimine, total o parcialmente, como consecuencia de operaciones a las que resulte de aplicación el régimen fiscal especial de las operaciones de reestructuración empresarial.

c) Cuando la entidad deba aplicar la referida reserva en virtud de una obligación de carácter legal.

Esta minoración se tendrá en cuenta a los efectos de determinar los pagos fraccionados calculados por el sistema de base.

Las cantidades destinadas a la dotación de esta reserva no podrán aplicarse, simultáneamente, al cumplimiento de la reserva de capitalización establecida en el régimen general ni de la Reserva para Inversiones en Canarias.

El incumplimiento de los requisitos mencionados determinará la integración en la cuota íntegra del período impositivo en que tenga lugar el incumplimiento, la cuota íntegra correspondiente a las cantidades que han sido objeto de minoración, incrementadas en un 5 por 100, además de los intereses de demora.

30.11. Determinados contratos de arrendamiento financiero

El régimen especial aplicable a determinados contratos de arrendamiento financiero ya se ha expuesto en el apartado 10.2.

30.12. Entidades de tenencia de valores extranjeros

Se pueden acoger a este régimen las entidades cuyo objeto social consista en la actividad de gestión y administración de valores representativos de los fondos propios de entidades no residentes en territorio español, la correspondiente organización de medios materiales y personales.

No podrán acogerse a este régimen las entidades sometidas a los regímenes especiales de las agrupaciones de interés económico, españolas y europeas ni las uniones temporales de empresas. Tampoco las entidades patrimoniales.

Los beneficios o participaciones en beneficios distribuidos a los socios con cargo a las rentas exentas por doble imposición y las rentas obtenidas en el extranjero a través de un establecimiento permanente de entidades no residentes en territorio español, tendrán el siguiente tratamiento:

a) Cuando el perceptor sea un contribuyente de este Impuesto o del IRNR con establecimiento permanente: los beneficios percibidos tendrán el tratamiento que corresponda de acuerdo con la normativa del IS.

b) Cuando el perceptor sea contribuyente del IRPF: Impuesto sobre la Renta de las Personas Físicas, el beneficio distribuido se considerará renta del ahorro.

c) Cuando el perceptor sea una entidad o persona física no residente en territorio español sin establecimiento permanente: el beneficio distribuido no se entenderá obtenido en territorio español.

30.13. Entidades parcialmente exentas

Este régimen se aplicará a las siguientes entidades:

a) Las entidades e instituciones sin ánimo de lucro que no se puedan acoger a la Ley de Fundaciones.

b) Las uniones, federaciones y confederaciones de cooperativas.

c) Los colegios profesionales, las asociaciones empresariales, las cámaras oficiales, y los sindicatos de trabajadores.

d) Los fondos de promoción de empleo constituidos para la reconversión y reindustrialización.

e) Las mutuas de accidentes de trabajo y enfermedades profesionales de la Seguridad Social.

f) La entidad de derecho público Puertos del Estado y las Autoridades Portuarias.

Las rentas que obtengan estas entidades y procedan de la realización de actividades que constituyan su objeto social están exentas (siempre que no tengan la consideración de actividades económicas), así como las derivadas de adquisiciones y de transmisiones a título lucrativo, siempre que unas y otras se obtengan o realicen en cumplimiento de su objeto o finalidad específica. También estarán exentas las rentas que se pongan de manifiesto en la transmisión onerosa de bienes afectos a la realización del objeto o finalidad específica, cuando el producto obtenido se destine a nuevas inversiones relacionadas con dicho objeto o finalidad específica, dentro del plazo comprendido entre el año anterior a la fecha de la entrega o puesta a disposición del elemento patrimonial y los tres años posteriores y se mantenga en el patrimonio de la entidad durante siete años, excepto que su vida útil fuese menor.

Esta exención no alcanza a los rendimientos de actividades económicas, ni a las rentas derivadas del patrimonio, ni a las rentas obtenidas en transmisiones de elementos no afectos a la realización del objeto o finalidad específica. Todas estas rentas tributan y la base imponible se determina aplicando las normas del régimen general de impuesto, con la particularidad que no serán gastos fiscalmente deducibles:

a) Los gastos imputables exclusivamente a las rentas exentas y los gastos parcialmente imputables a las rentas no exentas serán deducibles, en el porcentaje que representen los ingresos obtenidos en el ejercicio de actividades económicas no exentas respecto de los ingresos totales de la entidad.

b) Las cantidades que constituyan aplicación de resultados y, en particular, de los que se destinen al sostenimiento de las actividades exentas.

30.14. Montes vecinales en mano común

Las comunidades titulares de montes vecinales en mano común podrán reducir su base imponible en el importe de los beneficios del ejercicio que se dediquen a inversiones para la conservación, mejora, protección y acceso, así como los servicios destinados al uso social al que el monte esté destinado, los gastos de conservación y mantenimiento del monte, y los destinados a la financiación de obras de infraestructura y servicios públicos, de interés social.

La inversión deberá realizarse en el propio período impositivo o en los cuatro siguientes. En caso de no realizarse las inversiones o gastos dentro del plazo señalado, la parte de la cuota íntegra correspondiente a los beneficios no aplicados efectivamente a las inversiones y gastos descritos, junto con los intereses de demora, se ingresará conjuntamente con la cuota correspondiente al período impositivo en que venció dicho plazo.

Esta reducción es incompatible con la reserva de capitalización y con la reserva de nivelación de bases imponibles.

Las comunidades titulares de montes vecinales en mano común tributarán al tipo general de gravamen.

30.15. Entidades navieras en función del tonelaje

Se podrán acoger a este régimen especial las entidades navieras inscritas en el registro de empresas navieras, que se dediquen a la explotación de buques propios o arrendados, así como las entidades que realicen en su totalidad la gestión técnica y de tripulación de buques que cumplan ciertos requisitos.

Las entidades acogidas a este régimen, determinan la parte de base imponible que se corresponda con la explotación, titularidad o gestión técnica y de tripulación de los buques, aplicando a las toneladas de registro neto de cada uno de dichos buques la siguiente escala:

Toneladas de registro neto	*Importe diario por cada 100 toneladas (euros)*
Entre 0 y hasta 1.000	0,90
Entre 1.001 y hasta 10.000	0,70
Entre 10.001 y hasta 25.000	0,40
Desde 25.001	0,20

Para la aplicación de la escala se toman los días del período impositivo en los que los buques estén a disposición del contribuyente o en los que se haya realizado la gestión técnica y de tripulación, excluyendo los días en los que no estén operativos como consecuencia de reparaciones ordinarias o extraordinarias.

La parte de base imponible así determinada incluye las rentas derivadas de los servicios de practicaje, remolque, amarre y desamarre, prestados al buque adscrito a este régimen, cuando el buque sea utilizado por la propia entidad, así como los servicios de carga, descarga, estiba y desestiba relacionados con la carga del buque transportada en él, siempre que se facturen al usuario del transporte y sean prestados por la propia entidad o por un tercero no vinculado a ella y también la renta positiva o negativa que se ponga de manifiesto como consecuencia de la transmisión de un buque afecto a este régimen. Dicha parte de base imponible no puede ser compensada con bases imponibles negativas derivadas del resto de las actividades de la entidad naviera, ni del ejercicio en curso ni de los anteriores, ni tampoco con las bases imponibles pendientes de compensar en el momento de aplicación de este régimen especial.

La determinación de la parte de base imponible que corresponda al resto de actividades del sujeto pasivo se realiza aplicando el régimen general del impuesto, teniendo en cuenta exclusivamente las rentas procedentes de ellas. Dicha parte de base imponible estará integrada por todos los ingresos que no procedan de actividades acogidas al régimen y por los gastos directamente relacionados con la obtención de aquéllos, así como por la parte de los gastos generales de administración que proporcionalmente correspondan a la cifra de negocio generada por estas actividades.

El tipo de gravamen aplicable es el general del impuesto, del 25 por 100. La parte de base imponible calculada de acuerdo con este régimen especial no se puede deducir por la aplicación de ningún tipo de deducción o bonificación y la adquisición de los buques que se afecten a este régimen no supondrá la aplicación de ningún incentivo ni deducción fiscal.

31. GESTIÓN DEL IMPUESTO

En cada Delegación de la Agencia Estatal de Administración Tributaria se llevará un índice de entidades en el que se inscribirán las que tengan su domicilio fiscal dentro de su ámbito territorial, excepto las entidades exentas o las parcialmente exentas.

Los sujetos pasivos de este impuesto deben llevar su contabilidad de acuerdo con lo previsto en el Código de Comercio o con lo establecido en las normas por las que se rigen.

Aquellos contribuyentes que hubieran realizado revalorizaciones contables voluntarias cuyo importe no se hubiera incluido en la base imponible deberán mencionar en la memoria el importe de aquéllas, los elementos afectados y el período o períodos impositivos en que se practicaron.

Los contribuyentes estarán obligados a presentar y suscribir una declaración por este impuesto en el lugar y la forma que se determinen por el Ministro de Hacienda. La declaración se presentará en el plazo de los 25 días naturales siguientes a los seis meses posteriores a la conclusión del período impositivo. Es decir, para aquellas empresas cuyo período impositivo coincida con el año natural, la declaración se presentará del 1 al 25 de julio de cada año.

En cuanto a la obligación de declarar, las entidades totalmente exentas no están obligadas a declarar. Sin embargo, los contribuyentes que sean entidades parcialmente exentas que se puedan acoger a la Ley de Fundaciones están obligadas a declarar la totalidad de sus rentas exentas y no exentas. Asimismo, el resto de entidades parcialmente exentas están obligadas a declarar la totalidad de sus rentas exentas y no exentas, excepto en aquellos casos en los cuales se cumplan los requisitos siguientes, que no estarán obligadas a declarar. Será cuando:

— Sus ingresos totales no superen 75.000 euros anuales.
— Los ingresos correspondientes a rentas no exentas no superen 2.000 euros anuales.
— Todas las rentas no exentas que obtengan estén sometidas a retención.

Los sujetos pasivos, al tiempo de presentar su declaración, deben determinar la deuda correspondiente e ingresarla en el lugar y en la forma determinados por el Ministro de Hacienda y el pago se puede realizar mediante entrega de bienes integrantes del Patrimonio Histórico Español que estén inscritos en el Inventario general de bienes muebles o en el Registro general de bienes de interés cultural.

Cuando la suma de las retenciones e ingresos a cuenta y de los pagos fraccionados sea superior al importe de la cuota resultante de la autoliquidación, la Administración Tributaria procederá, en su caso, a practicar liquidación provisional dentro de los seis meses siguientes al término del plazo.

En lo referido al domicilio fiscal, los sujetos pasivos estarán obligados a poner en conocimiento de la Agencia Estatal de Administración Tributaria el cambio de su domicilio fiscal y ésta puede promover el cambio de domicilio fiscal, previa audiencia del interesado.

31.1. Bienes y derechos no contabilizados o no declarados

Se presumirá que han sido adquiridos con cargo a renta no declarada los elementos patrimoniales cuya titularidad corresponda al sujeto pasivo y no se hallen registrados en sus libros de contabilidad. Esta presunción procederá igualmente en el caso de ocultación parcial del valor de adquisición. También se presumirá que:

— Los elementos patrimoniales no registrados en contabilidad son propiedad del sujeto pasivo cuando éste ostente la posesión sobre ellos.

— El importe de la renta no declarada es el valor de adquisición de los bienes o derechos no registrados en libros de contabilidad, minorado en el importe de las deudas efectivas contraídas para financiar tal adquisición, asimismo no contabilizadas. En ningún caso el importe neto podrá resultar negativo. En cuanto a la cuantía del valor de adquisición se probará a través de los documentos justificativos de ésta o, si no fuera posible, aplicando las reglas de valoración establecidas en la Ley General Tributaria.

— La existencia de rentas no declaradas cuando hayan sido registradas en los libros de contabilidad del sujeto pasivo deudas inexistentes.

El importe de la renta consecuencia de todas las presunciones referidas se imputará al período impositivo más antiguo de entre los no prescritos, excepto que el sujeto pasivo pruebe que corresponde a otro u otros. El valor de los elementos patrimoniales en cuanto haya sido incorporado a la base imponible, será válido a todos los efectos fiscales.

En todo caso, se entenderá que han sido adquiridos con cargo a renta no declarada que se imputará al período impositivo más antiguo de entre los no prescritos susceptible de regularización, los bienes y derechos respecto de los que el sujeto pasivo no hubiera cumplido en el plazo establecido al efecto la obligación de información sobre bienes y derechos situados en el extranjero contenida en la Ley General Tributaria.

No obstante, se admite prueba en contrario, por lo que no resultará de aplicación la presunción de rentas expuesta cuando el sujeto pasivo acredite que los bienes y derechos cuya titularidad le corresponde han sido adquiridos con cargo a rentas declaradas o bien con cargo a rentas obtenidas en períodos impositivos respecto de los cuales no tuviese la condición de contribuyente del IS.

32. CASOS PRÁCTICOS RESUELTOS

1. Una sociedad que está en formación y obtiene ingresos y gastos en el período anterior a su inscripción en el Registro Mercantil, ¿será sujeto pasivo del impuesto?

Solución: No; puesto que no está inscrita en el Registro Mercantil y, por lo tanto, no tiene personalidad jurídica, por lo que no puede ser sujeto pasivo del impuesto.

En consecuencia, deberá tributar como una entidad sin personalidad jurídica de las reguladas en el artículo 35.4 de la LGT, por lo que los socios se deberán atribuir las rentas que les correspondan y tributar por ellas.

2. ¿Cuál será la tributación de un centro docente privado que tiene suscrito un concierto educativo con el Ministerio de Educación y Ciencia? ¿Estarán exentas las actividades que realice?

Solución: Los centros concertados serán entidades parcialmente exentas de tributación (ya que se le establecen los mismos beneficios fiscales que a las fundaciones benéfico-docentes), por lo que estarán exentas exclusivamente las rentas derivadas de la actividad docente concertada.

3. Una empresa de fertilizantes tiene su domicilio social en Huelva pero la mayor parte de su inmovilizado se encuentra en Zamora y la sede de dirección efectiva está centralizada en Madrid, puesto que resulta más conveniente para los intereses empresariales. ¿Cuál será el domicilio fiscal de la empresa?

Solución: Madrid, que es el lugar donde radica la sede de dirección efectiva y éste es el criterio que prevalece.

4. La empresa X posee una máquina valorada en 90.000 euros cuyos coeficientes, según tablas, son del 20 por 100 máximo y del 10 por 100 mínimo y decide optar por el coeficiente máximo. Calcular la dotación a la amortización anual que se debe practicar si la empresa decide aplicar el método de amortización degresiva según porcentaje constante y el elemento no posee valor residual alguno.

Solución: Si opta por el coeficiente máximo —el 20 por 100— amortizará el bien en 5 años, lo que supone que deberemos multiplicar el coeficiente máximo por 2 en función de dicho período de amortización:

20 × 2 = 40%. Éste será el coeficiente que se aplique sobre el valor pendiente de amortizar:

Año	*Valor pte. amortizar*	*Dot. amortiz.*	*Amort. acumulada*
1	90.000	90.000 × 0,4 = 36.000	36.000
2	90.000 – 36.000 = 54.000	54.000 × 0,4 = 21.600	36.000 + 21.600 = 57.600
3	90.000 – 57.600 = 32.400	32.400 × 0,4 = 12.960	57.600 + 12.960 = 70.560
4	90.000 – 70.560 = 19.440	19.440 × 0,4 = 7.776	70.560 + 7.776 = 78.336
5	90.000 – 78.336 = 11.664	11.664	78.336 + 11.664 = 90.000

5. Con los datos del ejemplo anterior, supongamos que la empresa decide utilizar el método de suma de dígitos optando por un período de 5 años. Calcular las dotaciones anuales que deberá realizar.

Solución: Con el método de suma de dígitos, deberemos calcular, en primer lugar la suma de dígitos. Si el período de amortización es de 5 años, la suma de dígitos será:

5 + 4 + 3 + 2 + 1 = 15. Procederemos al cálculo de la cuota por dígito, que será:

$$90.000 / 15 = 6.000.$$

Asignaremos un número dígito a cada uno de los años del período de amortización y calcularemos el cuadro de amortización correspondiente:

Año	*N.º dígito*	*Dot. amortiz.*	*Amort. acumulada*
1	5	6.000 × 5 = 30.000	30.000
2	4	6.000 × 4 = 24.000	30.000 + 24.000 = 54.000
3	3	6.000 × 3 = 18.000	54.000 + 18.000 =72.000
4	2	6.000 × 2 = 12.000	72.000 +12.000 = 84.000
5	1	6.000 × 1 = 6.000	84.000 + 6.000 = 90.000

6. La sociedad X realiza un contrato de arrendamiento financiero a dos años sobre una máquina de envasado cuyo precio es de 100.000 euros, con una opción de compra de 2.000 euros. La carga financiera es de 20.000 euros. El coeficiente de amortización según tablas es del 15 por 100 y la empresa realiza la amortización contable en función del mismo. El cuadro sería:

Año	*Recuperación del coste del bien*	*Carga financiera*	*Cuota de* leasing
1	49.000	10.000	60.000
2	49.000	10.000	60.000

Con estos datos:

a) ¿Cuál sería la amortización fiscalmente deducible en el régimen general?
b) Supongamos que la empresa cumple los requisitos para optar al régimen especial del *leasing*. ¿Cuáles serían las cantidades deducibles?

Solución: Tanto en el régimen general como en el régimen especial del *leasing*, la carga financiera resulta deducible; por lo tanto, el gasto contabilizado por la misma tiene plenos efectos fiscales y es deducible. En cuanto a la recuperación del coste del bien, cuando la empresa utilice el régimen especial del *leasing*, será deducible con los siguientes límites:

— 2 × coeficiente máximo según tablas cuando se trate de una empresa que tributa en el régimen general, y
— 3 × coeficiente máximo según tablas cuando se trate de una empresa que tributa en el régimen especial de entidades de reducida dimensión.

Ello supone diferencias entre lo contabilizado y lo deducible en el IS. Las diferencias en los distintos años se muestran en el siguiente cuadro en el caso de la utilización del régimen general, RG, o bien del régimen especial, RE:

Año	*Gasto contable*	*Gasto fiscal (RG)*	*Ajuste (RG)*	*Gasto fiscal (RE)*	*Ajuste (RE)*
1	15.000	30.000	– 15.000	45.000	– 30.000
2	15.000	30.000	– 15.000	45.000	– 30.000
3	15.000	30.000	– 15.000	10.000	+ 5.000
4	15.000	10.000	+ 5.000		+ 15.000
5	15.000		+ 15.000		+ 15.000
6	15.000		+ 15.000		+ 15.000
7	10.000		+ 10.000		+ 10.000

Tanto en el caso del régimen general, RG, como en el del régimen especial, RE, se realizarán ajustes sobre el resultado contable.

En el régimen especial, si la parte de recuperación del coste del bien fuera inferior a 45.000 euros, actuaría como límite. Es decir, si en el año 1 la parte de recuperación del coste del bien fuera, por ejemplo, de 40.000 euros, lo máximo que se podría deducir la entidad sería 40.000 euros, puesto que esta cantidad actúa como límite a efectos de la deducibilidad del gasto fiscal del ejercicio.

7. Determinar si las siguientes cantidades dotadas contablemente por la empresa X el 31 de diciembre para la cobertura de pérdidas por deterioro resultan, o no, fiscalmente deducibles:

a) Un cliente debe 3.000 euros desde el año pasado.

b) Otro cliente debe 2.500 euros desde el 1 de noviembre.

c) La empresa X todavía no ha recibido la devolución de la liquidación del IS correspondiente al último año que asciende a 2.650 euros.

d) Un deudor con saldo 3.500 euros se encuentra en concurso de acreedores.

e) Otro deudor por 2.750 euros está procesado por el delito de alzamiento de bienes, aunque ha enviado a la empresa X un pagaré que vence el 15 de enero del próximo año.

Solución:

a) Esta pérdida por deterioro de los créditos derivados de las posibles insolvencias de los deudores resulta fiscalmente deducible, puesto que han pasado más de seis meses desde que se produjo la insolvencia.

b) No resulta fiscalmente deducible, puesto que han pasado menos de seis meses desde que se produjo la insolvencia. Por lo tanto, se procederá a la realización de un ajuste positivo sobre el resultado contable. Si, posteriormente, la empresa cobra la deuda, contabilizará el ingreso y procederá la realización de un ajuste negativo sobre el resultado contable.

c) La pérdida por deterioro de los créditos derivados de las posibles insolvencias de los deudores no resulta fiscalmente deducible, puesto que dicha cantidad la debe un ente público y no es objeto de un procedimiento arbitral que verse sobre su existencia o cuantía. Por tanto, ajuste positivo sobre el resultado contable de 2.650 euros.

d) La pérdida por deterioro de los créditos derivados de las posibles insolvencias de los deudores que se realice será fiscalmente deducible, ya que el deudor se encuentra en suspensión de pagos.

e) La pérdida por deterioro será fiscalmente deducible con independencia del envío del pagaré.

8. Una empresa de electrodomésticos realiza ventas respecto de las cuales concede garantías a sus clientes durante un año, contabilizando todos los ejercicios la oportuna provisión. Las ventas realizadas y los gastos en los cuales ha incurrido en los tres últimos años son los siguientes:

Año	*Ventas con garantías*	*Gastos por garantías*
n-2	125.000	15.000
n-1	125.000	11.000
n	225.000	12.000

Determinar cuál es la provisión máxima fiscalmente deducible en el año n.

Solución: En este caso, será necesario conocer el saldo máximo de la provisión que resulta fiscalmente deducible. Para ello, debemos determinar el porcentaje a aplicar a las ventas con garantías del ejercicio:

Porcentaje = [(gastos con garantías / ventas con garantías) de los últimos tres años] × 100.

Porcentaje = [(15.000 + 11.000 + 12.000) / (125.000 + 125.000 + 225.000)] × 100 = [38.000 / 475.000] × 100 = 8,0.

Este porcentaje se aplica sobre las ventas con garantías vivas del período para obtener el saldo de la provisión máximo fiscalmente deducible:

Saldo máx. fiscalmente deducible = 225.000 × 8 % = 18.000.

9. La sociedad X ha contabilizado las siguientes operaciones en su cuenta de Pérdidas y Ganancias:

a) 12.000 euros satisfechos a los socios por primas de asistencia a Juntas de accionistas.

b) 24.600 euros por la contabilización del Impuesto sobre Sociedades.

c) 3.400 euros por una sanción impuesta por la Inspección de Trabajo.

d) 12.350 euros por la visita de varios clientes a las instalaciones de la empresa para realizar reuniones comerciales.

Solución: La normativa del Impuesto sobre Sociedades establece lo siguiente:

a) Los gastos satisfechos a los socios como primas de asistencia a juntas no son gastos fiscalmente deducibles. Por lo tanto, habrá que realizar un ajuste positivo sobre el resultado contable para determinar la base imponible de 12.000 euros.

b) La contabilización del Impuesto sobre Sociedades no es gasto deducible. Por lo tanto, habrá que realizar un ajuste positivo sobre el resultado contable para determinar la base imponible de 24.600 euros.

c) Las multas y sanciones no son gasto deducible. Por lo tanto, habrá que realizar un ajuste positivo sobre el resultado contable para determinar la base imponible de 3.400 euros.

d) Las atenciones a clientes son gasto fiscalmente deducible, por lo que, en principio sería gasto deducible para la determinación de la base imponible en el IS y al estar contabilizado, no es necesario realizar ningún ajuste. No obstante, existe un límite máximo que es del 1 por 100 del importe neto de la cifra de negocios del período impositivo, por lo que si se supera este límite, sería necesario realizar el correspondiente ajuste.

10. La entidad X que tributa en el régimen general ha obtenido en el período impositivo una base imponible de 2.240 euros. La suma de las deducciones por doble imposición asciende a 40 y las bonificaciones a 20. Ha efectuado:

a) Gastos de I+D que le han supuesto una deducción por I+D de 243 euros.

Las retenciones soportadas han sido de 100. Determinar la liquidación correspondiente.

Solución: Cuota íntegra = 2.240 × 0,25 = 560.

Cuota íntegra ajustada (CIA): 560 – 40 – 20 = 500. En caso de que operase el porcentaje máximo del 25 por 100 para las deducciones por incentivos sería: 500 × 0,25 = 125, que sería la cuantía máxima a deducir en este ejercicio y el resto, si lo hubiera, se deduciría en ejercicios siguientes.

Pero la deducción por I+D es de 243 euros, que supera el 25 por 100 de la CIA.

La deducción por I+D supone 243 y es > del 10 por 100 de la CIA (50), por lo que el porcentaje a aplicar no será del 25 por 100 sino del 50 por 100 de la CIA.

Por lo tanto, la suma de deducciones por incentivos que resultan fiscalmente deducibles es el 50 por 100 de CIA: 250, que será la cuantía a deducir en este período. Pero sólo tenemos 243 para deducir.

Por tanto:

CIA = 500.

Deducciones por incentivos = 243.

Retenciones: 100.

Cuota a ingresar = 500 – 243 – 100 = 157.

11. Caso práctico general:

La empresa X, dedicada a la fabricación de bicicletas, que tributa al tipo general y cuyo período impositivo coincide con el año natural, presenta la siguiente información, que ha originado los asientos contables correspondientes y recogida en la cuenta de Pérdidas y Ganancias a 31 de diciembre:

a) El saldo de la cuenta de Pérdidas y Ganancias es de 250.000 euros y en ella se encuentra recogida la cuenta Impuesto sobre beneficios con un saldo de 35.000 euros.

b) En la cuenta de Ingresos Financieros figura un importe de 11.500 euros correspondientes a los intereses íntegros de las cuentas bancarias de las que es titular la empresa.

c) En la cuenta de Ventas se ha recogido un importe de 17.650 euros que corresponden a una operación a plazos. En este año se cobrarán 12.650 euros, el año próximo 2.500 euros y en el segundo año el resto.

d) Ha transmitido a la empresa Y a título lucrativo un elemento de su patrimonio cuyo valor contable es de 68.000 euros y su valor de mercado es de 80.000 euros.

e) Ha contabilizado entre sus gastos 8.340 euros por una provisión para hacer frente a las posibles indemnizaciones que pudieran derivarse como consecuencia de los despidos que tiene previstos.

f) Las pérdidas por deterioro de los créditos derivados de las posibles insolvencias de los deudores realizada por la entidad y contabilizada es de 35.000 euros que corresponden a:

— Un cliente que adeuda 6.000 euros por un crédito que venció el 3 de mayo del presente ejercicio.

— Un deudor con saldo de 20.000 euros que ha sido declarado en concurso de acreedores.

— La empresa cifra en 9.000 euros las pérdidas por deterioro de los créditos derivados de las posibles insolvencias de los deudores en función de la estimación global del año anterior.

g) La sociedad posee los siguientes elementos de inmovilizado susceptibles de amortización:

— Elemento de transporte adquirido el 1 de enero de hace tres años por 90.000 euros, sin valor residual alguno y con una amortización acumulada a 31 de diciembre del segundo año de 57.600 euros. El coeficiente máximo según tablas es del 20 por 100 y la empresa opta por el mismo para la utilización del método de amortización según porcentaje constante. La dotación contable a 31 de diciembre en este tercer año ha sido de 18.000 euros.

— Furgoneta adquirida el 1 de enero de hace cuatro años por 90.000 euros, sin valor residual alguno y con una amortización acumulada el 31 de diciembre del tercer año de 72.000 euros. El coeficiente máximo según tablas es del 20 por 100 y la empresa opta por el mismo para la utilización del método de suma de dígitos. La dotación contable a 31 de diciembre en este cuarto año ha sido de 18.000 euros.

— Máquina envasadora adquirida hace dos años por 65.000 euros, con un coeficiente máximo del 16 por 100 y un período máximo de 14 años que se amortiza linealmente. La dotación a la amortización contabilizada asciende a 9.750 euros (el 15 por 100) y la empresa decide amortizar fiscalmente al máximo posible.

h) El resultado contable del ejercicio anterior fue de 200.000 euros, de los cuales se destinaron la mitad al reparto de dividendos y la otra mitad al incremento de la reserva voluntaria y no se conoce que existan otras operaciones que puedan afectar a los fondos propios de la entidad

i) La base imponible negativa pendiente de compensar de hace cinco años asciende a 30.000 euros.

j) Los pagos fraccionados realizados en el ejercicio han ascendido a 4.500, 3.500 y 4.000 euros, respectivamente.

Realizar la liquidación del IS de la empresa X.

Solución: Veamos en primer lugar la trascendencia fiscal de cada uno de los apartados del supuesto:

a) Partimos del saldo de Pérdidas y Ganancias para determinar la base imponible tras los ajustes correspondientes. No resulta fiscalmente deducible la contabilización del Impuesto sobre Sociedades, por lo que habrá que realizar un AJUSTE POSITIVO sobre el resultado contable por 35.000 euros.

b) Los intereses estarán sometidos a retención del 19 por 100, por lo que al final deberemos minorar la cantidad a pagar en el importe de las retenciones: 11.500 × 0,19 = 2.185. Puesto que ya están contabilizados como ingreso, no es necesario realizar ajuste alguno.

c) Procederá un AJUSTE NEGATIVO por 5.000 euros, ya que las rentas se entenderán obtenidas proporcionalmente a medida que se efectúen los correspondientes cobros.

d) El gasto contable que se deriva de la donación no tiene la consideración de fiscalmente deducible. Por lo tanto AJUSTE POSITIVO por 68.000 euros. Además, la entidad transmitente integrará en su base imponible la diferencia entre el valor normal de mercado del elemento transmitido y su valor contable. Por lo tanto, AJUSTE POSITIVO por 80.000 – 68.000 = 12.000.

e) Los gastos por la provisión para indemnizaciones no son fiscalmente deducibles en tanto que se trata de una obligación implícita o tácita y no de una responsabilidad cierta o segura. Por lo tanto, procede un AJUSTE POSITIVO por 8.340 euros.

f) Dado que la empresa X tributa en el régimen general, la pérdida por deterioro de los créditos derivados de las posibles insolvencias de los deudores basada en estimaciones globales no resulta fiscalmente deducible. Por lo tanto, AJUSTE POSITIVO por 9.000 euros.

g) Amortización:

— Elemento de transporte. La dotación máxima fiscalmente deducible será: Valor pte. de amortizar × 0,4 (Coeficiente máximo por coeficiente según años de duración de la amortización).

Dotación fiscal: (90.000 – 57.600) × 0,4 = 12.960.
Dotación contable: 18.000.
AJUSTE POSITIVO: 18.000 – 12.960 = 5.040.

— Furgoneta. La dotación máxima fiscalmente deducible será: cuota por dígito × n.º dígito correspondiente a ese año: La cuota por dígito es de 90.000/15 = 6.000 y a este año le corresponde el dígito 2 puesto que es el cuarto año que se amortiza el bien.

Dotación fiscal: 6.000 × 2 = 12.000.
Dotación contable: 18.000.
AJUSTE POSITIVO: 18.000 – 12.000 = 6.000.

— Máquina envasadora.

Dotación contable: 9.750.
Dotación fiscal: Optando por el coeficiente máximo, la empresa se podría deducir 10.400. Pero es necesario que el gasto esté contabilizado: 9.750.
Por lo tanto, no procede ajuste sobre el resultado contable.

h) Si se cumplen los requisitos para ello, la entidad puede realizar una reducción por reserva de capitalización del 10 por 100 del importe del incremento de los fondos propios, con el límite del 10 por 100 de la base imponible previa del ejercicio.

En este caso, el incremento de los fondos propios es de 100.000 euros, por lo que la reserva de capitalización sería:

100.000 × 10% = 10.000, siempre que no supere el 10 por 100 de la base imponible previa del ejercicio, situación que se cumple en este caso. La entidad está obligada a dotar una reserva por el importe de la reducción practicada, indisponible durante un plazo de 5 años.

i) La BI negativa minora la BI previa para la determinación de la BI.

Una vez que hemos determinado las consecuencias fiscales de la información facilitada por el supuesto, podemos proceder a la liquidación del IS:

RESULTADO CONTABLE = 250-000

+/– Ajustes fiscales = 35.000 – 5.000 + 68.000 + 12.000 + 8.340 + 9.000 + 5.040 + 6.000 = 138.380

B. IMPONIBLE PREVIA = 388.380

– Reducción por reserva de capitalización: 10.000
– B.I. negativas de ejercicios anteriores = 30.000

B. IMPONIBLE = 348.380

× Tipo de gravamen = 0,25

C. ÍNTEGRA = 87.095

– Deducciones = 0

C. LÍQUIDA = 87.095

– Retenciones: 2.185
– Pagos a cuenta: 12.000

CUOTA DEL EJERCICIO = 72.910

33. CASOS PRÁCTICOS PROPUESTOS

1. La sociedad «EMME» se constituyó en Alemania, fijándose allí la sede de dirección efectiva, estableciendo su domicilio social en Zamora porque el fundador tenía lazos afectivos con dicha provincia. Dicha sociedad ¿será residente en territorio español?

2. Una sociedad unipersonal de responsabilidad limitada formada exclusivamente por un socio que es persona física ¿será sujeto pasivo del impuesto?

3. Una comunidad de bienes dedicada al alquiler de plazas de garaje ha obtenido un beneficio de 15.250 euros en el ejercicio. ¿Deberá tributar por esa cantidad en el IS? Razone la respuesta.

4. La sociedad X contrata con la sociedad Z la realización de una obra cuya finalización debe ser en diciembre del ejercicio n. Cuando llega esta fecha, la sociedad Z todavía no ha finalizado la obra, por lo que X le exige (puesto que así estaba pactado en el contrato), que le abone 3.000 euros semanales. La sociedad Z le entrega la obra a la sociedad X la segunda semana de febrero del ejercicio n+1 y considera que no debe abonar ninguna cantidad a X puesto que la demora en la entrega no fue por culpa de Z si no del extraordinario retraso en la tramitación de la licencia de obras por parte del Ayuntamiento.

La sociedad X considera que ya estaba prevista la posibilidad de tal retraso, por lo que denuncia a la sociedad Z ante los tribunales el 1 de enero del ejercicio n+1, procediendo la sociedad Z a la dotación de una provisión para responsabilidades.

¿Resulta deducible fiscalmente dicha provisión?

a) Si, finalmente, el tribunal da la razón a la sociedad X, ¿cuál sería el efecto fiscal en la sociedad Z?

b) Si, finalmente, el tribunal considera que el retraso en la obtención de la licencia es un atenuante para la sociedad Z, y en consecuencia condena a X a pagar una cantidad a Z, ¿cuál sería el efecto fiscal en la sociedad Z? ¿Y en la sociedad X?

5. La sociedad anónima W ha repartido durante el año natural un dividendo de 50 euros por acción, deduciéndolo la entidad como gasto del ejercicio. Determinar la repercusión fiscal de dicha anotación contable.

6. La sociedad V vende el 1 de enero del ejercicio un local comercial por importe de 60.000 euros. Dicho local fue adquirido el 1 de hace cinco años por un importe de 50.000 euros, siendo el valor del terreno de 15.000 euros. La amortización contable anual ha sido del 2 por 100 anual. Los coeficientes de actualización para los mencionados años son los que se derivan de la utilización de la tabla de coeficientes aprobados para el año en el que se produce la venta del local.

Calcular la depreciación monetaria previa en los siguientes supuestos:

a) El valor del coeficiente K o de financiación para el período es de 0,39.
b) El valor del coeficiente K o de financiación para el período es de 0,41.

7. La sociedad P, que tributa al tipo general en el IS, está domiciliada en Madrid y se dedica a la fabricación de envases de vidrio. Adquirió en el mes de enero del ejercicio, como inversión financiera temporal, 3.000 acciones de la sociedad Q domiciliada en Valencia. La adquisición realizada por la sociedad P supone el 3 por 100 del capital de la sociedad Q. En julio, la sociedad P percibió un dividendo íntegro de 3.000 euros de la sociedad Q, realizando la anotación contable correspondiente, así como de las comisiones y gastos que importaron 60 euros y que le fueron cargados por la entidad bancaria.

Determinar si procedería o no la realización de la deducción por doble imposición interna por la sociedad P, así como el importe de su cuantía, si corresponde.

8. La entidad Q ha realizado unas ventas por importe de 1.560.000 euros de los cuales 540.000 corresponden a operaciones realizadas en Ceuta. Los gastos en los que ha incurrido la empresa han ascendido a 965.000 euros, de los cuales 275.000 corresponden a las operaciones realizadas en Ceuta. Determinar el importe de la bonificación a practicar por parte de la entidad Q.

9. La sociedad W, cuyo período impositivo coincide con el año natural, ha realizado en el presente ejercicio gastos en investigación más desarrollo por importe de 12.500 euros. En este importe se incluye un gasto de 6.000 euros correspondiente a personal investigador afecto a la realización de la actividad de I+D. El año pasado la entidad realizó gastos en I+D por importe de 5.500 euros y hace dos años no realizó ningún gasto por este concepto.

Determinar el importe de la deducción por I+D.

10. Caso práctico general:

La sociedad «X» dedicada a la transformación de material reciclable ha obtenido un resultado contable en el ejercicio de 15.750.823 euros antes de impuestos. Se trata de una empresa sometida al régimen general.

La información que se nos ha facilitado de las operaciones realizadas a lo largo del año es la siguiente:

a) La sociedad «X» ha transmitido a título lucrativo un elemento de su patrimonio cuyo valor contable es de 30.000 y su valor de mercado de 35.000.

b) La sociedad «X» ha adquirido el 1 de enero un elemento de transporte por valor de 45.000 euros a una entidad vinculada cuyo valor de mercado es de 48.000 euros, amortizando dicho elemento a razón del 10 por 100 anual.

c) La sociedad «X» ha vendido al inicio del ejercicio un elemento de activo fijo por 80.000 cuyo precio de adquisición hace cinco años había ascendido a 100.000 euros. La amortización practicada había sido de 10.000 euros anuales. La media de

Fondos propios es de 10.000.000 de euros, y la del pasivo total menos derechos de crédito y tesorería es de 26.000.000 de euros.

d) La sociedad «X» posee los siguientes elementos de inmovilizado susceptibles de amortización:

— Maquinaria adquirida el 30 de junio de hace cuatro años por 50.000 euros con una amortización acumulada de 18.000 euros.

— Furgoneta adquirida el 1 de enero del ejercicio corriente por 17.500 euros y de la que todavía no ha realizado ninguna dotación a la amortización.

En ambos casos el coeficiente máximo según tablas es del 20 por 100 y se opta por el mismo. El período máximo según tablas es de 10 años. El mobiliario lo amortiza por el método de porcentaje constante y la furgoneta por el método de suma de dígitos.

e) La pérdida por deterioro de los créditos derivados de las posibles insolvencias de los deudores realizada por la entidad y contabilizada es de 105.000 euros que corresponden a:

— Un cliente adeuda 5.000 euros por un crédito que venció el 15 de marzo del presente ejercicio.

— Un deudor con saldo de 30.000 euros es declarado en concurso de acreedores.

— La empresa cifra en 35.000 euros las insolvencias en función de la estimación global del año anterior.

f) En la Base Imponible de la sociedad se han integrado unos dividendos de otra sociedad residente en España por un importe íntegro de 1.000.000 de euros y no se cumplen los requisitos para que resulte de aplicación el porcentaje de deducción del 100 por 100.

g) La empresa ha dedicado durante el ejercicio 56.000 euros a gastos de I+D sin que hubiera realizado gastos de esta naturaleza en períodos anteriores. Estos gastos están debidamente contabilizados y ha recibido una subvención para realizar estas actividades de 21.000 euros.

h) Las retenciones y pagos fraccionados del ejercicio han ascendido a 16.351 euros.

Se pide: realizar los ajustes que procedan para la determinación de la cuota tributaria en el IS.

34. TEMAS PARA LA REFLEXIÓN

1. El tratamiento fiscal de las entidades de reducida dimensión.
2. La armonización fiscal europea de la base imponible del Impuesto sobre Sociedades.
3. La progresiva desaparición de las deducciones *vs.* reducción de tipos en el IS y sus repercusiones.

35. PREGUNTAS DE AUTOEVALUACIÓN

35.1. Preguntas cortas

1. Método de amortización degresiva por números dígitos. Definición y ejemplos.
2. Régimen especial del arrendamiento financiero. ¿Cuándo se aplica? ¿Qué efectos fiscales tiene?
3. Provisiones y deducibilidad fiscal de las mismas.
4. La reserva de capitalización.
5. Compensación de bases imponibles negativas.
6. Deducción por I+D+i.

35.2. Preguntas tipo test

1. Comentar si son verdaderas o falsas las siguientes afirmaciones:

a) La normativa contable permite amortizar en función de la vida útil del bien, mientras que la normativa fiscal lo hace en función de la efectividad de la depreciación.
b) El método de amortización degresiva según porcentaje constante es aplicable a mobiliario y enseres.
c) Se puede solicitar un plan especial de amortización cuando algún elemento del inmovilizado amortizable sufra una depreciación distinta de la derivada de la aplicación de las tablas de amortización.
d) Bajo ciertos requisitos, se permite la deducción de la amortización del fondo de comercio con el límite máximo anual de la décima parte de su importe.

2. Una sociedad constituida según la normativa holandesa, que tiene fijado su domicilio social en Italia, pero que desarrolla en España la dirección y el conjunto de sus actividades, ¿dónde tendrá su residencia?

a) Tendrá su residencia fiscal en Holanda, puesto que se constituyó de acuerdo a sus leyes, pero pagará el impuesto en Italia.
b) Tendrá su residencia fiscal en España, pero deberá pagar el impuesto en Italia.
c) Tendrá su residencia fiscal en España, pero deberá pagar el impuesto en Holanda.
d) Tendrá su residencia fiscal y deberá pagar el impuesto en España.

3. ¿Quiénes serán contribuyentes en el Impuesto sobre Sociedades?

a) Todas las sociedades que aparecen relacionadas en la normativa societaria.
b) Todos aquellos que sean sujetos pasivos en el IVA.

c) Exclusivamente entidades que sean sociedades anónimas o sociedades limitadas.

d) Todas las personas jurídicas, excepto las sociedades civiles, salvo las sociedades agrarias de transformación.

4. Las revalorizaciones de activos en el IS:

a) En cualquier caso, tendrán plenos efectos en el IS.

b) En el caso de revalorizaciones contables voluntarias, tendrán plenos efectos en el IS.

c) En el caso de revalorizaciones en virtud de una norma legal, tendrán plenos efectos en el IS.

d) No es posible la revalorización voluntaria de activos.

5. Indicar cuál de las siguientes afirmaciones es correcta:

a) Las Comunidades Autónomas no tienen competencia normativa sobre el IS.

b) En el IS el contribuyente puede utilizar el método de estimación indirecta para calcular la base imponible

c) Las comunidades de bienes son contribuyentes en el IS.

d) Las entidades parcialmente exentas que se pueden acoger al régimen especial contemplado en la normativa del IS no son contribuyentes del mismo.

6. La empresa X decide donar un elemento de transporte a PELTUS, asociación sin ánimo de lucro que no cumple los requisitos de la Ley 49/2002, siendo su valor contable de 30.000 euros y su valor de mercado de 42.000 euros. ¿Cuáles serán los efectos fiscales que se derivan para la empresa X, entidad donante?

a) Deberá realizar un ajuste positivo por 30.000 euros.

b) Deberá realizar un ajuste positivo por la diferencia entre el valor de mercado y el valor contable del bien; es decir, de 12.000 euros.

c) Las donaciones realizadas a entidades sin fines de lucro resultan fiscalmente deducibles, por lo que no procede ningún ajuste sobre el resultado contable.

d) Será necesario realizar dos ajustes contables positivos: uno por la anulación del gasto contable, de 30.000 euros y otro, por la diferencia entre el valor contable y el valor de mercado, de 12.000 euros.

7. La entidad X, que tributa al tipo general, se ha acogido al régimen especial del arrendamiento financiero para una máquina apisonadora que acaba de adquirir. En ese caso:

a) Se puede deducir hasta 2 × coeficiente máximo según tablas en concepto de dotación a la amortización siempre que este valor no supere la cuota de *leasing*.

b) Se puede deducir hasta 2 × coeficiente máximo según tablas en concepto de dotación a la amortización, en cualquier caso.

c) Se puede deducir hasta 2 × coeficiente máximo según tablas en concepto de dotación a la amortización siempre que este valor no supere la parte de la cuota de *leasing* correspondiente a la recuperación del coste del bien.

d) Se puede deducir hasta 3 × coeficiente máximo según tablas en concepto de dotación a la amortización siempre que este valor no supere la parte de la cuota de *leasing* correspondiente a la recuperación del coste del bien.

8. La sociedad A es propiedad de D. Jaime Pérez y la sociedad B es propiedad de Dña. Bárbara Olmos, cónyuge de D. Jaime. Las operaciones que realicen las sociedades A y B ¿estarán vinculadas?

a) No, puesto que tienen cada uno de ellos la sociedad en exclusiva.
b) Sí, porque la participación de cada uno de ellos en la otra es indirecta.
c) No, porque la participación de cada uno de ellos en la otra es indirecta.
d) Sí, por la relación que existe entre los dos máximos accionistas de A y de B.

9. Las tablas de amortización oficialmente aprobadas establecen:

a) Un coeficiente máximo y un período máximo de amortización.
b) Un coeficiente máximo y un coeficiente mínimo de amortización.
c) Un período máximo y un coeficiente mínimo de amortización.
d) Un coeficiente mínimo y un período mínimo de amortización.

10. Una empresa posee un bien para el cual las tablas oficiales de amortización establecen un coeficiente máximo del 20 por 100 y un período máximo de 10 años y decide amortizarlo por el método de porcentaje constante, optando por amortizar cada año la dotación mínima que resulte de la utilización de las tablas. ¿Cuál será el porcentaje a aplicar al valor pendiente de amortizar en cada ejercicio?

a) 20 por 100.
b) 25 por 100.
c) 15 por 100.
d) 40 por 100.

11. La empresa X vende electrodomésticos con un año de garantía. En este ejercicio han vendido existencias por valor de 130, el año pasado por valor de 150 y el anterior por 80. Los gastos por reparaciones ascienden a 10 en este ejercicio, 15, el año pasado y 12 el anterior. ¿Cuál será el importe de los gastos inherentes a los riesgos derivados de garantías de reparación y revisión máxima fiscalmente deducible en este ejercicio?

a) 25,69.
b) 37,5.
c) 13,36.
d) 71,15.

12. La empresa X ha arrendado un bien a la empresa Z en régimen de arrendamiento financiero. ¿Cómo podrá amortizar dicho bien la empresa X?

a) La entidad arrendadora no puede amortizar el bien, solamente podrá amortizarlo la empresa arrendataria.
b) Con el mismo método de amortización que la empresa Z, una vez deducido el importe de la opción de compra.
c) En el plazo de duración del contrato, deducido el importe de la opción de compra.
d) La empresa X amortizará el valor del bien menos la opción de compra y, para ello, solamente podrá utilizar el método de amortización lineal.

13. En el IS, la valoración de la transmisión de elementos patrimoniales a título lucrativo:

a) Se realiza en función del precio de adquisición o coste de producción.
b) Se realiza en función del valor normal de mercado del elemento transmitido.
c) Supone, en todo caso, un ajuste fiscal negativo para la entidad adquirente.
d) Supone un gasto deducible contable y fiscalmente para la entidad transmitente.

14. En el IS, las bases imponibles negativas de ejercicios anteriores se podrán compensar con bases imponibles positivas:

a) En cualquier caso, aunque como consecuencia de ello la base imponible del ejercicio resulte negativa.
b) No es posible la compensación de bases imponibles de otros ejercicios en el actual.
c) Hasta hacer cero la base imponible del ejercicio.
d) Si la empresa es de nueva creación, sí puede compensar, pero el resto no podrán compensar bases negativas de ejercicios anteriores con la positiva del ejercicio.

15. Una empresa con domicilio fiscal en Ceuta, que tributa en el régimen general del IS, ha realizado allí operaciones por un importe de 300 y unos gastos de 100. En la península ha obtenido rentas por importe de 70 con unos gastos de 50. ¿Qué bonificación por actividades en Ceuta y Melilla se practicará la empresa?

a) Ninguna, puesto que para beneficiarse de esta bonificación debería realizar actividades exclusivamente en Ceuta y Melilla.
b) $(300 - 100) \times 0{,}5 \times 0{,}25 = 25$.
c) $(300 + 70 - 100 - 50) \times 0{,}5 \times 0{,}25 = 27{,}5$.
d) $(300 + 70) \times 0{,}5 \times 0{,}25 = 46{,}25$.

16. De las siguientes actividades, ¿a cuál se le puede aplicar la bonificación por prestación de servicios públicos locales?

a) Gestión de vigilancia de aparcamientos públicos por una empresa privada.

b) Gestión mediante concesión a una empresa privada del servicio de alcantarillado.

c) Gestión de prestación de servicios de jardinería por una empresa mixta.

d) Gestión de mantenimiento de las fuentes municipales por parte de una empresa privada con todas sus acciones en manos del Ayuntamiento.

17. Una empresa contrató un trabajador minusválido a tiempo completo en julio del año pasado y este año no ha realizado ninguna contratación más. En este caso ¿se ha realizado en la empresa un incremento promedio de plantilla, que pueda resultar computable a efectos de la deducción por creación de empleo para trabajadores minusválidos?

a) No se ha incrementado, puesto que este año no se ha contratado a ningún trabajador adicional.

b) Se habrá incrementado en un trabajador.

c) Se habrá incrementado en 0,5 trabajadores.

d) Si hubo incremento o no ya se tuvo en cuenta el año pasado a efectos de la deducción.

18. Una empresa, que tributa en el régimen general, tuvo hace dos ejercicios una cuota íntegra por IS de 1.350 euros, deducciones por doble imposición por valor de 300, deducciones por incentivos por 450 y retenciones por 250. El año pasado tuvo una base imponible negativa. ¿Cuál será el importe de los pagos fraccionados realizados en el ejercicio sabiendo que la empresa los calcula según el sistema de cuota?

a) No deberá realizar pagos fraccionados, puesto que la cuota del año pasado resultó negativa.

b) Habrá realizado pagos fraccionados por 243 × 3 = 729 euros.

c) Habrá realizado pagos fraccionados por (1.350 – 300 – 450) × 0,18 = 108 euros.

d) Habrá realizado pagos fraccionados por (1.350 – 300 – 450 – 250) × 0,18 = 63 euros.

19. ¿Cuál de los siguientes *no* es un incentivo fiscal para las entidades de reducida dimensión?:

a) Libertad de amortización para bienes de escaso valor.

b) Libertad de amortización para inversiones generadoras de empleo.

c) Amortización acelerada de los elementos nuevos del inmovilizado.

d) Reserva de nivelación.

20. Una empresa ha obtenido en el pasado ejercicio un importe neto de la cifra de negocios de 10.100.000 euros y este año la cifra ha sido de 9.900.000 euros. ¿Cuál será el régimen de la sociedad en este ejercicio y en el siguiente?

a) En este ejercicio, al no superar el tope normativo, podrá acogerse al régimen especial de entidades de reducida dimensión y el año que viene dependerá de su cifra de negocios.

b) Este año en el régimen especial y el año que viene en el general.

c) Este año en el régimen general y el año que viene en el especial.

d) Cualquiera de los dos años puede acogerse al régimen especial de entidades de reducida dimensión.

ANEXO I

RÉGIMEN FISCAL DE LAS COOPERATIVAS

1. GENERALIDADES

— La fiscalidad de las cooperativas se regula en la Ley 20/1990, de 19 de diciembre, sobre régimen fiscal de las cooperativas, la cual que responde a los siguientes principios:

- Fomento de las sociedades cooperativas en atención a su función social, actividades y características,
- Coordinación con otras parcelas del ordenamiento jurídico y con el régimen tributario general de las personas jurídicas,
- Reconocimiento de los principios esenciales de la institución cooperativa,
- Globalidad del régimen especial que concreta tanto las normas de beneficio como las de ajuste de las reglas generales de tributación a las peculiaridades propias del funcionamiento de las cooperativas, y
- Carácter supletorio del régimen tributario general propio de las personas jurídicas.

La Ley 20/1990 regula dos tipos de normas:

a) Normas incentivadoras, que establecen beneficios tributarios en atención a la función social que realizan las cooperativas, puesto que facilitan el acceso de los trabajadores a los medios de producción y promueven la adecuación y formación de las personas de los socios a través de las dotaciones efectuadas con esta finalidad, y

b) Normas técnicas o de ajuste, relacionadas con las reglas especiales aplicables en el Impuesto sobre Sociedades y con los socios y asociados, las cuales son aplicables a las cooperativas con independencia de que la misma tenga o no derecho a los beneficios fiscales.

El régimen fiscal de las cooperativas contemplado en la Ley 20/1990 tiene por objeto regular el régimen fiscal de las sociedades cooperativas en consideración a su función social, actividades y características, sin perjuicio de los regímenes forales del País Vasco y Navarra.

En cuanto al domicilio fiscal se define como tal el lugar de su domicilio social, siempre que en él esté efectivamente centralizada su gestión administrativa y la dirección empresarial. En otro caso, se atiende al lugar en que radique dicha gestión y dirección.

2. REGLAS ESPECIALES EN EL IMPUESTO SOBRE SOCIEDADES

Existen una serie de reglas especiales del Impuesto sobre Sociedades que resultan aplicables a todas las cooperativas, que son las relativas a:

a) Determinación de la base imponible.
b) Resultados cooperativos.
c) Resultados extracooperativos.
d) Deuda tributaria, y
e) Retenciones e ingresos a cuenta.

2.1. Determinación de la base imponible

Es necesario distinguir entre:

1) la valoración de las operaciones cooperativizadas, y
2) las partidas que componen la base imponible.

1) Valoración de las operaciones cooperativizadas. Las operaciones realizadas por las cooperativas con sus socios, en el desarrollo de sus fines sociales, se computan por su valor de mercado.

En lo referido al importe de los anticipos laborales de los socios trabajadores y de trabajo se calculará conforme a las retribuciones normales en el mismo sector de actividad que hubieran debido percibir si su situación hubiera sido la de trabajadores por cuenta ajena.

Asimismo, la cesión de derechos de uso y aprovechamiento de tierras u otros bienes inmuebles a las cooperativas de explotación comunitaria de la tierra se valorará por la renta usual de la zona para dichas cesiones.

No obstante, cuando se traten de cooperativas de consumidores y usuarios, vivienda, agrarias o de aquellas que, conforme a sus estatutos, realicen servicios o suministros a sus socios, se computa como precio de las correspondientes operaciones aquel por el que efectivamente se hubiera realizado, siempre que no resulte inferior al coste de tales servicios y suministros, incluida la parte correspondiente de los gastos generales de la entidad. En caso contrario se aplica este último. En las cooperativas agrarias se aplica este sistema tanto para los servicios y suministros que la cooperativa realice a sus socios como para que los socios realicen o entreguen a la cooperativa.

2) Partidas que componen la base imponible. Para la determinación de la base imponible y, a efectos de la liquidación, se minora en el 50 por 100 de los resultados que se destinen, obligatoriamente al fondo de reserva obligatorio. Se distingue entre:

— los resultados cooperativos, y
— los extracooperativos.

2.2. Resultados cooperativos

Se consideran resultados cooperativos y, por lo tanto, ingresos de esta naturaleza:

a) Los procedentes del ejercicio de la actividad cooperativizada realizada con los propios socios.
b) Las cuotas periódicas satisfechas por los socios.
c) Las subvenciones corrientes.
d) Las imputaciones al ejercicio económico de las subvenciones de capital en la forma prevista en las normas contables que sean aplicables.
e) Los intereses y retornos procedentes de la participación de la cooperativa, como socio o asociado, en otras cooperativas, y
f) Los ingresos financieros procedentes de la gestión de la tesorería ordinaria necesaria para la realización de la actividad cooperativizada.

Se consideran gastos deducibles en el caso de resultados cooperativos los siguientes:

— El importe de las entregas de bienes, servicios o suministros realizados por los socios, las prestaciones de trabajo de los socios y las rentas de los bienes cuyo goce haya sido cedido por los socios a la cooperativa, estimados por su valor de mercado, aunque figuren en contabilidad por un valor inferior.
— Las cantidades que las cooperativas destinen, con carácter obligatorio, al fondo de educación y promoción, si bien la cuantía deducible de la dotación estos dos fondos no puede exceder en cada ejercicio económico del 30 por 100 de los excedentes netos del mismo y deben cumplir ciertos requisitos.
— Los intereses devengados por los socios y asociados por sus aportaciones obligatorias o voluntarias al capital social y aquellos derivados de retornos cooperativos integrados en el fondo especial, siempre que el tipo de interés no exceda del básico del Banco de España, incrementado en tres puntos para los socios y cinco puntos para los asociados. El tipo de interés básico que se toma como referencia es el vigente en la fecha de cierre de cada ejercicio económico.

Se consideran gastos no deducibles las cantidades distribuidas entre los socios de la cooperativa a cuenta de sus excedentes, ni el exceso de valor asignado en cuentas a las entregas de bienes, servicios, suministros, prestaciones de trabajo de los socios y rentas de los bienes cuyo goce haya sido cedido por los socios a la cooperativa, sobre su valor de mercado.

2.3. Resultados extracooperativos

Se consideran ingresos de esta naturaleza:

a) Los procedentes del ejercicio de la actividad cooperativizada cuando fuera realizada con personas no socios.
b) Los derivados de inversiones o participaciones financieras en sociedades de naturaleza no cooperativa, y
c) Los obtenidos de actividades económicas o fuentes ajenas a los fines específicos de la cooperativa.

Se consideran incrementos y disminuciones patrimoniales las variaciones en el valor del patrimonio de la cooperativa que se pongan de manifiesto con ocasión de cualquier alteración en la composición de aquél. En particular, no se considerarán incrementos patrimoniales:

— Las aportaciones obligatorias o voluntarias de los socios y asociados al capital social, las cuotas de ingreso y las deducciones en las aportaciones obligatorias efectuadas por los socios en los supuestos de baja de los mismos en la cooperativa, destinadas al fondo de reserva obligatorio.
— La compensación por los socios de las pérdidas sociales que les hayan sido imputadas, y
— Los resultados de la regularización de los elementos del activo cuando así lo disponga la Ley especial que la autorice.

No tienen la consideración de disminución patrimonial las reducciones del capital social por baja de los socios.

2.4. Deuda tributaria

La suma algebraica de las cantidades resultantes de aplicar a las bases imponibles, positivas o negativas, los tipos de gravamen correspondientes, tiene la consideración de cuota íntegra cuando resulte positiva.

Cuando la suma de las bases imponibles resulte negativa, su importe se puede compensar por la cooperativa con las cuotas íntegras positivas de los períodos impositivos siguientes, con el límite del 70 por 100 de la cuota íntegra previa a su compensación. En todo caso, serán compensables en el período impositivo cuotas íntegras por el importe que resulte de multiplicar 1 millón de euros al tipo medio de gravamen de la entidad. Este procedimiento sustituye a la compensación de bases imponibles negativas prevista en el Impuesto sobre Sociedades que, en consecuencia, no será aplicable a las cooperativas.

La deducción por doble imposición de dividendos y retornos cooperativos o, en su caso, por doble imposición internacional, se practica por las cooperativas aplicando el tipo de gravamen que corresponda en función del carácter cooperativo o extracooperativo de los rendimientos que originan dicha deducción.

La deducción por creación de empleo es de aplicación a la admisión definitiva, una vez superado el período de prueba, de nuevos socios en las cooperativas de trabajo asociado o, en general, de socios de trabajo en cualquier cooperativa.

2.5. Retenciones e ingresos a cuenta

Las sociedades cooperativas están obligadas a practicar a sus socios y a terceros las retenciones que procedan. En particular, en el supuesto de socios de cooperativas de trabajo asociado o de socios de trabajo de cualquier otra cooperativa, se distingue entre los rendimientos que procedan del trabajo personal de los correspondientes al capital mobiliario, considerándose rendimientos del trabajo el importe de los anticipos laborales, en cuantía no superior a las retribuciones normales en la zona para el sector de actividad correspondiente.

A estos efectos, se asimilarán a dividendos la parte del excedente disponible del ejercicio económico que se acredite a los socios en concepto de retorno cooperativo.

Tienen la consideración de retorno anticipado las cantidades y excesos de valor asignados en cuenta, que se definen como gastos no deducibles.

La retención se practica tanto por las cantidades efectivamente satisfechas como por las abonadas en cuenta, desde el momento en que resulten exigibles.

Asimismo, se establecen una serie de reglas especiales. En concreto, los retornos cooperativos no se consideran rendimientos del capital mobiliario y, por tanto, no estarán sujetos a retención en lo siguientes casos:

— Cuando se incorporen al capital social, incrementando las aportaciones del socio al mismo.

— Cuando se apliquen a compensar las pérdidas sociales de ejercicios anteriores.

— Cuando se incorporen a un fondo especial, regulado por la Asamblea general, hasta tanto no transcurra el plazo de devolución al socio, se produzca la baja de éste o los destine a satisfacer pérdidas o a realizar aportaciones al capital social. En este caso, el nacimiento de la obligación de retener se produce en el primer día señalado para la disposición de dicho retorno y en relación a los intereses que, en su caso, se devenguen, en la fecha señalada para la liquidación de los mismos.

3. TIPOS DE COOPERATIVAS

Se distinguen dos tipos de cooperativas:

1. Cooperativas protegidas.
2. Cooperativas especialmente protegidas.

Veamos cada una de ellas.

3.1. Cooperativas protegidas

Se consideran como tales aquellas entidades que se ajusten a los principios de la Ley General de Cooperativas o bien de las leyes de cooperativas de las Comunidades Autónomas que tengan competencia en esta materia, siempre que no incurran en alguna de las causas por las cuales pueden perder la condición de cooperativas protegidas, tales como repartir fondos de reserva irrepartibles, no efectuar dotaciones al fondo de reserva obligatorio, de educación y de promoción o aplicar estas cantidades a finalidades distintas a las previstas en la ley, no imputar las pérdidas del ejercicio económico o imputarlas vulnerando las normas establecidas en la Ley, existencia de un número de socios inferior al previsto en las normas legales o la falta de auditoría externa, entre otros.

Estas cooperativas disfrutan de los siguientes beneficios fiscales:

1) En el ITPAJD, exención de las operaciones de adquisición de bienes y derechos destinados directamente al cumplimiento de los fines sociales y estatutarios.

2) En el Impuesto sobre Sociedades se aplican los siguientes tipos de gravamen:

— A la base imponible, positiva o negativa, correspondiente a los resultados cooperativos se le aplicará el tipo del 20 por 100, y

— A la base imponible, positiva o negativa, correspondiente a los resultados extracooperativos se le aplicará el tipo general.

3) Libertad de amortización en el Impuesto sobre Sociedades para los elementos de activo fijo nuevo amortizable, adquiridos en el plazo de tres años a partir de la fecha de su inscripción en el Registro de cooperativas y sociedades anónimas laborales del Ministerio de Trabajo y Asuntos Sociales, o, en su caso, de las Comunidades Autónomas. La cantidad fiscalmente deducible en concepto de libertad de amortización, una vez practicada la amortización normal de cada ejercicio en cuantía no inferior a la mínima, no puede exceder del importe del saldo de la cuenta de resultados cooperativos disminuido en las aplicaciones obligatorias al fondo de reserva obligatorio y participaciones del personal asalariado. Este beneficio es compatible, en su caso, para los mismos elementos, con la deducción por inversiones.

Gozan de una bonificación del 95 por 100 de la cuota, y, en su caso, de los recargos, del Impuesto sobre Actividades Económicas y del Impuesto sobre Bienes Inmuebles correspondiente a los bienes de naturaleza rústica de las cooperativas agrarias y de explotación comunitaria de la tierra.

3.2. Cooperativas especialmente protegidas

Se consideran especialmente protegidas las cooperativas protegidas de primer grado de las clases siguientes que cumplan ciertos requisitos:

a) Cooperativas de trabajo asociado.
b) Cooperativas agrarias.
c) Cooperativas de explotación comunitaria de la tierra.
d) Cooperativas del mar.
e) Cooperativas de consumidores y usuarios.

Estas cooperativas disfrutan, además de los beneficios reconocidos a las cooperativas protegidas, de los siguientes:

— En el ITPAJD, exención para las operaciones de adquisición de bienes y derechos destinados directamente al cumplimiento de sus fines sociales y estatutarios.

— En el Impuesto sobre Sociedades disfrutan de una bonificación del 50 por 100 de la cuota íntegra.

4. COOPERATIVAS DE SEGUNDO GRADO, UNIONES DE COOPERATIVAS Y COOPERATIVAS DE CRÉDITO

Las cooperativas de segundo grado tienen los mismos beneficios fiscales que las cooperativas protegidas.

En el caso de cooperativas de segundo grado que se asocien exclusivamente a cooperativas especialmente protegidas pueden disfrutar de los beneficios fiscales reconocidos a estas últimas.

En el caso de uniones, federaciones y confederaciones de cooperativas, pueden disfrutar de los siguientes beneficios fiscales:

— Exención en ITPAJD para los mismos actos que las cooperativas especialmente protegidas,

— Tributación en el Impuesto sobre Sociedades según el régimen especial de las entidades parcialmente exentas

— Bonificación del 95 por 100 de la cuota, y, en su caso, de los recargos del Impuesto sobre Actividades Económicas.

En lo referido a las cooperativas de crédito, le resultan de aplicación la mayoría de los beneficios fiscales de las cooperativas protegidas, excepto los referidos al tipo de gravamen y a la libertad de amortización.

La base imponible en el Impuesto sobre Sociedades de las cooperativas de crédito se grava al 26 por 100 en la parte relativa a los resultados cooperativos y la correspondiente a los resultados extracooperativos se grava al tipo general del impuesto.

ANEXO II

FISCALIDAD DE LAS FUNDACIONES ACOGIDAS A LA LEY 49/2002, DE 23 DE DICIEMBRE, DE RÉGIMEN FISCAL DE LAS ENTIDADES SIN FINES LUCRATIVOS Y DE LOS INCENTIVOS FISCALES AL MECENAZGO

1. OBJETO Y ÁMBITO DE APLICACIÓN. DOMICILIO FISCAL

La Ley 49/2002 tiene por objeto regular el régimen fiscal de las entidades sin fines lucrativos, en consideración a su función social, actividades y características, así como los incentivos fiscales al mecenazgo, entendido como la participación privada en la realización de actividades de interés general. Resulta aplicable sin perjuicio de los regímenes tributarios forales del País Vasco y Navarra.

Por lo tanto, es necesario distinguir entre:

— Entidades sin fines lucrativos, y
— Entidades beneficiarias del mecenazgo.

La Ley 49/2002 enumera las entidades sin fines lucrativos que se consideran como tales a efectos de la aplicación del régimen contemplado en la misma. Son las siguientes, siempre que cumplan una serie de requisitos:

— Las fundaciones.
— Las asociaciones declaradas de utilidad pública.
— Las organizaciones no gubernamentales de desarrollo, siempre que tengan alguna de las formas jurídicas mencionadas.
— Las delegaciones de fundaciones extranjeras inscritas en el Registro de Fundaciones.
— Las federaciones deportivas españolas, las federaciones deportivas territoriales de ámbito autonómico integradas en aquéllas, el Comité Olímpico Español y el Comité Paralímpico Español.
— Las federaciones y asociaciones de las entidades sin fines lucrativos.
— Las entidades no residentes en territorio español que operen en el mismo con establecimiento permanente con una forma asociativa como las mencionadas en los párrafos precedentes, excepto aquellas entidades residentes en una jurisdicción no cooperativa, a no ser que se trate de un Estado miembro de la Unión Europea y se acredite que su constitución y operativa responden a motivos económicos válidos.
— Las entidades residentes en un Estado miembro de la Unión Europea o de otros Estados integrantes del Espacio Económico Europeo con los que exista normativa sobre asistencia mutua en materia de intercambio de información tributaria si bien quedan excluidas las entidades residentes en una jurisdicción no cooperativa, excepto que se acredite que su constitución y operativa responde a motivos económicos válidos.

En cuanto a los requisitos que deben cumplir estas entidades sin fines lucrativos son los siguientes:

1. Que persigan fines de interés general, como pueden ser, entre otros, los de defensa de los derechos humanos, de las víctimas del terrorismo y actos violentos, los de asistencia social e inclusión social, cívicos, educativos, culturales, científicos, deportivos, sanitarios, laborales, de fortalecimiento institucional, de cooperación para el desarrollo, de promoción del voluntariado, de promoción de la acción social, defensa del medio ambiente, de promoción y atención a las personas en riesgo de exclusión por razones físicas, económicas o culturales, de promoción de los valores constitucionales y defensa de los principios democráticos, de fomento de la tolerancia, de fomento de la economía social, de desarrollo de la sociedad de la información, de investigación científica, desarrollo o innovación tecnológica y de transferencia de la misma hacia el tejido productivo como elemento impulsor de la productividad y competitividad empresarial.

2. Que destinen a la realización de los fines mencionados al menos el 70 por 100 de las siguientes rentas e ingresos:

a) Las rentas de las explotaciones económicas que desarrollen.

b) Las rentas derivadas de la transmisión de bienes o derechos de su titularidad. En el cálculo de estas rentas no se incluyen las obtenidas en la transmisión onerosa de bienes inmuebles en los que la entidad desarrolle la actividad propia de su objeto o finalidad específica, siempre que el importe de la citada transmisión se reinvierta en bienes y derechos en los que concurra dicha circunstancia.

c) Los ingresos que obtengan por cualquier otro concepto, deducidos los gastos realizados para la obtención de tales ingresos. Los gastos realizados para la obtención de tales ingresos pueden estar integrados, en su caso, por la parte proporcional de los gastos por servicios exteriores, de los gastos de personal, de otros gastos de gestión, de los gastos financieros y de los tributos, en cuanto que contribuyan a la obtención de los ingresos, excluyendo de este cálculo los gastos realizados para el cumplimiento de los fines estatutarios o del objeto de la entidad sin fines lucrativos. En el cálculo de los ingresos no se incluyen las aportaciones o donaciones recibidas en concepto de dotación patrimonial en el momento de su constitución o en un momento posterior.

3. El resto de rentas e ingresos deben destinarlos a incrementar la dotación patrimonial o las reservas, siendo el plazo para el cumplimiento de este requisito el comprendido entre el inicio del ejercicio en que se hayan obtenido las respectivas rentas e ingresos y los cuatro años siguientes al cierre de dicho ejercicio.

4. La actividad realizada no puede consistir en el desarrollo de explotaciones económicas ajenas a su objeto o finalidad estatutaria. Se entiende cumplido este requisito si el importe neto de la cifra de negocios del ejercicio correspondiente al conjunto de las explotaciones económicas no exentas ajenas a su objeto o finalidad estatutaria no excede del 40 por 100 de los ingresos totales de la entidad, siempre que el desarrollo de estas explotaciones económicas no exentas no vulnere las normas

reguladoras de defensa de la competencia en relación con empresas que realicen la misma actividad. En cualquier caso, se considera que las entidades sin fines lucrativos desarrollan una explotación económica cuando realicen la ordenación por cuenta propia de medios de producción y de recursos humanos, o de uno de ambos, con la finalidad de intervenir en la producción o distribución de bienes o servicios. El arrendamiento del patrimonio inmobiliario de la entidad no constituye, a estos efectos, explotación económica.

5. Que los fundadores, asociados, patronos, representantes estatutarios, miembros de los órganos de gobierno y los cónyuges o parientes hasta el cuarto grado inclusive de cualquiera de ellos no sean los destinatarios principales de las actividades que se realicen por las entidades, ni se beneficien de condiciones especiales para utilizar sus servicios, excepto en el caso de realización de actividades de investigación científica y desarrollo tecnológico, ni a determinadas actividades de asistencia social o deportivas a, ni a las fundaciones cuya finalidad sea la conservación y restauración de bienes del Patrimonio Histórico Español que cumplan la normativa estatal o autonómica vigente.

6. Que los cargos de patrono, representante estatutario y miembro del órgano de gobierno sean gratuitos, sin perjuicio del derecho a ser reembolsados de los gastos debidamente justificados que el desempeño de su función les ocasione, sin que las cantidades percibidas por este concepto puedan exceder de los límites previstos en la normativa del Impuesto sobre la Renta de las Personas Físicas para ser consideradas dietas exceptuadas de gravamen, excepto en el caso de determinadas federaciones y asociaciones. No obstante, los patronos, representantes estatutarios y miembros del órgano de gobierno pueden percibir de la entidad retribuciones por la prestación de servicios, incluidos los prestados en el marco de una relación de carácter laboral, distintos de los que implica el desempeño de las funciones que les corresponden como miembros del Patronato u órgano de representación, siempre que se cumplan las condiciones previstas en las normas por las que se rige la entidad y tales personas no pueden participar en los resultados económicos de la entidad, ni por sí mismas, ni a través de persona o entidad interpuesta. Esta situación también resulta de aplicación a los administradores que representen a la entidad en las sociedades mercantiles en que participe, salvo que las retribuciones percibidas por la condición de administrador se reintegren a la entidad que representen y, en este caso, la retribución percibida por el administrador está exenta del Impuesto sobre la Renta de las Personas Físicas, y no existe obligación de practicar retención a cuenta de este impuesto.

7. En el caso de disolución de la entidad, su patrimonio se debe destinar en su totalidad a alguna de las entidades que se consideran beneficiarias del mecenazgo o a entidades públicas de naturaleza no fundacional que persigan fines de interés general.

8. Que estén inscritas en el registro correspondiente y cumplan las obligaciones contables, de rendición de cuentas y elaboren anualmente una memoria económica en la que especifiquen gastos e ingresos del ejercicio.

Aquellas entidades sin fines lucrativos que cumplan los requisitos expuestos tendrán su domicilio fiscal en el lugar de su domicilio estatutario, siempre que en él esté efectivamente centralizada la gestión administrativa y dirección de la entidad. En otro caso, dicho domicilio será el lugar en que se realice dicha gestión y dirección. Si no pudiera establecerse el lugar del domicilio fiscal de acuerdo con los criterios anteriores, se considerará como tal el lugar donde radique el mayor valor del inmovilizado.

En cuanto a las entidades beneficiarias del mecenazgo se consideran como tales determinados entes que pueden disfrutar de determinados incentivos fiscales aplicables a los donativos, donaciones y aportaciones que se hagan a favor de:

— Las entidades sin fines lucrativos que acabamos de exponer.

— El Estado, las Comunidades Autónomas y las Entidades Locales, así como los Organismos autónomos del Estado y las entidades autónomas de carácter análogo de las Comunidades Autónomas y de las Entidades Locales.

— Las universidades públicas y los colegios mayores adscritos a las mismas.

— El Instituto Cervantes, el Instituto Ramón Llull y las demás instituciones con fines análogos de las Comunidades Autónomas con lengua oficial propia, y

— Los Organismos Públicos de Investigación dependientes de la Administración General del Estado.

Procedemos a continuación al análisis de la situación tributaria de las entidades sin fines lucrativos.

2. TRIBUTACIÓN EN EL IMPUESTO SOBRE SOCIEDADES Y EN EL IMPUESTO SOBRE LA RENTA DE NO RESIDENTES DE LAS ENTIDADES SIN FINES LUCRATIVOS

Estas entidades presentan ciertas especialidades en el Impuesto sobre Sociedades relativas a:

— Rentas exentas.
— Explotaciones económicas exentas.
— Determinación de la base imponible.
— Normas de valoración.
— Tipo de gravamen.
— Obligaciones contables.
— Rentas no sujetas a retención, y
— Obligación de declarar.

A. *Rentas exentas.* Están exentas del Impuesto sobre Sociedades las siguientes rentas obtenidas por entidades sin fines lucrativos:

— Las derivadas de los siguientes ingresos:

a) Los donativos y donaciones recibidos para colaborar en los fines de la entidad, incluidas las aportaciones o donaciones en concepto de dotación patrimonial, en el momento de su constitución o en un momento posterior, y las ayudas económicas recibidas en virtud de los convenios de colaboración empresarial y en virtud de los contratos de patrocinio publicitario.

b) Las cuotas satisfechas por los asociados, colaboradores o benefactores, siempre que no se correspondan con el derecho a percibir una prestación derivada de una explotación económica no exenta.

c) Las subvenciones, salvo las destinadas a financiar la realización de explotaciones económicas no exentas.

— Las procedentes del patrimonio mobiliario e inmobiliario de la entidad, como son los dividendos y participaciones en beneficios de sociedades, intereses, cánones y alquileres.

— Las derivadas de adquisiciones o de transmisiones, por cualquier título, de bienes o derechos, incluidas las obtenidas con ocasión de la disolución y liquidación de la entidad.

— Las obtenidas en el ejercicio de las explotaciones económicas exentas.

— Las que, de acuerdo con la normativa tributaria, deban ser atribuidas o imputadas a las entidades sin fines lucrativos y que procedan de rentas exentas.

B. *Explotaciones económicas exentas*. Están exentas del Impuesto sobre Sociedades las rentas obtenidas por entidades sin fines lucrativos que procedan de las siguientes explotaciones económicas, siempre y cuando sean desarrolladas en cumplimiento de su objeto o finalidad específica:

1. Las explotaciones económicas de prestación de servicios de promoción y gestión de la acción social, así como los de asistencia social e inclusión social que se indican a continuación, incluyendo las actividades auxiliares o complementarias de aquéllos, como son los servicios accesorios de alimentación, alojamiento o transporte:

a) Protección de la infancia y de la juventud.
b) Asistencia a la tercera edad.
c) Asistencia a personas en riesgo de exclusión o dificultad social o víctimas de malos tratos.
d) Asistencia a personas con discapacidad, incluida la formación ocupacional, la inserción laboral y la explotación de granjas, talleres y centros especiales en los que desarrollen su trabajo.
e) Asistencia a minorías étnicas.
f) Asistencia a refugiados y asilados.
g) Asistencia a emigrantes, inmigrantes y transeúntes.
h) Asistencia a personas con cargas familiares no compartidas.
i) Acción social comunitaria y familiar.
j) Asistencia a ex reclusos.
k) Reinserción social y prevención de la delincuencia.
l) Asistencia a alcohólicos y toxicómanos.
m) Cooperación para el desarrollo.

n) Inclusión social a estas personas.
ñ) Acciones de inserción sociolaboral de personas en riesgo de exclusión social.

2. Las explotaciones económicas de prestación de servicios de hospitalización o asistencia sanitaria, incluyendo las actividades auxiliares o complementarias de los mismos, como son la entrega de medicamentos o los servicios accesorios de alimentación, alojamiento y transporte.

3. Las explotaciones económicas de investigación científica y desarrollo tecnológico.

4. Las explotaciones económicas de los bienes declarados de interés cultural conforme a la normativa del Patrimonio Histórico del Estado y de las Comunidades Autónomas, así como de museos, bibliotecas, archivos y centros de documentación, siempre y cuando se cumplan las exigencias establecidas en dicha normativa, en particular respecto de los deberes de visita y exposición pública de dichos bienes.

5. Las explotaciones económicas consistentes en la organización de representaciones musicales, coreográficas, teatrales, cinematográficas o circenses.

6. Las explotaciones económicas de parques y otros espacios naturales protegidos de características similares.

7. Las explotaciones económicas de enseñanza y de formación profesional, en todos los niveles y grados del sistema educativo, así como las de educación infantil hasta los tres años, incluida la guarda y custodia de niños hasta esa edad, las de educación especial, las de educación compensatoria y las de educación permanente y de adultos, cuando estén exentas del Impuesto sobre el Valor Añadido, así como las explotaciones económicas de alimentación, alojamiento o transporte realizadas por centros docentes y colegios mayores pertenecientes a entidades sin fines lucrativos.

8. Las explotaciones económicas consistentes en la organización de exposiciones, conferencias, coloquios, cursos o seminarios.

9. Las explotaciones económicas de elaboración, edición, publicación y venta de libros, revistas, folletos, material audiovisual y material multimedia.

10. Las explotaciones económicas de prestación de servicios de carácter deportivo a personas físicas que practiquen el deporte o la educación física, siempre que tales servicios estén directamente relacionados con dichas prácticas y con excepción de los servicios relacionados con espectáculos deportivos y de los prestados a deportistas profesionales.

11. Las explotaciones económicas que tengan un carácter meramente auxiliar o complementario de las explotaciones económicas exentas o de las actividades encaminadas a cumplir los fines estatutarios o el objeto de la entidad sin fines lucrativos. No se considerará que las explotaciones económicas tienen un carácter meramente auxiliar o complementario cuando el importe neto de la cifra de negocios del ejercicio correspondiente al conjunto de ellas exceda del 20 por 100 de los ingresos totales de la entidad.

12. Las explotaciones económicas de escasa relevancia, entendidas como aquellas cuyo importe neto de la cifra de negocios del ejercicio no supere en conjunto 20.000 euros.

C. *Determinación de la base imponible.* En la base imponible del Impuesto sobre Sociedades de las entidades sin fines lucrativos sólo se incluyen las rentas derivadas de las explotaciones económicas no exentas.

Asimismo, no tienen la consideración de gastos deducibles, además de los establecidos por la normativa general del Impuesto sobre Sociedades, los siguientes:

a) Los gastos imputables exclusivamente a las rentas exentas. En el caso de gastos parcialmente imputables a las rentas no exentas son deducibles en el porcentaje que representen los ingresos obtenidos en el ejercicio de explotaciones económicas no exentas respecto de los ingresos totales de la entidad.

b) Las cantidades destinadas a la amortización de elementos patrimoniales no afectos a las explotaciones económicas sometidas a gravamen. En el caso de elementos patrimoniales afectos parcialmente a la realización de actividades exentas, no resultan deducibles las cantidades destinadas a la amortización en el porcentaje en que el elemento patrimonial se encuentre afecto a la realización de dicha actividad.

c) Las cantidades que constituyan aplicación de resultados y, en particular, de los excedentes de explotaciones económicas no exentas.

D. *Normas de valoración.* Los bienes y derechos integrantes del patrimonio resultante de la disolución de una entidad sin fines lucrativos que se transmitan a otra entidad sin fines lucrativos se valoran en la adquirente, a efectos fiscales, por los mismos valores que tenían en la entidad disuelta antes de realizarse la transmisión, manteniéndose igualmente la fecha de adquisición por parte de la entidad disuelta.

E. *Tipo de gravamen.* La base imponible positiva que corresponda a las rentas derivadas de explotaciones económicas no exentas se grava al tipo del 10 por 100.

F. *Obligaciones contables.* Las entidades sin fines lucrativos que obtengan rentas de explotaciones económicas no exentas del Impuesto sobre Sociedades tienen las obligaciones contables previstas en las normas reguladoras de dicho impuesto. La contabilidad de estas entidades se lleva de tal forma que permita identificar los ingresos y gastos correspondientes a las explotaciones económicas no exentas.

G. *Rentas no sujetas a retención.* Las rentas exentas no están sometidas a retención ni ingreso a cuenta

H. *Obligación de declarar.* Las entidades que opten por este régimen fiscal están obligadas a declarar por el Impuesto sobre Sociedades la totalidad de sus rentas, exentas y no exentas.

I. *Normativa aplicable.* En todos aquellos aspectos no regulados por la Ley 49/2002 resultan de aplicación las normas del Impuesto sobre Sociedades.

Por lo tanto, las entidades sin fines lucrativos que cumplan los requisitos expuestos con anterioridad, pueden acogerse a este régimen fiscal especial y, una vez que ejerciten la opción, la entidad queda vinculada a este régimen de forma indefinida durante los períodos impositivos siguientes, en tanto se cumplan los requisitos para permanecer en el mismo y mientras no se renuncie a su aplicación.

En el caso de entidades no residentes en territorio español que operen en el mismo con establecimiento permanente y de entidades residentes en un Estado miembro de la Unión Europea o de otros Estados integrantes del Espacio Económico Europeo con los que exista normativa sobre asistencia mutua en materia de intercambio de información, aplican las normas del Impuesto sobre la Renta de no Residentes, IRNR.

3. OTROS BENEFICIOS FISCALES DE LAS ENTIDADES SIN FINES LUCRATIVOS

Estas entidades están exentas de los siguientes impuestos locales siempre que comuniquen al Ayuntamiento correspondiente la opción por las mismas:

— Del Impuesto sobre Bienes Inmuebles de los bienes de los que sean titulares, excepto de los afectos a explotaciones económicas no exentas del Impuesto sobre Sociedades,

— Del Impuesto sobre Actividades Económicas por las explotaciones económicas exentas. No obstante, dichas entidades deben presentar declaración de alta en la matrícula de este impuesto y declaración de baja en caso de cese en la actividad.

— Del Impuesto sobre el Incremento de Valor de los Terrenos de Naturaleza Urbana, los incrementos correspondientes cuando la obligación legal de satisfacer dicho impuesto recaiga sobre una entidad sin fines lucrativos. En el supuesto de transmisiones de terrenos o de constitución o transmisión de derechos reales de goce limitativos del dominio sobre los mismos, efectuadas a título oneroso por una entidad sin fines lucrativos, la exención en el referido impuesto estará condicionada a que tales terrenos cumplan los requisitos establecidos para aplicar la exención en el Impuesto sobre Bienes Inmuebles.

4. INCENTIVOS FISCALES AL MECENAZGO. RÉGIMEN FISCAL DE DONACIONES Y APORTACIONES

Los donativos, donaciones y aportaciones irrevocables realizadas a favor de las entidades beneficiarias del mecenazgo dan derecho a practicar una deducción cuando se trate de:

a) Donativos y donaciones dinerarios, de bienes o de derechos.

b) Cuotas de afiliación a asociaciones que no se correspondan con el derecho a percibir una prestación presente o futura.

c) La constitución de un derecho real de usufructo sobre bienes, derechos o valores, realizada sin contraprestación.

d) Donativos o donaciones de bienes que formen parte del Patrimonio Histórico Español, que estén inscritos en el Registro general de bienes de interés cultural o incluidos en el Inventario general Donativos o donaciones de bienes culturales de calidad garantizada en favor de entidades que persigan entre sus fines la realización de actividades museísticas y el fomento y difusión del patrimonio histórico artístico.

e) La cesión de uso de un bien mueble o inmueble, por un tiempo determinado, realizada sin contraprestación.

f) Donativos, donaciones y aportaciones aun cuando el donante o aportante pudiera recibir bienes o servicios, entregados o prestados por el donatario o beneficiario, de carácter simbólico, siempre y cuando el valor de los bienes o servicios recibidos no represente más del 15 por 100 del valor del donativo, donación o aportación y, en todo caso, no supere el importe de 25.000 euros. Si se produjera una revocación de la donación, el donante ingresará las cuotas correspondientes a las deducciones aplicadas, así como los intereses de demora que pudieran corresponder.

La base de la deducción será:

1) En los donativos dinerarios, su importe.

2) En los donativos o donaciones de bienes o derechos, el valor contable que tuviesen en el momento de la transmisión y, en su defecto, el valor determinado conforme a las normas del Impuesto sobre el Patrimonio.

3) En la constitución de un derecho real de usufructo sobre bienes inmuebles, el importe anual que resulte de aplicar, en cada uno de los períodos impositivos de duración del usufructo, el 2 por 100 al valor catastral, determinándose proporcionalmente al número de días que corresponda en cada período impositivo.

4) En la constitución de un derecho real de usufructo sobre valores, el importe anual de los dividendos o intereses percibidos por el usufructuario en cada uno de los períodos impositivos de duración del usufructo.

5) En la constitución de un derecho real de usufructo sobre otros bienes y derechos, el importe anual resultante de aplicar el interés legal del dinero de cada ejercicio al valor del usufructo determinado en el momento de su constitución conforme a las normas del Impuesto sobre Transmisiones Patrimoniales y Actos Jurídicos Documentados.

6) En los donativos o donaciones de obras de arte de calidad garantizada y de los bienes que formen parte del Patrimonio Histórico Español, la valoración efectuada por la Junta de Calificación, Valoración y Exportación. En el caso de los bienes culturales que no formen parte del Patrimonio Histórico Español, la Junta puede valorar la suficiencia de la calidad de la obra.

7) En la cesión de uso de un bien mueble o inmueble, el importe de los gastos soportados por el cedente en relación con tales bienes durante el periodo de cesión, siempre que tuvieran la consideración de gastos fiscalmente deducibles de haberse cedido de forma onerosa y sean distintos de tributos y de los intereses de los capitales ajenos y demás gastos de financiación, y estén debidamente contabilizados cuando el cedente esté obligado a llevar contabilidad de acuerdo con el Código de Comercio o legislación equivalente.

En cualquier caso, el valor determinado tiene como límite máximo el valor normal en el mercado del bien o derecho transmitido en el momento de su transmisión.

En el Impuesto sobre la Renta de las Personas Físicas la deducción de la cuota será del 80 por 100 para los primeros 250 euros de base de deducción y el 40 por 100 para el resto. No obstante, si en los dos períodos impositivos inmediatos anteriores se hubieran realizado donativos, donaciones o aportaciones con derecho a deducción en favor de una misma entidad por importe igual o superior, en cada uno de ellos, al del ejercicio anterior, el porcentaje de deducción aplicable a la base de la deducción en favor de esa misma entidad que exceda de 250 euros, será el 45 por 100. La base de esta deducción se computa a efectos del límite de deducciones regulado en el Impuesto sobre la Renta de las Personas Físicas.

En el caso del Impuesto sobre Sociedades, la deducción es del 40 por 100 y las cantidades correspondientes al período impositivo no deducidas pueden aplicarse en las liquidaciones de los períodos impositivos que concluyan en los diez años inmediatos y sucesivos. Si en los dos períodos impositivos inmediatos anteriores se hubieran realizado donativos, donaciones o aportaciones con derecho a deducción en favor de una misma entidad por importe igual o superior, en cada uno de ellos, al del período impositivo anterior, el porcentaje de deducción aplicable a la base de la deducción en favor de esa misma entidad será el 50 por 100.

No obstante, la base de esta deducción no puede exceder del 15 por 100 de la base imponible del período impositivo y las cantidades que excedan de este límite se pueden aplicar en los períodos impositivos que concluyan en los diez años inmediatos y sucesivos.

En el Impuesto sobre la Renta de No Residentes, los contribuyentes que operen en territorio español sin establecimiento permanente pueden aplicar la deducción que se aplican los contribuyentes sujetos al Impuesto sobre la Renta de las Personas Físicas, sin que la base de la deducción pueda exceder del 15 por 100 de la base imponible del conjunto de las declaraciones presentadas en ese plazo. En el caso de contribuyentes que operen en territorio español mediante establecimiento permanente pueden aplicar la deducción del 40 por 100.

Asimismo, es necesario considerar la exención de las rentas derivadas de donativos, donaciones y aportaciones. Así:

— Están exentas del Impuesto sobre la Renta de las Personas Físicas, del Impuesto sobre Sociedades o del Impuesto sobre la Renta de No Residentes que grave la renta del donante o aportante las ganancias patrimoniales y las rentas positivas que se pongan de manifiesto con ocasión de los donativos, donaciones y aportaciones realizadas que cumplan con los requisitos expuestos para estas rentas.
— Están exentos del Impuesto sobre el Incremento de Valor de los Terrenos de Naturaleza Urbana los incrementos que se pongan de manifiesto en las transmisiones de terrenos, o en la constitución o transmisión de derechos reales de goce limitativos del dominio, realizadas con ocasión de los donativos, donaciones y aportaciones realizados.

TEMA 7

EL IMPUESTO SOBRE LA RENTA DE NO RESIDENTES

1. LEGISLACIÓN BÁSICA, NATURALEZA Y ÁMBITO DE APLICACIÓN

El Impuesto sobre la Renta de No Residentes (en adelante, IRNR) está regulado en el Real Decreto Legislativo 5/2004, de 5 de marzo, por el que se aprueba el texto refundido de la Ley del Impuesto sobre la Renta de No Residentes, y en el Real Decreto 1.776/2004, de 30 de julio, por el que se aprueba el Reglamento del Impuesto sobre la Renta de No Residentes.

El IRNR es un tributo de carácter directo, que grava la obtención de renta en territorio español por las personas físicas y entidades no residentes en éste.

En cuanto a su ámbito de aplicación, será todo el territorio español, sin perjuicio de los regímenes tributarios forales del País Vasco y Navarra. En Canarias, Ceuta y Melilla se tendrán en cuenta las especialidades que resulten aplicables en virtud de su normativa específica.

Para el estudio de este tema utilizaremos el siguiente mapa conceptual:

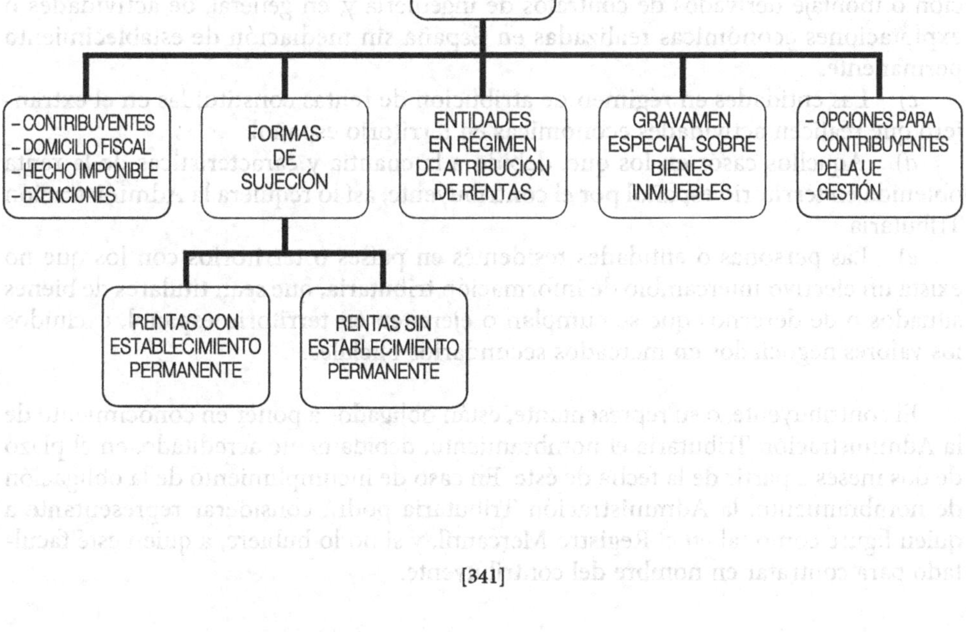

2. CONTRIBUYENTES

Son contribuyentes por este impuesto:

a) Las personas físicas y entidades no residentes en territorio español que obtengan rentas en él, salvo que sean contribuyentes por el IRPF.

b) Las personas físicas que sean residentes en España, pero no se consideren contribuyentes en el IRPF por la aplicación de normas específicas derivadas de los tratados internacionales en los que España sea parte, a título de reciprocidad, tales como miembros de oficinas diplomáticas o consulares.

c) Las entidades en régimen de atribución de rentas constituidas en el extranjero que realicen actividades económicas en territorio español.

La residencia en territorio español se determinará de acuerdo con lo dispuesto en la normativa del IRPF y del IS.

3. REPRESENTANTES

Con anterioridad al final del plazo de declaración de la renta obtenida en España, los contribuyentes que no sean residentes en otro Estado miembro de la Unión Europea estarán obligados a nombrar una persona, física o jurídica, con residencia en España, para que les represente ante la Administración Tributaria en relación con sus obligaciones por este impuesto, en los siguientes casos:

a) Cuando operen por mediación de un establecimiento permanente.

b) En los casos de prestaciones de servicios, asistencia técnica, obras de instalación o montaje derivados de contratos de ingeniería y, en general, de actividades o explotaciones económicas realizadas en España sin mediación de establecimiento permanente.

c) Las entidades en régimen de atribución de rentas constituidas en el extranjero que realicen actividades económicas en territorio español.

d) Aquellos casos en los que, debido a la cuantía y características de la renta obtenida en territorio español por el contribuyente, así lo requiera la Administración Tributaria.

e) Las personas o entidades residentes en países o territorios con los que no exista un efectivo intercambio de información tributaria, que sean titulares de bienes situados o de derechos que se cumplan o ejerciten en territorio español, excluidos los valores negociados en mercados secundarios oficiales.

El contribuyente, o su representante, están obligados a poner en conocimiento de la Administración Tributaria el nombramiento, debidamente acreditado, en el plazo de dos meses a partir de la fecha de éste. En caso de incumplimiento de la obligación de nombramiento, la Administración Tributaria podrá considerar representante a quien figure como tal en el Registro Mercantil, y si no lo hubiere, a quien esté facultado para contratar en nombre del contribuyente.

4. DOMICILIO FISCAL

El domicilio fiscal del contribuyente en España dependerá de los siguientes casos:

a) Cuando opere en España a través de establecimiento permanente, en el lugar en que radique la efectiva gestión administrativa y la dirección de sus negocios en España. En el supuesto en que no pueda establecerse el lugar del domicilio fiscal de acuerdo con el criterio anterior, prevalecerá aquel en el que radique el mayor valor del inmovilizado.

b) Cuando obtengan rentas derivadas de bienes inmuebles, en el domicilio fiscal del representante y, en su defecto, en el lugar de situación del inmueble correspondiente.

c) En los restantes casos, en el domicilio fiscal del representante o, en su defecto, en el del responsable solidario.

Cuando no se hubiese designado representante, las notificaciones practicadas en el domicilio fiscal del responsable solidario tendrán el mismo valor y producirán iguales efectos que si se hubieran practicado directamente al contribuyente. Cuando no se haya realizado la designación de representante por parte de personas o entidades residentes en países o territorios con los que no exista un efectivo intercambio de información tributaria, y a falta de responsable solidario, tendrán la misma validez las notificaciones que se puedan practicar en el lugar de situación de cualquiera de los inmuebles de su titularidad.

5. HECHO IMPONIBLE. NO SUJECIÓN

Constituye el hecho imponible la obtención de rentas, dinerarias o en especie, en territorio español por los contribuyentes por este impuesto. Se consideran rentas obtenidas en territorio español:

a) Las rentas de actividades o explotaciones económicas realizadas mediante establecimiento permanente situado en territorio español.

b) Las rentas de actividades o explotaciones económicas realizadas sin mediación de establecimiento permanente situado en territorio español en los siguientes casos:

— Cuando las actividades económicas sean realizadas en territorio español. No se considerarán obtenidos en territorio español los rendimientos derivados de la instalación o montaje de maquinaria o instalaciones procedentes del extranjero cuando tales operaciones se realicen por el proveedor de la maquinaria o instalaciones, y su importe no exceda del 20 por 100 del precio de adquisición de dichos elementos.

— Cuando se trate de prestaciones de servicios ejecutados en territorio español, tales como la realización de estudios, proyectos, asistencia técnica o apoyo a la gestión. Cuando tales prestaciones sirvan parcialmente a actividades económicas realizadas en territorio español, se considerarán obtenidas en España sólo por la parte que sirva a la actividad desarrollada en España.

— Cuando deriven, directa o indirectamente, de la actuación personal en territorio español de artistas y deportistas, o de cualquier otra actividad relacionada con dicha actuación, aun cuando se perciban por persona o entidad distinta del artista o deportista.

c) Los rendimientos del trabajo:

— Cuando deriven, directa o indirectamente, de una actividad personal desarrollada en territorio español.

— Cuando se trate de retribuciones públicas satisfechas por la Administración española.

— Cuando se trate de remuneraciones satisfechas por personas físicas que realicen actividades económicas, en el ejercicio de sus actividades, o entidades residentes en territorio español o por establecimientos permanentes situados en éste por razón de un empleo ejercido a bordo de un buque o aeronave en tráfico internacional.

d) Las pensiones y demás prestaciones similares, cuando deriven de un empleo prestado en territorio español o cuando se satisfagan por una persona o entidad residente en territorio español o por un establecimiento permanente situado en éste, con independencia de que se perciban por el propio trabajador u otra persona.

e) Las retribuciones de los administradores y miembros de los consejos de administración, de las juntas que hagan sus veces o de órganos representativos de una entidad residente en territorio español.

f) Los siguientes rendimientos de capital mobiliario:

— Los dividendos y otros rendimientos derivados de la participación en los fondos propios de entidades residentes en España.

— Los intereses y otros rendimientos obtenidos por la cesión a terceros de capitales propios satisfechos por personas o entidades residentes en territorio español, o por establecimientos permanentes situados en éste, o que retribuyan prestaciones de capital utilizadas en territorio español.

— Los cánones o regalías satisfechos por personas o entidades residentes en territorio español o por establecimientos permanentes situados en éste, o que se utilicen en territorio español. Tienen la consideración de cánones o regalías las cantidades de cualquier clase pagadas por el uso, o la concesión de uso de:

- Derechos sobre obras literarias, artísticas o científicas, incluidas las películas cinematográficas.
- Patentes, marcas de fábrica o de comercio, dibujos o modelos, planos, fórmulas o procedimientos secretos.
- Derechos sobre programas informáticos.

- Informaciones relativas a experiencias industriales, comerciales o científicas.
- Derechos personales susceptibles de cesión, tales como los derechos de imagen.
- Equipos industriales, comerciales o científicos.
- Cualquier derecho similar a los anteriores.

— Otros rendimientos de capital mobiliario que no se hayan mencionado con anterioridad, satisfechos por personas físicas que realicen actividades económicas, en el ejercicio de sus actividades, o entidades residentes en territorio español o por establecimientos permanentes situados en éste.

g) Los rendimientos derivados, directa o indirectamente, de bienes inmuebles situados en territorio español o de derechos relativos a éstos.

h) Las rentas imputadas a los contribuyentes personas físicas titulares de bienes inmuebles urbanos situados en territorio español no afectos a actividades económicas.

i) Las ganancias patrimoniales:

— Cuando se deriven de valores emitidos por personas o entidades residentes en territorio español.

— Cuando se deriven de otros bienes muebles, distintos de los valores, situados en territorio español o de derechos que deban cumplirse o se ejerciten en territorio español.

— Cuando procedan, directa o indirectamente, de bienes inmuebles situados en territorio español o de derechos relativos a éstos.

— Cuando se incorporen al patrimonio del contribuyente bienes situados en territorio español o derechos que deban cumplirse o se ejerciten en dicho territorio, aun cuando no deriven de una transmisión previa, como las ganancias en el juego.

No se consideran obtenidos en territorio español los siguientes rendimientos:

a) Los satisfechos por razón de compraventas internacionales de mercancías, incluidas las comisiones de mediación en éstas, así como los gastos, accesorios y conexos.

b) Los satisfechos a personas o entidades no residentes por establecimientos permanentes situados en el extranjero, con cargo a éstos, cuando las prestaciones correspondientes estén vinculadas con la actividad del establecimiento permanente en el extranjero.

Se presumirán retribuidas, salvo prueba en contrario, las prestaciones o cesiones de bienes, derechos y servicios susceptibles de generar rentas sujetas a este impuesto. La normativa del IRNR establece la no sujeción a este impuesto de las rentas que se encuentren sujetas al Impuesto sobre Sucesiones y Donaciones.

6. EXENCIONES

Estarán exentas las siguientes rentas:

a) Las rentas exentas en el IRPF, salvo las pensiones asistenciales por ancianidad reconocidas a favor de los emigrantes españoles.

b) Las becas y otras cantidades percibidas por personas físicas, satisfechas por las Administraciones Públicas, en virtud de acuerdos y convenios internacionales de cooperación cultural, educativa y científica, o en virtud del plan anual de cooperación internacional aprobado en Consejo de Ministros.

c) Los intereses y demás rendimientos obtenidos por la cesión a terceros de capitales propios, así como determinadas ganancias patrimoniales derivadas de bienes muebles, obtenidos sin mediación de establecimiento permanente, por residentes situados en otro Estado miembro de la Unión Europea o por establecimientos permanentes de dichos residentes situados en otro Estado miembro de la Unión Europea o en otro Estado integrante del Espacio Económico Europeo. Quedan excluidas las ganancias patrimoniales derivadas de la transmisión de acciones, participaciones u otros derechos en una entidad cuando el activo de dicha entidad consista principalmente, directa o indirectamente, en bienes inmuebles situados en territorio español o bien, cuando, en algún momento, durante el período de 12 meses precedente a la transmisión, el contribuyente —persona física— haya participado, directa o indirectamente, en al menos el 25 por 100 del capital o patrimonio de dicha entidad. Si se trata de entidades no residentes, quedan excluidas en el caso en el que no se cumplan los requisitos para la aplicación de la exención por doble imposición sobre dividendos.

d) Los rendimientos derivados de la Deuda Pública, obtenidos sin mediación de establecimiento permanente en España.

e) Las rentas derivadas de valores emitidos en España por personas físicas o entidades no residentes sin mediación de establecimiento permanente, cualquiera que sea el lugar de residencia de las instituciones financieras que actúen como agentes de pago o medien en la emisión o transmisión de los valores.

f) Los rendimientos de las cuentas de no residentes que se satisfagan a contribuyentes por este impuesto, salvo que el pago se realice a un establecimiento permanente situado en territorio español, por el Banco de España o por las entidades registradas a que se refiere la normativa de transacciones económicas con el exterior.

g) Las rentas obtenidas en territorio español, sin mediación de establecimiento permanente en éste, procedentes del arrendamiento, cesión o transmisión de contenedores o de buques y aeronaves a casco desnudo, utilizados en la navegación marítima o aérea internacional.

h) Los beneficios distribuidos por las sociedades filiales residentes en territorio español a sus sociedades matrices residentes en otros Estados miembros de la Unión Europea o a los establecimientos permanentes de estas últimas situados en otros Estados miembros, con ciertos requisitos. Tendrá la consideración de sociedad matriz aquella entidad que posea en el capital de otra sociedad una participación directa o indirecta de al menos, el 5 por 100. Esta última entidad tendrá la consideración de sociedad filial. Dicha participación deberá haberse mantenido de forma ininterrumpida durante el año anterior al día en que sea exigible el beneficio que se distribuya o, en su defecto, que se mantenga durante el tiempo que sea necesario para completar un año.

i) Las rentas derivadas de las transmisiones de valores o el reembolso de participaciones en fondos de inversión realizados en alguno de los mercados secundarios oficiales de valores españoles, obtenidas por personas físicas o entidades no residentes sin mediación de establecimiento permanente en territorio español, que sean residentes en un Estado que tenga suscrito con España un convenio para evitar la doble imposición con cláusula de intercambio de información. En ningún caso será de aplicación a los rendimientos y ganancias patrimoniales obtenidos a través de los países o territorios que tengan la consideración de paraíso fiscal.

j) Los dividendos y participaciones en beneficios obtenidos sin mediación de establecimiento permanente por fondos de pensiones equivalentes a los regulados en España, que sean residentes en otro Estado miembro de la Unión Europea o por establecimientos permanentes de dichas instituciones situados en otro Estado miembro de la Unión Europea.

k) Los dividendos y participaciones en beneficios obtenidos sin mediación de establecimiento permanente por las instituciones de inversión colectiva sin que la aplicación de esta exención pueda dar lugar a una tributación inferior a la que hubiera resultado de haberse aplicado a dichas rentas el mismo tipo de gravamen por el que tributan en el Impuesto sobre Sociedades las instituciones de inversión colectiva domiciliadas en territorio español.

l) Los cánones o regalías satisfechos por una sociedad residente en territorio español o por un establecimiento permanente situado en éste de una sociedad residente en otro Estado miembro de la Unión Europea a una sociedad residente en otro Estado miembro o a un establecimiento permanente situado en otro Estado miembro de una sociedad residente de un Estado miembro, bajo ciertos requisitos según la relación entre las entidades y su régimen tributario.

7. FORMAS DE SUJECIÓN Y OPERACIONES VINCULADAS

La normativa del impuesto establece dos formas de sujeción al impuesto de las rentas, distinguiendo entre:

a) Rentas obtenidas mediante establecimiento permanente. Los contribuyentes que obtengan rentas mediante establecimiento permanente situado en territorio español tributarán por la totalidad de la renta imputable a dicho establecimiento, cualquiera que sea el lugar de su obtención.

b) Rentas obtenidas sin mediación de establecimiento permanente. Los contribuyentes que obtengan rentas sin mediación de establecimiento permanente tributarán de forma separada por cada devengo total o parcial de renta sometida a gravamen, sin que sea posible compensación alguna entre aquéllas.

A las operaciones realizadas por contribuyentes por este Impuesto con personas o entidades vinculadas a ellos les serán de aplicación las disposiciones contenidas en la normativa del IS relativa a las operaciones vinculadas. En cualquier caso, se entenderá que existe vinculación entre un establecimiento permanente situado en territorio español con su casa central, con otros establecimientos permanentes de la mencionada casa central y con otras personas o entidades vinculadas a la casa central o sus establecimientos permanentes, ya estén situados en territorio español o en el extranjero.

8. RENTAS OBTENIDAS MEDIANTE ESTABLECIMIENTO PERMANENTE

En los próximos apartados se exponen las principales particularidades del establecimiento permanente y las rentas obtenidas en el mismo.

8.1. Definición de establecimiento permanente

Se entenderá que una persona física o entidad opera mediante establecimiento permanente en territorio español cuando por cualquier título disponga en éste, de forma continuada o habitual, de instalaciones o lugares de trabajo de cualquier índole, en los que realice toda o parte de su actividad, o actúe en él por medio de un agente autorizado para contratar, en nombre y por cuenta del contribuyente, que ejerza de manera habitual dichos poderes. Se entenderá que constituyen establecimiento permanente:

a) las sedes de dirección;
b) las sucursales;
c) las oficinas;
d) las fábricas;
e) los talleres;
f) los almacenes;
g) tiendas u otros establecimientos;
h) las minas;
i) los pozos de petróleo o de gas;
j) las canteras;
k) las explotaciones agrícolas, forestales o pecuarias, o cualquier otro lugar de exploración o de extracción de recursos naturales, y
l) las obras de construcción, instalación o montaje cuya duración exceda de seis meses.

8.2. Diversidad de establecimientos permanentes

En el caso en el que un contribuyente disponga de diversos centros de actividad en España, se considerará que éstos constituyen establecimientos permanentes distintos y se gravarán separadamente, cuando concurran las siguientes circunstancias:

a) Que realicen actividades claramente diferenciables.
b) Que la gestión de éstas se lleve de modo separado.

En ningún caso será posible la compensación de rentas entre establecimientos permanentes distintos.

8.3. Rentas imputables

Componen la renta imputable al establecimiento permanente los siguientes conceptos:

a) Los rendimientos de las actividades o explotaciones económicas desarrolladas por dicho establecimiento permanente.

b) Los rendimientos, así como las ganancias o pérdidas patrimoniales, derivados de elementos patrimoniales afectos al establecimiento permanente.

Se consideran elementos patrimoniales afectos al establecimiento permanente los vinculados funcionalmente al desarrollo de la actividad que constituye su objeto.

Los activos representativos de la participación en fondos propios de una entidad sólo se considerarán elementos patrimoniales afectos al establecimiento permanente cuando éste sea una sucursal registrada en el Registro Mercantil y se cumplan ciertos requisitos.

8.4. Base imponible

Como norma general, la base imponible del establecimiento permanente se determina con arreglo a las normas del régimen general del Impuesto sobre Sociedades, si bien es necesario considerar ciertas especialidades. En este sentido, no resultan deducibles:

— Los gastos de operaciones con la casa central o con alguno de sus establecimientos permanentes, así como con una persona o entidad vinculada a dicha casa central o alguno de sus establecimientos permanentes, que, como consecuencia de una diferencia fiscal en su atribución entre el establecimiento permanente y su casa central, o entre dos o más establecimientos permanentes no generen un ingreso.

— Los gastos estimados por operaciones internas con la casa central o con alguno de sus establecimientos permanentes o los de una persona o entidad vinculada que, debido a la legislación del país o territorio del beneficiario, no generen un ingreso, en la parte que no se compense con ingresos que generen renta de doble inclusión. El importe de los gastos no deducidos, podrá deducirse en los períodos impositivos que concluyan dentro de los tres años siguientes, en la medida en que se compense con ingresos que generen renta de doble inclusión.

A estos efectos, se considera que un ingreso genera renta de doble inclusión cuando esté sometido a tributación con arreglo a la Ley del IRNR y a la legislación del otro país o territorio.

— Los gastos correspondientes a operaciones del establecimiento permanente que sean, asimismo, fiscalmente deducibles en la casa central, en la parte que no se compense con ingresos de dicho establecimiento permanente o entidad vinculada que generen renta de doble inclusión. Los importes no deducidos podrán ser deducidos en los períodos impositivos que concluyan en los tres años siguientes a la conclusión del período impositivo en el que se devengaron tales gastos, en la medida en que se compensen con ingresos del establecimiento permanente o entidad vinculada que generen renta de doble inclusión.

— Los gastos correspondientes a operaciones realizadas con un establecimiento permanente de la casa central o de una persona o entidad vinculada que, como consecuencia de que no es reconocido fiscalmente por el país o territorio de situación, no generan ingreso.

En aquellos casos en los cuales las operaciones realizadas en España por un *establecimiento permanente no cierren un ciclo mercantil completo* determinante de ingresos en España, finalizándose éste por el contribuyente o por uno o varios de sus establecimientos permanentes sin que se produzca contraprestación alguna —aparte de la cobertura de los gastos originados por el establecimiento permanente—, y sin que se destine la totalidad o una parte de los productos o servicios a terceros distintos del propio contribuyente, los ingresos y gastos del establecimiento permanente así como la deuda tributaria, se valoran, como norma general, según las normas de operaciones vinculadas del Impuesto sobre Sociedades, si bien existen ciertas normas subsidiarias.

Cuando se trate de *establecimientos permanentes cuya actividad en territorio español consista en obras de construcción, instalación o montaje* cuya duración exceda de seis meses, actividades o explotaciones económicas de temporada o estacionales, o actividades de exploración de recursos naturales, las reglas a utilizar para el cálculo del impuesto aplicables son las contempladas para las rentas de actividades o explotaciones económicas obtenidas en territorio español sin mediación de establecimiento permanente, con ciertas especialidades contempladas en la normativa del impuesto. Estos establecimientos están obligados a presentar una declaración censal y declarar su domicilio fiscal en territorio español, así como a comunicar los cambios que se produjesen en éste o en los datos consignados en aquélla. No obstante, el contribuyente puede optar por la aplicación del régimen general previsto para los establecimientos permanentes y la opción se debe manifestar al tiempo de presentar la declaración censal de comienzo de actividad.

En cualquier caso, se integran en la base imponible la diferencia entre el valor de mercado y el valor fiscal de los siguientes elementos patrimoniales:

a) Los que estén afectos a un establecimiento permanente situado en territorio español que cesa su actividad.

b) Los que, estando previamente afectos a un establecimiento permanente situado en territorio español, son transferidos al extranjero.

c) Los que estén afectos a un establecimiento permanente situado en el territorio español que traslada su actividad al extranjero.

La normativa del impuesto establece que no resultan fiscalmente deducibles:

a) Los gastos correspondientes a operaciones realizadas con la casa central o con alguno de sus establecimientos permanentes, así como con una persona o entidad vinculada a dicha casa central o alguno de sus establecimientos permanentes, que, como consecuencia de una diferencia fiscal en su atribución entre el establecimiento permanente y su casa central, o entre dos o más establecimientos permanentes no generen un ingreso.

b) Los gastos estimados por operaciones internas con la casa central o con alguno de sus establecimientos permanentes o los de una persona o entidad vinculada que, debido a la legislación del país o territorio del beneficiario, no generen un ingreso, en la parte que no se compense con ingresos que generen renta de doble inclusión. El importe de los gastos no deducidos se puede deducir en los tres años siguientes, en la medida en que se compense con ingresos que generen renta de doble inclusión.

c) Los gastos correspondientes a operaciones del establecimiento permanente que sean asimismo fiscalmente deducibles en la casa central, en la parte que no se compense con ingresos de dicho establecimiento permanente o entidad vinculada que generen renta de doble inclusión. Los importes no deducidos se pueden deducir en los tres años siguientes a la conclusión del período impositivo en el que se devengaron tales gastos, en la medida en que se compensen con ingresos del establecimiento permanente o entidad vinculada que generen renta de doble inclusión.

d) Los gastos correspondientes a operaciones realizadas con un estable-cimiento permanente de la casa central o de una persona o entidad vinculada que, como consecuencia de que no es reconocido fiscalmente por el país o territorio de situación, no generan ingreso.

En este sentido, se considera que un ingreso genera renta de doble inclusión cuando esté sometido a tributación con arreglo a las normas del IRNR y a la legislación del otro país o territorio.

La normativa del impuesto establece más casos de operaciones que se consideran vinculadas, así como operaciones asimiladas, entendidas como aquellas que tengan lugar en el marco de un mecanismo estructurado, entendido como todo acuerdo, negocio jurídico, esquema u operación en el que la ventaja fiscal derivada de las asimetrías híbridas esté cuantificada o considerada en sus condiciones o contraprestaciones, o bien que haya sido diseñado para producir los resultados de tales asimetrías, excepto que el contribuyente o una persona o entidad vinculada con él no hubiera podido conocerlos razonablemente y no compartiera la ventaja fiscal indicada.

En aquellos casos en los cuales los elementos patrimoniales afectos a un establecimiento permanente situado en territorio español, son transferidos o bien se traslada la actividad del establecimiento a un Estado miembro de la UE o del Espacio Económico Europeo con el cual España tenga un acuerdo de asistencia mutua en materia de créditos tributarios, el contribuyente puede, bajo ciertos requisitos, optar por fraccionar el pago de la deuda tributaria resultante por quintas partes anuales iguales.

8.5. Deuda tributaria

A la base imponible se le aplicará, el tipo de gravamen que corresponda de entre los previstos en la normativa del Impuesto de Sociedades, siendo el general del 25 por 100.

Adicionalmente, cuando las rentas obtenidas por establecimientos permanentes de entidades no residentes se transfieran al extranjero, será exigible una imposición complementaria, al tipo de gravamen del 19 por 100, sobre las cuantías transferidas con cargo a las rentas del establecimiento permanente, incluidos los pagos que el establecimiento permanente efectúe a la casa central o a alguno de sus establecimientos permanentes en concepto de cánones, intereses o comisiones, abonados en contraprestación de servicios de asistencia técnica o por el uso o la cesión de bienes o derechos que no hayan sido gastos deducibles a efectos de fijación de la base imponible del establecimiento permanente. Esta imposición complementaria no será aplicable en algunos casos, tales como las rentas obtenidas en territorio español a través de establecimientos permanentes por entidades que tengan su residencia fiscal en otro Estado miembro de la Unión Europea o que hayan suscrito con España un Convenio para evitar la doble imposición internacional.

En la cuota íntegra del impuesto podrán aplicarse:

a) El importe de las bonificaciones y deducciones previstas en la normativa del Impuesto sobre Sociedades, dando lugar a la cuota líquida del impuesto, que, en ningún caso, podrá ser negativa.

b) El importe de las retenciones, ingresos a cuenta y pagos fraccionados y si superan la cuota líquida, la Administración Tributaria procederá a la devolución del importe en exceso.

No obstante, es necesario considerar que resulta de aplicación la tributación mínima establecida en la Ley del Impuesto sobre Sociedades.

8.6. Período impositivo y devengo

El período impositivo coincidirá con el ejercicio económico declarado por el establecimiento permanente, sin que pueda exceder de doce meses. En el caso en el que no se hubiese declarado otro distinto, el período impositivo se entenderá referido al año natural.

La comunicación del período impositivo deberá formularse en el momento en que deba presentarse la primera declaración por este impuesto, entendiéndose subsistente para períodos posteriores, en tanto no se modifique expresamente.

Se entenderá concluido el período impositivo:

a) Cuando el establecimiento permanente cese en su actividad.

b) Se realice la desafectación de la inversión en su día efectuada respecto del establecimiento permanente, así como en los supuestos en que traslade su actividad al extranjero.

c) Cuando se produzca la transmisión del establecimiento permanente a otra persona física o entidad.

d) Se modifique la residencia de la casa central.

e) Cuando fallezca su titular.

El impuesto se devengará el último día del período impositivo.

8.7. Gestión

Los establecimientos permanentes estarán obligados a:

a) Presentar declaración, determinando e ingresando la deuda tributaria correspondiente. Con carácter general, la declaración se presentará en el plazo de 25 días naturales siguientes a los seis meses posteriores a la conclusión del período impositivo.

b) Llevar contabilidad separada, referida a las operaciones que realicen y a los elementos patrimoniales que estuviesen afectos a ellos.

c) Al cumplimiento de las restantes obligaciones de índole contable, registral o formal exigibles a las entidades residentes en territorio español por las normas del IS.

d) Practicar retenciones e ingresos a cuenta, en los mismos términos que las entidades residentes en territorio español.

Los establecimientos permanentes estarán sometidos al régimen de retenciones del Impuesto sobre Sociedades por las rentas que perciban, y quedarán obligados a efectuar pagos fraccionados a cuenta de la liquidación de este impuesto, en los mismos términos que las entidades sujetas al Impuesto sobre Sociedades.

9. RENTAS OBTENIDAS SIN MEDIACIÓN DE ESTABLECIMIENTO PERMANENTE

En los siguientes apartados se exponen las particularidades correspondientes a la obtención de rentas en España sin establecimiento permanente.

9.1. Base imponible

Con carácter general, estará constituida por su importe íntegro calculado según las normas del IRPF.

Casos particulares. Se exponen en el siguiente cuadro:

Actividad	*BI*
Prestaciones de servicios, asistencia técnica, obras de instalación o montaje derivados de contratos de ingeniería y, en general, de actividades o explotaciones económicas.	Será igual a la diferencia entre los ingresos íntegros y los gastos de personal, de aprovisionamiento de materiales incorporados a las obras o trabajos y de suministros.
Rendimientos derivados de operaciones de reaseguro.	Estará constituida por los importes de las primas cedidas, en reaseguro, al reasegurador no residente.
Ganancias patrimoniales.	Vendrá determinada por la diferencia entre el valor de transmisión y el valor de adquisición, salvo en el caso de transmisiones lucrativas, cuyo importe será el valor normal de mercado del elemento adquirido.
Bienes inmuebles situados en territorio español.	2 por 100 del valor catastral o 1,1 por 100 si dicho valor ha sido revisado.

No obstante, cuando se trate de contribuyentes residentes en otro Estado miembro de la Unión Europea, se aplicarán las siguientes reglas especiales:

a) Para la determinación de la base imponible correspondiente a los rendimientos que obtengan sin mediación de establecimiento permanente, se podrán deducir los gastos previstos en la Ley del IRPF, siempre que el contribuyente acredite que están relacionados directamente con los rendimientos obtenidos en España y que tienen un vínculo económico directo e indisociable con la actividad realizada en España.

b) La base imponible correspondiente a las ganancias patrimoniales se determinará aplicando, como norma general, a cada alteración patrimonial que se produzca, las normas previstas para la determinación de la ganancia patrimonial a incluir en la base imponible del IRPF, así como lo regulado para las instituciones de inversión colectiva en el mencionado tributo. En el caso de entidades no residentes, cuando la ganancia patrimonial provenga de una adquisición a título lucrativo, su importe será el valor de mercado del elemento adquirido.

c) En el caso de personas físicas no residentes, la renta imputada de los bienes inmuebles situados en territorio español se determinará con arreglo a lo dispuesto en la Ley del IRPF.

9.2. Cuota tributaria

La cuota tributaria se obtendrá aplicando a la base imponible los siguientes tipos de gravamen:

a) Con carácter general, el 24 por 100. No obstante, el tipo de gravamen será el 19 por 100 cuando se trate de contribuyentes residentes en otro Estado miembro de la Unión Europea o del Espacio Económico Europeo con el que exista un efectivo intercambio de información tributaria.

b) Las pensiones y demás prestaciones similares percibidas por personas físicas no residentes en territorio español, cualquiera que sea la persona que haya generado el derecho a su percepción, serán gravadas de acuerdo con la siguiente escala:

Importe anual pensión hasta (euros)	*Cuota (euros)*	*Resto pensión hasta (euros)*	*Tipo aplicable (porcentaje)*
0	0	12.000	8
12.000	960	6.700	30
18.700	2.970	En adelante	40

c) Los rendimientos del trabajo de personas físicas no residentes en territorio español, siempre que no sean contribuyentes por el IRPF, que presten sus servicios en misiones diplomáticas y representaciones consulares de España en el extranjero, cuando no proceda la aplicación de normas específicas derivadas de los tratados internacionales en los que España sea parte, se gravarán al 8 por 100.

d) Cuando se trate de rendimientos derivados de operaciones de reaseguro, el 1,5 por 100.

e) El 4 por 100 en el caso de entidades de navegación marítima o aérea residentes en el extranjero, cuyos buques o aeronaves toquen territorio español.

f) El 19 por 100 cuando se trate de:

1) Dividendos y otros rendimientos derivados de la participación en los fondos propios de una entidad.
2) Intereses y otros rendimientos obtenidos por la cesión a terceros de capitales propios.
3) Ganancias patrimoniales que se pongan de manifiesto con ocasión de transmisiones de elementos patrimoniales.

g) Los rendimientos del trabajo percibidos por personas físicas no residentes en territorio español, en virtud de un contrato de duración determinada para trabajadores extranjeros de temporada, se gravarán al tipo del 2 por 100.

Cuando se realice una transmisión de un bien inmueble situado en territorio español por un contribuyente que actúe sin establecimiento permanente, el adquirente estará obligado a retener e ingresar el 3 por 100, o a efectuar el ingreso a cuenta correspondiente de la contraprestación acordada, en concepto de pago a cuenta del impuesto correspondiente. No obstante, el adquirente no tendrá la obligación de retener o de efectuar el ingreso a cuenta cuando el transmitente acredite su sujeción al IRPF o al IS ni tampoco en el caso de aportación de bienes inmuebles para la constitución o aumento de capitales de sociedades residentes en territorio español.

9.3. Deducciones

De la cuota solamente resultarán deducibles las deducciones por donativos en los términos regulados en el IRPF, así como las retenciones e ingresos a cuenta que se hubieran practicado sobre las rentas del contribuyente.

9.4. Devengo

Dependiendo del tipo de rentas, el impuesto se devengará:

a) Tratándose de rendimientos, cuando resulten exigibles o en la fecha del cobro si ésta fuera anterior.

b) Tratándose de ganancias patrimoniales, cuando tenga lugar la alteración patrimonial.

c) Tratándose de rentas imputadas correspondientes a los bienes inmuebles urbanos, el 31 de diciembre de cada año.

d) En los restantes casos, cuando sean exigibles las correspondientes rentas.

Las rentas presuntas se devengarán cuando resultaran exigibles, o en su defecto, el 31 de diciembre de cada año.

En el caso de fallecimiento del contribuyente, todas las rentas pendientes de imputación se entenderán exigibles en la fecha del fallecimiento.

9.5. Gestión

Los contribuyentes sin mediación de establecimiento permanente estarán obligados a:

a) Presentar declaración, determinando e ingresando la deuda tributaria correspondiente. Podrán también efectuar la declaración e ingreso de la deuda los responsables solidarios.

b) Llevar los registros de ingresos y gastos que se establezcan.

c) Practicar retenciones e ingresos a cuenta, respecto de los rendimientos del trabajo que satisfagan, así como respecto de otros rendimientos sometidos a retención, que constituyan gasto deducible para la obtención de las rentas.

d) Presentar la declaración censal.

e) Llevar los registros de ingresos y gastos que se determinen.

No obstante, los contribuyentes por este impuesto que hubieran obtenido rentas respecto de las que se hubiese practicado la retención o efectuado el ingreso a cuenta, no se les exigirá la presentación de la declaración respecto de estas rentas, excepto si hubieran obtenido ganancias patrimoniales procedentes del reembolso de participaciones en fondos de inversión y la retención practicada haya resultado inferior a la cuota tributaria a satisfacer.

La Administración Tributaria, previa solicitud del contribuyente, puede poner a su disposición, a efectos meramente informativos, borradores de declaración, con los límites y condiciones que establezca el Ministro de Hacienda y Administraciones Públicas y se generará un borrador de declaración por cada inmueble que origine imputación de rentas inmobiliarias. Cuando el contribuyente considere que el borrador de declaración refleja su situación tributaria a efectos de este Impuesto, podrá confirmarlo y tendrá la consideración de declaración.

10. ENTIDADES EN RÉGIMEN DE ATRIBUCIÓN DE RENTAS

Las rentas correspondientes a las entidades en régimen de atribución de rentas, así como las retenciones e ingresos a cuenta que hayan soportado, se atribuirán a los socios, herederos, comuneros o partícipes, respectivamente, y para la determinación de la renta atribuible a cada uno de ellos se estará a lo dispuesto en el régimen especial de las entidades en régimen de atribución de rentas, regulado en la normativa del IRPF.

No obstante, debemos distinguir entre:

a) Entidades en régimen de atribución de rentas constituidas en España.
b) Entidades en régimen de atribución de rentas constituidas en el extranjero.

10.1. Entidades en régimen de atribución de rentas constituidas en España

En este caso, será necesario diferenciar entre:

a) Entidades que realizan una actividad económica, en cuyo caso los miembros no residentes en territorio español serán contribuyentes de este impuesto con establecimiento permanente.

b) Entidades que no realizan una actividad económica. En este caso, los miembros no residentes en territorio español serán contribuyentes de este impuesto sin establecimiento permanente, y la parte de renta que les sea atribuible se determinará de acuerdo con las normas referidas a las rentas obtenidas sin establecimiento permanente.

10.2. Entidades en régimen de atribución de rentas constituidas en el extranjero

Tendrán la consideración de entidades en régimen de atribución de rentas las entidades constituidas en el extranjero cuya naturaleza jurídica sea idéntica o análoga a la de las entidades en atribución de rentas constituidas de acuerdo con las leyes españolas.

Debemos distinguir entre:

a) Entidades con presencia en territorio español.
b) Entidades sin presencia en territorio español.

a) *Entidades con presencia en territorio español.* Cuando una entidad en régimen de atribución de rentas constituida en el extranjero realice una actividad económica en territorio español, y toda o parte de ésta se desarrolle, de forma continuada o habitual, mediante instalaciones o lugares de trabajo de cualquier índole, o actúe en él a través de un agente autorizado para contratar, en nombre y por cuenta de la entidad, será contribuyente de este impuesto y presentará una autoliquidación anual conforme a las siguientes reglas:

— La BI estará constituida por la parte de la renta, cualquiera que sea el lugar de su obtención, determinada conforme a lo establecido en el IRPF para las entidades en régimen de atribución de rentas, que resulte atribuible a los miembros no residentes de la entidad.

— La cuota íntegra se determinará aplicando sobre la base imponible el tipo de gravamen que corresponda de entre los previstos en la normativa del Impuesto sobre Sociedades. Dicha cuota se minorará aplicando las bonificaciones y deducciones que se permiten para los contribuyentes que operan mediante establecimiento permanente, así como los pagos a cuenta, siempre en la parte correspondiente a la renta atribuible a los miembros no residentes.

— Deberán presentar la declaración informativa por la parte de la renta que resulte atribuible a los miembros residentes de la entidad.

— Estarán obligados a realizar pagos fraccionados a cuenta de este impuesto, autoliquidando e ingresando su importe.

b) *Entidades sin presencia en territorio español.* Cuando una entidad en régimen de atribución de rentas, constituida en el extranjero, obtenga rentas en territorio español sin desarrollar en éste una actividad económica, los miembros no residentes en territorio español serán contribuyentes de este impuesto sin establecimiento permanente, y la parte de renta que les sea atribuible se determinará de acuerdo a lo dispuesto para las rentas obtenidas sin mediación de establecimiento permanente.

Las retenciones o ingresos a cuenta se practicarán de la siguiente forma:

— Si se acredita al pagador la residencia de los miembros de la entidad y la proporción en que se les atribuye la renta, se aplicará a cada miembro la retención que corresponda según dichas circunstancias de acuerdo con su impuesto respectivo.

— Cuando el pagador no entienda acreditadas las circunstancias anteriores, practicará la retención o ingreso a cuenta con arreglo a las normas de este impuesto, sin considerar el lugar de residencia de sus miembros ni las exenciones. El tipo de retención será el que corresponda de acuerdo con la normativa del impuesto.

La retención o ingreso a cuenta será deducible de la imposición personal del socio, heredero, comunero o partícipe, en la misma proporción en que se atribuyan las rentas.

Tratándose de transmisiones de bienes inmuebles situados en territorio español, cuando alguno de los miembros de la entidad en atribución de rentas no sea residente en territorio español, el adquirente practicará, sobre la parte de la contraprestación acordada que corresponda a dichos miembros, la retención que resulte por aplicación de la normativa del impuesto.

11. GRAVAMEN ESPECIAL SOBRE BIENES INMUEBLES DE ENTIDADES NO RESIDENTES

Las entidades residentes en un país o territorio que tenga la consideración de paraíso fiscal, que sean propietarias o posean en España, por cualquier título, bienes inmuebles o derechos reales de goce o disfrute sobre éstos, estarán sujetas al impuesto mediante un gravamen especial, cuya base imponible estará constituida por el valor catastral de los bienes inmuebles, y si no existiera valor catastral, se utilizará el valor determinado con arreglo a las disposiciones aplicables a efectos del Impuesto sobre el Patrimonio.

En los supuestos en que una entidad residente en un país o territorio que tenga la consideración de paraíso fiscal participe en la titularidad de los bienes o derechos junto con otra u otras personas o entidades, el Gravamen Especial sobre Bienes Inmuebles de Entidades no Residentes en España será exigible por la parte del valor de los bienes o derechos que corresponda proporcionalmente a su participación en la titularidad de aquéllos.

Exenciones:

a) Estados e instituciones públicas extranjeras y los organismos internacionales;

b) las entidades que desarrollen en España, de modo continuado o habitual, explotaciones económicas diferenciables de la simple tenencia o arrendamiento del inmueble, y

c) las sociedades que coticen en mercados secundarios de valores oficialmente reconocidos.

Tipo de gravamen. El tipo de gravamen será del 3 por 100.

Cuota de gravamen. La cuota del Gravamen Especial sobre Bienes Inmuebles de Entidades no Residentes tendrá la consideración de gasto deducible a efectos de la determinación de la base imponible del impuesto que, en su caso, correspondiese.

Devengo y declaración. El gravamen especial se devengará a 31 de diciembre de cada año y deberá declararse e ingresarse en el mes de enero siguiente al devengo. La falta de autoliquidación por parte del contribuyente dará lugar a su exigibilidad por el procedimiento de apremio sobre los bienes inmuebles.

12. OPCIÓN PARA CONTRIBUYENTES RESIDENTES EN OTROS ESTADOS MIEMBROS DE LA UNIÓN EUROPEA

El contribuyente por este impuesto, que sea una persona física residente de un Estado miembro de la Unión Europea, siempre que se acredite que tiene fijado su domicilio o residencia habitual en un Estado miembro de la Unión Europea y que ha obtenido durante el ejercicio en España, por rendimientos del trabajo y por rendimientos de actividades económicas, como mínimo el 75 por 100 de la totalidad de su renta, podrá optar por tributar en calidad de contribuyente por el IRPF, siempre que tales rentas hayan tributado efectivamente durante el período por el IRNR.

Otro de los requisitos para poder desarrollar esta opción es que la renta obtenida durante el ejercicio en España haya sido inferior al 90 por 100 del mínimo personal y familiar que le hubiese correspondido de acuerdo con sus circunstancias personales y familiares de haber sido residente en España, siempre que dicha renta haya tributado efectivamente durante el período por el Impuesto sobre la Renta de No Residentes y que la renta obtenida fuera de España haya sido, asimismo, inferior a dicho mínimo.

La renta gravable estará constituida por la totalidad de las rentas obtenidas en España computadas por sus importes netos, determinados de acuerdo con la normativa del IRPF.

El tipo de gravamen aplicable será el tipo medio resultante de aplicar las normas del IRPF a la totalidad de las rentas obtenidas por el contribuyente durante el período, con independencia del lugar donde se hubiesen producido y cualquiera que sea la residencia del pagador, teniendo en cuenta las circunstancias personales y familiares que hayan sido debidamente acreditadas. El tipo medio de gravamen se expresará con dos decimales.

La cuota tributaria será el resultado de aplicar el tipo medio de gravamen a la parte de base liquidable, calculada conforme a las normas del IRPF, correspondiente a las rentas obtenidas por el contribuyente no residente en territorio español durante el período impositivo que se liquida.

Para la determinación del período impositivo y el devengo del impuesto se estará a lo dispuesto en la normativa del IRPF para los contribuyentes por dicho impuesto.

Las personas físicas a las que resulte de aplicación el régimen opcional no perderán su condición de contribuyentes por el Impuesto sobre la Renta de No Residentes. Este régimen opcional no será aplicable, en ningún caso, a los contribuyentes residentes en países o territorios calificados reglamentariamente como paraísos fiscales.

Asimismo, este régimen se aplica a los contribuyentes residentes en un Estado miembro del Espacio Económico Europeo con el que exista un efectivo intercambio de información tributaria.

13. CASOS PRÁCTICOS RESUELTOS

1. Don Pedro Robles, residente en Perú, ha obtenido en el presente ejercicio los siguientes rendimientos:

a) 2.600 euros procedentes de la transmisión de unos bonos de una empresa española.

b) 1.647 euros procedentes de unas participaciones en una empresa española.

c) 2.750 euros procedentes de la posesión de 200 acciones de la empresa MALUS, domiciliada en Madrid.

Determinar el importe a ingresar por don Pedro.

Solución: Don Pedro deberá tributar por las rentas obtenidas sin mediación de establecimiento permanente, siguiendo las pautas del IRPF:

$$BI = 2.600 + 1.647 + 2.750 = 6.997$$

Al tratarse de dividendos y de rendimientos procedentes de la cesión a terceros de capitales propios, el tipo de gravamen será:
Hasta 6.000 euros: 1.140
Resto: (6.997 - 6.000) × 0,21 = 209,4
Cuota tributaria = 1.140 + 209,4 = 1.349,4

2. Mr. Arthur Mill reside en el Reino Unido y posee un chalet en La Manga del mar Menor, en el cual pasa los veranos, adquirido en 1998 y cuyo valor de mercado asciende a 120.000 euros, siendo su valor catastral no revisado de 35.000 euros. Ha tenido unos gastos de reparación de fachada de 2.310 euros.

¿Está sujeto al IRNR? En caso afirmativo, determinación de la deuda tributaria.

Solución: Mr. Mill deberá abonar el IRNR, puesto que es sujeto pasivo del impuesto, ya que posee un inmueble en España. Para determinar la deuda tributaria deberá utilizar el régimen de imputación de rentas inmobiliarias:

BI = 35.000 × 2% = 700

Los gastos de reparación de fachada no son deducibles para la determinación de la BI.

3. La sociedad SMOLL, S. A., residente en Noruega y dedicada a la fabricación textil, posee un establecimiento permanente en España constituido el 1 de enero que ha obtenido un saldo de la cuenta de Pérdidas y Ganancias de 25.641 euros. Ha dedicado 950 euros a realizar actividades de I + D y ha invertido 1.514 euros en un elemento de inmovilizado material que reduce la contaminación ambiental. Determinar la deuda tributaria por IRNR.

Solución: Al ser un establecimiento permanente, la BI se determina según el IS:
BI = 25.461
CI = 25.461 × 0,25 = 6.365,25
Deducciones: I + D (como en el año anterior no se realizó actividad, el porcentaje será del 42 por 100): 950 × 0,42 = 399.
Cuota tributaria = 6.365,25 - 399 = 5.966,25

14. CASOS PRÁCTICOS PROPUESTOS

1. Don José Pérez reside en Alemania pero posee acciones de la sociedad X, domiciliada en Badajoz, por las cuales el 3 de enero percibió 2.130 euros procedentes de dividendos. Posteriormente, el 5 de mayo decidió vender dichos valores, recibiendo 25.341 euros. El precio de adquisición de dichos valores fue de 20.987 euros y los gastos inherentes a la adquisición de 52 euros.

¿Deberá abonar el IRNR en España? ¿Podrá optar por el régimen opcional para contribuyentes residentes en otros Estados miembros de la UE?

2. Don Miguel Botella reside en Italia y posee una casa en Benidorm que tiene alquilada durante todo el año por la que percibe un alquiler de 4.800 euros. El IBI asciende a 562 euros, siendo el valor catastral del inmueble de 6.542 euros y su valor de mercado de 64.895 euros. Los gastos de luz y agua han ascendido a 895 euros y los han satisfecho los inquilinos.

Determinar la deuda tributaria.

3. El mismo ejercicio anterior, pero suponiendo que la casa es de una sociedad italiana sin establecimiento permanente en España y que la tiene alquilada un economista para el ejercicio de su actividad profesional.

Determinar la deuda tributaria.

15. TEMAS PARA LA REFLEXIÓN

a) La imposición de no residentes: evolución histórica.

b) Los convenios de doble imposición internacional.

c) Las diferencias de tributación para las distintas formas de renta obtenidas por no residentes.

16. PREGUNTAS DE AUTOEVALUACIÓN

16.1. Preguntas cortas

1. Tributación en el IRNR de las entidades en régimen de atribución de rentas.
2. Domicilio fiscal en el IRNR.
3. Formas de sujeción al IRNR.

16.2. Preguntas tipo test

1. Las rentas obtenidas sin mediación de establecimiento permanente:

a) Deberán ajustarse, con carácter general, a las normas del IRPF.

b) Deberán ajustarse, con carácter general, a las normas del IS.

c) Deberán ajustarse, con carácter general, a las normas de las entidades en régimen de atribución de rentas constituidas en España.

d) Deberán ajustarse, con carácter general, a las normas de las entidades en régimen de atribución de rentas constituidas en el extranjero.

2. Las rentas obtenidas mediante establecimiento permanente:

a) Deberán ajustarse, con carácter general, a las normas del IRPF.

b) Deberán ajustarse, con carácter general, a las normas del IS.

c) Deberán ajustarse, con carácter general, a las normas de las entidades en régimen de atribución de rentas constituidas en España.

d) Deberán ajustarse, con carácter general, a las normas de las entidades en régimen de atribución de rentas constituidas en el extranjero.

3. Las rentas obtenidas mediante establecimiento permanente:

a) Tributarán, con carácter general, al 25 por 100.
b) Tributarán, con carácter general, al 24 por 100.
c) Las rentas derivadas de cesión a terceros de capitales propios tributarán al 19 por 100.
d) Estarán exentas de tributación.

4. Las rentas obtenidas sin mediación de establecimiento permanente:

a) Tributarán, con carácter general, al 25 por 100.
b) Tributarán, con carácter general, al 24 por 100.
c) Las rentas derivadas de explotación de hidrocarburos tributarán al 37,5 por 100.
d) Estarán exentas de tributación.

5. 1. Las personas físicas no residentes son sujetos pasivos del IRNR por las rentas obtenidas en España.

2. Las sociedades no residentes son sujetos pasivos del IRNR por las rentas obtenidas en España.

a) 1V 2V.
b) 1V 2F.
c) 1F 2V.
d) 1F 2F.

6. Determinar cuáles de las siguientes rentas estarán exentas en el IRNR:

a) Un premio de la ONCE.
b) Un premio de la Cruz Roja Española.
c) Una beca de una empresa privada para un curso de golf.
d) Ninguna de las anteriores.

7. El régimen opcional para contribuyentes residentes en otros Estados miembros de la UE:

a) Lo podrán solicitar solamente personas físicas.
b) Lo podrán solicitar solamente personas jurídicas.
c) Lo podrán solicitar tanto personas físicas como personas jurídicas.
d) Solamente resulta aplicable para las entidades en régimen de atribución de rentas.

8. Para la determinación de la renta en el régimen opcional para contribuyentes residentes en otros Estados miembros de la UE:

a) La renta gravable estará constituida por la totalidad de las rentas obtenidas en España.
b) Las rentas se calificarán según lo dispuesto en el IRPF.
c) Las rentas se computarán por sus importes netos.
d) Todas las respuestas anteriores son ciertas.

9. El gravamen especial sobre bienes inmuebles de entidades no residentes se aplicará:

a) Cuando una entidad española posea un bien inmueble en el extranjero.
b) Cuando una persona física española posea un bien inmueble en el extranjero.
c) Cuando una entidad extranjera posea un bien inmueble en España.
d) Cuando una persona física extranjera posea un bien inmueble en España.

10. En el gravamen especial sobre bienes inmuebles de entidades no residentes, la base imponible será:

a) El valor catastral.
b) El valor de mercado.
c) El valor a efecto de otros impuestos.
d) El mayor de los tres valores anteriores.

TEMA 8

EL IMPUESTO SOBRE SUCESIONES Y DONACIONES

1. LEGISLACIÓN BÁSICA, CARACTERÍSTICAS Y ÁMBITO DE APLICACIÓN

El Impuesto sobre Sucesiones y Donaciones (en adelante, ISD) se encuentra regulado en la Ley 29/1987, de 18 de diciembre, del Impuesto sobre Sucesiones y Donaciones, y en el Real Decreto 1629/1991, de 8 de noviembre, por el que se aprueba el Reglamento del Impuesto sobre Sucesiones y Donaciones.

El ISD es un tributo que grava los incrementos de patrimonio obtenidos a título lucrativo por personas físicas, y cuyas características son:

a) *Directo.* Recae sobre una manifestación directa e inmediata de la capacidad económica, como es la adquisición de bienes y derechos.

b) *Personal.* Se establece en relación a una persona determinada.

c) *Subjetivo.* En la determinación de las cuotas tributarias se tienen en cuenta algunas circunstancias que caracterizan a la persona obligada al pago.

d) *Progresivo.* El tipo de gravamen será mayor cuanto mayor sea la base gravada. También se tendrá en cuenta el grado de parentesco y el patrimonio previo del adquirente.

e) *Instantáneo.* El hecho imponible es un caso aislado, no periódico.

Además, el ISD es complementario del IRPF, no así del Impuesto sobre Sociedades, y de base jurídica.

El ISD se aplica en todo el territorio nacional, si bien en el País Vasco y Navarra se encuentra regulado por sus propias leyes forales, con algunas diferencias importantes con respecto al resto del país, como la exención existente en el País Vasco para las adquisiciones *mortis causa* e *inter vivos* que tengan como beneficiarios al cónyuge, hijos, ascendientes y parejas de hecho, o el tipo de gravamen del 0,8 por 100 que se establece en Navarra para adquisiciones por cónyuges, ascendientes o descendientes.

La exposición de este tema se realiza siguiendo la normativa estatal, sin perjuicio de las modificaciones legislativas específicas que pudiera realizar cada Comunidad Autónoma en el uso de sus potestades para modificar ciertos aspectos del tributo, como vamos a ver en el apartado siguiente y que se exponen al final del capítulo.

Para el desarrollo de este tema, seguiremos el siguiente mapa conceptual:

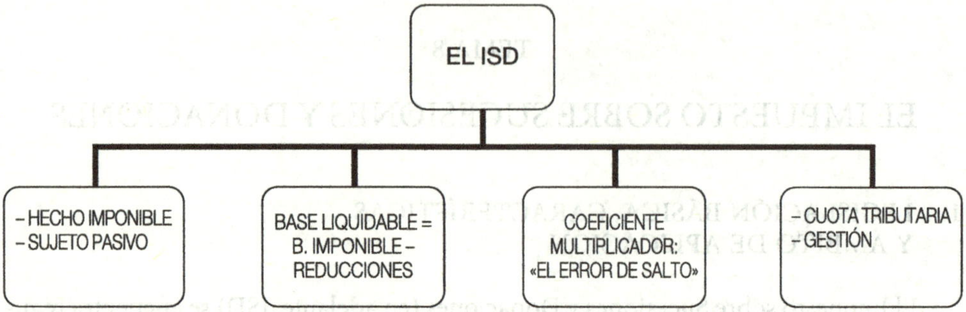

1.1. El alcance de la cesión del impuesto a las CCAA

El rendimiento del ISD se encuentra cedido a las CCAA de régimen común a través de la Ley 22/2009, de 18 de diciembre, por la que se regula el sistema de financiación de las Comunidades Autónomas de régimen común y Ciudades con Estatuto de Autonomía y se modifican determinadas normas tributarias. Las competencias normativas cedidas son las referidas a:

a) Reducciones de la base imponible. En este sentido, las CCAA podrán crear, tanto para las transmisiones *inter vivos* como para las *mortis causa*, las reducciones que consideren convenientes, siempre que respondan a circunstancias de carácter económico o social propias de la Comunidad Autónoma de que se trate. Asimismo, podrán regular las establecidas por la normativa del Estado, manteniéndolas o mejorándolas mediante el aumento del importe o del porcentaje de reducción, la ampliación de las personas que puedan acogerse a la misma o la disminución de los requisitos para poder aplicarla.

Cuando las CCAA creen sus propias reducciones, éstas se aplicarán con posterioridad a las establecidas por la normativa del Estado. Si la Comunidad Autónoma decide mejorar una reducción estatal, la reducción autonómica mejorada sustituirá a la estatal.

b) Tarifa del impuesto.

c) Cuantías y coeficientes del patrimonio preexistente.

d) Deducciones y bonificaciones de la cuota. Deberán resultar compatibles con las estatales. Se aplicarán con posterioridad a las reguladas por la normativa del Estado.

e) Gestión y liquidación del impuesto. No obstante, el Estado retendrá la competencia para establecer el régimen de autoliquidación del impuesto con carácter obligatorio en las Comunidades Autónomas que así lo considere.

2. ESQUEMA DE LIQUIDACIÓN

El esquema básico del impuesto es el siguiente:

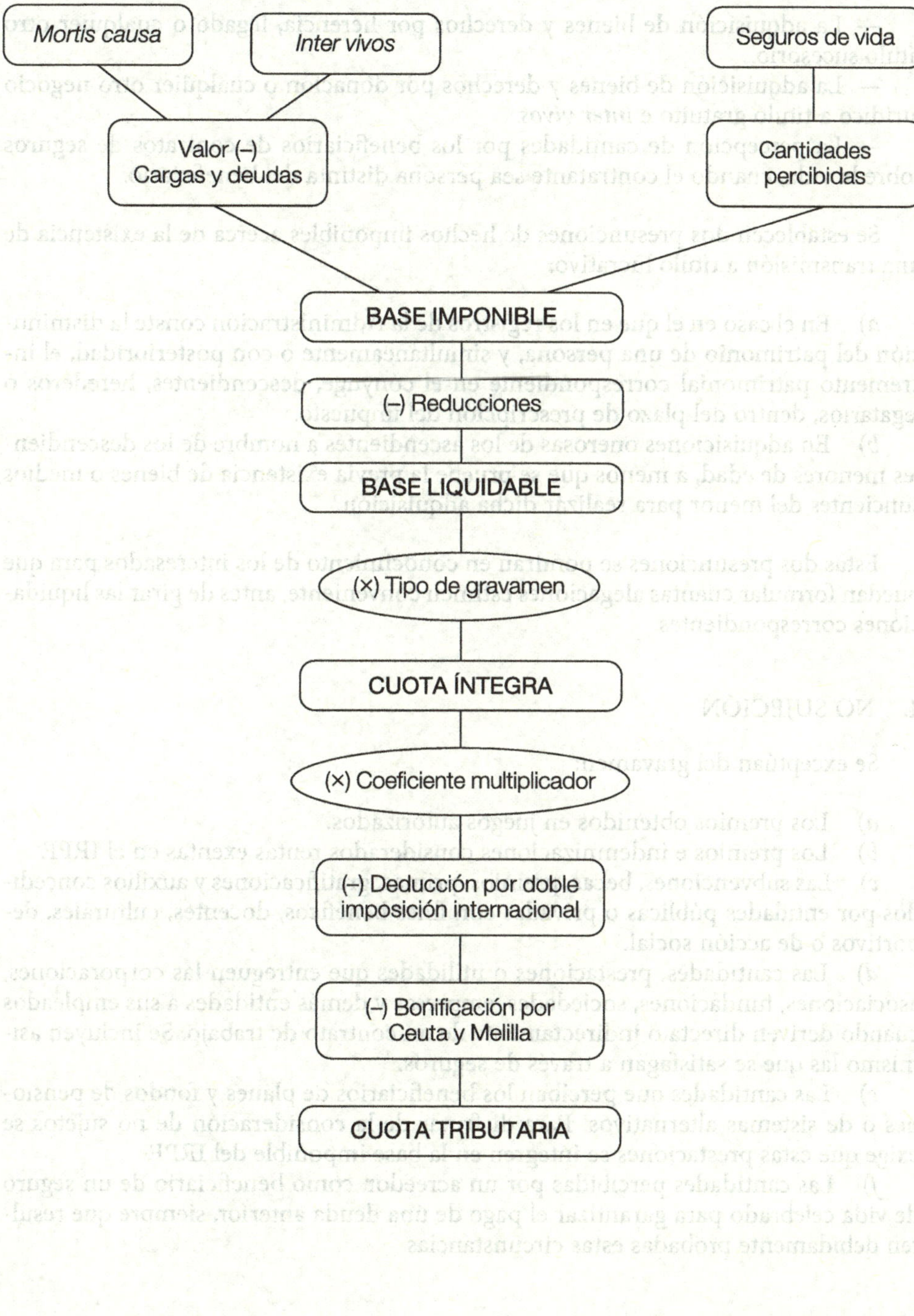

3. HECHO IMPONIBLE

El hecho imponible es el incremento patrimonial obtenido por personas físicas a título lucrativo o gratuito derivado de:

— La adquisición de bienes y derechos por herencia, legado o cualquier otro título sucesorio.
— La adquisición de bienes y derechos por donación o cualquier otro negocio jurídico a título gratuito e *inter vivos*.
— La percepción de cantidades por los beneficiarios de contratos de seguros sobre la vida, cuando el contratante sea persona distinta del beneficiario.

Se establecen dos presunciones de hechos imponibles acerca de la existencia de una transmisión a título lucrativo:

a) En el caso en el que en los registros de la Administración conste la disminución del patrimonio de una persona, y simultáneamente o con posterioridad, el incremento patrimonial correspondiente en el cónyuge, descendientes, herederos o legatarios, dentro del plazo de prescripción del impuesto.
b) En adquisiciones onerosas de los ascendientes a nombre de los descendientes menores de edad, a menos que se pruebe la previa existencia de bienes o medios suficientes del menor para realizar dicha adquisición.

Estas dos presunciones se pondrán en conocimiento de los interesados para que puedan formular cuantas alegaciones estimen conveniente, antes de girar las liquidaciones correspondientes.

4. NO SUJECIÓN

Se exceptúan del gravamen:

a) Los premios obtenidos en juegos autorizados.
b) Los premios e indemnizaciones considerados rentas exentas en el IRPF.
c) Las subvenciones, becas, premios, primas, gratificaciones y auxilios concedidos por entidades públicas o privadas con fines benéficos, docentes, culturales, deportivos o de acción social.
d) Las cantidades, prestaciones o utilidades que entreguen las corporaciones, asociaciones, fundaciones, sociedades, empresas y demás entidades a sus empleados cuando deriven directa o indirectamente de un contrato de trabajo. Se incluyen asimismo las que se satisfagan a través de seguros.
e) Las cantidades que perciban los beneficiarios de planes y fondos de pensiones o de sistemas alternativos. Para disfrutar de la consideración de no sujetos se exige que estas prestaciones se integren en la base imponible del IRPF.
f) Las cantidades percibidas por un acreedor, como beneficiario de un seguro de vida celebrado para garantizar el pago de una deuda anterior, siempre que resulten debidamente probadas estas circunstancias.

5. SUJETO PASIVO

Dependiendo de cuál sea la modalidad del hecho imponible afectada al impuesto, estarán obligados a título de contribuyente:

a) En las adquisiciones *mortis causa*, los causahabientes.

b) En las donaciones y demás transmisiones lucrativas *inter vivos*, el donatario o el favorecido por ellas.

c) En los seguros sobre la vida, los beneficiarios.

La tributación podrá ser exigible por:

a) Obligación personal.

b) Obligación real.

5.1. Por obligación personal

Se exigirá el impuesto por obligación personal a los contribuyentes que tengan su residencia habitual en España, con independencia de la nacionalidad del adquirente o transmitente. Los sujetos pasivos por obligación personal serán gravados por todos los bienes o derechos que integren el incremento patrimonial lucrativo, tanto si están ubicados en España como en el extranjero.

5.2. Por obligación real

Estarán obligados por obligación real los contribuyentes no residentes en territorio español por las adquisiciones, bienes y derechos que pudieran ejercitarse o hubieran de cumplirse en territorio español, así como por la percepción de cantidades derivadas de contratos de seguro sobre la vida cuando el contrato haya sido realizado en España, aunque fuera con entidades extranjeras que operen en ella.

6. BASE IMPONIBLE

La base imponible del impuesto se determina mediante el régimen de estimación directa y está constituida:

a) En las transmisiones *mortis causa*, el valor neto de los bienes y derechos de la adquisición individual, es decir, el valor de tales bienes, minorado por las cargas, deudas y gastos que fueran deducibles.

b) En las donaciones y transmisiones *inter vivos* equiparables, el valor neto de los bienes y derechos adquiridos.

c) En los seguros sobre la vida, las cantidades percibidas por el beneficiario. Estas cantidades se liquidarán acumulando su importe al resto de bienes y derechos que integran la porción hereditaria del beneficiario cuando el causante sea, a su vez, el contratante del seguro individual o el asegurado en el seguro colectivo. Si el seguro se hubiese contratado por uno de los cónyuges con cargo a la sociedad de gananciales y el beneficiario fuese el cónyuge sobreviviente, la base imponible estará constituida por la mitad de la cantidad percibida.

El ajuar doméstico formará parte de la masa hereditaria y se valorará en el 3 por 100 del importe del caudal relicto del causante (una vez descontado el importe de los bienes adicionados, las donaciones acumuladas y las cantidades que procedan de seguros sobre la vida, si las hubiere), salvo que los interesados:

a) Le asignen un valor superior al que resulte de la aplicación del mencionado 3 por 100.

b) Prueben fehacientemente su inexistencia o un valor inferior al que resulte del 3 por 100.

El valor del ajuar doméstico se minorará en el importe de los bienes que deben entregarse al cónyuge sobreviviente, cuyo valor se fijará en el 3 por 100 del valor catastral de la vivienda habitual del matrimonio, salvo que los interesados acrediten fehacientemente uno superior.

En cuanto a la valoración de los distintos elementos, como norma general, la ley aplica el criterio del valor de mercado, si bien en el caso en el que el valor declarado por los interesados es superior al valor de mercado, esa magnitud se tomará como base imponible, reservándose la Administración la facultad de comprobar esos valores.

Se entiende por *valor de mercado* el precio más probable por el cual podría venderse, entre partes independientes, un bien libre de cargas.

En el caso de bienes inmuebles, su valor será el valor de referencia previsto en la normativa reguladora del catastro inmobiliario, a la fecha de devengo del impuesto. No obstante, si el valor del bien inmueble declarado por los interesados es superior a su valor de referencia, se tomará aquel como base imponible.

Cuando no exista valor de referencia o este no pueda ser certificado por la Dirección General del Catastro, la base imponible, sin perjuicio de la comprobación administrativa, será la mayor de las siguientes magnitudes:

a) el valor declarado por los interesados, o

b) el valor de mercado.

El valor de referencia solo se puede impugnar por parte del contribuyente cuando se recurra la liquidación que en su caso realice la Administración Tributaria o con ocasión de la solicitud de rectificación de la autoliquidación. Cuando los obligados tributarios consideren que la determinación del valor de referencia ha perjudicado sus intereses legítimos, podrán solicitar la rectificación de la autoliquidación impugnando dicho valor de referencia.

Para la determinación de la base imponible por actos *mortis causa* serán deducibles las cargas, deudas y gastos.

Las cargas deducibles del valor de los bienes serán aquellas que disminuyan realmente su capital o valor, ya sean de naturaleza perpetua, temporal o redimible, tales como censos o pensiones, sin que merezcan tal consideración las cargas que constituyan obligación personal del adquirente ni las que, como las hipotecas y las prendas, no suponen disminución del valor de lo transmitido, sin perjuicio, en su caso, de que las deudas que garanticen puedan ser deducidas si procede.

Las deudas deducibles serán las que dejase contraídas el causante, siempre que se pueda acreditar la existencia de las mismas, tales como tributos o deudas de la Seguridad Social.

Se entenderá por gastos fiscalmente deducibles los derivados de última enfermedad, entierro y funeral, siempre que se justifiquen, teniendo en cuenta que los gastos de entierro y funeral deberán guardar la debida proporción con el caudal hereditario, según los usos y costumbres de la localidad. No serán deducibles los gastos que tengan su causa en la administración del caudal relicto.

En el caso de transmisiones por actos *inter vivos*, serán deducibles las cargas en los mismos términos que para las transmisiones *mortis causa*, pero en lo relativo a las deudas, sólo serán deducibles aquellas que estuviesen garantizadas con derechos reales que recaigan sobre los bienes transmitidos, siempre que el adquirente haya asumido fehacientemente la obligación de pagar la deuda garantizada.

7. BASE LIQUIDABLE

Con independencia de las modificaciones establecidas en cada Comunidad Autónoma por su normativa específica, la Ley 29/1987 establece la necesidad de realizar, cuando procedan, las reducciones de la base imponible para la determinación de la base liquidable, que se practicarán por el siguiente orden: en primer lugar las del Estado y a continuación las de las Comunidades Autónomas, si las hubiera.

7.1. Reducciones de la base imponible por actos *mortis causa*

En las adquisiciones *mortis causa*, incluidas las de beneficiarios de pólizas de seguro de vida, se permite la aplicación a la BI una serie de reducciones o mínimos exentos, tanto en el caso de obligación personal de contribuir como real:

a) En función del grado de parentesco con el causante:

Grupo I. Adquisiciones por descendientes y adoptados menores de 21 años: 15.956,87 euros, más 3.990,72 euros por cada año menos de 21 que tenga el causahabiente, sin que la reducción pueda exceder de 47.858,59 euros.

Grupo II. Adquisiciones por descendientes y adoptados de 21 o más años, cónyuge, ascendientes y adoptantes: 15.956,87 euros.

Grupo III. Adquisiciones por colaterales de segundo y tercer grados, ascendientes y descendientes por afinidad: 7.993,46 euros.

Grupo IV. Adquisiciones por colaterales de cuarto grado, grados más distantes y extraños: no hay reducción.

a) Como consecuencia de una minusvalía física, psíquica o sensorial del adquirente, se aplicará una reducción adicional, con independencia de las que le pudiera corresponder por razón de parentesco. Dicha reducción será de 47.858,59 euros si el grado de minusvalía es igual o superior al 33 por 100 e inferior al 65 por 100, o que sea igual o superior al 65 por 100, en cuyo caso la reducción ascenderá a 150.253,03 euros.

b) Reducción en la adquisición *mortis causa* de la empresa familiar y de la vivienda habitual. Se aplicará una reducción en la base imponible del ISD del 95 por 100 del valor que corresponda a los siguientes bienes, siempre que se mantengan en el patrimonio del causahabiente durante los diez años siguientes al fallecimiento del causante:

1.º Empresas individuales o negocios profesionales exentos de tributación en el Impuesto sobre el Patrimonio, cuando se haga a favor de cónyuge, descendientes o adoptados de la persona fallecida.
2.º La vivienda habitual del fallecido, a favor de su cónyuge, ascendientes, descendientes o bien pariente colateral mayor de 65 años, que hubiese convivido con el causante durante los dos años anteriores al fallecimiento, con el límite de 122.606,47 euros para cada sujeto pasivo.
3.º Bienes que se transmitan y que integren el patrimonio histórico español.

c) Se aplicará una reducción del 100 por 100, con un límite de 9.195,49 euros, a las cantidades percibidas por los beneficiarios de contratos de seguros sobre la vida, cuando su parentesco con el contratante fallecido sea el del cónyuge, ascendiente, descendiente o adoptado. Esta reducción es única por sujeto pasivo, con independencia del número de contratos de seguro que perciba.

7.2. Reducciones de la base imponible por actos *inter vivos*

En las adquisiciones a título de donación, la base imponible coincidirá con la base liquidable, excepto en el caso de:

— Transmisión de la empresa familiar, y
— Donación de bienes integrantes del patrimonio histórico.
— Transmisión de la empresa familiar. En el caso de transmisiones a título lucrativo *inter vivos* a favor del cónyuge, descendientes o adoptados, de una empresa individual o negocio profesional, en cuyo caso se aplicará una reducción en la base del 95 por 100 del valor de adquisición, siempre que concurran las condiciones siguientes:

a) Que el donante tenga 65 o más años o se encuentre en situación de incapacidad permanente absoluta.
b) Que si el donante ejerciera funciones de dirección, dejara de ejercer y de percibir remuneraciones por esas funciones desde el momento de la transmisión.
c) El donatario deberá mantener la adquisición durante los diez años siguientes a la fecha de la escritura pública de donación.

La misma reducción del 95 por 100 se aplicará para la donación de bienes integrantes del patrimonio histórico español siempre que se cumplan las condiciones *a*) y *c*) de la reducción anterior.

— Donación de bienes integrantes del Patrimonio Histórico. Cuando se realicen donaciones de bienes integrantes del Patrimonio Histórico Español u objetos de arte y antigüedades exentos en el Impuesto sobre el Patrimonio, se practicará una reducción del 95 por 100 de la base imponible del contribuyente siempre que se cumplan las condiciones *a*) y *c*) expuestas en la reducción por transmisión de empresa familiar precedente y que la donación se realice a favor del cónyuge, descendientes o adoptados.

A los efectos de las adquisiciones gratuitas de los bienes integrantes del Patrimonio Histórico Español o del Patrimonio Histórico o Cultural de las Comunidades Autónomas, se considerará que el donatario no vulnera el deber de mantenimiento de lo adquirido cuando done, de forma pura, simple e irrevocable, los bienes adquiridos con reducción de la base imponible del impuesto al Estado o a las demás Administraciones Públicas territoriales o institucionales.

8. CUOTA TRIBUTARIA

En el ISD, la cuota íntegra se determina aplicando a la base liquidable la tarifa del impuesto, así como el coeficiente multiplicador, y minorando la cantidad así obtenida con la deducción por doble imposición internacional y la bonificación por Ceuta y Melilla; estas dos últimas, si proceden.

8.1. Tarifa del impuesto

Existe una tarifa única —tanto para las transmisiones *inter vivos* como para las realizadas por actos *mortis causa*— progresiva por escalones, cuyos tipos impositivos aumentan en función de la cuantía de la base liquidable, si bien crecen muy moderadamente en los primeros escalones.

Escala de gravamen			
Base liquidable (Hasta euros)	*Cuota (Euros)*	*Resto base liquidable (Hasta euros)*	*Tipo aplicable (Porcentaje)*
0,00		7.993,46	7,65
7.993,46	611,50	7.987,45	8,50
15.980,91	1.290,43	7.987,45	9,35
23.968,36	2.037,26	7.987,45	10,20
31.955,81	2.851,98	7.987,45	11,05
39.943,26	3.734,59	7.987,46	11,90
47.930,72	4.685,10	7.987,45	12,75
55.918,17	5.703,50	7.987,45	13,60
63.905,62	6.789,79	7.987,45	14,45
71.893,07	7.943,98	7.987,45	15,30
79.880,52	9.166,06	39.877,15	16,15
119.757,67	15.606,22	39.877,16	18,70
159.634,83	23.063,25	79.754,30	21,25
239.389,13	40.011,04	159.388,41	25,50
398.777,54	80.655,08	398.777,54	29,75
797.555,08	199.291,40	En adelante	34,00

8.2. Coeficientes multiplicadores

Para acentuar la progresividad que resulta de la simple aplicación de la tarifa, la ley dispone de unos coeficientes multiplicadores establecidos en base a dos variables:

a) Cuantía del patrimonio preexistente del contribuyente o causahabiente.

b) Grado de parentesco entre el causante y el heredero.

Este coeficiente puede ir desde 1 (lo cual significa que la cuota íntegra coincidirá con la cuota tributaria) para parientes de los grupos I y II con patrimonio preexistente inferior o igual a 402.678,11 euros hasta 2,4 para causahabientes del grupo IV con un patrimonio preexistente de más de 4.020.770,98 euros.

Patrimonio preexistente (euros)	Grupos		
	I y II	III	IV
De 0 a 402.678,11	1,0000	1,5882	2,0000
De más de 402.678,11 a 2.007.380,43	1,0500	1,6676	2,1000
De más de 2.007.380,43 a 4.020.770,98	1,1000	1,7471	2,2000
Más de 4.020.770,98	1,2000	1,9059	2,4000

8.3. El «error de salto»

En algunas ocasiones, la diferencia entre la cuota tributaria obtenida por la aplicación del coeficiente multiplicador que corresponda y la que resulta de aplicar a la misma cuota íntegra el coeficiente multiplicador inmediato inferior es mayor que la que existe entre el importe del patrimonio tenido en cuenta para la liquidación y el importe máximo del patrimonio preexistente que motivaría la aplicación del coeficiente multiplicador anterior. En este caso se produce el denominado «error de salto» y conlleva un carácter confiscatorio para el contribuyente, por lo que se reduce la cuota tributaria por el importe en exceso. Es decir:

Error de salto: Diferencia de cuotas > Diferencia de patrimonios

Para determinar el patrimonio preexistente del contribuyente, se realizará conforme a las reglas establecidas en el Impuesto sobre el Patrimonio, considerando las siguientes particularidades:

a) En el caso de adquisiciones lucrativas *mortis causa*, se excluirá el valor de aquellos bienes y derechos por cuya adquisición se haya satisfecho el ISD como consecuencia de una donación anterior realizada por el causante.

b) En el patrimonio preexistente se incluirá el valor de los bienes y derechos que el cónyuge que hereda perciba como consecuencia de la disolución de la sociedad conyugal.

8.4. Deducción por doble imposición internacional

En el caso de tributación por obligación personal, el contribuyente tendrá derecho a deducir la menor de las dos cantidades siguientes:

a) El importe efectivo de lo satisfecho en el extranjero por razón de impuesto similar que afecte al incremento patrimonial sometido a gravamen en España.

b) El resultado de aplicar el tipo medio efectivo de este impuesto al incremento patrimonial correspondiente a bienes que radiquen o derechos que puedan ser ejercitados fuera de España, cuando hubiesen sido sometidos a gravamen en el extranjero por un impuesto similar. El tipo medio efectivo se define como la relación porcentual entre la cuota tributaria y la base liquidable.

8.5. Bonificación por Ceuta y Melilla

Cuando el causante hubiera tenido su residencia habitual en Ceuta y Melilla en el momento del devengo del impuesto o durante los cinco años anteriores, tendrán una bonificación del 50 por 100 de la cuota las cantidades derivadas de las transmisiones *mortis causa*, así como las percibidas por los beneficiarios de seguros sobre la vida. Dicha bonificación se elevará al 99 por 100 para los causahabientes comprendidos, según el grado de parentesco, en los grupos I y II.

En los supuestos de adquisiciones *inter vivos*, se aplicará una bonificación del 50 por 100 de la parte de la cuota que proporcionalmente corresponda a los inmuebles situados en Ceuta o Melilla. En el caso de las demás adquisiciones *inter vivos*, se aplicará una bonificación del 50 por 100 de la cuota que corresponda cuando el adquirente tenga su residencia habitual en Ceuta o Melilla.

8.6. Acumulación de herencias y donaciones

En el supuesto de que unos mismos bienes fueran objeto de dos o más transmisiones *mortis causa* en favor de descendientes en un período máximo de diez años, se reducirá de la BI en la segunda y ulteriores transmisiones el importe de lo satisfecho por el impuesto en las transmisiones precedentes.

Con el fin de evitar la reducción de la carga tributaria mediante la realización de transmisiones lucrativas fragmentadas próximas en el tiempo, la normativa del impuesto contiene lo siguiente:

a) Las donaciones y demás transmisiones *inter vivos* equiparables que se otorguen por un mismo donante a un mismo donatario, así como las adquisiciones producidas en vida del causante como consecuencia de contratos y pactos sucesorios formalizados entre las mismas personas, dentro del plazo de tres años, a contar desde la fecha de cada una, se considerarán como una sola transmisión a los efectos de liquidación del impuesto. Para determinar la cuota tributaria se aplicará a la base liquidable de la actual adquisición, el tipo medio correspondiente a la base liquidable teórica del total de las adquisiciones acumuladas.

b) Esas mismas donaciones y demás transmisiones *inter vivos* equiparables y a las adquisiciones producidas en vida del causante como consecuencia de contratos y pactos sucesorios acumulables a la sucesión que se cause por el donante o causante a favor del donatario o sucesor *mortis causa*, serán acumulables a la base imponible en la sucesión que se cause por el donante a favor del donatario, siempre que el plazo que medie entre éstas y aquéllas no exceda de cuatro años. Para la determinación de la cuota tributaria se aplicará lo dispuesto en el párrafo anterior.

A estos efectos se entiende por base liquidable teórica del total de las adquisiciones acumuladas, la suma de las bases liquidables de las donaciones y demás transmisiones *inter vivos* equiparables anteriores, de las herencias, legados o cualesquiera otros títulos sucesorios y la de la adquisición actual.

9. DEVENGO Y GESTIÓN DEL IMPUESTO

El devengo del impuesto, o momento en el que nace la obligación tributaria, se establece en función de cada uno de los distintos componentes de su hecho imponible, de forma que:

a) En las adquisiciones *mortis causa*, el impuesto se devengará el día del fallecimiento del causante de la sucesión.
b) En las transmisiones lucrativas *inter vivos*, el devengo se produce el día que se cause o celebre el acto o contrato.
c) En los seguros sobre la vida, el impuesto se devengará el día del fallecimiento del asegurado. No obstante, en los casos de sobrevivencia del contratante o asegurado, se devengará el día en que la primera o única cantidad a percibir sea exigible por el beneficiario.

En cuanto a la gestión, la titularidad de la competencia funcional para la gestión y liquidación del ISD corresponde a las Delegaciones y Administraciones de Hacienda o, en su caso, a las oficinas con análogas funciones de las Comunidades Autónomas que tengan cedida la gestión del tributo. No obstante, algunas CCAA han atribuido con distinto alcance la gestión y liquidación a las Oficinas Liquidadoras del Distrito Hipotecario a cargo de los Registradores de la Propiedad.

La liquidación y pago del ISD puede efectuarse a través de dos modalidades:

a) Declaración tributaria acompañada de la documentación necesaria a la Oficina para que ésta proceda a efectuar la liquidación.
b) Autoliquidación, realizando el sujeto pasivo las operaciones necesarias para determinar la deuda tributaria e ingresar su importe. Esta modalidad es opcional para el sujeto pasivo en el ISD, si bien la normativa estatal la ha establecido con carácter obligatorio en algunas CCAA. En el caso de adquisiciones *mortis causa*, la opción por esta modalidad afecta a todos los adquirentes por la misma sucesión, por lo que el acuerdo entre ellos debe ser unánime.

Por lo tanto, la normativa estatal ha establecido con carácter obligatorio la autoliquidación del tributo en algunas CCAA. En concreto, se establece el régimen de autoliquidación del impuesto con carácter obligatorio en las siguientes Comunidades Autónomas: Andalucía, Aragón, Asturias, Baleares, Canarias, Cantabria, Castilla-La Mancha, Castilla y León, Cataluña, Galicia, Región de Murcia, La Rioja, Madrid y Comunidad Valenciana.

En cuanto al plazo de presentación de los documentos o declaraciones será:

a) Cuando se trate de adquisiciones por causa de muerte, incluidas las de los beneficiarios de contratos de seguro de vida, seis meses, contados desde el día del fallecimiento del causante o desde aquel en que adquiera firmeza la declaración de fallecimiento.

b) En los demás supuestos, treinta días hábiles, a contar desde el siguiente a aquel en que se cause el acto o contrato.

10. DESARROLLO NORMATIVO POR CCAA

Las Comunidades Autónomas han realizado numerosas modificaciones normativas referidas tanto a la reducción de la base imponible como a la tarifa, deducciones y bonificaciones. En los últimos años, estos cambios habían supuesto, en casi todas las autonomías, la casi desaparición de la tributación por este impuesto para las transmisiones *mortis causa* realizadas a favor de parientes del grupo I y en muchas de ellas la casi nula tributación para parientes del grupo II. Sin embargo, como consecuencia de la crisis económica y de la necesidad de obtener ingresos por parte de las autonomías, recientemente numerosas CCAA han optado por eliminar los beneficios fiscales que se venían aplicando y han reducido los incentivos existentes, lo cual ha aumentado las diferencias tributarias entre los territorios que mantienen los beneficios fiscales implantados y los que han decidido suprimirlos.

Algunas autonomías han establecido deducciones o bonificaciones muy elevadas para determinadas donaciones, tales como las realizadas por padres a hijos de cantidades en metálico para la adquisición de la vivienda habitual.

11. CASOS PRÁCTICOS RESUELTOS

1. Don Pedro Pérez fallece en el ejercicio corriente, dejando dos hijos —Antonio y Manuel— herederos por partes iguales. Don Pedro tenía concertado un seguro de vida desde 1995 a favor de su hijo Manuel, minusválido, con un grado de minusvalía del 45 por 100, por la cantidad de 89.151,82 euros. Los bienes dejados por el causante son:

a) Un piso y un terreno rústico valorados cada uno de ellos en 110.316,67 euros.

b) Una cuenta corriente con un saldo de 52.316 euros.

El expediente de comprobación confirma los valores, así como la inexistencia de ajuar doméstico.

Antonio se adjudica el terreno rústico y la mitad del saldo de la cuenta corriente, mientras que Manuel se adjudica la otra mitad, junto con el piso.

Los dos hijos son mayores de 21 años y tienen un patrimonio preexistente inferior a 402.678,11 euros.

Se pide: determinar las liquidaciones a practicar por Antonio y Manuel.

Solución:

	Antonio	*Manuel*
Piso		110.316,67
Finca rústica	110.316,67	
Cuenta corriente	26.158	26.158
Seguro de vida		89.151,82
BI	136.474,67	225.626,49
Reducciones:		
Grupo II	15.956,87	15.956,87
Minusvalía		47.858,59
Seguro de vida		9.195,49
BL	120.517,8	152.615,54
CI = CT	15.748,36	21.750,64

2. Un padre efectúa una donación a favor de su hijo de 35 años, minusválido físico en un 35 por 100, de un local por 66.000 euros sobre el que recae una deuda garantizada con derecho real de 18.000 euros. El patrimonio preexistente del hijo es de 1.000.000 de euros.

Se pide: determinar la cuota tributaria por la donación en los siguientes casos: *a*) el hijo asume fehacientemente la deuda garantizada con derecho real, y *b*) el hijo no asume fehacientemente la deuda garantizada con derecho real.

Solución: Veamos ambos casos.

	Asume la deuda	*No asume la deuda*
Valor del bien	66.000	66.000
Gastos deducibles	18.000	
BI = BL	48.000	66.000
CI	4.693,93	7.092,43
CT	4.928,63	7.447,05

La diferencia de tributación entre asumir la deuda o no es de 2.518,42 euros.

3. Don Pedro falleció en el año corriente, en estado de viudedad, dejando como únicos herederos a dos hijos mayores de 21 años. El primero de ellos —David— tiene

un patrimonio preexistente de 402.678 euros y el segundo —Luis— de 402.680 euros. Los bienes declarados y comprobados por la Administración ascienden a 250.000 euros, incluido el ajuar doméstico.

Se pide: calcular la cuota tributaria correspondiente del ISD a cada uno de los hijos.

	David	*Luis*
Base imponible	125.000	125.000
Reducción	15.956,87	15.956,87
Base liquidable	109.043,13	109.043,13
Cuota íntegra	13.875,82	13.875,82
Cuota tributaria	13.875,82	13.875,82 × 1,05 = 14.569,61

Diferencia de cuotas: 14.569,61 – 13.875,82 = 693,79.

Diferencia de patrimonio preexistente: 402.680 - 402.678 = 2.

Como la diferencia de cuotas es superior a la diferencia de patrimonios, se ha producido el problema del «error de salto», por lo que se reduce la cuota tributaria por el importe en exceso:

$$693{,}79 - 2 = 691{,}79$$

La cuota tributaria de Luis será entonces de:

$$CT = 14.569{,}61 - 691{,}79 = 13.877{,}82$$

De este modo, la situación final será:

	David	*Luis*
Patrimonio preexistente	402.678	402.680
Inc. Pat. por la herencia	125.000	125.000
Total	527.678	527.680
CT	13.875,82	13.877,82
Patrimonio final	513.802,18	513.802,18

12. CASOS PRÁCTICOS PROPUESTOS

1. En marzo del año corriente fallece don Olegario Martínez, dejando esposa (con la que estaba casado en régimen de gananciales) y tres hijos: Mario, de 25 años, minusválido en un 20 por 100; Antonio, de 22 años, y Pedro, de 15 años.

Los bienes declarados y comprobados por la Administración ascienden a 100.000 euros, con inclusión del ajuar doméstico.

Don Olegario señala en el testamento que deja el tercio de libre disposición a su esposa y el resto a sus tres hijos, a partes iguales. La viuda renuncia a la cuota de viudedad que le pudiera corresponder. El patrimonio previo de cada uno de los hijos y de la esposa es inferior a 402.678 euros.

Se pide: calcular las cuotas tributarias por ISD de cada uno de los sujetos pasivos.

2. Don Jesús Blanco fallece en el ejercicio corriente a los 50 años de edad. Estaba casado en régimen de gananciales con doña Olga Olaya y tenía dos hijos: Martín, de 22 años, y Fidel, de 14 años.

La herencia se limita a los siguientes bienes, según valores comprobados por la Administración:

a) La vivienda habitual, cuyo valor asciende a 145.000 euros, siendo su valor catastral de 104.325 euros.
b) Un apartamento en la playa, valorado en 68.456 euros.
c) Un local comercial, con un valor de 269.598 euros.
d) Un depósito a plazo fijo de 35.000 euros.
e) Una cuenta corriente con 21.698 euros.

En el testamento se expresa que deja el tercio de libre disposición a la esposa y los dos tercios restantes a distribuir entre los tres hijos, a partes iguales. No hay más patrimonio en la familia, a excepción de una finca rústica que heredó doña Olga de sus padres y cuyo valor asciende a 26.965 euros.

Se pide: liquidación del ISD de los miembros de la familia.

3. El día 1 de marzo del año corriente, don Ramón Pérez donó a un nieto —Andrés—, de 20 años, 12.000 euros y a un sobrino —Enrique—, de 24 años, le donó 6.000 euros. En agosto de ese mismo año, don Ramón Pérez realiza una nueva donación en favor de su nieto, consistente esta vez en 4.500 acciones de una entidad eléctrica. A la fecha de la donación, el valor de cada acción de la mencionada entidad era de 6 euros. El patrimonio preexistente de los contribuyentes es inferior a 402.678,11 euros.

Se pide: liquidación del ISD de cada uno de los contribuyentes.

13. TEMAS PARA LA REFLEXIÓN

1. Justificación del impuesto en los sistemas fiscales actuales.
2. Reducciones de la base y capacidad de pago.
3. Desarrollo de la potestad normativa por parte de las CCAA.

14. PREGUNTAS DE AUTOEVALUACIÓN

14.1. Preguntas cortas

1. El ajuar doméstico.
2. Las reducciones en la base imponible en las transmisiones *inter vivos*.
3. El «error de salto».

14.2. Preguntas tipo test

1. Comentar si son verdaderas o falsas las siguientes afirmaciones:

a) Para las cantidades percibidas por beneficiarios de pólizas de seguro de vida mediante adquisición *mortis causa*, la base imponible coincidirá siempre con la base liquidable.
b) Las donaciones efectuadas por un mismo donante a un mismo donatario en el plazo de tres años, a contar desde la fecha de cada una, se considerarán una sola transmisión a efectos de la liquidación del impuesto.
c) En el Impuesto sobre Sucesiones y Donaciones, el ajuar doméstico formará parte de la masa hereditaria y se valorará —con carácter general— en el 2 por 100 del importe del caudal relicto.

2. En el Impuesto sobre Sucesiones y Donaciones, en el caso de una herencia recibida por un minusválido físico de su padre, la base liquidable será:

a) El resultado de aplicar a la base imponible la reducción por parentesco que corresponda.
b) El resultado de aplicar a la base imponible la reducción por minusvalía que corresponda.
c) El resultado de aplicar a la base imponible las reducciones por parentesco y minusvalía correspondientes.
d) No habrá reducción de la base imponible, por lo que ésta y la base liquidable coincidirán.

3. El Impuesto sobre Sucesiones y Donaciones:

a) Es un impuesto directo, real.
b) Es un impuesto directo, personal, que grava la renta.
c) Es un impuesto directo, personal, que grava el capital.
d) Es un impuesto indirecto.

4. En el Impuesto sobre Sucesiones y Donaciones, el sujeto pasivo:

a) Es la unidad familiar.
b) Es el individuo, persona física.
c) Es el individuo, persona jurídica.
d) Son sujetos pasivos del impuesto tanto las personas físicas como las personas jurídicas.

5. El coeficiente multiplicador que se aplica en el Impuesto sobre Sucesiones y Donaciones para acentuar la progresividad de la tarifa estará en función del:

a) Patrimonio preexistente del causahabiente y del grado de parentesco con el causante.

b) Patrimonio preexistente del causante y grado de parentesco con el causahabiente.
c) Patrimonio preexistente del heredero y amistad con el fallecido.
d) Grado de parentesco entre el heredero y el causante y los bienes del fallecido después de percibir la herencia.

6. 1. El impuesto sobre Sucesiones y Donaciones es subjetivo, ya que para la determinación de las cuotas tributarias se tienen en cuenta algunas circunstancias que caracterizan a la persona obligada al pago.
2. El impuesto sobre Sucesiones y Donaciones es un impuesto periódico, ya que habrá que satisfacerlo periódicamente cada vez que se perciba una herencia.

a) 1V 2V.
b) 1V 2F.
c) 1F 2V.
d) 1F 2F.

7. Son incrementos de patrimonio lucrativos:

a) Los que se manifiestan cuando se vende el activo y se obtiene una contraprestación.
b) Los que suponen una permuta para el contribuyente.
c) Los que se obtienen con motivo de una donación o del fallecimiento del sujeto contribuyente.
d) Ninguna de las anteriores es cierta.

8. En el supuesto de una donación de un piso de un padre a un hijo minusválido cuyo patrimonio preexistente es de 540.910 euros, a efectos del ISD, seguir la normativa estatal:

a) La base liquidable se obtendrá restando de la base imponible las reducciones por razón de parentesco, así como la reducción por minusvalía y aplicando el coeficiente multiplicador a la cuota.
b) La base liquidable se obtendrá restando de la base imponible únicamente la reducción por minusvalía y aplicando el coeficiente multiplicador a la cuota.
c) No se aplicará reducción en la base ni coeficiente multiplicador en la cuota.
d) No se aplicará ninguna reducción en la base y se aplicará el coeficiente multiplicador en la cuota.

9. Estarán no sujetos al Impuesto sobre Sucesiones y Donaciones:

a) Los premios e indemnizaciones considerados rentas exentas en el IRPF.
b) Las cantidades abonadas por corporaciones o asociaciones a sus empleados cuando se deriven directa o indirectamente de un contrato de trabajo.
c) Las cantidades percibidas por un acreedor como beneficiario de un seguro de vida celebrado para garantizar el pago de una deuda anterior.

d) Todas las anteriores son ciertas.

10. En la aplicación de la reducción por transmisión sucesoria de la empresa individual familiar en el ISD (señale la respuesta correcta):

a) La adquisición deberá realizarse por parte del cónyuge o descendientes o adoptados del causante.

b) La adquisición por parte de los herederos se deberá mantener durante un período de al menos los cinco años siguientes al fallecimiento del causante.

c) La reducción en la cuota de este impuesto será del 95 por 100 del valor de la empresa.

d) La reducción solamente se aplicará en el caso de empresas o negocios familiares sujetos y no exentos al Impuesto sobre el Patrimonio.

TEMA 9

EL IMPUESTO SOBRE TRANSMISIONES PATRIMONIALES Y ACTOS JURÍDICOS DOCUMENTADOS

1. NATURALEZA, LEGISLACIÓN, CARACTERÍSTICAS Y ÁMBITO DE APLICACIÓN

El Impuesto sobre Transmisiones Patrimoniales y Actos Jurídicos Documentados (en adelante, ITPAJD) es un tributo de naturaleza indirecta que grava las transmisiones patrimoniales onerosas, las operaciones societarias, y los actos jurídicos documentados. Está regulado en el Real Decreto Legislativo 1/1993, de 24 de septiembre, por el que se aprueba el Texto Refundido de la Ley del Impuesto sobre Transmisiones Patrimoniales y Actos Jurídicos Documentados y por el Real Decreto 828/1995, de 29 de mayo, por el que se aprueba el Reglamento del Impuesto sobre Transmisiones Patrimoniales y Actos Jurídicos Documentados.

Las características del impuesto son:

a) *Indirecto.* Recae sobre una manifestación indirecta de la capacidad contributiva, la circulación de riqueza.

b) *Real.* Tiene por fundamento un presupuesto objetivo cuya naturaleza se determina con independencia del elemento personal de la relación tributaria.

c) *Objetivo.* Las circunstancias personales del sujeto pasivo no se tienen en cuenta para la determinación de la cuota tributaria.

d) *Instantáneo.* Su hecho imponible no puede ser fraccionado, de forma que a cada fracción corresponda una obligación tributaria autónoma.

En cuanto al ámbito de aplicación del impuesto, se exigirá en todo el territorio español, sin perjuicio de los regímenes forales y de lo dispuesto en los tratados o convenios internacionales.

La exposición de este tema se realiza siguiendo la normativa estatal, siendo conscientes de las modificaciones legislativas específicas que pudiera realizar cada Comunidad Autónoma en el uso de sus potestades para modificar ciertos aspectos del tributo, como vamos a ver en el apartado siguiente.

Para el desarrollo de este tema, utilizaremos el siguiente mapa conceptual:

1.1. El alcance de la cesión a las CCAA

El rendimiento del ITPAJD se encuentra cedido a las CCAA a través de la Ley 22/2009, de 18 de diciembre, por la que se regula el sistema de financiación de las Comunidades Autónomas de régimen común y Ciudades con Estatuto de Autonomía y se modifican determinadas normas tributarias. Las competencias normativas cedidas son las siguientes:

a) Tipos de gravamen en determinados supuestos: concesiones administrativas, transmisión de bienes muebles e inmuebles, constitución y cesión de derechos reales que recaigan sobre muebles e inmuebles (excepto los derechos reales de garantía), arrendamiento de bienes muebles e inmuebles. En la modalidad AJD, las CCAA podrán regular el tipo de gravamen de los documentos notariales.

b) Deducciones y bonificaciones de la cuota. Sólo podrán afectar a los actos y documentos sobre los que las CCAA pueden ejercer capacidad normativa en materia de tipos de gravamen y se aplicarán con posterioridad a las reguladas por la normativa del Estado. En cualquier caso, deberán resultar compatibles con las deducciones y bonificaciones establecidas en la normativa estatal.

c) Las Comunidades Autónomas también podrán regular los aspectos de gestión y liquidación del tributo.

2. ESQUEMA DE LIQUIDACIÓN

En el esquema básico de liquidación se incluyen las tres modalidades diferenciadas del impuesto, lo que da lugar a tres cuotas distintas, según el hecho imponible que se haya realizado:

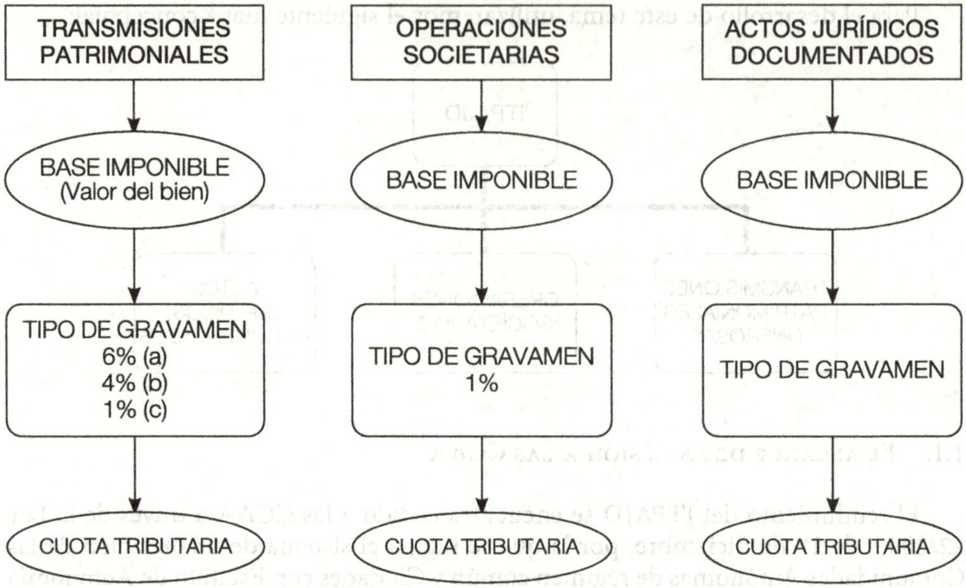

Nota: Los tipos de gravamen que se indican son los que se establecen en la normativa estatal, sin perjuicio de las modificaciones introducidas por las CCAA, que han supuesto una modificación de tipos en la mayoría de los casos.

(a) Aplicable a la transmisión de bienes inmuebles, y a la constitución y cesión de derechos reales que recaigan sobre los mismos, excepto derechos reales de garantía.
(b) En transmisiones de bienes muebles y constitución y cesión de derechos reales que recaigan sobre los mismos excepto los derechos reales de garantía.
(c) Constitución de derechos reales de garantía, pensiones, fianzas o préstamos y cesión de títulos.

3. HECHO IMPONIBLE. INCOMPATIBILIDADES

El ITPAJD es un tributo de naturaleza indirecta, que grava:

a) Las transmisiones patrimoniales onerosas (TPO) de bienes y derechos no afectos al ejercicio habitual de actividades empresariales, profesionales o artísticas.

b) Las operaciones societarias (OS), contemplando los aspectos más relevantes de la financiación de la sociedad.

c) Los actos jurídicos documentados (AJD), mediante documentos notariales, mercantiles y administrativos.

Estos conceptos sometidos a tributación son modalidades de un único impuesto y no se trata, por tanto, de impuestos diferentes.

En ningún caso, un mismo acto podrá ser liquidado por el concepto de transmisiones patrimoniales onerosas y operaciones societarias. Sin embargo, el gravamen sobre los actos jurídicos documentados es compatible con el resto de conceptos, salvo algunas excepciones.

Las incompatibilidades que se establecen están recogidas en el siguiente cuadro:

	INCOMPATIBLE CON
TPO	OS, AJD (Doc. Not.), IVA
OS	AJD (Doc. Not.)
AJD (Doc. Not.)	ISD

Nota: En lo referido al concepto AJD (Doc. Not.) estas incompatibilidades solamente hacen referencia a la cuota variable, puesto que la cuota fija resulta, en cualquier caso, compatible con el resto de conceptos.

4. EXENCIONES

Se distingue entre exenciones subjetivas y exenciones objetivas. Las primeras eximen de gravamen a determinados sujetos, mientras que las exenciones objetivas se establecen en determinados supuestos específicos.

4.1. Exenciones subjetivas

a) El Estado, incluyendo las Administraciones territoriales e institucionales, y sus establecimientos de beneficencia, cultura, seguridad social, docentes o de fines científicos, así como aquellas entidades cuyo régimen fiscal haya sido equiparado por una Ley al del Estado o al de las Administraciones Públicas.

b) Determinadas entidades sin fines lucrativos, tales como fundaciones, asociaciones de utilidad pública, ONG, federaciones deportivas, el Comité Olímpico y el Comité Paralímpico Español.

c) Las Cajas de Ahorro, por las adquisiciones directamente destinadas a su obra social.

d) La Iglesia Católica.

e) La Cruz Roja española, la Organización Nacional de Ciegos (ONCE).

f) El Instituto de España y las Reales Academias integradas en el mismo.

g) La obra pía de los Santos Lugares.

h) Los partidos políticos con representación parlamentaria.

4.2. Exenciones objetivas

Dada la gran variedad de exenciones objetivas establecidas para este impuesto, tanto en la normativa referida al mismo como en otras normas especiales, señalaremos aquellas que resulten más relevantes:

a) Las transmisiones y demás actos y contratos en que la exención resulte concedida por tratados o convenios internacionales que hayan pasado a formar parte del ordenamiento interno de nuestro país.

b) Las aportaciones de bienes y derechos verificados por los cónyuges a la sociedad conyugal, así como las adjudicaciones y transmisiones que se verifiquen a su disolución y en pago de su haber de gananciales.

c) Las entregas de dinero que constituyan el precio de bienes o se verifiquen en pago de servicios personales, de créditos o indemnizaciones. Las actas de entrega de cantidades por las entidades financieras, en ejecución de escrituras de préstamo hipotecario, cuyo impuesto haya sido debidamente liquidado o declarada la exención procedente.

d) Los anticipos sin interés concedidos por el Estado y las Administraciones Públicas.

e) Las operaciones societarias que se produzcan con motivo de las regularizaciones de balances, autorizadas por la Administración.

f) Los depósitos en efectivo y la constitución y transmisión de préstamos, cualquiera que sea la forma en que se instrumenten, incluso los representados por pagarés, bonos, obligaciones y títulos análogos. La exención se extenderá al gravamen sobre actos jurídicos documentados que recae sobre pagarés, bonos, obligaciones y demás títulos análogos emitidos en serie, por plazo no superior a dieciocho meses, representativos de capitales ajenos por los que se satisfaga una contraprestación por diferencia entre el importe satisfecho en la emisión y el comprometido a reembolsar al vencimiento.

g) Las transmisiones de vehículos usados con motor mecánico para circular por carretera, cuando el adquirente sea un empresario dedicado habitualmente a la compraventa de los mismos y los adquiera para su reventa.

h) Las primeras copias de escrituras notariales que documenten la cancelación de hipotecas de cualquier clase, en cuanto al gravamen gradual de la modalidad Actos Jurídicos Documentados que grava los documentos notariales.

i) Para las Viviendas de Protección Oficial (VPO) se establecen las exenciones relativas a:

— Transmisión de solares y cesión del derecho de superficie para la construcción de edificios, en régimen de protección oficial.
— La primera transmisión *inter vivos* de VPO, siempre que tenga lugar dentro de los seis años siguientes a la fecha de la calificación definitiva.
— Los préstamos, hipotecarios o no, solicitados para la construcción de VPO.
— Las escrituras públicas otorgadas para formalizar actos y contratos relacionados con VPO.
— La constitución, ampliación de capital, fusión y escisión de sociedades, cuando la sociedad resultante tenga por objeto exclusivo la promoción o construcción de edificios en régimen de protección oficial.

j) Las aportaciones a los patrimonios protegidos de las personas con discapacidad.

k) La constitución de sociedades, el aumento de capital, las aportaciones que efectúen los socios que no supongan aumento de capital y el traslado a España de la sede de dirección efectiva o del domicilio social de una sociedad cuando ni una ni otro estuviesen previamente situados en un Estado miembro de la Unión Europea.

l) Las escrituras de formalización de las novaciones contractuales de préstamos y créditos hipotecarios cuyo deudor se encuentre situado en el umbral de exclusión están exentas de la cuota gradual de documentos notariales de la modalidad de actos jurídicos documentados.

m) Los arrendamientos de vivienda para uso estable y permanente.

n) La constitución, disolución y las modificaciones consistentes en aumentos y disminuciones de los fondos de pensiones regulados en el texto refundido de la Ley de Regulación de los Planes y Fondos de Pensiones.

o) Cuando exista garantía real inscribible, las escrituras de formalización de la extensión de los plazos de vencimiento de las operaciones de financiación que han recibido aval público previstos en el Real Decreto-ley 5/2021, de 12 de marzo, de medidas extraordinarias de apoyo a la solvencia empresarial en respuesta a la pandemia de la COVID-19, quedarán exentas de la cuota gradual de documentos notariales de la modalidad de actos jurídicos documentados.

5. TRANSMISIONES PATRIMONIALES ONEROSAS

Las transmisiones sujetas al impuesto son las siguientes:

a) Transmisiones onerosas por actos *inter vivos* de toda clase de bienes y derechos que integren el patrimonio de las personas físicas o jurídicas.

b) La constitución de derechos reales, préstamos, fianzas, arrendamientos, pensiones y concesiones administrativas.

No estarán sujetas a TPO estas operaciones cuando, con independencia de la condición del adquirente, los transmitentes sean empresarios o profesionales en el ejercicio de su actividad económica y, en cualquier caso, cuando constituyan entregas de bienes o prestaciones de servicios sujetas al IVA.

No obstante, quedarán sujetos a TPO las entregas o arrendamientos de bienes inmuebles, así como la constitución y transmisión de derechos reales de uso y disfrute que recaigan sobre los mismos, cuando gocen de exención en el IVA. También quedarán sujetas las entregas de aquellos inmuebles que estén incluidos en la transmisión de un patrimonio empresarial o profesional, cuando por las circunstancias concurrentes la transmisión de este patrimonio no quede sujeta al IVA.

Entre las entregas y arrendamientos de bienes inmuebles que por estar exentas del IVA tributan en el ITPAJD, en su modalidad de Transmisiones Patrimoniales, destacamos las siguientes:

a) Las entregas de terrenos que no tengan la condición de edificables.

b) La segunda y ulteriores entregas de edificaciones, incluidos los terrenos en los que se hallen enclavadas.

c) Los arrendamientos que tengan por objeto los siguientes bienes: terrenos y edificios o parte de los mismos destinados exclusivamente a viviendas, incluidos garajes y anexos y bienes muebles arrendados conjuntamente.

5.1. Sujeto pasivo

El sujeto pasivo de este impuesto es siempre el adquirente de los bienes o derechos, sin que esta obligación de contribuir pueda verse afectada por los pactos de las partes sobre la traslación de la carga tributaria. El tributo se exigirá según lo dispuesto, cualesquiera que sean las estipulaciones establecidas por los interesados.

5.2. Base imponible

La base imponible del impuesto quedará constituida por el valor del bien transmitido o del derecho que se constituya o ceda, por tanto serán deducibles las cargas que disminuyan el valor de los bienes, pero no las deudas, aunque estén garantizadas con prenda o hipoteca. Se entiende por valor el de mercado, definido como el precio más probable por el cual podría venderse, entre partes independientes, un bien libre de cargas. No obstante, si el valor declarado por los interesados, el precio o contraprestación pactada o ambos son superiores al valor de mercado, la mayor de esas magnitudes se tomará como base imponible.

En el caso de los bienes inmuebles, su valor será el valor de referencia previsto en la normativa reguladora del catastro inmobiliario, excepto si el valor declarado o pactado o ambos son superiores a su valor de referencia, en cuyo caso se tomará como base imponible la mayor de estas magnitudes. En aquellos casos en los cuales no exista valor de referencia, la base imponible, sin perjuicio de la comprobación administrativa será la mayor de las siguientes magnitudes:

— el valor declarado por los interesados;
— el precio o contraprestación pactada, o
— el valor de mercado.

Dada la gran variedad de hechos imponibles que engloba esta modalidad del impuesto, el criterio general de determinación de la base imponible se completa con una serie de normas de valoración aplicables a supuestos particulares, de los que destacamos los siguientes:

a) El valor del usufructo temporal será de un 2 por 100 por cada año, sin que pueda exceder del 70 por 100. En el usufructo vitalicio se estimará que el valor es igual al 70 por 100 del valor total de los bienes cuando el usufructuario tenga menos de 20 años, minorando en un 1 por 100 por cada año más, con el límite mínimo del 10 por 100 del valor total.

b) El valor del derecho de la nuda propiedad se computará por la diferencia entre el valor total de los bienes y el valor del usufructo.

c) Las hipotecas se valorarán con el importe de la obligación o capital garantizado, comprendiendo las sumas que se aseguren por intereses, indemnizaciones u otros conceptos análogos.

d) En los arrendamientos, servirá de base la cantidad total que haya de satisfacerse por todo el período de duración del contrato.

5.3. Cuota tributaria

La cuota tributaria se obtendrá mediante la aplicación a la BI de los siguientes tipos de gravamen, sin perjuicio de lo regulado por las CCAA:

a) El 6 por 100 si se trata de la transmisión de bienes inmuebles, así como la constitución y cesión de derechos reales que recaigan sobre los mismos, excepto los derechos reales de garantía.

b) El 4 por 100 si se trata de bienes muebles, así como la constitución y cesión de derechos sobre los mismos, salvo los derechos reales de garantía. Asimismo, será de aplicación el 4 por 100 a cualquier otro acto sujeto al que no se le asigne tipo específico.

c) El 1 por 100 si se trata de la constitución de derechos reales de garantía, pensiones, fianzas o préstamos, incluso los representados por obligaciones, así como la cesión de créditos de cualquier naturaleza.

La normativa del impuesto establece la posibilidad de satisfacer la deuda tributaria mediante la utilización de efectos timbrados en los supuestos de arrendamientos de fincas urbanas, para las cuales se establece una escala aplicable, cualquiera que sea la naturaleza de los bienes arrendados:

	Euros
Hasta 30,05 euros	0,09
De 30,06 a 60,10	0,18
De 60,11 a 120,20	0,39
De 120,21 a 240,40	0,78
De 240,41 a 480,81	1,68
De 480,82 a 961,62	3,37
De 961,63 a 1.923,24	7,21
De 1.923,25 a 3.846,48	14,42
De 3.846,49 a 7.692,95	30,77
De 7.692,96 en adelante	0,024040*

* Euros por cada 6,01 euros o fracción.

Los arrendamientos de fincas urbanas podrán tener distinta tributación, dependiendo de su destino. Así, se grava en el ITPAJD si se destina a vivienda, o se grava en IVA, al 21 por 100, si se destina a local de negocio, al tratarse de una actividad empresarial.

6. OPERACIONES SOCIETARIAS

Son operaciones societarias sujetas a ITPAJD por el concepto de Operaciones Societarias:

1) La constitución de sociedades, el aumento y disminución de su capital social y la disolución de sociedades.

2) Las aportaciones que efectúen los socios que no supongan un aumento del capital social.

3) El traslado a España de la sede de dirección efectiva o del domicilio social de una sociedad cuando ni una ni otro estuviesen previamente situados en un Estado miembro de la Unión Europea. No obstante, no estarán sujetos los traslados de la sede de dirección efectiva o del domicilio social de sociedades de un Estado miembro de la Unión Europea a otro.

Tampoco estarán sujetas:

— Las operaciones de reestructuración, considerando como tales las operaciones de reestructuración las operaciones de fusión, escisión, aportación de activos y canje de valores.

— La modificación de la escritura de constitución o de los estatutos de una sociedad y, en particular, el cambio del objeto social, la transformación o la prórroga del plazo de duración de una sociedad, y

— La ampliación de capital que se realice con cargo a la reserva constituida exclusivamente por prima de emisión de acciones.

No obstante, estarán exentas:

a) la constitución de sociedades,

b) el aumento de capital,

c) las aportaciones que efectúen los socios que no supongan aumento de capital, y

d) el traslado a España de la sede de dirección efectiva o del domicilio social de una sociedad cuando ni una ni otro estuviesen previamente situados en un Estado miembro de la Unión Europea.

6.1. Sujeto pasivo

Estará obligado al pago del impuesto a título de contribuyente y cualesquiera que sean las estipulaciones establecidas por las partes en contrario:

— En la constitución de sociedades, aumento de capital, traslado de sede de dirección efectiva o domicilio social y aportaciones de los socios que no supongan un aumento del capital social, la sociedad.

— En la disolución de sociedades y reducción de capital social, los socios, copropietarios, comuneros o partícipes por los bienes y derechos recibidos.

6.2. Base imponible

La base imponible se determina según el tipo de operación. Así:

a) En la constitución y aumento de capital de sociedades que limiten de alguna manera la responsabilidad de los socios, la base imponible coincidirá con el importe nominal en que aquél quede fijado inicialmente o ampliado con adición de las primas de emisión, en su caso, exigidas.

b) Cuando se trate de operaciones realizadas por sociedades distintas de las anteriores y en las aportaciones de los socios que no supongan un aumento del capital social, la base imponible se fijará en el valor neto de la aportación, entendiéndose como tal el valor de los bienes y derechos aportados minorado por las cargas y gastos que fueren deducibles y por el valor de las deudas que queden a cargo de la sociedad con motivo de la aportación.

c) En los traslados de sede de dirección efectiva o de domicilio social, la base imponible coincidirá con el haber líquido que la sociedad, cuya sede de dirección efectiva o domicilio social se traslada, tenga el día en que se adopte el acuerdo.

d) En la disminución de capital y en la disolución, la base imponible coincidirá con el valor de los bienes y derechos entregados a los socios, sin deducción de gastos y deudas.

6.3. Cuota tributaria

El tipo de gravamen aplicable para el cálculo de la cuota tributaria es del 1 por 100.

7. ACTOS JURÍDICOS DOCUMENTADOS

La tercera modalidad del impuesto está constituida por el gravamen que recae sobre los actos jurídicos documentados, cuyo objeto es el documento considerado como soporte del correspondiente acto o negocio jurídico, y que engloba:

a) Documentos notariales.
b) Documentos mercantiles.
c) Documentos administrativos.

7.1. Documentos notariales

Se sujetan al impuesto las escrituras, actas y testimonios notariales, a excepción de las copias simples —fotocopias—, en las condiciones y términos que se establecen para la determinación de la cuota tributaria.

No obstante, no se sujetan a gravamen las escrituras públicas de novación de préstamos con garantía hipotecaria cuando se refieran a la ampliación del plazo del préstamo y así, se extenderán en papel común las escrituras públicas que documenten la ampliación del plazo de los préstamos con garantía hipotecaria concedidos para la adquisición, construcción y rehabilitación de la vivienda habitual.

El sujeto pasivo obligado al pago es el adquirente del bien o derecho y, en su defecto, las personas que insten o soliciten los documentos notariales o aquellos en cuyo interés se expidan. Cuando se trate de escrituras de préstamo con garantía hipotecaria, se considera sujeto pasivo al prestamista.

La base imponible en las primeras copias de escrituras públicas que tengan por objeto directo cantidad o cosa valuable es el valor declarado, sin perjuicio de la comprobación administrativa. En el caso de derechos reales de garantía y en las escrituras que documenten préstamos con garantía, la base imponible está constituida por el importe de la obligación o capital garantizado, comprendiendo las sumas que se aseguren por intereses, indemnizaciones, penas por incumplimiento u otros conceptos análogos y si no constara expresamente el importe de la cantidad garantizada, se toma como base el capital y tres años de intereses.

La cuota tributaria es fija, variable o ambas:

a) Cuota fija. Las matrices y copias de escrituras y actas notariales, así como los testimonios, se extenderán, en todo caso, en papel timbrado gravado a una cuota fija de 0,30 euros por pliego o 0,15 euros por folio, a elección del fedatario. Las copias simples no estarán sujetas al impuesto.

b) Cuota variable. Las primeras copias de escritura y actas notariales tributarán además al tipo de gravamen del 0,5 por 100, cuando concurran los siguientes requisitos:

— Que sean documentos autorizados por un notario público en el ejercicio de su actividad.

— Que su contenido consista en un acto jurídico.

— Que el acto tenga por objeto cantidad o cosa valuable, susceptible de ser inscrito en los Registros de la Propiedad, Mercantil o de la Propiedad Industrial.

— Que el acto no esté sujeto al Impuesto sobre Sucesiones y Donaciones o al propio impuesto por los conceptos de Transmisiones Patrimoniales Onerosas u Operaciones Societarias.

7.2. Documentos mercantiles

Están sujetos al impuesto los siguientes documentos mercantiles: letras de cambio y documentos que realicen función de giro o suplan a letras de cambio (libranzas, pagarés, etc.).

El sujeto pasivo será:

a) En letras de cambio, el librador.

b) En documentos de giro o sustitutivos, las personas o entidades que los expidan.

La base imponible en las letras de cambio y documentos de giro será el importe girado, y en el resto de documentos, el importe girado o el nominal.

La cuota tributaria se establece según el documento: en las letras de cambio y demás documentos se extenderán en efecto timbrado de la clase que corresponda a su cuantía.

7.3. Documentos administrativos

Dentro de esta modalidad, se sujetan al impuesto actos tales como:

a) La rehabilitación y transmisión de grandezas y títulos nobiliarios. Se consideran transmisiones directas las que tengan lugar entre ascendientes y descendientes o entre hermanos cuando la grandeza o el título haya sido utilizado por alguno de los padres y el resto se consideran transmisiones transversales. La rehabilitación se grava siempre que haya existido interrupción en la posesión de una grandeza o título, cualquiera que sea la forma en que se produzca, pero sin que pueda liquidarse en cada supuesto más que un solo derecho al sujeto pasivo, que se considera como tal, la persona que resulte beneficiaria del acto jurídico. La cuota tributaria se determina tras la aplicación de la escala siguiente que también resultará de aplicación cuando exista el derecho a usar en España títulos pontificios y los demás extranjeros:

Escala	*Transmisiones directas* – *Euros*	*Transmisiones transversales* – *Euros*	*Rehabilitaciones y reconocimiento de títulos extranjeros* – *Euros*
1.º Por cada título con grandeza	2.922	7.325	17.561
2.º Por cada grandeza sin título	2.089	5.237	12.539
3.º Por cada título sin grandeza	833	2.089	5.027

b) Las anotaciones preventivas que se practiquen en los Registros Públicos cuando tengan por objeto un derecho o interés valuable y no vengan ordenadas de oficio por la autoridad judicial o administrativa competente. El sujeto pasivo será la persona que lo solicite. La cuota tributaria será del 0,5 por 100, aplicable sobre el valor económico del derecho o interés que se garantice, publique o constituya.

8. DEVENGO

El devengo del impuesto depende de la modalidad del impuesto:

a) En transmisiones patrimoniales, el día en que se realice el acto o contrato gravado.

b) En operaciones societarias y actos jurídicos documentados, el día en que se formalice el acto sujeto a gravamen (otorgamiento de la escritura pública correspondiente).

9. GESTIÓN DEL IMPUESTO

El régimen general es de autoliquidación del impuesto, que deberá practicar el sujeto pasivo dentro de los 30 días hábiles siguientes a aquel en que haya tenido lugar el hecho imponible, ingresando el importe correspondiente en el Tesoro Público.

La Administración podrá comprobar el valor de los bienes transmitidos o, en su caso, de la operación societaria o del acto jurídico documentado, salvo que, en el caso de inmuebles, la base imponible sea su valor de referencia o magnitud superior.

Cuando los valores comprobados por la Administración sean superiores a los declarados por los interesados, pueden ser impugnados y si estos nuevos valores pueden tener repercusiones tributarias para los transmitentes se notificarán a éstos por separado, para que puedan proceder a su impugnación en reposición o en vía económico-administrativa o solicitar su corrección mediante tasación pericial contradictoria. En este caso, si la reclamación o la corrección fuesen estimadas en todo o en parte, la resolución dictada beneficiará también a los sujetos pasivos del ITPAJD. En el caso en el que el valor comprobado fuera superior al que resulte de la aplicación de las reglas del Impuesto sobre el Patrimonio, surtirá efecto en este último impuesto por la anualidad corriente y las siguientes.

Ahora bien, cuando el valor declarado por los interesados fuese superior al resultante de la comprobación, aquél tendrá la consideración de base imponible.

10. DESARROLLO NORMATIVO POR CCAA

Las Comunidades Autónomas, en el uso de su potestad normativa, han optado mayoritariamente por la modificación de los tipos de gravamen regulados en la normativa estatal. Dada la diversidad de hechos gravados a tipos diferentes, efectuaremos un breve resumen acerca de las principales modificaciones realizadas por las distintas autonomías:

— La práctica totalidad de las Comunidades Autónomas que han decidido hacer uso de su capacidad normativa, han modificado los tipos de gravamen aplicables a las transmisiones patrimoniales onerosas y a los actos jurídicos documentados en el concepto de documentos notariales.

— La mayoría de Comunidades Autónomas han elevado el tipo de gravamen correspondiente a las transmisiones patrimoniales onerosas de bienes inmuebles desde el 6 por 100, regulado en la normativa estatal, hasta el 8 e incluso el 10 por 100 con carácter general, contemplando la reducción del mismo en el caso de viviendas protegidas.

— En numerosas autonomías se ha modificado el tipo aplicable a los documentos notariales, incrementando, con carácter general, el tipo desde el 0,5 por 100 al 1,5 por 100 y realizando numerosos supuestos en los que se reduce considerablemente el tipo hasta el 0,1 por 100 incluso, para determinados documentos notariales. La casuística considerada es muy abundante, ya que en algunas Comunidades Autónomas se han establecido varias modificaciones del tipo de gravamen correspondiente a los documentos notariales según el contenido del documento notarial gravado.

11. CASOS PRÁCTICOS RESUELTOS

1. Don Manuel Garrido ha alquilado a don José Pardo una vivienda por cuatro años, fijándose una renta mensual en el contrato oficial de arrendamiento urbano de 300 euros. Este piso solamente puede ser usado por don Manuel como vivienda habitual.

Determinar la cantidad a satisfacer por ITPAJD.

Solución: Al tratarse de un arrendamiento destinado a servir de vivienda habitual para el arrendatario, estará sujeto a ITPAJD por el concepto TPO. Por el contrario, si dicha vivienda se hubiera destinado a la realización de una actividad profesional, estaría sujeta a IVA.

La base imponible será el importe total a satisfacer durante todo el período de duración del contrato:

$$BI = 300 \times 12 \times 4 = 14.400$$

Los arrendamientos están gravados según la escala correspondiente (salvo que la CA correspondiente hubiera aprobado otros valores). La cuota tributaria será de 0,024040 euros por cada 6,01 euros o fracción.

Por lo tanto, 14.400 / 6,01 = 2.396; siendo la CT = 2.396 × 0,024040 = 57,6 euros. Será la cuota a satisfacer por el arrendatario.

2. Los señores A, B y C deciden constituir una sociedad anónima bajo la denominación de PROTUS, S. A., para dedicarse a la comercialización de embalajes, lo cual elevan a escritura pública. El capital social con el que se constituyó la sociedad asciende a 6.000 euros dividido en 3.000 acciones de 2 euros cada una, que fueron adquiridas en partes iguales por los socios. La nueva sociedad ha cumplido en tiempo y forma las obligaciones materiales y formales.

En ese mismo año, la sociedad PROTUS, S. A., decide aumentar su capital en 1.000 euros mediante la emisión y suscripción por los socios fundadores de 200 acciones de 5 euros de valor nominal cada una, con una prima de suscripción de 0,5 euros por acción.

Calcular la cantidad a satisfacer por ITPAJD.

Solución: se derivan varios actos sujetos al impuesto:

a) Constitución de la sociedad: operación sujeta a ITPAJD por el concepto OS. El sujeto pasivo será la sociedad y la BI el importe del capital constituido. Esta operación está exenta de OS.

b) Escritura pública de constitución de la sociedad. Estará sujeta a ITPAJD por el concepto AJD (Doc. Not.), que consta de una parte fija y otra variable. La parte fija se abona en cualquier caso y sería de 0,30 por pliego o 0,15 por folio. La cuota variable supondría: 6.000 × 0,005 = 30 euros.

c) Ampliación de capital: sujeta a ITPAJD por OS. El sujeto pasivo será nuevamente la sociedad y la BI el importe del nominal ampliado más la prima de emisión. Sin embargo, esta operación está exenta en OS.

d) Escritura pública en la que quede reflejada la ampliación de capital. Sería el mismo supuesto que el apartado *b*).

3. Don Miguel compra una vivienda de nueva construcción a INMOVACESA, S. A., por 36.000 euros. En la operación pactan que le entregará al contado 6.000 euros y para el pago del resto concierta un préstamo hipotecario a 10 años con una entidad financiera al 5%, estableciendo en la correspondiente escritura pública que quedarán garantizadas con la hipoteca el capital, los intereses, las costas e indemnizaciones que proceda por el incumplimiento de los pagos.
Efectuar los cálculos de las cantidades a satisfacer por ITPAJD.

Solución: veamos las situaciones que se desprenden de este enunciado:

a) La primera transmisión de vivienda está sujeta a IVA al 10% (a no ser que fuera una vivienda de protección oficial, en cuyo caso tributaría al 4%):

$$BI = 36.000 \quad CT = 36.000 \times 10\% = 3.600$$

b) Escritura pública sujeta a AJD (Doc. Not.):

$$CT = 36.000 \times 0{,}5\% = 180 \text{ euros}$$

c) Constitución de préstamo hipotecario. Sujeto a IVA, pero exento.

d) Constitución de hipoteca en garantía del préstamo. Sujeta a AJD (Doc. Not.):

$$BI = 30.000 + 30.000 \times 0{,}05 \times 10 = 45.000$$
$$CT = 45.000 \times 0{,}5\% = 225$$

Nota: En la resolución de casos prácticos hemos aplicado los tipos generales del impuesto establecidos en la normativa estatal.

12. CASOS PRÁCTICOS PROPUESTOS

1. Don Miguel ha adquirido un barco de 12 metros de eslora a su amigo don Jaime por 35.250 euros. Determinar los hechos que resultan gravados como consecuencia de la transmisión a efectos de ITPAJD.

2. La empresa VERDE ha decidido reducir su capital social y ha aportado a don Ignacio, socio de la entidad, una maquinaria valorada en 5.350 euros y a don Alberto un camión valorado en 3.681 euros. Calcular los efectos de esta operación a efectos del ITPAJD, así como el sujeto pasivo de la operación planteada.

3. Don Evaristo solicita un préstamo hipotecario para poder hacer frente a la adquisición de una vivienda en la playa que utilizará como segunda residencia. Determinar los efectos que se derivan de la constitución de la hipoteca y del préstamo en el ITPAJD.

13. TEMAS PARA LA REFLEXIÓN

1. Justificación del impuesto en los sistemas fiscales actuales.
2. Las transmisiones de inmuebles y la relación IVA-ITPAJD.
3. El principio de capacidad de pago y las transmisiones entre particulares.

14. PREGUNTAS DE AUTOEVALUACIÓN

14.1. Preguntas cortas

1. El gravamen de los documentos notariales.
2. Las transmisiones patrimoniales onerosas de bienes inmuebles.
3. Incompatibilidades ITPAJD con OS y con AJD.

14.2. Preguntas tipo test

1. Comentar si son verdaderas o falsas las siguientes afirmaciones:

a) En ningún caso un mismo acto podrá ser liquidado por Operaciones Societarias y la cuota variable de Actos Jurídicos Documentados.

b) La aplicación de la cuota variable de Actos Jurídicos Documentados (Documentos Notariales) es incompatible con Transmisiones Patrimoniales Onerosas, Operaciones Societarias e Impuesto sobre Sucesiones y Donaciones.

c) La base imponible del ITPAJD en la transmisión onerosa de un bien es el valor del bien que se transmite, siendo deducibles las cargas pero no las deudas, aunque estén garantizadas con derecho real.

d) Cuando el valor declarado por los sujetos fuese superior al valor comprobado por la Administración, el valor declarado tendrá la consideración de base imponible.

2. ¿Cuál de las siguientes afirmaciones es falsa?

a) En ningún caso un mismo acto podrá ser liquidado por concepto de Transmisiones Patrimoniales Onerosas y Operaciones Societarias.

b) Un mismo acto podrá ser liquidado por Transmisiones Patrimoniales Onerosas y Actos Jurídicos Documentados (cuota fija de Actos Jurídicos Documentados).

c) La base imponible de una letra de cambio depende del importe girado.

d) La cancelación de derechos reales está sujeta a ITPAJD en la modalidad de Transmisiones Patrimoniales Onerosas.

3. El Impuesto sobre Transmisiones Patrimoniales y Actos Jurídicos Documentados:

a) Es un impuesto directo que grava las transmisiones patrimoniales, entre otras.

b) Es un impuesto indirecto que grava las operaciones societarias, entre otras.
c) Es un impuesto directo que grava las operaciones societarias, entre otras.
d) Es un impuesto directo, que grava los actos jurídicos documentados, entre otros.

4. 1. En el ITPAJD modalidad Transmisiones Patrimoniales Onerosas, el sujeto pasivo será siempre el adquirente de los bienes o derechos, salvo que exista algún pacto entre las partes acerca de la traslación de la carga tributaria.

2. En el ITPAJD modalidad Transmisiones Patrimoniales Onerosas, la base imponible estará constituida por el importe del valor del bien transmitido, por lo que serán deducibles las cargas que disminuyan el valor de dichos bienes, así como las deudas del sujeto pasivo.

a) 1V 2V.
b) 1V 2F.
c) 1F 2V.
d) 1F 2F.

5. 1. En el ITPAJD, la cancelación de derechos reales está sujeta a este impuesto en la modalidad de Transmisiones Patrimoniales Onerosas.

2. La reducción del capital social en una sociedad anónima es una operación sujeta a este impuesto en la modalidad de Operaciones Societarias, y el sujeto pasivo será la sociedad que efectúa la reducción.

a) 1V 2V.
b) 1V 2F.
c) 1F 2V.
d) 1F 2F.

6. Don Pedro compra una vivienda de nueva construcción a la empresa constructora INMÓVIL, S. A., abonándola al contado. En este caso:

a) Don Pedro deberá liquidar ITPAJD en su concepto de Transmisiones Patrimoniales Onerosas (TPO) en concepto de compraventa.
b) Don Pedro deberá liquidar en concepto de constitución de hipoteca (derecho real de garantía) ITPAJD en su modalidad TPO.
c) INMÓVIL, S. A., deberá liquidar TPO en concepto de compraventa.
d) Don Pedro deberá liquidar ITPAJD en su modalidad Actos Jurídicos Documentados, tanto la cuota fija como la variable, por la escritura pública.

7. La constitución de derechos reales de garantía se grava en el ITPAJD:

a) Por el concepto transmisiones patrimoniales onerosas, al 6%.
b) Por el concepto transmisiones patrimoniales onerosas, al 1%.
c) Por el concepto operaciones societarias, al 1%.
d) Por el concepto actos jurídicos documentados, al 0,5%.

8. Una sociedad realiza una ampliación de capital y decide emitir 2.000 acciones de 6 euros de valor nominal cada una con un desembolso del 85% y una prima de emisión de 3 euros por acción. La sociedad deberá tributar:

a) En operaciones societarias, por el 1% de [2.000 × (6 + 3)] × (1 – 0,85).
b) En operaciones societarias, por el 1% de [2.000 × 6] × (1 – 0,85).
c) Esta operación está sujeta pero exenta en operaciones societarias.
d) En operaciones societarias, por el 1% de [2.000 × (6 + 3)] × 0,85.

9. Don Pedro Martínez ha alquilado una vivienda a don José Hidalgo por tres años. Dicho piso se estipula que será utilizado por don José como vivienda habitual de él, su esposa e hijos. Dicha operación estará:

a) Sujeta a IVA.
b) Sujeta pero exenta de IVA y por tanto sujeta a ITPAJD.
c) Sujeta a ITPAJD.
d) Sujeta pero exenta de ITPAJD y por tanto sujeta a IVA.

10. En el ejemplo anterior, supongamos que don José Hidalgo utiliza la vivienda que le ha arrendado don Pedro para instalar allí su despacho profesional. Dicha operación estará:

a) Sujeta a IVA.
b) Sujeta pero exenta de IVA y por tanto sujeta a ITPAJD.
c) Sujeta a ITPAJD.
d) Sujeta pero exenta de ITPAJD y por tanto sujeta a IVA.

TEMA 10

EL IMPUESTO SOBRE EL VALOR AÑADIDO

1. NATURALEZA, LEGISLACIÓN BÁSICA Y CARACTERÍSTICAS

El Impuesto sobre el Valor Añadido (en adelante, IVA) es un tributo de naturaleza indirecta que recae sobre el consumo, gravando las entregas de bienes y prestaciones de servicios efectuadas por empresarios o profesionales, las adquisiciones intracomunitarias y las importaciones de bienes.

Está regulado en la Ley 37/1992, de 28 de diciembre, del IVA, y en el Real Decreto 1624/1992, de 29 de diciembre, por el que se aprueba el Reglamento del IVA.

Las características esenciales del impuesto son:

a) Es *indirecto*, ya que grava una manifestación indirecta de la capacidad de pago, como puede ser la realización de determinados actos de consumo.

b) Es *general*, ya que grava todas las fases del proceso de producción y distribución, si bien lo que grava en cada una de ellas es el valor añadido que generan, a diferencia de otros impuestos plurifásicos.

c) Es *objetivo*, ya que para determinar la cuantía de la cuota tributaria no se toman en consideración las circunstancias personales del obligado tributario.

d) Es *instantáneo*, puesto que el devengo se produce operación por operación, aunque se delimitan períodos de liquidación.

Para el desarrollo de este tema vamos a utilizar el siguiente mapa conceptual en lo referido al régimen general del impuesto:

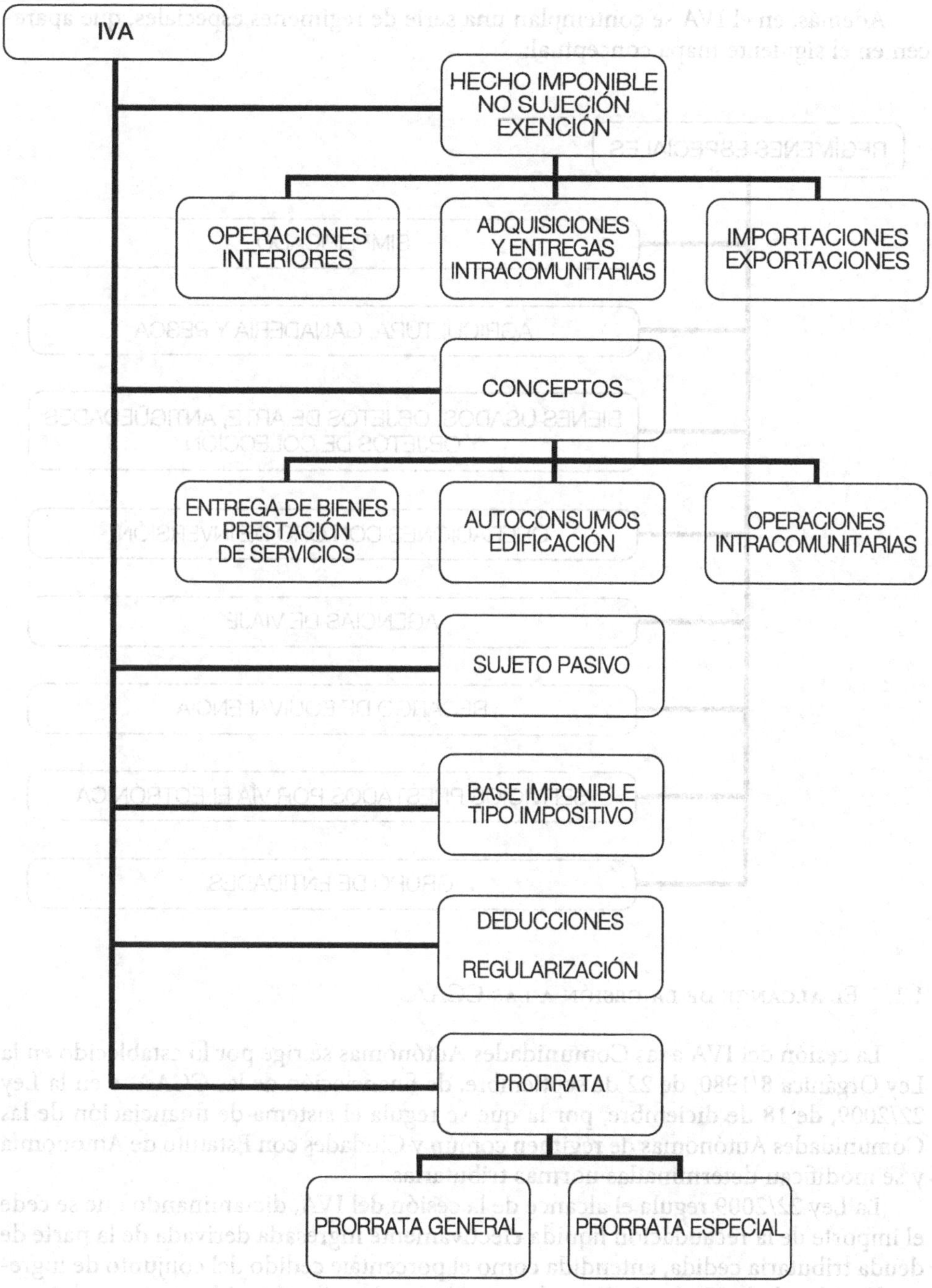
IVA
HECHO IMPONIBLE
NO SUJECIÓN
EXENCIÓN
OPERACIONES INTERIORES
ADQUISICIONES Y ENTREGAS INTRACOMUNITARIAS
IMPORTACIONES EXPORTACIONES
CONCEPTOS
ENTREGA DE BIENES PRESTACIÓN DE SERVICIOS
AUTOCONSUMOS EDIFICACIÓN
OPERACIONES INTRACOMUNITARIAS
SUJETO PASIVO
BASE IMPONIBLE TIPO IMPOSITIVO
DEDUCCIONES
REGULARIZACIÓN
PRORRATA
PRORRATA GENERAL
PRORRATA ESPECIAL

Además, en el IVA se contemplan una serie de regímenes especiales, que aparecen en el siguiente mapa conceptual:

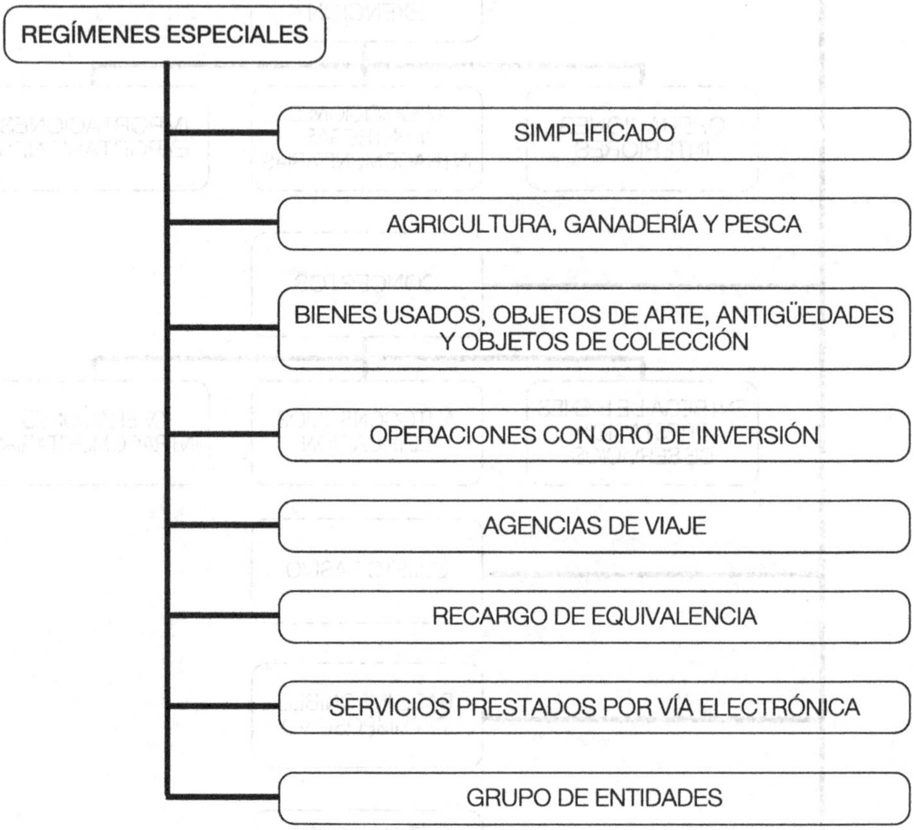

1.1. El alcance de la cesión a las CCAA

La cesión del IVA a las Comunidades Autónomas se rige por lo establecido en la Ley Orgánica 8/1980, de 22 de septiembre, de financiación de las CCAA, y en la Ley 22/2009, de 18 de diciembre, por la que se regula el sistema de financiación de las Comunidades Autónomas de régimen común y Ciudades con Estatuto de Autonomía y se modifican determinadas normas tributarias.

La Ley 22/2009 regula el alcance de la cesión del IVA, dictaminando que se cede el importe de la recaudación líquida efectivamente ingresada derivada de la parte de deuda tributaria cedida, entendida como el porcentaje cedido del conjunto de ingresos líquidos de la Hacienda Estatal, con criterio de caja, obtenidos una vez descontadas de la recaudación bruta las devoluciones y las transferencias o ajustes (positivos o negativos) establecidas en el Concierto y convenio con las Haciendas forales del País Vasco y Navarra, respectivamente. En concreto, se cede a la Comunidad Autónoma el 50 por 100 del rendimiento del Impuesto sobre el Valor Añadido producido en su territorio.

2. ÁMBITO TERRITORIAL

El *ámbito espacial* de aplicación del impuesto es el territorio español, incluyendo en él las islas adyacentes, el mar territorial hasta el límite de 12 millas náuticas y el espacio aéreo correspondiente a dicho ámbito.

No obstante, la Ley del impuesto establece algunas definiciones a efectos de la territorialidad. Así se considera:

1. *Estado miembro, territorio de un Estado miembro* o *interior del país*, el ámbito de aplicación del Tratado constitutivo de la Unión Europea para cada Estado miembro, con las siguientes exclusiones:

a) En la República Federal de Alemania, la isla de Helgoland y el territorio de Büusingen; en el Reino de España, Ceuta y Melilla y en la República Italiana, Livigno, en cuanto territorios no comprendidos en la Unión Aduanera, y

b) En el Reino de España, Canarias; en la República Francesa, los Departamentos de ultramar; en la República Helénica, Monte Athos; en la República Italiana, Campione d'Italia y las aguas nacionales del lago de Lugano, y en la República de Finlandia, las islas Aland, en cuanto territorios excluidos de la armonización de los impuestos sobre el volumen de negocios.

2. *Comunidad* y *territorio de la Comunidad*, el conjunto de los territorios que constituyen el interior del país para cada Estado miembro, según el número anterior.

3. *Territorio tercero* y *país tercero*, cualquier territorio distinto de los definidos como interior del país.

Las operaciones efectuadas con el Principado de Mónaco con la isla de Man y con las zonas de soberanía del Reino Unido en Akrotiri y Dhekelia tendrán la misma consideración que las efectuadas, respectivamente, con Francia, Reino Unido y Chipre.

3. HECHO IMPONIBLE. DELIMITACIÓN

En *operaciones interiores* estarán sujetas al impuesto las entregas de bienes y prestaciones de servicios realizadas en el ámbito espacial del impuesto por empresarios o profesionales a título oneroso, con carácter habitual u ocasional, en el desarrollo de su actividad empresarial o profesional, incluso si se efectúan en favor de los propios socios, asociados, miembros o partícipes de las entidades que las realicen.

Se entenderán, en todo caso, realizadas en el desarrollo de una actividad empresarial o profesional:

a) Las entregas de bienes y prestaciones de servicios efectuadas por las sociedades mercantiles cuando tengan la condición de empresario o profesional.

b) Las transmisiones o cesiones de uso a terceros de la totalidad o parte de cualesquiera de los bienes o derechos que integren el patrimonio empresarial o profesional de los sujetos pasivos, incluso las efectuadas con ocasión del cese en el ejercicio de las actividades económicas que determinan la sujeción al impuesto.

c) Los servicios desarrollados por los Registradores de la Propiedad en su condición de liquidadores titulares de una Oficina Liquidadora de Distrito Hipotecario.

La sujeción al impuesto se produce con independencia de los fines o resultados perseguidos en la actividad empresarial o profesional o en cada operación en particular.

Las operaciones sujetas a este impuesto no estarán sujetas al concepto *transmisiones patrimoniales onerosas* del Impuesto sobre Transmisiones Patrimoniales y Actos Jurídicos Documentados (ver reglas de incompatibilidad entre ambos impuestos en el Tema 9) excepto las entregas y arrendamientos de bienes inmuebles, así como la constitución o transmisión de derechos reales de goce o disfrute que recaigan sobre los mismos, cuando estén exentos del impuesto, salvo en los casos en que el sujeto pasivo renuncie a la exención.

En *adquisiciones intracomunitarias*, estarán sujetas al impuesto las siguientes operaciones realizadas en el ámbito espacial de aplicación del Impuesto:

1. Las *adquisiciones intracomunitarias de bienes efectuadas a título oneroso* por empresarios, profesionales o personas jurídicas que no actúen como tales cuando el transmitente sea un empresario o profesional. No se comprenden en estas adquisiciones intracomunitarias de bienes las siguientes:

a) Las adquisiciones de bienes cuya entrega se efectúe por un empresario o profesional que se beneficie del régimen de franquicia del impuesto en el Estado miembro desde el que se inicie la expedición o el transporte de los bienes.

b) Las adquisiciones de bienes cuya entrega haya tributado con sujeción a las reglas establecidas para el régimen especial de bienes usados, objetos de arte, antigüedades y objetos de colección en el Estado miembro en el que se inicie la expedición o el transporte de los bienes.

c) Las adquisiciones de bienes que se correspondan con:

— las entregas de bienes que hayan de ser objeto de instalación o montaje, antes de su puesta a disposición, cuando la instalación se ultime en el territorio y la instalación o montaje implique la inmovilización de los bienes entregados y su coste exceda del 15 por 100 de la total contraprestación correspondiente a la entrega de los bienes instalados;

— ventas a distancia que se entiendan realizadas en el territorio de aplicación del impuesto y cuya expedición o transporte se inicie en otro Estado miembro con destino al mencionado territorio;

— las entregas de bienes objeto de Impuestos Especiales, que se entenderán realizadas en el territorio de aplicación del Impuesto cuando el lugar de llegada de la expedición o del transporte se encuentre en el referido territorio, y

— las entregas de gas a través de una red de gas natural situada en el territorio de la Comunidad o de cualquier red conectada a dicha red, las entregas de electricidad o las entregas de calor o de frío a través de las redes de calefacción o de refrigeración que se entiendan realizadas en el territorio de aplicación del impuesto, cuando los bienes objeto de las entregas sean expedidos o transportados desde un país tercero e importados por el vendedor en un Estado miembro distinto del de destino final.

d) Las adquisiciones intracomunitarias de bienes cuya entrega en el Estado de origen de la expedición o transporte haya estado exenta del impuesto.

2. Las *adquisiciones intracomunitarias de medios de transporte nuevos*, efectuadas a título oneroso por las personas a las que sea de aplicación la no sujeción, así como las realizadas por cualquier otra persona que no tenga la condición de empresario o profesional, cualquiera que sea la condición del transmitente. A estos efectos, se considerarán medios de transporte: los vehículos terrestres a motor con cilindrada superior a 48 cc o que su potencia exceda de 7,2 kW, las embarcaciones con eslora máxima superior a 7,5 metros (salvo las exentas), y las aeronaves cuyo peso total al despegue exceda de 1.550 kilogramos, con excepción de aquéllas exentas.

A estos efectos, los medios de transporte tendrán la consideración de nuevos cuando, respecto de ellos, se dé cualquiera de las circunstancias que se indican a continuación:

a) Que su entrega se efectúe antes de los tres meses siguientes a la fecha de su primera puesta en servicio o, tratándose de vehículos terrestres accionados a motor, antes de los seis meses siguientes a la citada fecha.

b) Que los vehículos terrestres no hayan recorrido más de 6.000 kilómetros, las embarcaciones no hayan navegado más de 100 horas y las aeronaves no hayan volado más de 40 horas.

En *importaciones*, estarán sujetas al impuesto las importaciones de bienes, cualquiera que sea el fin a que se destinen y la condición del importador.

3.1. Concepto de empresario o profesional y de actividad empresarial

A efectos del IVA, se consideran empresarios o profesionales a aquellas personas o entidades que realicen actividades empresariales o profesionales, salvo aquellos que realicen exclusivamente entregas de bienes o prestaciones de servicios a título gratuito, incluidas las sociedades mercantiles.

También tendrán la consideración de empresarios o profesionales:

a) Los que realicen una o varias entregas de bienes o prestaciones de servicios que supongan la explotación de un bien corporal o incorporal con el fin de obtener ingresos continuados en el tiempo. En particular, los arrendadores de bienes muebles o inmuebles.

b) Los que efectúen la urbanización de terrenos o la promoción, construcción o rehabilitación de edificaciones destinadas a su venta, adjudicación o cesión por cualquier título, aunque sea ocasionalmente.

c) Los que realicen, a título ocasional, las entregas de medios de transportes nuevos exentas del impuesto, destinadas a otro Estado miembro y solamente se consideran empresarios a efectos de estas entregas.

A los solos efectos de la determinación del lugar de realización del hecho imponible, se consideran empresarios o profesionales respecto de todos los servicios que les sean prestados a:

1) Quienes realicen actividades empresariales o profesionales simultáneamente con otras que no estén sujetas al IVA, y

2) Las personas jurídicas que no actúen como empresarios o profesionales siempre que tengan asignado un número de identificación a efectos del Impuesto sobre el Valor Añadido suministrado por la Administración española.

Se consideran *actividades empresariales o profesionales* las que impliquen la ordenación por cuenta propia de factores de producción materiales y humanos o de uno de ellos, con la finalidad de intervenir en la producción o distribución de bienes o servicios. En particular, tienen esta consideración: *a*) las actividades extractivas, *b*) de fabricación, *c*) comercio y *d*) prestación de servicios, incluidas las de artesanía, agrícolas, forestales, ganaderas, pesqueras, de construcción, mineras y el ejercicio de profesiones liberales y artísticas.

3.2. Concepto de entrega de bienes

Se considerará entrega de bienes la transmisión del poder de disposición sobre bienes corporales (gas, calor, frío, energía) incluso si se efectúa mediante cesión de títulos representativos de dichos bienes. También tendrán esta consideración, aunque no se transmita el poder de disposición de los bienes:

a) Las *ejecuciones de obra* que tengan por objeto la construcción o rehabilitación de una edificación, siempre que el empresario que ejecute la obra aporte una parte de los materiales utilizados y el coste de los mismos exceda del 40 por 100 de la base imponible de la obra que se realice.

b) Las *aportaciones no dinerarias* efectuadas por los sujetos pasivos del impuesto, de elementos de su patrimonio empresarial o profesional a sociedades o comunidades de bienes o a cualquier otro tipo de entidades y las adjudicaciones de esta naturaleza en caso de liquidación o disolución total o parcial de aquéllas, sin perjuicio de la tributación que proceda con arreglo a las normas reguladoras de los conceptos AJD y OS del ITPAJD. En particular, se considerará entrega de bienes la adjudicación de terrenos o edificaciones promovidos por una comunidad dc bienes realizada en favor de los comuneros, en proporción a su cuota de participación.

c) Las *transmisiones de bienes* en virtud de una norma o de una resolución administrativa o jurisdiccional, incluida la expropiación forzosa.

d) Las *cesiones de bienes* en virtud de: *a*) contratos de venta con pacto de reserva de dominio o condición suspensiva, *b*) contratos de arrendamiento-venta, y *c*) los de arrendamiento con opción de compra desde el momento en que el arrendatario se comprometa a ejercitar dicha opción.

e) Las *transmisiones de bienes entre comitente y comisionista* que actúe en nombre propio que se efectúen en virtud de contratos de comisión de venta o comisión de compra.

f) El *suministro de un producto informático normalizado* (aquellos que no precisen de modificación sustancial alguna para ser utilizados por cualquier usuario) efectuado en cualquier soporte material.

g) Las transmisiones de valores cuya posesión asegure, de hecho o de derecho, la atribución de la propiedad, el uso o disfrute de un inmueble o de una parte del mismo.

A efectos de esta Ley, se entiende por:

1.º Ventas a distancia intracomunitarias de bienes: las entregas de bienes que hayan sido expedidos o transportados por el vendedor, directa o indirectamente, o por su cuenta, a partir de un Estado miembro distinto del de llegada de la expedición o del transporte con destino al cliente, cuando se cumplan las siguientes condiciones:

a) Que los destinatarios de las citadas entregas sean las personas cuyas adquisiciones intracomunitarias de bienes no estén sujetas al impuesto o en el precepto equivalente al mismo que resulte aplicable en el Estado miembro de llegada de la expedición o el transporte, o bien cualquier otra persona que no tenga la condición de empresario o profesional actuando como tal.

b) Que los bienes objeto de dichas entregas no sean los bienes que se indican a continuación: 1) medios de transporte nuevos, o 2) bienes objeto de instalación o montaje.

2.º Ventas a distancia de bienes importados de países o territorios terceros: las entregas de bienes que hayan sido expedidos o transportados por el vendedor, directa o indirectamente, o por su cuenta, a partir de un país o territorio tercero con destino a un cliente situado en un Estado miembro, cuando se cumplan las siguientes condiciones:

a) Que los destinatarios de las citadas entregas sean las personas cuyas adquisiciones intracomunitarias de bienes no estén sujetas al impuesto, o en el precepto equivalente al mismo que resulte aplicable en el Estado miembro de llegada de la expedición o el transporte, o bien cualquier otra persona que no tenga la condición de empresario o profesional actuando como tal.

b) Que los bienes objeto de dichas entregas no sean los bienes que se indican a continuación: 1) medios de transporte nuevos, o 2) bienes objeto de instalación o montaje.

En lo referido a entrega de bienes, es necesario considerar aquellas facilitadas a través de una interfaz digital, lo cual se produce en aquellos casos en los que un empresario o profesional, utilizando una interfaz digital como un mercado en línea, una plataforma, un portal u otros medios similares, facilite:

a) La venta a distancia de bienes importados de países o territorios terceros en envíos cuyo valor intrínseco no exceda de 150 euros, o

b) La entrega de bienes en el interior de la Comunidad por parte de un empresario o profesional no establecido en la Comunidad a una persona que no tenga la condición de empresario o profesional actuando como tal. En estos casos, se considera que el empresario o profesional titular de la interfaz digital ha recibido y entregado por sí mismo los correspondientes bienes y que la expedición o el transporte de los bienes se encuentra vinculado a la entrega por él realizada. Para determinar el valor intrínseco de los bienes se atenderá a lo previsto en la legislación aduanera.

Se consideran operaciones asimiladas a las entregas de bienes:

a) El autoconsumo, al que dedicamos un apartado posterior.

b) La transferencia por un sujeto pasivo de un bien corporal de su empresa con destino a otro Estado miembro con carácter general, para afectarlo a las necesidades de aquélla en este último y no tendrán esta consideración las transferencias realizadas en el marco de un acuerdo de ventas de bienes en consigna.

Asimismo, quedarán excluidas las transferencias de bienes que se utilicen para la realización de las siguientes operaciones siempre que se cumplan los requisitos que las condicionan:

a') Las entregas de bienes efectuadas por el sujeto pasivo:

— que se considerarían efectuadas en el interior del Estado miembro de llegada de la expedición o del transporte,

— que se efectúen a bordo de un buque, de un avión o de un tren, en el curso de la parte de un transporte realizada en el interior de la Comunidad, cuyo lugar de inicio se encuentre en el ámbito espacial del Impuesto y el lugar de llegada en otro punto de la Comunidad,

— en el interior del país y que se trate de exportaciones o entregas de bienes destinadas a otro Estado miembro exentas.

b') Una ejecución de obra para el sujeto pasivo, cuando los bienes sean utilizados por el empresario que la realice en el Estado miembro de llegada de la expedición o transporte de los citados bienes, siempre que la obra fabricada o montada sea objeto de una entrega exenta.

c') La prestación de un servicio para el sujeto pasivo, que tenga por objeto informes periciales o trabajos efectuados sobre dichos bienes en el Estado miembro de llegada de la expedición o del transporte de los mismos, siempre que éstos, después de los mencionados servicios, se reexpidan con destino al sujeto pasivo en el territorio de aplicación del Impuesto. Entre estos trabajos se incluyen las reparaciones y las ejecuciones de obra que deban calificarse de prestaciones de servicios.

d') La utilización temporal de dichos bienes, en el territorio del Estado miembro de llegada de la expedición o del transporte de los mismos. en la realización de prestaciones de servicios efectuadas por el sujeto pasivo establecido en España.

e') La utilización temporal de dichos bienes, por un período que no exceda de 24 meses, en el territorio de otro Estado miembro en el interior del cual la importación del mismo bien procedente de un país tercero para su utilización temporal se beneficiaría del régimen de importación temporal, con exención total de los derechos de importación.

f') Las entregas de gas a través de una red de gas natural situada en el territorio de la Comunidad o de cualquier red conectada a dicha red, las entregas de electricidad o las entregas de calor o de frío a través de las redes de calefacción o de refrigeración, que se considerarían efectuadas en otro Estado miembro de la Comunidad.

En cuanto al acuerdo de ventas de bienes en consigna, se entenderá como tal, aquel en el que se cumplan los siguientes requisitos:

— Que los bienes sean expedidos o transportados a otro Estado miembro, por el vendedor, o por un tercero en su nombre y por su cuenta, con el fin de que esos bienes sean adquiridos en un momento posterior a su llegada por otro empresario o profesional habilitado, de conformidad con un acuerdo previo entre ambas partes.

— Que el vendedor que expida o transporte los bienes no tenga la sede de su actividad económica o un establecimiento permanente en el Estado miembro de llegada de la expedición o transporte de aquellos.

— Que el empresario o profesional que va a adquirir los bienes esté identificado a efectos del Impuesto sobre el Valor Añadido en el Estado miembro de llegada de la expedición o transporte, y ese número de identificación fiscal, así como su nombre y apellidos, razón o denominación social completa, sean conocidos por el vendedor en el momento del inicio de la expedición o transporte.

— Que el vendedor haya incluido el envío de dichos bienes tanto en el libro registro como en la declaración recapitulativa.

Existen ciertas especialidades relacionadas con el acuerdo de ventas de bienes en consigna cuanto se adquiera el poder de disposición de estos bienes en atención al período transcurrido desde la llegada de los bienes al Estado miembro de destino.

3.3. Concepto de prestación de servicios

Se considera prestación de servicios toda operación sujeta al IVA que no tenga la consideración de entrega, adquisición intracomunitaria o importación de bienes. En particular, se consideran, entre otras, prestación de servicios:

a) El ejercicio independiente de una profesión, arte u oficio.
b) Los arrendamientos de bienes, industria o negocio, empresas o establecimientos mercantiles, con o sin opción de compra.
c) Las cesiones del uso o disfrute de bienes.
d) Los traspasos de locales de negocios.
e) Los servicios de hostelería, restaurante o acampamento y las ventas de bebidas o alimentos para su consumo inmediato en el mismo lugar.
f) Las operaciones de seguro, reaseguro y capitalización.
g) Las prestaciones de hospitalización.
h) Los préstamos y créditos en dinero.
i) Las operaciones de mediación y las de agencia o comisión cuando el agente o comisionista actúe en nombre ajeno. Cuando actúe en nombre propio y medie en una prestación de servicios, se entenderá que ha recibido y prestado por sí mismo los correspondientes servicios.
j) El suministro de productos informáticos, cuando no tenga la condición de entrega de bienes, considerándose accesoria a la prestación de servicios la entrega del correspondiente soporte.

Se consideran operaciones asimiladas a la prestación de servicios a título oneroso, los autoconsumos de servicios, entendidos como las siguientes operaciones realizadas sin contraprestación:

— Las transferencias de bienes y derechos (no comprendidas entre operaciones a autoconsumo de entrega de bienes) del patrimonio empresarial o profesional al patrimonio personal del sujeto pasivo.
— La aplicación total o parcial al uso particular del sujeto pasivo o, en general, a fines ajenos a su actividad empresarial o profesional de los bienes integrantes de su patrimonio empresarial o profesional.
— En general, las demás prestaciones de servicios efectuadas a título gratuito por el sujeto pasivo, siempre que se realicen para fines ajenos a los de la actividad empresarial o profesional.

3.4. Concepto de operaciones intracomunitarias

Con las operaciones intracomunitarias, se rompe la regla básica de tributación en origen del IVA, por lo que, como norma general, se realizará la tributación en destino.

Debemos distinguir dos tipos de operaciones intracomunitarias:

a) Entregas intracomunitarias de bienes. Es la entrega que se produce desde el territorio de aplicación del impuesto a otro Estado miembro.

b) Adquisiciones intracomunitarias de bienes. Es la adquisición de bienes desde un Estado miembro al territorio de aplicación del impuesto. Por tanto, se considera adquisición intracomunitaria de bienes la obtención del poder de disposición, por parte del adquirente, de bienes muebles corporales expedidos o transportados por el transmitente, o por el propio adquirente, o por un tercero, desde otro Estado miembro, al territorio de aplicación del impuesto, así como la obtención del poder de disposición sobre bienes muebles corporales en el marco de un acuerdo de ventas de bienes en consigna.

Generalmente, la entrega intracomunitaria está exenta y la adquisición intracomunitaria está sujeta al impuesto.

Cuando una persona jurídica, que no actúe como empresario o profesional, adquiera bienes y los transporte desde un territorio tercero a un Estado miembro, éstos se considerarán expedidos o transportados a partir del citado Estado miembro.

Se consideran operaciones asimiladas a las adquisiciones intracomunitarias de bienes a título oneroso:

a) Los bienes afectos a la actividad, expedidos o transportados por el propio empresario desde otro Estado miembro, en el que esos bienes han formado parte de la actividad empresarial o profesional realizada por el propio empresario, salvo las operaciones excluidas del concepto de transferencia de bienes.

b) Cualquier adquisición resultante de una operación que, si se hubiese efectuado en el interior del país por un empresario o profesional, sería calificada como entrega de bienes.

3.5. Concepto de importaciones y exportaciones de bienes

Se considera *importación de bienes* la entrada en el interior del país de un bien procedente de un territorio tercero.

Se consideran, entre otras, operaciones asimiladas a las importaciones:

a) Aquellos casos en los que no se produzca la afectación exclusiva al salvamento, a la asistencia marítima o a la pesca costera de los buques cuya entrega, adquisición intracomunitaria o importación se hubiesen beneficiado de la exención del impuesto.

b) Las adquisiciones realizadas en el territorio de aplicación del impuesto de los bienes cuya entrega, adquisición intracomunitaria o importación previas se hubiesen beneficiado de la exención del impuesto, salvo que el adquirente expida o transporte inmediata y definitivamente dichos bienes fuera del territorio de la Comunidad.

Se considera *exportación de bienes*, la salida de bienes a un país tercero. Generalmente, las entregas de bienes y prestación de servicios relacionados con dichas entregas, destinados a la exportación, están exentas del impuesto.

3.6. AUTOCONSUMOS

Se consideran operaciones asimiladas a entregas de bienes a título oneroso, el *autoconsumo de bienes*, referido a las siguientes operaciones realizadas sin contraprestación:

1. La *transferencia*, efectuada por el sujeto pasivo, de bienes corporales *de su patrimonio empresarial o profesional a su patrimonio personal* o al consumo particular de dicho sujeto pasivo, así como la transmisión del poder de disposición sobre bienes corporales que integren el patrimonio empresarial o profesional del sujeto pasivo.
2. El *cambio de afectación de bienes corporales de un sector a otro diferenciado de su actividad empresarial o profesional*, salvo que *a*) se realice alguna modificación en la normativa vigente y, como consecuencia de ello, una determinada actividad económica pase obligatoriamente a formar parte de un sector diferenciado distinto de aquel en el que venía estando integrada con anterioridad, o *b*) el régimen de tributación aplicable a una determinada actividad económica cambie del régimen general al régimen especial simplificado, al de la agricultura, ganadería y pesca, al del recargo de equivalencia o al de las operaciones con oro de inversión, o viceversa, incluso por el ejercicio de un derecho de opción.
3. La *afectación o el cambio de afectación de bienes* producidos, construidos, extraídos, transformados, adquiridos o importados en el ejercicio de la actividad empresarial o profesional del sujeto pasivo *para su utilización como bienes de inversión*, salvo que el sujeto tuviese derecho a la deducción de las cuotas de IVA soportado en la adquisición a terceros de bienes idénticos.

Por lo tanto, debemos distinguir entre:

AUTOCONSUMO EXTERNO	Transferencia de bienes del patrimonio empresarial al personal del contribuyente
	Transferencia de bienes del patrimonio empresarial para entregarlos gratuitamente a terceros
AUTOCONSUMO INTERNO	Transferencia de un bien de un sector de actividad a otro del contribuyente
	Afectación como bien de inversión de un bien construido por la empresa

Se considerarán operaciones asimiladas a las prestaciones de servicios, a título oneroso, los *autoconsumos de servicios*, integrados por aquellas transferencias de bienes y derechos, que no se consideren entrega de bienes, del patrimonio empresarial o profesional al patrimonio personal del sujeto pasivo, así como la aplicación al uso particular del sujeto pasivo o a fines ajenos a la actividad empresarial o profesional, o cualquier prestación de servicios a título gratuito para fines ajenos a la actividad empresarial o profesional.

3.7. Concepto de edificación

Se consideran edificaciones las construcciones unidas permanentemente al suelo o a otros inmuebles, efectuadas tanto sobre la superficie como en el subsuelo, que sean susceptibles de utilización autónoma e independiente. En particular:

a) Los edificios, considerándose como tales toda construcción permanente, separada e independiente, concebida para ser utilizada como vivienda o para servir al desarrollo de una actividad económica.

b) Instalaciones industriales no habitables, tales como diques, tanques o cargaderos.

c) Plataformas de exploración y explotación de hidrocarburos.

d) Las plataformas para los puertos, aeropuertos y mercados.

e) Las instalaciones de recreo y deportivas que no sean accesorias de otras edificaciones.

f) Los caminos, canales de navegación, líneas de ferrocarril, carreteras, autopistas y demás vías de comunicación terrestres o fluviales, así como los puentes o viaductos y túneles relativos a las mismas.

g) Las instalaciones fijas de transporte por cable.

3.8. Operaciones no sujetas al impuesto

Debemos distinguir entre operaciones interiores y adquisiciones intracomunitarias.

En *operaciones interiores*, no estarán sujetas al impuesto:

a) La transmisión de un conjunto de elementos corporales e incorporales que, formando parte del patrimonio empresarial o profesional del sujeto pasivo, constituyan o sean susceptibles de constituir una unidad económica autónoma en el transmitente capaz de desarrollar una actividad empresarial o profesional por sus propios medios, con independencia del régimen fiscal que a dicha transmisión le resulte de aplicación en el ámbito de otros tributos. Quedarán excluidas de la no sujeción las siguientes transmisiones:

— La mera cesión de bienes o de derechos.

— Las realizadas por quienes tengan la condición de empresario o profesional cuando dichas transmisiones tengan por objeto la mera cesión de bienes.

— Las efectuadas por quienes tengan la condición de empresario o profesional exclusivamente por la realización ocasional de la urbanización de terrenos o la promoción, construcción o rehabilitación de edificaciones destinadas, en todos los casos, a su venta, adjudicación o cesión por cualquier título.

En este sentido, se considerará como mera cesión de bienes o de derechos, la transmisión de éstos cuando no se acompañe de una estructura organizativa de factores de producción materiales y humanos, o de uno de ellos, que permita considerar a la misma constitutiva de una unidad económica autónoma.

Resultará irrelevante que el adquirente desarrolle la misma actividad a la que estaban afectos los elementos adquiridos u otra diferente, siempre que se acredite por el adquirente la intención de mantener dicha afectación al desarrollo de una actividad empresarial o profesional. En caso de que los bienes y derechos transmitidos, o parte de ellos, se desafecten posteriormente de las actividades empresariales o profesionales que determinan la no sujeción, la referida desafectación quedará sujeta al impuesto.

b) Las entregas gratuitas de muestras de mercancías sin valor comercial estimable, con fines de promoción de las actividades empresariales o profesionales.

c) Las prestaciones de servicios de demostración a título gratuito conducentes a la promoción de las actividades empresariales o profesionales.

d) Las entregas sin contraprestación de impresos u objetos de carácter publicitario que carezcan de valor comercial intrínseco. No obstante, quedarán sujetas al Impuesto las entregas de objetos publicitarios cuando el coste total de los suministros a un mismo destinatario durante el año natural exceda de 200 euros, a menos que se entreguen a otros sujetos pasivos para su redistribución gratuita.

e) Los servicios prestados por personas físicas en régimen de dependencia derivado de relaciones administrativas o laborales, incluidas en estas últimas las de carácter especial.

f) Los servicios prestados a las cooperativas de trabajo asociado por los socios de las mismas y los prestados a las demás cooperativas por sus socios de trabajo.

g) Las operaciones de autoconsumo de bienes, siempre que no se hubiese atribuido al sujeto pasivo el derecho a efectuar la deducción total o parcial del IVA en la adquisición, así como las operaciones de autoconsumo de servicios cuando el sujeto se limite a prestar el mismo servicio que recibió de un tercero y no hubiera podido deducir el IVA en la recepción del servicio.

h) Las entregas de bienes y prestaciones de servicios realizadas directamente por las Administraciones Públicas y determinados entes públicos sin contraprestación o mediante contraprestación de naturaleza tributaria.

i) Las concesiones y autorizaciones administrativas, con algunas excepciones.

j) Las prestaciones de servicios a título gratuito por el sujeto pasivo que se realicen para fines ajenos a los de la actividad empresarial o profesional que sean obligatorias para el sujeto pasivo en virtud de normas jurídicas o convenios colectivos, incluso los servicios telegráficos y telefónicos prestados en régimen de franquicia.

k) Las operaciones realizadas por las Comunidades de Regantes para la ordenación y aprovechamiento de las aguas.

l) Las entregas de dinero a título de contraprestación o pago.

En *adquisiciones intracomunitarias*, no estarán sujetas al impuesto las adquisiciones intracomunitarias de bienes que no hayan alcanzado en el año precedente natural los 10.000 euros, realizadas por:

a) Los sujetos pasivos acogidos al régimen especial de la agricultura, ganadería y pesca, respecto de los bienes destinados al desarrollo de la actividad sometida a dicho régimen.

b) Los sujetos pasivos que realicen exclusivamente operaciones que no originan el derecho a la deducción total o parcial del impuesto.

c) Las personas jurídicas que no actúen como empresarios o profesionales.

4. EXENCIONES

El establecimiento de exenciones complica considerablemente la mecánica del impuesto y hace que la pretendida generalidad del mismo se vea muy mermada.

La exención en el IVA implica la no repercusión del impuesto y por tanto, la no deducción del IVA soportado, en algunos casos. Por ello, debemos distinguir entre dos tipos de exenciones:

a) *Exención limitada*. No es posible la repercusión del IVA y además, el impuesto soportado no es deducible. Es la exención que se aplica a las operaciones interiores.

b) *Exención plena*. No es posible la repercusión del impuesto, pero el IVA soportado resulta deducible. Se aplica a las entregas intracomunitarias y a las exportaciones.

La gran variedad de exenciones que se establecen en la normativa del impuesto, nos obliga a agruparlas según se trate de operaciones interiores, adquisiciones intracomunitarias, exportaciones o importaciones.

4.1. Exenciones en operaciones interiores

En *operaciones interiores* se establecen los siguientes grupos de exenciones:

a) *Servicios postales*: las prestaciones de servicios y las entregas de bienes accesorias a ellas, que constituyan el servicio postal universal siempre que sean realizadas por el operador u operadores que se comprometen a prestar todo o parte del mismo, excepto en aquellos servicios cuyas condiciones de prestación se negocien individualmente.

b) *Servicios médicos*: referidos a:

— Prestaciones relacionadas con los servicios de hospitalización o asistencia sanitaria.

— La asistencia a personas físicas por profesionales médicos o sanitarios, cualquiera que sea la persona destinataria de dichos servicios.

— Las entregas de sangre, plasma sanguíneo y demás fluidos, tejidos y otros elementos del cuerpo humano efectuadas para fines médicos o de investigación o para su procesamiento con idénticos fines.

— El transporte de enfermos o heridos en ambulancias o vehículos especialmente adaptados para ello.

c) *Los servicios prestados directamente a sus miembros por uniones, agrupaciones o entidades autónomas*, incluidas las Agrupaciones de Interés Económico, constituidas exclusivamente por personas que ejerzan esencialmente una actividad exenta o no sujeta al impuesto que no origine el derecho a deducción, cuando concurran las siguientes condiciones:

a) Que tales servicios se utilicen directa y exclusivamente en dicha actividad y sean necesarios para el ejercicio de la misma.

b) Que los miembros se limiten a reembolsar la parte que les corresponda en los gastos hechos en común.

La exención también se aplicará cuando, cumplido el requisito previsto en la letra *b*), la prorrata de deducción no exceda del 10 por 100 y el servicio no se utilice directa y exclusivamente en las operaciones que originen el derecho a la deducción.

Esta exención no alcanza a los servicios prestados por sociedades mercantiles.

d) *Las entregas de bienes y prestaciones de servicios que*, para el cumplimiento de sus fines específicos, *realice la Seguridad Social*, directamente o a través de sus entidades gestoras o colaboradoras siempre que quienes realicen estas operaciones no perciban contraprestación alguna de los adquirentes de los bienes o de los destinatarios de los servicios, distinta de las cotizaciones efectuadas a la Seguridad Social.

e) *Las prestaciones de servicios de asistencia social* siguientes, cuando las efectúen *entidades de Derecho público* o entidades o establecimientos privados de carácter social:

— Protección de la infancia y de la juventud (formación de niños y jóvenes, realización de campamentos o viajes infantiles, entre otros).

— Asistencia a la tercera edad.

— Educación especial y asistencia a personas con minusvalía.

— Asistencia a minorías étnicas, refugiados y asilados, transeúntes, personas con cargas familiares no compartidas, exreclusos, alcohólicos, toxicómanos, así como acción social comunitaria y familiar y cooperación para el desarrollo.

La exención comprende la prestación de los servicios de alimentación, alojamiento o transporte accesorios de los anteriores prestados por dichos establecimientos o entidades, con medios propios o ajenos.

A estos efectos, se considerarán entidades o establecimientos de carácter social aquellos en los que concurran los siguientes requisitos:

— Carecer de finalidad lucrativa y dedicar, en su caso, los beneficios eventualmente obtenidos al desarrollo de actividades exentas de idéntica naturaleza.

— Los cargos de presidente, patrono o representante legal deberán ser gratuitos y carecer de interés en los resultados económicos de la explotación por sí mismos o a través de persona interpuesta.

— Los socios, comuneros o partícipes de las entidades o establecimientos y sus cónyuges o parientes consanguíneos, hasta el segundo grado inclusive, no podrán ser destinatarios principales de las operaciones exentas ni gozar de condiciones especiales en la prestación de los servicios. Este requisito no se aplicará cuando se trate de las prestaciones de servicios de asistencia social exentas o servicios prestados a personas físicas que practiquen el deporte o la educación física que resultaran exentos.

Las entidades que cumplan estos requisitos, podrán solicitar de la Administración Tributaria su calificación como entidades o establecimientos privados de carácter social y la eficacia de dicha calificación, que será vinculante para la Administración, quedará subordinada, en todo caso, a la subsistencia de las condiciones y requisitos que fundamentan la exención.

No obstante, las exenciones correspondientes a los servicios prestados por entidades o establecimientos de carácter social que reúnan los requisitos anteriores se aplicarán con independencia de la obtención de la calificación como tales, siempre que se cumplan las condiciones que resulten aplicables en cada caso.

f) *La enseñanza en todos los niveles y grados del sistema educativo*, así como los servicios prestados por determinadas entidades a personas físicas que practiquen el deporte o la educación física. Esta exención no incluye las operaciones de alojamiento y manutención prestadas por Colegios Mayores o Menores y residencias de estudiantes, las efectuadas por escuelas de conductores de vehículos relativas a los permisos de conducción de vehículos terrestres de las clases A y B y a los títulos, licencias o permisos necesarios para la conducción de buques o aeronaves deportivos o de recreo y las entregas de bienes efectuadas a título oneroso.

También están exentas las clases a título particular prestadas por personas físicas sobre materias incluidas en los planes de estudios de cualquiera de los niveles y grados del sistema educativo, aunque no tienen tal consideración las clases prestadas a título particular, aquéllas para cuya realización sea necesario darse de alta en las tarifas de actividades empresariales o artísticas del Impuesto sobre Actividades Económicas.

g) *Las cesiones de personal realizadas por entidades religiosas* para las actividades de enseñanza, hospitalización, asistencia sanitaria y asistencia social.

h) *Las prestaciones de servicios y las entregas de bienes* efectuadas directamente a sus miembros por entidades legalmente reconocidos que no tengan finalidad lucrativa, cuyos objetivos sean exclusivamente de naturaleza política, sindical, religiosa, patriótica, filantrópica o cívica, realizadas para la conservación de sus finalidades específicas, siempre que no perciban de los beneficiarios de tales operaciones contraprestación alguna distinta de las cotizaciones fijadas en sus estatutos. Se incluye a los Colegios, Profesionales, Cámaras Oficiales, Organizaciones patronales y las Federaciones. La aplicación de esta exención quedará condicionada a que no sea susceptible de producir distorsiones de competencia.

i) *Los servicios prestados a personas físicas que practiquen el deporte o la educación física*, cualquiera que sea la persona o entidad a cuyo cargo se realice la prestación, siempre que tales servicios estén directamente relacionados con dichas prácticas y sean prestados por las siguientes personas o entidades (esta exención no se extiende a los espectáculos deportivos):

— Entidades de derecho público,
— Federaciones deportivas,
— Comité Olímpico Español,
— Comité Paralímpico Español, y
— Entidades o establecimientos deportivos privados de carácter social.

j) *Las prestaciones de servicios de bibliotecas, archivos, centros de documentación visitas a museos y lugares históricos, a parques y zoológicos*, así como representaciones teatrales y organización de exposiciones.

k) *Las operaciones de seguro, reaseguro y capitalización*, así como los servicios de mediación.

l) *Las entregas de sellos de Correos y efectos timbrados de curso legal en España* por importe no superior a su valor facial.

m) *Las operaciones financieras* siguientes:

— Los depósitos en efectivo en sus diversas formas, incluidos los depósitos en cuenta corriente y cuentas de ahorro, y las demás operaciones relacionadas con los mismos, incluidos los servicios de cobro o pago prestados por el depositario en favor del depositante. Esta exención no se extiende a los servicios de gestión de cobro de créditos, letras de cambio, recibos y otros documentos. Tampoco se extiende la exención a los servicios prestados al cedente en el marco de los contratos de *factoring*, con excepción de los de anticipo de fondos que, en su caso, se puedan prestar en estos contratos. A estos efectos, no se considerarán de gestión de cobro las operaciones de abono en cuenta de cheques o talones.

— La transmisión de depósitos en efectivo, incluso mediante certificados de depósito o títulos que cumplan análoga función.

— La Concesión de créditos y préstamos en dinero, así como las demás operaciones, incluida la gestión, relativas a préstamos o créditos efectuadas por quienes los concedieron en todo o en parte. Esta exención no alcanza a los servicios prestados a los demás prestamistas en los préstamos sindicados y, en cualquier caso, estarán exentas las operaciones de permuta financiera.

— Transmisión de préstamos o créditos, así como la prestación de fianzas, avales, cauciones y demás garantías reales o personales, así como la emisión, aviso, confirmación y demás operaciones relativas a los créditos documentarios. Esta exención se extiende a la gestión de garantías de préstamos o créditos efectuadas por quienes concedieron los préstamos o créditos garantizados o las propias garantías, pero no a la realizada por terceros.

— Transmisión de garantías, así como determinadas operaciones relativas a transferencias, giros, cheques, libranzas letras de cambio o tarjetas de crédito.

— Las operaciones de compra, venta o cambio de divisas, billetes de banco y monedas que sean medios legales de pago, excepto los de colección y las piezas de oro, plata y platino (excepto las monedas con la consideración de oro de inversión). A estos efectos, se considerarán de colección las monedas y los billetes que no sean normalmente utilizados para su función de medio legal de pago o tengan un interés numismático, con excepción de las monedas de colección entregadas por su emisor por un importe no superior a su valor facial que estarán exentas del impuesto.

— Los servicios y operaciones, exceptuados el depósito y la gestión, relativos a acciones, participaciones en sociedades, obligaciones y demás valores incluida la transmisión de los mismos, con excepción de los siguientes:

a') Los representativos de mercaderías.

b') Aquellos cuya posesión asegure de hecho o de derecho la propiedad, el uso o el disfrute exclusivo de la totalidad o parte de un bien inmueble, que no tengan la naturaleza de acciones o participaciones en sociedades.

c') Aquellos valores no admitidos a negociación en un mercado secundario oficial, realizadas en el mercado secundario, mediante cuya transmisión, se hubiera pretendido eludir el pago del impuesto correspondiente a la transmisión de los inmuebles propiedad de las entidades a las que representen dichos valores.

— La mediación en las operaciones financieras exentas y en las operaciones de igual naturaleza no realizadas en el ejercicio de actividades empresariales o profesionales. Esta exención se extiende a los servicios de mediación en la transmisión o en la colocación en el mercado, de depósitos, de préstamos en efectivo o de valores, realizados por cuenta de sus entidades emisoras, de los titulares de los mismos o de otros intermediarios, incluidos los casos en que medie el aseguramiento de dichas operaciones.

— La gestión y depósito de las Instituciones de Inversión Colectiva, de las Entidades de Capital-Riesgo gestionadas por sociedades gestoras autorizadas y registradas en los Registros especiales administrativos, de los Fondos de Pensiones, de Regulación del Mercado Hipotecario, de Titulización de Activos y Colectivos de Jubilación, constituidos de acuerdo con su legislación específica.

n) *Las loterías, apuestas y juegos organizados por la sociedad estatal Loterías y Apuestas del Estado, la Organización Nacional de Ciegos* y por los organismos correspondientes de las Comunidades Autónomas, *así como las actividades que constituyan los hechos imponibles de los tributos sobre el juego y combinaciones aleatorias. La exención no se extiende a los servicios de gestión y demás operaciones de carácter accesorio o complementario que no constituyan el hecho imponible de los tributos sobre el juego, con excepción de los servicios de gestión del bingo.*

o) *Las entregas de terrenos rústicos y demás que no tengan la condición de edificables*, incluidas las construcciones de cualquier naturaleza en ellos enclavadas, que sean indispensables para el desarrollo de una explotación agraria, y los destinados exclusivamente a parques y jardines públicos o a superficies viales de uso público. Se exceptúan las entregas de terrenos urbanizados o en curso de urbanización, realizadas por el promotor de la urbanización, excepto los destinados exclusivamente a parques y jardines públicos o a superficies viales de uso público y también se exceptúan las entregas de terrenos en los que se hallen enclavadas edificaciones en curso de construcción o terminadas cuando se transmitan conjuntamente con las mismas y las entregas de dichas edificaciones estén sujetas y no exentas al impuesto.

p) *Las segundas y posteriores entregas de edificaciones*, incluidos los terrenos en que se hallen enclavadas, así como aquellos en los que se hayan realizado las obras de urbanización accesorias a las mismas, cuando tengan lugar después de terminada su construcción o rehabilitación. En el caso de viviendas unifamiliares, los terrenos urbanizados de carácter accesorio no podrán exceder de 5.000 metros cuadrados.

Para la definición de *primera entrega* se considera como tal, la realizada por el promotor que tenga por objeto una edificación cuya construcción o rehabilitación esté terminada, pero no se considera primera entrega la realizada por el promotor después de la utilización ininterrumpida del inmueble por un plazo igual o superior a dos años por su propietario o por titulares de derechos reales de goce o disfrute o en virtud de contratos de arrendamiento sin opción de compra, salvo que el adquirente sea quien utilizó la edificación durante el referido plazo. No se computan, a estos efectos, los períodos de utilización de edificaciones por los adquirentes de los mismos en los casos de resolución de las operaciones en cuya virtud se efectuaron las correspondientes transmisiones.

Las transmisiones no sujetas al Impuesto no tendrán la consideración de primera entrega. Esta exención referida a las segundas y posteriores entregas de edificaciones no se aplicará:

a') A las entregas de edificaciones efectuadas en el ejercicio de la opción de compra inherente a un contrato de arrendamiento, por empresas dedicadas habitualmente a realizar operaciones de arrendamiento financiero. A estos efectos, el compromiso de ejercitar la opción de compra frente al arrendador se asimilará al ejercicio de la opción de compra y los contratos de arrendamiento financiero deberán tener una duración mínima de diez años.

b') A las entregas de edificaciones para su rehabilitación por el adquirente, bajo ciertos requisitos.

c') A las entregas de edificaciones que sean objeto de demolición con carácter previo a una nueva promoción urbanística.

Se consideran obras de rehabilitación de edificaciones las que tienen por objeto principal la reconstrucción de las mismas, entendiéndose cumplido este requisito cuando más del 50 por 100 del coste total del proyecto de rehabilitación se corresponda con obras de consolidación y el tratamiento de las estructuras, fachadas o cubiertas y otras análogas, siempre que el coste global de las operaciones de rehabilitación exceda del 25 por 100 del precio de adquisición (si se hubiese efectuado ésta durante los dos años inmediatamente anteriores al inicio de las obras de rehabilitación) o, en otro caso, del valor de mercado que tuviera la edificación o parte de la misma en el momento de dicho inicio. A estos efectos, se descontará del precio de adquisición o del valor de mercado de la edificación la parte proporcional correspondiente al suelo.

No obstante, este concepto de rehabilitación resulta también aplicable a las entregas de edificaciones o partes de las mismas que pasen a tener la condición de primeras entregas y la aplicación del tipo impositivo reducido se realizará también a las ejecuciones de obra que pasen a tener la condición de obras de rehabilitación, no teniéndola con anterioridad. Los empresarios o profesionales que realicen las mencionadas entregas podrán deducir íntegramente las cuotas soportadas o satisfechas por los bienes y servicios utilizados directamente en su rehabilitación.

Asimismo, se consideran obras análogas a las de rehabilitación las siguientes:

a') Las de adecuación estructural que proporcionen a la edificación condiciones de seguridad constructiva, de forma que quede garantizada su estabilidad y resistencia mecánica.

b') Las de refuerzo o adecuación de la cimentación así como las que afecten o consistan en el tratamiento de pilares o forjados.

c') Las de ampliación de la superficie construida, sobre y bajo rasante.

d') Las de reconstrucción de fachadas y patios interiores.

e') Las de instalación de elementos elevadores, incluidos los destinados a salvar barreras arquitectónicas para su uso por discapacitados.

Se consideran obras conexas a las de rehabilitación aquellas en las que su coste total sea inferior al derivado de las obras de consolidación o tratamiento de elementos estructurales, fachadas o cubiertas y, en su caso, de las obras análogas a éstas, siempre que estén vinculadas a ellas de forma indisociable y no consistan en el mero acabado u ornato de la edificación ni en el simple mantenimiento o pintura de la fachada, entre las que se incluyen:

1) Las obras de albañilería, fontanería y carpintería.

2) Las destinadas a la mejora y adecuación de cerramientos, instalaciones eléctricas, agua y climatización y protección contra incendios.

3) Las obras de rehabilitación energética, entendiendo como tales a las destinadas a la mejora del comportamiento energético de las edificaciones reduciendo su demanda energética, al aumento del rendimiento de los sistemas e instalaciones térmicas o a la incorporación de equipos que utilicen fuentes de energía renovables.

Esta exención no se extiende a:

— Las entregas de edificaciones efectuadas en el ejercicio de la opción de compra inherente a un contrato de arrendamiento, por empresas dedicadas habitualmente a realizar operaciones de arrendamiento financiero. En este sentido, el compromiso de ejercitar la opción de compra frente al arrendador se asimilará al ejercicio de la opción de compra.

— Las entregas de edificaciones para su rehabilitación por el adquirente, siempre que se cumplan ciertos requisitos.

— Las entregas de edificaciones que sean objeto de demolición con carácter previo a una nueva promoción urbanística.

q) *Los arrendamientos* que tengan la consideración de servicios y la constitución y transmisión de derechos reales de goce y disfrute, que tengan por objeto los siguientes bienes:

— Terrenos, incluidas las construcciones inmobiliarias de carácter agrario utilizadas para la explotación de una finca rústica. Se exceptúan las construcciones inmobiliarias dedicadas a actividades de ganadería independiente de la explotación del suelo.

— Los edificios o partes de los mismos destinados exclusivamente a viviendas o a su posterior arrendamiento por entidades gestoras de programas públicos de apoyo a la vivienda o por sociedades acogidas al régimen especial de Entidades dedicadas al arrendamiento de viviendas establecido en el Impuesto sobre Sociedades. La exención se extenderá a los garajes y anexos accesorios a las viviendas y los muebles, arrendados conjuntamente con aquéllos. Sin embargo, la exención no comprenderá los arrendamientos:

a') de terrenos para estacionamientos de vehículos, para depósito o almacenaje de bienes, mercancías o productos, o para instalar en ellos elementos de una actividad empresarial o para exposiciones o para publicidad.

b') con opción de compra de terrenos o viviendas cuya entrega estuviese sujeta y no exenta al impuesto.

c') de apartamentos o viviendas amueblados cuando el arrendador se obligue a la prestación de alguno de los servicios complementarios propios de la industria hotelera, tales como los de restaurante, limpieza, lavado de ropa u otros análogos.

d') de edificios o parte de los mismos para ser subarrendados, así como aquellos asimilados a viviendas.

La exención tampoco comprende la constitución o transmisión de derechos reales de goce o disfrute sobre determinados bienes ni tampoco la constitución o transmisión de derechos reales de superficie.

r) *Las entregas de bienes* que hayan sido *utilizados por el transmitente para la realización de operaciones exentas del impuesto*, siempre que al sujeto pasivo no se le haya atribuido el derecho a efectuar la deducción total o parcial del impuesto soportado al realizar la adquisición, afectación o importación de dichos bienes o de sus elementos componentes.

s) *Los servicios profesionales prestados por artistas plásticos, escritores, colaboradores literarios, gráficos y fotográficos de periódicos y revistas, compositores musicales, autores de obras teatrales y de argumento*, adaptación, guion y diálogos de las obras audiovisuales, traductores y adaptadores.

t) *Las prestaciones de servicios y las entregas de bienes* realizadas por los partidos políticos con motivo de manifestaciones destinadas a reportarles un apoyo financiero para el cumplimiento de su finalidad específica y organizadas en su exclusivo beneficio.

Asimismo, están exentas del impuesto —en el supuesto de entrega de bienes en el interior de la Comunidad por un empresario o profesional que no esté establecido a una persona que no sea empresario o profesional— las entregas de bienes efectuadas a favor del empresario o profesional que facilite la entrega a través de la interfaz digital, cuando dichas entregas se entiendan realizadas en el territorio de aplicación del impuesto.

4.2. Exenciones en operaciones intracomunitarias

En adquisiciones intracomunitarias, se establecen las siguientes exenciones:

a) *Las adquisiciones intracomunitarias de bienes cuya entrega* en el territorio de aplicación del impuesto *hubiera estado*, en todo caso, *no sujeta o exenta*, o bien, cuya importación hubiera estado exenta.

b) *Determinadas adquisiciones intracomunitarias* que generan operaciones triangulares entre Estados miembros.

c) *Las adquisiciones intracomunitarias de bienes respecto de las cuales el adquirente tenga derecho a la devolución total del impuesto* que se hubiese devengado, por tratarse de personas no establecidas en el territorio de aplicación del impuesto.

En *entregas intracomunitarias* de bienes destinados a otro Estado miembro, se establecen exenciones, entre otras, para las siguientes operaciones:

a) *Entregas de bienes a personas cuyas adquisiciones intracomunitarias* de bienes *estén sujetas* al impuesto *en el Estado miembro*, que sean expedidos o transportados, por el vendedor, por el adquirente o por un tercero en nombre y por cuenta de cualquiera de los anteriores, al territorio de otro Estado miembro, siempre que el adquirente sea un empresario o profesional o una persona jurídica que no actúe como tal, identificado a efectos del Impuesto sobre el IVA en un Estado miembro distinto de España, que haya comunicado dicho número de identificación fiscal al vendedor.

Para la aplicación de esta exención, es necesario que el vendedor haya incluido dichas operaciones en la declaración recapitulativa de operaciones intracomunitarias.

No obstante, esta exención no se aplica a las entregas de bienes efectuadas para aquellas personas cuyas adquisiciones intracomunitarias de bienes no estén sujetas al impuesto en el Estado miembro de destino, ni tampoco en el caso de entregas de bienes acogidas al régimen especial de bienes usados, objetos de arte, antigüedades y objetos de colección.

b) *Las entregas de medios de transportes nuevos*, cuando se cumplan los requisitos anteriormente mencionados.

c) La transferencia por un sujeto pasivo de un bien corporal de su empresa con destino a otro Estado miembro, para afectarlo a las necesidades de aquella en este último a las que resultaría aplicable la exención prevista en el apartado a) si el destinatario fuese otro empresario o profesional.

d) Las entregas de bienes efectuadas en el marco de un acuerdo de ventas de bienes en consigna.

4.3. Exenciones en exportaciones

En *exportaciones*, se establecen las siguientes exenciones:

a) Las *entregas de bienes expedidos o transportados fuera de la Comunidad* por el transmitente, por el adquirente no establecido en el territorio de aplicación del impuesto o por un tercero que actúe en nombre y por cuenta de éste.

b) Las *entregas de bienes a viajeros*, siempre que los viajeros tengan su lugar de residencia habitual fuera del territorio de la Comunidad, los bienes adquiridos salgan efectivamente del territorio de la Comunidad y el conjunto de estos bienes adquiridos no constituya expedición comercial (es decir, cuando se trate de bienes adquiridos ocasionalmente, que se destinen al uso personal o familiar de los viajeros o a ser ofrecidos como regalos y que, por su naturaleza y cantidad, no pueda presumirse que sean el objeto de una actividad comercial). Esta exención se hará efectiva mediante el reembolso del impuesto soportado en las adquisiciones.

c) Las *entregas de bienes efectuadas en las tiendas libres de impuestos* que, bajo control aduanero, existen en los puertos y aeropuertos cuando los adquirentes sean personas que salgan inmediatamente con destino a territorios terceros, así como las efectuadas a bordo de los buques o aeronaves que realicen navegaciones con destino a puertos o aeropuertos situados en territorios terceros.

d) Las *prestaciones de servicios que consistan en trabajos realizados sobre bienes muebles* adquiridos o importados para ser objeto de dichos trabajos en el territorio de aplicación del impuesto y, seguidamente, expedidos o transportados fuera de la Comunidad, salvo medios de transporte privados.

e) Las *entregas de bienes a organismos reconocidos que los exporten fuera del territorio de la Comunidad* en el marco de sus actividades humanitarias, caritativas o educativas, previo reconocimiento del derecho a la exención.

f) Las *entregas de bienes a Organismos reconocidos que los exporten fuera del territorio de la Comunidad* en el marco de sus actividades humanitarias, caritativas o educativas, previo reconocimiento del derecho a la exención. No obstante, cuando el que entregue los bienes es un ente público o un establecimiento privado de carácter social, se puede solicitar a la Agencia Estatal de Administración Tributaria la devolución del Impuesto soportado que no haya podido deducirse totalmente previa justificación de su importe en el plazo de tres meses desde que dichas entregas se realicen.

g) Las *prestaciones de servicios, incluidas las de transporte y operaciones accesorias*, cuando estén directamente relacionadas con las exportaciones de bienes fuera del territorio de la Comunidad.

h) Las *prestaciones de servicios realizadas por intermediarios* que actúen en nombre y por cuenta de terceros cuando intervengan en las operaciones de exportación exentas.

i) Las *entregas de bienes expedidos o transportados fuera de la Comunidad* por quien ostente la condición de exportador, de conformidad con lo dispuesto en la normativa aduanera, distinto del transmitente o el adquirente no establecido en el territorio de aplicación del impuesto, o por un tercero que actúe en nombre y por cuenta del mismo.

Asimismo, existen una serie de operaciones asimiladas a las exportaciones, para las que la normativa del impuesto establece exenciones.

Así, estarán exentas del impuesto las siguientes operaciones:

1) Las entregas, construcciones, transformaciones, reparaciones, mantenimiento, fletamento, total o parcial, y arrendamiento de los siguientes buques:

— Los aptos para navegar por alta mar que se afecten a la navegación marítima internacional en el ejercicio de actividades comerciales de transporte remunerado de mercancías o pasajeros, incluidos los circuitos turísticos, o de actividades industriales o de pesca. Esta exención no se aplicará en ningún caso a los buques destinados a actividades deportivas, de recreo o, en general, de uso privado.

— Aquellos afectos exclusivamente al salvamento, a la asistencia marítima o a la pesca costera. No obstante, la desafectación de un buque de estas finalidades producirá efectos durante un plazo mínimo de un año, excepto en los supuestos de entrega posterior del mismo.

— Los de guerra. Esta exención está condicionada a que el adquirente de los bienes o destinatario de los servicios indicados sea la propia Compañía que realiza las actividades mencionadas y utilice los buques en el desarrollo de dichas actividades o, en su caso, la propia entidad pública que utilice los buques en sus fines de defensa.

2) Las entregas, arrendamientos, reparaciones y mantenimiento de los objetos, incluidos los equipos de pesca, que se incorporen o se encuentren a bordo de los buques exentos, siempre que se realicen durante los períodos en que dichos beneficios fiscales resulten de aplicación. Esta exención está condicionada al cumplimiento de los siguientes requisitos:

1.º Que el destinatario directo de dichas operaciones sea el titular de la explotación del buque o, en su caso, su propietario.

2.º Que los objetos se utilicen o, en su caso, se destinen a ser utilizados exclusivamente en la explotación de dichos buques.

3.º Que las operaciones a que afecten las exenciones se efectúen después de la matriculación definitiva de los buques en el Registro Marítimo correspondiente.

3) Las entregas de productos de avituallamiento para los buques exentos, con ciertos requisitos.

4) Las entregas, transformaciones, reparaciones, mantenimiento, fletamiento total o arrendamiento de las siguientes aeronaves:

— Las utilizadas exclusivamente por compañías dedicadas esencialmente a la navegación aérea internacional en el ejercicio de actividades comerciales de transporte remunerado de mercancías o pasajeros.

— Las utilizadas por entidades públicas en el cumplimiento de sus funciones públicas.

La exención está condicionada a que el adquirente o destinatario de los servicios indicados sea la propia compañía que realice las actividades mencionadas y utilice las aeronaves en el desarrollo de dichas actividades o, en su caso, la propia entidad pública que utilice las aeronaves en las funciones públicas.

5) Las entregas, arrendamientos, reparaciones y mantenimiento de los objetos que se incorporen o se encuentren a bordo de las aeronaves exentas, siempre que se cumplan los siguientes requisitos:

— Que el destinatario de dichas operaciones sea el titular de la explotación de la aeronave a que se refieran.
— Que los objetos se utilicen o, en su caso, se destinen a ser utilizados en la explotación de dichas aeronaves y a bordo de las mismas.
— Que las operaciones a que se refieren las exenciones se realicen después de la matriculación de las mencionadas aeronaves en el Registro de Matrícula.

6) Las entregas de productos de avituallamiento para las aeronaves dedicadas a la navegación aérea internacional o utilizadas por entidades públicas, cuando sean adquiridos por las compañías o entidades públicas titulares de la explotación de dichas aeronaves.
7) Las siguientes entregas de bienes y prestaciones de servicios:

— las realizadas en el marco de las relaciones diplomáticas y consulares;
— las destinadas a los organismos internacionales reconocidos por España o al personal de dichos organismos con estatuto diplomático, dentro de los límites y en las condiciones fijadas en los convenios internacionales por los que se crean tales organismos o en los acuerdos de sede que sean aplicables en cada caso;
— las efectuadas para las fuerzas de los demás Estados partes del Tratado del Atlántico Norte u otro Estado miembro distinto de España, en los términos establecidos en el Convenio entre los Estados partes de dicho Tratado relativo al estatuto de sus fuerzas o en caso de que estén afectadas a un esfuerzo de defensa de la política común de seguridad y defensa;

8) Las entregas de oro al Banco de España.
9) Los transportes de viajeros y sus equipajes por vía marítima o aérea procedentes de o con destino a un puerto o aeropuerto situado fuera del ámbito espacial del impuesto.
10) Las prestaciones de transporte intracomunitario de bienes con destino a las islas Azores o Madeira o procedentes de dichas islas.
11) Las prestaciones de servicios realizadas por intermediarios que actúen en nombre y por cuenta de terceros cuando intervengan en las operaciones que estén exentas del Impuesto.

Asimismo, la normativa del impuesto establece exenciones relativas a las zonas francas depósitos francos y otros depósitos, así como las referidas a los regímenes aduaneros y fiscales.

4.4. Exenciones en importaciones

Estarán exentas del impuesto las importaciones siguientes, siempre que el importador aporte pruebas suficientes del cumplimiento de los requisitos que se exigen para gozar de la exención:

a) Bienes cuya entrega en el interior estuviese exenta del impuesto, tales como:

1) La sangre, el plasma sanguíneo y los demás fluidos, tejidos y otros elementos del cuerpo humano para fines médicos o de investigación o para su procesamiento por idénticos fines.

2) Los buques y as aeronaves, así como los objetos para ser incorporados a ellos.

3) Los productos de avituallamiento que, desde el momento en que se produzca la entrada en el ámbito espacial de aplicación del impuesto hasta la llegada al puerto o puertos situados en dicho ámbito territorial y durante la permanencia en los mismos por el plazo necesario para el cumplimiento de sus fines, se hayan consumido o se encuentren a bordo de los buques o las aeronaves a los que corresponden las exenciones de las entregas de avituallamientos. También estarán exentos los productos de avituallamiento que se importen por las empresas titulares de la explotación de los buques y aeronaves, con ciertas limitaciones.

4) Las divisas, billetes de banco y monedas que sean medios legales de pago, a excepción de las monedas y billetes de colección y de las piezas de oro, plata y platino.

b) Bienes personales, por traslado de residencia habitual desde un territorio tercero a España. A efectos del IVA, se considerarán bienes personales los destinados normalmente al uso personal del interesado o de las personas que convivan con él o para las necesidades de su hogar, siempre que, por su naturaleza y cantidad, no pueda presumirse su afectación a una actividad empresarial o profesional. También constituyen bienes personales los instrumentos portátiles necesarios para el ejercicio de la profesión u oficio del importador.

Esta exención quedará condicionada a la concurrencia de los siguientes requisitos:

1) Los interesados deberán haber tenido su residencia habitual fuera de la Comunidad al menos durante los doce meses consecutivos anteriores al traslado.

2) Los bienes importados habrán de destinarse en la nueva residencia a los mismos usos o finalidades que en la anterior.

3) Que los bienes hubiesen sido adquiridos o importados en las condiciones normales de tributación en el país de origen o procedencia y no se hubieran beneficiado de ninguna exención o devolución de las cuotas devengadas con ocasión de su salida de dicho país. Se considerará cumplido este requisito cuando los bienes se hubiesen adquirido o importado al amparo de las exenciones establecidas en los regímenes diplomático o consular en favor de los miembros de los organismos internacionales reconocidos y con sede en el Estado de origen, con los límites y condiciones fijados por los Convenios internacionales por los que se crean dichos organismos o por los Acuerdos de sede.

4) Que los bienes objeto de importación hubiesen estado en posesión del interesado o, tratándose de bienes no consumibles, hubiesen sido utilizados por él en su antigua residencia durante un período mínimo de seis meses antes de haber abandonado dicha residencia.

5) Que la importación de los bienes se realice en el plazo máximo de doce meses a partir de la fecha del traslado de residencia al territorio de aplicación del impuesto. No obstante, los bienes personales podrán importarse antes del traslado, previo compromiso del interesado de establecer su nueva residencia antes de los seis meses siguientes a la importación, pudiendo exigirse garantía en cumplimiento de dicho compromiso.

6) Que los bienes importados con exención no sean transmitidos, cedidos o arrendados durante el plazo de doce meses posteriores a la importación, salvo causa justificada.

No obstante, quedan excluidos de la exención los siguientes bienes:

1.º Los productos alcohólicos comprendidos en los códigos NC 22.03 a 22.08 del Arancel aduanero.

2.º El tabaco en rama o manufacturado.

3.º Los medios de transporte de carácter industrial.

4.º Los materiales de uso profesional distintos de instrumentos portátiles para el ejercicio de la profesión u oficio del importador.

5.º Los vehículos de uso mixto utilizados para fines comerciales o profesionales.

c) Bienes personales destinados al amueblamiento de una vivienda secundaria efectuadas por particulares con los mismos requisitos que para los bienes personales, por traslado de residencia habitual, excepto el relativo a la residencia habitual fuera de la Comunidad. Además, se debe cumplir:

— Que el importador fuese propietario de la vivienda secundaria o, en su caso, arrendatario de la misma, por un plazo mínimo de doce meses, y

— Que los bienes importados correspondan al mobiliario o ajuar normal de la vivienda secundaria.

d) Bienes personales por razón de matrimonio. Así, estarán exentas las importaciones de los bienes integrantes del ajuar y los objetos de mobiliario, incluso nuevos, pertenecientes a personas que, con ocasión de su matrimonio, trasladen su residencia habitual desde terceros países al territorio de aplicación del impuesto. Se deben cumplir los siguientes requisitos:

— Los interesados deberán haber tenido su residencia habitual fuera de la Comunidad al menos durante los doce meses consecutivos anteriores.

— Que los bienes hubiesen sido adquiridos o importados en las condiciones normales de tributación en el país de origen o procedencia y no se hubieran beneficiado de ninguna exención o devolución de las cuotas devengadas con ocasión de su salida de dicho país.

— Que los bienes importados con exención no sean transmitidos, cedidos o arrendados durante el plazo de doce meses posteriores a la importación, salvo causa justificada.

— Que el interesado aporte la prueba de su matrimonio y, en su caso, de la iniciación de las gestiones oficiales para su celebración.

— Que la importación se efectúe dentro del período comprendido entre los dos meses anteriores y los cuatro meses posteriores a la celebración del matrimonio.

Esta exención también se extiende a las importaciones de los regalos ofrecidos normalmente por razón de matrimonio, efectuados por personas que tengan su residencia habitual fuera de la Comunidad, siempre que el valor unitario de los objetos ofrecidos como regalo no excediera de 200 euros y no resultará de aplicación a los vehículos con motor mecánico para circular por carretera, sus remolques, caravanas de campin, viviendas transportables, embarcaciones de recreo, aviones de turismo, alcohol y tabaco.

La falta de justificación del matrimonio, en el plazo de cuatro meses a partir de la fecha indicada para la celebración del mismo, determinará la exacción del impuesto referida a la fecha en que tuvo lugar la importación.

e) Bienes personales por causa de herencia. Estarán exentos cuando se efectúen por personas físicas que tengan su residencia habitual en el territorio de aplicación del impuesto. Esta exención sólo se aplicará respecto de los bienes importados en el plazo de dos años a partir del momento en que el interesado hubiese entrado en posesión de los bienes adquiridos, salvo causas excepcionales apreciadas por la Administración y también se aplicará a las importaciones de bienes personales adquiridos *mortis causa* por entidades sin fines de lucro establecidas en el territorio de aplicación del impuesto. Quedan excluidos:

— Los productos alcohólicos comprendidos en los códigos NC 22.03 a 22.08 del Arancel aduanero.

— El tabaco en rama o manufacturado.

— Los medios de transporte de carácter industrial.

— Los materiales de uso profesional distintos de los instrumentos portátiles necesarios para el ejercicio de la profesión del difunto.

— Las existencias de materias primas y de productos terminados o semiterminados.

— El ganado vivo y las existencias de productos agrícolas que excedan de las cantidades correspondientes a un aprovisionamiento familiar normal.

f) Bienes muebles efectuadas por estudiantes. Están exentas las importaciones del ajuar, material de estudio y otros bienes muebles usados que constituyan el equipamiento normal de una habitación de estudiante, pertenecientes a personas que vayan a residir temporalmente en el territorio de aplicación del impuesto para realizar en él sus estudios y que se destinen a su uso personal mientras duren los mismos. Esta exención se concederá solamente una vez por año escolar.

g) Bienes en régimen de viajeros. Estarán exentas las importaciones de los bienes contenidos en los equipajes personales de los viajeros procedentes de países terceros, con ciertos requisitos. En este sentido, estarán exentas las importaciones de los bienes contenidos en los equipajes personales de los viajeros procedentes de países terceros siempre que las importaciones no tengan carácter comercial y el valor global de los citados bienes no exceda, por persona, de 300 euros. No obstante, cuando se trate de viajeros que lleguen al territorio de aplicación del impuesto por vía marítima o aérea, este importe ascenderá a 430 euros. En todo caso, tratándose de viajeros menores de quince años de edad, el valor global admitido con exención será 150 euros. Cuando el valor global exceda de las cantidades indicadas, la exención se concederá hasta el límite de dichas cantidades, exclusivamente para aquellos bienes que, importados separadamente, hubiesen podido beneficiarse de la exención.

h) Pequeños envíos. Estarán exentas del Impuesto sobre el Valor Añadido las importaciones ocasionales de pequeños envíos consistentes en bienes de uso personal, a título gratuito, procedentes de países terceros, que no constituyan una expedición comercial y se remitan por un particular con destino a otro particular que se encuentre en territorio de aplicación del impuesto siempre que el valor global no exceda de 45 euros.

i) Bienes con ocasión del traslado de la sede de actividad. Estarán exentas, bajo ciertos requisitos, las importaciones de los bienes de inversión afectos a la actividad empresarial o profesional de una empresa de producción o de servicios que cesa definitivamente en su actividad empresarial en un país tercero para desarrollar una similar en el territorio de aplicación del impuesto, excepto que se trate de los siguientes bienes:

— Medios de transporte que no tengan el carácter de instrumentos de producción o de servicios.
— Provisiones de toda clase destinadas al consumo humano o a la alimentación de los animales.
— Combustibles.
— Existencias de materias primas, productos terminados o semiterminados, y
— El ganado que esté en posesión de los tratantes de ganado.

j) Bienes obtenidos por productores agrícolas o ganaderos en tierras situadas en terceros países. Estarán exentas las importaciones de productos agrícolas, ganaderos, hortícolas o silvícolas procedentes de tierras situadas en un país tercero contiguo al territorio de aplicación del impuesto, obtenidos por productores cuya sede de explotación se encuentre en el mencionado territorio en la proximidad inmediata de aquel país siempre que los productos ganaderos procedan de animales criados, adquiridos o importados en las condiciones generales de tributación de la Comunidad.

k) Semillas, abonos y productos para el tratamiento del suelo y de los vegetales.

l) Animales de laboratorio y sustancias biológicas y químicas destinados a la Investigación.

m) Sustancias terapéuticas y de control de calidad.

n) Bienes destinados a organismos caritativos o filantrópicos, en beneficio de personas con minusvalía o de víctimas de catástrofes o en el marco de ciertas relaciones internacionales.

o) Bienes con fines de promoción comercial o aquellos destinados a ser objeto de exámenes, análisis o ensayos, así como los bienes destinados a los organismos competentes en materia de protección de la propiedad intelectual o industrial.

p) Documentos de carácter turístico, tales como los destinados a ser distribuidos gratuitamente con fines de propaganda sobre viajes a lugares situados fuera de la Comunidad, siempre que no contengan más de un 25 por 100 de publicidad comercial privada o listas o anuarios de hoteles extranjeros. Asimismo estarán exentos documentos diversos, tales como los documentos enviados gratuitamente a las entidades públicas, las publicaciones de gobiernos de terceros países y de organismos oficiales internacionales para su distribución gratuita, las papeletas de voto para las elecciones convocadas por organismos establecidos fuera del territorio de aplicación del impuesto o los expedientes, archivos, formularios y demás documentos destinados a ser utilizados en reuniones, conferencias o congresos internacionales, así como las actas y resúmenes de dichas manifestaciones, entre otros.

q) Material audiovisual producido por la Organización de las Naciones Unidas.

r) Objetos de colección y arte.

s) Materiales para el acondicionamiento y protección de mercancías.

t) Bienes destinados al acondicionamiento o a la alimentación en ruta de animales.

u) Carburantes y lubricantes contenidos en los depósitos de los vehículos automóviles industriales y de turismo y en los de los contenedores de uso especial que se introduzcan en el territorio de aplicación del impuesto, bajo ciertos requisitos.

v) Ataúdes, materiales y objetos para cementerios, así como flores, coronas y demás objetos de adorno conducidos por personas residentes en un país tercero que asistan a funerales o las utilicen para decorar las tumbas situadas en el territorio de aplicación del impuesto, siempre que se presenten en cantidades que no sean propias de una actividad de carácter comercial.

x) Productos de la pesca cuya importación se realice por los propios armadores de buques pesqueros y procedan de sus capturas.

y) Bienes en régimen diplomático o consular cuando gocen de exención de los derechos de importación. Asimismo, están exentas las importaciones de bienes destinados a organismos internacionales.

aa) Bienes destinados a la OTAN.

ab) Bienes que se vinculen al régimen de depósito distinto del aduanero mientras permanezcan en dicha situación, así como las prestaciones de servicios relacionadas directamente con las mencionadas importaciones.

ac) Bienes para evitar la doble imposición. Así, estarán exentas, entre otras, las importaciones de bienes cuya entrega se entienda realizada en el territorio de aplicación del Impuesto.

ad) Reimportaciones de bienes en el mismo estado en que fueran exportados previamente, cuando se efectúen por quien los hubiese exportado y se beneficien, asimismo, de la exención de los derechos de importación.

ae) Prestaciones de servicios relacionados con las importaciones. Estarán exentas las prestaciones de servicios, distintas a las prestaciones de servicios exentas en operaciones interiores, cuya contraprestación esté incluida en la base imponible de las importaciones de bienes a que se refieran.

af) Las divisas, billetes de banco y monedas que sean medios legales de pago, a excepción de las monedas y billetes de colección y de las piezas de oro, plata y platino.

Asimismo, se establecen una serie de exenciones relacionadas con las importaciones de bienes para evitar la doble imposición.

5. LUGAR DE REALIZACIÓN DEL HECHO IMPONIBLE

Debemos distinguir entre operaciones interiores, e intracomunitarias.

5.1. Operaciones interiores

Están referidas a entrega de bienes y a prestaciones de servicios.

Como norma general, las entregas de bienes que no sean objeto de expedición o transporte, se entenderán realizadas en el territorio de aplicación del impuesto cuando los bienes se pongan a disposición del adquirente en dicho territorio.

También se entenderán realizadas en el territorio de aplicación del impuesto las entregas de los bienes siguientes:

1) Bienes muebles corporales que deban ser objeto de expedición o transporte para su puesta a disposición del adquirente, cuando la expedición o transporte se inicien en el referido territorio. No obstante, cuando el lugar de iniciación de la expedición o del transporte de los bienes que hayan de ser objeto de importación esté situado en un país tercero, las entregas de los mismos efectuadas por el importador y, en su caso, por sucesivos adquirentes se entenderán realizadas en el territorio de aplicación del Impuesto.

En el caso de bienes objeto de entregas sucesivas, enviados o transportados con destino a otro Estado miembro directamente desde el primer proveedor al adquirente final de la cadena, la expedición o transporte se entenderá vinculada únicamente a la entrega de bienes efectuada a favor del intermediario cuando éste hubiera comunicado a su proveedor un número de identificación fiscal a efectos del Impuesto sobre el Valor Añadido suministrado por España.

En este sentido, se entiende por intermediario a un empresario o profesional distinto del primer proveedor, que expida o transporte los bienes directamente, o por un tercero en su nombre y por su cuenta, si bien no será de aplicación para las entregas de bienes facilitadas a través de una interfaz digital.

2) Bienes que hayan de ser objeto de instalación o montaje antes de su puesta a disposición, cuando la instalación se ultime en el referido territorio. Esta regla sólo se aplicará cuando la instalación o montaje implique la inmovilización de los bienes entregados.

3) Bienes inmuebles que radiquen en dicho territorio.

4) Bienes a los pasajeros que se efectúen a bordo de un buque, de un avión o de un tren, en el curso de la parte de un transporte realizada en el interior de la Comunidad, cuyo lugar de inicio se encuentre en el ámbito espacial del Impuesto y el lugar de llegada en otro punto de la Comunidad. En el caso en el que se trate de un transporte de ida y vuelta, el trayecto de vuelta se considerará como un transporte distinto.

En este sentido, se entiende como:

— Parte del transporte realizado en territorio de la Comunidad: la parte de un transporte que, sin escalas en territorios terceros, discurra entre los lugares de inicio y de llegada situados en la Comunidad.

— Lugar de inicio: el primer lugar previsto para el embarque de pasajeros en el interior de la Comunidad, incluso después de la última escala fuera de la Comunidad.

— Lugar de llegada: el último lugar previsto para el desembarque en la Comunidad de pasajeros embarcados también en ella, incluso antes de otra escala en territorios terceros.

Asimismo, se entenderán realizadas en el territorio de aplicación del Impuesto, bajo ciertos requisitos, las ventas a distancia de bienes (excepto que dichos bienes hayan tributado conforme al régimen especial de bienes, sados, objetos de arte, antigüedades y objetos de colección en el Estado miembro de inicio de la expedición o transporte):

— En el ámbito intracomunitario, cuando dicho territorio sea el lugar de llegada de la expedición o del transporte con destino al cliente.

— En el ámbito intracomunitario, cuando sean efectuadas por un empresario o profesional que actúe como tal establecido únicamente en el territorio de aplicación del impuesto por tener en el mismo la sede de su actividad económica, o su único establecimiento o establecimientos permanentes en la Comunidad, o, en su defecto, el lugar de su domicilio permanente o residencia habitual.

— En el caso de bienes importados de países o territorios terceros en un Estado miembro distinto del de llegada de la expedición o del transporte con destino al cliente, cuando el territorio de aplicación del impuesto sea el lugar de llegada de dicha expedición o transporte.

— En el caso de bienes importados de países o territorios terceros en el Estado miembro de llegada de la expedición o del transporte con destino al cliente cuando el territorio de aplicación del impuesto sea el lugar de llegada de dicha expedición o transporte, siempre que se declare el impuesto sobre el valor añadido de dichas ventas mediante el régimen especial aplicable a los servicios de telecomunicaciones, de radiodifusión o de televisión, así como a los prestados por vía electrónica.

No obstante, no se entienden realizadas en el territorio de aplicación del impuesto las entregas de bienes cuya expedición o transporte se inicie en dicho territorio con destino a otro Estado miembro de llegada de esa expedición o transporte al cliente final, cuando se trate de determinadas ventas a distancia intracomunitarias de bienes.

En el caso de las entregas de gas realizadas a través de una red de gas natural situada en el territorio de la Comunidad o de cualquier red conectada a dicha red, las entregas de electricidad o las entregas de calor o de frío a través de las redes de calefacción o de refrigeración, se entienden efectuadas en el territorio de aplicación del impuesto en los supuestos que se citan a continuación:

1.º Las efectuadas a un empresario o profesional revendedor, cuando este tenga la sede de su actividad económica o posea un establecimiento permanente o, en su defecto, su domicilio en el citado territorio, siempre que dichas entregas tengan por destinatarios a dicha sede, establecimiento permanente o domicilio. A estos efectos, se entenderá por empresario o profesional revendedor aquel cuya actividad principal respecto de las compras de gas, electricidad, calor o frío, consista en su reventa y el consumo propio de los mismos sea insignificante.

2.º Cualesquiera otras, cuando el adquirente efectúe el uso o consumo efectivos de dichos bienes en el territorio de aplicación del impuesto. A estos efectos, se considerará que tal uso o consumo se produce en el citado territorio cuando en él se encuentre el contador en el que se efectúe su medición.

Ahora bien, cuando el adquirente no consuma efectivamente el total o parte de dichos bienes, los no consumidos se considerarán usados o consumidos en el territorio de aplicación del impuesto cuando el adquirente tenga en este territorio la sede de su actividad económica o posea un establecimiento permanente o, en su defecto, su domicilio, siempre que las entregas hubieran tenido por destinatarios a dicha sede, establecimiento permanente o domicilio.

En cuanto a las *prestaciones de servicios*, la regla general establece que se entenderán realizadas en el territorio de aplicación del impuesto cuando el prestador de los mismos tenga situada en dicho territorio la sede de su actividad económica o establecimiento permanente desde el que los preste o, en su defecto, el lugar de su domicilio o residencia habitual, se encuentre en el territorio de aplicación del impuesto. También se entenderán realizadas en el territorio de aplicación del impuesto las prestaciones de servicios cuando el destinatario sea un empresario o profesional que actúe como tal y radique en el territorio de aplicación del impuesto la sede de su actividad económica (entendida como el lugar en el que los empresarios o profesionales centralicen la gestión y el ejercicio habitual de su actividad empresarial o profesional), o tenga en el mismo un establecimiento permanente (entendido como cualquier lugar fijo de negocios donde los empresarios o profesionales realicen actividades empresariales o profesionales) o, en su defecto, el lugar de su domicilio o residencia habitual, siempre que se trate de servicios que tengan por destinatarios a dicha sede, establecimiento permanente, domicilio o residencia habitual, con independencia de dónde se encuentre establecido el prestador de los servicios y del lugar desde el que los preste, sin perjuicio de la aplicación de las reglas especiales cuando proceda.

No obstante, cuando el destinatario de los servicios no sea un empresario o profesional actuando como tal y esté establecido o tenga su domicilio o residencia habitual fuera de la Comunidad —salvo en el caso de que dicho destinatario esté establecido o tenga su domicilio o residencia habitual en las Islas Canarias, Ceuta o Melilla—, no se entenderán realizados en el territorio de aplicación del impuesto, entre otros, los siguientes servicios:

a) Las cesiones y concesiones de derechos de autor, patentes, licencias, marcas de fábrica o comerciales y los demás derechos de propiedad intelectual o industrial, así como cualesquiera otros derechos similares.

b) La cesión o concesión de fondos de comercio, de exclusivas de compra o venta o del derecho a ejercer una actividad profesional.

c) Los de publicidad.

d) Los de asesoramiento, auditoría, ingeniería, gabinete de estudios, abogacía, consultores, expertos contables o fiscales.

e) Los de tratamiento de datos y el suministro de informaciones, incluidos los procedimientos y experiencias de carácter comercial.

f) Los de traducción, corrección o composición de textos, así como los prestados por intérpretes.

g) Los de seguro, reaseguro y capitalización, así como los servicios financieros, incluidos los que no estén exentos, con excepción del alquiler de cajas de seguridad.

h) Los de cesión de personal.

i) El doblaje de películas.

j) Los arrendamientos de bienes muebles corporales, con excepción de los que tengan por objeto cualquier medio de transporte y los contenedores.

k) La provisión de acceso a las redes de gas natural situadas en el territorio de la Comunidad o a cualquier red conectada a dichas redes, a la red de electricidad, de calefacción o de refrigeración, y el transporte o distribución a través de dichas redes, así como la prestación de otros servicios directamente relacionados con los mencionados servicios.

Asimismo la normativa del impuesto establece una serie de reglas especiales relativas al lugar de realización de la prestación de servicios. De este modo, se entenderán prestados en el territorio de aplicación del Impuesto los siguientes servicios:

1) Los relacionados con bienes inmuebles, tales como el arrendamiento, ejecuciones de obra, gestión de estos bienes inmuebles así como la vigilancia y seguridad de los mismos, alquiler de cajas de seguridad, utilización de vías de peaje y alojamiento en establecimientos de hostelería, acampamento y balneario.

2) Los de transporte de pasajeros y de bienes cuyo destinatario no sea un empresario o profesional actuando como tal, por la parte de trayecto que discurra por el territorio de aplicación del Impuesto

3) El acceso a manifestaciones culturales, artísticas, deportivas, científicas, educativas, recreativas o similares, como las ferias y exposiciones, y los servicios accesorios al mismo, siempre que su destinatario sea un empresario o profesional actuando como tal y dichas manifestaciones tengan lugar efectivamente en el citado territorio.

4) Los prestados por vía electrónica, de telecomunicaciones y de radiodifusión y televisión, cuando el destinatario no sea un empresario o profesional actuando como tal, siempre que éste se encuentre establecido o tenga su residencia o domicilio habitual en el territorio de aplicación del Impuesto, bajo ciertos requisitos.

5) Los de restauración y catering prestados a bordo de un buque, de un avión o de un tren, en el curso de la parte de un transporte de pasajeros realizado en la Comunidad cuyo lugar de inicio se encuentre en el territorio de aplicación del Impuesto. Cuando se trate de un transporte de ida y vuelta, el trayecto de vuelta se considerará como un transporte distinto. También se incluyen el reto de servicios de restauración y catering cuando se presten materialmente en el territorio de aplicación del Impuesto.

6) Los de mediación en nombre y por cuenta ajena cuyo destinatario no sea un empresario o profesional actuando como tal, siempre que las operaciones respecto de las que se intermedie se entiendan realizadas en el territorio de aplicación del Impuesto.

7) Otros servicios, tales como *a*) los servicios accesorios a los transportes tales como la carga y descarga, transbordo, manipulación y servicios similares, *b*) los trabajos y las ejecuciones de obra realizados sobre bienes muebles corporales y los informes periciales, valoraciones y dictámenes relativos a dichos bienes, y *c*) los servicios relacionados con manifestaciones culturales, artísticas, deportivas, científicas, educativas, recreativas, juegos de azar o similares, como las ferias y exposiciones, incluyendo los servicios de organización de los mismos y los demás servicios accesorios a los anteriores.

8) Los prestados por vía electrónica, de telecomunicaciones, de radiodifusión y de televisión —que sean efectuados por un empresario o profesional que actúe como tal establecido únicamente en el territorio de aplicación del impuesto por tener en el mismo la sede de su actividad económica, o su único establecimiento o establecimientos permanentes en la Comunidad, o, en su defecto, el lugar de su domicilio permanente o residencia habitual— cuando el destinatario no sea un empresario o profesional actuando como tal, siempre que éste se encuentre establecido o tenga su residencia o domicilio habitual en otro Estado miembro y no haya superado determinados límites ni se haya ejercitado la opción de tributación en destino.

9) Los servicios de arrendamiento de medios de transporte:

— A corto plazo, cuando los medios de transporte se pongan efectivamente en posesión del destinatario en el citado territorio.

— A largo plazo, cuando el destinatario no tenga la condición de empresario o profesional actuando como tal siempre que se encuentre establecido o tenga su domicilio o residencia habitual en el citado territorio. No obstante, cuando los arrendamientos a largo plazo cuyo destinatario no sea un empresario o profesional actuando como tal tengan por objeto embarcaciones de recreo, se entenderán prestados en el territorio de aplicación del Impuesto cuando éstas se pongan efectivamente en posesión del destinatario en el mismo siempre que el servicio sea realmente prestado por un empresario o profesional desde la sede de su actividad económica o un establecimiento permanente situado en dicho territorio.

5.2. Operaciones intracomunitarias

Las adquisiciones intracomunitarias se consideran realizadas en el territorio de aplicación del impuesto cuando se encuentre en este territorio el lugar de la llegada de la expedición o transporte con destino al adquirente.

Los transportes intracomunitarios de bienes (entendido como aquel transporte cuyos lugares de inicio y de llegada estén situados en los territorios de dos Estados miembros diferentes) cuyo destinatario no sea un empresario o profesional actuando como tal, se considerarán realizados en el territorio de aplicación del impuesto cuando se inicien en el mismo, entendiendo como lugar de inicio aquel en el que comience efectivamente el transporte de los bienes —sin tener en cuenta los trayectos efectuados para llegar al lugar en que se encuentren los bienes— y como lugar de llegada aquel en el que se termine efectivamente el transporte de los bienes.

5.3. Límite cuantitativo aplicable a determinadas ventas a distancia intracomunitarias de bienes

En determinados casos de entregas de bienes y prestaciones de servicios existe un límite de 10.000 euros para el importe total, excluido el impuesto, de dichas entregas de bienes y/o prestaciones de servicios realizadas en la Comunidad, durante el año natural precedente, o su equivalente en su moneda nacional.

Los empresarios o profesionales que realicen estas operaciones podrán optar, en el Estado miembro de inicio de la expedición o transporte de los bienes con destino al cliente o en el que estén establecidos, tratándose de las prestaciones de servicios, por la tributación de las mismas como si el límite hubiera excedido los 10.000 euros. Cuando se trate de empresarios o profesionales que estén establecidos en el territorio de aplicación del impuesto y sea dicho territorio desde el que presten los servicios o el de inicio de la expedición o transporte de los bienes, la opción comprenderá, como mínimo, dos años naturales.

Para la aplicación de este límite debe considerarse que no puede fraccionarse el importe de la contraprestación de las operaciones.

6. DEVENGO DEL IMPUESTO

El devengo es el momento en el que surge la obligación tributaria y pieza trascendente en la aplicación de los tributos. Como norma general, el momento en el que se produce el devengo del impuesto, según el tipo de operación de la que se trate, se resume en el siguiente cuadro:

Tipo de operación	*Devengo*
Entrega de bienes	Cuando tenga lugar su puesta a disposición del adquirente o, en su caso, cuando se efectúen conforme a la legislación que les sea aplicable.
Prestaciones de servicios	Cuando se presten, ejecuten o efectúen las operaciones gravadas.
Autoconsumo	Cuando se efectúen las operaciones gravadas.
Arrendamientos y operaciones de tracto sucesivo	En el momento en que resulte exigible la parte del precio que comprenda cada percepción.
Adquisiciones intracomunitarias de bienes	En el momento en que se consideren efectuadas las entregas de bienes similares.
Importaciones	En el momento en que hubiera tenido lugar el devengo de los derechos de importación, de acuerdo con la legislación aduanera.

No obstante, en el caso de entregas de bienes efectuadas en virtud de contratos de venta con pacto de reserva de dominio o cualquier otra condición suspensiva, de arrendamiento-venta de bienes o de arrendamiento de bienes con cláusula de transferencia de la propiedad vinculante para ambas partes, se devengará el impuesto cuando los bienes que constituyan su objeto se pongan en posesión del adquirente.

En el caso de prestación de servicios, cuando se trate de ejecuciones de obra con aportación de materiales, el devengo se produce en el momento en que los bienes a que se refieran se pongan a disposición del dueño de la obra y si se trata de ejecuciones de obra, con o sin aportación de materiales, cuyas destinatarias sean las Administraciones Públicas, en el momento de su recepción.

En los casos de autoconsumo interno, el IVA se devenga *a*) cuando se produzcan las circunstancias que determinan la limitación o exclusión del derecho a la deducción, *b*) el último día del año en que los bienes que constituyan su objeto se destinen a operaciones que no originen el derecho a la deducción, *c*) el último día del año en que sea de aplicación la regla de prorrata general o *d*) cuando se produzca el devengo de la entrega exenta.

En los casos de arrendamientos, en los suministros y, en general, en las operaciones de tracto sucesivo o continuado, el devengo se producirá en el momento en que resulte exigible la parte del precio que comprenda cada percepción. No obstante, cuando no se haya pactado precio (o cuando, habiéndose pactado, no se haya determinado el momento de su exigibilidad, o la misma se haya establecido con una periodicidad superior a un año natural), el devengo del Impuesto se producirá a 31 de diciembre de cada año por la parte proporcional correspondiente al período transcurrido desde el inicio de la operación, o desde el anterior devengo, hasta la citada fecha. Cuando estos suministros constituyan determinadas entregas de bienes (bienes expedidos o transportados por cuenta del adquirente a otro Estado miembro o algunas entregas exentas) y no se haya pactado precio (o cuando, habiéndose pactado, no se haya determinado el momento de su exigibilidad, o la misma se haya establecido con una periodicidad superior al mes natural), el devengo del Impuesto se producirá el último día de cada mes por la parte proporcional correspondiente al período transcurrido desde el inicio de la operación, o desde el anterior devengo, hasta la citada fecha. Esto no afecta a las entregas de bienes efectuadas en virtud de contratos de venta con pacto de reserva de dominio o cualquier otra condición suspensiva, de arrendamiento-venta de bienes o de arrendamiento de bienes con cláusula de transferencia de la propiedad vinculante para ambas partes.

En las entregas de bienes destinados a otro Estado miembro, distintas de las señaladas en el párrafo anterior, el devengo del Impuesto se producirá el día 15 del mes siguiente a aquel en el que se inicie la expedición o el transporte de los bienes con destino al adquirente. No obstante, si con anterioridad a la citada fecha se hubiera expedido factura por dichas operaciones, el devengo del Impuesto tendrá lugar en la fecha de expedición de la misma.

En las adquisiciones intracomunitarias de bienes, el impuesto se devengará en el momento en que se consideren efectuadas las entregas de bienes.

En las importaciones de bienes, el devengo del impuesto se producirá en el momento en que hubiera tenido lugar el devengo de los derechos de importación, según lo dispuesto por la legislación aduanera, independientemente de que dichas importaciones estén o no sujetas a los mencionados derechos de importación. No obstante, en el supuesto de abandono del régimen de depósito distinto del aduanero, el devengo se producirá en el momento en que tenga lugar el abandono de dicho régimen.

En el caso de las entregas de bienes facilitadas a través de una interfaz digital, el devengo del impuesto de la entrega efectuada a favor del empresario o profesional que facilite la venta o la entrega, así como la efectuada por el mismo, se producirá con la aceptación del pago del cliente.

7. SUJETO PASIVO

En el Impuesto sobre el Valor Añadido tienen la consideración de sujetos pasivos las herencias yacentes, comunidades de bienes y demás entidades que, careciendo de personalidad jurídica, constituyan una unidad económica o un patrimonio separado susceptible de imposición, cuando realicen operaciones sujetas al Impuesto.

Como norma general:

Hecho imponible	*Sujeto pasivo*
Operaciones interiores	Empresarios o profesionales
Adquisiciones intracomunitarias	Quienes las realicen
Importaciones	

No obstante, existen numerosas particularidades que pasamos a desarrollar.

En *operaciones interiores*, serán sujetos pasivos del impuesto, como norma general, las personas físicas o jurídicas que tengan la condición de empresarios o profesionales y realicen las entregas de bienes o presten los servicios sujetos al impuesto, en los siguientes supuestos:

a) Cuando las mismas se efectúen por personas o entidades no establecidas en el territorio de aplicación del impuesto, excepto:

— Cuando se trate de las prestaciones de servicios en las que el destinatario tampoco esté establecido en el territorio de aplicación del impuesto.

— Cuando se trate de las entregas de determinados bienes, cuya expedición o transporte se inicie en otro Estado miembro con destino al territorio de aplicación del impuesto cuando concurran ciertos requisitos o las entregas de bienes que sean objeto de impuestos especiales en determinadas condiciones.

— Cuando se trate de entregas de bienes que estén exentas del impuesto.

— Cuando se trate de prestaciones de servicios de arrendamientos de bienes inmuebles que estén sujetas y no exentas del impuesto.

— Cuando se trate de prestaciones de servicios de intermediación en el arrendamiento de bienes inmuebles.

b) Cuando se trate de entregas de oro sin elaborar o de productos semielaborados de oro de ley, igual o superior a 325 milésimas.

c) Cuando se trate de entregas de desechos nuevos de la industria, desperdicios y desechos de fundición, residuos y demás materiales de recuperación constituidos por metales férricos y no férricos, sus aleaciones, escorias, cenizas y residuos de la industria que contengan metales o sus aleaciones, así como las operaciones de selección, corte, fragmentación y prensado que se efectúen sobre estos productos.

d) Entregas de desperdicios o desechos de plástico, papel, cartón, trapos o vidrio.

e) Entregas de productos semi-elaborados resultantes de la transformación, elaboración o fundición de los metales no férricos, con excepción de los compuestos por níquel. En particular, se considerarán productos semi-elaborados, los lingotes, bloques, placas, barras, grano, granalla y alambrón.

f) Prestaciones de servicios que tengan por objeto derechos de emisión, reducciones certificadas de emisiones y unidades de reducción de emisiones de gases de efecto invernadero.

g) Las siguientes entregas de inmuebles:

— Las realizadas como consecuencia de un proceso concursal.

— Las siguientes entregas exentas cuando el sujeto pasivo hubiera renunciado a la exención:

a') de terrenos rústicos y demás que no tengan la condición de edificables, incluidas las construcciones de cualquier naturaleza en ellos enclavadas, que sean indispensables para el desarrollo de una explotación agraria, y los destinados exclusivamente a parques y jardines públicos o a superficies viales de uso público, y *b')* las segundas y ulteriores entregas de edificaciones, incluidos los terrenos en que se hallen enclavadas, cuando tengan lugar después de terminada su construcción o rehabilitación.

— Las entregas efectuadas en ejecución de la garantía constituida sobre los bienes inmuebles, entendiéndose, asimismo, que se ejecuta la garantía cuando se transmite el inmueble a cambio de la extinción total o parcial de la deuda garantizada o de la obligación de extinguir la referida deuda por el adquirente.

h) Cuando se trate de ejecuciones de obra, con o sin aportación de materiales, así como las cesiones de personal para su realización, consecuencia de contratos directamente formalizados entre el promotor y el contratista que tengan por objeto la urbanización de terrenos o la construcción o rehabilitación de edificaciones. También resulta de aplicación cuando los destinatarios de las operaciones sean a su vez el contratista principal u otros subcontratistas en las condiciones señaladas.

i) Cuando se trate de entregas de los siguientes productos:

— Plata, platino y paladio, en bruto, en polvo o semielaborado, así como las entregas que tengan por objeto dichos metales resultantes de la realización de actividades de transformación por el empresario o profesional adquirente. En todo caso ha de tratarse de productos que no estén incluidos en el ámbito de aplicación del régimen especial aplicable a los bienes usados, objetos de arte, antigüedades y objetos de colección.

— Teléfonos móviles y consolas de videojuegos, ordenadores portátiles y tabletas digitales. En estos casos solamente se aplica si el destinatario es un empresario o profesional revendedor de estos bienes y, en el caso en el que no sea revendedor, cuando el importe total de las entregas de estos bienes exceda de 10.000 euros.

Asimismo, se consideran sujetos pasivos a efectos de IVA a las personas jurídicas que no actúen como empresarios o profesionales pero sean destinatarias de las operaciones sujetas al impuesto que se indican a continuación realizadas por empresarios o profesionales no establecidos en el territorio de aplicación del mismo:

— Las entregas subsiguientes a las adquisiciones intracomunitarias que concurran ciertos requisitos, cuando hayan comunicado al empresario o profesional que las realiza el número de identificación que, a efectos del Impuesto sobre el Valor Añadido, tengan asignado por la Administración española.

— Las prestaciones de servicios definidas dentro de la regla general y de las reglas especiales del lugar de realización de las prestaciones de servicios.

Por último, tienen la consideración de sujeto pasivo del impuesto los empresarios o profesionales, así como las personas jurídicas que no actúen como empresarios o profesionales, que sean destinatarios de entregas de gas y electricidad o las entregas de calor o de frío a través de redes de calefacción o de refrigeración, que se entiendan realizadas en el territorio de aplicación del impuesto, siempre que la entrega la efectúe un empresario o profesional no establecido en el citado territorio y le hayan comunicado el número de identificación que a efectos del Impuesto sobre el Valor Añadido tengan atribuido por la Administración española.

Se considerarán establecidos en el territorio de aplicación del impuesto los sujetos pasivos que tengan en el mismo la sede de su actividad económica, un establecimiento permanente o su domicilio fiscal, que intervenga en la realización de las entregas de bienes y prestaciones de servicios sujetas al impuesto, lo cual se entiende cuando ordene sus factores de producción materiales y humanos o uno de ellos con la finalidad de realizar cada una de ellas.

Tienen la consideración de sujetos pasivos las herencias yacentes, comunidades de bienes y demás entidades que, careciendo de personalidad jurídica, constituyan una unidad económica o un patrimonio separado susceptible de imposición, cuando realicen operaciones sujetas al impuesto.

En *adquisiciones intracomunitarias* de bienes son sujetos pasivos quienes las realicen.

En *importaciones*, serán sujetos pasivos del impuesto quienes realicen las importaciones. A estos efectos, se consideran importadores, siempre que se cumplan en cada caso los requisitos previstos en la legislación aduanera:

a) Los destinatarios de los bienes importados, sean adquirentes, cesionarios o propietarios de los mismos o bien consignatarios que actúen en nombre propio en la importación de dichos bienes.

b) Los viajeros, para los bienes que conduzcan al entrar en el territorio de aplicación del impuesto.

c) Los adquirentes o, en su caso, los propietarios, los arrendatarios o fletadores de los bienes.

Serán *responsables solidarios* de la deuda tributaria que corresponda satisfacer al sujeto pasivo, los destinatarios de las operaciones que, mediante acción u omisión culposa o dolosa, eludan la correcta repercusión del impuesto y la responsabilidad alcanzará a la sanción que pueda proceder.

7.1. Repercusión del impuesto

Los sujetos pasivos deberán repercutir íntegramente el importe del impuesto sobre aquel para quien se realice la operación gravada, quedando esté obligado a soportarlo, con independencia de las estipulaciones existentes entre ellos.

En las entregas de bienes y prestaciones de servicios sujetas y no exentas al impuesto cuyos destinatarios fuesen entes públicos se entenderá siempre que los sujetos pasivos del impuesto, al formular sus propuestas económicas, aunque sean verbales, han incluido dentro de las mismas el Impuesto sobre el Valor Añadido que, no obstante, deberá ser repercutido como partida independiente, cuando así proceda, en los documentos que se presenten para el cobro, sin que el importe global contratado experimente incremento como consecuencia de la consignación del tributo repercutido.

Esta repercusión se deberá efectuar, con carácter general, mediante factura en la que la cuota repercutida se consignará separadamente de la base imponible, incluso en el caso de precios fijados administrativamente, indicando el tipo impositivo aplicado. Esta repercusión se realizará al tiempo de expedir y entregar la factura o documento sustitutivo correspondiente y se perderá el derecho a la repercusión cuando haya transcurrido un año desde la fecha del devengo.

El destinatario de la operación gravada por el Impuesto sobre el Valor Añadido no estará obligado a soportar la repercusión del mismo con anterioridad al momento del devengo de dicho impuesto.

Cuando el importe de las cuotas repercutidas se hubiese determinado de manera incorrecta, o no se hubieran repercutido las cuotas pero se hubiera expedido la factura correspondiente a la operación, los sujetos pasivos deberán efectuar la rectificación de las cuotas impositivas repercutidas, siempre que no hayan pasado más de cuatro años desde el momento en el que se devengó el impuesto correspondiente. Lo mismo ocurrirá cuando no habiéndose repercutido cuota alguna, se hubiese expedido la factura correspondiente a la operación.

No obstante, no procederá la rectificación de las cuotas impositivas repercutidas en los siguientes casos:

1) Cuando la rectificación no esté motivada por la modificación de la base imponible, implique un aumento de las cuotas repercutidas y los destinatarios de las operaciones no actúen como empresarios o profesionales del impuesto, salvo en supuestos de elevación legal de los tipos impositivos, en que la rectificación podrá efectuarse en el mes en que tenga lugar la entrada en vigor de los nuevos tipos impositivos y en el siguiente.

2) Cuando sea la Administración Tributaria la que ponga de manifiesto, a través de las correspondientes liquidaciones, cuotas impositivas devengadas y no repercutidas mayores que las declaradas por el sujeto pasivo y resulte acreditado, mediante datos objetivos, que dicho sujeto pasivo participaba en un fraude, o que sabía o debía haber sabido, utilizando al efecto una diligencia razonable, que realizaba una operación que formaba parte de un fraude.

En cualquier caso, cuando la rectificación de las cuotas implique un aumento de las inicialmente repercutidas y no haya mediado requerimiento previo, el sujeto pasivo deberá presentar una declaración-liquidación rectificativa aplicándose a la misma el recargo y los intereses de demora que procedan. No obstante, cuando la rectificación se funde en las causas de modificación de la base imponible o se deba a un error fundado de derecho, el sujeto pasivo podrá incluir la diferencia correspondiente en la declaración-liquidación del período en que se deba efectuar la rectificación.

Cuando la rectificación determine una minoración de las cuotas inicialmente repercutidas, el sujeto pasivo podrá optar por cualquiera de las dos alternativas siguientes:

a) Iniciar ante la Administración Tributaria el correspondiente procedimiento de devolución de ingresos indebidos.

b) Regularizar la situación tributaria en la declaración-liquidación correspondiente al período en que deba efectuarse la rectificación o en las posteriores hasta el plazo de un año a contar desde el momento en que debió efectuarse la mencionada rectificación. En este caso, el sujeto pasivo estará obligado a reintegrar al destinatario de la operación el importe de las cuotas repercutidas en exceso.

8. BASE IMPONIBLE

Con carácter general, la base imponible se determinará en régimen de estimación directa y la aplicación del régimen de estimación indirecta comprenderá el importe de las adquisiciones de bienes y servicios efectuadas por el sujeto pasivo y el impuesto soportado correspondiente a las mismas.

Como regla general:

Hecho imponible	*Sujeto pasivo*
Operaciones interiores e intracomunitarias	Importe total de la contraprestación – dtos. y bonif. en factura
Importaciones	Valor en aduana + gravámenes

No obstante, realizaremos un desarrollo más exhaustivo. Así:

En *operaciones interiores e intracomunitarias*, como regla general, la base imponible del impuesto se determinará en régimen de estimación directa y estará constituida por el importe total de la contraprestación de las operaciones sujetas al mismo, procedente del destinatario o de terceras personas. En particular, se incluyen en el concepto de contraprestación:

a) Gastos de comisiones, portes y transporte, seguros, primas por prestaciones anticipadas y cualquier otro crédito efectivo a favor de quien realice la entrega o preste el servicio, derivado de la prestación principal o de las accesorias a la misma.

b) Las subvenciones vinculadas directamente al precio de las operaciones sujetas al impuesto que se establezcan según el número de unidades entregadas o del volumen de los servicios prestados cuando se determinen con anterioridad a la realización de la operación.

c) Los tributos y gravámenes de cualquier clase que recaigan sobre las mismas operaciones gravadas, excepto el propio Impuesto sobre el Valor Añadido y el impuesto especial sobre determinados medios de transporte.

d) El importe de los envases y embalajes, incluso los susceptibles de devolución, cargado a los destinatarios de la operación, cualquiera que sea el concepto por el que dicho importe se perciba.

No se incluirán en la base imponible:

— Las cantidades percibidas por razón de indemnizaciones que, por su naturaleza y función, no constituyan contraprestación o compensación de las entregas de bienes o prestaciones de servicios sujetas al impuesto.

— Los descuentos y bonificaciones que se concedan previa o simultáneamente al momento en que la operación se realice y en función de ella, ni tampoco las cantidades percibidas por razón de indemnizaciones que, por su naturaleza y función, no constituyan contraprestación o compensación de las entregas de bienes o prestaciones de servicios sujetas al impuesto, siempre que las minoraciones de precio no constituyan remuneraciones de otras operaciones.

— Las sumas pagadas en nombre y por cuenta del cliente en virtud de mandato expreso del mismo. El sujeto pasivo vendrá obligado a justificar la cuantía efectiva de tales gastos y no podrá proceder a la deducción del impuesto que eventualmente los hubiera gravado.

En las operaciones cuya contraprestación no consista en dinero, se considerará como base imponible el importe, expresado en dinero, que se hubiera acordado entre las partes.

Cuando exista vinculación entre las partes que intervengan en una operación, su base imponible será su valor normal de mercado.

En las operaciones de *autoconsumo*, en el caso de entrega de bienes, la base imponible será la que se hubiese fijado en la operación por la que se adquirieron dichos bienes. En los casos de autoconsumo de servicios, se considerará como base imponible el coste de la prestación de los servicios.

Cuando exista vinculación entre las partes que intervengan en una operación, su base imponible será su valor normal de mercado, entendiendo como tal aquel que debería pagar en el territorio de aplicación del impuesto en condiciones de libre competencia a un proveedor independiente un destinatario, en la misma fase de comercialización en la que se efectúe la entrega de bienes o prestación de servicios, para adquirir los bienes o servicios en ese mismo momento.

La base imponible se reducirá:

— en el importe de los envases y embalajes susceptibles de reutilización que hayan sido objeto de devolución,

— en los descuentos y bonificaciones otorgados con posterioridad al momento en que la operación se haya realizado, siempre que sean debidamente justificados,

— cuando los créditos correspondientes a las cuotas repercutidas por las operaciones gravadas sean total o parcialmente incobrables,

— cuando el destinatario de las operaciones sujetas al impuesto no haya hecho efectivo el pago de las cuotas repercutidas y siempre que, con posterioridad al devengo de la operación, se dicte auto de declaración de concurso. La modificación, en su caso, no podrá efectuarse después de transcurrido el plazo de dos meses.

En cualquier caso, no procederá la modificación de la base imponible en los casos siguientes:

a) Créditos que disfruten de garantía real, en la parte garantizada.

b) Créditos afianzados por entidades de crédito o sociedades de garantía recíproca o cubiertos por un contrato de seguro de crédito o de caución, en la parte afianzada o asegurada.

c) Créditos entre personas o entidades vinculadas.

d) Créditos adeudados o afianzados por Entes públicos, excepto cuando se pruebe que son total o parcialmente incobrables.

e) Cuando el destinatario de las operaciones no esté establecido en el territorio de aplicación del Impuesto, ni en Canarias, Ceuta o Melilla.

En las adquisiciones intracomunitarias, como norma general, la base imponible se determinará según las normas expuestas para las operaciones interiores.

En las *importaciones de bienes*, como regla general, la base imponible resultará de adicionar al valor de aduana los impuestos, derechos, exacciones y demás gravámenes que se devenguen fuera del territorio de aplicación del impuesto, así como los que se devenguen con motivo de la importación, con excepción del Impuesto sobre el Valor Añadido. También se incluyen los gastos accesorios (tales como comisiones y gastos de embalaje, transporte y seguro), que se produzcan hasta el primer lugar de destino de los bienes en el interior de la Comunidad.

9. TIPO IMPOSITIVO

En el IVA tenemos que distinguir tres tipos impositivos, según la operación de que se trate: 21 por 100, 10 por 100 y 4 por 100. Así:

a) Con *carácter general*, el impuesto se exigirá al tipo del 21 por 100.

b) El *tipo reducido* del 10 por 100 se aplicará en las entregas, adquisiciones intracomunitarias o importaciones de los bienes siguientes:

— Las sustancias o productos, cualquiera que sea su origen que, por sus características, aplicaciones, componentes, preparación y estado de conservación, sean susceptibles de ser habitual e idóneamente utilizados para la nutrición humana o animal, excepto las bebidas alcohólicas, entendiendo como tales todo líquido apto para el consumo humano por ingestión que contenga alcohol etílico. No se considera alimento el tabaco ni las sustancias no aptas para el consumo humano o animal en el mismo estado en que fuesen objeto de entrega, adquisición intracomunitaria o importación.

— Los animales, vegetales y los demás productos susceptibles de ser utilizados habitual e idóneamente para la nutrición humana y animal, directamente o mezclados con otros de origen distinto.

— Los siguientes bienes cuando por sus características objetivas, envasado, presentación y estado de conservación, sean susceptibles de ser utilizados directa, habitual e idóneamente en la realización de actividades agrícolas, forestales o ganaderas: semillas y materiales de origen exclusivamente animal o vegetal susceptibles de originar la reproducción de animales o vegetales; fertilizantes, residuos orgánicos, correctores y enmiendas, herbicidas, plaguicidas de uso fitosanitario o ganadero; los plásticos para cultivos en acolchado, en túnel o en invernadero y las bolsas de papel para la protección de las frutas antes de su recolección.

— Las aguas aptas para la alimentación humana o animal o para el riego, incluso en estado sólido.

— Los medicamentos de uso veterinario.

— Los aparatos y complementos, incluidas las gafas graduadas y las lentillas que, por sus características objetivas, sean susceptibles de destinarse esencial o principalmente a suplir las deficiencias físicas del hombre o de los animales, incluidas las limitativas de su movilidad y comunicación.

— Los productos sanitarios, material, equipos o instrumental que, objetivamente considerados, solamente puedan utilizarse para prevenir, diagnosticar, tratar, aliviar o curar enfermedades o dolencias del hombre o de los animales. No obstante, no se incluyen los cosméticos ni los productos de higiene personal.

— Los equipos médicos, aparatos y demás instrumental, que por sus características objetivas estén diseñados para aliviar o tratar deficiencias, para uso personal y exclusivo de personas que tengan deficiencias físicas, mentales, intelectuales o sensoriales, sin incluir los accesorios, recambios y piezas de repuesto de dichos bienes.

— Los edificios o partes de los mismos aptos para su utilización como viviendas, incluidas las plazas de garaje, con un máximo de dos unidades, y anexos en ellos situados que se transmitan conjuntamente. En este sentido, no tienen la consideración de anexos a viviendas los locales de negocio, aunque se transmitan conjuntamente con los edificios o parte de los mismos destinados a viviendas.

— Las semillas, bulbos, esquejes y otros productos de origen exclusivamente vegetal susceptibles de ser utilizados en la obtención de flores y plantas vivas.

— Las entregas, importaciones y adquisiciones intracomunitarias de energía eléctrica hasta el 31 de diciembre de 2024.

También se aplica el tipo del 10 por 100 a las siguientes prestaciones de servicios:

— Los transportes de viajeros y sus equipajes.

— Los servicios de hostelería, acampamento y balneario, los de restaurantes y, en general, el suministro de comidas y bebidas para consumir en el acto, incluso si se confeccionan previo encargo del destinatario.

— Las efectuadas en favor de titulares de explotaciones agrícolas, forestales o ganaderas, necesarias para el desarrollo de las mismas, que se indican a continuación: plantación, siembra, injertado, abonado, cultivo y recolección; embalaje y acondicionamiento de los productos, incluido su secado, limpieza, descascarado, troceado, ensilado, almacenamiento y desinfección de los productos; cría, guarda y engorde de animales; nivelación, explanación o abancalamiento de tierras de cultivo; asistencia técnica; la eliminación de plantas y animales dañinos y la fumigación de plantaciones y terrenos; drenaje; tala, entresaca, astillado y descortezado de árboles y limpieza de bosques; y servicios veterinarios. No obstante, no resulta aplicable en el caso de cesiones de uso o disfrute o arrendamiento de bienes.

— Los servicios de limpieza de vías públicas, parques y jardines públicos.

— Los servicios de recogida, almacenamiento, transporte, valorización o eliminación de residuos, limpieza de alcantarillados públicos y desratización de los mismos y la recogida o tratamiento de las aguas residuales, incluyendo los servicios de cesión, instalación y mantenimiento de recipientes normalizados utilizados en la recogida de residuos, así como los servicios de recogida o tratamiento de vertidos en aguas interiores o marítimas.

— La entrada a bibliotecas, archivos y centros de documentación y museos, galerías de arte, pinacotecas, salas cinematográficas, teatros, circos, festejos taurinos, conciertos, y a los demás espectáculos culturales en vivo.

— Las prestaciones de servicios de asistencia social efectuadas por entidades de Derecho público o entidades o establecimientos privados de carácter social (tales como asistencia a tercera edad, a la infancia o educación especial, entre otras) cuando no estén exentas ni les resulte de aplicación el tipo del 4 por 100.

— Los espectáculos deportivos de carácter aficionado.

— Las exposiciones y ferias de carácter comercial.

— Las ejecuciones de obra de renovación y reparación realizadas en edificios o partes de los mismos destinados a viviendas, cuando se cumplan los siguientes requisitos:

- Que el destinatario sea persona física, no actúe como empresario o profesional y utilice la vivienda a que se refieren las obras para su uso particular. Se incluyen las ejecuciones de obra cuando su destinatario sea una comunidad de propietarios.
- Que la construcción o rehabilitación de la vivienda a que se refieren las obras haya concluido al menos dos años antes del inicio de estas últimas.
- Que la persona que realice las obras no aporte materiales para su ejecución o, en el caso de que los aporte, su coste no exceda del 40 por 100 de la base imponible de la operación.

— Los arrendamientos con opción de compra de edificios o partes de los mismos destinados exclusivamente a viviendas, incluidas las plazas de garaje, con un máximo de dos unidades, y anexos en ellos situados que se arrienden conjuntamente.

— La cesión de los derechos de aprovechamiento por turno de edificios, conjuntos inmobiliarios o sectores de ellos arquitectónicamente diferenciados cuando el inmueble tenga, al menos, diez alojamientos, de acuerdo con lo establecido en la normativa reguladora de estos servicios.

— Los servicios prestados por intérpretes, artistas, directores y técnicos, que sean personas físicas, a los productores de películas cinematográficas susceptibles de ser exhibidas en salas de espectáculos y a los organizadores de obras teatrales y musicales.

— Igualmente, el tipo impositivo reducido resulta aplicable a las prestaciones de servicios realizadas por las cooperativas agrarias a sus socios como consecuencia de su actividad cooperativizada y en cumplimiento de su objeto social, incluida la utilización por los socios de la maquinaria en común.

Asimismo, se aplica el tipo del 10 por 100 a las siguientes operaciones:

— Las ejecuciones de obras, con o sin aportación de materiales, consecuencia de contratos directamente formalizados entre el promotor y el contratista que tengan por objeto la construcción o rehabilitación de edificaciones o partes de las mismas destinadas principalmente a viviendas, incluidos los locales, anejos, garajes, instalaciones y servicios complementarios en ellos situados. Se consideran destinadas principalmente a viviendas, las edificaciones en las que al menos el 50 por 100 de la superficie construida se destine a dicha utilización.

— Las ventas con instalación de armarios de cocina y de baño y de armarios empotrados para las edificaciones destinadas principalmente a viviendas, que sean realizadas como consecuencia de contratos directamente formalizados con el promotor de la construcción o rehabilitación de dichas edificaciones.

— Las ejecuciones de obra, con o sin aportación de materiales, consecuencia de contratos directamente formalizados entre las Comunidades de Propietarios de las edificaciones o partes de las mismas y el contratista que tengan por objeto la construcción de garajes complementarios de dichas edificaciones, siempre que dichas ejecuciones de obra se realicen en terrenos o locales que sean elementos comunes de dichas Comunidades y el número de plazas de garaje a adjudicar a cada uno de los propietarios no exceda de dos unidades.

— Las importaciones de objetos de arte, antigüedades y objetos de colección, cualquiera que sea el importador de los mismos, y las entregas de objetos de arte realizadas por sus autores o derechohabientes o bien por empresarios o profesionales distintos de los revendedores de objetos de arte, cuando tengan derecho a deducir íntegramente el Impuesto soportado por repercusión directa o satisfecho en la adquisición o importación del mismo bien. También se incluyen las adquisiciones intracomunitarias de objetos de arte en aquellos casos en los cuales el proveedor sea alguno de los sujetos comentados en este párrafo.

c) Se aplicará el tipo *superreducido del 4 por 100* a las operaciones siguientes:

Las entregas, adquisiciones intracomunitarias o importaciones de los siguientes bienes:

— El pan común y las harinas panificables.
— Leche, quesos y huevos.
— Frutas, verduras, hortalizas, legumbres, tubérculos y cereales.
— Los aceites de oliva.
— Los libros, periódicos y revistas, incluso cuando tengan la consideración de servicios prestados por vía electrónica con ciertos requisitos, así como los elementos complementarios que se entreguen conjuntamente con aquellos mediante un precio único.
— Medicamentos para uso humano.
— Vehículos para personas con movilidad reducida y las sillas de ruedas para uso exclusivo de personas con minusvalía (con un grado igual o superior al 33 por 100), así como los vehículos destinados a ser utilizados como autotaxis o autoturismos especiales para el transporte de personas con discapacidad en silla de ruedas, bien directamente o previa su adaptación. Asimismo, se aplicará el 4 por 100 a los vehículos a motor que, previa adaptación o no, deban transportar habitualmente a

personas con discapacidad en silla de ruedas o con movilidad reducida, con independencia de quién sea el conductor de los mismos.

— Las prótesis e implantes para personas con discapacidad.

— Las viviendas, incluidos garajes y anexos situados en el mismo edificio que se transmitan conjuntamente, así como los arrendamientos con opción de compra de edificios o partes de los mismos destinados exclusivamente a viviendas calificadas administrativamente como de protección oficial, de régimen especial o de promoción pública, incluidas las plazas de garaje, con un máximo de dos unidades, y anexos en ellos situados que se arrienden conjuntamente.

— Las compresas, tampones, *protegeslips*, preservativos y otros anticonceptivos no medicinales.

— Los servicios de teleasistencia, ayuda a domicilio, centro de día y de noche y atención residencial no exentos, siempre que se presten en plazas concertadas en centros o residencias o mediante precios derivados de un concurso administrativo adjudicado a las empresas prestadoras de los servicios citados.

El tipo impositivo se aplica sobre el precio, IVA excluido. Pero cuando tenemos el importe IVA incluido y deseamos conocer el importe sin incluir el IVA, podemos calcularlo según la siguiente fórmula:

Precio IVA excluido = Precio IVA incluido × (100 / 100 + t)

Siendo t el tipo del IVA al que se ha gravado la operación.

10. DEDUCCIONES

Los sujetos pasivos pueden deducir de las cuotas de IVA devengadas por las operaciones gravadas que realicen en el interior del país las que, devengadas en el mismo territorio, hayan soportado por repercusión directa o correspondan a las siguientes operaciones:

1. Las entregas de bienes y prestaciones de servicios, sujetas y no exentas, efectuadas por otro sujeto pasivo del impuesto.
2. Las importaciones de bienes.
3. Determinadas operaciones exentas, así como algunas exportaciones definitivas de bienes fuera de la Comunidad.
4. El cambio de afectación de bienes corporales de un sector a otro diferenciado de su actividad empresarial o profesional.
5. Las adquisiciones intracomunitarias de bienes.
6. Las operaciones realizadas fuera del territorio de aplicación del impuesto que originarían el derecho a la deducción si se hubieran efectuado en el interior del mismo.

El derecho a la deducción solamente procederá en la medida en que los bienes y servicios adquiridos se utilicen en el desarrollo de la actividad.

Podrán hacer uso del derecho a deducción:

a) Los sujetos pasivos del impuesto que tengan la condición de empresarios o profesionales y hayan iniciado la realización habitual de entregas de bienes o prestaciones de servicios correspondientes a sus actividades empresariales o profesionales.

b) Aquellos que hayan soportado cuotas con anterioridad al inicio de la realización habitual de entregas de bienes o prestaciones de servicios, correspondientes a sus actividades empresariales o profesionales.

c) Los sujetos pasivos del impuesto que realicen, con carácter ocasional, las entregas de los medios de transporte nuevos a otro Estado miembro.

Cuando se adquieran bienes o servicios sin la intención de utilizarlos en la realización de actividades empresariales o profesionales, las cuotas soportadas no podrán ser objeto de deducción, aunque posteriormente esos bienes se afecten total o parcialmente a la realización de actividades empresariales o profesionales.

Solamente serán deducibles las cuotas de bienes y servicios afectos, directa y exclusivamente, a la actividad empresarial o profesional.

No obstante, las cuotas soportadas por la adquisición, importación, arrendamiento o cesión de uso de los bienes de inversión que se empleen, en todo o en parte, en el desarrollo de la actividad empresarial o profesional, podrán deducirse de acuerdo con las siguientes reglas:

1. Cuando se trate de vehículos automóviles de turismo y sus remolques, ciclomotores y motocicletas, se presumirán afectados al desarrollo de la actividad empresarial o profesional, como norma general, en la proporción del 50 por 100. Aunque se entienden afectos al 100 por 100 los vehículos utilizados en el transporte de mercancías, servicio de transporte de viajeros, enseñanza de conductores o pilotos, servicios de vigilancia, en la realización de pruebas o ensayos, así como los utilizados en los desplazamientos profesionales de los representantes o agentes comerciales.

2. Cuando se trate de otros bienes de inversión serán deducibles en la medida en que dichos bienes vayan a utilizarse previsiblemente, de acuerdo con criterios fundados, en el desarrollo de la actividad empresarial o profesional.

Cuando el grado efectivo de utilización de los bienes en el desarrollo de la actividad empresarial o profesional sea diferente al que se haya aplicado inicialmente, deberán regularizarse las deducciones.

En cuanto a los requisitos formales de la deducción, solamente podrán ejercitar el derecho a la misma los empresarios o profesionales que estén en posesión de la factura original expedida por quien realice la entrega o preste el servicio o, en su nombre y por su cuenta, por su cliente o por un tercero, o por quien realice una entrega que de lugar a una adquisición intracomunitaria de bienes sujeta al impuesto o el documento acreditativo del pago del Impuesto a la importación.

El derecho a practicar la deducción nace en el momento en que se devengan las cuotas deducibles, salvo en las importaciones de bienes (en el momento en que el sujeto pasivo efectúa el pago de las cuotas deducibles), las entregas de medios de transporte nuevos, realizadas ocasionalmente (en el momento de efectuar la correspondiente entrega) o con ocasión de la adquisición o importación de los objetos de arte, antigüedades y objetos de colección (en el momento en que se devengue el impuesto correspondiente a las entregas de dichos bienes). En el caso de adquisición o importación de los bienes y servicios que, efectuadas para la realización del viaje, redunden directamente en beneficio del viajero y se destinen a la realización de una operación respecto de la que no resulte aplicable el régimen especial de las agencias de viajes, nacerá en el momento en el que se devengue el Impuesto correspondiente a dicha operación.

En las declaraciones-liquidaciones correspondientes a cada uno de los períodos de liquidación, los sujetos pasivos podrán deducir globalmente el montante total de:

Cuotas devengadas – cuotas deducibles

El derecho a la deducción sólo podrá ejercitarse en la declaración-liquidación relativa al período de liquidación en el que se hayan soportado las cuotas deducibles o en las de los sucesivos, siempre que no hubiera transcurrido un plazo superior a cuatro años, contados a partir del nacimiento del mencionado derecho.

Cuando la cuantía de las deducciones supere el importe de las cuotas devengadas en el mismo período de liquidación, el exceso podrá ser compensado en las declaraciones-liquidaciones posteriores, siempre que no hubiesen transcurrido cuatro años contados a partir de la presentación de la declaración-liquidación en que se origine dicho exceso.

No obstante, el sujeto pasivo podrá optar por la devolución del saldo existente a su favor cuando sea exportador sin que en tal caso pueda efectuar su compensación en declaraciones-liquidaciones posteriores.

Los sujetos pasivos que realicen actividades económicas en diversos sectores de la actividad empresarial o profesional, deberán aplicar separadamente el régimen de deducciones respecto de cada uno de ellos.

Cuando se efectúen adquisiciones o importaciones de bienes o servicios para su utilización en común en varios sectores diferenciados de actividad, se aplicará la regla de prorrata general para determinar el porcentaje de deducción aplicable respecto de las cuotas soportadas en dichas adquisiciones o importaciones, computándose las operaciones realizadas en los sectores diferenciados correspondientes y considerándose que no originan el derecho a deducir las operaciones incluidas en el régimen especial de la agricultura, ganadería y pesca o en el régimen especial del recargo de equivalencia.

Cuando no pueda aplicarse este criterio, y los bienes o servicios se destinen a ser utilizados simultáneamente en actividades acogidas al régimen especial simplificado y en otras actividades sometidas al régimen especial de la agricultura, ganadería y pesca o del recargo de equivalencia, el porcentaje de deducción a efectos del régimen simplificado será del 50 por 100 si la afectación se produce respecto de actividades sometidas a dos de los citados regímenes especiales, o de un tercio en otro caso, aunque la Administración podrá autorizar la aplicación de un régimen de deducción común a los sectores diferenciados de la actividad empresarial o profesional del sujeto pasivo.

10.1. Regla de prorrata

En ocasiones el sujeto pasivo, en el ejercicio de su actividad efectúa conjuntamente entregas de bienes o prestaciones de servicios que dan derecho a la deducción del IVA soportado y otras que no den derecho a tal deducción. En ese caso, para liquidar el impuesto, es necesario conocer el IVA soportado que resulta deducible y para determinar esta cuantía se aplica la regla de prorrata. Existen dos modalidades:

a) Prorrata general.
b) Prorrata especial.

10.1.1. *Prorrata general*

Se aplica cuando no sea posible la aplicación de la prorrata especial.

Cuando se aplique la regla de prorrata general, solamente será deducible el IVA soportado en el porcentaje que resulte de la aplicación del porcentaje de prorrata. Por lo tanto:
siendo,

Porcentaje de prorrata = [Operaciones con derecho a deducción / Total de operaciones] × 100

Operaciones con derecho a deducción: Operaciones sujetas y no exentas + entregas intracomunitarias + exportaciones.

Se entiende por importe total de las operaciones la suma de las contraprestaciones correspondientes a las mismas, incluidas las operaciones exentas o no sujetas al impuesto.

La prorrata de deducción resultante se redondeará en la unidad superior.

Para la determinación del porcentaje de deducción no se computarán en ninguno de los términos de la relación:

a) Las operaciones realizadas desde establecimientos permanentes situados fuera del territorio de aplicación del Impuesto ni tampoco las cuotas que hayan gravado directamente estas operaciones.

b) El importe de las entregas y exportaciones de los bienes de inversión que el sujeto pasivo haya utilizado en su actividad empresarial o profesional.

c) El importe de las operaciones inmobiliarias o financieras que no constituyan actividad empresarial o profesional habitual del sujeto pasivo. En todo caso se reputará como actividad empresarial o profesional habitual del sujeto pasivo la de arrendamiento.

d) Las operaciones no sujetas al impuesto.

e) La afectación o, en su caso, el cambio de afectación de bienes producidos, construidos, extraídos, transformados, adquiridos o importados en el ejercicio de la actividad empresarial o profesional del sujeto pasivo para su utilización como bienes de inversión.

Como al principio del ejercicio no se conocen todavía las cifras finales del mismo, no es posible el cálculo de la prorrata definitiva, por lo que se aplicará la prorrata provisional, que será el porcentaje fijado como definitivo en el año precedente, aunque se podrá solicitar la aplicación de un porcentaje provisional distinto del establecido en el apartado anterior cuando se produzcan circunstancias susceptibles de alterarlo significativamente. En la última declaración-liquidación del impuesto, correspondiente a cada año natural, el sujeto pasivo calculará la prorrata de deducción definitiva en función de las operaciones realizadas en dicho año natural y practicará la consiguiente regularización de las deducciones provisionales.

10.1.2. *Prorrata especial*

Se aplica en los siguientes supuestos:

a) Cuando el sujeto pasivo opte por la aplicación de la misma, y

b) Cuando el montante total de las cuotas deducibles en un año natural por aplicación de la regla de prorrata general exceda en un 10 por 100 o más del que resultaría por aplicación de la regla de prorrata especial.

El ejercicio del derecho a deducir la prorrata especial se ajustará a las siguientes reglas:

1. Las cuotas impositivas soportadas en la adquisición o importación de bienes o servicios utilizados exclusivamente en la realización de operaciones que originen el derecho a la deducción, se pueden deducir íntegramente.
2. Las cuotas impositivas soportadas en la adquisición o importación de bienes o servicios utilizados exclusivamente en la realización de operaciones que no originen el derecho a deducir no se pueden deducir.
3. Las cuotas impositivas soportadas en la adquisición o importación de bienes o servicios utilizados sólo en parte en la realización de operaciones que originen el derecho a la deducción podrán ser deducidas en la proporción resultante de aplicar al importe global de las mismas el porcentaje de prorrata general.

10.2. Regularización de deducciones por bienes de inversión

Se consideran *bienes de inversión*, a efectos del IVA, los bienes corporales muebles, semovientes o inmuebles que estén destinados a ser utilizados, por un período de tiempo superior a un año, como instrumentos de trabajo o medios de explotación.

Se excluyen los accesorios y piezas de recambio, reparaciones, envases y embalajes, así como ropas usadas para el trabajo y cualquier bien cuyo valor de adquisición sea inferior a 3.005,06 euros.

Cuando el sujeto pasivo realice operaciones sujetas y adquiera bienes de inversión, las cuotas soportadas serán deducibles según las reglas generales del impuesto y las cuotas deducibles por la adquisición o importación de bienes de inversión deberán regularizarse durante los cuatro años naturales siguientes (nueve años en el caso de terrenos). En el caso en el que los bienes entren en funcionamiento con posterioridad a su adquisición, la regularización se realizará en el año en el que se inicie su utilización efectiva o puesta en funcionamiento y en los cuatro siguientes (nueve años en el caso de terrenos).

Esta regularización solamente se practicará cuando, entre el porcentaje de deducción definitivo correspondiente en cada año y el del año en que se soportó la repercusión, exista una diferencia superior a diez puntos.

También se aplicará esta regularización cuando los sujetos pasivos hubiesen realizado, durante el año de adquisición de los bienes de inversión, exclusivamente operaciones que originen derecho a deducción o exclusivamente operaciones que no originen tal derecho y, posteriormente, durante los años siguientes se modificase esta situación.

La regularización de las cuotas impositivas que hubiesen sido soportadas con posterioridad a la adquisición o importación de los bienes de inversión o, en su caso, del inicio de su utilización o de su entrada en funcionamiento, deberá efectuarse al finalizar el año en que se soporten dichas cuotas, con referencia a la fecha en que se hubieran producido las circunstancias indicadas y, por cada uno de los años transcurridos desde entonces.

En el caso de pérdida o inutilización definitiva de los bienes de inversión, por causa no imputable al sujeto pasivo debidamente justificada, no procederá efectuar regularización alguna durante los años posteriores a aquel en que se produzca dicha circunstancia.

Los ingresos o, en su caso, las deducciones complementarias resultantes de la regularización de deducciones por bienes de inversión deberán efectuarse, como norma general, en la declaración-liquidación correspondiente al último período de liquidación del año natural a que se refieran.

Por lo tanto, procederemos del siguiente modo:

1. Se determina el IVA soportado deducible del ejercicio en el que se adquirió el bien, considerando el tipo impositivo y el porcentaje de prorrata aplicable en dicho ejercicio.
2. Durante los cuatro años siguientes (nueve si son bienes inmuebles), debemos ver si el porcentaje de prorrata de cada uno de esos años difiere en más de 10 puntos porcentuales con respecto al que se aplicó en el año en el que se adquirió el bien. Cuando exceda de 10 puntos será necesario realizar el siguiente cálculo:

IVA soportado (prorrata del año de adquisición – prorrata del año corriente) / 5 (o 10 si son inmuebles)

Cuando resulte de aplicación la fórmula anterior, si la prorrata del año corriente es mayor que la prorrata del año de adquisición del bien de inversión, la cantidad resultante es negativa y por tanto nos saldrá un IVA a devolver. Si la prorrata del año corriente es menor que la prorrata del año de adquisición, nos saldrá una cantidad a ingresar.

Si los bienes de inversión se transmitiesen durante el período de regularización, ésta se realizará de una sola vez por el período que reste.

11. DEVOLUCIONES

Los sujetos pasivos que no hayan podido efectuar las deducciones originadas en un período de liquidación por exceder continuamente la cuantía de las mismas de la de las cuotas devengadas, tendrán derecho a solicitar la devolución del saldo a su favor existente a 31 de diciembre de cada año en la declaración-liquidación correspondiente al último período de liquidación de dicho año.

Los sujetos pasivos que, durante el año natural inmediato anterior o durante el año natural en curso, hubieran realizado exportaciones por importe global superior a 120.202,42 euros, tendrán derecho a la devolución del saldo a su favor existente al término de cada período de liquidación hasta el límite resultante de aplicar el tipo impositivo general del impuesto al importe total de las operaciones realizadas.

No obstante, los sujetos pasivos podrán optar por solicitar la devolución del saldo a su favor existente al término de cada período de liquidación y, en este caso, el período de liquidación de los sujetos pasivos que opten por este procedimiento coincidirá con el mes natural, con independencia de su volumen de operaciones. Para ello, los sujetos pasivos deberán estar inscritos en el registro de devolución mensual.

Los empresarios o profesionales no establecidos en el territorio de aplicación del impuesto podrán ejercitar, con carácter general, el derecho a la devolución del Impuesto sobre el Valor Añadido que hayan satisfecho o, en su caso, les haya sido repercutido en dicho territorio, a condición de que esté reconocido que en el Estado en donde estén establecidos existe reciprocidad de trato a favor de los empresarios o profesionales establecidos en España, con excepción de los establecidos en Canarias, Ceuta o Melilla.

No obstante, los empresarios o profesionales que estén establecidos en el territorio de aplicación del IVA solicitarán la devolución de las cuotas soportadas por adquisiciones o importaciones de bienes o servicios efectuadas en la Comunidad, con excepción de las realizadas en dicho territorio, mediante la presentación por vía electrónica de una solicitud a la Agencia Estatal de la Administración Tributaria.

En el caso de empresarios o profesionales no establecidos en el territorio de aplicación del Impuesto, pero establecidos en la Comunidad, Islas Canarias, Ceuta o Melilla, bajo ciertos requisitos, pueden solicitar la devolución de las cuotas del Impuesto sobre el Valor Añadido que hayan soportado por las adquisiciones o importaciones de bienes o servicios realizadas en dicho territorio.

12. REGÍMENES ESPECIALES

Los regímenes especiales en el IVA son los siguientes:

1. Régimen simplificado.
2. Régimen especial de la agricultura, ganadería y pesca.
3. Régimen especial de los bienes usados, objetos de arte, antigüedades y objetos de colección.
4. Régimen especial aplicable a las operaciones con oro de inversión.
5. Régimen especial de las agencias de viajes.
6. Régimen especial del recargo de equivalencia.
7. Regímenes especiales aplicables a las ventas a distancia y a determinadas entregas interiores de bienes y prestaciones de servicios.
8. Régimen especial del grupo de entidades.
9. Régimen especial del criterio de caja.

En este sentido, los regímenes especiales simplificado y de la agricultura, ganadería y pesca se aplican salvo renuncia de los sujetos pasivos, así como el régimen especial de los bienes usados, objetos de arte, antigüedades y objetos de colección. En cuanto a los regímenes especiales aplicables a las ventas a distancia y a determinadas entregas interiores de bienes y prestaciones de servicios se aplica a aquellos empresarios o profesionales que hayan presentado las correspondientes declaraciones.

Los regímenes especiales tendrán carácter voluntario a excepción de los regímenes especiales del oro de inversión, las agencias de viajes (salvo renuncia) y el recargo de equivalencia.

12.1. Normas generales

Los regímenes especiales simplificado, de la agricultura, ganadería y pesca y de los bienes usados, objetos de arte, antigüedades y objetos de colección, se aplicarán salvo renuncia de los sujetos pasivos.

El régimen especial aplicable a los servicios prestados por vía electrónica se aplicará a los operadores que hayan presentado la declaración relativa al comienzo de la realización de las prestaciones de servicios electrónicos efectuadas en el interior de la Comunidad.

La renuncia se realizará:

a) Al tiempo de presentar la declaración de comienzo de la actividad o, en su caso, durante el mes de diciembre anterior al inicio del año natural en que deba surtir efecto.

b) Se entenderá también realizada la renuncia cuando se presente en plazo la declaración-liquidación correspondiente al primer trimestre del año natural en que deba surtir efectos aplicando el régimen general.

c) En el caso de inicio de la actividad, se entenderá efectuada la renuncia cuando la primera declaración-liquidación que deba presentar el sujeto pasivo, después del comienzo de la actividad, se presente en plazo aplicando el régimen general.

La renuncia tendrá efecto para un período mínimo de tres años y se entenderá prorrogada para cada uno de los años siguientes en que pudiera resultar aplicable el respectivo régimen especial, salvo que se revoque expresamente en el mes de diciembre anterior al inicio del año natural en que deba surtir efecto.

12.2. Régimen simplificado

El régimen simplificado se aplicará a las personas físicas y a las entidades en régimen de atribución de rentas que realicen determinadas actividades incluidas en la estimación objetiva por signos, índices o módulos en el IRPF.

Es un régimen voluntario, por lo que el sujeto pasivo puede renunciar al mismo. Dicha renuncia tendrá efecto para un período mínimo de tres años. No obstante, la renuncia al régimen de estimación objetiva del IRPF supondrá la renuncia a los regímenes especiales simplificado y de la agricultura, ganadería y pesca en el Impuesto sobre el Valor Añadido por todas las actividades empresariales y profesionales ejercidas por el sujeto pasivo.

Los empresarios o profesionales acogidos al régimen simplificado determinarán, para cada actividad a la que resulte aplicable este régimen especial, el importe de las cuotas devengadas, en virtud de los índices, módulos y demás parámetros y se deducirán el importe de las cuotas soportadas o satisfechas por operaciones corrientes relativas a bienes o servicios afectados a la actividad por la que el empresario o profesional esté acogido a este régimen especial, bajo ciertos requisitos.

Los sujetos pasivos acogidos a este régimen deberán llevar un libro registro de facturas recibidas, en el que anotarán las facturas y documentos relativos a las adquisiciones e importaciones de bienes y servicios por los que se haya soportado o satisfecho el impuesto y destinados a su utilización en las actividades por las que resulte aplicable el referido régimen especial. Asimismo, deberán conservar los justificantes de los índices o módulos aplicados y presentar cuatro declaraciones-liquidaciones durante los veinte primeros días naturales de los meses de abril, julio y octubre.

12.3. Régimen especial de la agricultura, ganadería y pesca

Se aplicará, con carácter general, a los titulares de explotaciones agrícolas, forestales, ganaderas o pesqueras.

Es un régimen voluntario, pero se aplica salvo renuncia del interesado. Dicha renuncia tendrá efecto para un período mínimo de tres años.

No se aplicará a sociedades mercantiles, cooperativas, sociedades agrarias de transformación, así como a empresarios que excedan de determinado volumen de operaciones o que renuncien a la aplicación del régimen de estimación objetiva del IRPF.

Los sujetos pasivos acogidos a este régimen especial no estarán sometidos a las obligaciones de liquidación, repercusión o pago del impuesto, excepto a la presentación de declaraciones relativas al comienzo, modificación y cese de las actividades que determinen su sujeción al impuesto, la solicitud del número de identificación fiscal a la Administración y presentar la información relativa a sus operaciones con terceras personas.

Los sujetos pasivos acogidos a este régimen especial no podrán deducir las cuotas soportadas o satisfechas por las adquisiciones o importaciones de bienes de cualquier naturaleza o por los servicios que les hayan sido prestados y, a cambio, tendrán derecho a percibir una compensación a tanto alzado por las cuotas del IVA que hayan soportado o satisfecho por las adquisiciones o importaciones de bienes o en los servicios que les hayan sido prestados.

La compensación a tanto alzado será la cantidad resultante de aplicar, al precio de venta de los productos o de los servicios, el porcentaje que proceda:

1. El 12 por 100, en las entregas de productos naturales obtenidos en explotaciones agrícolas o forestales y en los servicios de carácter accesorio de dichas explotaciones.
2. El 10,5 por 100, en las entregas de productos naturales obtenidos en explotaciones ganaderas o pesqueras y en los servicios de carácter accesorio de dichas explotaciones.

Para la determinación del mencionado precio de venta no se computarán los tributos indirectos que graven las operaciones, ni los gastos accesorios o complementarios a las mismas cargados separadamente al adquirente, tales como comisiones, embalajes, portes, transportes, seguros, financieros u otros.

En las operaciones realizadas sin contraprestación dineraria, los referidos porcentajes se aplicarán sobre el valor de mercado de los productos entregados o de los servicios prestados.

El porcentaje aplicable en cada operación será el vigente en el momento en que nazca el derecho a percibir la compensación.

El reintegro de las compensaciones se efectuará por:

1. El adquirente de los bienes o el destinatario de los servicios, o
2. La Hacienda Pública, cuando se trate de entregas de bienes intracomunitarias o exportaciones.

Los sujetos pasivos que hayan satisfecho las compensaciones podrán deducir su importe de las cuotas devengadas por las operaciones que realicen, salvo los sujetos pasivos a quienes sea aplicable el régimen especial del recargo de equivalencia en relación con las adquisiciones de los productos naturales destinados a su comercialización al amparo de dicho régimen especial. Para ejercitar este derecho, deberá estar debidamente documentado.

Para la regularización de deducciones de las cuotas soportadas o satisfechas por la adquisición o importación de bienes de inversión, será cero la prorrata de deducción aplicable durante el período o períodos en que la actividad esté acogida a este régimen especial.

Con carácter general, los sujetos pasivos acogidos a este régimen especial habrán de llevar, en relación con el IVA, un Libro registro en el que anotarán las operaciones comprendidas en el régimen especial.

12.4. Régimen especial de los bienes usados, objetos de arte, antigüedades y objetos de colección

Será de aplicación a los sujetos pasivos revendedores de bienes usados o de bienes muebles que tengan la consideración de objetos de arte, antigüedades u objetos de colección, aunque éstos también podrán aplicar, a cualquiera de las operaciones que se acogen a este régimen especial, el régimen general del impuesto y así se podrán deducir las cuotas del impuesto soportadas o satisfechas en la adquisición o importación del bien objeto de reventa.

La base imponible de las entregas de bienes estará constituida por el margen de beneficio de cada operación aplicado por el sujeto pasivo revendedor, minorado en la cuota del Impuesto sobre el Valor Añadido correspondiente a dicho margen, siendo:

Margen de beneficio: Precio de venta (importe total de la contraprestación + IVA) – Precio de compra (importe total de la contraprestación + IVA)

Los sujetos pasivos revendedores podrán optar por determinar la base imponible mediante el margen de beneficio global minorado en la cuota del Impuesto sobre el Valor Añadido correspondiente a dicho margen, siendo el margen de beneficio global la diferencia entre el precio de venta y el precio de compra de todas las entregas de bienes efectuadas en cada período de liquidación. Esta modalidad de determinación de la base imponible se podrá aplicar para sellos, efectos timbrados, billetes, monedas, discos, cintas magnéticas, libros y revistas o cuando lo solicite el interesado a la Administración Tributaria y ésta lo autorice.

En las facturas que documenten las operaciones a que resulte aplicable este régimen especial, los sujetos pasivos no podrán consignar separadamente la cuota repercutida, debiendo entenderse ésta comprendida en el precio total de la operación y no serán deducibles las cuotas soportadas por los adquirentes de bienes usados, objetos de arte, antigüedades u objetos de colección que les hayan sido entregados por sujetos pasivos revendedores con aplicación de este régimen especial. Los sujetos pasivos revendedores no podrán deducir las cuotas del impuesto soportadas o satisfechas por la adquisición o importación de bienes que sean a su vez transmitidos por aquéllos, en virtud de entregas sometidas a este régimen especial.

Los sujetos pasivos que apliquen este régimen especial deberán llevar dos libros registro específicos en los que consten las operaciones en las que se determinó la base imponible mediante el margen de beneficio y mediante el margen de beneficio global.

12.5. Régimen especial del oro de inversión

Se considera oro de inversión los lingotes o láminas de oro de ley igual o superior a 995 milésimas, así como determinadas monedas de oro.

Estarán exentas del impuesto las entregas, adquisiciones intracomunitarias e importaciones de oro de inversión, así como los préstamos, las operaciones de permuta financiera y las operaciones derivadas de contratos de futuro o a plazo, siempre que tengan por objeto el oro de inversión e impliquen la transmisión del poder de disposición sobre dicho oro, salvo las prestaciones de servicios que tengan por objeto oro de inversión y las adquisiciones intracomunitarias cuando el empresario que efectúa la entrega haya renunciado a la exención en el régimen especial previsto para dicha entrega en su país.

La exención del impuesto aplicable a las entregas de oro de inversión podrá ser objeto de renuncia por parte del transmitente, cuando éste se dedique habitualmente a la realización de actividades de producción o de transformación de oro en oro de inversión, y el adquirente sea un empresario o profesional que actúe en el ejercicio de sus actividades empresariales o profesionales.

Cuando a una entrega de un bien destinado a otro Estado miembro le sea de aplicación la exención del régimen especial y la del régimen general, se considera aplicable la del régimen especial, salvo que se renuncie a la misma.

Las cuotas del IVA no serán deducibles en la medida en que los bienes o servicios por cuya adquisición o importación se soporten o satisfagan dichas cuotas se utilicen en la realización de las entregas de oro de inversión exentas. No obstante, la realización de las entregas de oro de inversión puede generar el derecho a deducir las siguientes cuotas:

a) Las soportadas por la adquisición de ese oro cuando el proveedor del mismo haya efectuado la renuncia a la exención, así como las cuotas correspondientes a las adquisiciones intracomunitarias de oro de inversión en el caso de que el empresario que efectúe la entrega haya renunciado a la exención del impuesto en el régimen especial previsto para dicha entrega en el Estado miembro de origen.

b) Las soportadas o satisfechas por la adquisición o importación de ese oro, cuando en el momento de la adquisición o importación no reúna los requisitos para ser considerado como oro de inversión, habiendo sido transformado en oro de inversión por quien efectúa la entrega exenta o por su cuenta.

c) Las soportadas por los servicios que consistan en el cambio de forma, de peso o de ley de ese oro.

Será sujeto pasivo del impuesto el empresario o profesional para quien se efectúe la operación gravada que corresponda a las entregas de oro de inversión que resulten gravadas por haberse efectuado la renuncia a la exención.

Los empresarios y profesionales que realicen operaciones que tengan por objeto oro de inversión, deberán conservar las copias de las facturas correspondientes a dichas operaciones, así como los registros de las mismas, durante un período de cinco años.

12.6. Régimen especial de las agencias de viaje

Este régimen se aplicará:

— A las operaciones realizadas por las agencias de viajes o por los organizadores de circuitos turísticos cuando actúen en nombre propio respecto de los viajeros y utilicen en la realización del viaje bienes entregados o servicios prestados por otros empresarios o profesionales. Se entiende por viajes los servicios de hospedaje o transporte prestados conjuntamente o por separado y, en su caso, con otros de carácter accesorio o complementario de los mismos.

— A las operaciones realizadas por los organizadores de circuitos turísticos y cualquier empresario o profesional en los que concurran las circunstancias mencionadas en el apartado anterior.

Este régimen especial no resultará aplicable a las ventas llevadas a cabo utilizando para la realización del viaje exclusivamente medios de transporte o de hostelería propios. En el caso en el que se trate de viajes realizados utilizando en parte medios propios y en parte medios ajenos, el régimen especial sólo se aplicará respecto de los servicios prestados mediante medios ajenos.

Cuando resulte aplicable este régimen especial, los sujetos pasivos no estarán obligados a consignar en factura separadamente la cuota repercutida, puesto que se entiende incluida en el precio de la operación.

Estarán exentos del impuesto los servicios prestados por los sujetos pasivos sometidos al régimen especial de las agencias de viajes cuando las entregas de bienes o prestaciones de servicios, adquiridos en beneficio del viajero y utilizados para efectuar el viaje se realicen fuera de la Comunidad.

La prestación de servicios se considera realizada en el lugar en el que la agencia de viajes tenga establecida la sede de su actividad económica o posea un establecimiento permanente desde donde efectúe la operación.

La base imponible vendrá determinada por el margen bruto de la agencia de viajes, entendido como:

Margen bruto: Precio de venta (IVA excluido) – Precio de compra (IVA incluido)

Los sujetos pasivos podrán optar, por un período mínimo de cinco años, por determinar la base imponible de dos modos:

a) Operación por operación que vaya realizando el sujeto pasivo, o

b) En forma global para cada período impositivo y, en ese caso, el importe global (IVA incluido) cargado a los clientes se minora en el importe (IVA incluido) de las entregas de bienes y prestaciones de servicios efectuadas por otros empresarios o profesionales. Y la base imponible global — que no podrá resultar negativa— se calculará como:

[(Ventas (IVA incluido) – Compras (IVA incluido)) × 100] / 100 + t

siendo t, el tipo impositivo general, del 21 por 100.

Las agencias de viajes podrán practicar sus deducciones y devoluciones en los mismos términos que en el régimen general. No obstante, no podrán deducir el impuesto soportado en las adquisiciones de bienes y servicios que, efectuadas para la realización del viaje, redunden directamente en beneficio del viajero.

12.7. Régimen especial del recargo de equivalencia

Este régimen se aplica a los comerciantes minoristas que sean personas físicas o entidades en régimen de atribución de rentas, cuando todos sus socios, herederos, comuneros o partícipes sean personas físicas. Se entiende por comerciante minorista aquel sujeto pasivo que realice de manera habitual entregas de bienes sin someterlos a un proceso de fabricación, elaboración o manufactura por sí mismos o por medio de terceros.

La actividad de comercio minorista tendrá la consideración de sector diferenciado de la actividad económica, cuando el sujeto pasivo al que sea de aplicación este régimen especial realice además otras actividades empresariales o profesionales sujetas al IVA.

Este régimen no será de aplicación en relación con los siguientes productos:

1) Vehículos accionados a motor, embarcaciones y aviones, así como los accesorios y piezas de recambio de los mismos.
2) Joyas y prendas de vestir confeccionadas con pieles de carácter suntuario.
3) Objetos de arte, antigüedades y objetos de colección.
4) Bienes usados.
5) Maquinaria para uso industrial y para apicultura y avicultura, así como materiales de construcción.
6) Minerales y oro de inversión.

Los sujetos pasivos sometidos a este régimen especial no estarán obligados a efectuar la declaración ni el pago del impuesto a la Hacienda Pública, en relación con las operaciones comerciales realizadas, con exclusión de las entregas de bienes inmuebles por las que el sujeto pasivo haya renunciado a la exención del impuesto (en cuyo caso el transmitente deberá repercutir, liquidar e ingresar las cuotas del impuesto devengadas), pero podrán repercutir el impuesto en sus ventas. A cambio, los proveedores deberán repercutir al minorista, junto con el IVA que grava la operación, el recargo de equivalencia.

Por lo tanto, al no presentar declaración el comerciante minorista, el IVA más el recargo de equivalencia soportado, no se lo podrá deducir. Pero a cambio, tampoco deberá ingresar el IVA repercutido.

El empresario que realice entregas de bienes deberá repercutirle el recargo de equivalencia al comerciante minorista y éste deberá soportar tal repercusión.

La base imponible del recargo de equivalencia será la misma que resulte para el IVA y los tipos serán los siguientes:

1. Con carácter general, el 5,2 por 100.
2. Para las entregas de bienes a las que resulte aplicable el tipo impositivo reducido (10 por 100), el 1,4 por 100.

3. Para las entregas de bienes a las que sea aplicable el tipo impositivo superreducido (4 por 100), el 0,50 por 100.
4. Para las entregas de bienes objeto del Impuesto Especial sobre las Labores del Tabaco, el 1,75 por 100.

El recargo de equivalencia no se aplicará a las siguientes operaciones:

a) Entregas a comerciantes que acrediten no estar sometidos al régimen especial del recargo de equivalencia.
b) Entregas efectuadas por los sujetos pasivos acogidos al régimen especial de la agricultura, ganadería y pesca.
c) Las entregas, adquisiciones intracomunitarias e importaciones de bienes de cualquier naturaleza que no sean objeto de comercio por el adquirente.

Las personas o entidades que no sean sociedades mercantiles y realicen habitualmente operaciones de ventas al por menor estarán obligadas a acreditar ante sus proveedores estar sometidos al régimen especial del recargo de equivalencia, en relación con las adquisiciones de bienes que realicen.

12.8. Regímenes especiales aplicables a las ventas a distancia y a determinadas entregas interiores de bienes y prestaciones de servicios

La normativa del impuesto contempla los regímenes especiales aplicables a las ventas a distancia y a determinadas entregas interiores de bienes y prestaciones de servicios. A efectos del mismo, debemos considerar las siguientes definiciones:

1) «Declaraciones-liquidaciones periódicas de los regímenes especiales»: las declaraciones-liquidaciones en las que consta la información necesaria para determinar la cuantía del impuesto correspondiente en cada Estado miembro de consumo.
2) «Estado miembro de consumo»: el definido como tal para cada uno de los regímenes especiales.
3) «Estado miembro de identificación»: el definido como tal para cada uno de los regímenes especiales.

Suponen causas de exclusión de estos regímenes, entre otras, la presentación de la declaración de cese de las operaciones o el incumplimiento de los requisitos para la aplicación del mismo.

Se distinguen tres regímenes especiales:

1) Régimen especial aplicable a los servicios prestados por empresarios o profesionales no establecidos en la Comunidad a destinatarios que no tengan la condición de empresarios o profesionales actuando como tales, y
2) Régimen especial aplicable a los servicios prestados por empresarios o profesionales establecidos en la Comunidad, pero no en el Estado miembro de consumo,

a destinatarios que no tengan la condición de empresarios o profesionales, actuando como tales a las ventas a distancia intracomunitarias de bienes y a las entregas interiores de bienes realizadas a través de una interfaz digital.

3) Régimen especial aplicable a las ventas a distancia de bienes importados de países o territorios terceros.

Veamos cada uno de ellos:

1) *Régimen especial aplicable a los servicios prestados por empresarios o profesionales no establecidos en la Comunidad a destinatarios que no tengan la condición de empresarios o profesionales actuando como tales*

Pueden acogerse a este régimen los empresarios o profesionales no establecidos en la Comunidad, que presten servicios a personas que no tengan la condición de empresario o profesional, actuando como tales, y que estén establecidas en la Comunidad o que tengan en ella su domicilio o residencia habitual. Se aplica a todas las prestaciones de servicios que deban entenderse efectuadas en la Comunidad.

A estos efectos, se considera:

a) «Empresario o profesional no establecido en la Comunidad»: todo empresario o profesional que tenga la sede de su actividad económica fuera de la Comunidad y no posea un establecimiento permanente en el territorio de la Comunidad.

b) «Estado miembro de identificación»: el Estado miembro por el que haya optado el empresario o profesional no establecido en la Comunidad para declarar el inicio de su actividad como tal empresario o profesional en el territorio de la Comunidad.

c) «Estado miembro de consumo»: el Estado miembro en el que se considera que tiene lugar la prestación de los servicios conforme a lo dispuesto en esta Ley o sus equivalentes en las legislaciones de otros Estados miembros.

Estos empresarios o profesionales que se acojan a este régimen especial no pueden deducir las cuotas soportadas en la adquisición o importación de bienes y servicios que se destinen a la prestación de los servicios. No obstante, tienen derecho a la devolución de las cuotas del IVA soportadas que deban entenderse realizadas en el Estado miembro de consumo. En el caso de empresarios o profesionales que estén establecidos en las Islas Canarias, Ceuta y Melilla pueden solicitar la devolución de las cuotas soportadas, con excepción de las realizadas en el territorio de aplicación del impuesto

En caso de que España sea el Estado miembro de consumo, estos empresarios o profesionales no establecidos tienen derecho a la devolución de las cuotas del IVA soportadas en la adquisición o importación de bienes y servicios que deban entenderse realizadas en el territorio de aplicación del Impuesto, siempre que dichos bienes y servicios se destinen a la prestación de los servicios a los que se refiere este régimen especial.

Además, los sujetos pasivos deben cumplir una serie de obligaciones formales, tales como la presentación de la declaración-liquidación, la realización del ingreso o el mantenimiento de un registro de operaciones incluidas en este régimen especial.

2) *Régimen especial aplicable a los servicios prestados por empresarios o profesionales establecidos en la Comunidad, pero no en el Estado miembro de consumo, a destinatarios que no tengan la condición de empresarios o profesionales, actuando como tales a las ventas a distancia intracomunitarias de bienes y a las entregas interiores de bienes realizadas a través de una interfaz digital.*

Pueden acogerse a este régimen especial los empresarios o profesionales establecidos en la Comunidad, pero no establecidos en el Estado miembro de consumo que presten servicios a destinatarios que no tengan la condición de empresario o profesional actuando como tales, así como los que realicen ventas a distancia intracomunitarias de bienes o entregas interiores de bienes facilitadas a través de una interfaz digital.

Este régimen especial se aplica a todas las prestaciones de servicios efectuadas por los empresarios o profesionales que se acojan a este régimen que, de acuerdo con lo dispuesto en esta Ley, o sus equivalentes en las legislaciones de otros Estados miembros, deban entenderse efectuadas en la Comunidad, siempre que se presten en un Estado miembro distinto a aquel en el que el empresario o profesional acogido a este régimen especial tenga establecida la sede de su actividad económica o tenga un establecimiento permanente, así como a todas las entregas de bienes a las que resulte de aplicación este régimen especial que sean efectuadas por los empresarios o profesionales que se acojan al mismo.

A efectos de este régimen, se considera:

a) «Empresario o profesional no establecido en el Estado miembro de consumo»: todo empresario o profesional que tenga establecida la sede de su actividad económica en el territorio de la Comunidad o que posea en ella un establecimiento permanente, pero que no tenga establecida dicha sede en el territorio del Estado miembro de consumo ni posea en él un establecimiento permanente.

b) «Estado miembro de identificación»: el Estado miembro en el que el empresario o profesional tenga establecida la sede de su actividad económica. Cuando el empresario o profesional no tenga establecida la sede de su actividad económica en la Comunidad, se atenderá al único Estado miembro en el que tenga un establecimiento permanente o, en caso de tener establecimientos permanentes en varios Estados miembros, al Estado por el que opte el empresario o profesional de entre los Estados miembros en que disponga de un establecimiento permanente.

Cuando el empresario o profesional no tenga establecida la sede de su actividad económica ni tenga establecimiento permanente alguno en la Comunidad, el Estado miembro de identificación será aquel en el que se inicie la expedición o el transporte de los bienes. Si hubiera más de un Estado miembro en el que se iniciase la expedición o el transporte de los bienes, el empresario o profesional deberá optar por uno de ellos.

La opción por un Estado miembro vinculará al empresario o profesional en tanto no sea revocada por el mismo. La opción por su aplicación tendrá una validez mínima de tres años naturales, incluido el año natural a que se refiere la opción ejercitada.

c) «Estado miembro de consumo»: se define según si se trata de una u otra opción. Así:

— En el caso de las prestaciones de servicios, el Estado miembro en el que se considera que tiene lugar la prestación de servicios.

— En el caso de ventas a distancia intracomunitarias de bienes, el Estado miembro de llegada de la expedición o el transporte de los bienes con destino al cliente.

— En el caso de entregas de bienes por parte de un empresario o profesional que facilite tales entregas a través de una interfaz digital, cuando la expedición o el transporte de los bienes entregados comience y acabe en el mismo Estado miembro, dicho Estado miembro.

Los empresarios o profesionales que se acojan a este régimen especial no pueden deducir cuotas soportadas en la adquisición o importación de bienes y servicios que se destinen a la prestación de los servicios a que se refiere este régimen. No obstante, los empresarios o profesionales que se acojan a este régimen especial tendrán derecho a la devolución de las cuotas del impuesto sobre el valor añadido soportadas en la adquisición o importación de bienes y servicios que se destinen a la realización de las operaciones a que se refiere este régimen especial que deban entenderse realizadas en el Estado miembro de consumo. En caso de que España sea el Estado miembro de consumo, los empresarios o profesionales que se acojan a este régimen especial tendrán derecho a la devolución de las cuotas del Impuesto sobre el Valor Añadido soportadas en la adquisición o importación de bienes y servicios que deban entenderse realizadas en el territorio de aplicación del impuesto, siempre que dichos bienes y servicios se destinen a la realización de las operaciones a que se refiere este régimen especial.

Este régimen no resulta aplicable a las prestaciones de servicios realizadas en el territorio de aplicación del impuesto por empresarios o profesionales que tengan la sede de su actividad económica o un establecimiento permanente en el mismo, puesto que a dichas prestaciones de servicios les resultará aplicable el régimen general del impuesto.

Se deben cumplir una serie de obligaciones formales, tales como presentar la declaración-liquidación del impuesto cada trimestre e ingresar la cuota, declarar el inicio, modificación o cese de las operaciones o mantener un registro de operaciones incluidas en este régimen especial.

3) *Régimen especial aplicable a las ventas a distancia de bienes importados de países o territorios terceros.* Este régimen resulta aplicable a los empresarios o profesionales que realicen ventas a distancia de bienes importados de países o territorios terceros en envíos cuyo valor intrínseco no exceda de 150 euros, a excepción de los productos que sean objeto de impuestos especiales, siempre que sean:

— empresarios o profesionales establecidos en la Comunidad;

— empresarios o profesionales, establecidos o no en la Comunidad, que estén representados por un intermediario establecido en la Comunidad. A estos efectos no será posible designar más de un intermediario a la vez, o

— empresarios o profesionales establecidos en un país tercero con el que la Unión Europea haya celebrado un acuerdo de asistencia mutua y que realicen ventas a distancia de bienes procedentes de ese país tercero.

Este régimen especial se aplica a todas las ventas a distancia de bienes importados de países o territorios terceros efectuadas por el empresario o profesional.

En este sentido, se define:

a) «Empresario o profesional no establecido en la Comunidad»: todo empresario o profesional que tenga la sede de su actividad económica fuera de la Comunidad y no tenga en ella un establecimiento permanente.

b) «Intermediario»: aquella persona establecida en la Comunidad a quien designa el empresario o profesional que realiza ventas a distancia de bienes importados de un país o territorio tercero y que, en nombre y por cuenta de éste, queda obligado al cumplimiento de las obligaciones materiales y formales derivadas de este régimen especial y es titular de las relaciones jurídicas-tributarias derivadas del mismo.

c) «Estado miembro de identificación»: hay que distinguir:

— Cuando el empresario o profesional no esté establecido en la Comunidad, el Estado miembro por el que opte.

— Cuando el empresario o profesional no tenga establecida la sede de su actividad económica en la Comunidad, pero tenga en ella varios establecimientos permanentes, el Estado miembro en el que, teniendo un establecimiento permanente, indique que se acoge a este régimen especial. La opción por un Estado miembro vinculará al empresario o profesional en tanto no sea revocada por el mismo y tendrá una validez mínima del año natural a que se refiere la opción ejercitada y de los dos siguientes.

— Cuando el empresario o profesional haya establecido la sede de su actividad económica en un Estado miembro o tenga exclusivamente uno o varios establecimientos permanentes en el mismo, dicho Estado miembro.

— Cuando el intermediario haya establecido la sede de su actividad económica en un Estado miembro, dicho Estado miembro.

— Cuando el intermediario no tenga establecida la sede de su actividad económica en la Comunidad, pero tenga en ella varios establecimientos permanentes, el Estado miembro en el que, teniendo un establecimiento permanente, indique que se acoge a este régimen especial. La citada opción por un Estado miembro vinculará al empresario o profesional en tanto no sea revocada por el mismo y tendrá una validez mínima del año natural a que se refiere la opción ejercitada y de los dos siguientes.

d) «Estado miembro de consumo»: el Estado miembro de llegada de la expedición o transporte de los bienes con destino al cliente.

Los empresarios o profesionales que se acojan a este régimen especial no pueden deducir las cuotas soportadas en la adquisición o importación de bienes y servicios que, conforme a las reglas que resulten aplicables, se destinen a la realización de las operaciones a que se refiere este régimen.

No obstante, los empresarios o profesionales acogidos a este régimen especial tienen derecho a la devolución de las cuotas del impuesto sobre el valor añadido soportadas en la adquisición o importación de bienes y servicios que se destinen a la realización de las operaciones a que se refiere este régimen especial que deban entenderse realizadas en el Estado miembro de consumo.

Los empresarios o profesionales que se acojan a este régimen especial y realicen en el territorio de aplicación del impuesto operaciones a las que se refiere este régimen especial conjuntamente con otras distintas que determinen la obligación de registrarse y de presentar declaraciones-liquidaciones en dicho territorio, deberán deducir las cuotas soportadas en la adquisición o importación de bienes y servicios que se entiendan realizadas en dicho territorio y sean utilizados en la realización de las operaciones a que se refiere este régimen especial a través de las declaraciones-liquidaciones correspondientes que deban presentar en el territorio de aplicación del impuesto.

En cuanto a las obligaciones formales, es necesario presentar la declaración-liquidación del impuesto cada trimestre e ingresar la cuota, declarar el inicio, modificación o cese de las operaciones o mantener un registro de operaciones incluidas en este régimen especial.

12.9. Régimen especial del grupo de entidades

Este régimen especial será de aplicación para los empresarios o profesionales que formen parte de un grupo de entidades, entendido como tal el formado por una entidad dominante y sus entidades dependientes, que se hallen firmemente vinculadas entre sí en los órdenes financiero, económico y de organización, siempre que las sedes de actividad económica o establecimientos permanentes de todas y cada una de ellas, radiquen en el territorio de aplicación del impuesto. Ningún empresario o profesional podrá formar parte simultáneamente de más de un grupo de entidades.

Para la consideración de una *entidad* como *dominante* se deben cumplir los siguientes requisitos:

a) Que tenga personalidad jurídica propia. No obstante, los establecimientos permanentes ubicados en el territorio de aplicación del impuesto, podrán considerarse entidad dominante respecto de las entidades cuyas participaciones estén afectas a los mismos, siempre que se cumplan el resto de requisitos.

b) Que tenga el control efectivo sobre las entidades del grupo, a través de una participación, directa o indirecta, de más del 50 por 100 en el capital o en los derechos de voto de las mismas y que se mantenga durante todo el año natural.

c) Que no sea dependiente de ninguna otra entidad establecida en el territorio de aplicación del impuesto que reúna los requisitos para ser considerada como dominante.

No obstante, las sociedades mercantiles que no actúen como empresarios o profesionales, podrán ser consideradas como entidad dominante, siempre que cumplan los requisitos anteriores.

Se considera entidad dependiente la que se encuentre establecida en el territorio de aplicación del impuesto y en la que la entidad dominante posea una participación que reúna los requisitos comentados anteriormente y deberá constituir un empresario o profesional distinto de la entidad dominante. En cualquier caso, un establecimiento permanente ubicado en el territorio de aplicación del impuesto no podrá constituir por sí mismo una entidad dependiente.

Este régimen se aplicará por acuerdo entre las entidades y tendrá una validez mínima de tres años (siempre que se cumplan los requisitos exigibles) y se entenderá prorrogado, salvo renuncia, la cual tendrá una validez mínima de tres años.

No obstante, este régimen especial se dejará de aplicar por: *a*) la aparición de circunstancias que determinen la aplicación del método de estimación indirecta o *b*) el incumplimiento de la obligación de confeccionar y conservar la información.

Cuando se ejercite la opción por este régimen, la base imponible de las entregas de bienes y prestaciones de servicios, realizadas en el territorio de aplicación del impuesto entre entidades de un mismo grupo, estará constituida por el coste de los bienes y servicios utilizados directa o indirectamente, total o parcialmente, en su realización y por los cuales se haya soportado o satisfecho efectivamente el impuesto y constituirán un sector diferenciado de la actividad, al que se entenderán afectos los bienes y servicios utilizados directa o indirectamente, de manera total o parcial para la realización de estas operaciones y por los cuales se hubiera soportado o satisfecho efectivamente el impuesto. Para aquellos bienes utilizados que tengan la condición de bienes de inversión, la imputación de su coste se deberá efectuar por completo dentro del período de regularización de cuotas correspondientes a dichos bienes.

En lo referido a deducciones y devoluciones, así como a la determinación del volumen de operaciones y a la valoración de las mismas, se aplicará lo establecido en el régimen general.

Cuando cualquier entidad del grupo actúe con entidades que no formen parte del mismo grupo, resultarán de aplicación las reglas generales del impuesto.

Los empresarios o profesionales que apliquen este régimen, podrán deducir íntegramente las cuotas soportadas o satisfechas por la adquisición de bienes y servicios destinados a la realización de estas operaciones que generen el derecho a la deducción que se practicará en función del destino previsible de los citados bienes y servicios, sin perjuicio de su rectificación si fuese alterado.

El importe de las cuotas deducibles se practicará de forma individual por parte de cada empresario del grupo, que ejercitará su derecho, y se calculará según el régimen general del impuesto.

Cuando alguna de las operaciones incluidas en el grupo les resulte de aplicación cualquiera de los restantes regímenes especiales, se aplicará el régimen de deducciones aplicable a dicho régimen.

La entidad dominante ostentará la representación del grupo de entidades ante la Administración Tributaria y deberá cumplir las obligaciones tributarias materiales y formales específicas que se derivan del régimen especial del grupo de entidades. El período de liquidación de las entidades que apliquen el régimen especial del grupo de entidades coincidirá con el mes natural, con independencia de su volumen de operaciones.

12.10. Régimen especial del criterio de caja

El régimen especial del criterio de caja es un régimen voluntario aplicable a los sujetos pasivos que opten por el mismo y cuyo volumen de operaciones durante el año natural anterior no haya superado los 2.000.000 de euros y, en aquellos casos en los cuales el sujeto pasivo hubiera iniciado la realización de actividades empresariales o profesionales en el año natural anterior, el importe del volumen de operaciones deberá elevarse al año. A efectos de determinar el volumen de operaciones efectuadas por el sujeto pasivo, las mismas se entenderán realizadas cuando se produzca o, en su caso, se hubiera producido el devengo del Impuesto sobre el Valor Añadido, si a las operaciones no les hubiera sido de aplicación el régimen especial del criterio de caja.

Es decir, el empresario que se acoja al IVA de caja verá retrasado el devengo del impuesto y, por tanto, la declaración e ingreso del IVA que repercuta a sus clientes hasta el cobro de esas cantidades y tampoco puede deducir el IVA soportado en sus adquisiciones hasta que proceda al pago de las correspondientes facturas.

Quedan excluidas del régimen especial del criterio de caja las siguientes operaciones:

a) Las acogidas a los regímenes especiales simplificado, de la agricultura, ganadería y pesca, del recargo de equivalencia, del oro de inversión, aplicable a los servicios prestados por vía electrónica y del grupo de entidades.

b) Las entregas de bienes exentas.

c) Las adquisiciones intracomunitarias de bienes.

d) Aquellas en las que el sujeto pasivo del Impuesto sea el empresario o profesional para quien se realiza la operación.

e) Las importaciones y las operaciones asimiladas a las importaciones.

f) Las operaciones asimiladas a entrega de bienes y prestación de servicios.

En las operaciones a las que sea de aplicación el régimen especial del criterio de caja, el Impuesto se devengará:

— en el momento del cobro total o parcial del precio por los importes efectivamente percibidos o si este no se ha producido,

— el 31 de diciembre del año inmediato posterior a aquel en que se haya realizado la operación.

A estos efectos, deberá acreditarse el momento del cobro, total o parcial, del precio de la operación.

En cuanto a la repercusión del impuesto en las operaciones a las que sea de aplicación este régimen especial deberá efectuarse al tiempo de expedir y entregar la factura correspondiente, pero se entenderá producida en el momento del devengo de la operación.

En lo referido a la deducción del IVA soportado es necesario considerar las siguientes particularidades:

a) El derecho a la deducción de las cuotas soportadas por los sujetos pasivos acogidos a este régimen especial nace en el momento del pago total o parcial del precio por los importes efectivamente satisfechos, o si este no se ha producido, el 31 de diciembre del año inmediato posterior a aquel en que se haya realizado la operación con independencia del momento en que se entienda realizado el hecho imponible. A estos efectos, deberá acreditarse el momento del pago, total o parcial, del precio de la operación.

b) El derecho a la deducción solo podrá ejercitarse en la declaración-liquidación relativa al período de liquidación en que haya nacido el derecho a la deducción de las cuotas soportadas o en las de los sucesivos, siempre que no hubiera transcurrido el plazo de cuatro años, contados a partir del nacimiento del mencionado derecho.

c) El derecho a la deducción de las cuotas soportadas caduca cuando el titular no lo hubiera ejercitado en el plazo establecido para ello.

En cuanto al nacimiento del derecho a la deducción de los sujetos pasivos no acogidos al régimen especial del criterio de caja, pero que sean destinatarios de las operaciones incluidas en el mismo, en relación con las cuotas soportadas por esas operaciones, se producirá en el momento del pago total o parcial del precio de las mismas, por los importes efectivamente satisfechos, o, si este no se ha producido, el 31 de diciembre del año inmediato posterior a aquel en que se haya realizado la operación, con independencia del momento en que se entienda realizado el hecho imponible. A estos efectos, deberá acreditarse el momento del pago, total o parcial, del precio de la operación.

13. GESTIÓN DEL IMPUESTO

Los sujetos pasivos deberán determinar e ingresar la deuda tributaria en el lugar, forma, plazos e impresos que establezca el Ministro de Economía y Hacienda, salvo en las importaciones de bienes en cuyo caso el impuesto se liquidará en la forma prevista por la legislación aduanera para los derechos arancelarios.

Los empresarios y profesionales deberán presentar las declaraciones-liquidaciones periódicas así como la declaración resumen anual, incluso en los casos en que no existan cuotas devengadas, ni se practique deducción de cuotas soportadas o satisfechas, salvo aquellos sujetos que realicen operaciones interiores y adquisiciones intracomunitarias exentas. Asimismo, deberán solicitar de la Administración el número de identificación fiscal y comunicarlo y acreditarlo en los supuestos que se establezcan y expedir y entregar factura de todas sus operaciones.

El período de liquidación coincidirá con el trimestre natural, salvo para aquellos sujetos pasivos cuyo volumen de operaciones hubiese excedido en el año natural inmediato anterior de 6.010.121,04 euros y para grandes exportadores, ya que, en ese caso, el período de liquidación será mensual.

La declaración-liquidación deberá presentarse durante los veinte primeros días naturales del mes siguiente al correspondiente período de liquidación mensual o trimestral, según proceda, salvo la correspondiente al período de liquidación del mes de julio, que se presentará durante el mes de agosto y los veinte primeros días naturales del mes de septiembre inmediatamente posteriores y la correspondiente al último período del año, que se presentará durante los treinta primeros días naturales del mes de enero.

Deberán presentar declaración-liquidación especial de carácter no periódico, entre otros, quienes entreguen a título ocasional medios de transporte nuevos con destino a otro Estado miembro o las personas jurídicas que no actúen como empresarios o profesionales, cuando efectúen adquisiciones intracomunitarias de bienes, distintos de los medios de transporte nuevos, sujetas al impuesto.

Asimismo, los sujetos pasivos del IVA deberán presentar una declaración recapitulativa de las entregas y adquisiciones intracomunitarias de bienes que realicen en donde se consignarán los datos de identificación de los proveedores y adquirentes, así como la base imponible relativa a las operaciones intracomunitarias declaradas.

Los sujetos pasivos del IVA no establecidos deberán nombrar un representante, excepto aquellos sujetos pasivos establecidos en Canarias, Ceuta o Melilla, en otro Estado miembro de la Comunidad Europea o en un Estado con el que existan instrumentos de asistencia mutua análogos a los instituidos en la Comunidad Europea, o que se acojan al régimen especial aplicable a los servicios prestados por vía electrónica. Tampoco tendrán que cumplir con las obligaciones formales los sujetos pasivos no establecidos en el territorio de aplicación del impuesto que realicen exclusivamente las operaciones exentas.

En cualquier caso, como norma general, los sujetos pasivos deberán presentar una declaración-resumen anual y están obligados a:

1. Presentar declaraciones relativas al comienzo, modificación y cese de las actividades que determinen su sujeción al impuesto y solicitar el NIF.
2. Expedir y entregar factura de todas sus operaciones que deberán conservarse durante el plazo de prescripción del impuesto, así como cualquier otro justificante contable.
3. Llevar la contabilidad y los registros que se establezcan, donde se deberá permitir determinar con precisión el IVA soportado y el IVA repercutido a los clientes.
4. Presentar periódicamente o a requerimiento de la Administración, información relativa a sus operaciones económicas con terceras personas y, en particular, una declaración recapitulativa de operaciones intracomunitarias.
5. Nombrar un representante cuando se trate de sujetos pasivos no establecidos en la Comunidad.
6. Presentar las declaraciones-liquidaciones correspondientes e ingresar el importe del impuesto resultante.
7. Con carácter general, los empresarios o profesionales deberán llevar los siguientes libros registros:

a) Libro registro de facturas expedidas.
b) Libro registro de facturas recibidas.
c) Libro registro de bienes de inversión.

d) Libro registro de determinadas operaciones intracomunitarias.

Además, los sujetos pasivos del IVA que realicen determinadas operaciones intracomunitarias deberán llevar un libro registro en el que se anotarán las operaciones siguientes:

a) El envío o recepción de bienes para la realización de informes periciales, valoraciones o dictámenes de trabajos y ejecuciones de obra, y

b) Las transferencias de bienes y las adquisiciones intracomunitarias de bienes corporales y de operaciones asimiladas a las adquisiciones intracomunitarias de bienes efectuadas por el empresario.

Asimismo, cuando un empresario o profesional, actuando como tal, utilizando una interfaz digital como un mercado en línea, una plataforma, un portal u otros medios similares, facilite la entrega de bienes o la prestación de servicios a personas que no sean empresarios o profesionales, actuando como tales, y no tenga la condición de sujeto pasivo respecto de dichas entregas de bienes o prestaciones de servicios, tiene la obligación de llevar un registro de dichas operaciones.

Las facturas recibidas, los justificantes contables y las copias de las facturas expedidas se deben conservar durante el plazo de prescripción del Impuesto. Esta obligación se podrá cumplir por un tercero, que actuará en nombre y por cuenta del sujeto pasivo.

Cuando estos documentos se refieran a adquisiciones por las cuales se hayan soportado o satisfecho cuotas del Impuesto sobre el Valor Añadido cuya deducción esté sometida a un período de regularización, deben conservarse durante el período de regularización correspondiente a dichas cuotas y los cuatro años siguientes.

En el caso en el que el sujeto pasivo conserve por medios electrónicos los documentos, se debe garantizar a la Administración Tributaria tanto el acceso en línea a los mismos como su carga remota y utilización, con independencia del lugar de conservación.

14. CASOS PRÁCTICOS RESUELTOS

1. D. Ismael Crespo, jubilado, posee una vivienda que ha alquilado a D. José Hernández para vivienda de él y su familia. ¿Está sujeta a IVA la operación?

Solución:

El arrendamiento de la vivienda al ser considerada como la familiar es una operación sujeta pero exenta de IVA y sujeta, por tanto, a ITPAJD.

2. D. Pedro Martínez ha realizado las siguientes actuaciones:

a) Ha ido a un acupuntor a tratar una dolencia.

b) Ha acudido a un protésico dental para que le coloque una prótesis

¿Están exentas de IVA estas actuaciones?

Solución:

La visita al acupuntor es una operación sujeta y no exenta de IVA, pues no se encuentran entre los profesionales médicos o sanitarios según nuestro ordenamiento jurídico.

La colocación de una prótesis dental por un protésico es una operación sujeta, pero exenta de IVA.

3. D. Pedro Martínez posee un terreno sobre el que está construyendo un chalet para destinarlo a ser su vivienda habitual. En este caso:

a) ¿Se considera empresario por esta operación?

b) Y si lo destinara a la venta, ¿se consideraría empresario?

c) Si D. Pedro, a los diez años de utilizar dicha vivienda como habitual, decide alquilarla a una familia para residir en ella ¿está sujeta a IVA esa operación?

Solución:

En el caso *a)* no se considera empresario puesto que lo destinará a ser vivienda habitual, pero si efectúa la urbanización del terreno o la promoción, construcción y se destina a la venta como en el caso *b)*, se considera empresario o profesional a efectos del IVA, aunque realice esta actividad ocasionalmente como en este caso.

Si con posterioridad la vivienda se arrienda como ocurre en el caso *c)*, esta operación estará sujeta a IVA, pero exenta al tratarse de un arrendamiento destinado exclusivamente a vivienda.

4. D. Andrés Pérez es médico y compró hace dos años un ordenador para la realización de su actividad profesional. Sin embargo, en este ejercicio ha decidido llevarlo a casa pues sus hijos necesitaban un ordenador. En este caso dicha operación ¿está sujeta a IVA? ¿Y si D. Andrés fuera arquitecto?

Si D. Andrés es médico realiza una actividad exenta de IVA con exención limitada y, por lo tanto, el IVA soportado en la compra del ordenador no se lo pudo deducir. Si ahora se lo lleva a casa es una operación no sujeta puesto que no se considera autoconsumo.

Si D. Andrés es arquitecto, el IVA soportado en la compra del ordenador lo pudo deducir en el desarrollo de su actividad profesional. Si ahora se lo lleva a casa se trata de una operación de autoconsumo gravada y sujeta a IVA.

5. Calcular la prorrata general de deducción del IVA para un empresario que en el año corriente realizó las siguientes operaciones (importes sin el IVA que, en su caso, gravó la operación) y el IVA soportado fue de 125.620 euros:

— Venta de la vivienda particular: 1.000.
— Ventas de libros: 3.000.
— Exportación de libros: 2.000.
— Servicios de enseñanza: 10.000.

Solución:
La prorrata sería

(3.000 + 2.000 / 3.000 + 2.000 + 10.000) × 100 = 33,35 = 34%

Será el porcentaje a aplicar al IVA soportado para determinar el IVA soportado deducible.

IVA a ingresar: IVA repercutido – IVA soportado deducible.

IVA soportado deducible: IVA soportado × 34% = 125.620 × 0,34 = 42.711.

6. Una empresa realizó durante un ejercicio ventas por un total de 60.000 euros, de las que 40.000 corresponden a entregas de bienes realizadas a empresas de la Península y Baleares, 5.500 a clientes del extranjero y Canarias y el resto corresponden a operaciones realizadas en el marco de una actividad sin derecho a deducción en el IVA. Al ejercicio siguiente realizó las siguientes operaciones:

Adquisiciones de bienes y servicios: 10.000 en el 1.er trimestre, 12.000 en el 2.º, 11.000 en el 3.º y 15.000 en el 4.º trimestre.

Ventas de bienes: En el 1.er trimestre: 15.000 de los cuales 2.000 se han realizado en operaciones interiores exentas; en el 2.º trimestre 20.000 de los que 3.600 se han realizado en operaciones interiores exentas; en el 3.er trimestre 18.000 de los que 2.500 se realizaron en operaciones interiores exentas; en el 4.º trimestre: 35.000 de los que 5.000 fueron en operaciones interiores exentas.

Sabiendo que en todas las operaciones sujetas hay que aplicar el tipo general del IVA y que no procede la aplicación del recargo de equivalencia, practíquense las liquidaciones del impuesto y dígase cuál será el porcentaje de prorrata aplicable, tanto el provisional como el definitivo.

Solución:

Prorrata provisional = [(40.000 + 5.500) / 60.000] × 100 = 75,83 = 76%					
	1.er trimestre	2.º trimestre	3.er trimestre	4.º trimestre	Total
Compras	10.000	12.000	11.000	15.000	48.000
IVA soportado (21%)	2.100	2.520	2.310	3.150	10.080
Ventas totales	15.000	20.000	18.000	35.000	88.000
(1) Vtas. con dcho. a deducc.	13.000	16.400	15.500	30.000	74.900
Vtas. sin dcho. a deducción	2.000	3.600	2.500	5.000	13.100
IVA repercutido [21% s / (1)]	2.730	3.444	3.255	6.300	15.729

Liquidación de IVA			
	1.er trimestre	2.º trimestre	3.er trimestre
IVA repercutido [s / (1)]	2.730	3.444	3.255
IVA soportado deducible (× 0,76)	1.596	1.915	1.756
IVA a ingresar	1.134	1.529	1.499

Prorrata definitiva: Vtas. con derecho a deducción / vtas. totales = (74.900 / 88.000) × 100 = 85,11% = 86%	
IVA repercutido: vtas. anuales sujetas × 0,21 = 74.900 × 0,21	15.729
IVA soportado deducible = 10.080 × 0,86	8.669
Total IVA anual a ingresar = 15.729 – 8.669	7.060
(–) IVA ingresado	4.162
IVA a ingresar 4.º trimestre = 7.060 – 4.162	2.898

(1) Ventas con derecho a deducción: ventas totales – ventas sin derecho a deducción.

7. La empresa SALTUS, contribuyente por IVA, compró en n-4 una máquina por un precio de 7.000 euros (más el 21% de IVA). Los porcentajes de prorrata desde n-4 hasta la actualidad han sido:

n-4: 65%; n-3: 80%; n-2: 71%; n-1: 50% y n: 59%.

Se pide: El IVA soportado deducible por la empresa SALTUS en el momento de realizar la adquisición de la maquinaria y en años sucesivos.

Solución:

En el año n-4 el IVA soportado fue de 7.000 × 0,21 = 1.470 y el IVA soportado deducible de 7.000 × 0,21 × 65% = 955,5.

En el año n-3 la diferencia de prorratas es superior a 10 puntos (80 – 65 = 15) por lo que procede regularizar. El ajuste correspondiente será: (955,5 – 1.470 × 0,80) / 5 = –44,1, que será la cantidad a devolver.

En el año n-2 la diferencia con respecto al año de adquisición es inferior a 10 puntos, por lo que no procede regularización.

En el año n-1, la diferencia es de 15 puntos y por tanto procede regularizar. El ajuste será: (955,5 – 1.470 × 0,5) / 5 = 44,1 que será la cantidad a ingresar.

En el año n no procede regularizar puesto que la diferencia en porcentajes de prorrata es inferior a 10 puntos y finaliza el plazo de regularización.

8. D. Andrés Martínez, comerciante minorista ha comprado a un mayorista por 23.000 euros artículos de regalo que vende en su tienda. ¿Deberá girar IVA el mayorista al minorista? ¿Cuál será la cuantía? ¿Y el minorista?

Solución:

El minorista estará en el régimen especial del recargo de equivalencia y no liquida IVA pero sí lo repercute a sus clientes. A cambio, el mayorista le deberá repercutir el IVA (21%) más el recargo de equivalencia (5,2%). Por tanto, el minorista soporta:

IVA al 21%: 23.000 × 0,21 = 4.830.

Recargo de equivalencia: 23.000 × 0,052 = 1.196.

Total = 4.830 + 1.196 = 6.026.

9. D. José Alcázar, agricultor ha vendido coles por 4.650 euros a D. Antonio Esteban empresario que, tras un proceso de empaquetado, las venderá a comercian-

tes minoristas. En este caso, ¿debe repercutir IVA D. José? Y si la venta la realiza a un comerciante alemán ¿debe repercutir IVA?

Solución:

En el régimen especial de la agricultura, D. José Alcázar no liquida IVA y por lo tanto el IVA soportado no se lo puede deducir. A cambio, cuando realiza la venta a D. Antonio éste le deberá satisfacer una compensación del 12% del importe de la venta realizada. Por tanto, D. José recibe 4.650 + 12% × 4.650 = 4.650 + 558 = 5.208.

Y D. Antonio se podrá deducir la compensación abonada a D. José como IVA soportado deducible.

En el caso en el que D. José le venda las coles a un comerciante alemán, se trataría de una entrega intracomunitaria exenta y, en ese caso, D. José puede solicitar a la Administración Tributaria española el reintegro de la compensación.

10. Caso práctico general.

1. La entidad «PROMOR, S.A.» dedicada a la confección, que tributa en el régimen general del impuesto, ha realizado durante el ejercicio las siguientes operaciones:

a) Primer trimestre:

— Compra de mercaderías por valor de 5.600 euros, más su IVA correspondiente. En las facturas le cargan también 560 euros en concepto de transporte y embalaje.

— Los gastos del período fueron los siguientes (más IVA):

+ Luz y teléfono: 302;
+ Limpieza: 120;
+ Salarios: 2.890;
+ Mobiliario: 1.150 euros.

— La entidad efectuó unas ventas por importe de 16.987 euros, más su IVA correspondiente.

b) Segundo trimestre:

— Compra de mercaderías por importe de 15.680 euros (sin IVA) incluyendo su transporte. Se le efectúa un descuento de 3% en factura por pronto pago.

— Durante el período ha realizado los siguientes gastos:

+ Luz y teléfono: 300;
+ Publicidad: 620;
+ Salarios: 1.987;
+ Gastos de viaje de uno de sus socios (privado): 987;
+ Comisiones de venta: 490 euros.

— Las ventas efectuadas ascendieron a 36.380 euros más su IVA correspondiente.

c) Tercer trimestre:

— Compra de mercaderías, con gastos de transporte y embalaje incluidos, por importe de 6.954 euros, más IVA. Para su pago solicitó un aplazamiento de tres meses motivo por el cual la factura se incrementó en 150 euros.

— Los gastos satisfechos fueron los siguientes:
+ Luz y teléfono: 360;
+ Salarios: 5.987;
+ Adquirió un vehículo de reparto de mercancías, cuya factura fue la siguiente: Precio:12.000 euros, IVA al 21%: 2.520.

— Uno de los socios de la entidad retiró mercancías, sin desembolso alguno, cuyo precio de adquisición, sin IVA, ascendía a 756 euros.

— Las ventas realizadas en el período importaron 12.450 euros, más su cuota de IVA correspondiente.

d) Cuarto trimestre:

— Compra de mercaderías por importe de 25.368 euros, más su IVA correspondiente.

— Gastos del período:
+ Luz y teléfono: 420;
+ Limpieza: 150;
+ Salarios: 6.987;
+ Regalos para clientes: 1.250;
+ Asesor contable: 2.350 euros.

— Por la adquisición de un archivador de clientes han abonado la siguiente factura:
+ Archivador: 1.248; IVA al 10%: 124,8 euros.

— Las ventas realizadas durante este último trimestre ascendieron a 15.650 euros, más IVA.

Se pide: Realizar las oportunas declaraciones por IVA.

Solución:

a) Primer trimestre:

IVA soportado:

— Compras y transporte: (5.600 + 560) × 0,21 = 1.293,6.
— Luz y teléfono: 302 × 0,21 = 63,42.
— Limpieza: 120 × 0,21 = 25,2.
— Mobiliario: 1.150 × 0,21 = 241,5.

Total IVA soportado deducible: 1.293,6 + 63,42 + 25,2 + 241,5 = 1.623,72.
IVA repercutido: 16.987 × 0,21 = 3.567,27.
IVA a ingresar: 3.567,27 – 1.623,72 = 1.943,55.
Los salarios constituyen un supuesto de no sujeción.

b) Segundo trimestre:

IVA soportado:

— Compras netas: (15.680 – 0,03 × 15.680) × 0,21 = 3.194.
— Gastos: [300 (luz y teléfono) + 620 (publicidad) 490 (comisiones de venta)] × × 0,21 = 1.410 × 0,21 = 296,1.

En los gastos de viaje privado de uno de los socios se habrá soportado IVA pero no es deducible.

Total IVA soportado deducible: 3.194 + 296,1 = 3.490,1.
IVA repercutido: 36.380 × 0,21 = 7.639,8.
IVA a ingresar: 7.639,8 – 3.490,1 = 4.149,7.

c) Tercer trimestre:

IVA soportado:

— Compras: (6.954 + 150) × 0,21 = 1.491,84.
— Gastos: [360 (luz y teléfono) + 12.000 (vehículo)] × 0,21 = 2.595,6.

Total IVA soportado deducible = 1.491,84 + 2.595,6 = 4.087,44.
El vehículo se supone afecto totalmente a la actividad.
IVA repercutido: 2.614,5 + 158,76 = 2.773,26.

— Ventas: 12.450 × 0,21 = 2.614,5.
— Autoconsumo: 756 × 0,21 = 158,76.

IVA a ingresar o devolver: 2.773,26 – 4.087,44 = – 1.314,18.
A compensar.

d) Cuarto trimestre:

IVA soportado:

— Compras: 25.368 × 0,21 = 5.327,28.
— Luz y teléfono: 420 × 0,21 = 88,2.
— Limpieza: 150 × 0,21 = 31,5.
— Salarios: supuesto de no sujeción.
— Regalos para clientes: el IVA soportado no es deducible.
— Asesor contable: 2.350 × 0,21 = 493,5.
— Archivador: la factura está mal emitida, puesto que t = 21% pero la entidad se puede deducir solamente la cantidad soportada.

Total IVA soportado deducible: 5.327,28 + 88,2 + 31,5 + 493,5 + 124,8 = = 6.065,28.
IVA repercutido: 15.650 × 0,21 = 3.286,5.

IVA repercutido - IVA soportado: 3.286,5 - 6.065,28 = - 2.778,78.
A compensar o a devolver.

15. CASOS PRÁCTICOS PROPUESTOS

1. D. Rodolfo Pérez, funcionario, va a ir al dentista para que le empaste una muela. ¿Le devengará IVA el dentista? Razone la respuesta.

2. D. Agustín Ortín tiene un apartamento con su correspondiente garaje que lo alquila a un matrimonio que lo utilizará como vivienda habitual. ¿Deberá repercutir IVA?

3. En el ejemplo anterior, supongamos que el apartamento se lo alquila a un matrimonio para vivienda y la plaza de garaje a un amigo que reside por la zona. ¿Cómo tributan estas operaciones a efectos del IVA?

4. D. Javier Ayala es propietario de un terreno sobre el que construye un chalet con la intención de destinarlo a vivienda propia. ¿Es empresario por esta operación? ¿Y si lo destina a la venta?

5. La sociedad VIELAS, S.A. está dedicada a la realización de diversas actividades y ha realizado ventas por importe de 65.300 euros, de los cuales 20.000 han sido a clientes residentes en Francia, 30.000 han sido a clientes españoles tratándose de operaciones sujetas y 15.300 han sido en el marco de una actividad sin derecho a deducción del IVA.
Se pide: Determinar la regla de prorrata general.

6. Un comerciante minorista ha adquirido artículos para la venta por importe de 12.500 euros (IVA al 21% excluido) y ha adquirido otros artículos para la venta por 5.620 euros (IVA excluido al 10%). Ha vendido todos los productos con un margen del 25%. ¿Deberá repercutir IVA? ¿Existe alguna especialidad para el comerciante minorista a efectos del IVA? ¿Cuál?

7. La empresa MALTUS, contribuyente por IVA, compró en 2002 una máquina por un precio de 10.000 euros (más el 21% de IVA). Los porcentajes de prorrata desde 2002 hasta la actualidad han sido: 2007: 75%; 2008: 65%; 2009: 80%; 2010: 71%; 2011: 50% y 2012: 59%.

Se pide: El IVA soportado deducible por la empresa MALTUS en el momento de realizar la adquisición de la maquinaria y en años sucesivos.

8. D. Pedro Mata es agricultor y ha vendido lechugas a un mayorista que las comercializa. En ese caso ¿debe liquidar D. Pedro el IVA? ¿Existe alguna especialidad en el caso de la agricultura? ¿Cuál?

9. Si D. Pedro hubiese vendido las lechugas a D. José que tiene una tienda minorista ¿habría alguna especialidad a efectos del IVA? ¿Debe liquidar el impuesto D. Pedro? ¿Y D. José?

10. La empresa MALTUS, S.A., ha realizado las siguientes operaciones en este trimestre:

— Compras (al 21%): 25.650 + IVA.
— Ventas en España (al 21%): 62.350.
— Ventas en Francia: 21.560.
— Los gastos del trimestre han sido:
  + Luz: 650.
  + Agua: 125.
  + Alquiler del local: 1.630.
  + Salarios: 12.650.
  + Material de oficina: 250.

Se pide: Liquidar el IVA correspondiente a este primer trimestre.

16. TEMAS PARA LA REFLEXIÓN

1. El régimen especial del grupo de entidades y su coordinación con el régimen especial en el Impuesto sobre Sociedades.
2. Armonización de tipos impositivos del IVA en Europa.
3. Neutralidad del IVA, exenciones y regímenes especiales.

17. PREGUNTAS DE AUTOEVALUACIÓN

17.1. Preguntas cortas

1. Funcionamiento del IVA en las entregas intracomunitarias.
2. Concepto de empresario o profesional en el IVA.
3. Autoconsumo de bienes.
4. Exención en el IVA. Tipos.
5. La regla de prorrata general.
6. El régimen especial del grupo de entidades.

17.2. Preguntas tipo test

1. En España, el Impuesto sobre el Valor Añadido no se aplicará:

a) En las Islas Canarias, Ceuta y Melilla.
b) En el territorio peninsular e Islas Baleares.
c) En el territorio peninsular, Islas Baleares e Islas Canarias.
d) En las Islas Baleares, Islas Canarias y Ceuta y Melilla.

2. El Impuesto sobre el Valor Añadido:

a) Es un impuesto indirecto, general, real e instantáneo.
b) Es un impuesto indirecto, parcial, real e instantáneo.
c) Es un impuesto indirecto, general, personal e instantáneo.
d) Es un impuesto indirecto, general, real y periódico.

3. 1. El empresario o profesional debe ingresar en la Hacienda Pública todo el IVA repercutido a sus clientes.

2. La suma de los pagos sucesivos realizadas por los sujetos pasivos del IVA a lo largo del proceso de producción y distribución será igual a la carga soportada por el consumidor final, siempre que se establezcan exenciones:

a) 1V 2V.
b) 1V 2F.
c) 1F 2V.
d) 1F 2F.

4. En el Impuesto sobre el Valor Añadido, cuando se establece una exención en una fase del proceso de producción o distribución de un bien:

a) Implica que el sujeto pasivo no podrá repercutir el IVA soportado.
b) Implica que todos los sujetos pasivos implicados en el proceso de producción y distribución soportarán un IVA no repercutido.
c) Los efectos en cuanto a la repercusión o no del impuesto dependerán de si se trata de una exención plena o limitada.
d) Si se establece en la fase minorista será el consumidor final el que soporte el impuesto.

5. En el caso de transmisiones de bienes del patrimonio empresarial o profesional al patrimonio personal en la realización de actividades sujetas y no exentas de IVA:

a) Es un caso de autoconsumo en el que no se repercute el IVA.
b) No se habrá soportado IVA por esa operación y, por tanto, no habrá que repercutir IVA.
c) El empresario actúa como consumidor final y, por tanto, debe repercutirse la cuota de IVA.
d) Ninguna de las anteriores es cierta.

6. 1. En el caso de adquisiciones intracomunitarias el adquirente no soportará IVA del transmitente comunitario.

2. En el caso de entregas intracomunitarias se producirá una exención plena para el transmitente:

a) 1V 2V.
b) 1V 2F.

c) 1F 2V.
d) 1F 2F.

7. En el IVA las entregas gratuitas de muestras de mercancías sin valor comercial estimable constituyen un supuesto:

a) Sujeto pero exento.
b) No sujeto.
c) Sujeto.
d) Sujeto, pero con exención limitada.

8. En cuanto al lugar de realización de las operaciones interiores en el caso de entregas de bienes que no sean objeto de expedición o transporte, se entenderán realizadas:

a) En el lugar donde se encuentre la mercancía al tiempo de iniciarse el transporte, siempre que no coincida con el lugar de fabricación de la misma.
b) En el lugar de destino de la mercancía.
c) En el lugar donde recoge el destinatario la mercancía.
d) En el territorio de aplicación del impuesto, cuando los bienes se pongan a disposición del adquirente.

9. 1. Al ser el IVA un impuesto instantáneo se devenga operación por operación.
2. El establecimiento de exenciones en el IVA supone una de las mayores ventajas del mismo al poder tratar de diferente modo cada tipo de operación y consagra la equidad horizontal del mismo:

a) 1V 2V.
b) 1V 2F.
c) 1F 2V.
d) 1F 2F.

10. Respecto al IVA, la asistencia a personas físicas en el ejercicio de profesiones médicas o sanitarias son operaciones:

a) No sujetas.
b) Sujetas.
c) Sujetas, pero con exención plena.
d) Sujetas, pero con exención limitada.

11. 1. Las entidades del artículo 35.4 de la Ley General Tributaria se definen como sujetos pasivos en el IVA.
2. En las importaciones será sujeto pasivo del impuesto el importador cualquiera que sea su condición, es decir, aunque sea un particular:

a) 1V 2V.
b) 1V 2F.

c) 1F 2V.
d) 1F 2F.

12. En el IVA, en el caso de entrega de mercancías, los gastos del transporte de las mismas, si los hubiere, constituyen un supuesto para el adquirente de:

a) IVA soportado no deducible.
b) IVA soportado deducible.
c) IVA repercutido.
d) No sujeción al impuesto.

13. La empresa Y tiene un volumen de operaciones sujetas a IVA de 100.000 euros de las cuales un 10% corresponden a operaciones exentas que no dan derecho a deducción del IVA, un 15% corresponden a operaciones exentas con derecho a deducción y el resto corresponden a operaciones sujetas. Ha soportado un IVA de 6.000 euros. ¿Cuál será el IVA soportado deducible?

a) 600.
b) 9.000.
c) 5.400.
d) 8.400.

14. El régimen especial del «recargo de equivalencia»:

a) Es obligatorio y no se puede renunciar a él.
b) Es obligatorio pero se puede renunciar a él.
c) Es voluntario.
d) Es voluntario previa solicitud del interesado.

15. 1. El régimen simplificado del IVA es de aplicación automática para aquellos sujetos pasivos que cumplan los requisitos y se aplicará siempre que dichos sujetos pasivos no renuncien al mismo.

2. Los sujetos pasivos que tributen en el régimen especial de la agricultura, ganadería y pesca no tienen que soportar ningún IVA:

a) 1V 2V.
b) 1V 2F.
c) 1F 2V.
d) 1F 2F.

16. En el régimen del recargo de equivalencia del IVA el minorista:

a) No liquida el impuesto.
b) No tiene que ingresar cantidad alguna al Tesoro en concepto de IVA.
c) Debe repercutir el IVA a sus clientes.
d) Todas las anteriores son ciertas.

17. El IVA es un tributo indirecto porque:

a) Recae sobre una manifestación de la capacidad de pago como es la obtención de renta.
b) Recae sobre una manifestación de la capacidad de pago como es la realización de actos de consumo.
c) Es complementario del Impuesto sobre Sociedades.
d) Es complementario del Impuesto sobre Sociedades y del IRPF en cuanto grava a empresarios y profesionales.

18. D. Pedro posee un apartamento y se lo alquila a D. Andrés, su vecino, para ser utilizado como vivienda. En ese caso:

a) El arrendamiento está sujeto y no exento de IVA.
b) El arrendamiento está sujeto pero exento de IVA.
c) El arrendamiento de un particular a otro es una operación no sujeta a IVA.
d) El arrendamiento está exento, pero con exención plena, por lo que el IVA soportado es deducible.

19. La regla de prorrata general:

a) Se utiliza cuando el sujeto realiza operaciones que dan derecho a la deducción del IVA soportado y otras que no.
b) Se utiliza cuando el sujeto pasivo realiza operaciones sujetas y operaciones exentas.
c) El porcentaje de prorrata se aplica al IVA soportado para determinar cuál es el importe del IVA soportado deducible.
d) Todas las anteriores son correctas.

20. D. Ismael ha visitado en su consulta particular al dentista para que éste le haga su revisión anual. A efectos del IVA, dicha operación estará:

a) Sujeta y no exenta.
b) No sujeta.
c) Sujeta pero exenta.
d) El médico no es empresario o profesional a efectos del IVA.

TEMA 11

LOS IMPUESTOS ESPECIALES

1. NATURALEZA, LEGISLACIÓN BÁSICA Y CLASIFICACIÓN

Los impuestos especiales son tributos de naturaleza indirecta que recaen sobre consumos específicos y gravan, en fase única, la fabricación, incluida la fabricación irregular, importación, la entrada irregular y, en su caso, introducción, en el ámbito territorial interno de determinados bienes, así como la matriculación de determinados medios de transporte, el suministro de energía eléctrica y el consumo de carbón.

Los impuestos especiales están regulados en la Ley 38/1992, de 28 de diciembre, de impuestos especiales, y en el Real Decreto 1165/1995, de 7 de julio, por el que se aprueba el Reglamento de los Impuestos Especiales. La Ley 38/1992 considera impuestos especiales a los Impuestos Especiales de Fabricación, el Impuesto Especial sobre la Electricidad, el Impuesto Especial sobre Determinados Medios de Transporte y el Impuesto Especial sobre el Carbón.

El ámbito de aplicación de los impuestos especiales es el territorio español, sin perjuicio de las particularidades de los diferentes regímenes territoriales. Así, los impuestos especiales de fabricación se exigirán en todo el territorio español, a excepción de las islas Canarias, Ceuta y Melilla. No obstante, los impuestos sobre la cerveza, sobre productos intermedios y sobre el alcohol y bebidas derivadas serán exigibles en las islas Canarias. A continuación se recogen los impuestos especiales contemplados en la Ley 38/1992, así como otros impuestos estatales que se incluyen en otros textos normativos y cuyo objeto de gravamen es la realización de determinadas actividades o el consumo de determinados bienes:

<table>
<tr><td rowspan="6">Impuestos especiales de fabricación.</td><td rowspan="4">Sobre el alcohol y bebidas alcohólicas.</td><td>Sobre la cerveza.</td></tr>
<tr><td>Sobre el vino y bebidas fermentadas.</td></tr>
<tr><td>Sobre productos intermedios.</td></tr>
<tr><td>Sobre el alcohol y bebidas derivadas.</td></tr>
<tr><td>Sobre hidrocarburos.</td><td rowspan="2"></td></tr>
<tr><td>Sobre las labores del tabaco.</td></tr>
<tr><td colspan="3">Impuesto especial sobre determinados medios de transporte.</td></tr>
<tr><td colspan="3">Impuesto especial sobre el carbón.</td></tr>
<tr><td colspan="3">Impuesto especial sobre la electricidad</td></tr>
<tr><td colspan="3">Impuesto sobre actividades de juego.</td></tr>
<tr><td colspan="3">Impuesto sobre las primas de seguro.</td></tr>
<tr><td colspan="3">Impuesto sobre el valor de la producción de la energía eléctrica.</td></tr>
<tr><td colspan="3">Impuesto sobre la producción de combustible nuclear gastado y residuos radiactivos resultantes de la generación de energía nucleoeléctrica.</td></tr>
<tr><td colspan="3">Impuesto sobre el almacenamiento de combustible nuclear gastado y residuos radiactivos en instalaciones centralizadas.</td></tr>
</table>

Impuesto sobre los depósitos de las entidades de crédito.
Impuesto sobre transacciones financieras.
Impuesto sobre determinados servicios digitales.
Impuesto especial sobre los envases de plástico no reutilizables.
Impuesto sobre el depósito de residuos en vertederos, la incineración y la coincineración de residuos.

La exposición de este tema se realiza siguiendo la normativa estatal, sin perjuicio de las modificaciones legislativas específicas que pudiera realizar cada Comunidad Autónoma en el uso de sus potestades para modificar ciertos aspectos del tributo, como vamos a ver en el apartado siguiente.

1.1. El alcance de la cesión a las CCAA

Los impuestos especiales se encuentran cedidos a las CCAA a través de la Ley 22/2009, de 18 de diciembre, por la que se regula el sistema de financiación de las Comunidades Autónomas de régimen común y Ciudades con Estatuto de Autonomía y se modifican determinadas normas tributarias. En unos casos se cede la recaudación total (es el caso del impuesto especial sobre determinados medios de transporte y el impuesto sobre hidrocarburos) y en el resto (excepto el Impuesto sobre el Carbón y el Impuesto sobre las Primas de Seguro) se cede el 58 por 100 del rendimiento producido en el territorio de cada Comunidad Autónoma.

Las competencias normativas cedidas afectan solamente al impuesto especial sobre determinados medios de transporte y al impuesto sobre hidrocarburos puesto que son tributos cedidos. En ambos casos, se ceden competencias en cuanto al establecimiento del tipo de gravamen, dentro de unas bandas que marca la ley, así como la gestión.

2. IMPUESTOS ESPECIALES DE FABRICACIÓN

Los impuestos especiales de fabricación tienen una serie de características comunes:

Hecho imponible.—Están sujetas a los impuestos especiales de fabricación, la fabricación e importación, así como la entrada irregular de los productos objeto de dichos impuestos, dentro del ámbito territorial comunitario.

No sujeción.—No están sujetas en concepto de fabricación o importación, entre otras, las pérdidas parciales debidas a la naturaleza de los productos objeto de los impuestos especiales de fabricación, acaecidas en régimen suspensivo durante los procesos de fabricación, transformación, tenencia, almacenamiento y transporte, o por caso fortuito o fuerza mayor, siempre que no excedan de unos porcentajes fijados y se cumplan las condiciones establecidas al efecto.

Devengo.—Con carácter general, en los supuestos de fabricación, el impuesto se devengará en el momento de la salida de los productos objeto de los impuestos especiales de fabricación de la fábrica o depósito fiscal, o en el momento de su autoconsumo. En los supuestos de importación, en el momento de su despacho de aduana.

Sujeto pasivo.—Tienen la consideración de obligados tributarios las personas físicas o jurídicas y entidades que la Ley les impone el cumplimiento de las obligaciones tributarias.

Exenciones.—Estarán exentas, bajo ciertos requisitos, la fabricación e importación de productos objeto de los impuestos especiales de fabricación que se destinen:

a) A ser entregados en el marco de las relaciones diplomáticas o consulares.

b) A organizaciones internacionales reconocidas como tales en España y a los miembros de dichas organizaciones, dentro de los límites y en las condiciones que se determinen en los convenios internacionales constitutivos de dichas organizaciones o en los acuerdos de sede.

c) A las Fuerzas Armadas de cualquier Estado distinto de España, que sea parte del Tratado del Atlántico Norte para uso de dichas fuerzas o del personal civil a su servicio o para el abastecimiento de sus comedores y cantinas. También se aplica en el caso en el que se trate de fuerzas armadas que estén afectadas a un esfuerzo de defensa realizado para llevar a cabo una actividad de la Unión en el ámbito de la política común de seguridad y defensa.

d) Al consumo, en el marco de un acuerdo celebrado con países terceros u organizaciones internacionales, siempre que dicho acuerdo se admita o autorice en materia de exención del Impuesto sobre el Valor Añadido.

e) Al avituallamiento de los buques siguientes excluidos, en todo caso, los que realicen navegación privada de recreo:

— Los que realicen navegación marítima internacional.

— Los afectos al salvamento o la asistencia marítima, con exclusión del suministro de provisiones de a bordo, cuando la duración de su navegación, sin escala, no exceda de 48 horas.

f) Al avituallamiento de aeronaves que realicen navegación aérea internacional distinta de la aviación privada de recreo.

Devoluciones.—Con carácter general, tendrán derecho a la devolución de los impuestos especiales de fabricación:

a) Los exportadores de productos objeto de estos impuestos, o de otros productos que, aun no siéndolo, contengan otros que sí lo sean, por las cuotas previamente satisfechas correspondientes a los productos exportados.

b) Los exportadores de productos que no sean objeto de estos impuestos ni los contengan, pero en los que se hubieran consumido para su producción, directa o indirectamente, otros que sí lo sean, por las cuotas que se pruebe haber satisfecho previamente, mediante repercusión o incorporadas en los precios de los productos empleados, correspondientes a los productos exportados. En ningún caso originarán derecho a devolución los productos empleados como combustibles o carburantes.

c) Los empresarios que introduzcan productos objeto de los impuestos especiales de fabricación por los que se hubiera devengado el impuesto dentro del ámbito territorial interno, en una fábrica o en un depósito fiscal, con el fin de ser posteriormente enviados a otro Estado miembro de la Unión Europea. La devolución abarcará a las cuotas correspondientes a los productos introducidos y queda condicionada a que se acredite la recepción en el Estado de destino de acuerdo con las normas que regulan la circulación intracomunitaria en régimen suspensivo.

d) Los expedidores certificados que entreguen productos objeto de los impuestos especiales de fabricación, por los que se hubiera devengado el impuesto dentro del ámbito territorial interno a destinatarios certificados en otro Estado miembro de la Unión Europea. La devolución se extenderá a las cuotas correspondientes a los productos entregados y quedará condicionada al pago del impuesto en el Estado miembro de destino.

e) Los empresarios que envíen o transporten, directa o indirectamente, ellos mismos o por su cuenta, productos objeto de los impuestos especiales de fabricación por los que ya se hubiera devengado el impuesto dentro del ámbito territorial interno, con destino a personas domiciliadas en otro Estado miembro, en el ámbito del sistema de circulación intracomunitaria de ventas a distancia. La devolución se extenderá a las cuotas correspondientes a los productos enviados o transportados y queda condicionada al pago del impuesto en el Estado de destino. Si los productos se enviaran desde una fábrica o depósito fiscal, la devolución podrá efectuarse mediante el procedimiento simplificado de compensación automática.

En todos los supuestos de devolución, el importe de las cuotas que se devuelvan será el mismo que el de las cuotas soportadas.

Determinación de las bases.—La determinación de las bases imponibles se efectuará en régimen de estimación directa, salvo en el caso del régimen de destilación artesanal, que es un sistema simplificado de imposición por el impuesto sobre el alcohol y bebidas derivadas, al que pueden optar por acogerse los destiladores artesanales.

Tipos impositivos.—Resultarán aplicables los vigentes en el momento del devengo, excepto en el caso de irregularidades en la circulación intracomunitaria, en que el tipo aplicable será el vigente en el momento del envío de los productos.

Repercusión.—Los sujetos pasivos deberán repercutir el importe de las cuotas devengadas sobre los adquirentes de los productos objeto de los impuestos especiales de fabricación, quedando éstos obligados a soportarlas.

Cuando la fabricación, la transformación o el almacenamiento en régimen suspensivo se realicen por cuenta ajena, el sujeto pasivo deberá repercutir el importe de las cuotas devengadas sobre aquel para el que realiza la operación.

No procederá la repercusión de las cuotas resultantes en los supuestos de liquidación que sean consecuencia de actas de inspección y en los de estimación indirecta de bases.

Gestión.—Los sujetos pasivos estarán obligados a presentar las correspondientes declaraciones tributarias y, en su caso, a practicar las autoliquidaciones que procedan, así como a prestar garantías para responder del cumplimiento de sus obligaciones tributarias.

Como norma general, los sujetos pasivos deberán determinar e ingresar la deuda tributaria en el lugar, forma, plazos e impresos que establezca el Ministerio de Economía y Hacienda.

2.1. Impuestos especiales sobre el alcohol y bebidas alcohólicas

En estos impuestos, las notas principales referentes a los diferentes conceptos tributarios son similares, por lo que procederemos a su estudio conjunto.

Exenciones.—Estarán exentas:

a) La fabricación e importación de alcohol que se destine a ser parcial o totalmente desnaturalizado.

b) La fabricación e importación de alcohol que se destine a cualquiera de los siguientes fines: fabricación de medicamentos o a su utilización en centros de atención médica, fabricación de alcohol en centros con fines exclusivamente docentes o a la investigación científica.

c) Las siguientes importaciones de bebidas alcohólicas:

— Las conducidas personalmente por los viajeros mayores de 17 años procedentes de países terceros, siempre que no superen los límites cuantitativos siguientes:

- Un litro de alcohol o bebidas derivadas, o
- Dos litros de productos intermedios o vinos y bebidas fermentadas espumosos, y
- Cuatro litros de vino tranquilo y dieciséis litros de cerveza.

— Los pequeños envíos expedidos, con carácter ocasional, desde un país tercero por un particular con destino a otro particular, sin que medie pago de ninguna clase y dentro de los siguientes límites cuantitativos:

- Una botella con un contenido máximo de un litro de alcohol o bebidas derivadas, o
- Una botella con un contenido máximo de un litro de productos intermedios o vinos o bebidas fermentadas espumosos, y
- Dos litros de vinos y bebidas fermentadas tranquilas.

— Las bebidas alcohólicas destinadas a ser entregadas por tiendas libres de impuestos y transportadas en el equipaje personal de los viajeros que se trasladen, por vía aérea o marítima, a un tercer país o territorio tercero distinto de las Islas Canarias.

Los elementos esenciales de cada uno de los impuestos sobre el alcohol y bebidas alcohólicas se recogen en el cuadro siguiente:

<table>
<tr><th></th><th>Ámbito objetivo</th><th>Base imponible</th><th>Tipos impositivos</th></tr>
<tr><td>Impuesto sobre cerveza</td><td>Cerveza y los productos constituidos por mezclas de cerveza con bebidas analcohólicas, siempre que su grado alcohólico volumétrico adquirido sea superior a 0,5% vol.</td><td rowspan="4">Volumen de productos comprendidos dentro del ámbito objetivo del impuesto, expresado en hectolitros de producto acabado a la temperatura de 20 °C.</td><td>Se fijan según el grado alcohólico o grado plato y estarán comprendidos en una escala entre 0 y 13,56 euros por hectolitro.</td></tr>
<tr><td>Impuesto sobre vino y bebidas fermentadas</td><td>— Vino tranquilo.
— Vino espumoso.
— Bebidas fermentadas tranquilas.
— Bebidas fermentadas espumosas.</td><td>El impuesto se exige a 0 euros por hectolitro.</td></tr>
<tr><td>Impuesto sobre productos intermedios</td><td>Todos los productos con un grado alcohólico volumétrico adquirido superior a 1,2% vol., e inferior o igual a 22% vol.</td><td>El impuesto se exige entre 38,48 y 64,13 euros por hectolitro.</td></tr>
<tr><td>Impuesto sobre alcohol y bebidas derivadas</td><td>Todos los productos con un grado alcohólico volumétrico adquirido superior a 1,2% vol., o superior al 22% vol., dependiendo del tipo de producto. El alcohol que contenga productos sólidos u otros productos vegetales en solución.</td><td>El impuesto se exige al tipo de 958,94 euros por hectolitro de alcohol puro.</td></tr>
</table>

2.2. Impuesto sobre hidrocarburos

Ámbito objetivo.—El Impuesto Especial sobre la Electricidad era un impuesto regulado en la Ley 38/1992, pero fue derogado y se creó el Impuesto sobre la Electricidad que pasa de ser un impuesto de fabricación a un impuesto que grava el consumo de energía eléctrica. Está regulado en la Ley 28/2014, de 27 de noviembre. Es un tributo de naturaleza indirecta que recae sobre el consumo de electricidad y grava, en fase única, el suministro de energía eléctrica para consumo, así como el consumo por los productores de aquella electricidad generada por ellos mismos.

Base imponible.—Estará constituida por el volumen de producto gravado, expresado en miles de litros, a la temperatura de 15 °C. Sin embargo, para aquellos productos cuyo tipo impositivo se establece por referencia a unidades de peso o de energía, la base estará constituida por el peso del producto expresado en toneladas métricas, o por su poder energético expresado en gigajulios.

Tipo impositivo.—Dependerá del tipo de hidrocarburo del que se trate, y viene expresado en euros por litro o euros por tonelada o euros por gigajulio. Por tanto, el tipo de gravamen aplicable se formará, en su caso, mediante la suma del tipo estatal general y del tipo estatal especial, excepto cuando no se definan ambos tipos, en cuyo caso el tipo de gravamen será el que se establezca en el correspondiente epígrafe.

Así, se elimina el tipo autonómico, pero se procede a integrar dicho tipo impositivo autonómico en el tipo estatal especial, con el objeto de garantizar la unidad de mercado en el ámbito de los combustibles y carburantes, sin que esto suponga una reducción de los recursos de las Comunidades Autónomas.

Devoluciones.—Se realizará la devolución total o parcial de la cuota satisfecha por el impuesto en determinados casos, tales como el avituallamiento de gasóleo a embarcaciones que realicen navegación distinta de la privada de recreo, o los vehículos de motor o conjuntos de vehículos acoplados destinados exclusivamente al transporte de mercancías por carretera o al transporte de pasajeros, regular u ocasional. Asimismo, se realizará una devolución parcial por el gasóleo de uso profesional adquirido por titulares de determinados vehículos de transporte, así como para emplearlo en la agricultura y la ganadería.

2.2.1. *Impuesto sobre el Valor de la Extracción de Gas, Petróleo y Condensados*

Este impuesto se ha regulado en 2015 —mediante la Ley 8/2015, de 21 de mayo, por la que se modifica la Ley 34/1998, de 7 de octubre, del Sector de Hidrocarburos, y por la que se regulan determinadas medidas tributarias y no tributarias en relación con la exploración, investigación y explotación de hidrocarburos— y grava el valor de los productos del dominio público gas, petróleo y condensados extraídos en territorio español. Es un impuesto directo y real.

Hecho imponible.—La extracción en el territorio español de gas, petróleo y condensados, en las concesiones de explotación de yacimientos de hidrocarburos.

Contribuyentes.—Las personas jurídicas y entidades que realicen las actividades gravadas.

Base imponible.—El valor de la extracción del gas, petróleo y condensados, aplicando al precio de referencia aprobado mediante orden del Ministro de Industria, Energía y Turismo, el volumen total de producto extraído, expresado en barriles para el petróleo y condensados, y en metros cúbicos (medidos a cero grados y un bar de presión) para el gas natural.

Devengo.—El último día del período impositivo que, como norma general, coincidirá con el año natural.

Tipo de gravamen.—Se aprueban dos escalas de gravamen progresivas, dependiendo de que se trate de petróleo y condensados o de gas.

Liquidación.—Los contribuyentes están obligados a realizar pagos fraccionados.

2.3. Impuesto sobre las labores del tabaco

Ámbito objetivo.—Tienen la consideración de labores del tabaco:

a) Los cigarros y los cigarritos.
b) Los cigarrillos.
c) La picadura para liar.
d) Los demás tabacos para fumar.

No sujeción. No estará sujeta al impuesto la fabricación ni la importación de labores del tabaco que se destruyan bajo el control de la Administración Tributaria, en el interior de las fábricas y depósitos fiscales.

Exenciones. Estarán exentas, bajo ciertos requisitos:

a) La fabricación e importación de las labores del tabaco que se destinen a su desnaturalización en fábricas y depósitos fiscales para su posterior utilización en fines industriales o agrícolas o a la realización de análisis científicos o relacionados con la calidad de las labores, desde fábricas o depósitos fiscales.

b) Las importaciones de labores del tabaco conducidas personalmente por los viajeros mayores de diecisiete años procedentes de países terceros, siempre que no superen determinados límites cuantitativos (tales como 200 cigarrillos o 100 cigarritos).

c) Los pequeños envíos expedidos, con carácter ocasional, desde un país tercero por un particular con destino a otro particular, sin que medie pago de ninguna clase y dentro de ciertos límites cuantitativos (como 50 cigarrillos o 25 cigarritos).

d) Las labores del tabaco destinadas a ser entregadas por tiendas libres de impuestos y transportadas en el equipaje personal de los viajeros que se trasladen, por vía aérea o marítima, a un tercer país o territorio.

Base imponible.—Cuando los tipos de gravamen sean proporcionales, la BI vendrá determinada por el valor de las labores del tabaco, calculado según su precio máximo de venta al público, en expendedurías de tabaco y timbre de la Península o Islas Baleares, incluidos todos los impuestos. Cuando los tipos de gravamen sean específicos, la BI estará constituida por el número de unidades.

Tipo impositivo.—El impuesto se exigirá conforme a la siguiente tarifa:

a) Cigarros y cigarritos: 15,8 por 100. No obstante, los cigarros y cigarritos estarán gravados al tipo único de 41,5 euros por cada 1.000 unidades cuando la cuota que resultaría de la aplicación del tipo porcentual anterior sea inferior a la cuantía del tipo único; es decir, si de la aplicación del tipo del 15,8 por 100 a la base imponible resulta una cuota inferior a 41,5 euros por cada 1.000 unidades y se incrementará hasta 44,5 euros cuando a los cigarros y cigarritos se les determine un precio de venta al público inferior a 215 euros por cada 1.000 unidades.

b) Cigarrillos. Estarán gravados simultáneamente a los siguientes tipos impositivos, siempre que la cuota resultante sea superior a 119,1 euros por cada mil cigarrillos, que sería la cuota mínima:

— Tipo proporcional: 51 por 100.
— Tipo específico: 24,7 euros por cada 1.000 cigarrillos.

No obstante, el importe del impuesto no puede ser inferior al tipo único de 131,5 euros por cada 1.000 cigarrillos, y se incrementará hasta 141 euros cuando a los cigarrillos se les determine un precio de venta al público inferior a 196 euros por cada 1.000 cigarrillos.

c) Picadura para liar: estará gravada simultáneamente a los siguientes tipos impositivos:

— Tipo proporcional: 41,5 por 100.
— Tipo específico: 23,5 euros por kilogramo.

No obstante, el importe del impuesto no puede ser inferior al tipo único de 98,75 euros por cada kilogramo, y se incrementará hasta 102,75 euros cuando a la picadura para liar se le determine un precio de venta al público inferior a 165 euros por kilogramo.

d) Las demás labores del tabaco: 28,4 por 100. No obstante, su gravamen mínimo será de 22 euros por kilogramo.

Devoluciones.—Se reconocerá el derecho a la devolución de las cuotas previamente satisfechas por el Impuesto sobre las Labores del Tabaco, en el caso de destrucción de las labores del tabaco bajo control de la Administración Tributaria o de devolución de las labores del tabaco a fábrica para su reciclado.

3. IMPUESTO ESPECIAL SOBRE DETERMINADOS MEDIOS DE TRANSPORTE

El fundamento de la creación de este impuesto especial radica en la desaparición de los tipos incrementados del IVA con motivo de la armonización comunitaria. Como norma general, deben ser objeto de matriculación definitiva en España los medios de transporte, nuevos o usados, cuando se destinen a ser utilizados en el territorio español por personas o entidades que sean residentes en España o que sean titulares de establecimientos situados en España.

Hecho imponible.—Están sujetas al impuesto:

a) La primera matriculación definitiva en España de vehículos automóviles, ya sean nuevos o usados, provistos de motor para su propulsión, a excepción de los siguientes, siempre que tenga conocimiento la Administración Tributaria:

— Los vehículos comprendidos en las categorías N1, N2 y N3 establecidas en el texto vigente al día 30 de junio de 2007 del anexo II de la Directiva 70/156/CEE del Consejo, de 6 de febrero de 1970, relativa a la aproximación de las legislaciones de los Estados miembros sobre la homologación de vehículos a motor y de sus remolques, que no estén incluidos en otros supuestos de no sujeción y siempre que, cuando se trate de los comprendidos en la categoría N1, se afecten significativamente al ejercicio de una actividad económica, la cual, se presume significativa cuando el sujeto pasivo tenga derecho a deducirse al menos el 50 por 100 de las cuotas del Impuesto sobre el Valor Añadido soportadas o satisfechas con ocasión de la adquisición o importación del vehículo, sin que a estos efectos sea relevante la aplicación de cualquier otra restricción en el derecho a la deducción derivada de las normas contenidas en dicha Ley. En el caso en el que la matriculación se produzca en Canarias, se presume la afectación significativa a una actividad económica cuando no resulten aplicables a las cuotas soportadas del Impuesto General Indirecto Canario en la adquisición o importación del vehículo las exclusiones y restricciones del derecho a deducir previstas en el artículo 30 de la Ley 20/1991, de 7 de junio, de modificación de los aspectos fiscales del Régimen Económico Fiscal de Canarias. No obstante, estará sujeta al impuesto la primera matriculación definitiva en España de estos vehículos cuando se acondicionen para ser utilizados como vivienda.

— Los vehículos comprendidos en las categorías M2 y M3 establecidas en la Directiva 70/156/CEE del Consejo, de 6 de febrero de 1970, anteriormente mencionada.

— Los ciclomotores de dos o tres ruedas y los cuadriciclos ligeros.

— Las motocicletas y los vehículos de tres ruedas que no sean cuatriciclos siempre que, en ambos casos, su cilindrada no exceda de 250 centímetros cúbicos, si se trata de motores de combustión interna, o su potencia máxima neta no exceda de 16 kW, en el resto de motores.

— Los vehículos para personas con movilidad reducida.

— Los vehículos especiales, siempre que no se trate de los vehículos tipo *quad*.

— Los vehículos mixtos adaptables cuya altura total desde la parte estructural del techo de la carrocería hasta el suelo sea superior a 1.800 milímetros, siempre que no sean vehículos todo terreno y siempre que se afecten significativamente al ejercicio de una actividad económica. No obstante, estará sujeta al impuesto la primera matriculación definitiva en España de estos vehículos cuando se acondicionen para ser utilizados como vivienda.

— Los destinados a ser utilizados por las Fuerzas Armadas, por los Cuerpos y Fuerzas de Seguridad del Estado, de las Comunidades Autónomas y de las Corporaciones Locales, así como por el Resguardo Aduanero, en funciones de defensa, vigilancia y seguridad.

— Las ambulancias y los vehículos que, por sus características, no permitan otra finalidad o utilización que la relativa a la vigilancia y socorro en autopistas y carreteras.

b) La primera matriculación definitiva de embarcaciones y buques de recreo o de deportes náuticos, nuevos o usados, de más de 8 metros de eslora máxima.

c) La primera matriculación definitiva de aeronaves y avionetas, nuevas o usadas.

d) La circulación o utilización en España de vehículos automóviles, embarcaciones, buques y aeronaves, cuando habiendo sido adquiridas por residentes en dicho territorio, no se hubiese solicitado su matriculación definitiva dentro del plazo del mes siguiente al de su adquisición.

Exenciones. Estará exenta del impuesto, entre otras, la primera matriculación definitiva de los siguientes medios de transporte:

a) Los vehículos automóviles considerados como taxis, autotaxis o autoturismos.

b) Los vehículos automóviles matriculados para afectarlos exclusivamente al ejercicio de la actividad de enseñanza de conductores, mediante contraprestación o de actividades de alquiler.

c) Los vehículos automóviles matriculados a nombre de minusválidos para su uso exclusivo, con una serie de requisitos.

d) Los vehículos que sean objeto de matriculación especial, en régimen de matrícula diplomática, dentro de los límites y con ciertos requisitos.

e) Las embarcaciones y los buques de recreo o de deportes náuticos cuya eslora máxima no exceda de 15 metros, matriculados para afectarlos exclusivamente al ejercicio de actividades de alquiler.

f) Las embarcaciones que, por su configuración, solamente puedan ser impulsadas a remo o pala, así como los veleros de categoría olímpica.

g) Las aeronaves matriculadas por el Estado, Comunidades Autónomas, Corporaciones Locales o por empresas u organismos públicos.

h) Las aeronaves matriculadas a nombre de escuelas, reconocidas oficialmente por la Dirección General de Aviación Civil y destinadas exclusivamente a la educación y formación aeronáutica de pilotos o a su reciclaje profesional.

i) Las aeronaves matriculadas a nombre de empresas de navegación aérea.

j) Las aeronaves matriculadas para ser cedidas en arrendamiento exclusivamente a empresas de navegación aérea.

k) Los medios de transporte que se matriculen como consecuencia del traslado de la residencia habitual de su titular desde el extranjero al territorio español, bajo ciertos requisitos.

Sujeto pasivo.—Con carácter general, las personas o entidades a cuyo nombre se realice la primera matriculación definitiva del medio de transporte.

Los empresarios dedicados profesionalmente a la reventa de medios de transporte tendrán derecho a la devolución de la parte de la cuota satisfecha correspondiente al valor del medio de transporte en el momento del envío, con respecto de aquellos medios de transporte que acrediten haber enviado con carácter definitivo fuera del territorio de aplicación del impuesto, antes de que hayan transcurrido cuatro años desde su primera matriculación definitiva.

Base imponible.—Dependerá de si el medio de transporte es nuevo o usado:

a) Si el medio de transporte es nuevo, por el importe de la adquisición tomado como base imponible en el IVA o impuesto equivalente,

b) Si el medio de transporte es usado, por el precio de mercado a la fecha del devengo del impuesto.

La base imponible del impuesto será objeto de una reducción del 50 por 100 de su importe respecto de los vehículos automóviles, con una capacidad homologada no inferior a cinco plazas y no superior a nueve, incluida en ambos casos la del conductor, que se destinen al uso exclusivo de familias calificadas de numerosas conforme a la normativa vigente, con ciertos requisitos:

— La primera matriculación definitiva del vehículo deberá tener lugar a nombre del padre o de la madre de las referidas familias, o bien a nombre de ambos, conjuntamente.

— Deberá haber transcurrido al menos cuatro años desde la matriculación de otro vehículo a nombre de cualquiera de las personas citadas anteriormente y al amparo de esta reducción. No obstante, este requisito no se exigirá en supuestos de siniestro total de los vehículos debidamente acreditados.

— El vehículo automóvil matriculado al amparo de esta reducción no podrá ser objeto de una transmisión posterior por actos *inter vivos* durante el plazo de los cuatro años siguientes a la fecha de su matriculación.

— La aplicación de esta reducción está condicionada a su reconocimiento previo por la Administración Tributaria y será necesaria la presentación ante la misma de la certificación acreditativa de la condición de familia numerosa, expedida por el organismo de la Administración central o autonómica que corresponda.

La base imponible del impuesto será objeto de una reducción del 30 por 100 de su importe respecto de los vehículos definidos como *autocaravanas* así como aquellos acondicionados para ser utilizados como vivienda.

Tipo de gravamen.—Para la determinación de los tipos impositivos aplicables se establecen los siguientes epígrafes:

— *Epígrafe 1.º* Vehículos cuyas emisiones oficiales de CO_2 no sean superiores a 120 g/km y vehículos provistos de un solo motor que no sea de combustión interna, excepto vehículos tipo *quad* y de los vehículos comprendidos en los epígrafes 6.º, 7.º, 8.º y 9.º

— *Epígrafe 2.º* Vehículos cuyas emisiones oficiales de CO_2 estén entre 120 g/km y menos de 160 g/km excepto vehículos tipo *quad* y de los vehículos comprendidos en el epígrafe 9.º

— *Epígrafe 3.º* Vehículos cuyas emisiones oficiales de CO_2 estén entre 160 g/km y menos de 200 g/km excepto vehículos tipo *quad* y de los vehículos comprendidos en el epígrafe 9.º

— *Epígrafe 4.º* Vehículos cuyas emisiones oficiales de CO_2 sean iguales o superiores a 200 g/km (excepto vehículos tipo *quad* y de los vehículos comprendidos en el epígrafe 9.º), los vehículos respecto de los que sea exigible la medición de sus emisiones de CO_2 cuando éstas no se acrediten, los vehículos comprendidos en las categorías N_2 y N_3 acondicionados como vivienda, los vehículos tipo *quad* y las motos náuticas.

— *Epígrafe 5.º* Vehículos no comprendidos en los epígrafes 1.º, 2.º, 3.º, 4.º, 6.º, 7.º, 8.º o 9.º, las embarcaciones y buques de recreo o de deportes náuticos, con excepción de las motos náuticas y los aviones, avionetas y demás aeronaves.

— *Epígrafe 6.º* Motocicletas cuyas emisiones oficiales de CO_2 no sean superiores a 100 g/km.

— *Epígrafe 7.º* Motocicletas no comprendidas en la letra *c*) del epígrafe 9.º cuyas emisiones oficiales de CO_2 sean superiores a 100 g/km y sean inferiores a 120 g/km.

— *Epígrafe 8.º* Motocicletas no comprendidas en la letra *c)* del epígrafe 9.º cuyas emisiones oficiales de CO_2 sean superiores a 120 g/km y sean inferiores a 140 g/km.

— *Epígrafe 9.º* Incluye a las motocicletas cuyas emisiones oficiales de CO_2: *a)* sean iguales o superiores a 140 g/km, o *b)* no se acrediten o *c)* tengan una potencia CEE igual o superior a 74 kW (100 cv), y una relación potencia neta máxima, masa del vehículo en orden de marcha, expresada en kW/kg igual o superior a 0,66, cualesquiera que sean sus emisiones oficiales de CO_2.

Las emisiones oficiales de CO_2 se acreditarán, en su caso, por medio de un certificado expedido al efecto por el fabricante o importador del vehículo excepto en los casos en que dichas emisiones consten en la tarjeta de inspección técnica o en cualquier otro documento de carácter oficial expedido individualmente respecto del vehículo de que se trate.

Los tipos impositivos aplicables serán los que hayan sido aprobados por las distintas CCAA en el uso de sus potestades normativas. Si la Comunidad Autónoma no hubiese aprobado los tipos, se aplicarán los siguientes:

Epígrafes	*Península e I. Baleares*	*Canarias*
1.º y 6.º	0,00%	0,00%
2.º y 7.º	4,75%	3,75%
3.º y 8.º	9,75%	8,75%
4.º y 9.º	14,75%	13,75%
5.º	12,00%	11,00%

En Ceuta y Melilla se aplicará el tipo del 0 por 100 para todos los epígrafes.

Cuando el medio de transporte cuya primera matriculación definitiva haya tenido lugar en Ceuta y Melilla o en Canarias y sea objeto de importación definitiva en la península e Islas Baleares, se liquidará el impuesto con ciertas especialidades.

Las CCAA pueden incrementar los tipos en un 15 por 100.

Devengo. Como norma general, el impuesto se devenga en el momento en el que el sujeto pasivo presenta la solicitud de la primera matriculación definitiva del medio de transporte.

Liquidación y pago del impuesto. El impuesto deberá ser objeto de autoliquidación e ingreso por el sujeto pasivo en el lugar, forma, plazos e impresos que establezca el Ministerio de Economía y Hacienda. Para efectuar la matriculación definitiva del medio de transporte deberá acreditarse el pago del impuesto o, en su caso, el reconocimiento de la no sujeción o de la exención.

4. IMPUESTO ESPECIAL SOBRE EL CARBÓN

Este impuesto se creó a través de la Ley 22/2005, de 18 de noviembre, como consecuencia de la transposición de la Directiva 2003/96/CE por la que se reestructura el régimen comunitario de imposición de los productos energéticos y de la electricidad. No obstante, con arreglo a las posibilidades de no sujeción o de exención que la mencionada Directiva ofrece, su creación no debe representar, con carácter general, una carga tributaria efectiva para el carbón que se consume en España. Este impuesto se exige en todo el territorio español, excepto en la Comunidad Autónoma de Canarias y en las Ciudades de Ceuta y Melilla.

Hecho imponible.—Está sujeta al impuesto la puesta a consumo de carbón en su ámbito territorial, entendiéndose como puesta a consumo a primera venta o entrega de carbón efectuada en el ámbito territorial tras la producción o extracción, importación o adquisición intracomunitaria de carbón y el autoconsumo de carbón, considerando como tal la utilización o consumo del carbón realizado por los productores o extractores, importadores, adquirentes intracomunitarios o empresarios.

No sujeción.—No estarán sujetas al impuesto las ventas o entregas de carbón que impliquen su envío directo por el productor o extractor, importador o adquirente intracomunitario a un destino fuera del ámbito territorial de aplicación del impuesto, bajo ciertos requisitos, ni tampoco el autoconsumo de carbón efectuado por sus productores o extractores dentro de las instalaciones de producción o extracción y directamente vinculado a la realización de estas actividades.

Exenciones.—Estará exenta la primera venta o entrega efectuada a empresarios que destinen el carbón a su reventa en el ámbito territorial de aplicación del impuesto o a su envío con un destino fuera del ámbito territorial de aplicación del impuesto, bajo ciertos requisitos, así como las operaciones que constituyan puesta a consumo de carbón cuando impliquen el empleo de éste en usos tales como la reducción química, procesos mineralógicos, o bien cuando se use como combustible en el ámbito del consumo doméstico, así como cualquier uso que no suponga la combustión del mismo.

Devoluciones.—Tendrán derecho a la devolución de las cuotas del Impuesto Especial sobre el Carbón previamente satisfechas los empresarios que envíen el carbón a un destino fuera del ámbito territorial de aplicación del impuesto, bajo ciertos requisitos. El importe de las cuotas que se devuelvan será el mismo que el de las cuotas soportadas. No obstante, cuando no fuera posible determinar exactamente tal importe, las cuotas se determinarán aplicando el tipo vigente tres meses antes de la fecha en que se realiza la operación que origina el derecho a la devolución.

Sujetos pasivos.—Los productores o extractores, importadores o adquirentes intracomunitarios de carbón y los empresarios revendedores que realicen las ventas o entregas o las operaciones de autoconsumo sujetas al impuesto.

Devengo.—El impuesto se devengará, con carácter general, en el momento de la puesta del carbón a disposición de los adquirentes o, en su caso, en el de su autoconsumo.

Base imponible.—Estará constituida por el poder energético del carbón objeto de las operaciones sujetas, expresado en gigajulios. Se determinará mediante el régimen de estimación directa.

Tipo de gravamen.—El impuesto se exigirá al tipo de 0,65 euros por gigajulio.

Repercusión del impuesto.—Los sujetos pasivos deberán repercutir el importe de las cuotas devengadas sobre los adquirentes de carbón, y éstos quedarán obligados a soportarlas.

Gestión.—Los sujetos pasivos estarán obligados a presentar trimestralmente una declaración-liquidación comprensiva de las cuotas devengadas, así como a efectuar, simultáneamente, el pago de la deuda tributaria. También deberán presentar una declaración resumen anual de las operaciones realizadas en relación con los productos comprendidos en el ámbito objetivo del impuesto.

5. IMPUESTO ESPECIAL SOBRE LA ELECTRICIDAD

El Impuesto Especial sobre la Electricidad era un impuesto regulado en la Ley 38/1992, pero fue derogado y se creó el Impuesto sobre la Electricidad, que pasa de ser un impuesto de fabricación a un impuesto que grava el consumo de energía eléctrica. Está regulado en la Ley 28/2014, de 27 de noviembre. Es un tributo de naturaleza indirecta que recae sobre el consumo de electricidad y grava, en fase única, el suministro de energía eléctrica para consumo, así como el consumo por los productores de aquella electricidad generada por ellos mismos.

Es aplicable en todo el territorio español sin perjuicio de los regímenes tributarios forales del País Vasco y Navarra.

Hecho imponible.—Está sujeto al impuesto:

a) El suministro de energía eléctrica a una persona o entidad que adquiere la electricidad para su propio consumo, entendiéndose por suministro de energía eléctrica tanto la prestación del servicio de peajes de acceso a la red eléctrica como la entrega de electricidad. A los efectos de este impuesto, siempre tendrán la condición de consumidores las personas físicas o jurídicas que adquieren la energía para la prestación de servicios de recarga energética de vehículos.

b) El consumo por los productores de energía eléctrica de aquella electricidad generada por ellos mismos.

No sujeción.—No está sujeto al impuesto el consumo por los generadores o conjunto de generadores de potencia total no superior a 100 kilovatios de la energía eléctrica producida por ellos mismos.

Exenciones.—Está exenta:

1. La energía eléctrica suministrada en el marco de las relaciones diplomáticas o consulares.
2. La energía eléctrica suministrada a organizaciones internacionales reconocidas como tales en España y por los miembros de dichas organizaciones, dentro de los límites y en las condiciones que se determinen en los convenios internacionales constitutivos de dichas organizaciones o en los acuerdos de sede.
3. La energía eléctrica suministrada a las fuerzas armadas de cualquier Estado, distinto de España, que sea parte del Tratado del Atlántico Norte o por el personal civil a su servicio, o en sus comedores y cantinas.
4. La energía eléctrica suministrada en el marco de un acuerdo celebrado con países terceros u organizaciones internacionales, siempre que dicho acuerdo se admita o autorice en materia de exención del Impuesto sobre el Valor Añadido.

5. La energía eléctrica consumida por los titulares de las instalaciones de producción de energía eléctrica de tecnología renovable, cogeneración y residuos cuya potencia instalada no supere los 50 megavatios.

6. La energía eléctrica suministrada que haya sido generada por pilas de combustibles.

7. La energía eléctrica consumida en las instalaciones de producción de electricidad para la realización de dicha actividad, así como la energía eléctrica suministrada a las instalaciones de producción, transporte y distribución de energía eléctrica para la realización en las mismas de estas actividades.

8. La energía eléctrica consumida en las embarcaciones por haber sido generada a bordo de las mismas.

9. La energía eléctrica suministrada que sea objeto de compensación con la energía horaria excedentaria, en la modalidad de autoconsumo con excedentes que esté acogida a compensación.

Devengo.—En el caso de suministro de energía eléctrica, el devengo se produce en el momento en que resulte exigible la parte del precio correspondiente a la energía eléctrica suministrada en cada período de facturación. En el caso de consumo por los productores de energía eléctrica, en el momento de su consumo.

Contribuyentes.—En el caso de suministro de energía eléctrica son contribuyentes aquellos que, debidamente habilitados realicen suministros de energía eléctrica al consumidor. En el caso de consumo por los productores de energía eléctrica, los que consuman la energía eléctrica generada por ellos mismos.

Base imponible.—Está constituida por la base imponible que se habría determinado a efectos del Impuesto sobre el Valor Añadido, excluidas las cuotas del propio Impuesto sobre la Electricidad, para un suministro de energía eléctrica efectuado a título oneroso dentro del territorio de aplicación del Impuesto sobre el Valor Añadido entre personas no vinculadas.

Base liquidable.—Es el resultado de practicar, en su caso, sobre la base imponible una reducción del 85 por 100 sobre la cantidad de energía eléctrica que se destine a determinados usos, tales como la reducción química y procesos electrolíticos, mineralógicos o metalúrgicos, riegos agrícolas o determinadas actividades industriales.

Se establece una reducción del 100 por 100 de la base imponible sobre la energía eléctrica suministrada a las embarcaciones atracadas en puerto que no tengan la condición de embarcaciones privadas de recreo. También se establece esta reducción para la energía eléctrica suministrada o consumida por ferrocarril.

Tipo impositivo.—Como norma general, el impuesto se exige al tipo del 5,11269632 por 100, sin que puedan ser inferiores a 0,5 euros por megavatio-hora (MWh), cuando la electricidad suministrada se destine a usos industriales, en embarcaciones atracadas en puerto que no tengan la condición de embarcaciones privadas de recreo o en el transporte por ferrocarril o 1 euro por megavatio-hora (MWh), cuando la electricidad suministrada se destine a otros usos.

Cuota íntegra.—Es la cantidad resultante de aplicar a la base liquidable el tipo impositivo que corresponda.

Repercusión.—Con carácter general, los contribuyentes deben repercutir íntegramente el importe del impuesto sobre aquel para quien realice la operación gravada, quedando este obligado a soportarla.

Gestión.—Los contribuyentes están obligados a presentar las correspondientes autoliquidaciones, así como a efectuar, simultáneamente, el pago de la deuda tributaria.

6. IMPUESTO SOBRE ACTIVIDADES DE JUEGO

La tributación sobre el juego está cedida a las Comunidades Autónomas. Sin embargo, el Estado ha establecido este tributo —a través de la Ley 13/2011, de 27 de mayo, de regulación del juego— si bien la mayoría de la recaudación se debe repartir entre las autonomías, como veremos.

Hecho imponible.—La autorización, celebración u organización de los juegos, rifas, concursos, apuestas y actividades de ámbito estatal, así como las combinaciones aleatorias con fines publicitarios o promocionales, asimismo, de ámbito estatal, sin perjuicio de los regímenes forales del País Vasco y de Navarra y de lo dispuesto en los Tratados o Convenios Internacionales que hayan pasado a formar parte del ordenamiento interno.

No sujeción.—No estarán sujetos al impuesto los juegos de lotería de ámbito estatal, con independencia del operador, público o privado, que los organice o celebre. En todo caso, quedarán sujetos al impuesto cualesquiera otros juegos distintos de la lotería de ámbito estatal.

Devengo.—El devengo del impuesto se producirá con la autorización, celebración u organización. Cuando se trate de autorizaciones, celebraciones u organizaciones que se extiendan a períodos temporales, el devengo se producirá el primer día de cada año natural, salvo el año en que se obtenga la autorización, en el que el devengo se producirá en la fecha de su autorización.

Sujeto pasivo a título de contribuyente.—Serán sujetos pasivos a título de contribuyentes, las personas físicas, jurídicas o las herencias yacentes, sociedades civiles o comunidades de bienes que operen, organicen o desarrollen las actividades gravadas por este impuesto.

Responsable.—Serán responsables solidarios del pago del impuesto, con carácter general, quienes ofrezcan, por cualquier medio, actividades de juego a personas con residencia fiscal en España, así como quienes obtengan beneficios por el desarrollo del juego, en ambos casos con independencia del territorio desde el que actúe el operador de juego, siempre que no hubieran constatado que los operadores celebran u organizan dichas actividades de juego con los necesarios títulos habilitantes. También serán responsables solidarios los dueños o empresarios de infraestructuras y los prestadores de servicios de la sociedad de la información cuando debieran razonablemente presumir que dichas infraestructuras o servicios se utilizan o sirven específicamente para la celebración de actividades de juego.

Base imponible.—La base imponible podrá estar constituida, según cada tipo de juego, por:

a) Los ingresos brutos, definidos como el importe total de las cantidades que se dediquen a la participación en el juego, así como cualquier otro ingreso que se pueda obtener, directamente derivado de su organización o celebración.

b) Los ingresos netos, definidos como el importe total de las cantidades que se dediquen a la participación en el juego, así como cualquier otro ingreso que puedan obtener, directamente derivado de su organización o celebración, deducidos los premios satisfechos por el operador a los participantes.

Tipo de gravamen.—Los tipos aplicables serán:

1.º Apuestas deportivas del Estado: 22 por 100 sobre la base imponible.

2.º Apuestas deportivas mutuas, de contrapartida y cruzadas; apuestas hípicas mutuas y de contrapartida; otras apuestas mutuas, de contrapartida y cruzadas: 20 por 100 sobre la base imponible.

3.º Rifas y concursos: 20 por 100 sobre la base imponible.

4.º Combinaciones aleatorias con fines publicitarios o promocionales: 10 por 100 sobre la base imponible.

Las Comunidades Autónomas, respecto de las actividades que sean ejercidas por operadores, organizadores o por quienes desarrollen la actividad gravada por este impuesto con residencia fiscal en su territorio, podrán elevar los tipos del impuesto, hasta un máximo del 20 por 100 de los tipos expuestos y este incremento se aplicará, exclusivamente, sobre la parte proporcional de la base imponible correspondiente a la participación en el juego de los residentes fiscales en el territorio de la Comunidad Autónoma que eleve los tipos.

Liquidación.—En los supuestos de autorización, celebración u organización que alcancen a períodos temporales, los obligados tributarios deberán efectuar la declaración y autoliquidar el impuesto.

Gestión.—La gestión, recaudación, liquidación e inspección del impuesto corresponderá a la Agencia Estatal de Administración Tributaria, sin perjuicio de lo dispuesto en los Estatutos de Autonomía de las Comunidades Autónomas y las leyes en materia de cesión de tributos que, en su caso, se aprueben.

Distribución de la recaudación.—La recaudación obtenida por el gravamen, correspondiente a los ingresos por el juego de los residentes en cada Comunidad, de las actividades que se hayan efectuado mediante sistemas de medios electrónicos, informáticos o telemáticos se distribuirá a las Comunidades Autónomas, en proporción a las cantidades jugadas por los residentes de cada Comunidad Autónoma.

No obstante, corresponderá exclusivamente al Estado lo recaudado por el gravamen sobre las apuestas mutuas deportivo-benéficas y las apuestas mutuas hípicas estatales, incluso si se efectúan mediante medios electrónicos, informáticos o telemáticos.

7. IMPUESTO SOBRE LAS PRIMAS DE SEGURO

Este impuesto se establece a través de la Ley 13/1996, de 30 de diciembre, de Medidas Fiscales, Administrativas y del Orden Social, con efectos a partir de 1997.

El impuesto sobre las primas de seguros es un tributo de naturaleza indirecta que grava las operaciones de seguro y capitalización.

Hecho imponible.—Estará sujeta al impuesto la realización de las operaciones de seguro y capitalización basadas en técnica actuarial que se entiendan realizadas en el ámbito espacial de aplicación del impuesto, concertadas por entidades aseguradoras que operen en España, incluso en régimen de libre prestación de servicios.

No sujeción.—No quedan sujetas al impuesto las operaciones derivadas de los conciertos que las entidades aseguradoras establezcan con organismos de la Administración de la Seguridad Social o con entidades de Derecho público que tengan encomendada, de conformidad con su legislación específica, la gestión de algunos de los regímenes especiales de la Seguridad Social.

Exenciones.—Estarán exentas las siguientes operaciones:

a) Las operaciones relativas a seguros sociales obligatorios y a seguros colectivos que instrumenten sistemas alternativos a los planes y fondos de pensiones.

b) Las operaciones relativas a seguros sobre la vida.

c) Las operaciones de capitalización basadas en técnica actuarial.

d) Las operaciones de reaseguro.

e) Las operaciones de seguro de caución.

f) Las operaciones de seguro de crédito a la exportación y los de seguros agrarios combinados.

g) Las operaciones de seguro relacionadas con el transporte internacional de mercancías o viajeros.

h) Las operaciones de seguro relacionadas con buques o aeronaves que se destinan al transporte internacional, con excepción de los que realicen navegación o aviación privada de recreo.

i) Las operaciones de seguro de asistencia sanitaria y enfermedad.

j) Las operaciones relativas a los planes de previsión asegurados.

Sujeto pasivo.—Son sujetos pasivos las entidades aseguradoras cuando realicen las operaciones gravadas por el impuesto.

Base imponible.—La base del impuesto está constituida por el importe total de la prima o cuota satisfecha por el tomador o un tercero.

Tipo impositivo.—El impuesto se exigirá al tipo del 8 por 100.

Repercusión del impuesto.—El impuesto sobre las primas de seguros deberá ser repercutido íntegramente por las entidades aseguradoras sobre las personas que contraten los seguros objeto de gravamen, atendiendo a la normativa reguladora del Impuesto sobre el Valor Añadido.

Devengo.—El impuesto se devenga en el momento en que se satisfagan las primas relativas a las operaciones gravadas. En caso de fraccionamiento de las primas, el impuesto se devenga en el momento en que se realice cada uno de los pagos fraccionados.

Gestión.—Los sujetos pasivos estarán obligados a presentar mensualmente declaración por este impuesto. En el mismo momento de la declaración, el sujeto pasivo deberá determinar la deuda tributaria correspondiente e ingresarla en el lugar, forma, plazos e impresos que establezca el Ministerio de Economía y Hacienda. Asimismo, los sujetos pasivos estarán obligados a presentar una declaración resumen anual del impuesto, en los plazos y con los requisitos y condiciones que establezca el Ministerio de Economía y Hacienda.

8. IMPUESTO SOBRE EL VALOR DE LA PRODUCCIÓN DE LA ENERGÍA ELÉCTRICA

Este impuesto se ha regulado en la Ley 15/2012, de 27 de diciembre, de medidas fiscales para la sostenibilidad energética. Es un tributo de carácter directo y naturaleza real, que grava la realización de actividades de producción e incorporación al sistema eléctrico de energía eléctrica en el sistema eléctrico español, gravando la capacidad económica de los productores de energía eléctrica, medida en barras de central, cuyas instalaciones originan importantes inversiones en las redes de transporte y distribución de energía eléctrica para poder evacuar la energía que vierten a las mismas, y comportan, por sí o como resultas de la propia existencia y desarrollo de las tales redes, efectos medioambientales, así como la generación de elevados costes necesarios para el mantenimiento de la garantía de suministro. El impuesto se aplicará, por tanto, a la producción de todas las instalaciones de generación.

Ámbito territorial.—El impuesto se aplica en todo el territorio español, sin perjuicio de los regímenes tributarios forales de concierto y convenio económico en vigor, respectivamente, en los Territorios del País Vasco y en la Comunidad Foral de Navarra. Asimismo, se deberá tener en cuenta los lo establecido en tratados y convenios internacionales que hayan pasado a formar parte del ordenamiento interno.

Hecho imponible.—Constituye el hecho imponible la producción e incorporación al sistema eléctrico de energía eléctrica medida en barras de central, incluidos el sistema eléctrico peninsular y los territorios insulares y extrapeninsulares. A estos efectos, la producción en barras de central se corresponderá con la energía medida en bornes de alternador minorada en los consumos auxiliares en generación y en las pérdidas hasta el punto de conexión a la red.

Contribuyentes.—Las personas físicas o jurídicas y las entidades del art. 35.4 de la LGT que realicen las actividades que constituyen el hecho imponible del impuesto.

Base imponible.—Estará constituida por el importe total que corresponda percibir al contribuyente por la producción e incorporación al sistema eléctrico de energía eléctrica, medida en barras de central, por cada instalación, en el período impositivo. La base imponible se determina para cada instalación en la que se realicen las actividades gravadas.

El período impositivo coincidirá con el año natural, salvo en el supuesto de cese del contribuyente en el ejercicio de la actividad en la instalación, en cuyo caso finalizará el día en que se entienda producido dicho cese.

Devengo.—El impuesto se devengará el último día del período impositivo.

Tipo impositivo.—El tipo de gravamen será del 7 por 100.

Cuota íntegra.—Es la cantidad resultante de aplicar a la base imponible el tipo de gravamen.

Autoliquidación.—Los contribuyentes estarán obligados a autoliquidar el impuesto e ingresar la cuota dentro del mes de noviembre posterior al de devengo del impuesto, de acuerdo con las normas y modelos que establezca el Ministro de Hacienda y Administraciones. A estos efectos deberán tenerse en cuenta las medidas definitivas de la producción eléctrica.

Pagos fraccionados.—Entre el día 1 y el 20 de los meses de mayo, septiembre, noviembre y febrero del año siguiente, los contribuyentes que realicen el hecho imponible deberán efectuar un pago fraccionado correspondiente al período de los tres, seis, nueve o doce meses de cada año natural.

9. IMPUESTOS SOBRE LA PRODUCCIÓN DE COMBUSTIBLE NUCLEAR GASTADO Y RESIDUOS RADIACTIVOS RESULTANTES DE LA GENERACIÓN DE ENERGÍA NUCLEOELÉCTRICA Y EL ALMACENAMIENTO DE COMBUSTIBLE NUCLEAR GASTADO Y RESIDUOS RADIACTIVOS EN INSTALACIONES CENTRALIZADAS

Estos impuestos han sido regulados en la Ley 15/2012, de 27 de diciembre, de medidas fiscales para la sostenibilidad energética.

Su fundamento radica en el hecho de que la generación de energía eléctrica mediante la utilización de energía nuclear supone la asunción por parte de la sociedad de una serie de cargas y servidumbres, debido a las peculiaridades inherentes a este tipo de energía, cuyo impacto económico es difícil de evaluar y la sociedad ha de hacerse cargo de una serie de responsabilidades derivadas de los aspectos específicos que inciden en dicha generación, tales como la gestión de los residuos radiactivos generados y el uso de materiales que pueden ser utilizados para diversos fines. Por ello, se establecen dos impuestos de carácter directo y naturaleza real, que gravan la producción de combustible nuclear y el almacenamiento de los residuos, respectivamente. Por lo tanto, la denominación concreta de los impuestos establecidos es la siguiente:

— impuesto sobre la producción de combustible nuclear gastado y residuos radiactivos resultantes de la generación de energía nucleoeléctrica, e

— impuesto sobre el almacenamiento de combustible nuclear gastado y residuos radiactivos en instalaciones centralizadas.

Se establecen una serie de normas comunes para ambos impuestos, que son las siguientes:

Ámbito territorial.—Estos impuestos se aplicarán en todo el territorio español, sin perjuicio de los regímenes tributarios forales y de lo dispuesto en los tratados y convenios internacionales que hayan pasado a formar parte del ordenamiento interno.

Período impositivo.—El período impositivo coincidirá con el año natural, salvo en el supuesto de cese del contribuyente en el desarrollo de las actividades que constituyen los hechos imponibles, en cuyo caso finalizará en el día en que se entienda producido dicho cese.

Devengo.—Estos impuestos se devengarán el último día del período impositivo.

Autoliquidación.—Los contribuyentes estarán obligados a autoliquidar el impuesto e ingresar la cuota resultante en el plazo de los primeros veinte días naturales siguientes al devengo del impuesto.

Pagos fraccionados.—En los primeros veinte días naturales de los meses de abril, julio y octubre, los contribuyentes que realicen el hecho imponible deberán efectuar un pago fraccionado a cuenta de la liquidación correspondiente al período impositivo en curso. Este pago fraccionado se calculará en función de las magnitudes determinantes de la base imponible que correspondan al trimestre natural anterior al inicio del plazo de realización de cada uno de los pagos fraccionados, y aplicando el tipo impositivo que corresponda según el caso.

A continuación desarrollamos cada uno de los tributos.

9.1. Impuesto sobre la producción de combustible nuclear gastado y residuos radiactivos resultantes de la generación de energía nucleoeléctrica

Hecho imponible.—Constituye el hecho imponible del impuesto:

— la producción de combustible nuclear gastado resultante de cada reactor nuclear, y

— la producción de residuos radiactivos resultantes de la generación de energía nucleoeléctrica.

Contribuyentes.—Las personas físicas o jurídicas y las entidades del artículo 35.4 de la LGT que realicen le hecho imponible. Serán responsables solidarios de la deuda tributaria del impuesto los propietarios de las instalaciones nucleares que generen el hecho imponible cuando no coincidan con quienes las exploten.

Base imponible.—Se determinará para cada instalación en la que se realicen las actividades que constituyen el hecho imponible y está constituida por:

a) Los kilogramos de metal pesado contenidos en el combustible nuclear producido durante el período impositivo, entendiéndose como metal pesado el uranio y el plutonio contenidos, y como combustible nuclear gastado el combustible nuclear irradiado en el reactor que durante el período impositivo haya sido extraído definitivamente de éste.

b) Los metros cúbicos de residuos radiactivos de media, baja y muy baja actividad producidos, que han sido acondicionados durante el período impositivo para su almacenamiento con carácter temporal en el propio emplazamiento de la instalación.

Tipo impositivo y cuota tributaria.—Los tipos impositivos a aplicar serán los siguientes:

a) En la producción de combustible gastado resultante de la generación de energía nucleoeléctrica, a la que se refiere el apartado *a*) de la base imponible definido con anterioridad, el tipo será de 2.190 euros por kilogramo de metal pesado.

b) En la producción de residuos radiactivos a que se refiere el apartado *b)* de la base imponible definido con anterioridad, será:

— Para residuos radiactivos de baja y media actividad, el tipo será de 6.000 euros por metro cúbico.

— Para residuos radiactivos de muy baja actividad, el tipo será de 1.000 euros por metro cúbico.

La cuota tributaria será el resultado de aplicar a la base imponible los anteriores tipos impositivos.

9.2. Impuesto sobre el almacenamiento de combustible nuclear gastado y residuos radiactivos en instalaciones centralizadas

Hecho imponible.—Constituye el hecho imponible del impuesto la actividad de almacenamiento de combustible nuclear gastado y de residuos radiactivos en una instalación centralizada. A estos efectos, se entenderá como almacenamiento de combustible nuclear gastado y residuos radiactivos a toda actividad consistente en la inmovilización temporal o definitiva de los mismos, con independencia de la forma en que se realice, y como instalación centralizada a aquella que pueda almacenar estos materiales procedentes de diversas instalaciones u orígenes.

Exenciones.—Estará exento del impuesto el almacenamiento de residuos radiactivos procedentes de actividades médicas o científicas, así como de residuos radiactivos procedentes de incidentes excepcionales en instalaciones industriales no sujetas a la reglamentación nuclear que sean calificados como tales por el Consejo de Seguridad Nuclear o detectados en dichas instalaciones, y gestionados en el marco de los acuerdos existentes sobre el control de fuentes radiactivas encapsuladas de alta actividad y fuentes huérfanas.

Contribuyentes.—Las personas físicas o jurídicas y las entidades del artículo 35.4 de la LGT, que sean titulares de las instalaciones en las que se realicen las actividades gravadas.

Base imponible.—Se determinará para cada instalación en la que se realicen las actividades que constituyen el hecho imponible de este impuesto y vendrá constituida por:

a) La diferencia entre el peso del metal pesado contenido en el combustible nuclear gastado almacenado a la finalización y al inicio del período impositivo, expresado en kilogramos.

b) La diferencia entre el volumen de residuos radiactivos de alta actividad, distintos del combustible nuclear gastado, o de media actividad y vida larga, almacenados a la finalización y al inicio del período impositivo, expresado en metros cúbicos.

c) El volumen de residuos radiactivos de media actividad no incluidos en el apartado *b)*, y de baja o muy baja actividad, introducidos en la instalación para su almacenamiento durante el período impositivo, expresado en metros cúbicos.

Base liquidable.—En el caso de almacenamiento centralizado de residuos de media, baja y muy baja actividad, a la base imponible se le aplicará un coeficiente multiplicador K de reducción, de acuerdo con la siguiente expresión:

Base Liquidable = K × Base Imponible

Este coeficiente K se obtendrá por la aplicación de una fórmula determinada por el volumen de residuos y unos factores de reducción regulados en la normativa del impuesto.

Tipo impositivo y cuota tributaria.—Los tipos impositivos serán los siguientes:

a) En el almacenamiento de combustible gastado a que se refiere el apartado *a*) de la base imponible definido con anterioridad, el tipo será de 70 euros por kilogramo de metal pesado.

b) En el almacenamiento de residuos radiactivos a que se refiere el apartado *b*) de la base imponible definido con anterioridad, el tipo será de 30.000 euros por metro cúbico de residuo radiactivo.

c) En el almacenamiento de residuos radiactivos a que se refiere el apartado *c*) de la base imponible definido con anterioridad, los tipos serán:

— Para residuos radiactivos de baja y media actividad, el tipo será de 10.000 euros por metro cúbico.

— Para residuos radiactivos de muy baja actividad, el tipo será de 2.000 euros por metro cúbico.

La cuota tributaria será el resultado de aplicar a la base imponible, o a la base liquidable según proceda, los anteriores tipos impositivos.

10. IMPUESTO SOBRE LOS DEPÓSITOS DE LAS ENTIDADES DE CRÉDITO

El Estado, con el objetivo de mejorar y asegurar un tratamiento fiscal armonizado entre autonomías que pueda contribuir a la mejora de la eficiencia del sistema financiero, ha creado —a través de la Ley 16/2012, de 27 de diciembre, por la que se adoptan diversas medidas tributarias dirigidas a la consolidación de las finanzas públicas y al impulso de la actividad económica— el Impuesto sobre los Depósitos en las Entidades de Crédito, que se exigía desde el 1 de enero de 2013, a un tipo cero, aunque algunas autonomías ya habían establecido previamente este tributo. En consecuencia —dado que las CCAA no pueden no pueden establecer tributos que recaigan sobre hechos imponibles gravados por el Estado—, en aquellos casos en los cuales las autonomías ya habían establecido un impuesto de estas características antes del 1 de diciembre de 2012 y la creación del impuesto estatal les produzca una disminución de ingresos, resulta aplicable lo establecido en la Ley 8/1980 de Financiación de las Comunidades Autónomas, por lo que el Estado debe instrumentar medidas de compensación o coordinación adecuadas a favor de estas autonomías. Esta medida le afecta a Andalucía y Canarias. Otras autonomías, habían regulado el tributo después del 1 de enero de 2012 y a éstas no les resulta aplicable compensación alguna (como Asturias o Cataluña), por lo se ha planteado un recurso de inconstitucionalidad. Los elementos del tributo son los siguientes:

Naturaleza y objeto del impuesto.—El Impuesto sobre los Depósitos en las Entidades de Crédito es un tributo de carácter directo que grava los depósitos constituidos en las entidades de crédito.

Ámbito territorial.—El impuesto es exigible en todo el territorio español, sin perjuicio de los regímenes tributarios forales y los Tratados internacionales.

Hecho imponible.—Viene constituido por el mantenimiento de fondos de terceros, cualquiera que sea su naturaleza jurídica, por los contribuyentes del tributo, y que comporten la obligación de restitución, a excepción de los fondos mantenidos en sucursales fuera del territorio español.

Exenciones.—Estarán exentos del impuesto el Banco de España y las autoridades de regulación monetaria, el Banco Europeo de Inversiones, el Banco Central Europeo y el Instituto de Crédito Oficial.

Período impositivo y devengo.—El período impositivo será el año natural y el devengo se producirá el último día del período impositivo. No obstante, en el período impositivo en que se produzca el inicio de la actividad en territorio español, el mismo comprenderá desde la fecha de comienzo de la actividad hasta el final del año natural. En todo caso, el período impositivo concluirá cuando la entidad o la sucursal se extinga o cese en su actividad en territorio español.

Contribuyentes.—Son contribuyentes del Impuesto:

a) Las entidades de crédito.
b) Las sucursales en territorio español de entidades de crédito extranjeras.

Base imponible.—El importe resultante de promediar aritméticamente el saldo final de cada uno de los meses del año natural, con independencia de la duración del período impositivo, correspondiente a la partida de «Depósitos de la clientela» del Pasivo del Balance reservado de las entidades de crédito, incluidos en los estados financieros individuales. A estos efectos, el saldo final se minorará en las cuantías de los «Ajustes por valoración» según las definiciones dadas para estos conceptos por el Banco de España.

Cuota tributaria.—La cuota íntegra será el resultado de aplicar a la base imponible el tipo de gravamen del 0,03 por 100. La cuota diferencial se obtendrá como resultado de deducir de la cuota íntegra, en su caso, el pago a cuenta realizado.

Autoliquidación.—Los contribuyentes deberán presentar la autoliquidación del impuesto en el mes de julio del año siguiente al del período impositivo y deberán desagregar el importe resultante por cada Comunidad Autónoma en que radiquen la sede central o las sucursales donde mantengan los fondos de terceros gravados. Asimismo, deberán desagregar el importe resultante correspondiente a los fondos mantenidos mediante sistemas de comercialización no presenciales.

Pago a cuenta.—Los contribuyentes están obligados a presentar un autoliquidación de pago a cuenta en el mes de julio de cada ejercicio, correspondiente al período impositivo en curso, por importe del 50 por 100 de la cuota que resulta de aplicar el tipo de gravamen vigente en ese período impositivo a la base imponible del período impositivo anterior.

No obstante se habilita a la Ley de Presupuestos Generales del Estado para modificar el tipo de gravamen y el pago a cuenta.

Distribución de la recaudación.—La recaudación obtenida se distribuirá a las Comunidades Autónomas en función de donde radiquen la sede central o las sucursales de los contribuyentes en las que se mantengan los fondos de terceros gravados. En el caso de la recaudación derivada de fondos mantenidos mediante sistemas de comercialización no presenciales se distribuirá entre todas las Comunidades Autónomas proporcionalmente.

11. IMPUESTO SOBRE TRANSACCIONES FINANCIERAS

Está regulado en la Ley 5/2020, de 15 de octubre, del Impuesto sobre las transacciones financieras, y se establece en atención al principio de emisión, pues se considera que de esta manera se minimiza el riesgo de deslocalización de los intermediarios financieros en comparación con el principio de residencia, puesto que se someten a tributación acciones de sociedades españolas, cualquiera que sea la residencia o el lugar de establecimiento del intermediario financiero o el lugar en que se negocien, así como los certificados de depósito representativos de estas acciones, con ciertas especialidades.

Se trata, por tanto, de un impuesto de naturaleza indirecta que grava las adquisiciones de acciones. En cuanto al ámbito de aplicación, este impuesto resulta aplicable con independencia del lugar donde se efectúe la adquisición y cualquiera que sea la residencia o el lugar de establecimiento de las personas o entidades que intervengan en la operación, sin perjuicio de los regímenes tributarios forales de concierto y convenio económico en vigor, respectivamente, en los Territorios Históricos del País Vasco y en la Comunidad Foral de Navarra.

Hecho imponible.—Están sujetas al impuesto las adquisiciones a título oneroso de acciones representativas del capital social de sociedades de nacionalidad española, cuando se cumplan las siguientes condiciones:

a) Que la sociedad tenga sus acciones admitidas a negociación en un mercado español, o de otro Estado de la Unión Europea.

b) Que el valor de capitalización bursátil de la sociedad sea, a 1 de diciembre del año anterior a la adquisición, superior a 1.000 millones de euros. Para ello, la relación de las sociedades españolas con un valor de capitalización bursátil a 1 de diciembre de cada año superior a 1.000 millones de euros se publicará antes del 31 de diciembre del mismo año en la Sede electrónica de la Agencia Estatal de Administración Tributaria.

Asimismo, están sujetas al impuesto las adquisiciones onerosas de los valores negociables constituidos por certificados de depósito representativos de las acciones, cualquiera que sea el lugar de establecimiento de la entidad emisora de estos valores, con ciertas peculiaridades, así como las adquisiciones de valores que deriven de la ejecución o liquidación de obligaciones o bonos convertibles o canjeables, de instrumentos financieros derivados o de cualquier instrumento o contrato financiero.

Exenciones.—Están exentas, entre otras, las adquisiciones derivadas de la emisión de acciones y de certificados de depósito de sociedades que tengan sus acciones admitidas a negociación en un mercado español o de otro Estado de la Unión Europea, así como las adquisiciones derivadas de una oferta pública de venta de acciones o las adquisiciones de acciones entre entidades del mismo grupo.

Devengo.—En el momento en el que se efectúe la anotación registral de los valores a favor del adquirente en una cuenta o registro de valores.

Base imponible.—Estará constituida, como norma general, por el importe de la contraprestación de las operaciones sujetas al impuesto, sin incluir los costes de transacción derivados de los precios de las infraestructuras de mercado, ni las comisiones por la intermediación, ni ningún otro gasto asociado a la operación.

Sujeto pasivo y responsables.—El sujeto pasivo, a título de contribuyente, es el adquirente de los valores.

Tipo impositivo.—El impuesto se exige al tipo impositivo del 0,2 por 100.

Gestión.—Los sujetos pasivos deben presentar autoliquidación e ingresar el importe de la deuda tributaria.

12. IMPUESTO SOBRE DETERMINADOS SERVICIOS DIGITALES

Regulado en la Ley 4/2020, de 15 de octubre, del Impuesto sobre determinados Servicios Digitales, se crea como consecuencia de la evolución hacia el carácter digital de la economía mundial, lo que ha derivado en nuevas fórmulas para hacer negocios.

Por ello, el impuesto se basa en la capacidad de llevar a cabo actividades a distancia con escasa o nula presencia física, la importancia de los datos y las contribuciones de los usuarios finales a la creación de valor. Todo ello está relacionado con el hecho de que, las actuales normas fiscales internacionales se basan, esencialmente, en la presencia física, y no fueron concebidas para gravar modelos de negocio fundamentados, principalmente, en activos intangibles, datos y conocimientos, sin tomar en consideración los servicios digitales que pueden prestar las empresas en un determinado país sin presencia física en el mismo, lo cual puede dar lugar a la deslocalización de activos intangibles a países de escasa o nula tributación y tampoco se tiene en cuenta el papel de los usuarios en la generación de valor para las empresas mediante el suministro de datos, lo cual provoca una desconexión entre el lugar donde las empresas generan el valor y el lugar en el que tributan.

En esencia, este impuesto grava las prestaciones de aquellos servicios digitales en relación con los cuales existe una participación de los usuarios situados en el territorio de aplicación del impuesto, que constituye una contribución al proceso de creación de valor de la empresa que presta los servicios. Al centrarse en los servicios prestados y tomar en consideración las características del prestador de los servicios, es un tributo de carácter indirecto, compatible con el Impuesto sobre el Valor Añadido.

Se establecen una serie de definiciones:

1. *Contenidos digitales*: los datos suministrados en formato digital, como programas de ordenador, aplicaciones, música, vídeos, textos, juegos y cualquier otro programa informático, distintos de los datos representativos de la propia interfaz digital.

2. *Dirección de Protocolo de Internet* (IP): código que se asigna a los dispositivos interconectados para posibilitar su comunicación a través de Internet.

3. *Grupo*: conjunto de entidades en el que una entidad ostente o pueda ostentar el control de otra u otras según los criterios establecidos para las operaciones vinculadas, con independencia de su residencia y de la obligación de formular cuentas anuales consolidadas.

4. *Interfaz digital*: cualquier programa, incluidos los sitios web o partes de los mismos, o aplicación, incluidas las aplicaciones móviles, o cualquier otro medio, accesible a los usuarios, que posibilite la comunicación digital.

5. *Servicios digitales*: se consideran como tales exclusivamente los de publicidad en línea, los de intermediación en línea y los de transmisión de datos.

6. *Servicios de publicidad en línea*: los consistentes en la inclusión en una interfaz digital, propia o de terceros, de publicidad dirigida a los usuarios de dicha interfaz. Cuando la entidad que incluya la publicidad no sea propietaria de la interfaz digital, se considerará proveedora del servicio de publicidad a dicha entidad, y no a la entidad propietaria de la interfaz.

7. *Servicios de intermediación en línea*: los de puesta a disposición de los usuarios de una interfaz digital multifacética (que permita interactuar con distintos usuarios de forma concurrente) que facilite la realización de entregas de bienes o prestaciones de servicios subyacentes directamente entre los usuarios, o que les permita localizar a otros usuarios e interactuar con ellos.

Los elementos configuradores del tributo son los siguientes:

Hecho imponible.—Las prestaciones de los servicios digitales realizadas en el territorio de aplicación del mismo efectuadas por los contribuyentes del impuesto.

No sujeción.—No están sujetos al tributo:

a) las ventas de bienes o servicios contratados en línea a través del sitio web del proveedor de esos bienes o servicios, en las que el proveedor no actúa en calidad de intermediario,

b) las entregas de bienes o prestaciones de servicios subyacentes que tengan lugar entre los usuarios, en el marco de un servicio de intermediación en línea,

c) las prestaciones de servicios de intermediación en línea, cuando la única o principal finalidad de dichos servicios prestados por la entidad que lleve a cabo la puesta a disposición de una interfaz digital sea suministrar contenidos digitales a los usuarios o prestarles servicios de comunicación o servicios de pago, *d*) las prestaciones de servicios financieros regulados por entidades financieras reguladas,

e) las prestaciones de servicios de transmisión de datos, cuando se realicen por entidades financieras reguladas,

f) las prestaciones de servicios digitales cuando sean realizadas entre entidades que formen parte de un grupo con una participación, directa o indirecta, del 100 por 100.

Lugar de realización.—Las prestaciones de servicios digitales se entienden realizadas en el territorio de aplicación del impuesto, con carácter general, cuando algún usuario esté situado en ese ámbito territorial, con independencia de que el usuario haya satisfecho alguna contraprestación que contribuya a la generación de los ingresos derivados del servicio.

Contribuyentes.—Las personas jurídicas y entidades del artículo 35.4 de la LGT que el primer día del periodo de liquidación superen los dos umbrales siguientes:

a) que el importe neto de su cifra de negocios en el año natural anterior supere 750 millones de euros; y

b) que el importe total de sus ingresos derivados de prestaciones de servicios digitales sujetas al impuesto supere 3 millones de euros. En el caso de entidades que formen parte de un grupo, estos umbrales serán los del grupo en su conjunto, con ciertas peculiaridades.

Base imponible.—Está constituida por el importe de los ingresos, excluidos, en su caso, el Impuesto sobre el Valor Añadido u otros impuestos equivalentes, obtenidos por el contribuyente por cada una de las prestaciones de servicios digitales sujetas al impuesto, realizadas en el territorio de aplicación del mismo. En el caso de prestaciones de servicios digitales entre entidades de un mismo grupo, la base imponible será su valor normal de mercado.

Tipo impositivo.—El tipo de gravamen es del 3 por 100.

Cuota íntegra.—El resultado de aplicar a la base imponible el tipo de gravamen.

Gestión.—Los contribuyentes deben presentar autoliquidación e ingresar la deuda tributaria, así como al cumplimiento de las obligaciones formales tales como la presentación de declaraciones, llevanza de registros o establecimiento de sistemas que permitan determinar la localización de los usuarios en el territorio de aplicación del impuesto.

13. IMPUESTO ESPECIAL SOBRE LOS ENVASES DE PLÁSTICO NO REUTILIZABLES

La Ley 7/2022, de 8 de abril, de residuos y suelos contaminados para una economía circular, ha creado este impuesto de naturaleza indirecta que recae sobre la utilización de envases que no son reutilizables que contengan plástico, con el fin de fomentar la prevención de la generación de residuos de envases de plástico no reutilizables, así como el fomento del reciclado de los residuos plásticos, contribuyendo a la circularidad de este material.

Ámbito objetivo y de aplicación.—El ámbito objetivo del impuesto esta formado por:

a) Los envases no reutilizables que contengan plástico.

b) Los productos plásticos semielaborados destinados a la obtención de los envases no reutilizables, tales como las preformas o las láminas de termoplástico.

c) Los productos que contengan plástico destinados a permitir el cierre, la comercialización o la presentación de envases no reutilizables.

En cuanto al ámbito de aplicación, el impuesto resulta aplicable a todo el territorio español, sin perjuicio de los regímenes tributarios forales.

Hecho imponible.—La fabricación, la importación o la adquisición intracomunitaria de los productos que forman parte del ámbito objetivo del impuesto. También está sujeta al impuesto la introducción irregular en el territorio de aplicación del impuesto de los productos que forman parte del ámbito objetivo del impuesto.

No sujeción.—No están sujetas:

a) La fabricación de los productos que forman parte del ámbito objetivo del impuesto cuando, con anterioridad al devengo del impuesto, hayan dejado de ser adecuados para su utilización o hayan sido destruidos.

b) La fabricación de aquellos productos que se destinen a ser enviados directamente por el fabricante, o por un tercero en su nombre o por su cuenta, a un territorio distinto al de aplicación del impuesto.

c) La fabricación, importación o adquisición intracomunitaria de las pinturas, las tintas, las lacas y los adhesivos, concebidos para ser incorporados a los productos que forman parte del ámbito objetivo del impuesto.

d) La fabricación, importación o adquisición intracomunitaria de productos que, pudiendo desempeñar las funciones de contención, protección y manipulación de mercancías, no están diseñados para ser entregados conjuntamente con dichas mercancías.

Devengo.—El devengo del impuesto se produce:

— En los supuestos de fabricación, en el momento en que se realice la primera entrega o puesta a disposición a favor del adquirente, en el territorio de aplicación del impuesto, de los productos que forman parte del ámbito objetivo del impuesto por el fabricante.

— En los supuestos de importación, en el momento en que hubiera tenido lugar el devengo de los derechos de importación, de acuerdo con la legislación aduanera.

— En los supuestos de adquisiciones intracomunitarias, el devengo del impuesto se producirá el día 15 del mes siguiente a aquel en el que se inicie la expedición o el transporte de los productos que forman parte del ámbito objetivo del impuesto con destino al adquirente, salvo que con anterioridad a dicha fecha se expida la factura por dichas operaciones, en cuyo caso el devengo del impuesto tendrá lugar en la fecha de expedición de la misma.

— En el caso de introducción irregular, en el momento de la introducción irregular en el territorio de aplicación del impuesto de los productos que forman parte del ámbito objetivo del impuesto.

Exenciones.—Están exentos, entre otros, los envases no reutilizables destinados a medicamentos, preparados para lactantes o residuos sanitarios peligrosos.

Contribuyentes.—Las personas físicas o jurídicas o entidades del artículo 35 de la LGT que realicen la fabricación importación o adquisición de los productos que forman parte del ámbito objetivo del impuesto.

Base imponible.—Está constituida por la cantidad de plástico no reciclado, expresado en kilogramos, contenida en los envases no reutilizables.

Cuota íntegra.—Será la resultante de aplicar a la base imponible el tipo impositivo de 0,45 euros por kilogramo.

Deducciones.—El contribuyente puede minorar las cuotas devengadas respecto de:

a) Los productos que hayan sido enviados fuera del territorio de aplicación del impuesto.

b) Los productos que, con anterioridad a su primera entrega o puesta a disposición, hayan dejado de ser adecuados para su utilización o hayan sido destruidos.

c) Los productos que, tras su entrega o puesta a disposición del adquirente, hayan sido objeto de devolución para su destrucción o reincorporación al proceso de fabricación, previo reintegro del importe de los mismos al adquirente.

Asimismo, se establece una deducción en el caso de que el contribuyente realice la fabricación de los envases no reutilizables y sean objeto de devolución para su destrucción o para su reincorporación al proceso de fabricación.

Devoluciones.—Tienen derecho a solicitar la devolución, entre otros, los importadores, bajo ciertos requisitos, así como los adquirentes que no sean contribuyentes y acrediten el uso sanitario exento, así como los adquirentes de productos que puedan ser reutilizados.

Gestión.—El contribuyente está obligado a autoliquidar e ingresar el importe.

14. IMPUESTO SOBRE EL DEPÓSITO DE RESIDUOS EN VERTEDEROS, LA INCINERACIÓN Y LA COINCINERACIÓN DE RESIDUOS

Este impuesto, también aprobado en la Ley 7/2022, de 8 de abril, de residuos y suelos contaminados para una economía circular, es un impuesto indirecto que recae sobre la entrega de residuos en vertederos, instalaciones de incineración o de coincineración para su eliminación o valorización energética. Su finalidad es el fomento de la prevención, la preparación para la reutilización y el reciclado de los residuos y la educación ambiental, con el objeto de desincentivar el depósito de residuos en vertedero, la incineración y su coincineración.

Ámbito de aplicación.—El impuesto se aplica en todo el territorio español sin perjuicio de lo establecido para los regímenes tributarios forales.

Hecho imponible.—Está constituido por la entrega de residuos para su eliminación o valorización energética en vertederos o en instalaciones de incineración o coincineración —tanto públicos como privados— situados en territorio español.

Exenciones.—Estarán exentas, entre otras, las entregas de residuos que se encuentren en las siguientes circunstancias:

— Que sea ordenada por las autoridades públicas en situaciones de fuerza mayor, extrema necesidad o catástrofe, o cuando se trate de decomisos de bienes a destruir.

— Que procedan de operaciones sujetas que hubiesen tributado efectivamente por este impuesto.

— Que exista la obligación legal de eliminación en verederos, instalaciones de incineración o de coincineración.

Devengo.—El impuesto se devenga cuando se realice el depósito de los residuos en el vertedero o en el momento de la incineración o coincineración de los residuos en las instalaciones de incineración de residuos o de coincineración de residuos.

Sujeto pasivo.—Puede serlo a título de contribuyente o de sustituto del contribuyente. Son sujetos pasivos a título de contribuyente las personas físicas, jurídicas o entidades del artículo 35.4 de la LGT que realicen el hecho imponible. Sin sujetos pasivos a título de sustituto del contribuyente los gestores de los vertederos, o de las instalaciones de incineración, o de coincineración de residuos cuando sean distintas de quienes realicen el hecho imponible, que deberán repercutir el importe de las cuotas devengadas sobre los contribuyentes, que están obligados a soportarlas.

Base imponible.—Está constituida por el peso, en toneladas métricas, de los residuos depositados en vertederos, incinerados o coincinerados.

Cuota íntegra.—Es el resultado de aplicar a la base imponible el tipo impositivo que corresponda:

a) En el caso de residuos depositados en vertederos de residuos no peligrosos: 40 euros por tonelada métrica si se trata de residuos municipales o 30 euros por tonelada métrica si se trata de rechazos de residuos municipales. Cuando no se trate de estos casos, los tipos pueden ser diferentes y van desde los 20 a los 1,5 euros por tonelada, dependiendo del tipo de residuos, excepto en el caso de residuos coincinerados en instalaciones de coincineración de residuos, en cuyo caso el tipo es de 0 euros por tonelada métrica.

No obstante, las CCAA podrán incrementar los tipos impositivos respecto de los residuos depositados, incinerados o coincinerados en sus respectivos territorios y la recaudación se asignará a las autonomías en función del lugar donde se realicen los hechos imponibles gravados por el impuesto.

15. TEMAS PARA LA REFLEXIÓN

1. El crecimiento de la recaudación por impuestos especiales en los últimos años y el papel que deben tener estos impuestos en un sistema fiscal óptimo.

2. Justificación del Impuesto sobre determinados servicios digitales.
3. Los impuestos especiales en el ámbito de la Unión Europea.

16. PREGUNTAS DE AUTOEVALUACIÓN

16.1. Preguntas cortas

1. El impuesto sobre las primas de seguro.
2. Hecho imponible en el Impuesto sobre transacciones financieras.
3. Enumerar los impuestos especiales de fabricación.

16.2. Preguntas tipo test

1. Comentar si son verdaderas o falsas las siguientes afirmaciones:

a) En los impuestos especiales, el sujeto pasivo es el consumidor del bien o producto sometido a gravamen, aunque legalmente lo sea el fabricante o vendedor del mismo que traslada al consumidor final la carga del tributo.
b) En los impuestos especiales el objeto imponible está constituido por el consumo de los bienes que se declaran gravados.
c) Todos los impuestos especiales operan sobre bases imponibles impropias.
d) El impuesto especial sobre determinados medios de transporte tiene su justificación en el uso de las vías públicas y el deterioro de las mismas por parte de los vehículos.
e) Los tipos de gravamen específicos solamente operan sobre bases imponibles impropias.

2. Don Andrés se ha comprado un vehículo marca Mercedes. Deberá tributar:

a) Por IVA.
b) Por el impuesto especial sobre determinados medios de transporte.
c) Por el impuesto sobre consumos específicos.
d) Por IVA y, además, por el impuesto especial sobre determinados medios de transporte.

3. Bajo ciertos requisitos, la fabricación e importación de productos objeto de los impuestos especiales de fabricación destinados a la entrega en el marco de las relaciones diplomáticas o consulares es una operación:

a) Sujeta.
b) No sujeta.
c) Exenta.
d) No sujeta parcialmente.

4. 1. Los sujetos pasivos deberán repercutir el importe de las cuotas devengadas sobre los adquirentes de los productos objeto de los impuestos especiales de fabricación, quedando éstos obligados a soportarlas.

2. Con carácter general, los exportadores de productos objeto de los impuestos especiales de fabricación tendrán derecho a la devolución de las cuotas previamente satisfechas correspondientes a los productos exportados.

a) 1V 2V.
b) 1V 2F.
c) 1F 2V.
d) 1F 2F.

5. La base imponible impropia:

a) Se expresa en unidades monetarias.
b) Se expresa en unidades físicas (peso, volumen, etc.).
c) Es la denominación que se da a la base imponible irregular.
d) Es la base imponible resultante de aplicar a la base imponible las reducciones y deducciones (si las hubiera) establecidas en la ley propia de cada tributo.

6. El impuesto sobre la electricidad:

a) Entró en vigor en 2002.
b) La recaudación obtenida se afectará a la financiación de gastos sanitarios.
c) La recaudación obtenida se afectará a actuaciones medioambientales.
d) Ninguna de las anteriores es cierta.

7. El impuesto sobre las primas de seguro:

a) Establece una exención para los Planes de Previsión Asegurados.
b) El tipo impositivo es del 4 por 100.
c) No sujeta a los seguros de caución.
d) Grava las operaciones de seguro, pero no las de capitalización.

8. El sujeto pasivo en el impuesto especial sobre determinados medios de transporte es:

a) El fabricante del vehículo.
b) El vendedor del concesionario, puesto que lo transmite al consumidor final.
c) Con carácter general, la persona o entidad a cuyo nombre se realice la primera matriculación definitiva del medio de transporte.
d) En cualquier caso, la persona que vaya a utilizar el medio de transporte.

9. El impuesto especial sobre las labores del tabaco:

a) La base imponible será, en todo caso, propia.
b) La base imponible será, en todo caso, impropia.

c) La base imponible puede ser propia o impropia.
d) Se establece, en todo caso, un tipo proporcional.

10. 1. Como norma general, los impuestos especiales de fabricación se repercuten al consumidor final, puesto que el sujeto pasivo es el fabricante o vendedor.
2. Los impuestos especiales recaen sobre determinados actos de consumo.

a) 1V 2V.
b) 1V 2F.
c) 1F 2V.
d) 1F 2F.

SOLUCIONES A LAS PREGUNTAS DE AUTOEVALUACIÓN

TEMA 1. ELEMENTOS ESENCIALES DEL SISTEMA FISCAL ESPAÑOL

1. a) F, b) F, c) V, d) V	2. b)	3. d)	4. a)	5. a)
6. b)	7. b)	8. d)	9. a)	10. d)

TEMA 2. EVOLUCIÓN HISTÓRICA DEL SISTEMA FISCAL ESPAÑOL

1. c)	2. d)	3. d)	4. d)	5. b)
6. d)	7. d)	8. c)	9. b)	10. a)

TEMA 3. SISTEMAS FISCALES DE LAS HACIENDAS AUTONÓMICAS Y LOCALES

1. a) V, b) V, c) F, d) V	2. a)	3. a)	4. c)	5. d)
6. d)	7. a)	8. a)	9. c)	10. a)

TEMA 4. EL IMPUESTO SOBRE EL PATRIMONIO

1. a) F, b) V, c) V, d) V	2. c)	3. d)	4. c)	5. d)
6. b)	7. c)			

TEMA 5. EL IMPUESTO SOBRE LA RENTA DE LAS PERSONAS FÍSICAS

1. d)	2. d)	3. c)	4. c)	5. a)
6. b)	7. a)	8. c)	9. a)	10. a)
11. d)	12. c)	13. d)	14. c)	15. c)
16. a)	17. d)	18. b)	19. b)	20. d)

TEMA 6. EL IMPUESTO SOBRE LA RENTA DE SOCIEDADES

1. a) V, b) F, c) V, d) F	2. d)	3. d)	4. c)	5. a)
6. d)	7. c)	8. d)	9. a)	10. b)
11. c)	12. c)	13. b)	14. c)	15. b)
16. d)	17. c)	18. d)	19. a)	20. c)

TEMA 7. EL IMPUESTO SOBRE LA RENTA DE NO RESIDENTES

1. a)	2. b)	3. a)	4. b)	5. a)
6. d)	7. a)	8. d)	9. c)	10. a)

TEMA 8. EL IMPUESTO SOBRE SUCESIONES Y DONACIONES

1. a) F, b) V, c) F	2. c)	3. c)	4. b)	5. a)
6. b)	7. c)	8. d)	9. d)	10. a)

TEMA 9. EL IMPUESTO SOBRE TRANSMISIONES PATRIMONIALES Y ACTOS JURÍDICOS DOCUMENTADOS

1. a) V, b) V, c) V, d) V	2. d)	3. b)	4. d)	5. d)
6. d)	7. b)	8. c)	9. b)	10. a)

TEMA 10. EL IMPUESTO SOBRE EL VALOR AÑADIDO

1. a)	2. a)	3. d)	4. a)	5. c)
6. a)	7. b)	8. d)	9. b)	10. d)
11. a)	12. b)	13. c)	14. a)	15. b)
16. d)	17. b)	18. b)	19. d)	20. c)

TEMA 11. LOS IMPUESTOS ESPECIALES

1. a) V, b) V, c) F, d) F, d) V	2. d)	3. c)	4. a)	5. b)
6. d)	7. a)	8. c)	9. c)	10. a)